国家"十二五"规划重点出版项目

吕振羽全集

【第六卷】

1950 年,吕振羽在东北工作照

1957 年,吕振羽、江明在北京合影

歷史叢刊

中國民族簡史

呂振羽著 光華版

ZHONGUO MINGZU
GIANSHY

一九四八年九月在哈爾濱印造
東北版都版發行五千冊

中國民族簡史

著者 呂　振羽
出版者 光　華　書店
發行者 光　華　書店
地址：哈爾濱・東北

・版權所有
不准翻印・

H.162 0001—5000

《中国民族简史》书影

《中国社会史诸问题》书影

《史学研究论文集》书影

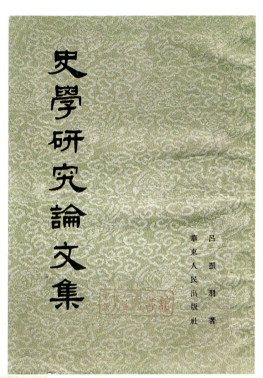

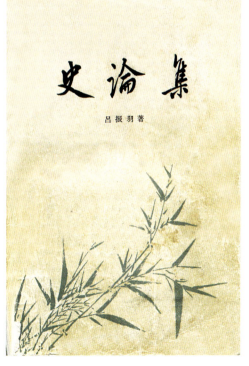

《史论集》书影

1949 年，毛泽东签发任命吕振羽为中央人民政府民族事务委员会委员

1953 年，毛泽东任命吕振羽为东北人民大学校长

目　次

中国民族简史

编 印 说 明

　　《中国民族简史》撰写于哈尔滨，1947 年 2 月完稿。1947年 4 月，大众印书馆初版；1948 年 9 月三联书店东北光华初版；1950 年 8 月，三联书店上海第一版（增订本）；1951 年 6月，三联书店北京第五版。2009 年 5 月，人民出版社以人民文库出版。

　　该书是以马克思主义及其民族观为指导的中国民族史的开创之作，全书把汉族和各少数民族并列进行全面、完整的考察，亦堪称首创。该书提出把实际情况的研究与书本材料相结合的方法，十分中肯并身体力行。这些，对于今后民族史的研究，同样具有重要的指导意义。

　　全集编辑，以人民出版社 2009 年版为底本，整理排校，只更正出版时个别错讹，内容和观点均保持原貌。

阮芳纪

目　录

初 版 序

　　中国国内民族问题，客观上已迫切需要解决；在我们的主观上也早已提到行动的日程。但我们对国内各民族，尤其对各少数民族历史和现实情况的了解，还相当隔膜。外国资产阶级学者对中国各民族的研究，大都从侵略主义的观点出发；国内资产阶级学者的研究，则大都从大民族主义的立场出发；大地主大资产阶级御用的著作，尤其是"陶希圣校对"的《中国之命运》，便不过是封建买办法西斯大民族主义的扯谎宣传，是其对中国各民族和人民的挑战。这对于我们，基本上都没有好处，只有坏处。因此，我这本小册子——《中国民族简史》稿，由于主观能力和客观条件的限制，虽有不少缺点；但把它印出来，提供给工作者和研究者作参考，我以为不是全无意义的。

　　这本小册子，是在工作和行动过程中写的；所根据的材料，由于条件的限制，仅是：（一）自己在工作和行动中的实地接触与调查，（二）身历国内各少数民族地区的同志们的口述，（三）在工作和行动中所能搜集到的一些书籍杂志等。内容上，由于著者生活的繁忙、动荡和材料搜集不全面，不仅可能有不少错误，而且对有些民族仅能粗枝大叶地叙述，甚至没能加以叙述。为弥补缺点和纠正可能发生的错误，自己将从实际工作中去实地体验和调查研究，不断加以充实和修改，并希读者和同道帮助。

　　我们在工作和行动中实地接触几个少数民族的情况后，不只发见了一些书本材料大多不可靠，且改变了我自己过去一些不切实际的认识。因此，我更深的感觉到，从事研究工作的进步史家和民俗学者，应从单凭书本等死材料出发的方向，转入实地调查研究和具体斗争出发的方向，掌握活的情况，获取活的材料，并从这种基础上去认识、抉择和应用书本材料。同时，我也更加相信，在这伟大时代的伟大斗争中，较年轻的一代将从实际斗争里面，锻炼和涌现出大批优秀的史家和民俗学者……他们将远远胜过我们这一代。

我自己在过去的一些著作中，由于实际生活的不够，常不免为人家书本的虚伪与片面材料所蒙蔽，而构成一些不切实际的乃至错误的论断。如在1933年的《史前期中国社会研究》（即《中国原始社会史》）里面，关于中国人种的起源问题，我忽略了第二个主要来源的马来人种，同时把一些马来人种系统的民族，误认为蒙古人种的系统；在1940年的《简明中国通史》里面，对于回族，也强调了他们的宗教性，不自觉地作了人家的尾巴；在1934年的《殷周时代的中国社会》（即《中国奴隶制及初期封建制度史》）和1936年的《中国政治思想史》里面，于历朝封建统治者对国内人民和少数民族所叫嚣的"正统"问题、所施行的改良政策，都相当忽视，没有足够的去把握其实际意义……这都是我自己已明显感觉到的。以讹传讹，好些进步史家也跟着我形成同样缺点，犯了同样错误，我应向他们和读者道歉；不过我又当声明，表现在那些拙著中的我的系统见解和认识，到今为止，并没有基本改变。如我1930年在《益世报》所发表的《中国社会之史的发展诸阶段》关于中国社会史发展阶段的划分，已承不少新史家赞同，我自己也还没有改变那个基本见解。但这不是说那已是完全正确的，恰恰相反，在今后由于新史料的发现与史学水准的提高，是完全可能把那种论断推翻的。

应附带提到的：（一）过去大汉族主义者对国内各少数民族的称谓，如"猫"、"猺"、"猡"、"蛮"、"疍"等等，好像只有汉族是"人"，其他民族便是"犬"或"虫"……为正名起见，我便将"犬"或"虫"丢去，或加以""号。（二）许多同志给了不少帮助，提示宝贵材料，特别是彭光涵、王时真两同志给了我很多的实际帮助，提出不少可贵意见，我衷心地感激他们。

著者 1947．2．20

增订版序

一

今天的国内形势，与1947年我写这本小册子时，已发生根本变化，因而国内各民族人民革命斗争的主要任务，也根本变化了。

1947年当时的形势，毛泽东主席在其著名的著作《目前形势和我们的任务》中曾指出："在第二次世界大战胜利地结束以后，美国帝国主义及其在各国的走狗代替德国与日本帝国主义及其走狗的地位，组成反动阵营，反对苏联，反对欧洲各新民主国家，反对各资本主义国家的工人运动，反对各殖民地半殖民地的民族运动，反对中国人民的解放。在这种时候，以蒋介石为首的中国反动派，和日本帝国主义的走狗汪精卫一模一样，充当美国帝国主义的走狗，将中国出卖给美国，发动战争，反对中国人民，阻止中国人民解放事业的前进。"因此，当时中国各民族人民的任务，是反对美帝国主义为首的帝国主义的民族压迫，及其走狗蒋介石匪帮的统治，消灭封建主义与垄断资本主义即地主阶级与官僚资产阶级（大资产阶级），基本上还是中国共产党和毛泽东主席所一贯指出的反帝反封建的任务，也就是后来《人民政协组织法总则》所规定的："团结全中国各民主阶级、各民族，共同努力，实行新民主主义，反对帝国主义、封建主义及官僚资本主义，推翻国民党的反动统治……"

在今天，"……我们战胜了美国帝国主义所援助的国民党反动政府。"（中国共产党中央委员会主席毛泽东在中国人民政治协商会议第一届全体会议上的开幕词）也正如《中国人民政治协商会议共同纲领序言》所说："中国人民解放战争和人民革命的伟大胜利，已使帝国主义、封建主义和官僚资本主义在中国的统治时代宣告结束。中国人民由被压迫的地位变成为新社会新国家的主人，而以人民民主专政的共和国代替那封建买办法西斯专政的国民党反动统治。"除西藏及台湾、金门等几个海岛外，全国各民族都从反动统治下解放了出来，西藏及台湾等也即将获得解放，即将完全结束内战，在全国范围进入和平建设的阶段。"我们的民族将从此列入爱好和平自由的世界各民族的大家庭，以勇敢而勤劳的姿态工作着，创造自己的文明和幸福，同时也促进世界的和平和自由。我们的民族将再也不是一个被人侮辱的民族了，我们已经站起来了。"（毛泽东）因此，中国各民族人民的任务，正如《人民政协组织法总则》所说："肃清公开的及暗藏的反革命残余力量，医治战争创伤，恢复并发展人民的经济事业及文化教育事业，巩固国防，并联合世界上以平等待我之民族及国家，以建立及巩固由工人阶级领导的以工农联盟为基础的人民民主专政的独立、民主、和平、统一及富强的中华人民共和国。"这正是中国共产党所一贯提出的方针任务的体现，也就是毛泽东主席所一贯提出的基本原则的体现。他在《目前形势和我们的任务》中，就又一次这样提过："中国人民的任务，是要在第二次世界大战结束、日本帝国主义被打倒以后，在政治上、经济上、文化上完成新民主主义的改革，实现民族的统一与独立，由农业国变成工业国。"在当时"是因为蒋介石发动的战争"，"是一个在美帝国主义指挥之下的反对中国民族独立与中国人民解放的反革命的战争"，"我们必须打败蒋介石"，才能实现这个伟大任务。现在我们的中华人民共和国已以雄伟的姿态屹立于世界，"获得全世界广大人民的同情和欢呼"。在斯大林大元帅和毛泽东主席的英明决策下，"苏联与中华人民共和国已缔结了兄弟同盟条约，这使苏中友谊变成了巩固和平的强大力量。这力量无可匹敌，并且在人类历史上也是无可匹敌的。"（莫洛托夫）特别对于中国，"这个条约及其协定的签订，使我们中国有了自己在历史上从来没有过的伟大的同盟国，从而就巩固了中国人民已经取得的胜利，使中国被破坏很严重的人民经济将很快地恢复与发展起来……"（刘少奇）

因此，在当时的形势及与之相适应的方针任务的指导下，这本小册子对许多问题的提法，在今日新的形势及与之相适应的新的方针任务下，便表现着过时和不恰当了，失去实践的现实意义了。因此，便抽出一点时间，就校样略加修改，以期能与新形势下新的方针任务的指导原则相适应，与当前的革命实践相适应。

二

在人类史上，只有社会主义的国家苏联，已彻底地解决了民族问题；而且历史已经证明："苏维埃的国家制度，是多民族国家的模范"，在社会主义国际主义的旗帜下，达成了"……各民族的伟大友谊以及兄弟般的合作与互助"，"……都在沿着一个共同的社会主义的发展道路前进。"（莫洛托夫：《斯大林和斯大林的领导》）这由于它消灭了资本主义，肃清了民族压迫："……支配民族与被支配民族的问题，殖民地与宗主国的问题，都放在历史档案里面去……在俄罗斯苏维埃联邦社会主义共和国境内，各民族勃兴，他们有着同等的权利、有着同等的发展机会……"（斯大林）除开这种最进步的社会主义国家以外，就只有我们这种"实行工人阶级领导的、以工农联盟为基础的、团结各民主阶级和国内各民族人民民主专政"的国家，才能根本肃清民族压迫，使各民族有同等的权利和同等的发展机会，才能真正实行各同族的团结、互助与友爱合作，才给予各民族在自愿与民主的基础上共同来建设新民主主义国家、并共同过渡到将来的社会主义开辟了广阔的道路。因为在我们这里，帝国主义、封建主义和官僚资本主义的统治已根本被推翻，并将被根绝；从资本主义基础上出现的民族压迫，在这里没有产生的可能。

但是"帝国主义者和国内反动派决不甘心于他们的失败，他们还要作最后的挣扎。在全国平定以后，他们也还会以各种方式从事破坏和捣乱，他们将每日每时企图在中国复辟。"（前揭毛主席开幕词）因此，各民族人民，首先还要共同努力来保卫和巩固我们的胜利。

《人民政协共同纲领》第六章《民族政策》规定：

中华人民共和国境内各民族一律平等，实行团结互助，反对帝国主义和各民族内部的人民公敌，使中华人民共和国成为各民族友爱合作的大家庭。反对大民族主义和狭隘民族主义，禁止民族间的歧视、压迫和分裂各民族团结的行为。

这就是毛泽东主席在《论联合政府》等著作中所规定的方针原则的条文化，就是各民族一律平等诸原则已成为我们的宪章，也就是各民族人民的"团结互助"与"友爱合作"被规定为我们国策的一个重要部分。

无论是为着保卫和巩固我们的胜利果实，为着建设我们自由幸福的生活，为着我们一切共同的要求和任务，都需要彻底贯彻各兄弟民族"团结互助"与"友爱合作"的国策。伟大导师斯大林早在其1921年的经典著作《论党在民族问题方面的迫切任务》中就说过：

> 各苏维埃共和国如没有国家的联盟，他们如不团结起来而成为一个统一的军事经济的力量，那不论在军事的战线上或经济的战线上都不可能抵御世界帝国主义的联合力量。

> "大"列强反对苏维埃俄罗斯的历史——唆使一个一个边疆资产阶级政府，唆使一群一群反革命的军人起来反对它，劳心焦虑地设法封锁它，以及一般力谋在经济上孤立它——所有这一切都很明白证明在现在国际关系之下，在资本主义包围的环境下，不论那一个苏维埃共和国，如个别而论，它都不能认为自己已有保证，可以对付世界帝国主义方面的经济消耗与军事毁灭了。

> 所以各苏维埃共和国孤立生存是不牢固的，因为资本主义国家方面威胁着它们生存。一则各苏维埃共和国国防的共同利益；二则被战争所破坏的生产力的恢复；三则产粮食的苏维埃共和国方面对非产粮食的苏维埃共和国的必要的食物的帮助，都正在有力地指使各个苏维埃共和国实行国家的联盟，这是从帝国主义奴役下和民族压迫下拯救出来的唯一道路。从"自己"的和"异族"的资产阶级压迫之下解放出来的各民族苏维埃共和国，要能保持自己的生存和战胜帝国主义的联合力量，只有联合为一个密切的国家联盟才行，否则它仍是不会获得胜利的。

> 基于军事和经济的事业的共同性而成立的苏维埃共和国联邦，乃是国家联盟的一个总的方式，这一总的方式：（一）可以保证各个共和国以及整个联邦的完整与经济的发展；（二）可以包括发展阶段各不相同的各民族和人民的各色各样的生活、文化及经济状态，并可以根据此点应用某一

联邦方式；（三）可以调整各民族和各人民的和平共居和亲密合作，使他们把自己的命运跟联邦的命运设法联系起来。

这在基本原则上，对我们今天也是合适的。所以我们的领袖毛泽东主席说："在新民主主义的国家问题与政权问题上，包含着联邦的问题。中国境内各民族，应根据自愿与民主的原则，组织中华民主共和国联邦，并在这个联邦基础上组织联邦的中央政府。"（《论联合政府》）又说："我们的国防将获得巩固，不允许任何帝国主义者再来侵略我们的国土。"（前揭《开幕词》）因此，在我们新民主主义的国家，原则上也要学习苏联的榜样，学习"它在苏维埃制度中发现了依据民族平等和自愿的原则而组织坚固的多民族国家的道路。"（斯大林：《论党的建设和国家建设中的民族因素》）而"盟员的自愿与法律上的平等"，正是"这个联盟的基础"。（斯大林）

在这种多民族国家内，斯大林说过："民族自治是不能解决问题的"。"出路何在呢？""唯一正确的解决法就是区域自治，就是波兰、立陶宛、乌克兰以及高加索等等这些确定的单位的区域自治。""区域自治的优点，首先就在于实行区域自治时所遇到的不是没有地域的空中楼阁，而是居住于一定地域上面的一定居民。其次，区域自治不是把大家按民族标准实行划分，它不是巩固着民族间的隔阂，而是要破坏这种隔阂，并把居民统一起来，以便开辟道路去实现其他一种划分，即按阶级标准实行划分。末了，它不必等待总的中央机关通过决议而可以最完善地利用本区天然富源，发展生产力……"，"无疑地，不论哪一个区域都不是清一色的单一民族区，因为每个区域里都杂居着少数民族……因此，有人就要担心少数民族会受多数民族的压迫。但是只有当国家还保存着旧制度的时候，这种担忧才有根据。如果国家具有完备的民主制度，这种担忧就没有任何根据了。""有人主张把散居各地的少数民族统一为一个民族联盟。但少数民族并不需要来勉强造成的联盟，而是需要有在自己居住的地方实际享受的权利。"（《马克思主义与民族问题》）中国共产党在毛泽东思想的指导下，对其过去所领导的革命根据地或解放区内的少数民族，就一贯地基于具体情况实施了这种原则。因此，《人民政协共同纲领民族政策》又明确规定：

　　各少数民族聚居的地区，应实行民族的区域自治，按照民族聚居的人口多少和区域大小，分别建立各种民族自治机关。凡各民族杂居的地方及民族自治区内，各民族在当地政权机关中均应有相当名额的代表。

解放较早的内蒙古地区，已于1947年5月1日就成立了"内蒙古自治区人民政府"，已完全实现了这个原则。其他各少数民族地区或杂居着少数民族的地方，这种原则也已经或逐步在实现。在各级联合政府里面，政府委员及人民代表会议的代表，原则上都按照各民族人口的比例配置，各民族的要求和意见都能够充分的反映，政府凡处理关涉少数民族的工作问题，都与他们充分协商和求得其同意。

三

各民族获得法律上的一切平等权利以后，并不就等于达到了事实上的平等。斯大林说过："……不过由于自己的经济、政治、文化落后的原故，他们还保留若干历史上遗留下来的不平等。这一民族不平等的本质，就在于我们由于历史发展的原则，得了过去的一种遗产，根据这一遗产，有一个民族即大俄罗斯，在政治上和工业关系上，比其他民族要发展些。因此，产生了一种事实上的不平等，这一不平等在一年之内是不能消灭的，不过它是应该用经济上、政治上、文化上帮助落后民族的方法加以消灭。"（《论党在民族问题方面的迫切任务》）我们的情况，基本上也是这样：有一个民族即汉族，在政治上和在工业关系上比其他民族要发展些，其他民族则在经济、政治、文化上表现着不同程度的落后情况。因此，这种原则对我们也是完全合适的。所以我们的领袖毛泽东主席也早就说过："应当帮助各少数民族的广大人民群众，包括一切联系民众的领袖在内，争取他们在政治上、经济上、文化上的解放与发展，并成立拥护民众利益的少数民族自己的军队。他们的语言、文字、风俗、习惯及宗教信仰，应被尊重。"在这种原则下，《人民政协共同纲领·民族政策》便明确规定：

中华人民共和国境内各少数民族，均有按照统一的国家军事制度，参加人民解放军及组织地方人民公安部队的权利。

各少数民族均有发展其语言文字、保持或改革其风俗习惯及宗教信仰的自由。人民政府应帮助各少数民族的人民大众发展其政治、经济、文化、教育的建设事业。

这在原则上，也已经或将要逐步去实现。如解放较早的内蒙古，"三年来，内蒙古自治区政治、军事、经济、文化等建设都有显著成绩。自治区内蒙汉族人民达到了空前的民族团结，再没有民族的压迫、歧视、猜忌、仇恨和隔阂。在内蒙古自治区普遍建立了民主政权，肃清了土匪，安定了社会秩序，实行了土地改革，广大人民得到了土地和自由，生产情绪和生产力大为提高，人民生活大为改善，目前除严重灾区外，一般均达到了衣食无缺，普遍添车买马，添购农具，修盖房屋。由于人民政府执行了奖励增畜政策，牲畜也大有增加，仅呼伦贝尔的羊即比1945年八·一五时增加了一倍，由四十余万头增至八十余万头。文化教育上，学校、学生数目超过伪满很多。财政开支，已可保证，同时还积累资本进行可能的经济建设，1950年的财政收支预算中，用在事业费和企业投资的约占预算的百分之四十七左右。"（《东北日报》1950年5月7日）

但是我们全部工作的基础，乃是巩固工人阶级领导的以工农为主体的人民民主政权的工作。斯大林说过：

我们全部工作的基础，乃是巩固工人政权的工作，然后在我们面前才发生了别一个问题，这个问题虽是很重要的，但是却隶属于第一个问题的，这个问题就是民族问题。

可是显然的，无产阶级专政的政治基础，首先而且主要的是中央工业区域，而不是本身为农民区域的边疆。要是我们牺牲无产阶级的区域，而倾向于农民的边疆方面，那末，结果定会使无产阶级专政的体系为之破裂。

应当牢记，民族问题的活动范围及其权限的限度，在我们的内部和外部条件之下，要受工人问题（一切问题中的基本问题）活动和权利的范围来限制的。（《论民族问题》）

伟大导师列宁也早就说过："同工人问题比较起来，民族问题的隶属意义，对马克思是毫无疑义的。"（《论民族自决权》）这虽然都是对于无产阶级专政的国家而说的，但对于我们工人阶级领导的以工农为主体的人民民主专政的国家，原则上也是适用的。我们如果不把全部工作的基础，首先而且主要的放在工业区域，我们人民民主专政的基础是不能巩固的，从而也就与各民族人民的利益不相符合的，各民族人民既得的胜利是没有保证的。因此，我们的领袖毛泽东主席早就指出："中国的新民主主义的独立、自由、民主与统一，如无巩固的经济做它们的基础，如无进步的比较现时发达得多倍的农业，如无大规模的在全国经济比重上占极大优势的工业以及与此相适应的交通、贸易、金融等事业做它们的基础，所谓新民主主义的独立、自由、民主与统一，是不能巩固的。"（《论联合政府》）因此，在中国共产党、毛泽东主席的英明领导下，中国人民政府现时全部工作的中心，便放在工业有相当基础的区域，恢复和发展工业、恢复和提高农业生产以及与之相适应的各种事业，其中并以工业为中心，"使中国由农业国地位升到工业国地位上去"。

而我们，由于斯大林和伟大苏联人民国际主义的友谊援助，由于他和毛泽东主席的英明决策，签订了由中苏经济合作在新疆创办两个联合股份公司的协定，这不只使多民族的新疆乃至西北，将迅速赶上先进区域走上工业化的大道，且将大大帮助和加速全国工业化过程。而此却是十月革命胜利后的苏联所不能获得的条件和可能产生的情况。

但这不是说，我们对民族问题、对帮助各少数民族文化经济事业的建设和发展的问题就全部搁置起来；只是说，它是处在服从于全部工作的中心任务的地位，服从于首先而必要的总体的利益。事实上，不只是国家工业化问题如不获得解决，人民民主专政的基础无由巩固，而且只有随着国家工业化的进展，才能大步的有效的去帮助各少数民族的文化经济事业前进。另一方面，在区域自治的原则下，各少数民族地区的文化经济事业，是不容许也不致有何等待，就会完善的利用一切条件去进行建设和发展的；这种建设和发展，不只符合于该区域人民的利益和要求，而且与全国及各民族人民共同的利益和要求相一致的，与国家工业化及农业现代化的任务相配合的。

四

我们不止于达成各民族在法权上的平等，而是要达成真正的平等，以至于融合成一个统一的人类。斯大林说过："各民族真正（不仅法权的）平等的成分（如帮助、协助落后民族高升到超过他们的各民族的文化、经济水准），这是建立各民族劳动人民之间亲密合作的条件之一。""由此可知，仅仅限于'民族平等'，那是不可能的，而需要从'民族平等'进而采取各民族真正平等的方法，进而制定并实施关于下列各问题的办法：（一）研究落后民族与殖民地的经济状况、生活文化；（二）发展他们的文化；（三）他们政治的启蒙；（四）逐渐而慎重的使他们与最高经济形态衔接起来；（五）调整落后民族与先进民族劳动者之间的经济合作。"（《论民族问题》）这是我们的方法和步骤，也是我们必须达到的目标，而且是按照这种原则实践的。

中国境内各民族，在解放前，除中央区域外，有的进到了半封建状态，农业虽占了主要地位，封建性的牧畜业还占相当比重（如回区和内蒙古区），近代企业极少（如回区），或到解放后才出现一些现代企业（如内蒙古区）；有的还在封建制状态下，盛行着封建性的牧畜业和农业，完全没有近代企业（如西藏）；有的还滞迟在奴隶制状态中（如唐古特区即所谓"西番"区和罗罗区）；有的甚至还滞迟在原始的牧畜（如苗族的某些部分与哈萨克区等）以至渔猎状态（如黑斤奇勒族等）……从另一方面说，有的有着固定的住区（如藏族等）；有的住区虽固定，但被挤成插花状态（如蒙回等），甚至被分割得很零碎或被排挤到荒僻的"山间岩阿"（如苗傜族等）；有的还没有一定的领土，形成一种定期游徙的状态（如布鲁特族、鄂伦春族等）以至被排挤到水上（如"蜑"民）……帮助、协助他们由不同的历史状态中"高升到超过他们的各民族的文化、经济水准"，"使他们与最高经济形态衔接起来"，这是肯定不移的原则方针、不容改变的要求，也是共产党人的任务。

在十月革命胜利后的苏联，斯大林在1921年是这样提示的：

俄罗斯苏维埃联邦社会主义共和国及与它联盟的各苏维埃共和国，约有一万万四千万居民。其中非俄罗斯人，约有六千五百万……沙皇主义的政策，地主资产阶级对这些人民的政策，就在于杀死他们中间一切国家的萌芽，蹂躏他们的文化，抑制他们的语言，使他们永处于愚顽无知之中，并尽可能使他们俄罗斯化。这一政策的结果，便是这些民族的不发展与政治的落后。

在地主资产阶级被推翻和这些区域内劳苦大众宣布成立苏维埃政权的现在，党的任务就在于帮助非俄罗斯民族的劳苦大众赶上走在前边的中央俄罗斯，帮助他们：（一）发展并巩固自己的苏维埃政权，其方式须与这些人民的民族面容相适应；（二）设立用本族语言的法庭，用熟悉当地居民生活和心理的当地人组成的行政机关、经济机关、权力机关；（三）发展自己的用本族语言的报纸、学校、戏院、俱乐部及一切文化教育机关。这些非俄罗斯民族中，除去那些已经多少经过工业资本主义时期以外的各民族人民：

> 他们还未来得及踏入资本主义的发展，还没有或者差不多还没有自己的工业无产阶级，大抵还保存着牧畜经济和家长式民族生活……或者还未脱离半家长半封建生活的原始方式……可是他们都已经卷入在苏维埃发展的总的轨道以内了。

> 党对于这些民族的劳苦大众的任务（除过第一节内所指出的任务以外。按即上述的任务——吕），就在于帮助他们消灭家长封建关系的残余，以劳动农民的苏维埃为基础并用在这些民族中间创立坚强的共产主义组织的方法，与苏维埃经济的建设配合起来，这种共产主义组织能够利用俄罗斯工农从事苏维埃经济建设的经验，同时在自己的建设工作中会考虑到每一民族的具体的经济环境、阶级构成、文化与生活的一切特征，不要把只是适用于别的、更高的经济发展阶段的中央俄罗斯的经济措施很机械的搬移过去。

在上述那些民族中，除去那些业已定居下来而占有一定领土以外的各民族人民：

> 他们的土地直到最近曾作了俄罗斯侨民方面的殖民地化的对象，这种俄罗斯侨民攫去了他们的良好的耕地，有系统地把他们排挤到贫瘠的荒原里面去。沙皇主义的政策，地主和资产阶级的政策，就在于在这些区域内尽量移植俄国农民和哥萨克当中的富农分子，把这种富农分子变为大国意向的可靠支柱。这一政策的结果，便是被排挤到荒野去的土人逐渐灭亡……

> 党对于这些民族的劳苦大众的任务（除过第一、第二两节所说的任务以外。按即指上述任务——吕），就在于把他的力量和当地俄国居民当中劳苦大众的力量联合起来，力谋从一般富农——尤其是强盗般的大俄罗斯富农之下解放出来，用一切力量和手段帮助他们丢掉肩上所负的富农殖

民者，以此给他们保证以良好的、为人类生存所必要的土地。

除去上边所说的有着一定的阶级构成并占据着一定的领土的民族和人民外……还有着各个流动的民族集团之少数民族，这种少数民族点缀在稠密的占据多数的异民族中间，大抵没有一定的阶级构成，也没有一定的领土……沙皇主义的政策，就在于用一切手段，直到屠杀……来使这种少数民族归于灭亡。

在今日民族特权业已消灭，各民族实行一律平等，而少数民族自由发展的权利有苏维埃制度的性质本身为之保证，这时党对于这些民族集团劳苦大众的任务，就在于帮助他们完全享用这种有保证的自由发展的权利。（《论党在民族问题方面的迫切任务》）

到今日，苏联境内各民族，都已走上社会主义的时代，都过着人类史上空前未有的自由幸福的生活了，他们并行将共同过渡到共产主义社会去。

我们国内各少数民族今日的情况，和十月革命胜利后苏联境内各民族的情况比较，大致是差不多远的，只是一般都比较落后些。因此，苏联解决民族问题的一切经验，都可以作为我们的榜样，都可以在我们现实的具体情况的基础上去吸收。列宁、斯大林关于民族问题的学说，拿来和我们现实的具体情况现实的斗争任务相结合，就是我们行动的指南；毛泽东主席关于民族问题的思想，就正是与中国具体情况具体斗争任务相结合的列宁、斯大林的学说。

五

这本小册子，过去是在工作过程中匆忙写成的，有着不少缺点。这次的增订，把适应于1947年的情况和任务的提法，都一一删去，改成适应于目前情况和任务。但由于时间匆忙，手边又缺乏新的材料，加之系就书店邮来校样删改，也不能变动太大。因此，缺点甚至错误都可能不少，我诚恳地期待读者、特别是从事少数民族工作的同志们予以指正。

1950．5．14　大连

一

问题的提起

在中国民族民主革命阶段中，要解决的国内问题，主要有两个：一是土地问题，一是民族问题。土地问题，由于二十几年来革命实践的体现，伟大领袖的创造，已成了中国最先进人士熟知的科学；民族问题，我们也有着正确的原则、方针，并早已正式提到行动日程上，不过在全国人民，以至最先进人士里面，大多还不如对于土地问题那样熟悉。现全国解放已基本完成，进到和平建设事业的斗争，国内各兄弟民族都已经或即将获得解放，如何帮助他们并相互帮助进行新民主主义的建设，将来共同过渡到社会主义以至进入共产主义社会，已全面地提到行动日程上；我们应配合实际的行动步骤，同时展开这个问题的研究工作。

中国民族问题，从来还没有系统地研究过，"中华民族"或"中国民族"的用语，是从马克思、列宁、斯大林的著作中译来的，马、列、斯这个用语的本来意义是"中华诸民族"或"中国的民族"。但中国封建的买办的法西斯主义者，曾从大民族主义的立场来窃用这个神圣的用语。他们颠倒黑白，歪曲历史事实，无耻地只承认汉族是一个民族，说国内其他民族如满、蒙、回、藏、苗等等，都只是所谓"宗支"或"宗族"。这不啻是对国内其他民族任意"侮蔑"，并证明了他们毫无科学常识。中国境内究竟有多少民族，他们的起源、历史过程以及现状怎样，法西斯大民族主义者是完全无知的。他们敢于那样大胆的武断，不仅在企图避免国内民族问题的正确解决，且正是臭名万代的希特勒、荒木贞夫的民族优越论的翻版。这和马列主义的民族问题的科学，自然正相反对，而与孙中山民族主义的基本精神，也是不相容的。他们在这里也

"完全背叛了孙中山",而"完全继承满清政府及北洋军阀政府的反动政策,压迫剥削,无所不为"(毛泽东)。我们共产党的政策是怎样呢?毛泽东同志在列宁、斯大林的原则下,在其著名的著作《论联合政府》中又一次明白的教导过我们:"中国共产党完全同意上述孙先生的民族政策(按即国共合作的《中国国民党第一次代表大会宣言》所宣布的民族政策——吕注),共产党人应当积极地帮助各少数民族的广大人民群众为实现这个政策而奋斗。应当帮助各少数民族的广大人民群众,包括一切联系民众的领袖在内,争取他们在政治上、经济上、文化上的解放与发展,并成立拥护民众利益的少数民族自己的军队。他们的语言、文字、风俗、习惯及宗教信仰,应被尊重。"我们在过去一贯地执行了这个政策,今后更要贯彻它,它是我们光荣而巨大的任务之一。

因此,居于国内各民族主导地位的汉族,不容有任何特权,只应有更多更大的责任去帮助各兄弟民族的解放和进步,来共同完成光荣伟大的任务。

汉族是全世界第一位人口众多的民族,是中华民族的主要部分。中华民族四千年光荣的文明历史,过去辉煌灿烂的封建文化,是东方文化的主流,对全人类的文明,也有着伟大的贡献,而其主要创造者也是汉族。决定全民族命运的伟大抗战事业,"打倒帝国主义及其在中国的走狗蒋介石匪帮的统治完成全民族解放的伟大神圣事业",主要也由汉族在担当。但同样不容否认,中国境内其他兄弟民族,对过去中国文化的创造也都直接间接或多或少有其不朽的贡献;对神圣民族抗战和解放全中国的伟大战争也都有相当的功绩。

为着要说明"中华诸民族"是否全系"本支百世"的"文王子孙",就首先探讨一下中国人种和各民族的起源问题。从来的儒家学者,对中国人种起源的解释,从开天辟地的道统观出发,造出"盘古氏"、"天皇氏"、"地皇氏"、"人皇氏"等谬说;因而他们便作出中国人种之单元论的结论。为着对这个结论的自圆其说,便又武断的、牵强附会的,把中国境内乃至四周各民族,都臆断为所谓"神农"、"黄帝"、"大昊"、"少昊"等人的子孙,这丝毫也没有历史根据或任何科学成分,只是一种神学的臆断。虽然,这种谬说,在两千多年以前的商鞅等人就没有同意,他们说:"天地设而民生之……民知其母而不知其父";"五四"以后的"疑古家"们也知道其不对,而力加反对过。不图这种早已不值一驳的落伍理论,反成了法西斯主义者大民族主义的重要根据。外国资产阶级的学者,对中国人种和民族起源的解释不论其从单元论、多元论或全元论出发，都是从帝国主义的侵略立场立论，则是一致的。多元论者说，白色人种是黑猩猩的子孙，黄色人种是猩猩的子孙，其他有色人种都是大猩猩的子孙。这是说较笨的和最笨的猩猩和大猩猩的子孙，应是受支配的；最聪秀的黑猩猩的子孙，应是来支配世界的。所以这种谬论，曾得到希特勒匪帮的赞成；所以日本法西斯匪帮也曾说大和民族的来源是白种人。单元论者说，中亚细亚是全世界人类起源的"圣地"，中国人种也是由中亚细亚来的，领头的就是"黄帝"；中国的文化，也都陆续从西方来的。这是说，中国人不会自己创造文化，文化的来源都要仰仗西方，所以他们那班来到中国的帝国主义分子，也并非什么侵略，而是来宣扬文化的。这种理论，曾被墨索里尼匪帮最露骨的应用于阿比西尼亚。不图这种不值一驳的侵略主义假科学理论，竟为中国法西斯主义者所贩运，说中国人都是"黄帝子孙"，作为其大民族主义的又一个重要根据。因此大民族主义者不只在"侮蔑"国内其他民族，并同时在"侮蔑"自己的民族和祖先。解脱神学和假科学的羁绊，揭露法西斯主义者的大民族主义阴谋，科学的解答这个问题，以推进并达成国内各兄弟民族在新民主主义家庭中共同来建设新民主主义国家并在将来共同过渡到社会主义以至共产主义社会，是中国马列主义者的责任。

下面我们先研讨中国人种的起源。

二

中国人种的起源

一　蒙古和马来都是人类起源的圣地

世界人类并非起源于一个地方，也并非同一个祖先；但其由猿到人和其以后社会发展过程，却是一致的，有其共同的规律性——虽则又都有其各自的一些特殊性。这是马列主义从全人类历史事实所得出的一元论的结论。

近几十年来，由于马来、爪哇、中国北京周口店、德国海登堡区、英国皮尔当等地猿人遗迹遗骸，以及世界各别地方旧石器新石器工具的系统发现，确证在久远的太古时代，只要是能变成人类的高等猿猴繁殖的地方，而又具备很适宜的一定自然条件，便能发生由猿类转化为人类的现象，并都是基于共同规律，经过共同过程而转化。由于这种伟大的科学发现和成就，便粉碎了单元论、多元论、全元论等各种谬说；同时便又一次确证了马列主义的完全正确。

在东方，今日已确知马来和华北蒙古，同是人类起源的"圣地"——将来还可能在他处发现。依据魏敦瑞·布拉克医士等研究的结果，证实了周口店猿人遗骸、河套猿人遗骸，都是蒙古人种的祖先。依据杜博义博士（Eugen Dubois）等所提供的材料和意见，便可确定爪哇猿人遗骸，是马来人种的祖先。

近几十年来，在华北和蒙古地区有木贼、鸵鸟卵、象骨、热带鱼类化石等实物的发现，这证明华北和蒙古地区在太古期曾是热带。又从地质上考察，蒙古和陕北的产盐区，还曾是热带的内海。今日的马来一带，从古就有狮象等热带动物，也可知在太古时就是热带。再加其他一些适宜条件，这些地区在太古期，便都成了高等猿类转化为人类的"圣地"，又是适合于原始人生存的环境。

二　中国人种的第一个主要来源——蒙古人种

今日中国人种第一个主要成份，就是蒙古人种。

一、据魏敦瑞·布拉克医士等研究结果："北京猿人"及"河套猿人"的头骨中所显示的特征，特别是下颚瘤状突起的特征，在辽宁、河南仰韶村、甘肃洮河流域的几十具新石器期人类遗骸中，也都可以看出来；这些特征，在今日某些华北人的头骨中，也还保存着。这可以看出由"北京猿人"、"河套猿人"到辽宁、河南、甘肃新石器期的人类到"现在的华北人"间，显示着一个人种的系统与发展变化的过程。所以布拉克说：辽宁、河南、甘肃新石器期的人类遗骨，"确无疑的属于蒙古类"；而其"所代表之人民的体质，与现在同地的居民（即我所谓华北支那人）的体质，同属一脉"，"但在最早期的居民骸骨中，却有几个头骨与大多数同宗而异派，或较之原形支那人更为原形。"

二、中国北部地下所发现的旧石器，如北京周口店与河套无定河边的遗物，是蒙古人种在旧石器期的遗物，已为魏敦瑞等人所证实；宁夏水洞沟、甘肃庆阳、绥远西拉乌苏河流域等处所发现的旧石器期遗物，则与周口店的旧石器期文化遗物相近似。因此，北满海拉尔、哈尔滨何家沟等地方所发现的旧石器期遗物，也便可以判定，都是旧石器期的蒙古人种所遗存。

甘肃、陕西、山西、河南西北部所发现的新石器期遗物，即所谓"仰韶系文化"遗物，是夏族文化的遗存，已从各方面得到确证。从这些遗物中，不仅能考出其自身的一脉发展过程，且能考知其是从周口店、无定河、水洞沟、庆阳等处的旧石器文化发展而来的。南满、山东、河南、山西东南部、安徽东北部所发现的新石器期遗物，即所谓"龙山系文化"遗物，是商族文化的遗存，也已从各方面得到确证。从这些遗物中，已能考知其新石器文化的发展，及其转化到青铜器文化的过程。那而且也都是从蒙古人种的旧石器文化发展而来。此外在南北满遍地发现的另一系新石器期遗物，既非"仰韶系"，也非"龙山系"。但满洲自古就为通古斯族的肃慎、挹娄、勿吉、靺鞨（渤海）、契丹（辽）、女真（金）、满（清）以至秽貊、扶馀、高句丽等所散布的地区；同时遗物埋藏的地质年代，也在通古斯族进到满洲的年代以内。因此，那无疑是通古斯族在新石器期的文化遗存，通古斯族也是蒙古人种的一支。

三 中国人种的第二个主要来源——马来人种

中国人种的第二个主要成份是马来人种。

一、原先居住在浙江、福建、两广等处的杨瓯、东瓯、闽瓯、百越各族，据文献所载，他们都有"文身断发"等风俗习惯，这是与暹罗、安南、缅甸、马来人的风俗习惯相似的。今日浙江、福建的"畲民"（有认其为苗族系统者，但尚无确证）、台湾的"土番"、琼岛的黎族、云南的掸族（即所谓白夷族）等，都是杨瓯、百越……的孑遗，从他们共同的生活习惯、面貌、体质各方面考察，还可看出其与南洋、马来系诸民族相似的诸特征。而今日两广、福建、滇南多数汉人的面貌、体质，也还显然可以看出其具备马来系人种的一些特征来；其他西南、东南各省些许汉人的面貌、体质，也多少还有那些特征存在。这由于继续南去的汉人，不断与原住当地的马来系各族混血的结果；由于汉族占着起支配作用的主要成分，所以混血的结果仍为汉人。因而原住长江下游和珠江流域的马来系各族，虽与较进步的南去汉族融化，却不独还保存其孑遗，并在今日当地汉人的血液中表现其特征。

二、中国以及暹罗、安南、缅甸、马来一带的地下发掘，还没有系统的科学的进行过；今日马来系诸族散布的地区，将来地下发现，或能给我们解决许多问题。已发现之广西武鸣旧石器遗物，可能是马来种的文化遗存；在贵州发现的旧石器，也可能是他们的遗物（正确的结论，当还有待于地下发现）。一位革命前辈告诉我，在湖南宁乡，他亲自见到一些加过人工的石斧式石块。这可见湘桂黔地区，曾为旧石器时期的人类居住过。

三、苗族（即苗、傜、僮）的人种来源，是蒙古人种还是马来人种，过去曾有各种推论。据苗族自己传说，他们是在古代由北方南去的；一位苗族出身的革命者朱早观同志告我，清乾隆、嘉庆间，湘、黔、川三省苗民大暴动，有"打到黄河去"的口号，后来打到沅水下游，以为到了黄河便停止前进。今日西南人民的一句俗谚："不到黄河心不死"，最初也可能是从苗族传出的。中国文献记载："三苗之居，左洞庭而右彭泽"，"左洞庭"、"右彭泽"就是今日两湖、赣、皖间的那块地区。湖南、浙江至今都还有关于"舜""禹"的传说，湖南麓山有所谓"禹王碑"，洞庭和零陵都有关于舜与娥皇、女英的传说或遗迹，湖南商人在广西等处所建的会馆，都名"禹王宫"；浙江有"禹"到过会稽的传说，春秋时的"越国"，自托其始祖为"夏禹"。这些北方民族在原始公社制时代的传说人物，究竟是怎样发生在南方，以及苗族关于黄河的传说，都值得注意。但是这还不能得出苗族自北去的结论；因为一方面，在数十万年的过程中，马来种也有较早便去到今长江与黄河流域同夏商各北方民族发生接触的可能；一方面，那些传说，也有被早期南下的北方民族带去的可能。

较可靠的，当从今日苗族的民俗来研究。苗族今日的风俗习惯，如椎髻、服装、火灶以及房屋构造样式等都与马来系诸族相似，乐器也是同型的。同时西南汉人的生活中，也多少有这些特征，又正是西南汉族与北方汉族不同的特点。这可见西南汉族受了苗族风俗习惯的影响。另一方面，苗族人民的面貌、体质，一般是须少、口大、颧骨高、额低、身材短小矫骁、下颚较大的特多，也有一部分人下颚较小。这与两湖、江西、四川、贵州、云南各省汉人，有不少相似之点，与两广汉人相似之点又较多；而与暹罗、越南、缅甸、马来人的相似之点则更多。其次，我所见贵州苗族僧侣所用的象形文字，与甲文周金比较，很难看出其相同的脉络。因此，一方面可以确说，苗族是马来系的一个民族，同时在今日的苗族里面，已或多或少有蒙古系血统的混合；一面又可以确说，今日西南汉族，特别是两广汉族，曾与苗族等马来系民族有长期的血统混合过程。

四　中国人种的其他成份

除蒙古人种和马来人种外，中国人种也还有其他一些次要的成份，如所谓高加索人种（这是一种习惯的非科学的用语）的高鼻、深目、丛须……等特征，在维吾尔族、哈萨克族和一部分回人、汉人……中也具现着。在长期历史过程中，中国各民族都不断杂入世界其他民族血液，世界其他民族也不断吸取中国民族的血液；中国各民族相互间的血统混合与同化，更有着一个长期的立体交流的过程。所以斯大林规定民族诸特征时，不提及血统。

于此可见，希特勒匪帮曾夸张的所谓纯洁优秀的亚利安血统，日本法西斯曾夸张的所谓纯洁优秀的大和族血统，是与人类起源及民族形成的历史逻辑，根本不相符的；鹦鹉学语的中国法西斯大民族主义的"宗支"论，也便只说明他们毫无历史科学的常识与武断。今日全世界各民族除去最原始的部族外，都是杂种；所以恩格斯说，只有部族以下是同血统的组织，部族联盟便可以由不同血统的部族所组成。因此，谁说他的民族不是杂种，那便是说他们还是最原始群团，那便无异在侮辱其自己的民族。

三
汉　族

一　汉族的起源形成和初步发展

汉族是全世界第一个大民族——过去百余年间又曾是一个弱民族——是优秀人类的一个部分，这是不容否认的。如果说中国民族善于和侵略者作斗争，善于解除侵略者所给予的压迫和痛苦，是无可怀疑的真理，那么汉族便是其中的领导成分和骨干，也是无可怀疑的。卓绝世界史的中国封建文化，虽已是过时了的东西，却仍在起着优良传统的作用（非优良的方面应彻底抛弃），其中还有不少积极因素。这自然是中国各民族在过去所共同创造的成果；但汉族文化是其中主流，汉族的创造起了决定的作用，也是不容否认的。这是说汉族在过去曾有着光荣的历史。

但汉族的来源如何？又是怎样形成和发展起来的？这在过去曾有着各种臆说，却没有一个正确的答案。我现在就地下发现、文献记载、民俗资料，来加以分析和解答。但是否正确，当还有待于地下发现和其他材料来检验。

蒙古人种在旧石器和新石器时期数十万年长期过程中，如何分化、移徙、形成为其后来的那些民族？由于地下发现不够和有些遗迹被淹灭，今天还难于说明。但其中达到今日满洲以至西伯利亚的，其中一支为后来的通古斯族，前面已论证过。在新石器初期便到了今日山东半岛的商族，其经由今蒙古河北地区南下，抑到今辽东半岛以后再沿海南下，还难作最后肯定。在公元前二千年左右就成为夏、商→华→汉族北邻的鬼方→熏鬻→严允→匈奴族一支，其自始即留驻于今蒙古地区，抑曾游徙他处后复转回当地，今尚无足够材料来说明。在新石器时期即散布在今甘肃、陕西、山西、豫西北等处的夏族一支，他们系径由河套等处向西向南延伸，抑系从他处转来，也还没有足够的地下材料来说明。在殷朝，就住在西北与夏族为邻的羌（姜）族一支，便是后来的突厥→回族的主流，这在后面还要加以论证。

商族和夏族是后来构成华族（或华夏族）的两大骨干。夏族因曾住夏水流域而得名。商族名称从何而来，还不能正确考知；其自居殷（殷亦作衣）后，便自称殷族，夏人则称之为夷族（如孟子称商之父系始祖舜为"东夷之人"，革命时的周人称纣王为"纣夷"）。我以为"夷"可能是"衣"之音转。

根据"龙山系"和"仰韶系"地下遗物考究，确知商族系由山东半岛沿河向西发展，夏族则系由西向东发展。夏族到达今山西地区后，曾与原住山岳地带的有苗族，为争夺或保障生存的自然条件彼此发生战争。有苗族战败，便以平等地位加入夏族的部族同盟。后来夏商两族在今晋冀豫边境，即今黄河腹部地区相遇（其年代还不能正确考知），两族为争夺这块山岳和平原交错的较优良自然条件的生存空间，便不断发生冲突和战争。但具有较高生产力的商族，次第战胜了韦族、雇族、昆吾族、葛族，最后又战胜夏族。到公元前一七六六年"成汤革命"成功，建立起奴隶所有者国家；夏族和其他许多部落，便先后都成为商朝奴隶主国家的属领，在商朝的奴隶主支配和夏族等各族反奴隶主统治的长期斗争过程中，便引起种族间的相互同化。到公元前千二百年代末，"武王革命"胜利，推翻奴隶制，建立封建制国家时，由于长期相互斗争与融化的结果，已由夏商两族为骨干，而形成为华族、或华夏族（周族是夏族的后身）。这种相互斗争融化的过程，到春秋时便完成了，所以出身于商族的孔子，也不自称商族或殷族，而以"诸夏"与"夷狄"相对称。华族或华夏族名称的由来，是由夏族曾居住满目花簇的华山地带。

另方面，自"武王革命"胜利到战国时期，原先与周族一同进行反奴隶主革命的羌族（其领袖为太公），在共同建立的封建国家基础上，其中一部分（齐、吕、申、许等）也渐次成了华族的一个构成部分。其次，为追逐草原与原始掠夺，通古斯族的"山戎"等部由东北进入今河北地区；北方的"狄"、"鬼方"、"混夷"、"熏鬻"、"严允"（这都是猃狁、即后来所谓匈奴族的异称）则进到黄河腹部的南北；属于羌族系统的"西戎""犬戎""小戎"等部，则由西北进入今河南、山西……华族为防卫自己的生存空间和财富，便和他们发生战争。在春秋初期，他们的破坏与原始掠夺，曾给了华族人民生活严重威胁。因此，当时黄河流域的各诸侯封邦，都联合起来自卫。齐桓公和管仲，都是在这种民族自卫事业上建立过功绩的。但由于华族的经济、政治、军事、文化、人口等等各种力量，都不是他们所能比拟，而各种力量的总和，更远远超过他们。因此，他们或被迫退回原地，或者就渐次融化于华族之中。到秦始皇统一"六国"时，在黄河流域中下游，就没有他们的部落存在了。其次，原住在山东、淮海、江汉间的"徐夷"、"淮夷"、"芋蛮"及今苏浙间的吴越等族，则在当时华族较进步的生产方法影响下，以及彼此间不断的军事、政治、文化的相互激荡与冲突，加之华人的南去，便引导了他们转入封建制，而成为周朝国家的封邦和诸侯。到秦始皇"统一"时，他们也都成了华族的构成部分。

因此，从华族本身的构成成份考察，也并不是什么"本支百世"的"文王子孙"；中国法西斯大民族主义的谬论，是完全没有根据的胡说。

二　汉族的发展和民族的斗争（一）

华族自前汉的武帝、宣帝以后，便开始叫作汉族。

所谓"好大喜功"的"秦皇、汉武"，基于大商人地主开发商路的要求，使中国疆土得到空前扩大。这一面由于"以夷制夷"的政策，让许多外族部落入居境内，演成以后数百年间北中国的混乱情况和外族统治的惨局；一面又引起又一次民族大同化。

从前汉的武帝、宣帝开始，经后汉、三国到西晋，中国统治阶级为着对外侵略与对内政争，便勾引匈奴、鲜卑、氐、羌诸族的一些部落，"杂居塞内诸郡"。这样年深月久，他们一面已学会了中国的一些生产技术、军事技术，并领会了一些其他文化知识，不少人能懂汉文、汉语；但另一面，又还保存其原来的部落组织和一些特点。在三国魏晋期间，由于汉族统治阶级相互间争权夺利的内讧，以及由此所引起的社会穷困与不安，加之地主阶级对他们奴隶式的榨取，他们便从这种矛盾基础上相继突起。但最初，他们曾参加中国的农民暴动，一同去反对地主阶级，后来由于地主阶级对农民暴动严酷的摧残，并招募他们来镇压农民，他们便利用地主阶级给予的器械、资财，渐次独树旗帜，转而仇视汉族。因此，便演成"五胡十六国"和北魏、北周在北中国的数百年血腥统治。他们原先不过是一些大小部落，大的不过数十万人，小的只有几千人；至此便相继组成武装集团，各自占领一块地方，建立统治。这种统治，一面仿照汉族地主阶级的模样，一面尽行其原始残暴性的民族压迫。因此，不仅他们对于汉族，且在其各集团相互间，往反屠杀；整个北中国，到处都形成人烟渺少，白骨遍野的惨象。当时的汉族一部分大地主则逃往江南，建立其偏安的统治，坐视沦陷区同胞忍受残酷的宰割；只有汉族的人民，尤其是农民和手工工人，自始便采取了各种各样的对抗方法，如逃亡、怠耕以至"结坞"式的武装斗争（地主阶级的"结坞"是为敌人服务的）。深入敌后抗战的祖逖（小地主出身），也是完全依靠着群众的力量。刘裕几次北伐能得到一些胜利，也完全由于得到群众的各种帮助以至配合作战。

在北中国居于统治地位的各外族，手中虽握有政权和兵力，但其人口少，生产和文化比较落后，所以其力量的总和都还远不如汉族。加之汉族在南方，支配半个中国的地主政权和地主武装，虽不能起任何决定性的作用，但不容否认，也是有着一些心理影响的。因此汉族在力量总和的对比上，便占着最大的优势。在这种最大优势的基础上，由于北中国人民不断地进行斗争，便使各外族统治者都难于稳定其统治，甚至还感受生活需要的威胁。因此，他们基于生存的要求，便在生活方式、风俗习惯、语言文字等方面，都极力学习汉人。为着想消除汉人对他们的反抗和仇视，甚至伪托其祖先也出自汉族，如匈奴族冒称为"夏后氏"苗裔，羌族姚弋仲冒称其先祖为"有虞氏"，鲜卑族冒托其先祖为封于鲜卑的"黄帝之后"……同时，他们又极力实行和汉人相互通婚，促进血统的混合（后来李世民的母独孤氏、妻长孙氏也都是鲜卑人）。其次，他们又相率冒易汉人姓氏，除金日磾、段匹磾、乔智明等汉晋名人外，"五胡十六国"和北朝诸外族，亦率皆冒易汉姓，最著名的，如刘渊、石勒、姚兴、苻坚、吕光、元桀、宇文泰……特别到北魏由大同迁都洛阳后，明令"禁国人胡服胡语"，改姓拓跋为元氏，鼓吹胡汉通婚。因此，所谓"五胡"各族，便不仅"后染华俗，多不能通"其自己的语言文字；且至于"汉胡杂混，不可复别"，演成了民族的同化。但在最初，当他们只看见一些贵族地主"奴颜婢膝"的时候，是非常轻视汉人的，所以陆游说："称贱丈夫为汉子，盖始于五胡乱华"。于此可见，并非汉族具有什么同化他族的独特力量。大地主大资产阶级在抗战时期所宣扬的什么汉族"独有的同化力"，只是其投降主义的表现，也正是中国法西斯买办性的"独有"表现。

同时在这期间，汉族的地主政权偏安到南方，把北中国的人民完全丢给敌人。在外族统治、烧杀恐怖下的汉族人民，也纷纷向长江和珠江流域逃亡，如"永嘉之乱"，"胡人"杀"晋人"不下数十万，"中州士女"避乱南迁者十居六七，号曰"渡江"；"永嘉之乱，中原仕族林、黄、陈、郑四姓先入闽"（唐林谓：《闽中记》）。地主们逃到南方，依样继续统治者的生活；逃到南方的农民和手工业工人，据《晋书》所载，地主们反利用其穷困无告的情况，实行奴隶样式的榨取。但由于民族的移徙，东南的东瓯、杨瓯、百越，四川的賨族，西南的苗族等等，便与带着高度生产技术、高度文化前去的汉人，发生了更频繁的接触；以后在争夺自然条件或生存斗争的过程中，他们或被迫步步后退，或渐次成为"汉蛮杂居"的状态。

由于这时期民族大同化和各民族关系交错的结果，在汉族从人种上的体质、面貌、生产技术、生活习惯，以至哲学、科学、文艺、宗教等方面，都加入了其他民族一些成份，有着不少改变；同时，其他各族在人种和文化内容上，也都或多或少地吸收了汉族的一些成份。

三 汉族的发展和民族的斗争（二）

从唐朝到"鸦片战争"千余年间，汉族曾几度被他族侵入，遭受他族统治；但汉族地主阶级的封建帝国，也有几度扩大对外侵略，统治其他民族。

在唐朝前期，地主阶级的"大唐王国"基于商业资本的要求，实行对外侵略，高句丽族、靺鞨族、东西突厥族，以至南洋和葱岭四周的许多民族，都成了她的属领。在唐朝后期，汉族又是被侵略者，不断遭受回纥（突厥）、"吐蕃"（藏族）、南诏（马来系）各族奴隶主贵族的侵略（他们这时都进入了或临于奴隶制度的时期）。但当黄巢为首的农民大暴动起来反对地主阶级和他族的侵略以及外商的高利贷剥削以后，唐朝统治者又反而去迎进沙陀族和"吐蕃"族的贵族来镇压农民。结果，便引出沙陀贵族的后唐、后汉、"吐蕃"贵族的西夏之残酷统治。

唐朝对那些"归顺"或"降服"民族的集团与个人，也都优容其入居境内；对来自四方的"胡商"，则无条件准其"归化"。加之"李唐王室"本身，就有很浓厚的鲜卑族色彩，其统治集团内部又有不少"胡化"的汉人，又尽量援用"归顺"或"降服"各族的贵族来参加统治。所以李世民说："自古皆贵中华，贱夷、狄，朕独爱之如一，故其种族皆依朕如父母。"特别在进步的生产方法和文化的影响下，那些"归顺""降服""归化"的集团或个人，率皆相继汉化。下面的一些事实，便是其主要标志：唐朝的名臣李怀仙……是汉化的"胡人"，哥舒翰、契苾何力、仆固怀恩……是汉化的突厥人，王武俊、李光弼……是汉化的契丹人，李怀光、高崇文……是汉化的靺鞨人，高仙芝、王毛仲是汉化的高丽人，史宪诚、李宝臣……是汉化的奚人，姜公辅……是汉化的安南人；唐大中二年进士李彦升，是阿拉伯人……受唐朝赐姓李氏的，有高丽人、渤海（靺鞨）人、奚人、契丹人、回纥人、突厥人、党项人、黠戛斯人，乃至安南人、印度人、阿拉伯人、波斯人、犹太人等等。所以在唐朝民间便流行着"张三李四"的谣谚。其次，那些侵入中国的民族，特别是那些在中国建立起统治权的集团，在民族力量总和对比的关系下，后来也大多被汉化，如建立后唐的沙陀族李存勖自称为"李唐"王族，建立后汉的沙陀族刘暠也自称为汉人（沙陀族原居宣化一带），西夏（自今陕北、安塞以至陇西、宁夏一带地区）到其灭亡前夜，已完全汉化。另方面，汉人被他族同化的也很不少，主要有"远戍"而不及返防的军队，被他族掳去的汉族人口，投降侵略者的奴才，出嫁他族的汉族妇女……因此，汉族同化了他族的大量人口，吸收了他族文化的许多新因素，丰富了人种和文化的内容。这不仅使唐朝文化表现了许多新型的东西，并替两宋的哲学（理学）、科学和文艺预备了一些条件。一方面，藏族、突厥族、高丽族、契丹族，以至南洋和葱岭四周各族，也都多多少少同化了一些汉人，受了汉族文化的不少影响。所以民族同化和文化交流是相互的。不过在这过程中，凡经过侵略和被侵略关系进行的，便都有许多血腥凄惨的内容，对人类文化曾起了直接摧残的作用。

从"五代"开始侵入中国的契丹奴隶主贵族（契丹在侵入中国时，已建立起奴隶制的辽国）被女真（金）奴隶主贵族和南宋地主的联军灭亡后，来到中国的几百万契丹族人民，一部分成了女真贵族的奴隶，大部分则杂在汉人里面生活，回到其本土的只是小部分——今日的达呼尔族便可能是契丹族的孑遗。所以继承契丹统治北中国的女真贵族，对其治下的汉人和契丹人，统称作"汉人"，对南宋治下的汉人，反称作"南人"。在女真贵族的金朝统治下，北中国的农民到处组织武装反抗，最著名的有牛皋为首的"忠义社"，他们以太行为根据地，最先发动抗战；"民族英雄"岳飞，是完全依靠了这股农民军的力量，和他们结成联盟。多次胜利的战争，实际都是牛皋领导农民军打的；岳飞被投降派杀害后，据传牛皋又率领其农民军回到太行继续抗战。以小地主和小所有者为中心的南宋朝廷主战派，也要求驱逐女真，收复失地。因此，金朝统治者想和缓民族矛盾，便极力模习汉人文化；后来为防止汉化，又极力想保存其语言文字诸特征，如建立女真太学，用女真语译中国古典去教育女真青年。但是女真也和契丹一样，在经济、政治、军事、文化、人口力量总和的对比上，远不及汉族；并由于汉族人民不断的斗争，金人民族固有的特点，在其统治过程中已逐渐在消失。因此当金朝为蒙汉联军灭亡后，无数留在境内与汉人杂居的女真人，元朝统治者也把他们与北中国汉人一样看待，统称作"汉人"（同样称南方汉人为"南人"）；他们自己也连同原来的姓氏，都改成了汉姓。《辍耕录》卷一说：

> 金人姓氏，完颜汉姓曰王，乌古论曰商，乞石烈曰高，徒单曰杜，女奚烈曰郎，兀颜曰朱，蒲察曰李，颜盏曰张，温迪罕曰温，石抹曰萧，奥屯曰曹，孛术鲁曰鲁，移剌曰刘，斡勒曰石，纳剌曰康，夹谷曰仝，裴满曰麻，尼忙古曰鱼，斡准曰赵，阿典曰雷，阿里侃曰何，温敦曰空，吾鲁曰惠，抹颜曰孟，都烈曰强，散答曰骆，阿不哈曰由，乌林荅曰蔡，仆散曰林，术虎曰董，古里甲曰汪。

蒙古奴隶主贵族所建立的元朝（成吉思汗完成奴隶制革命，出现了奴隶主贵族的统治），其统治特别残酷。除赵孟頫、邱处机一类大地主代表投顺外，汉族和各族人民自始就没有停止过反元的武装抗争（代表反元的秘密组织，主要是白莲教）；所以其统治不到百年，就被农民、手工业者、中小商人、中小地主以及汉回等族的联合势力所推翻。当时反元的重要领袖有韩林儿、刘福通、徐寿辉、陈友谅、朱元璋、常遇春（回人）等人。元朝灭亡后，蒙古民族的一部分人民，便也与其他二十三种色目人一样，留住境内和汉人杂居。据顾炎武《日知录》说：

> 《章邱志》言：洪武初，翰林编修吴沉奉旨撰《千家姓》，得姓一千九百六十八，而此邑如术，如伛，尚未之录。今访之术姓，有三四百丁，自云金丞相术虎高琪之后。盖二字改为一字者，而撰姓之时尚未登于黄册也。以此知单姓之改，并在明初以后。而今代山东氏族，其出于金元之裔者多矣！永乐元年上谓兵部尚书刘俊曰："各卫鞑靼人多同名，宜赐姓以别之。"于是兵部请如洪武故事，编置勘合，赐给姓氏，从之。三年七月，赐把都帖木儿名吴允诚，伦都儿名柴秉诚，保住名杨效诚。自此遂以为例。

实际，据赵翼《陔余丛考》所述，早在元朝灭亡前，蒙古人和色目人，改易汉人姓氏，散居南北各地，与汉人通婚者，已所在皆有。由于"散处内地"和"从官南方者多不归"，便有至元二十三年"遣使尽徙北还"的措施。但其结果，"北还"者仅少数"汉化未深"的蒙人；"散处内地""不归"的蒙人，数量很不小，此后在学术上闻名的也颇不乏人，如《聊斋志异》等书的作者蒲松龄，当代的印度哲学家梁漱溟，国学家罗庸等人，先世都是蒙人。色目人在元朝时，已有不少在中国学术上成名的人物。据《元史》所载，其时已汉化之余阙为唐兀人，爱薛为西域弗林人，马祖常为雍古都人……此外，如南京巴氏，先世为阿拉伯人；桃源翦氏，先世为土耳其人；与朱元璋一同反元的明朝元勋常遇春、胡大海等，都出身回族。

满洲贵族入关后建立起清朝的统治（满族在努尔哈赤时，完成了奴隶制革命，建立大金国，入关前，又改称大清）。他们统治国内各民族的政策，一面是残暴的镇压和屠杀，"扬州十日"、"嘉定三屠"、接连不断的文字狱（最著名的有以浙人庄廷鑨为首的所谓"《明史》之狱"，所谓"伪诗集"的"沈天甫之狱"，所谓"立邪说"的湘人"朱方旦之狱"，"《南山集》之狱"，以及查嗣廷、陆生楠、曾静之狱……）；乾、嘉时对湘、川、黔边苗族的围剿；对陕甘特别是金积堡回族的围剿。一面是麻醉和软性摧残，如对于蒙族的喇嘛教政策、大烟政策、花柳政策。一面是制造各民族间相互矛盾，使各族互相冲突和仇杀，特别是回汉之间、汉苗之间、蒙回之间。一面是收买各族的上层分子，如汉族的士大夫、蒙族的王公喇嘛、藏族的喇嘛等等。但清朝统治者的这种毒辣政策，并没有防止各族人民的反抗，特别是汉族、回族和苗族人民，都举行了多次的反清大暴动，最著名的有吕留良等人的"复明"运动，徐鸿儒为首的农民暴动……陕、甘、新回民大暴动，湘、川、黔、粤苗民大暴动……汉族人民反清的各种秘密结社，更自始至终地存续着。

满清统治者，最初还采取一些步骤，企图把汉族满化。但是他们虽掌握了全国的政权和军权（尤其在鸦片战争以前，主要地位，都直接由满人占据），而在民族的经济、政治、军事、文化、人口等力量总和对比上，他们也是不能和汉族比拟的；加之汉族的这种优势力量，通过其人民各种各样的反清斗争，又不断能发挥其作用。因此，两种力量斗争的结果，反而是满族人民被汉化。

四　农民土地饥荒和汉族人口的移动

上面简约论述了汉族的起源、形成以及在鸦片战争前数千年间发展和斗争过程的一面，现在再论述一下汉族的主要移动方向。

在数千年过程中，每经过一次农民战争，或民族反侵略战争，在农民要求土地的基础上，汉族人口便有一次大移动——在土地饥荒的经常情况下，也不断有人口的移动；移动的方向，主要的是南面和北面。

汉族原先居住的，是黄河流域之晋、冀、鲁、豫、川北及陕甘的大部分地区，随着周朝封建制度革命势力的发展，便又散布到长江流域的湖北（及湖南一部分地区、江西、安徽、江苏、浙江。从这时起，黄河与长江流域，便成了汉族居住的中心地区，以后便围绕这个中心区域向四周移动。

在东北，战国时汉人已散布到南满，到秦汉时，南满已主要为汉族所居住，这从文献记载和地下发现方面都已得到证明；但东北全部主要成为汉族散布的地区，是在近三百年以来。这一方面由于汉族农民的土地饥荒，满洲统治者入关以后的残酷榨取和实行"圈地"，又增高了这种饥荒程度；一方面由于清朝统治者几尽其人民移往关内，东北的广大沃野成了人烟渺少的空地。因此迫切要求土地的汉族农民便冒险犯难，扶老携幼，相继迁入；为清朝政府的离宫王陵服役和犯罪被流徙前去的，人数也不少。热河、察哈尔、绥远以至新疆等处，虽很早就有汉族的足迹和居民，但成为汉族与其他各族杂居和居地交错的地区，也是近三百年以来的情况。汉人移往这些地区的经过，一方面也由于汉族农民的土地饥荒，一方面则由于当地各民族，原先都是以牧畜为主要生产，无限广大的沃野无人耕种……因此，无数汉族农民，便潮水般的前去充当佃户或垦户；其次，前往经商的商人，在当地置产立家；其次，因犯罪流徙前去的为数也不少；再次，则系各朝、特别是元清两朝，在当地所设驿站与离宫等地的服务人员。

在南方，汉族移入湖南、福建、两广、云、贵等省。主要是在：（一）民族反侵略战争的过程中移往的，如两晋之际的中原人民移往福建，宋元之际和明清之际的汉人移往两广、云、贵……（二）历次农民暴动的过程中移往的，如元明之际，和朱元璋斗争失败的江西农民军，纷纷逃往湖南苗族地区……其次，因农民土地饥荒和谋生前去的，如湘、川、粤三省农民、手工工人和商人之前往贵州、广西、云南；有因驻防与"流徙"前去的，如秦朝七十万"流徙"之驻防五岭……

汉人移入到新地区后，虽解决了耕地问题，有的无代价获得土地，但大多是有地租的负担（如移往热、察、绥的汉族农民，是以向蒙族王公等纳租子，取得永佃权，或者须向先到的汉人地主租地耕种。在解放前，曾形成一个很复杂的土地问题，同时蒙族地区一步步被挤，又曾形成民族问题的一个重要内容。这都在解放后才根本解决）。他们把原来大漠漫漫的旷野，荆棘丛生的山区，改造为肥沃的陇亩，建立烟火相连的村落，是经过无限艰苦斗争的。一方面，他们远离乡井，去到荒野，虽带去较进步的生产知识，但生产技术的设备是根本缺乏的，一切都须从头一点一滴的做起；一方面在开辟新环境的过程中，对于自然的斗争是特别艰苦而严重的；一方面由于清朝统治者制造国内民族矛盾的一贯政策，还不时发生民族间的斗争。

在西南，当汉人最初移到那些新地区时，当地的原住民族，大抵还没进到社会史上的阶级社会时期，还是以游猎或牧畜为主要生产，对生存空间的领土概念并不明确。所以最初移徙前去的汉人，便得用相对和平的"掏标"、"埋界志"等方式去圈占草地。但当时遍地都是妨害其生存的毒蛇、猛兽以及伤害农作物的各种动物，他们须与这些动物争空间，同时又须和水旱等自然灾难作斗争；今日西南各省的玩龙灯、玩狮子、射公坛、龙王庙、水府庙、扎草人（置于田中，防鸟兽来吃庄稼）……以及关于蛟、龙、虎、豹、恶蛇等传说，都是这种斗争的遗迹。随着他们对于自然斗争逐渐获得胜利，加之较进步的生产和文化的影响，便又渐次打开与原住民族和平杂居的局面。如湖南西南部，汉人大抵是明初由江西移去的（率皆是陈友谅部的农军），都不曾和原住苗族发生过武装冲突。不过当汉人去到当地后，原来苗族的住民，一部在汉人进步生产和文化的影响下，便慢慢转为汉化的住户；今日当地不少汉人姓氏，父老相传，他们原是"老土百姓"；原由江西移去，及今成为大姓的，据传也杂有原住的"老土百姓"在内。"老土百姓"就是原住的"土人"——苗族。另一部分，则一步一步被挤到边塞与山谷岩阿间。由于汉族官吏、地主、商人无限制的去强夺其土地，特别是清朝统治者为增加其国库收入，曾以所谓"丈田"的方式剥夺其土地，官吏皂隶复乘机夺取与苛索，又加速其被挤的过程，同时也加深了苗汉间的土地纠纷。因此在清朝的乾隆、嘉庆间，便首先由湘西发难，激起湘、川、黔三省苗民大暴动（湘、粤边的峒民也以同一原因演成大暴动）。但清朝统治者，不仅采取极残酷的烧杀手段，把暴动的火焰扑灭，且借以制造苗汉间的矛盾。这对于苗汉人民都留有很深刻的印象。在当地苗汉人民中，说到"丈田"还是惊魂未定。因为所谓"丈田"，对汉人也是一种苛重的榨取。

在西北，根据民俗的研究，当汉族农民移到那些新地区时，一开始就需要集体的团住。由于历史上统治阶级间所进行的侵略和压迫（如汉族统治阶级对西北民族的侵略和压迫，又如回纥贵族对汉族的侵略和压迫……），在民族间留下了一些仇恨的痕迹。所以在过去，常发生各族居民间相互仇杀的惨局；这对于和平的居民，特别对汉族人口较少地区的汉人，经常都感受到严重恐怖和威胁。尤其在清朝，在统治者尽量制造民族间相互仇视的方针下，常驱使各族人民相互仇杀，特别在几次回民暴动中，平乱的军队对回民住区实行"血洗"政策，暴动的回民则转而"血洗"汉人住区以之报复。陕北和甘肃的许多地区，至今人口还很稀少，这便是原因之一。另方面，原来非汉人居住的地区，由于农业没开发，大都是广漠的原野、沙漠和荒山；汉人前去经营，一面须和水旱作斗争（常常可以遭遇颗粒无收的连年旱灾，也常常可以遭遇一年数度的山洪暴发，把房屋、人口、牲畜及连阡连陌的庄稼，冲洗而去……）；一面又须和伤害庄稼的动物作斗争（如野兔、乌鸦、地老鼠、毛虫、蝗虫等等常可以把一块一块的庄稼吃光），又须和伤害人畜的豹子与狼群作斗争（原来到处都是狼窝和豹群，现已剿灭不少；但至今，凡有狼窝或豹子的地区，便不仅常使人畜直接遭受损害，并间接妨害田野的农作）。其次，汉族前去以后，渐次又与当地其他民族间发生土地纠纷，形成一个较复杂的土地问题；直至解放以后，问题才得到根本解决。

五　百年来的革命和反革命

从鸦片战争迄解放以前，汉族和国内其他兄弟民族，共同遭受民族生存的严重危机；一面是凌驾全中国的资本主义帝国主义，一面是囚禁国内各民族的民族牢狱——清朝统治，以及其继承者北洋军阀和封建买办法西斯，后者并是前者的俘虏和工具。这期间，汉族人民，特别是无产阶级、农民与城市小资产阶级，则发挥了民族的革命与反侵略传统，不断联合国内其他民族，进行反清反侵略斗争，以至反帝反封建的民族民主革命；在旧民主主义革命时期，最著名的，有农民为主的"平英团"运动、"太平天国"革命、反教运动、"义和团"运动，戊戌运动，农民、工人、手工业工人、学生、中小资产阶级联合的争路运动→辛亥革命；在新民主主义革命时期，最著名的，有小资产阶级领导的"五四"运动，无产阶级领导的大革命（并有资产阶级参加领导），土地革命、伟大的民族抗日战争，以至完成全国解放大业的伟大神圣的人民解放战争。另方面，大地主大资产阶级，从清朝统治者到北洋军阀到封建买办法西斯，从洋务运动到立宪保皇党到法西斯组织，从曾国藩、李鸿章、张之洞到盛宣怀、张謇、袁世凯、段祺瑞、曹锟到蒋介石匪帮，则继承几千年来大地主大商人的传统，一贯执行卖国、投降、妥协的方针。虽然他们有时也像东晋、南宋、南明的大地主大商人一样，揭起反侵略的旗帜；但实质上，也同样不是真心为着反侵略，真正肯去和侵略者斗争，而只是为欺骗人民，保持其少数人的统治地位和利益。"平英团"的反英斗争是被清朝政府出卖的。"太平天国"反清反侵略的农民革命，是民族内奸曾国藩、李鸿章等联合帝国主义武装打败的。反帝的人民反教运动，是大地主大买办用残酷的屠杀手段与出卖政策消灭的。"义和团"反帝运动，是清朝统治者强奸之后又行出卖的。辛亥革命的失败，一面由于中等资产阶级的妥协和离开群众；一面是由于袁世凯为首的大地主大买办勾结帝国主义，阴谋骗取。反帝的"五卅"运动，没能实现"工商学各界联合会"的全部要求，是由于上海买办阶级出卖同盟者，及秉承帝国主义意旨的北洋军阀直接摧残。反帝反封建的大革命半途失败，是由于混在革命阵营内的大地主买办分子蒋介石匪徒们，和外部的大地主买办及帝国主义结成同盟，一脚把同盟者踢开，并使用残暴的白色恐怖来镇压。"九一八"以后的民族抗日运动，封建买办法西斯蒋介石匪徒们则执行符合日寇要求的"安内攘外"方针，一面用全力去反对人民抗日的堡垒，一面则尽情去镇压城市的抗日爱国文化运动。大地主大资产阶级参加伟大的民族抗战，并非出于自愿自动，而是由于日寇的挤压，全国人民的逼迫；在抗战的过程中，他们也只用了最小一部分力量去应付日寇，而以绝大部分力量来对付人民的抗日武装、群众运动和民主势力。

由于全中国各民族各阶级人民、人民武装八路军、新四军、抗日联军等多年艰苦残酷的斗争，数千万同胞的流血牺牲，加之伟大盟友苏联红军的配合，特别是红军把日本法西斯堡垒关东军打垮，直接帮助我们解放全东北和热察等条件，伟大民族抗战才得以胜利结束。

这就是百年来革命和反革命的对比过程。百年来，如果没有革命各阶级阶层人民不断的革命斗争，特别是"五四"以后，如果没有无产阶级先锋队共产党、没有伟大的人民领袖毛泽东来领导这个革命，反革命——尤其是封建买办法西斯——早已把"中国之命运"葬送掉，中国早已成了帝国主义、特别是日本帝国主义的殖民地，汉族和国内各民族的人民，早已都成了亡国的奴隶。因此，如果没有革命的一面，没有共产党和毛泽东主席，就没有了中国，也就没有了汉族，更没有了"中国之"新生的"命运"。

六　全国解放前的两种传统和两种社会形态

基上所述，汉族在数千年过程中，一方面，由于掌握统治权的大地主大商人到大地主大资产阶级，一贯的对内残酷压迫，对外卖国、投降、妥协，招来多次的异族侵略和统治，同时他们从狭隘的阶级利益出发，也多次去侵略他族，对国内其他兄弟民族，实行大民族主义的压迫。一方面，由于汉族人民一贯地对侵略者进行了各种各样的艰苦斗争,对民族和阶级压迫者举行了无数次暴动和革命,不仅保存了自己的民族,而且壮大了自己的民族。

汉族吸收了他族的不少文化成份,同化了他族的不少人口;同样汉族的文化成份也被他族所吸收,人口被他族同化的也不少。因此并不如中国法西斯大民族主义者所说,汉族善于同化他族,而不被他族同化,汉族文化全是"固有"的,没有外来成份,只有他族"沐浴"汉族文化。也不如他们所说,汉族的人种血液不是多元的,而是单元的。在长期历史过程中,汉族同化他族的人口多,被他族同化的人口少,这是无可否认的。但这也不是由于什么汉族文化的"博大性"和"同化力",而是由于在鸦片战争以前,侵入中国的外族,在经济、政治、军事、文化、人口各方面的总和力量,远较汉族为小,特别是其中起主导作用的生产方式,远较汉族为低,汉族这种总和力量的优势,又不断通过其人民的英勇惨烈斗争,而发生作用。这种同化的本身,自是一种社会的历史的过程;但在汉族遭受侵略和统治的过程中,是有着凄惨的历史内容的。另方面,像汉武帝、唐太宗那些封建统治者,虽没有实行过何等同化政策,但由于他们的统治,而引起"住居塞内"各民族的同化,是同样有着凄惨的历史内容的。在全国解放以前,充任帝国主义工具的封建买办法西斯蒋介石匪帮,对国内各民族实行大民族主义的压迫,并推行同化政策;那是完全不符合人类历史发展法则的,我们会坚决反对,到今日它已根本为我们所推翻。

基上所述,汉族的全部历史,是充满了斗争事迹的人民的历史。由于祖宗英勇惨烈的斗争,不仅保存和壮大了自己的民族,并把自己的民族锻炼成优秀人类的一个部分,到今日成了人民的新中国的主导力量,以他为主导的新中国并已成了以苏联为首的世界和平阵营的重大因素。由于祖宗"斩荆披棘""出生入死"的艰苦斗争,开辟了广大领土,留下无限资源,成了人民中国工业化和富强的优良条件。由于祖宗数千年艰苦持续的斗争,锻炼出民族的伟大创造力,创造出四千年的文明历史,又创造出卓绝世界的封建文化——这虽则已过了时,却仍有不少积极的因素或优良传统,值得而且必须去批判地继承——并在伟大的民族抗战与和平民主事业中、反法西斯独裁卖国的人民解放战争中,是国内各民族的领袖。尤其值得我们骄傲的,她过去产生过无数优秀的革命领袖、政治家、军事家、哲学家、文学家、科学家,近百年来又产生了伟大的孙中山、毛泽东,尤其是伟大人民领袖毛泽东。

在伟大的民族抗战胜利结束迄今人民解放战争基本上完成全国的胜利以前，从严格的意义说，汉族还没有成为一个完全现代化的独立民族，那时还表现为两种社会形态。简略地说：

（一）汉族是有固定领土的。但当时政协决议和协定曾完全被反动派撕毁，他们为着要维持其法西斯专制和卖国统治而进行内战，又与美帝国主义订立超过二十一条的卖国的条约；那大半个中国，便在美帝国主义支配下。与其他帝国主义国家间的不平等条约，也只是在条文上取消。因此，在汉族居住的领土上，当时只有一小半削弱或消灭了封建剥削，完全没有外力的支配，建立起自主的新民主主义政权；在大半的领土上，曾是封建买办法西斯主义的独裁卖国统治，并且完全受着美国帝国主义的支配。但到今日，经过三年伟大人民解放战争的伟大胜利以后，美帝国主义及其走狗蒋介石匪帮的统治已基本被推翻，余下的西藏和台湾的解放也已为期不远，出现了历史上从来没有过的人民国家的统一局面。

（二）汉族人民的经济生活，在日寇武装侵入以前，是一种半殖民地半封建性的，封建的生产方法占着支配地位；在日寇侵入以后、特别自"七七"以后，在敌占区是殖民地的，国统区是半殖民地半封建性的，解放区则是新民主主义初期的形态。日寇投降以后和全国解放以前，在两种领土形态上，也表现两种经济形态。各个解放区曾经有一个时期在空间上没有完全连成一大块，但在经济上却是一种统一的新民主主义的形态，封建的生产方法已经或逐渐被消灭，新民主主义经济的生产方法已渐次获得支配地位。在国民党反动派占领的地区，曾是帝国主义支配下的大地主大资产阶级所统治的半封建生产方法占优势，各个省区的经济分散性与独立性，也没有完全消失；而大地主大资产阶级的经济则是依附外资、主要是美资的，买办性不只浓厚，且步步在加重。所以蒋占区的经济，实质上不只曾是半殖民地半封建性的，而且曾步步在走向殖民地化。但到今日，除西藏、台湾外，已根本推翻了帝国主义官僚资产阶级封建阶级对公私经济的特权支配，在全国范围内已经完成或即将实行土地改革，消灭封建剥削；一面发展公营与合作企业，扶助有利国计民生的私营企业；国营企业已获得国民经济中的领导地位，并已获得顺利发展的条件，迅速地在发展，特别在伟大斯大林和苏联人民伟大国际主义的友谊与道义援助下，由于贷款、技术和科学以及经济合作等等方式的援助下，我们将迅速走上与完成全国工业化、农业现代化的光荣而伟大的任务。

（三）汉族在很早的过去，就形成了一种共同的文字和通用的"官话"。不过：（1）现在的文字，不是大众化的文字，还须加以改造；（2）还有一些地方的独特意义的文字，如广州的"冇""乜"等。语言方面，在通用的"官话"以外，有着多种多样的不统一的地方话，所谓"十里不同音"，特别是所谓"广话"、"福话"、"客话"，几乎使外省人很不易通解。使全国性的、地方性的、阶级性的现有语言文字的完全统一，还须经历一个革命的过程，并且不能在新民主主义革命过程以外去完成。但是在全国解放以后，在工业化和人民经济在全国范围发展过程的基础上，一面将进行语言文字本身的科学改革。在老解放区所形成的一种新语法和简体字，或者可能成为今后改革语言文字的张本。

（四）汉族在文化心理状态方面，是有着共同特征的。其中如支配封建时代的儒家哲学、伦理观念、宗教信仰（佛、道、巫）、文学艺术的作风气派等等，虽有不少积极的因素，在今后民族精神生活内容中，仍将被吸收遗留下去；但从其主要构成说，一面有着适应于各阶级的质的差异，一面又是正在扬弃中的封建性的东西。百年来，舶来的一些资本主义、帝国主义的东西，除去其具有科学内容的部分，已经或将被吸收者外，大都是买办主义的，都应予以根本排斥；但其对买办阶层的精神生活发生了支配作用，并至今还表现着残余的影响，是无可否认的。"五四"以来所产生的新民主主义哲学、科学、伦理、文学、艺术，在今日以前已曾取得了文化思想运动上的领导地位，到今日基本上已获得在全国范围内的支配地位，但还没有普遍深入地渗透到民族的精神生活中的各个方面去，全面地取得代替旧东西的支配地位，我们还正在经历一个改造和创造的过程。因此，到抗战前以及到解放以前的国统区，汉族散布的各省、各县甚至各村，都有其地方性的文学、艺术、传说、宗教等等；然不论其形式如何，除去农民自己的东西有着积极的进步内容外，在农村人民的精神生活方面，"三纲五常"为中心的东西，还强烈地在起着支配作用，不过在各地采取着各种各样的地方性的形式去表现——只有经过革命的一些地区，才有着不同情况。

在伟大民族抗战胜利后和伟大人民解放战争胜利以前，从汉族的文化生活来看，表现着两种地区的两种形态。在解放区，由于完全摆脱了帝国主义支配，削弱或消灭了封建剥削，新民主主义的经济和政治取得支配地位。因而新民主主义的文化，也便在这种基础上开始取得支配的地位。在工、农、青年、妇女和一些民主人士里面，旧的世界观和伦理观，就曾经被扬弃，而逐渐为一种新的世界观和伦理观所代替。为群众服务而又由群众自己参加创造的新文学（报导文学、诗和歌词等等）、新艺术（木刻、图画、秧歌、改造的地方剧、高跷、音乐、改造的京剧等等），就曾经像雨后春笋样地产生和蓬勃发展；其形式都是群众所"喜闻乐见"的，内容都是群众新的现实生活和要求的反映。特别是新歌曲和秧歌剧，就已曾为广大人民乐于接受和欣赏，表现了新时代艺术发展的方向。在这里，地方性的、民间的东西，受到改造和发扬。因为那是走向统一的前进的必经步骤，与封建分散性的地方形式不同。但同时，在新旧解放区，特别是新解放区的广大农民里面，也曾普遍残留一些"三纲五常"的伦理观，封建迷信的宗教观（甚至如晋东南，曾有较古代的多神崇拜）……，完全是事实；不过用不着惊异，那在实质上，只是一种过渡期的残余的东西，随着残余的封建生产关系的消灭，以及建基于其上的父系家长制的消灭，那些东西就已经或即将跟着消灭。另方面，在国民党反动派占领的地区，工、农、小资产阶级等群众，虽有享受新民主主义文化的客观要求，但在封建买办法西斯的文化统制政策下，曾经只是一种潜流，但在革命高潮中也曾兴起狂波巨浪。在支配群众精神生活的上层方面，一面曾极力保守"三纲五常"为中心的一切东西，拥抱着一群群的僵尸起来跳舞；一面陈列着舶来的帝国主义法西斯主义的货色，在文化市场上疯狂叫嚣。在半殖民地经济基础上的买办主义精神生活，对于一般市民，本来也都有其多多少少的物质基础。这种基础不彻底改变，他们便不能完全摆脱买办主义文化生活的支配。在半封建经济基础上的"三纲五常"的精神生活，在广大农村人民里面，也是有着相当物质基础的。这个基础不彻底改变，他们便不能完全摆脱封建主义精神生活的支配。因此，在解放以前，除大地主大资产阶级及其附从而外，一切要求民主的人民就已不满足于旧的文化生活；但大地主大资产阶级却从脚下和头上两面把他们绑架于旧的反动文化的牢狱里过活。因此，在根本结束帝国主义大地主大资产阶级的支配后，全面摆脱帝国主义和封建的束缚后，全国走上工业化过程和土地革命或农民翻身以后，上述两种文化生活形态就归于统一了——统一于新民主主义的人民文化的形态了。但我们在当前的人民、文化事业上，还须经历一个改造和创造的艰苦过程，需要虚心地"向苏联学习"，并使之成为一种运动，在我们人民国家具体情况的基础上，尽可能去吸收苏联先进文化的成果和经验。

四

满 族

一 满族的起源和形成

满族是蒙古人种通古斯族的一系；人民体质面貌方面的等等特征，为发黑直、面平圆、颧骨突出、鼻低广、发稍多，后脑扁平、肤黄……这与蒙古人种其他民族，皆大同小异。

满族的起源，他们自己传说，与商族起源的传说很相似；谓仙女佛库伦浴于长白山岭之神池，吞神鹊所含朱果，生爱新觉罗·布库里雍顺（爱新觉罗意即金族）。这是说：他们最初的祖先是鹊图腾。其后来住到鲜卑山，便称鲜卑氏（鲜卑即西伯译转，地在今西伯利亚东南）。公元前一千一百年间的西周初期，鲜卑族的一支——肃慎氏，已到不咸山（即长白山）附近，与华族开始接触；春秋时，肃慎部落的一支，经今辽宁进到河北地区，即当时华人所谓"山戎"。据《山海经·大荒北经》说，肃慎到战国时还使用旧石器；据《国语·鲁语》，则已进入新石器时期。按时间演进的顺序推断，《国语》的记载是比较可靠的；战国时成书的《山海经》所说，可能是俯拾过去的史实。今日北满一带掘出之新石器等遗物，可能即肃慎部落的文化遗存（到今为止，我们还没发现其他民族先肃慎居住过满洲）。

秦朝时，华人统称肃慎族诸部为"东胡"族（我认为"东胡"即"通古"之译转）。到汉朝，汉人（即华人）称居今东北的东胡族诸部为扶馀族

（居今长春附近）、高句丽族（居今鸭绿江上游）、挹娄族（居今长白山附近）、北秽貊族、南秽貊族（均居今长白山东南）。从汉朝起，陆续进到中国者，有拓跋氏、慕容氏、宇文氏、段氏等部，统称鲜卑族。挹娄族到北魏时，已派演为粟末（居今松花江）、伯咄（居粟末北）、安车骨（居伯咄东北）、拂捏（居伯咄东）、号室（居拂捏东）、黑水（居黑龙江下游）、白山（居长白山附近）等七部，统称为勿吉族，隋唐以后汉人转称为靺鞨族。唐睿宗封粟末靺鞨部酋长大祚荣为渤海郡王，靺鞨便在八世纪末又改称渤海。据《唐书》所记述及鸟居龙藏氏实地发掘渤海"故城"的材料分析，《唐书》所谓渤海国，实际还在原始公社制的历史时代。

另一通古斯系民族契丹族，与渤海为邻，居住在今南满与中东两路交叉的"丁"字形以西地区。九百年代末，契丹已临到"文明的入口"；其酋长耶律阿保机于公元926年征服渤海，其他邻近契丹的靺鞨诸部，也都成了她的属领。根据《辽史》等文献记述的材料分析，在契丹侵入中国前，已行使奴隶制。

靺鞨族在契丹奴隶制兴起后，便被分裂为两部：散布在混同江（即今松花江）附近，先被契丹奴隶主贵族征服而成为其属领的，称为"熟女真"（羽按女真即肃慎、勿吉音转）；散布在今长白山周围及其以北的诸部，最初曾抵住契丹奴隶主贵族的侵略与"熟女真"分离，因被称为"生女真"。但处在历史较低阶段的"生女真"，后来也终于被契丹征服了。

二 女真（满族）的奴隶制度革命

女真被契丹奴隶主贵族征服后，均成为其属领，对契丹履行纳税义务，如贡纳"海东青"（即契丹皇帝行猎用的狩鹰）等；一面仍保持其内部的原始公社制组织。从这时起，他们又从契丹和汉族方面，接受了进步生产和文化的影响。到十世纪初，在其著名酋长乌古乃时期，"生女真"便形成强大的部族联盟，并开始对契丹奴隶主统治进行反抗；而契丹对他们的压迫，如"海东青"贡纳的苛扰与所谓"打女真"，又加深了他们的反抗和仇恨。据洪皓《松漠纪闻》说："大辽……银牌天使至女真，每夕必欲荐枕者……作止宿处，以未出适女侍之；后求海东青，使者络绎，恃大国使命，惟择美好妇人，不问其有夫……女真浸忿，遂叛"。所谓"打女真"，据《契丹国志》说："先是州有榷场，女真以北珠、人参、生金、松实、白附子、蜜蜡、麻布之类为市，州人低其值，且拘辱之，谓之打女真"。到十二世纪初，"生女真"在其革命领袖完颜阿骨打的领导下，终以送还阿疏问题（阿疏为纥石烈部酋长，逃亡契丹，献策反对生女真），与契丹开始正面冲突，终于推翻契丹奴隶主的统治，夺取契丹治下的宁江州、咸州路及黄龙府路诸州。同时，他们又统一了"熟女真"的纥石烈诸部，把其从契丹的统治下解放出来。复掠取其邻近的契丹属领，征服邻近诸部落。他们并以大量俘虏充作奴隶。阿骨打于1117年即汗位，国号大金。至此，女真也建立起奴隶所有者的国家了。其原来"明安"（意即部族）"穆昆"（意即氏族）的氏族制组织，也便改变了内容。阿骨打于即位之第三年又命完颜希尹仿汉文楷书及契丹字创制女真文字（其原先通用文字为汉文和契丹文）；以后于1138年又制"女真文字"，形制均似汉字，但均未能通行。

金国奴隶主贵族后来又联合南宋，灭亡契丹，俘虏其大量人口，占领其所有领土和属领；并转而对其同盟者南宋实行侵扰，占领河北、山西、山东、河南以至淮河以北的苏北、皖北大块汉族领土，在华北建立起金朝的统治。

金国奴隶主贵族在入侵和侵入中土后，"明安穆昆"式的社会组织，便又转变为军事性的组织，其中奴隶主和奴隶都脱离生产，专门担任战争和驻防华北各地的任务，完全靠剥削汉族农民及其他属领和奴隶过活。因此，金国自己原来的社会生产组织，反陷于溃散状态，后来连基础也完全毁弃。

金朝统治者在中土，自始至终都受到汉族人民普遍的反抗，特别曾受到牛皋为首的农民军、岳飞为首的中小地主领导的联合武装的严重打击。到公元一千三百年代中叶，金朝一面由于其统治集团内部的冲突，耶律留哥（据北满）与蒲鲜万奴（据南满）相继叛变；一面有汉族人民的反抗，复受蒙古奴隶主贵族和南宋地主联军的夹击，统治权便迅速地瓦解了。金朝灭亡后，原先随同其统治者来到中土的女真族人民，一部分成了蒙古奴隶主贵族的俘虏，一部分便杂居汉人里面，冒充为汉人，逃回到松花江南北地区的为数很少。他们所带回去的，主要都是些脱离生产的寄生虫知识；而在侵入中土前，其祖先辈的实际生产知识，他们却完全丧失了。同时，他们从黑水白山间侵入中土以后，仍留住今满洲境内其他女真部落，原先就比较落后。据《满洲源流考》和《开国方略》所记述，他们这时还在以畜牧为主的原始公社制时代。因此，从中土回去的女真人，又只得回到原始的生活中去。这不是历史走回头路，而是由于金国奴隶主贵族的对外侵略，使自己的社会基础根本被破坏，自己民族发展的历史被中断。而此，倒正是人类历史的辩证法。

蒙古奴隶主贵族建立元朝的统治前后，女真族各部也都成了元朝的属领。元朝统治者设置所谓"万户府"去管辖女真，向他们征收贡纳。

元朝统治崩溃后，明朝初期的疆域，东北面只包括南满；女真族散布的北满，则是塞外。居于北满的女真族，不断遭受蒙古族的侵扰，便由其酋长阿哈书等率领次第南迁。1415年（永乐十一年）春，达到今吉林三姓附近地方；其中一部达到豆满江沿岸的谷地，另一部由酋长孟哥帖木儿率领，移到斡木河。明政府便设置建州卫（以阿哈书任指挥使，并赐姓为李思诚）与建州左卫（以孟哥帖木儿为都指挥使）去统属。这部分女真部落，自此便称为建州女真。后三姓附近之建州女真，以常受野人女真压迫，1416年（永乐二十三年前后），又由酋长李满住等率领，越分水岭南下，移住今佟佳江沿岸。在当地因与朝鲜族不断冲突，最后又移徙到今苏子河流域的赫图阿拉一带。据《明史》记载，除建州女真外，另有野人女真、海西女真等，但以建州女真为较进步。建州女真自南徙后，与汉族居住地区交错，受到汉族进步生产的直接影响；永乐时开始的马市交换，也起了推动作用。所谓马市，是以汉人的工艺品如缎子、棉布、农具、锅铛、刀剑与女真之马、牛、羊、驴、皮类、木耳、蘑菇、人参、乌拉草等在官市进行现物交换。氏族奴隶的使用，常向半岛各处掠取朝鲜和汉族人口。到明朝成化至嘉靖间，建州女真的内部，由于生产的进步，一面是家族经济和家长制的抬头，一面是氏族奴隶的大量使用。为扩大对财物和人口的原始军事掠夺，不断对南满汉族居民实行侵袭。因此明政府便于佟佳江以西的凤凰城至鸭绿江流域地方，建筑宽甸、长甸、永甸、新甸、张其哈剌甸六堡，名曰"宽甸"，把女真屏于宽甸以外；但不停止交易，并于宽甸设立互市。

这时的女真族已演化为建州、长白山、东海、扈伦四部。建州部内包：苏克素护、浑河、王家、栋鄂、哲陈五部；长白山内包：纳殷、鸭绿、珠含哩三部；东海（即兀集）内包：互尔哈、呼尔哈两部；扈伦内包：叶赫、哈达、辉发、乌拉四部。部族叫作"旗"，氏族叫作"牛录"；旗（固山）、札拦、牛录（旗的酋长名和硕贝勒，余均叫作厄真），正是这时女真的氏族制社会组织形式。但他们已临到"文明的入口"，氏族制已渐趋崩溃。就其中较进步的建州女真情况来说，根据浦廉一的叙述："在同一牛录的内部，一面残留着氏族制的特征，一面生出贫农的差别。而其牛录内经济活动的财源之主要的东西，是在狩猎征战中的利得和家族所持有的多数奴隶。他们所有的奴隶，大部分为汉人和若干朝鲜人；这种奴隶主要使用于耕种旗地，是对满人生活上演着重要任务的食粮供给者。"（《东洋文化史大系·清代亚细亚》之部90页）在同一牛录内的土地使用，"原则上对各人一律给予五或六日的土地（一日约五六亩）；实际上，有力者占有很多的良田，贫困无力者的所有常不到二三日的土地……"（同上）浦廉氏又说："由于其同一氏族内阶级的发生，与之相伴随的，适应于各阶级的家产，即田产、房屋、牲畜、奴隶和其他财宝的集积，便自然在其子弟间行使分配和承袭……"（同上88页）实际上，倒不是由于阶级的发生，而产生这种私有财产形态；而是在这种私有财产发生的基础上才慢慢分化出阶级来。其阶级分化的情况，是"根据其权力、富的程度等如何而分为一等二等三等四等五等五个等级；一二等级的人占着……支配的地位；第三个等级占着较次的优越地位；第四等级的人民便远比前三者为低；特别是等外级的人民，处于只记人数而不记姓名的最下层的境遇。而第四等级及等外级的下层阶级人数，比之其上层阶级却占着压倒的优势。"（同上87页）在这种基础上，女真族的内部，便以建州为中心发生革命和保守两种势力的矛盾，并反映为建州、长白山、东海、扈伦各部间及其各自内部的相互冲突和分裂。

在这种社会形势下，便产生以努尔哈赤为首的革命。努尔哈赤出身建州的革新家族。其祖觉日娄、父塔克失曾为反动派尼堪外兰所杀害，努尔哈赤本人亦曾为建州部保守派所不容，流寓四方，度其采参与往来马市的穷困生活。但他在革新势力的基础上，以及栋鄂部酋长何和里、苏克部酋长索尔果父子为首的革新分子支持，充任了建州军务酋长，镇服尼堪等保守派（杀尼堪外兰于抚顺关外的鄂尔珲城），统一建州内部，以佟佳江流域为根据地。第二步与哈达部酋长为首的革新派配合，镇服辉发部酋长拜音达里等为首的保守派，又统一海西女真的扈伦四部（扈伦四部系由海西南迁，散布于今松花江本支流以西鸭绿江以北一带）。以后，一面统一女真族诸部，团结为一个种族；（《满洲实录》说："时各部环满洲国扰乱者，有苏克素护部、浑河部、完颜部、栋鄂部、哲陈部；长白山纳殷部、鸭绿江部；东海窝集部、瓦尔喀部、库尔喀部；呼伦江中乌拉部、哈达部、叶赫部、辉发部。各部蜂起皆称王争长，互相战杀，甚至骨肉相残，强凌弱，众暴寡。太祖恩威并行，顺者以德服，逆者以兵临，于是削平诸部。"）；一面扩大占领地，掠夺人口，把四周各族一一征服，同时与朝鲜举行"江都会盟"，订立盟约。并于1599年创造女真文字（即满文）。

努尔哈赤于1616年即汗位于赫图阿拉，表示其要继承金朝事业，国号大金；同时承认家族财产和其使用奴隶的合法权利。因此女真又再度建立起奴隶制国家。努尔哈赤以后，满洲奴隶主贵族在侵略汉族的进程中，为着避免对汉人的刺激，又改称其国号为满洲。女真族便从此称作满族。

努尔哈赤死后，满洲奴隶主贵族乘着明朝政府的腐败和其正集中力量反对农民军的时候，便大举入关侵略。由于汉奸吴三桂等的配合，以及农民军自己犯了错误和内部分化，便击败了农民军，建立起清朝的统治。

满洲贵族在扩大对外侵略及其统治中国各民族的要求上，从努尔哈赤（清太祖）、皇太极（清太宗）到福临（顺治），便渐次把满洲人民都编入军队性的八旗（最初只行于建州女真，以后渐次推行于满族全部以至满洲境内其他种族）。"旗"在最初，原是氏族组织的形式；到努尔哈赤革命前夜，成为带有原始性的斗争组织，男女老少都随军行动；但其本质却还是氏族性的组织，至此便完全成为军事组织了。因此，在其侵入关内，灭亡明朝地主政权后，满族人民留住东北的，便渐次只有少数八旗驻军和稀有的住户；八旗军的绝大部分，都随带家小，分驻中国各地，依靠剥削汉人过活——自然也剥削其他民族。然而却又明令"划满洲为禁地"，不许汉族和他族人民移入。

三　满汉关系的历史过程

现在尚能识别出来的，已只有少数满族住户；原来的满族已完全和汉族混合了。而汉满的关系，却有一个长期的历史过程。

据孔子说："武王革命"胜利后，"肃慎氏贡楛矢石弩，其长尺有咫"。这可能就是汉满两族正式交通的开始。汉人最初入满洲的，为战国时的燕人、赵人、齐人；其时燕国封主并在今辽阳设置辽东区、朝鲜平安设置朝鲜区，辽河左右都成为其属领。所以在今南满许多地方，都有燕币"明刀"的发现。

秦皇并吞燕国，燕王逃到辽阳。秦兵追索燕王，复自辽阳以北扩大占领地，并分设辽东（即今南满）辽西二郡。汉武帝时，汉朝地主政府又侵入朝鲜，分设乐浪、玄菟、真番、临屯四郡。自此日本也开始"经朝鲜移入汉族文化"（鸟居龙藏：《满蒙古迹考》126 页）。但朝鲜和日本，当时都还没有进到国家时代。今日从"满洲旅顺之岬角，以至辽阳之北"，到处可发现汉朝留存的地下遗迹（同上书 126—127 页）。

从汉朝以后，经三国、西晋、北魏各朝，南满都是中国的领土；住居其间的，则为汉族的农业民和通古斯族的游牧部落。所以鸟居氏说："南满洲之前汉末之遗迹"，如玉装饰品、铜器、剑、镞、矛、无釉陶器、货币等等，"各处有之"；并到处发现有自汉经三国至晋的砖瓦，且载有各朝年号；各地发现之众多的陶器，也都是中国式的制品（同上书178—222页）。到唐朝，散布北满的靺鞨族，也和汉族开始了频繁的交往；想向东北开拓商路的唐朝统治者，硬把粟末靺鞨部的酋长大祚荣封作渤海郡王。渤海受到唐朝进步文化的影响，城寨构筑，"文物制度"，——都模仿唐式，其留唐回去的人士甚至模仿唐人，"喜作诗文"（同上书 33 页）。这种模仿，虽只能限于片面的形式，但对以后满族的发展，是有其作用的。如果说唐朝对靺鞨族也起了一点进步作用的话，就在这里。

后来，在契丹奴隶主国家统治下的女真族，她一方面对契丹统治者进行了各种各样的斗争，也受到各种压迫和摧残；但另一方面，又受到契丹生产技术和文化的影响，也就是间接吸收了汉族的文化——因为"辽之文化为汉人文化"（鸟居氏研究契丹文化的结论——同上书）。契丹灭亡后，在女真（金国）奴隶主贵族侵入中国的一个世纪间，汉人和他们斗争的结局，他们是被削弱了，丧失了原有的战斗力和生产知识，但也把汉族的一些东西带回满洲。

明朝初期，南满复属于中国版图；以后明朝地主政府又在黑龙江设"奴儿干司"，并前后以各种官衔封赠建州、海西两部女真酋长，对其投顺与"从征有功"者，复赐以汉人姓氏（如赐建州女真酋长阿哈书姓李）。明朝政府的这种措施，不是在开疆拓地，奴役女真，而在羁縻他们，来巩固明朝的边防。因此，建州和海西对明朝虽只是名义上的藩属，明朝政府仍不断给以"恩惠"。而他们却不仅吸收了汉族的进步生产技术和文化，并从各方面来模仿，如女真酋长王杲、王兀堂、董山、董仓等人，率皆冒易汉人姓氏（王杲是所谓清肇祖孟哥帖木儿胞弟凡察的后裔，董山、董仓都是孟哥帖木儿的儿子）；清太祖努尔哈赤原先也冒姓佟氏（萧一山《清代通史》："佟氏辽东望族，女真多冒此姓。或云努尔哈赤赘于佟氏家，故姓佟"。实则佟氏起源亦系冒姓）；他们并多通晓汉文，能读汉书，如努尔哈赤好读《三国演义》、《水浒传》等书；在公元 1599 年喀尔德尼、噶盖创制满文前，满族通用文字便是汉文和蒙文；皇太极时，觉尔察、达海译《大明会典》、《素书》、《三略》等，是在有满文后汉书满译的开始（原先金国所创制之"女真大字"和"女真小字"，自始即没有代替其通用的汉字地位，也没有在人民中流行；金亡后，即归于湮灭了）。

由于汉满两族在长期历史过程中的相互关系，汉族的文化和血液，不断吸入了满族的成分；满族到努尔哈赤、皇太极时，并有了相当程度的汉化色彩。

四　满族的衰落

清朝统治者从 1644 年（即顺治元年）迁都北京之后，一方面，为着想把汉人满化和便于其统治，曾运用其优势的政权和军事力量，强迫汉人薙发蓄辫、改易服制（只许汉族女人不改装），特许满汉通婚，满人广收汉人为义子，对汉文书籍一律修改或焚毁，尽量制造与扩大文字狱……这种种措施，无非在企图消灭汉人的种族特征、种族思想，使汉人逐渐满化。一方面，为着防止满人汉化，又严令满人只许用满文满语，一切文书均用满汉两种文字书写，禁止满人与汉人文书往来……为着保全老家，把满洲划为满族独占的禁地，严禁汉人出关开垦，至于原来满汉杂居的南满地区，则作为流徙罪囚之所，去破坏原住汉人的安居生活。但满族虽在政权和军事力量上占优势，而在经济、政治、军事、文化、人口等等力量的总和上，仍远远小于汉族；加之广大的汉族人民及有气节的"明朝遗老",普遍组织反满秘密结社,与他们进行不断的斗争。这不仅打破了清朝统治者满化政策的企图,而且使他无法遏止满人的汉化趋势;以致到乾隆时,满人对满文满语反多遗忘,而通晓汉文……因此清朝统治者便退一步,集中力量去防止满人汉化,所以,从乾隆时起,便一再号召满人:"务崇旧规,勿失先民矩矱","须以清语骑射为务",并禁止满汉通婚,特别不许爱新觉罗王族与汉人通婚……但这一切,也都是徒然。

满族原来在文化生活等方面,都是比较幼稚的,还没有系统的哲学和科学思想,文艺和其一神教的萨满教也都是较低级的(萨满教是以天神为主的一神教,内容和形式与殷代奴隶所有者巫教相近似);汉族则有着传统丰富的哲学思想,相当的科学发明和科学思想,相当发展的封建文学、艺术和宗教(佛教和道教)。满族的人口特少,领土较小;汉族人口特多,领土较大。特别重要的,满族原先还是初期奴隶制的生产方法,入关后,又率皆脱离实际生产;汉族则已进到封建社会末期,并已出现了资本主义生产方法的雏形。满族居于统治民族的地位,率皆靠剥削汉人以至其他民族为生,骄奢淫逸,日趋堕落;汉族人民是被统治的,受着严酷的压迫和剥削,在不可分的个人与种族生存要求的基础上便承袭民族反侵略的传统经验,从各方面去展开反满斗争……因此,散布到关内各省的八旗兵便首先汉化。他们以少数地位在汉族人海中生活,各方面都须依靠汉人,和汉人打交接,便不能不习用汉语汉文,从而满文满语就不能不渐次被放弃。在原先满汉通婚的法令下,他们已不少和汉人建立血统的联系;乾隆以后,虽有严禁满汉通婚的法令,事实上,在大量旗户破产的情况下,却不仅旗人私娶汉妇者不少,而旗人将姊妹子女偷嫁于汉人富户者尤多——何况皇室本身,在"汉不选妃"的防障下,据传也早有雍正皇后与陈阁老子女交易的黑市。其次,在文化思想和精神生活方面,从皇帝、亲王、贝子、贝勒以下,都不能不受汉族哲学、科学、文艺、宗教的支配,特别是儒家学及道教、佛教等,都是其统治上最需要的东西;汉族的封建文学、戏剧、雕刻、音乐、图画等等,都最能满足其不劳而食的享乐要求……

同时,清朝统治者入关后,曾"极力招集同族以治中国人民……不论何人皆可入选……使入中国内地。满廷又以满人组织八旗兵,于是满人始完全入于八旗之中"。甚至从索伦族和达呼尔族人民中编组军队,驻戍各地。"因此关系,满人故乡之地,殆成无人之境"。但"清廷以为此等土地宁任其荒废,不可令汉人移入。"（鸟居氏前书 101 页）所以在咸丰十年以前，清廷一贯严禁汉人出关开垦，不只从康熙以降，屡次发布禁令，并曾派官查办，派兵巡搜，设置巡卡。（日人金川清：《通化省史话》150—153 页）"眼光锐利之山东汉族，已于不知不觉之中而潜入此禁地……从事农业。北京满清朝廷初尚不知，及移垦者日多，异常惊慌……不得已解放禁令，或限令某地许其移垦。此令既下，山东移民固不待言，山西人亦陆续移来。于是满洲遂变汉族土地矣。"（鸟居前书 102 页）其实，这并非由于"山东汉族"的"眼光锐利"，而是汉族农民缺乏土地，在清廷圈占旗地与残酷统治下，已更加严重，不得不冒险犯难，越关潜入此处女地，甚至"相约结为兄弟"，形成有组织的对抗。这种自己有组织的移民，曾被清朝统治者和日本法西斯称之为"蓡匪、金匪、木匪"或"流民"……（金川清：同上书 149—155 页）。清朝政府，也不是由于"移垦者日多"，"不得已解放禁令"；而是由于"咸丰之末"，日本帝国主义西进，沙俄帝国主义南进的侵略威胁更加严重，加之其时"满人已大多汉化"，"不得已解放禁令"的。在此以前，清廷于 1727 年的中俄《恰克图条约》前后，已感知有防边的必要；以后到雍正、乾隆时，更由于八旗人大多穷乏和清廷财政困难，清廷的"奴才"舒赫德、梁诗正等曾前后建议"移住旗人"实边与移"八旗屯种"实边，清廷也曾前后这样实行。但八旗垦户或屯户，率皆转用汉民代垦，向代垦户收取租子；然最初犹只将眷属留居北京等地，以后连这种"移住"或"屯种"的旗户本人，也都偷偷回到关内，甚至以其"给与的土地，典卖于一般汉人"。因之，移住旗户计划实施的结果，反便利了汉族农民的移住。清朝统治者移住八旗的本来目的，在于一面企图仍能保持满洲为满族独占的"禁地"，一面又达到实边的目的……至此，便宁令边防空虚，而不令汉族乘空移住，又宣布作罢（参考稻叶岩吉：《满洲发达史》345—369 页）。"不见棺材不下泪"，直到咸丰末，由于情况的变化，特别是沙俄与日本帝国主义对满洲的窥伺，根本威胁其统治，才解除对汉人移住的禁令。

因此，日本帝国主义的御用学者鸟居龙藏，在实地考察满洲情况后，也不能不得出如次的结论："今日之满洲为汉族之满洲"；"前住此处之土著民族，今往何处，已不明了。"（同上书 99 页）其实，由于"今日"已只能觅大量满人于汉族之中，满汉基本上已经混合，这在拼命想找出一个"满洲族"的侵略者代言人,自然"不明了"。不过鸟居氏究竟还有点资本主义科学的常识,还不曾像日本法西斯军阀那样凭空捏造。

满族原来的文化,已被吸收在汉族文化里面;满族原来的生活习惯等特点,也可以在汉族的生活习惯里面找出其遗迹来;满族原来的宗教萨满教,也只有一些残余痕迹的存留;满族的语言文字,今日只主要在达呼尔族里面保存,作为通用的语言,其次便是在蒙族里面,还应用一些满文补充蒙文的不足,满人中还有一些能识满文满语的,但也不是他们通用的语言文字。

五 是否还有一个作为民族看待的满族存在

但不要否认,在满洲的边隅地区,今日还有少数作为满族子遗的居民存在,他们虽也与汉人很难分别,但房屋构造、服装样式等都还保存原来的遗制;他们的生活不能离开汉人,所以全"用汉语""会话",并通用汉文。因此鸟居说:"满洲人在满洲已绝迹",也是不全合事实的。

这种挤到边隅地方的满族子遗,在汉族军阀统治时,他们在政治上没有权利,被歧视;在日寇统治时,他们与汉人同样受压迫。因此,他们虽为数很少,并已汉化很深——几乎已不易识别出来,他们自己也不愿说是满人;但从政治上看,他们是在民族历史成见下被歧视的人们,还是少数民族。东北解放后,在民主政府辖区内,根本打破了历史上的民族成见,他们便和汉人一样平等地生活了,汉满的传统民族界限已不存在了。

住在北京等城市镇乡的满旗人,也还有数十万人口,他们虽多不愿说自己是满人,但在民族传统的成见下,也还是受压迫,没有政治地位,并在社会生活上受到歧视。在这些地方解放以后,也便根本上打破了历史上的民族成见,他们也和汉人一样平等地生活了,汉满的传统民族界限也不存在了。

同时,这种边隅的少数满族住户与北京等处的满族旗户,虽在语言文字、经济生活、文化生活等方面,已不易与汉人区别开;但在解放以前其内部曾保留一种民族情感的联系,也是无可否认的(根据我自己曾与满族各阶层人们广泛接触的结果,完全能证明这点)。

　　因此，封建买办法西斯大民族主义者，一面说满族也是"炎黄子孙"，自古就是汉族的"宗支"；一面又说满族早已完全不存在，这都是与事实不符的。根据他们的宣传和方针，如果没有中国共产党、毛主席领导的人民革命把他们解放，则那种残存的满族人民，便只有永远被歧视下去而没有出路的；溥心畲曾在伪国民大会作过呼吁，自然是不能得到什么实际结果的。

五

蒙古族

一　蒙古族的起源和形成

蒙古族人民体质面貌等方面的特征，都与汉满各蒙古人种系民族相同；其躯干一般较华中、华南汉人高大，而与满人、回人及华北汉人相若。抗战时期，日本考古学家在山西桑干河流域天镇、阳高一带，挖掘古坟墓，发现不少铜器和漆器等。那些出土物的作风气派和坟墓情况，都表现为蒙古人种遗物的特征。日人水野清一等根据地质年代和历史记载等方面考究，又断定为蒙古族在北宋时期的遗留。因此，蒙古族也是蒙古人种的一支。

有些中国旧史家，说蒙古族是匈奴族的后身；但没有足够证据，只以过去的匈奴族和后来的蒙古族都散布在今蒙古地方。这是不足证明的。匈奴族在汉朝前后两次向西方移徙后，经魏晋南北朝，除“入居塞内”的部分外，便没有关于其在今蒙古地方活动的记载；同时，唐时蒙古族的情况（见所谓蒙兀及《新唐书·室韦传》的《蒙兀部》），还不及《汉书》所载匈奴族的进步程度。也有些中国的史家说蒙古族是突厥的后身，但也没有足够证据，只根据元朝自称其祖先为突厥人，蒙文“与畏吾儿文相近”，以及德索《蒙古史》的所谓锻冶说。这同样是不足证明的。突厥族的后身是回族，同时也没有材料足够说明蒙古族与回族都从突厥分化而来；所谓锻冶说，更不能说明一个民族的起源。文字方面，由于蒙文系从“畏吾儿文”作范本创制的。《蒙古史》和《秘史》所谓阿兰豁阿无夫而生孛端察克等三人的感生传说，只能说明其母系制曾存在过，并不能说明其民族起源。因此蒙古族的起源和其在唐朝以前的具体历史过程，我们还没有适当材料来说明。但是从仅有的一些材料来估计，他们便可能是原住今蒙古斡难河流域，或来自西伯利亚的蒙古人种的一支，也可能是匈奴族的近亲并融合其西徙后的残部；同时，其包含有突厥族的成份在内，也是完全可能的……然而正确的结论，却还有待于地下材料的发现。

封建买办法西斯及其代言人，说蒙古族是匈奴族的后身，又说匈奴族前身的熏鬻是"夏后氏的苗裔"。蒙古族岂不也是汉族的一个"宗支"！其实，不只肯定蒙古族系匈奴族后身，是缺乏科学的根据；而所谓熏鬻是"夏后氏的苗裔"，更完全是大民族主义者的凭空附会。

蒙古族的起源，据蒙古人自己的可靠传说，最初的祖先"是天生一个苍色的狼与一个惨白色的鹿相配"，"产生了一个人，名字唤作巴塔赤罕。"（《元朝秘史》1页）这是说，蒙古族的原始祖先是苍狼图腾和一个白鹿图腾（犹之汉族的原始祖先有龟图腾、龙图腾等一样）。所谓由"苍狼"和"白鹿""相配"而"产生一个人"，是由图腾制过渡到氏族制的传说反映。《秘史》又说巴塔赤罕的孙儿名叫"善射"，"善射"正是发明弓矢的传说反映。而弓矢的发明，又正是这种过渡期的主要标志。又据《秘史》所载，蒙古族祖先这时已住到斡难河（即今鄂嫩河）的不儿罕山（即今大肯特山）。这也正适合游猎部落的地理环境。

根据《秘史》的传说式记载，"巴塔赤罕"的八世孙名叫"孛儿只吉·歹篾儿干"，他的妻名蒙古儿·真古阿；蒙古儿的子媳有两个好骟马，一个答驿儿马，一个孛罗马。孛儿只吉是后来元朝的国姓，蒙古儿则是其后来的民族和国家的名称。因此，这段传说，一面是蒙古族祖先由游猎进到牧畜时期的反映，与此相适应的，就是由旧石器进到新石器时期。同时，社会的组织，就开始出现了部族联盟；一面是母系本位制和蒙古儿部族联盟形成的反映。

到传说人物的"孛端察克"时代，蒙古儿部族联盟，已包括有下列诸部族：札答剌、巴阿里、别勒古纳惕、不古纳兀惕、合答斤、撒勒只兀惕、孛儿只斤、沼兀列亦惕。据《秘史》所载的材料分析，这时已有使用氏族奴隶的现象，但还是初期的。以后发展到传说人物的"赤都忽儿孛阔"时，相传他"娶的妻多，儿子生多了"，又出现了所谓"妾"；使用奴隶的事情，也渐渐多起来。这正是原始公社制末期父家长奴隶制的主要特征。

在父家长奴隶制的基础上，蒙古儿部族联盟的内部，原来的军务酋长和其左右，至此便形成一种军事集团，他们并渐次脱离生产，专门向邻近部落行使军事掠夺。由于军务酋长地位日渐突出，权力日渐扩大，铁木真的曾祖哈不勒，便由"达达百姓"即"鞑靼"各氏族酋长会议选作"合罕"。"合罕"比后来帝王权力不同的地方，就是他还不排斥氏族的民主制，"合罕"的继承也须经过氏族酋长会议的民主选举。所以继承哈不勒作"合罕"的，并不是哈不勒的儿子，而是"想昆勒格的孩儿俺巴孩"；俺巴孩合罕在战争中被塔塔儿族掳去后，便又由"众达达……百姓每（们）于古儿古纳川（按即今呼尔呼尔河）地方聚会着，将忽图拉立作了合罕。"很明白，忽图拉被立作合罕，是在呼尔呼尔河地方所召集的达达部族联盟各氏族酋长会议民主选举的。达达部族联盟即后来的蒙古族。

在哈不勒、俺巴孩、忽图拉的时期，达达部落的军事集团，不断向邻近诸部落进行原始的掠夺战争，特别和金国（女真）的属领塔塔儿部进行了长期的战斗——塔塔儿部落居住在今贝加尔湖与呼伦湖之间。

由于战争的媒介作用，达达部落又吸收了邻近各族的血液和文化，特别是较进步的女真族和汉族文化。这对于她的发展，是有着重要影响的。以这种进步文化的因素与其游牧部落特有的军事优点相结合，在其自身历史条件的基础上，不只加速了蒙古社会的变革过程，为成吉思汗领导的革命预备了地盘，并给以后蒙古帝国震骇欧、亚的武功准备了条件。

二 蒙古族的奴隶制度革命

当蒙古社会正临到变革时代，又产生铁木真来领导这次革命。铁木真是当时一位具有优越军事才能的革命领袖。公元 1189 年，蒙古诸部族选举铁木真为合罕。他率领其军事集团，在占有奴隶和私产的各家族支持下，不断扩大了对四周各族的战争。他们先后灭亡塔塔儿四部、札剌亦儿、乃蛮、不里（回族的一部）等族；战败蔑儿乞惕等部落。铁木真把战争中俘虏的人口，分赠其亲属左右作奴隶；如对战败的蔑儿乞惕部落的人口，便以其"妻子每（们）可以作妻的作了妻，作奴婢的作了奴婢"；对战败的札剌亦儿人，都分给其亲属作奴隶。并宣布奴隶逃亡的犯罪法："教永远作奴婢者，若离了你们了呵！便将他脚筋挑了，心肝割了。""教与你们看守金门，若离了时，便将他性命断了者。"（《秘史》50 及 67 页）。他同时又团结蒙古内部。到这时，他们已完成了奴隶所有者国家建设的主要条件。不过在其新秩序的建立过程中，蒙族内部，还有札木合与王罕为首的保守派反对革命。铁木真为首的革命派和保守派的斗争，经过公元 1201—1206 年的六年过程，革命派次第把合塔斤十一部反对派镇服，统一了赞助札木合和王罕的札答剌部、克烈部，把札木合和王罕驱逐于国土以外。在这过程中，又仿"畏吾儿文"创制蒙古文字（他们原先系使用契丹文和汉文），但仍并用契丹文和汉文（见羽田亨等：《东洋文化史大系·宋元时代》13 页《成吉思汗圣旨的札牌》）。至此，蒙古族的革命建国大业，便基本上完成了。铁木真乃于 1206 年即汗（王）位，号成吉思汗，建都今库伦以南的和林（按以后于 1264 年迁都北京，称作大都）。自此，蒙古社会的原始公社制，便被奴隶占有制的蒙古帝国代替了（1276 年，宋朝地主政权在蒙古奴隶主贵族侵略下崩溃。忽必烈时改称国号为大元）。

1206 年的大变革，主要有下面一些措施。（一）确立家族私有财产制，并予以法律的保障；设置国家警察和裁判权力。所以成吉思汗给失吉忽秃忽的任命说："如有盗贼作伪的事，你惩戒着，可杀的杀，可罚的罚。百姓每（们）分家财的事，你科断着；凡断了的事，写在清册上，以后不许人更改。"（《秘史》128 页）（二）国家权力机构，分设掌管民事警察和兵马两部权力机关；任命失吉忽秃忽掌管民事裁判和警察，忽必烈掌兵马，即所谓掌管"但凡兵马事务"（同上）。据羽田亨等《东洋文化史》说：其检察官叫作札鲁勿赤，断事官掌印官叫作达鲁花赤。同时又任命左右功臣，分别镇守各地区。（三）以被征服异族的人口和俘虏，分赐左右亲属，或任其去征收属领贡纳；如赐主儿扯歹以四千兀鲁兀种的百姓（同上书 130 页）。（四）给参加革命成了功臣的氏族奴隶以某种特权，如给失吉忽秃忽"百次犯罪不罚"，孛斡儿出、孛罗兀勒及成吉思汗"贴己奴婢"者勒蔑等"九次犯罪不罚"，特许纳邻脱斡邻收集其族人，并由他管束。（五）建立宿卫武装：设宿卫万人，以喀捏兀邻为宿卫长；设侍卫八千人，置八个千侍卫长，下设八十个百侍卫长，轮班勤务；宿卫条例有"日晚后绕宫前后往来者，宿卫的拿住。""若夜里有人入啊，将他头打破，肩甲砍断者。若有急事来说，先见宿卫。""宿卫不许擅出"……宿卫并对警察裁判事务有陪审权（均同上书 126—148 页）。

这样，在成吉思汗的领导下，就完成了革命建国的事业，即完成了蒙古族的第一次社会革命。他的伟大处就在这里。

三　蒙古奴隶主国家对外侵略的影响

蒙古奴隶主贵族以其民族强悍的体质，传统的骑射战斗锻炼；在革命前后，又吸收东西洋的进步文化，特别是西洋的天文、历数和炮术（在和林曾团聚了中亚、东欧和阿拉伯的商人以及技术者，其中并有德国的制炮手），同时又蓄积着来自四方的财物。因此在革命的基础上，便形成了强大的武装力量（参看羽田亨等同上书）。

蒙古奴隶主贵族在奴隶制革命成功后，乃在其国家权力的基础上，又驱使蒙古族人民为他们少数人的利益，去进行对外侵略，并不断把范围扩大。他们征服四周各族后，又次第灭亡西夏、高丽、回回、金国（女真）、南宋、中亚回教诸国，以至东欧俄罗斯诸国，几乎统一全亚和东欧；分建大元帝国、钦察汗国、窝阔台汗国、察哈台汗国（后三者在名义上都统属于大元帝国），震动亚欧，甚至使当时欧洲人谈虎色变，惊为"黄祸"，并引起世界各民族人口的移动。

但蒙古奴隶主贵族为着其少数人的利益，扩大对外侵略的后果，却削弱了蒙古民族，并歪曲了蒙古社会历史的发展。他们为着对外侵略，需要庞大武装；为着镇守和统治广大的占领地，也需要庞大武装与大量公务人员。因此，统治者几乎把蒙古族全体人民都编入武装队伍，或用作公务人员，同时由于其军队组织的原始性、游牧性的传统，所有眷属都随军行动；留住在蒙古本土的，主要也是驻军和公务人员，不脱离生产的住户，就特别稀少了。元朝在漠南（今内蒙）还分设大宁、上都（即多伦）、兴和、应昌诸路，漠北（今外蒙）便仅置和林行中书省，行中书省实际就是留守处。因此，蒙古族人民除去极少数留守或留住本土外，都为奴隶主贵族所驱迫，"离乡别井"，脱离实际生产。其结果，便是蒙古族社会组织根本溃散，生产衰退；成吉思汗所领导的革命缔造的国家，至此便完全丧失了基础。

十四世纪，蒙古贵族血腥统治下的亚、欧各地，到处相继燃起被侵略民族的反抗烈火，大元帝国和各汗国，便相继在这种烈火中毁灭了。原先被驱使在各地为贵族服役的大量蒙古族人民，便都成了客籍居民，渐次和所在地的民族同化；经过千辛万苦回到内外蒙地区的，只是少数，而且主要是武装部队。这种回到本土的人民，虽带回了各地的文化知识和人种血液，但却已丧失了原先的生产知识；留在本土的驻军与公务人员，也和他们一样。他们甚至连成吉思汗当时的社会组织和生产情况，也都遗忘了。呈现在他们面前的，只是满目凄凉的景况。而伴随贵族们依靠被统治民族的生活条件，又已完全丧失；他们只得从荒凉的乡土中，重新来组织游牧生活。所以元顺帝回到和林后，最初还想继续享受帝王的生活；但他不只已无法统一蒙古族内部，且当其掠回的资财告罄时，连左右近臣也无法维系了。因此，蒙古族又重新分裂为三个游牧部落，即（一）漠南内蒙古，包括：科尔沁、漠南蒙古两部；（二）漠西厄鲁特蒙古，包括：和硕特、准噶尔、杜尔伯特、土尔扈特四部；（三）漠北外蒙古（即喀尔喀），包括：车臣、土谢图、札萨克图三部。漠西厄鲁特蒙古，是原先驻防青海、新疆的武装部队形成的，他们到后来并形成了一些独特的色彩。

蒙古奴隶主贵族的对外侵略，就这样毁坏了革命所建立的国家，也损害了优秀的蒙古民族。

蒙古奴隶主贵族侵略全亚和东欧，对世界史的发展，主要是起了反作用的；但其对东西各民族的文化交流、商业交通、人种血液交流，不容否认，也是起了相当作用的。

四　蒙古族的衰落

蒙古帝国灭亡后，蒙古族便衰落了；不过在明朝，他们还没受到大摧残；但在清朝的统治下，满洲统治者恐惧优秀的蒙古族再抬头，便实施了戕害蒙古族动力的各种毒辣政策。

清朝统治者征服蒙古族的过程，除军事的进攻和镇压外，主要是依靠分化和"以蒙制蒙"的阴险手段。由于蒙古族各部缺乏政治警惕性，特别是上层分子的被收买，如清天聪时的善巴"归顺"清朝，为其制服吐默特右旗蒙古民的反抗；绥、察蒙古族各部最初都纷纷起来抗清，后来由于一部分贵族被收买，便转而替清朝来"平服"绥、察……因此，形成蒙古族内部自相牵制，自相残杀，结果便一一为清朝所征服。清朝对蒙古族的统治方面，曾实行了如次的一些政策：

（一）隔断蒙古族和国内其他民族的关系，制造其相互间的矛盾，阻止蒙古族进步。如一方面防止蒙汉接近、蒙回接近，便禁止蒙古人学习汉文、应用回文，又禁止汉蒙通婚，以及汉回人民居蒙地贸易、耕种。但在另一方面，由于清朝入关以后，在河北、山东，特别是今冀东一带，圈占大量旗地，把无数农民赶出农庄，驱往口外。蒙古王公为获取地租，便因利乘便，加以招徕。因此在顺康时，便有无数汉族农民，沿喜峰口等处出口，去充当蒙古王公佃户。康熙为防止蒙汉接近，也为着把蒙古族停滞于牧畜状态下，防止蒙人接受汉人生产方法的影响，便又勒令这些汉族佃户返回原籍。这在极力颂扬满洲治蒙方针的日本帝国主义历史家稻叶岩吉，也不能不说："康熙大帝为何把汉人从蒙地驱出？""这种封禁政策，是基于排斥汉人与蒙族接触的思虑之上的。"（《稻叶》前书377页）。以后乾隆朝的1748年、1776年又两度从蒙地驱逐汉人佃户勒令蒙人出价赎回典当地，都是同一政策的措施。所以汉族商人在热河等处蒙地开设烧锅（最著名的有伏隆泉、永盛泉），满洲政府恋于税收，自始便没加干涉；蒙人在这种影响下自己设立的烧锅（如敖罕札萨克王达木林达尔达克在建昌县之哈拉都哈设立烧锅，也有其他蒙人自设烧锅），却又借口其"私设"和"防害民食"而严加取缔（同上386页）。所以喀喇沁亲王的开发蒙古须置重于农业之上的意见，得不到理藩院的采纳；姚锡光开发蒙古的建议，也得不到清廷的采纳（姚氏的建议并不完全对，但其中如：以既垦地地租与乌珠穆沁盐税作为财源基础、设立银行、便利金融交通劝业及其他设备、渐次计划开发东蒙全部、保障蒙族自王公以下的财产及蒙民生计的安全……是有进步意义的）。所以在蒙汉间已形成土地问题的严重纠纷以后，清廷反又于蒙地实行所谓"借地养民制"（道光二十五年以后），去扩大蒙汉间的纠纷与矛盾；又激起光绪十七年的所谓"红巾贼"的农民暴动（发展到今热河中东北各部）。同时又挑起回教喇嘛教间的宗教冲突，去制造蒙回间的民族恶感。

（二）实行所谓"众建"去分割蒙古族，使蒙古族分裂涣散，自相冲突。在这个政策下，清朝统治者把蒙古族分裂成为互不相属的内外蒙两部，内蒙又分割为政治上不相联系的诸盟：哲里木盟、卓素图盟、昭乌达盟、锡林郭勒盟（即所谓东四盟）；乌兰察布盟、伊克昭盟（即所谓西二盟）。外蒙分割为：喀尔喀、杜尔伯特、土尔扈特、和硕特四个单位；每一单位内部又分割为盟，不只各单位间没有政治上的联系，各盟间也是互不相关的。盟下分设旗，盟设盟长，旗设旗长；盟长没有实权，只给旗长以"世治其民"的权力，又使互相牵制。实际上，所谓"世治其民"的旗长，也只有最小限度的自治权。除内外蒙外，清廷又将青海、新疆的蒙古族，照样划河西额鲁特蒙古为二部二旗，金山额鲁特蒙古为七部三盟二十二旗。这连稻叶岩吉，也不能不认为这是"清朝"使"蒙族衰弱"的"二大原因""之一"（同前书 433 页）。另方面，清廷为着直接控制蒙古族，又设置统属各盟旗的中央理藩院，并于各战略要地，分设掌管军政大权的将军、都统和大臣。这些官员，率皆满人充任，至少也必须是其忠实的"奴才"。

（三）软化政策。为羁縻蒙古族上层分子，使其成为"忠顺""奴才"，代其来控制蒙古族人民，便一一给他们以王、公、贝子、贝勒等封号，并许其世袭。这样，王、公贵族便子子孙孙永为王、公、贵族，靠剥削过活；几百万蒙古人民便子子孙孙永为"奴才"的"奴才"，要去养活王、公、贵族。同时所谓"通婚"政策，使蒙古王、公、贵族和满洲王族建立血统联系。历朝都以公主和格格宗女"下嫁"于蒙古王、公，如康熙以第八女下嫁于翁牛特旗旗长班地郡王……同时选配蒙古王、公的女儿充任后妃，如太宗、世宗皇后都是科尔沁亲王之女。清朝统治者却说：这是对蒙古王、公的"殊恩"；其实，他们为着羁縻异族上层分子，对那些凡来"归顺"或被赦的俘虏，也都嫁以格格宗女或公主，也选配他们的女儿作后妃。另一面，他们犹恐蒙古族人民反抗，便给予王、公贵族以统治蒙民的各种特权，任意征收，使蒙古平民无法翻身；如特许王、公占有广大土地，向属下蒙民征收人头税等等，并任意增征（如同治元年，吐默特左旗十一代札萨克萨穆巴拉诺尔伞，借口其父亲病死，向其属下蒙民增收人头税；结果引起担税的"箭丁"阶级不平，组织"老年会"代表向理藩院请愿。理藩院却叫蒙民要服从札萨克的命令）。

（四）清朝统治者为控制蒙古族（同时也为控制其他少数民族），康熙时，便于民族咽喉要地的热河承德建立离宫（即所谓"避暑山庄"），并于喀喇河、博罗河屯、木兰、必疏台、西伯库、乌塔图、巴颜沟、库尔齐勒，多伦诺尔、准乌拉岱、布尔、哈苏台、白虎沟、张三营等处分建行宫，每年一次"巡幸"，召集四十八旗蒙古王公举行围猎、聚餐、"加恩"……同时为欺骗蒙汉人民，"銮舆""圣驾"巡幸经过之处，又几于每年一度从宫中发出蠲免钱粮十分之三的诏书（《热河省志》）；后来并几于长年留住承德离宫，各少数民族的代表也都在这里被接见，并叫他们各自在承建立永久办事处（即各喇嘛庙）。

（五）毒害政策。清朝统治者犹恐蒙古族再起，又实行在蒙古族人民中散布花柳病菌，提倡吸福寿膏（即大烟），去削弱蒙古族人民的壮健体魄，减少蒙古族人口的繁殖；推广喇嘛教，去消磨蒙古族人民的战斗意志。这是最可耻而且最阴险的一些手段。

在清朝统治者的毒害下，蒙古族便完全衰弱下来了。

清朝灭亡后，在北洋军阀政权的统治下，他们对于蒙古族虽没有什么系统的明确政策，但他们基本上是承继了清朝政府的传统，并且自觉不自觉地实行了大民族主义的方针。封建买办法西斯继北洋政府掌握政权后，他们对于蒙古族，不仅系统地承继了清朝和北洋政府的办法（只是形式稍有点改变），而且自觉地执行大民族主义的方针——对蒙古族实行并吞主义——这到后面再说。在日寇的统治下，不仅原封抄袭了清朝的办法，而且还加添了不少帝国主义法西斯主义的新花样。他表面上扬蒙抑汉，实质上，一面是孤立蒙古族，达到其奴役蒙古族的目的，所以有些蒙胞说："日寇统治下，蒙人和汉人同是奴隶"。一面加深汉蒙间的矛盾，并从中对双方扩大剥削，如所谓对"蒙汉土地纠纷的解决办法"，他压迫汉人一次交付二十五年租子，同时取消蒙古人以后的吃租权；结果是汉人交付了二十五年租子，蒙古人丧失了吃租权，利益却完全进了日寇的荷包。所以其时就有不少的蒙古族吃租人，为着避免日寇的这种无端剥削，便私自和汉族佃权人交涉，相约向日寇少报地亩、租额，不报的部分，由佃权人私自交与吃租人。他表面上扶助蒙古族"自治"，实质上，是利用蒙古族一部分不明大义的上层分子和蒙奸，如德王、李守信之流，制造傀儡政权，实行来奴役蒙古族平民；同时在造成内蒙古与外蒙古间自相对立和仇视。

他一面说"赞成"内蒙古民族"统一",一面却又把内蒙古民族分化为所谓"绥远派"、"东蒙派"、"西蒙派",或所谓:"一、以绥远出身青年为中心的共产派;二、以德王为中心的亲日满派;三、以沙王为中心的脱会派;四、以云王为中心的消极派"(日人:蒙古事情研究会油印秘密资料《蒙古事情研究资料》第七辑)。

五 蒙古族的解放

伟大的民族抗战,由于八路军、新四军和苏联红军及蒙古等盟军的配合而获得胜利,内蒙古也同样从日寇的宰割下解放了出来。但关于内蒙古民族人民的解放,经过一个怎样的过程呢?在这里,我们得先探讨一下内蒙古民族在抗战胜利后的状况。

当时内蒙古的状况,是与外蒙古完全两样的。外蒙古自俄国无产阶级伟大十月革命胜利后,便不断获得苏联(最初称苏俄)社会主义国家的援助。她已不仅是一个完全得到解放的现代民族,而且建立起一个簇新的新民主主义国家;在战胜日本法西斯的共同事业上,她也起了伟大作用,对人类留下了不可磨灭的功绩。在共同战胜日寇后,在《中苏互助条约》的协定基础上,现在基本上已经死亡的当时中国国民党反动政府也不得不正式承认蒙古人民共和国的独立,中国和她成为相互平等的友邦;美英帝国主义国家也在事实上承认了蒙古人民共和国。在1950年2月14日的《中苏友好同盟互助条约》缔结后,她已不只是在世界上完全获得独立地位的一个进步国家,而且成了在世界和平阵营中担负其适当任务的一员了。

内蒙古在抗战胜利后的状况怎样呢?其人口在东北热河境内,有一百五十万左右,在察、绥和陕、甘、宁等省境内也共有数十万,合计约两至三倍于外蒙古。内蒙古民族居住的区域,主要为东北内外兴安岭地区,北起西拉木伦河,南至大凌河的热河北中东部、察哈尔北部,绥远北起大岭、漠南,南至边城一带;但东西数千里继续,并没连成一块,与汉族居地形成参错状态,并在许多地区相互杂居着。他们的经济,在东北和热河境内者比较进步,大部分人民以农业为主要生产，不过仍较汉人落后；但在靠近蒙古和山隅的人民，还是以牧畜为主要生产。在绥远边城一带，土地已逐渐垦植，谷物成为主要食粮；大岭附近和沙漠南部一带，也已知道种植，特别是"沙蓬米"的种植，不过仍以乳类和肉类为主要食粮。在察哈尔，一部分为间于绥远和热河之间的情况，略比绥远进步些，大部分地区是草地，以牧畜为主。

当时内蒙古民族人民的生活，在各阶级阶层间是有着显著差别的。其散布地区的土地，一方面由于清廷所给予王公贵族以至喇嘛庙的特许权的传统，被他们圈占的很多；他们或佃给无地的蒙汉人民"吃租子"，或占住不许无地人民使用，任其荒废；作为牧场的广大草地，主要也为王公贵族畜群主人所利用。另一方面，却有许多无地或耕地不足的蒙古族农民和雇农，没有畜群，无力去利用草地的牧人以至手工工人。王公贵族喇嘛庙以下的中小地主（其中也有大地主），也或以其土地佃予蒙汉农民"吃租子"，或雇用他们经营。在住室方面，喇嘛所住的喇嘛庙，备极高大华丽，如散布于草地与农耕区的罕庙、大庙、黑庙、王爷庙、百灵庙一类的大喇嘛庙，规模之大，有似城郭，并于其周围聚集了不少为他们服务的蒙古族住户；王公贵族大地主大畜群主的住宅，或为中式之亭台楼榭，或西式洋房，或为陈设华美之幕帐（不过也有穴居土窑中的穷困王公）；一般平民住宅，在草地为简陋之帐幕（即所谓蒙古包，有固定与移动两种），在半耕半牧地区为帐幕式之矮屋与土穴，在农耕地区，则同于汉族穷人之房屋，也有不少完全没有住室的极贫蒙人；一般中小地主的住室，则皆与当地汉人中小地主相若。在服装方面：王、公、贵族、大喇嘛、官吏、与其他上层分子，为棉、绒、呢、丝、绸、缎等制成的僧装（多为红色及褐色）、中装、蒙装长袍大褂以及西装革履与所谓"协和服"（也有衣衫褴褛的穷困王公）；一般平民，在草地为羊皮（日作衣着，夜作被盖），在半牧半耕地区为羊皮与褴褛之棉布服装，农业区为与汉族平民一样之褴褛服装；在目前，蒙古族穷人，特别在草地与半耕半牧地区，由于经过日寇蒙奸十余年的残酷榨取，尤其是牲畜的大量被征夺、摧残和瘟疫的结果，完全没有衣服和被盖的人，达到惊人的数目；中小地主和牧群主及一些商人，则间于上述两种情况之间。

内蒙古民族的语言文字，在半耕半牧地区以至大部分全农耕地区的人民，大都兼用蒙文蒙语和汉文汉语；在一部分全农耕地区（如在绥远的吐默特和热东喀喇沁左旗的一些地方），他们已大都只解汉文汉语，蒙文蒙语已被忘却；在草地，绝大部分的蒙族人还不解汉文汉语。蒙文在应用上已嫌字数过少，因之有借用满文个别单字的情况（据喀喇沁左旗旗长这样说，但也有些蒙古族青年否认这种情况）。

喇嘛教对蒙古人民的精神生活，在当时也已渐次在失去其支配作用，特别在大群进步青年里面。许多大喇嘛庙表现冷落，甚至在较落后地区的经棚等处大喇嘛庙，每年聚集数百喇嘛念经，无数草原人民前来朝拜的情况，也已完全成了过去。我所接触的不少劳动喇嘛以至青年喇嘛，多不愿继续喇嘛生活，甚至愿参加八路军，而且曾经有不少参加的；身仕三朝、著名顽固的热河白喇嘛，也没有像以往那样固执其神道迷信的成见，说"作喇嘛也是为的吃饭"。自然，他们对于人民，并没有放弃其迷信欺骗的一套。内蒙古人的生活习惯和心理状态，也随着散布地区以及生产和身份等不同，曾有不少差异；但其民族感情和对其民族历史的回忆，却是共同的，并相当强烈。在日寇统治期间，为着要培养为他服务去统治蒙古族的知识分子，便出现了大量大中学毕业以至留学日本的蒙古族青年。他们的文化水准，一般并不甚低；在其政治思想上，不必否认，曾受了日寇奴化教育的毒害；但自日寇投降后，在解放区者，大多在当时已开始醒悟，走向其民族斗争的道路，特别是出身中下层、没有任过伪职，或任过伪职而有其惨痛经历的分子。

因此，内蒙古是中国境内一个较落后的地区。

当时摆在内蒙古民族面前的，有几条道路。一条是依靠国民党反动派的道路，即并不符合内蒙古人民的要求的蒙奸土匪德王、李守信、陈子善、鲍三疯子等所走的道路。他们过去把内蒙古出卖给日寇，差点没把内蒙古民族葬送掉，然其给予内蒙古人民不可忍受的惨痛，却是很沉重的。日寇投降后，他们又企图把内蒙古出卖于封建买办法西斯，出卖于美帝国主义。但内蒙古人民明白：自始都不承认内蒙古为一个民族的法西斯大民族主义者，是不能帮内蒙古民族解决什么问题的，是只会对内蒙古民族行使的大民族主义并吞与剿灭政策。惨痛的历史事实，是内蒙古人民所不曾忘记的。所以内蒙古人民当时都反对蒙奸土匪的道路。

一条是所谓"独立"的道路，即当时少数内蒙古上层分子曾经在热河叫嚣过的道路。依照他们，是否能使内蒙古完全获得解放，顺利走上繁荣发展的前途呢？很明显，从内蒙古民族当时的具体情况出发，在经济、政治、军事、文化、领土状况等方面，都不够创立和保障一个独立国家的条件。从当时中国、远东以至世界政治情况看，从内蒙古自身当时的内部与外部政治环境看，美帝国主义奴役中国各民族的方针，其时正在寻找空子，积极推进，对环绕蒙古和苏联边界的内蒙古，有最大的兴趣，所以她在"联总"的名义下，就曾经企图一举把内蒙古的牧畜业搞垮，来树立其支配权。誓死不愿放弃其法西斯独裁、誓死仇视人民和革命、仇视各少数民族的反动派，当时也在寻找空子钻入内蒙古，以便利用内战的进行，便利其主子的反苏准备。在其时内蒙古的上层分子间，除一些公开的蒙奸和土匪外，虽有进步成分；但不能否认，也曾有不少在政治上徘徊的中间分子，想保持其传统地位利益的保守分子，也有暗藏的特务内奸（曾经有暴露的）。这些空子，当时是随时可能被帝国主义和反动派利用的。因此，其时所谓独立，是完全无保障的。其次，马列主义所说的民族自决，即分立与联合自由的原则，是以其全体人民的自觉要求为基础的，并不是从上层人物的企图出发；在其分立以后，必须能保证真正获得独立和自由，否则，同是原则上不容许的。另方面，其时内蒙古某些上层分子的所谓独立，不单是脱离解放区民主政权的关系，而又在与其时的内蒙古自治运动分离。这不是"独立"，而是孤立，是与"内蒙古自治运动委员会"闹独立性，是自己把内蒙古民族分割。那显然是不利于其时的全国和平民主事业，不利于内蒙古民族，只是有利于帝国主义和其佣人中式法西斯。他们为着所谓"独立"，当时曾强令杂居汉人迁徙……。那在客观上，是无异在制造蒙汉居民间的矛盾，给其时解放区民主政府制造困难，给内蒙古民族解放事业制造困难，也给大民族主义者制造便利条件和空子。我们在当时就确认：蒙汉间的土地纠纷，是必须解决的，内蒙古民族的住区，是需要固定和保障的；但必须实事求是，讲究公平合理的原则和办法；任何主观的、片面的、颟顸的处置，都是有害的。因此，内蒙古某些上层分子曾叫嚣过的"独立"，也由于它不符合内蒙古民族利益没有得到内蒙古人民的赞成，昙花一现的就过去了。

　　当时惟一正确的一条道路，就是中国人民领袖毛泽东所指出的道路，是内蒙古人民领袖乌兰夫（云泽）所领导的"内蒙古自治运动委员会"的道路。因为只有这条道路能符合当时内蒙古人民的真实利益和要求，所以曾取得内蒙古各阶层人民的热烈拥护，广泛地卷进这个运动里面。因为内蒙古民族当时所要迫切解决的问题，不在于无内容的"独立"，而在根本解除帝国主义、法西斯和其走狗的支配，取得和国内一切民族在政治上的平等地位，确立民族内部一切人民平等权利；不在于任何不切实际的空谈，而在于取得和平自由的环境，取得新民主主义的国家政权和先进民族的真实帮助，解决土地和牧畜问题，改变落后状况，走向现代化，改善和提高人民的生活；不在于保存或取消喇嘛教，而在于从民族特性，从人民大众，从现代科学的基础上，创造民族的新文化，把人民从迷信愚昧的状态中解放出来。

到现在，随着伟大的人民革命已基本上获得全国的胜利，在毛主席的正确路线下，在中国共产党和中央人民政府的正确领导下，内蒙古人民政府已完成了土地改革，不只人民的牧畜业已开始有计划的建设，已开始有计划的发展人民的农业，而且已开始出现了从来没有过的人民的现代工业；政治上已基本完成了民主的改革，走上了人民民主的广阔道路；人民的民族文化已开始蓬勃地发展。内蒙古民族是获得解放了，新生了。

六

回　族

一　回族（突厥族）的起源形成及其不平衡发展

今日通俗所称谓的回族，是依于其宗教上的共同信仰，把国境内的回族和所谓维吾尔族混淆不分；实际，维吾尔族乃是一个单独的少数民族，只同是所谓回教民族；严格科学意义上的回族，只包括所谓"甘回"和"萨拉回"等部分，也即资产阶级学者所称谓的"汉回"，共有人口约七百万左右（英文《中国年鉴》、《申报年鉴》等有估计为七千万，五千万或三千万者。日人分省估计谓共六百七十万——《东洋文化史大系·伊斯兰诸国的变迁》——较近似）。

散布在青海、甘肃、宁夏、新疆、天山北路及南路某些地区，以至居住内地与东北各处的回族人民，资产阶级的学者均称之为"汉回"。所谓"汉回"的人种来源，也并非单元。在甘肃、宁夏间，主要散布于平凉、固原、金积及宁夏各县的所谓"甘回"，他们体质面貌等方面的特征，基本上都与通古斯族相同，只是须较多。主要散布于导河（即河州）、循化、西宁、临潭（即洮州）诸县的所谓"萨拉回"，在其体质面貌等方面，还能察出与"甘回"不同的一些特征，与天山南路的"汉回"有"深目高鼻"的共同特征。据传他们是在六七百年前，从中亚迁来的萨马尔罕族的后裔。但所谓"甘回"和"萨拉回"间，虽在体质面貌方面，还有些不同的特点，而其共同的特征，却已成了主要的东西（何况在所谓"甘回"和汉人里面，也有少数人具有"深目高鼻"等特征）。因此，他们已形成为一个民族。日人以其别于维吾尔族，又称之为"东干族"。

所谓"甘回"就是历史上所谓突厥族，最初的起源是蒙古人种的一支。这在今日还能从他们身上识别出这种特征来。但决不是封建买办法西斯所谓"炎黄"派衍的一个"宗支"。其最初的形成和其活动地区，现在还没有足够的可靠材料来说明。据沙畹（Chavannes）《西突厥史料》说："突厥以狼为国徽……旗纛之上施金狼头，侍卫之士谓之附离（burti），附离夏言亦狼也。"（156页；《新唐书》亦谓："卫士曰附离"。）周时，周人也称甘境羌族的一个部落为"犬戎"，又统称国境西面的民族为羌；西北的羌族实即突厥族前身（我前此谓他们属于夏族的一支，是错误的）。羌族后来又被分称为氐，为羌，汉语突厥我以为即氐羌转音。依此，突厥族在太古时的最初集团，似为狼图腾。

到殷朝，散布今甘肃宁夏一带的凉、羌（其本来的称谓是凉羌，殷周人民则异地而称之为凉为羌）是殷朝奴隶占有者国家的属领。公元前一千二百年代末，羌族（即凉羌族）的一部参加了反对殷朝奴隶主统治的"武王革命"，革命三大领袖之一的吕尚，也出身于羌族。春秋时的齐、吕、申、许，便是这部分革命羌人的后裔，他们都成了华族的一个构成部分。但那些和周族相距较远，关系较疏的凉羌，"武王革命"没有把他们卷入；革命胜利后，他们便成为周朝西北国境的外邻。西周末，周朝封建贵族卑称其诸部为所谓"犬戎"、"西戎"、"小戎"，到春秋时已移入周朝境内的，则被封建贵族卑称为"伊洛之戎"、"六浑之戎"。后者到战国时，便成了华族的构成部分。

汉朝时，凉羌族已发展为许多部分，《后汉书》说有一百五十余种。但在汉朝的文献中，又转称凉羌为氐羌，并将其诸部异称为氐为羌，因而有所谓先零羌、党项羌、烧当羌、略阳氐、喻糜氐、临渭氐、汧氐等等。其实所谓氐，即殷朝的凉、西周的"小戎"。当时散布天山南北的部落，即所谓"西域三十六国"中，"以牧为生，俗同匈奴"的"乌孙国"，是其后西突厥族的一个前身；其他是否还有属于氐羌系的部落，今尚不能确知。氐羌族在这时，一般都"以牧畜为生"，"子女随母而姓"。这一面说明他们还在新石器时期，一面说明他们正在母系本位的氏族制阶段。但其中与汉族关系较密较久的部分，接受汉族生产技术和文化的影响较深，却有较深的汉化程度，表明其内部已有封建等级，如马腾、马超父子出身的"西凉"（马超自称"西凉马超"，《汉书》和《三国志》等书则称之为羌人，其实即凉羌族或氐羌族的一部）。

南北朝的文献上，开始把氐羌族转称为突厥族，氐羌音转突厥，才更接近其原音 Turks。魏晋十六国时进到"塞内"的氐羌各部，曾建立起前秦、后秦、后凉、西凉等封建性的小国；到北朝，除去有少数人回到"塞外"，便杂居在汉"胡"诸族里面。其在"塞外"的，据文献所载，有高车、铁勒（亦作敕勒）两大部。高车主要在今新疆境内。铁勒内包：袁纥（又称韦纥、回纥）、薛延陀、契苾羽、都播、骨利干、多览葛、仆固、拔野古、同罗、浑、思结、斛薛、奚结、阿跌、白霫（即白霄）等部（《新唐书·回鹘传》）。据《北史·突厥传》说："其俗，穹庐毡帐，随水草迁徙，以畜牧射猎为事。"《唐书》说：其俗"无君长，居无恒所，随水草移徙……善骑射。"《新唐书·回鹘传》又说：拔野古"地有荐草，产良马、精铁……俗嗜射猎，少耕获，乘木逐鹿冰上。"白霄"业射猎，以赤皮缘衣，妇贯铜钏，以子铃缀襟。"骨利干，"处瀚海北……草多百合，产良马。"最落后的，如斛薛，《新唐书·回鹘传》说："居拔野古东北，有木无草，地多苔。无羊马，豢鹿犬牛马，惟食苔；俗以驾车。又以鹿皮为衣，聚木作屋，尊卑共居。"都播，"俗无岁时，结草为庐，无畜牧，不知稼穑；土多百合草，掇其根以饭。捕鱼、鸟、兽食之。衣貂鹿皮，贫者缉鸟羽为服……无刑罚。"依此，他们这时，率多是以牧畜为主要生产，还在原始公社制时期。但《新唐书》所述颉利可汗、突利可汗侵袭唐朝边境，掠取人口，请求"互市"，动献马几千匹，羊几万头，又常来索取代价的情况；是他们到隋唐之际，不只已形成强大的部落联盟，且与唐常进行交易，并掳掠人口用作氏族奴隶（如《新唐书》说："隋乱，华民陷于虏，遣使者以金帛赎男女八万口，还为平民"）。

铁勒部这时散布的情况，在颉利可汗时，据《新唐书》所记，自今甘肃、宁夏、绥远、察哈尔、热河以迄外蒙、新疆等处，均有其部落。他们常从甘、宁、绥、察、热各地，入关略陕西、山西、河北，亦可见其散布之地域。最东之白霄部所居，即为今热东喀喇沁右旗一带。1940年日人山本守等在热东叶柏树（疑系叶柏寿之误）发辽代古坟，掘出辽"上京盐铁副使"白霄人郑恪墓志铭，有"归葬于白霄北殺翀水北源，附先人之墓次"语。墓地即在辽之中京东方老哈河右岸附近。老哈河即《唐书》所谓潢水，这可得一铁证。

突厥在南北朝时，实已演化为东西突厥两部。阙特勤（Kultegin）《突厥碑碑文》说："人类子孙之上，有吾辈之祖先布门可汗（Boumin kalgan 羽按即土门）及伊室点蜜可汗（Istami kalgan 羽按即室点蜜）。"《新唐书·突厥传》说："西突厥，其先讷都陆之孙吐务，号大叶护。长子曰土门伊利可汗，次子曰室点蜜，亦曰瑟帝米。瑟帝米之子曰达头可汗……始与东突厥分乌孙故地有之；东即突厥、西雷翥海、南疏勒、北瀚海。"到隋朝，"射匮可汗，建廷龟兹北之三弥山，玉门以西诸国多役属。与东突厥抗。射匮死，其弟统叶护嗣，是为统叶护可汗。"《旧唐书·西突厥传》说："初室点蜜从单于统领十大首领，有兵十万众，往平西域诸胡国，自为可汗，号十姓部落，世统其众，在本番为莫贺叶护。"实际，西突厥系由不断从东游牧到今新疆境内的诸部落，与原先已到当地之高昌会合，至此便形成为一个部落联盟，与东突厥分立。所以《新唐书》说："并铁勒"。所谓"并铁勒"，即系先住之突厥族高昌各部与以后陆续西去之铁勒各部的联合。

西突厥族在统叶护可汗时，已经越葱岭西进，《新唐书·突厥传》说："统叶护可汗，勇而有谋，战辄胜；因并铁勒，下波斯、罽宾，控弦数十万，徙廷石国北之千泉，遂霸西域诸国"。《西突厥史料》又说他们西进到中亚后，与波斯联合，战胜嚈哒，并进到今土耳其境。因此，公元660年及745年，唐朝政府两次进入今新疆境，只是迫使西突厥族的各部继续大举西迁，并非全由于这两次的战争威胁，西突厥族才开始进入今土耳其。不过西突厥经过这两次大迁徙后，已大部西去；留在葱岭以东的，便只是其小部分，在新疆者，统属于唐朝所设置的"六府七州"；其中有些部分又可能向东移徙，如东迁至今察哈尔宣化一带者为沙陀突厥。

在唐朝政府统治下的突厥族，许多上层分子，如仆固怀恩等，都成了唐朝对外侵略的功臣和贵族，并成为唐朝统治突厥族的代理人；另方面，直接在唐朝进步生产方法的影响下，也加速了突厥族的进步，特别是邻接汉人住区的那些部分，因而便引起其内部开始阶级的分化。到中唐，除去其中被同化的部分与散处的较落后部分外，在回纥、薛延陀、仆固、同罗、拔野古、覆罗步、号俟斤诸部中，以较进步的回纥为中心，统一为回纥族，并相当大量的把俘虏用做奴隶。在唐朝地主武装衰落的过程中，他们便脱离唐朝的统治，以后并不断对"大唐王国"进行武装侵袭,掠取人口和财物。他们从这时便走进了"文明的入口"。

但突厥族以后怎样转入封建制的具体情况,我手边没有材料来说明。不过一方面,由于突厥族的各部分不断被大民族主义侵略者分割,另方面,由于其一些上层分子不断参加汉族地主阶级的统治(如东汉三国之际的马腾、马超等,唐朝的仆固怀恩、契苾何力、李克用等……),或建立其与汉族大地主联合统治的政权(如"五胡十六国"中的氐、羌、凉系诸国,李存勖的后唐,刘崇的后汉),其与汉族处于同一政权下的各部分,以至紧邻各部,便不断在汉族的生产技术、生产方法以至政治、文化的直接影响下,蒙上了一些汉化的封建色彩。所以西凉马腾父子俨然汉朝的贵族世家,沙陀李克用,俨然唐朝地主阶级的耆旧和支柱……这不仅形成突厥族各部分间历史发展的极不平衡,且歪曲了民族历史的发展过程。因此,在南北朝,一面有曾经建立过封建性统治的氐、羌、凉各部,一面却有仍处在原始公社制时代的袁纥、薛延陀、契苾羽等部,仍以牧畜为主要生产,如前所述,甚至还有更落后的部分;在唐朝,一面有身为地主贵族的分子和其统属的突厥族人民,一面又有才走进"文明的入口"的回纥。回纥从唐朝起,也直接受到汉族封建主义的影响,以后并不断受到分割。因此,突厥族的各部分,没有经过共同的奴隶制度革命和封建制度革命,一同进入奴隶制或封建制。而是在生产力发展不平衡的基础上,在被分割与进步生产的长期直接影响下(甚至在进步生产的基础上),各部分陆续转入封建生产关系的状态。

到辽朝,由甘肃到热河的突厥族各部分,根据前揭郑恪的墓志铭来考察,均表现了同于其时汉族的一种封建观念形态,同时表现了郑恪的出身系封建贵族的家系,又是借科第出身的。郑恪和作者李谦贞都是封建官僚。墓志铭说:

"君讳恪,世为白霫北原人……曾祖景裕历官至怀州刺使加崇禄大夫,祖玶利州观察使,父惟熙不仕,终于家。君之父,娶渤海申相国女……君少敏达博学……生二十九年以属文举进士,中第三甲,选授秘书省校书郎,明年授松山州事判官加文林郎试秘书省校书郎,以后历官至贵德州节度副使,差授东京供瞻都监,迁尚书虞部郎中……改度支户部判官,迁尚书都官郎中,四迁至少府监知上京盐铁副使……"

"君性纯孝,养亲以身,温亲省定,未始暂匮,厥后亲老,岁余九十,不能奉之官游，家贫复不可解印就养，不得已乃以元女一人居家代之。……君三男三女，长企望，次企荣皆逮进士业……"（《满洲学报》第八九号合刊）。

这个墓志铭的作者为"陇西李谦贞"（系辽嫔州军事判官文林郎试秘书省校书郎），书者为"白霅布衣刘航字利用"，刻工为"陇西李福孙"，不仅均系突厥族人，李谦贞和李福孙且系甘肃的突厥族人。这可以想见其时甘肃和热河的突厥族社会情况的一面。

二　突厥族和回教

突厥族之被称为回族，是与其对于伊斯兰教的信仰相关的。

突厥族原先是信仰佛教的。唐玄奘在西突厥时，叶护可汗曾请其讲法，并派通解汉语少年护送至"迦叶试国"（《续高僧传》卷三）。"可敦寺"、"也里特勒寺"……都是西突厥的名刹，皆为其"皇后""王子"所建（《西突厥族史料》）。五代时，他们还是"喜鬼神而好佛"（《五代史》）。到辽朝，上述郑恪墓志铭说："女三人，一人出家学浮屠法。"

公元622年（时值唐初），摩哈默德在阿拉伯创立伊斯兰教。他的教旨原是表现其政治内容的东西，摩哈默德以其教旨和宗教作为政纲和组织形式，进行阿拉伯民族的"统一"事业。同时，他以所谓"右手执剑"、"左手执经"的方式去宣传和组织其宗教。因此，伊斯兰教当时所支配的地区，便成为一种无问男女老少共同信仰的宗教。

在唐朝，由于东西交通贸易的发达，在伊斯兰教产生后，据传便由阿拉伯和波斯商人由陆路传入中国，在长安并有"清真寺"出现——虽然，所谓"创建清真寺碑"，今尚无从证实其是否伪造。在宋朝，阿拉伯商人曾在广州和泉州两大通商口岸宣传伊斯兰教，却完全是事实。据朱彧《萍洲可谈》，岳珂《桯史》所述，那些"豪富""奢华"的阿拉伯商人，祈福的礼拜堂不设神像。在泉州有清净寺，广州有怀圣寺的创建，清净寺今尚有遗址存在。经陆路者，由阿拉伯经阿富汗、波斯（即今伊朗）先入新疆。到十世纪中叶，伊斯兰教便在维吾尔族驱除其他宗教下，取得支配地位，故又称伊斯兰教为回教

（因维吾尔族俗名"缠回"）。

伊斯兰教在维吾尔族取得支配地位后，又渐次传入突厥族。到元朝，中亚也在蒙古帝国的统治下，伊斯兰教徒从陆路、海路来中国的都很多，其中并有不少科学者和名人，如答失蛮、木速鲁蛮、扎马鲁丁、阿老瓦丁、亦思马因等人，特别是信仰伊斯兰教的萨马尔罕族一个部分，从中亚移到陇西。因此，伊斯兰教也便在元朝成了突厥族的宗教，其原先信仰的佛教以至摩尼教便都被排斥了。突厥族到这时就开始称作回族。

伊斯兰教的教旨，是一种具有政治内容或"政教合一"的教旨，其中有些较积极的因素。如教规规定：济施贫乏、富者济贫、强者扶危济弱、尚清洁、戒饮酒等等，都是有好作用的。但教规对教徒的诫条，也有些未免过火：如教外婚姻的禁止，并表现着一种严格强制的约束力。这在摩哈默德，是在给予教徒以强制性的团结力；到后来，由于其教旨和教规的约束，便渐次形成教徒间一种共同的生活习惯、心理状态，表现和教外不同，并使不同民族的同教者没有自然血统的界限，而容易演成血统的融合——只要他们生活在同一地区内。

因此，自伊斯兰教在突厥族占有绝对支配地位后，来华落居的波斯人、阿富汗人、阿拉伯人、其他皈依伊斯兰教的各种"色目人"以及集团前来的萨马尔罕人，在伊斯兰教的强力纽带下，都与突厥族合流，而形成回族。从这时和以后入教的汉人，皈依回教的其他种族人口，也都被吸收在回族里面。但并不能因此就说回族只是所谓"宗教团体"；事实上，他们是以原来的突厥族为主导，其他不过是借宗教的助力同化于他们，在突厥民族特点的基础上，又形成一些由宗教所赋予的特点。

三 被压迫的回族和其斗争

回族在元朝以前的历史时代，一方面有革命和反侵略的光荣斗争传统；另一方面，由于不断受到隋、唐、辽、金等朝代统治者的侵略、支配和分割，民族发展的历史又受到歪曲——特别表现为其各部分间历史发展程度的不平衡。

然而从元朝开始，在其作为所谓"回教民族"以后的历史又是怎样呢？

在元朝，蒙古奴隶主贵族在侵略回族的过程中，由于回族人民的反抗，在西北地区曾进行了血腥的屠杀，并把大量被俘虏的人口用作奴隶。在其征服回族以后，一面把"回回"也列为二十三种色目人之一，一面又对来自中亚的"回回"与"土生土长"的回人有所区别。他们统治其征服地的政策，由于蒙古干部不够使用，便役使来自中亚和东欧的所谓色目人，帮他来统治中国诸民族，同时又役使中国人帮他去统治中亚和东欧。所以在中国，把色目人提到华人以上，区分人民为：蒙古人、色目人、汉人、南人（即长江以南的汉人）四等；在中亚和东欧又把汉人提到色目人以上，区分人民为蒙古人、汉人、色目人三等。来自中亚的色目人，都被称为所谓"回回"，列入色目人的"回回"，主要是指他们而说的。所以在元朝，享受特权的"回回"，只有他们；土生土长的回族人民，则不只没有何种特权，而且同是受压迫的，尤其是杂居在汉人里面的回人。

因此，在元末，反对蒙古统治贵族的起义中，便有不少回族人民参加，在有些起义武装中，客观上曾形成了汉回联合战线，明朝的"开国功臣"胡大海、常遇春等人，也都是出身回族的平民。但反元斗争的胜利果实，被地主阶级窃取了；在反元基础上所建立的地主政权，脱离了汉回人民，成了汉回地主阶级联合统治的形式。在那种形式下，汉回人民虽没受到差别的待遇，却同是被地主阶级所统治。这在一方面，虽通过明朝的全部时期，汉回人民都是没有民族成见地生活着；另方面，却愈使回族消失其民族的独立性。

在明末清初，回族人民和汉族人民一道，到处揭起反对清朝统治者的义旗，卷入了所谓"反清复明"运动。

清朝统治者对这个优秀民族的统治，便采取对蒙族不同的另一种毒辣方针。不只扶植喇嘛教和佛教压迫回教，连科第上的出路也不给予回人，防止回人挤入政权机关，束缚回族文化的发展，并造成一种轻视回族和回教的风气；同时，采取疯狂的武装镇压政策，乾隆的"十全武功"和清朝许多纪"功"的文献，其中不少是关于侵略与屠杀回族人民的纪录。特别毒辣的，为着使回族孤立，防止回汉、回蒙特别是回汉人民的联合，便采取各种阴谋手段去挑拨、离间；例如在陕、甘、宁、新等处，常阴谋制造事端，挑起汉回人民间不断的相互冲突、仇杀，以致演成部落式的往反报复和战斗。这直接使汉回两族都牺牲了无数善良人民的生命，摧毁了无数的财物，人民的生产受到长期的破坏与影响，使人物繁盛的西北，演成一片凄凉荒芜、人烟稀少的惨象；并造成民族间一种相互猜忌的成见。

这样，回族在经济和文化方面都疾速衰落了；元明时代，他们在商业上的重要地位已不复存在，学术上的地位也完全丧失了。在鸦片战争以后，随着清朝统治者又成了资本主义帝国主义侵略的佣人；他们也随着同全国形势的转变，愈加速了衰落的过程。

面对着这种现实的回族人民，为挽救自己民族的命运，便不只表现为各种各样的反抗，并发动了许多次大规模的武装起义和暴动，最显著的，有"陕甘回民暴动"、"云南回民暴动"和所谓"新疆回乱"……在十九世纪八十年代，从陕甘蔓延到新疆的一次"回暴"，他们不只在反对清朝统治和沙俄侵略，据有高岩的叙述，并在要求建立一个"独立国"（《东洋文化史大系》38页）。每次暴动，都受到清朝统治者和其"奴才"的大兵围剿与残酷烧杀。但他们也每次都以其民族坚强的团结力和敌忾情绪，一面采用游击战术，一面坚壁清野，与敌人进行了顽强的斗争。有名的金积堡争夺战，正表现了这种情况。这使清朝统治者……常"丧师折将"，"束手无策"。他们的失败，又常由于没能贯彻游击战和坚壁清野的办法，集中力量死守据点，如华林山、龙尾山、伏羌城、石峰堡，金积堡……等处的保卫战，每次都给了在兵力技术等方面均占优势的敌人，以聚歼的机会。杀人不眨眼的残暴敌人，每于攻下一个据点后，便实行彻底地烧杀，房屋被烧光，男女老少被杀尽，牲畜财物被抢尽，尸横遍野，血流成渠，热闹的伏羌城、金积堡……都成了血海和荒丘。

每次的暴动虽然都失败了。但其英勇惨烈的斗争事迹，是永垂不朽的。

在北洋政府时期，为帝国主义役使的汉回军阀都没有去调整回汉间的民族兄弟关系——自然他们也不可能去调整；在其联合统治与权利冲突的基础上，汉回两族的军阀、政客、土劣，反常利用传统民族成见的空子，去扩充地盘，争夺权利。所以在回族军阀、政客、土劣直接统治下的回族人民，也不仅没改变清朝统治者所造成的汉回间不正常关系，对回族人民的生活也没有丝毫改善。因此回族人民不只在其内部进行斗争——主要反映为教派斗争；并有不少进步青年涌上反帝反封建的前线，其中最进步的如马骏等人，并走进了马克思主义的阵营。1925 年到 1927 年的大革命，到处都有回族青年参加斗争。

　　大革命失败后，充任帝国主义走狗的封建买办法西斯蒋介石匪帮统治中国。对于回族，他继承了清朝和北洋军阀的传统，并扩大为法西斯大民族主义的支配；否认回族是一个民族，说她只是"回教"不是"回族"，以后又说她只是一个"宗教团体"；另方面又从舆论上去公开侮蔑回族的祖先，易君左的《闲话扬州》就是这种性质的著作。同时，对于回族内部进行有计划的分化，一面勾引回族军阀、政客、土劣加入统治集团，制造其上层分子相互间的权利冲突和教派斗争；一面又役使那些军阀、政客、土劣去压迫回族人民和进步势力，屠杀革命青年。出身大地主大资产阶级的回族军阀、政客，也执行了法西斯大民族主义者给予的任务。同时，在他们的统治下，不只对于回族以外的各族人民，对于回族人民也同样行使最残酷的封建榨取和压迫。据日寇《回回事情》说，西北某回族省区的大部分动产，不属回籍主席马鸿逵所有，即系在其支配下（据日人三桥富治男在《东洋文化史大系》中所说，当地资财的百分之六〇实际为他所有）；而人民却不分汉回，连卖菜卖柴也要纳税。

　　抗战时期，日本法西斯奴役回族的阴谋，比中式法西斯还加多了一些花样，日寇为着侵略回族，从1924年起，就进入了积极布置的阶段：由霞关（日外务省所在地）专门培养了一批特务，伪装"回教徒"，混入山东、湖南等地回教会；组织所谓"麦加朝拜团"，企图麻痹各"回教民族"；并在中国收买一些不明大义的回人，往各地进行阴谋情报活动……。到"七七"前后，一面由其法西斯军部直接策划和掌握，公开派遣特务头目——所谓"回教通"——在宁夏等处设立"特务机关"，沦陷区各要略地点组织御用回教团体（如所谓"中国回教总联合会华北联合总部"、"西北回教民族文化协会联合会"、"西北回教公会"、"绥远回民联合公会"等），揭出所谓："防共"、"民生"、"协和"三大纲领，和"中日满提携"、"绝对拥护新政府"、"打倒万恶的共产党"一类反动标语，并派出大批特务钻入各回族地区，进行阴谋活动。一面外务省也继续活动，出版《回回事情》月刊，作为指导阴谋策动的霞关机关志，并出版《世界回教圈》一类书籍，专供所谓"回教通"参考。在那些出版物中，他们也和中式法西斯一样，说回教"不是民族"，只是一个"宗教团体"。但怎样从回族方面来分裂中国呢？他们编制了一个宣传大纲，提倡所谓"回教徒""自治"，煽动他们在日特的周围，组织所谓"回教国"，作为各族"回教徒"共同的政权；那在实质上，就是以日本"回教通"为中心的日寇奴役回族的傀儡。同时也同清朝统治者一样，离间回汉、回蒙间的民族关系，把少数大民族主义者与元朝统治者对回族的压迫，都记入汉回两民族的账上——并予以捏造和夸大。为分化回族的内部，对其所谓"花寺门"、"毕家场门"、"临洮门"、"白庄门"、"洪门"、"大洪北门"、"巴素池门"、"张门"、"河洲派"、"洮河派"、"老教派"、"新教派"、"老五马"、"新五马"间的矛盾，便加以夸大、制造和挑拨。另方面，又谩骂回族下层"赤化"，鼓动上层去镇压。

在日寇这种阴谋策动下，回族的某些上层分子，无可讳言，也曾与日特拉拉扯扯，对抗战表示怠工。但广大的回族人民，并没被日寇麻痹其战斗意志，英勇地和全国各民族人民一起，参加了伟大的民族抗战；八路军的"回民支队"，则系其显赫的标志。这支回族人民自己的子弟兵，在中共的正确领导下，驰骋华北战场，不只从战斗中壮大了自己，并为民族抗战建立了不可磨灭的功绩。

四　回族的解放

根据上面的叙述，回族自古就是与汉族并行发展的兄弟民族，并不是什么"文王子孙"，也不是与汉族有什么"宗支"关系，回族自己的历史说得很明白。但法西斯大民族主义者，不只从历史上歪曲了回族的过去，而又曾经企图从现状上否认回族的存在，说她只是一个"宗教团体"。自然，这在他们，为其法西斯"中国之命运"的黑暗前途挣扎，曾不得不违背真理来否认回族"之命运"，以至全"中国"各民族"之命运"；但事实指明：他们这一切都已成了往事与徒劳了。

回族究竟是一个"宗教团体"，还是一个民族？我们简略地从抗战胜利后的回族的状况来分析一下：

（一）领土状况。全国约七百万"回民"。一部分在汉族住区内与汉人杂居，乡居者仍每每自成村落；在甘肃、宁夏六百四十万人口中，"回族"约占四分之一至三分之一（据英人 Teicheman 及日本同文书院调查估计），并有着主要为"回民"居住的广大地区；云南的"回民"也有一定的聚居地区；青海、新疆虽系多民族省分，但"回民"在青海是主要居民，占有广大地区，在新疆也有其聚居的一定地区。因此，"回民"的主要部分，是有一定聚居地区的；不过他们也与蒙族一样，没有连成一片，而又被挤压在不固定状态中。因此，所谓"回民区域"的存在，连法西斯大民族主义者也不得不承认的。

（二）语言文字。早期的突厥语，已成了历史的东西；在中国境内的突厥族，是否曾共同使用过突厥文字，我尚无材料来肯定。但早在东汉末，马腾、马超父子所属的甘境凉羌，已使用汉文；住在察哈尔宣化一带的沙陀突厥，在唐末的李克用时期，已使用汉文；照前揭《郑恪墓志铭》看，热河与甘肃境内的突厥族人，在辽时已与汉人同样读汉书，纯熟地使用汉文。以此可知，在宋元以前，汉文已成了其民族通用的文字，这可证在元朝（或以前）传入的阿拉伯文（即今之所谓回文）《柯兰经》，一开始即系其外来语文，只有少数阿訇学习讲读、翻译。所以汉文汉语成为其民族通用的东西，并不始于现代。因而便不能以此去否认回族是一个民族，像同语同文的英吉利和美利坚，也并非同一民族。

（三）文化心理状态。这在一方面，由于回汉间在长期历史过程中的密切联系，以至人口的杂居，语言文字的共同等等，便形成回族在哲学、文学、艺术以至住室、服装等方面，都与汉族基本相同。但在另方面，他们不只与汉族有不同的特殊宗教生活，以及因宗教信仰而形成的起居、饮食、丧葬习惯、婚姻约束等等，且有其共同的民族情感。

（四）经济生活。基本上，回族与汉族一样，在解放前，同是一种半殖民地半封建性的经济，但有着较多的封建性与较少的买办性。分别说，在陕甘和宁夏，土地占有和分配情况、生产机关和生产力状态、阶级构成、剥削情况等等，都与西北汉族无何区别。只是有些边沿地区比较更落后一些，牧畜业也还占有相当比重；同时，回族的统治者，对不动产的土地和工商业的动产占有，带着更多的落后性的集中情况；其次，从事贩卖牲口皮毛等业务的中小商人，远比汉人为多。在青海、新疆，比甘、陕、宁夏的回族更落后一些，封建性更多一些，甚至还有不小部分与草地蒙古族的情况基本一样，还是以牧畜为主要生产。杂居在汉人住区的回族人民，业农者完全与汉人情况相同。经商者，基本上也与汉人一样；只是由于清朝统治者对他们压迫与束缚的结果，元明时代那种大商业资本的回人，早已不存在，率多为经营牛羊驼行、皮革业、澡堂、伙铺、屠宰业、货栈运输、饭餐馆、膏药铺、小卖之类的小本生意，中等商人（如大餐馆之类）较少，大商人更是绝无仅有。在热河省的承德和经棚街上共有二三千户回人（他们可能是原住热境之白霤等部的后裔），大都靠小本生意餬口，没有一家中等商店，小康之家也不多；抗战胜利后，在民主政府扶植下，曾组织合股商店——"回民合作社"，便不仅资本较大，且具有现代企业的规模；不过在国民党匪军一度侵占承德时，该处"回民合作社"又根本被摧毁。自然，在汉人住区内的回人，也有少数靠政治剥削起家的上层分子，如广西白崇禧、湖南马麟翼等，都成了大地主大资产者。

根据这种简略的分析，作为现代民族所具备的诸特征来看，在回族，或在形成发展的过程中，已渐次在消失，或还没有完全形成。在人民大革命基本上获得全国胜利以前，她确实不是一个现代化的民族。但如果因为她没有现代化而否认其为一个民族，那么，在人民大革命基本上获得全国胜利以前，汉族也并未完成现代化的过程，又将怎样解释呢？不容否认，回族曾是中国境内一个相对落后的民族；特别从政治上看，她曾是中国民族问题的一个重要构成部分。不过她与国内及世界其他"回教民族"，便只是宗教信仰上的共同，而没有同一民族的关联——与她原系近亲的土耳其民族，今日也各有独自的基本特征，而成了不同的民族。事实上，法西斯大民族主义者也明知回族是一个民族；他所以曾经不顾事实和违反民族问题的科学去武断，只是为着避免去解决民族问题，便利其并吞政策的实行。

到现在，由于人民大革命的胜利，回族已全部获得解放了；现在的问题，已不是回族是否成为一个民族的问题，而是其如何与汉族及国内其他民族，在新民主主义的民族家庭内，在经济、政治、文化各方面，共同进步，共同建设新民主主义国家，并过渡到将来的社会主义社会的问题。在这个问题下面，虽然还会有不少困难，但那只是前进中的困难，是完全可以克服的。

在过去的解放区、特别在陕甘宁边区，他们住居的地区，民主政府曾给设定了回民乡，乡政府负责人都由他们自己选举。经济上，从耕地到劳动工具，从营业资本到交通运输各方面，都得到充分的扶助，他们不只改变了过去的贫困情况，且成了陕甘宁经济建设的一个重要部分。政治上，他们不只和各族人民一样，平等地参加各级政权，并有其自己聚居地区的乡政权和自己组织的自卫武装。文化上，不只平等享受全边区的文化生活，平等参加新民主主义的文化建设和创造，并有其自己的"回民小学"（高级教育机关，边区政府曾设立教育各民族青年的民族学院）。他们的宗教信仰，受到政府和他族人民的充分尊重。这种新民主主义民族家庭的生活，他们是感受适意和满足的。这一局部范例，无疑地曾表现了解决回族问题的一个方向。

现在老区的回族人民，已同汉族等其他各族人民一样，经过了土地改革和人民的政治文化的建设，在经济、政治、文化各方面都完全翻过身来了；他们已经与汉族及其他各族人民一样，享受了平等自由与日益富裕的生活。

新解放地区的回族人民，政治上已解除了帝国主义、官僚资产阶级、封建阶级统治的束缚，开始享受人民民主政治的生活。经济上也将在全国总的方针下进行土改，并将解决封建性的牧畜关系问题，以发展人民的农业和牧畜业等等——这在内蒙古已获得了相当的成绩和经验。将随着政治和经济建设事业的发展，文化事业也必将蓬勃地发展起来的。

因此，今后回族人民，在伟大人民领袖毛主席的方针下、在中国共产党和中央人民政府的正确领导与帮助下，根据具体情况，逐步地去发展经济、政治、文化等事业，创造民主、自由、幸福而富裕的生活，是完全有保证了的；共同来建设新民主主义的中国以及共同过渡到将来的社会主义的社会，也是完全有保证了的。

七

藏族（图伯特族）

一 藏族奴隶制国家的建立

藏族本名图伯特族（Tibet）；中国古代西北境外的民族为羌族，以后便误将西面境外诸族统称为羌族，因之又误称藏族为羌；唐朝称为"吐蕃"，元朝称为"西番"或"唐兀惕"，明朝称为乌斯藏。

藏族的起源及其在古代的情况，我们今日还没有足够的材料来说明。其体质面貌等方面，表现如次的一些特征：鼻平、口宽、须稀、唇薄、眼小角斜、颧骨突出，体质似汉人，唯平均躯干稍短。这都是和马来种比较接近。据藏族传说：西藏在太古时为大海，藏族的祖先为住在海底的一种神异的海狗。这是说，藏族在太古的图腾制时期，为海狗图腾群团，他们并曾经住在海边。但西藏在太古时代是否是内海，还没有材料来证明；同时，西藏至今也没有旧石器时期遗物的发现，还全无材料能说西藏是人类起源的"圣地"之一。因此他们可能在太古时曾居住在南洋海滨地区，为马来人种的一支，以后逐渐移住到西藏地方的。

据汉族文献记载，藏族在南北朝时期，内部还没有贫富的分别，以牧畜为主要生产，兼事游猎；但已形成一种部落的军事集团，向其邻近诸部落进行原始掠夺。因此，藏族这时还在原始公社制时代。

到公元七百年代初，藏族便临到变革的时代。领导这一变革的是噶木布

（Gampo Srong Tson），亦称弃苏农或弃宗弄赞（苏农或宗弄赞均系译语音变）。他在图伯特族富有者的支持下，一面把分散的图伯特诸部，统一为集中的大图伯特组织；一面征服邻近诸部落，不只俘房大量人口用作奴隶，并强迫战败者作为图伯特的属领，担任纳税义务，又侵入尼泊尔、上部缅甸和青海；一面仿照印度文创制藏文，输入佛教——并形成为其独特的国教"喇嘛教"；一面从唐朝输入育蚕、造纸、制墨、酿酒、碾砣等等进步技术。至此，图伯特族便踏进了国家的门口；领导完成建国事业的噶木布，便充任了图伯特国家的第一个"赞普"（意即皇帝）。在这个国家里面，喇嘛教的僧侣——喇嘛，是第一个特权等级；"图伯特"字义的"喇嘛"意即"无上"，也是很明白的。赞普是俗权贵族的首领，名义上的全国之王，实则除握有军事权力外，在政务上离开喇嘛是不能有何作为的。因此，在图伯特国家统治阶级内部，便有着俗权和僧权的矛盾，并自始就是后者占绝对优势。

进入国家后的图伯特奴隶主贵族，为着掠夺人口和扩大领土，便不断对外进行侵略。为争夺青海和新疆的宗主权，又不断与唐朝地主阶级发生战争。唐朝地主阶级为表示其大民族主义的傲慢，便卑称图伯特为"吐番"；"吐"即"图"之音转，"番"则意义着"野蛮的外国"。其实，李世民后来又不惜把自己的女儿文成公主，下嫁于这个"野蛮的外国"赞普。

在宋朝，图伯特奴隶主国家的一位将军合申（后改名元昊），又侵入宋朝，占领今宁夏以及陕甘接壤一带地区；连同青海、新疆各一部分地区，建立所谓西夏国（元太祖称之为唐兀惕，即 Tigot 音转），以宁夏为首都。他常入侵宋朝，不断在今延安绥德一带发生战争。但西夏人已不是原来的图伯特族，而是图伯特、突厥、唐古特的混合种，不过以原来的图族为主要成分。所以他们仿照汉字创制一种独自的西夏文，与图伯特文迥异；并用西夏文翻译《九经》、《唐史》、《册府元龟》，及《宋至正朝仪》"等；一切文物制度也不同于图伯特奴隶主国家，而是模仿唐宋地主阶级，自王室以下，且多仿易汉人姓氏（王室易姓李氏）。1226 年西夏地主贵族的政权为蒙古奴隶主贵族所灭亡，一部分人民作了蒙古奴隶主的奴隶，一部分则杂居到汉族和回族里面。

二 喇嘛教的封建统治和外力支配

十三世纪初，蒙古奴隶主贵族进入西藏（他们以大蒙族主义的观点，卑称藏族为"西番"），以藏人八思巴喇嘛为"大宝法王"，并给以"大元国师"的尊号，充任其统治西藏的代表，名义上由他一手掌握政教大权。八思巴就是其后西藏红教的教宗；今后藏的"萨迦""呼图克图"，便是其后嗣（"萨迦"即"释迦"的讹译，"呼图克图"即"再世"之意）。他们为着保持财产和职位的家系世袭，不禁止教徒娶妻生子。这是其与黄教的根本不同点。

在元朝灭亡以后，明朝国家的势力最初还没进入西藏（《明史》称作乌斯藏），图伯特族便一时解脱外力的压迫。从十四世纪十五世纪之际，他们的社会就开始向着封建分权制转化。在转化的过程中，出现了前藏后藏两个大封区和其下的许多中小封区。但随同宗喀巴为首的"宗教革命"的胜利，才完成了这一社会变革的过程。宗喀巴为首的"宗教革命"，开始于1417年，到1479年便达到完全胜利。这次"宗教革命"的基本任务和目标，在推翻奴隶主的宗教红教，创立适合封建秩序要求的黄教。他们与红教不同，把教权和政权分立，政权直接由第巴等各级封建主掌握；宗喀巴的弟子达赖喇嘛和班禅喇嘛分掌前藏后藏教权；并确立俗权贵族和教权贵族职位的世袭制。但实际上，教权仍凌驾在俗权以上，俗权是教权的从属。明朝封建政府适应这种等级从属的新形势，给他们共封赠了两个"西天佛子"、八个"法王"和二十七个"国师"。

在"宗教革命"以后不到三百年，清朝统治势力进入西藏，她又变成清朝国家的藩属。其统治西藏的具体步骤，晋封班禅为"班禅额尔德尼"（意即光显）；规定掌握政权的噶布伦受达赖统制，从此政权直接全操于达赖的手中。又于1727年设正副"驻藏大臣"于前后藏，直接控制西藏政教大权。图伯特族的人民为反对这种封建军事的统治，以朱尔里特郡王为首，于1754年发生暴动；暴动群众攻击驻藏大臣和清军，杀毙清军都统傅清、左都御史拉布敦等人。达赖便联合贵族武装进攻暴动群众；结果所谓"叛乱"，在血腥的屠杀下平服了；为首的"叛乱"者，都一个个光荣牺牲了。

1792 年，清廷为进一步统治西藏，借口"藏中诸事任职达赖喇嘛及噶布伦等率意径行；大臣者，不但不能照管，亦并不预闻。"（《乾隆上谕》），同时以廓尔克侵藏为题目，大举出兵入藏"平乱"，把西藏全置于其军事管理下。结果议定所谓《藏中善后章程》，规定驻藏大臣与达赖、班禅平等，噶布伦以下官职由他们共同选用，并一律皆为大臣属员；同时，大臣有节制"番兵"，稽核银钱，决定大小政事等特权。

1840 年鸦片战争以后，西藏也随同全中国形势而发生本质的变化，即外国资本主义帝国主义势力的侵入，出现了一个中国各民族共同的敌人，改变了国内各民族相互间的关系。而邻接印缅的西藏形势，更有其特殊的严重性。1890 年，卖国的清廷与英国订立《藏印条约》，把西藏的哲孟雄割给英国。英国侵略势力便踏进了西藏。1893 年的《藏印续约》，承认英国在西藏有往来贸易自由及领事裁判权。这样，西藏便成了英国的半殖民地。图伯特民族的人民以至一部分上层分子，都一致反对这种不平等条约，并拒绝把亚东开作商埠。蛮横的英国侵略者，反而以此为借口，于 1904 年武装侵入西藏，占领西藏的首府拉萨，残杀西藏爱国人民"至四千余口"（瑞典斯文赫定语），压迫西藏缔结所谓《藏印媾和条约》。这个条约明确的规定西藏为英国势力范围。1907 年的《清印北京条约》六款，非但基本上没有改变《藏印媾和条约》的内容，且无异加以追认。英帝国主义以这种不平等条约作基础，便一面扩张势力，一面离间藏汉关系，一面挑起达赖和班禅的对立，并笼络班禅，阻止图伯特民族的团结。1913 年又拟定所谓《西漠草约》，内容包括：划西藏为所谓"内藏"（包括里塘、巴塘）和"外藏"（包括西藏及川边昌都）；承认"外藏"为英国属地。卖国贼头子袁世凯却秉承英帝国主义意旨予以同意；中国人民，特别是川、滇人民则坚决反对，该约始成为所谓悬案，西藏才没有完全沦为英帝国主义的殖民地。但英帝国主义并没有放弃囊括西藏的野心，1924 年，又武装侵入西藏：扶助达赖，驱逐班禅，把达赖完全置于其控制下；同时直接分裂西藏内政，制造达赖、班禅两派的纠纷。

民族抗日战争胜利后，英国对西藏的不平等条约，在条文上是取消了；但实际上不只英帝国主义仍继续其对西藏的侵略，尤其美帝国主义在第二次世界大战中就准备了侵略西藏的计划和条件。因此，当伟大人民解放战争在全国大胜利的过程中，特别在各路人民解放大军进军大西北和大西南的时际，美帝国主义为首的帝国主义集团及其在东方的走狗，便曾经一度公开地疯狂叫嚣，役使达赖们唱出所谓独立的调儿，妄图攫取西藏，并以之作为反对中国人民的基地。其残留在台湾的走狗蒋介石匪帮那一小撮残余，也妄想配合其主子的意图又一次把西藏出卖。但是已经站立起来的中国人民，就再不会吃帝国主义及其走狗们的那一套了，这种丑恶的阴谋勾当，反而更激起伟大中国人民的愤怒。因此，全西藏的人民以至班禅们反而更加迫切地真诚地呼吁人民解放大军早日解放西藏。我中央人民政府则早已宣布过：要解放全中国所有的领土。

三　解放前夜的藏族现状和斗争方向

图伯特民族有着长期的文明历史，也有着英勇斗争的传统；但从今日的现状来看，却还不是一个现代化的民族。经济上主要的特点：（一）各地区间经济的发展极不一样，有些地区农业已成为主要的生产，有些地区农业虽也相当发展，但牧畜还占优势，甚至有些地区农业还很幼稚；手工业方面，陶器、造像、土木工、石工、氆氇、茧丝、栽绒、细毯、毯子花、细花布等制造，技术都相当精巧，但也仅在拉萨等大城市、大喇嘛寺附近如此，其他许多地方都很落后。（二）还是封建性的徭役劳动制占支配地位，并且还普遍行使着对妇女徭役劳动的榨取。某些资产阶级学者说西藏的耕种牧畜等劳动多由妇女担任，主要是由于"重女轻男"，和权力都掌握在女子手中。这完全是颠倒是非、故意夸张的。所谓"重女轻男"，只是西藏人口比重中，女少男多之一特殊现象的歪曲；实际掌握西藏权力的，并不是担当劳动的妇女，而是不劳而食的喇嘛集团。（三）凌驾于其上的，则为外国资本主义帝国主义的经济支配。

政治上的主要特点：在图伯特民族的内部，喇嘛握有"无上"的支配权力；在喇嘛所体现的教权贵族以及其支配下的俗权，又都存在着严格的等级身份制。这些身份等级都是不劳而食的；担任生产的农民、牧人和手工业者，却都是没有权利，社会身份地位是最低下的。在住室、冠服、食料等方面，也都有着严格的身份限制。一般人民的住室，是石砌的碉堡样的黑暗房屋，上层供祀佛像，下层住家畜，人住中层；教权和俗权贵族集中的拉萨等大城市，以及各大喇嘛寺与其附近，却都是仿照华式和印式的高楼大厦。冠服方面，从材料、色素到制作样式，都依着身份等级的不同，有着严格的分别。而教权和俗权贵族集团，却是美英帝国主义势力的工具。

文化上的主要特点：外来文化对西藏文化的影响，首先而且最重要的是汉族文化。公元 641 年，唐太宗以文成公主妻西藏赞普，同时赠送蚕种及一批造酒、碾硳、纸墨等各业工人；公主和随嫁人员，又带去唐朝的文艺和佛教。噶木布赞普，又选派子弟来唐留学，"以习诗文"，并"下令禁国人赭面，自褫毡裘，袭纨绡为华风，为公主筑城及宫室居之"（萧一山：《清代通史》）；现在西藏戏剧，还不少关于文成公主的轶事。这是西藏受汉族文化影响的开端，其后又有日益增多的交互关系。其次，是受印度文化的影响，这主要表现在宗教和房屋建筑方面。其次，西藏与缅甸的关系也颇不少。再次，是近百年来英国资本主义帝国主义文化的影响；不过西藏没有吸收资本主义的科学和民主思想，只沾染其一些有闲享乐方面的糟粕，在上层分子的生活中表现出来。但这都仅是一些外在影响。图伯特民族自己创造的文化，是以其自己的社会基础作根据的；在噶木布革命以后是奴隶主文化；宗喀巴"宗教革命"以后，是封建文化，主要表现为喇嘛教文化——哲学的领域，完全为喇嘛教的神学思想所支配，文艺也是寺院文艺占支配地位。直到今日，西藏文化的支配势力，还是这种落后的封建的宗教文化；它控制人民的精神屈服于宗教迷信的绝对权威，以保持其愚昧和无条件服从为目的。

因此，今日西藏的社会制度，是一种教权支配下的等级严格的封建制；同时由于其上面曾经有过一种法西斯大民族主义的支配，以及外国帝国主义的支配，所以又表现为一种半殖民地的封建制度。所以图族是中国境内一个落后民族，它和台湾的"土番"族及西藏境内其他民族，是今日中国境内仅有的还没得到解放的民族。

英帝国主义支配西藏的不平等条约，由于全中国人民英勇抗战的结果，在条文上取消了；但百多年来英国在西藏攫取的特权和事实上的支配地位，并没有解除。同时由于在反法西斯战斗中，藏印航路和藏印公路的开辟，美帝国主义的猪嘴又钻进了西藏，对西藏实行着更其凶恶的侵略，不只在西藏贵族集团里面已培养其走狗和工具，其特务间谍也已在西藏公开出现，直接指使着走狗工具的行动；梦想把西藏从中华人民共和国的完整领土中分裂出去，并转而来反对中国人民。可是帝国主义老爷们及充任其走狗的小丑们是在作梦啊！

　　由于伟大的中国人民大革命的胜利，压迫图族人民的中式法西斯大民族主义的统治已被推翻，邻接西藏的云南、西康、青海、新疆等省已完全解放，加之具有坚强战斗意志的人民解放军又十分强大，有英勇斗争传统的图族人民又具有加速解放其民族的迫切要求和坚强意志……这对于图族的解放提供了充分的保证。革命解放的主要任务，便在驱除帝国主义，推翻以僧侣贵族为主的封建贵族阶级的统治。但帝国主义是十分阴险、狡猾、凶恶的。以僧侣贵族为主的封建贵族阶级，不只依旧对内凶恶的压迫人民；而且长期的历史经验证明，一般都不关心自己民族的解放，只关心其傀儡式统治的狭隘利益，时至今日，其中一些首要还去充当美帝国主义为首的帝国主义集团的走狗，来反对自己的民族和人民祖国。因此，他们是人民翻身的严重羁绊。自然，其中也定有深明大义的，像朱墨特郡王那类的人物，像班禅近来的那种表现，也是值得人民欢迎的。但是将挺身起来支援与配合人民解放大军，担负起解放西藏任务，将来和全国各兄弟民族一道，在伟大人民领袖毛主席的方针下，在中国共产党和中央人民政府的领导和帮助下，共同来建设新民主主义的国家，来建设和发展人民西藏的经济、政治、文化等事业，主要只能依靠农民、牧人、手工工人和劳动喇嘛等等劳动的、进步的人民。现在正临于西藏解放的前夜，我们将会看到西藏的劳动人民及一切进步的人们，发挥其应有的巨大作用。妄想把西藏分裂出去，作为其殖民地的美英帝国主义及其走狗们，让他们去作梦吧。

八

维吾尔族、罗罗族、唐古特族、苗族、僰族、黎族、鄂伦春族及其他

一　维吾尔族、哈萨克族、札萨克族、布鲁特族

（甲）维吾尔族，好头缠白布故又名"缠回"。据前国民党政府经济讨论处 1928 年估计，维吾尔族共有人口一百五十万，居天山南路者十之七，北路者十之三。其来源还不能确切考知，但知其在汉朝前已来到新疆，《汉书》所称天山南路"诸国"，大多为当时维族诸部落。

维族人民的体质、面貌、语言、文字、服装、住室等，都与所谓"汉回"不同；两者间的主要共同特点，只是宗教信仰及由此产生之一些生活习惯。维人高鼻、深目、发蜷、须浓、眸黑，颇与乔治亚人相似。其间闬房屋形式基本同于汉人；只是穴墙而炉，屋顶正平，又近似西式"富人住室，高构堂栋"（萧一山：《清朝通史》）。还每每有精致亭园，一般住室则较矮小。服装为圆衿，男衣左衽环带，不结纽；女衣有领无衽，橐头穿下，乳妇当面开襟；衬衣长及膝。男帽平高，镂金刻锈；女帽后插孔雀毛尾。鞋皆牛马皮作，有高底、平底。因此，传说他们为中亚吉尔吉思族的一系，是完全可能的。

维族现已进到农业为主要生产的情况：以小麦为细粮，通常多食粳，大麦多用作烧酒与饲养牲口；很少种植豆、粟、芝麻、蔬菜，只好种瓜果类，世传之"哈密瓜"，即其特产。农业耕种方式还是较落后的粗耕经营，下种后，便

不加锄耰。所以他们的谣谚说:"草生茂盛,禾苗可以乘凉"(南北疆可耕草地很多,人口又甚稀,也是其粗耕的原因之一)。商业比较发达,所谓"好贾趋利,甚于汉人";商人常往返苏联及英属领各地,一次每至三四年不归。手工业有相当高度的专业化,一部分人民专靠手工业为生。

从中国文献的记载看,维族早已进到贫富分化的阶级社会时代。解放前其社会内部的矛盾,已颇形剧烈。发生于"汉回"的伊斯兰教派斗争,常伸展到维族,这种教派斗争,每每是阶级斗争的一种表现形式。但维族在解放前的社会性质,我手边没有足够材料来说明。

维族居住的地区相当广大,并有相当的固定性;有其民族独自的语言文字,也有其文学、艺术,歌舞尤为发达……只是长期遭受大民族主义的支配,没有其自己的政权;但他们也作过不断的反抗和斗争,并形成了一种强烈的民族情感。在历史上,他们曾为着其独立作过斗争;近百年来,也有过几次这样的运动,但由于其上层分子的政治投机或中途变节、被收买,甚且与英帝国主义勾结,或曾与已死亡了的沙俄帝国主义勾结过,都没能解决其民族政权的问题,也没能改善其民族地位。

因此维族是中国境内的一个少数民族,又是新疆境内第一个人口较多的民族。

(乙)哈萨克族,散布于阿尔泰山一带及中苏边境;住中国新疆境内者,据估计,约有人口四十余万。他们也是所谓"回教民族",但不属突厥系。

他们的语言文字与维吾尔族相近。人种上的体质面貌,基本上两者也有共同特征,只是哈萨克人躯干较大,肤色较黄黑。两者的服装样式也基本相同;只是哈族还没进到阶级社会,还是以游牧为主要生产,所以其服装没有贵贱之分。为适合游牧生活,衣服口袋较多,男子左悬皮囊,右佩刀剑,女衣长不曳。哈族的住室却不与维族相同,而是和"蒙古包"一样,这也与其生产情况适应的。哈族自己传说:"最初一人生二子,一子强梁好盗窃,不事耕作,其父逐之,为哈族祖;一子巽懦畏事,为维族祖"。因此,可证哈族是维族的近亲。魏默村说,哈族"非准非回"(准即准噶尔,回即"缠回"),从其现在情况说是对的,从其民族起源说,"非回"却是错的。

哈族内部已有着贫富的萌芽,但尚未完成贫富贵贱的阶级分化,还停留在原始公社制的社会阶段。萧一山以其自己的立场、观点,把哈族叙述为阶级制度的人类；而其所根据的材料，却只能说明哈族有贫富的萌芽。

（丙）札萨克族，在新疆境内，人口略少于哈萨克的民族，也还停留在原始公社制阶段。

（丁）布鲁特族，居地近葱岭，分东西两部，岭西者为西部，又共分十部；在岭东中国新疆境者为东部，内又分为五部，现还以牧畜为主要生产，亦属所谓"回教民族"。

（戊）新疆境内各少数民族，过去长期遭受大民族主义的支配，他们也进行过长期的反抗。在1928年的所谓"七七"政变后，金树仁代替杨增新统治新疆，他们便开始遭受法西斯大民族主义的间接支配。1930年终于以金树仁所属官吏强夺哈密附近小铺镇维吾尔族妇女，引发了维族人民大暴动。金树仁在中式法西斯的支持下，派遣大军去镇压暴动，对维族实行残酷的屠杀政策。因而一方面曾激起新疆各少数民族的同仇敌忾，一方面把维族的一些上层分子也逼到暴动群众方面。哈密回王部下的贺济亚·尼亚斯·哈齐与"缠回"的基马尔主义者欧尔巴斯·哈尼，便乘机迎接马仲英率部进入新疆。暴动的烽火燃遍了全新疆。

但由于其上层分子脱离群众，进行政治投机，演成相互间的权利冲突与火并。他们自己组织的政权，像贺济亚·尼亚斯·哈齐与沙比司特·多马的政权，据传还与英帝国主义有勾结（《东洋文化史大系·伊斯兰诸国的变迁》）；欧尔巴斯为中心的哈密政权，则公然模仿基马尔，甚至马仲英当时公然拟在新疆建立基马尔式的"土耳其斯坦共和国"。依照他们的企图，并不能使新疆各民族获得解放，而是走向帝国主义的直接支配。因此，他们在群众暴动烽火中所建立的政权，如成立于哈密的欧尔巴斯、马仲英的基马尔式政权，承化的亚尔丹政权，喀什噶尔的南疆卡西加尔政权，和阗的哥达政权，在欧尔巴斯的基马尔式政权瓦解后，1934年10月继续在哈密出现的贺济亚与沙比司特政权，以至卡西加尔、哥达与马仲英残部联合的政权，都很快就瓦解了。

在抗战初期，盛世才的新疆省政府，对各少数民族的统治，曾唱着一些改良的调儿；那不只由于共产党人和进步分子的鞭策，主要还是由于各少数民族人民斗争的逼迫。然而盛世才宣布的所谓十条政纲以及延揽各少数民族一部分上层分子，参加参议会和行政工作等虚伪步骤，完全是一种欺骗，当然更不是解决少数民族问题的根本办法。因此，新疆各民族人民自始就没有认为它能解决什么问题。而自盛世才公开投靠蒋介石匪帮后，就开始了对新疆各民族人民实行法西斯大民族主义的血腥统治。

从 1945 年法西斯大民族主义者直接去统治新疆后，他们为着执行其主子美国反动派所给予的任务，便不惜采取各种毒辣手段，企图制服新疆各少数民族。美国反动派不只企图把新疆作为反苏的战略基地，对新疆的无限富源，也有很高的兴趣；所以他们曾公开宣称：要"帮助"中国开发新疆农业。

法西斯大民族主义者，曾以其宰制其他少数民族的办法，变本加厉的搬入新疆；一面曾以其在川康"围剿"夷族的部队，大量开入新疆，对新疆各少数民族实行了武装示威和镇压，企图迫使他们解除自卫武装；一面运用阴谋手段，挑拨各少数民族的相互关系，使其相互牵制、磨擦，以便利其并吞政策的进行；一面企图笼络各少数民族的首长，收买少数上层分子，想通过他们的桥梁作用，去压制其人民……但是富有斗争传统，而又看到苏联境内各少数民族解放榜样的新疆各民族人民，对中式法西斯的各项反动政策，不久便展开了各种各样的反抗，特别是札萨克和哈萨克各族大规模的武装反抗（连身为国民党中委的维族某先生，也有抗议式的表示）。结果法西斯大民族主义的"围剿"部队，不断吃了败仗，才被迫停止进剿，转取了和平谈判的欺骗手段，并被迫作了某些让步。由于哈、札各族这次的武装反抗，便为各族人民的解放事业准备了条件，特别是人民武装的条件等。因此，当人民大革命在全国伟大胜利的过程中，特别当人民大军进军西北不断获得重大胜利的形势下，便由他们的配合而和平解放了新疆。

解放后的新疆各民族人民，已开始其从来没有过的民主自由的生活，不只各民族人民都平等地参加了人民自己的政权和军队，各民族起义的武装都编成了正式的国防军；而且都有各民族自己的地方政权和武装。这就保证了各民族人民的经济与文化事业的建设和发展。特别在斯大林大元帅和毛泽东主席的英明决策下，中苏关于在新疆创办石油公司和有色金属公司两个联合股份公司协定的订立，在苏联人民伟大国际主义的友谊援助下，新疆将迅速而顺利地走向工业化。

二 唐古特族

（甲）唐古特族，中国古文献也称之为羌；元朝称之为唐古特；清朝从大满族主义出发，称之为"番"或"西蕃"，并于其散布之甘肃循化、庄浪、贵德、洮州，四川杂谷、懋功，西康打箭炉，云南维西、中开等处设"理藩同知"，统治所谓"番户"。

唐族的起源，多数史家均认其为图伯特族的一个部分，唐族自己也有来自西藏的传说（王昶：《蜀徼记闻》）。但图族最原始的传说为海狗图腾，唐族则为羊（羌）图腾；特别是一些民俗学者于实地考察后，确认其来自西藏，使用语言为所谓"藏缅语系"，但已非同一民族。从民俗方面考察，他们确与图族有些共同特征。如住室与西藏平民住室相同，为石块砌成之方形碉堡式，上有坚硬平顶，各层有枪眼式方孔；但其在青海四周草地与甘境之游牧部落，则为黑羊皮构制之"黑帐房"；居甘境洮、湟及滇境维西一带之农业民，则已同于汉人。唐族的绝大部分，服饰与图族基本相同，只是女子发结数十小辫，挽成结子；食物口味也大致一样；两者宗教信仰同为喇嘛教，并有兄弟数人共娶一妻的习惯。两者的语言文字也很相近。因此，可证他们原系图族近亲，同属于马来人种的系统。但在解放前，在政治上，他们是被图族僧侣贵族支配的，图族对他们有所歧视；所以除去曾受汉回统治者给予他们压迫外，还有西藏僧侣势力的支配。同时，他们与图族的社会形势和需要解决的内部问题，也曾是彼此不同的。因此，不容把两者看做同一民族。

由于长期被支配的历史过程，唐族居住的地区被分割、压缩，已不能连成一片。各部分间的生产和生产状态已很不一致。在川、康、滇境内者，绝大部分以牧畜为主要生产，"财产以牲畜计算"；农业亦相当兴盛，植青稞、大麦、小麦、豌豆等（特别在打箭炉一带）；但较落后部分，如散布云南贡山一带的所谓怒子（他们自称阿怒）和曲子（他们自称毒龙），还是"刀耕火种"，尚"不知利用犁、牛及人工灌溉"，只有种植菜蔬豆类的园艺较进步（陶云逵：《几个云南土族的现代地理分布及其人口之估计》）。在青海及甘肃洮、湟以外地区者，还是半定居的游牧生活，农业还在原始状态中。在甘肃洮、湟地区者，长期与汉族杂居，已进到农业为主要生产的阶段，社会情况基本上与汉人相同；在云南，移住"维西一带的么些已是汉化了的，特别在耕种方面，是采取了汉人的方法，用犁、牛、人工灌溉，以及阶形阡陌。"（陶云逵上文）

因此，他们的经济生活，不只与图族不同，在其各部分间也表现很大的差异；从而在语言文化等方面，也表现了或多或少的差异。在民族问题上，统一唐族各部分去处理，将特别繁杂。这只有从实际工作过程中去不断取得经验，在中国共产党毛主席的方针下，去确定具体办法。

（乙）有些史家和民俗学者，把么些、怒子、曲子和"西番"（即唐古特）区别开，是不妥当的。英人台维斯（H. R. Davies）在云南各民族分类中的B项"西番组"，包括：1"西番"，2么些或那希，3怒子或阿侬（Yunnan, the Link Between India and the Yangtse, Cambridge, 1909）；凌纯声也与台氏一样，以"西番"、么些、怒子称做"西番群"（《地理学报》：《云南民族的地理分布》，1934）。由于他们在长期历史过程中，内在的相互分离与外在的不同影响，形成了彼此间的一些差异，基本上仍属同一民族。台、凌两氏的分类，基本上是对的。但他们没有把曲子归并进去，同时把他们作为平列的民族看，是不对的。陶云逵根据其实地调查的结果，认为"怒子和曲子原来是一个民族"，"从语言上比较，怒子语和曲子语相同的较和栗粟相同的多，其与曲子不相同的部分，我们可以认为曲子语的怒江方言。"这是对的。所以曲子也是唐族的一个部分。

么些在唐时为越析诏，属于所谓南诏的一个部分（《新唐书·南诏传》）。现散布于金沙江南岸丽江县境、永宁设治局、中甸县沿江山上、维西县境北至叶枝以及兰坪县等处。惟因受挤压，所住多为山区，住平坝与平原地者较少。现共有人口约十二万。

怒子现散布于滇境高黎贡山东麓及碧罗雪山西麓，即贡山、康乐、碧江三设治局地区（尹德明等：《云南北界勘察记》，国民政府外交部民二十二年），多为川地，与栗粟杂居，共有人口一万二千余。

曲子现散布于滇境毒龙河流域——即大金沙江起源的支流之一——处于高黎贡山与江心坡之间，南迄缅境。他们共有人口四千余。

三　罗罗族

（甲）罗族散布的地区，从四川西部旧建昌道大渡河一带，西迄滇边，南及云南思茅，东至贵州，以建昌、嶲谷与金沙、碧砻两江之间为中心。同时，现散布于云南双江、澜沧、佛海、维西、贡山诸县的所谓罗黑、栗粟、窝尼、阿卡等，也都是属于罗族的一些部分。其人口总数究为多少，虽有各种估计，皆悬殊很大，作者尚不能臆断。

中国封建统治阶级，从大民族主义出发，曾称之为所谓"爨蛮"；但于其起源，却无明确而可靠之记载。据传他们曾住过嘉陵江流域，沿江石洞即其遗迹，但没有证实。据范晔《华阳国志·南中志》：在晋朝，云南已有罗族居住；当时并已形成所谓"东西爨氏"的强大部落。据台维斯、陶云逵等的实地调查，确悉其语言近似于藏缅，而列于所谓"藏缅语系"民族。这可证他们最初系从南方来，属于马来人种的系统，并与图伯特族、缅甸族有近亲关系。

清朝统治者曾派遣大军"征伐"罗族，遇到顽强抵抗；最初只有越、隽等处的罗人被征服，和汉人一样，向清朝完粮纳税。在大梁山一带者始终不服从满洲统治，清朝数次派兵"围剿"，都没能把其征服；后来，他们也始终不对清朝完粮纳税。清朝统治者便称前者为"熟罗"，后者为"生罗"。

罗族今日的主要生产为农业，农业的主要作物为小麦、大麦、豌豆等。解放前，土地在名义上，属于所谓"自治"机关的"土司署"所有，罗族的每家每户都有平等使用的权利；不过没有劳动工具的穷户分占的土地，常被其富有的债权人夺去，富有者则常占地较多；农村的组织，为一种村落公社式的"寨子"；除农业外，牧畜业也相当繁盛。

农业牧畜等生产劳动的主要担当者，为被俘虏的汉人、唐古特人、苗人及其子孙，即所谓"白骨头"（罗人叫做"黑骨头"）。土地、畜群、劳动工具以至"白骨头"的所有者，为那些不参加生产劳动的罗人，即"黑骨头"的上层阶级，也就是奴隶主贵族。不过在"黑骨头"里面，除奴隶主贵族外，还有用自己劳动工具进行劳动的自由民，因贫困欠债而卖身的奴隶。奴隶主、奴隶和自由民都住于公社式的"寨子"以内；有"土司署"的"寨子"叫做"官寨"，"土司署"每位于"官寨"的中心。

在这种生产方式的基础上，罗族已有其独自的语言文字，也有一神教（喇嘛教）的宗教信仰——不过"白骨头"和那些身为奴隶的"黑骨头"，都没有崇奉这种宗教的权利。喇嘛对"土司署"有相当的支配权，甚至有些"土司"本人就是喇嘛。奴隶主贵族的家中都有佛堂的供奉。

因此，罗族在解放前，是正处在奴隶制历史状态下的一个民族；不过由于大民族主义的长期支配，没有得到适当的发展。

在大民族主义的长期支配下，罗族没有独立的统一的政权。在清朝，由于他们对清朝统治进行过抵抗，特别是所谓"生罗"的不断顽抗，清廷才允许其设立所谓"自治"的"土司署"；但不许"土司署"驻于城内，只允其驻于"寨子"；也不许其有统一组织，强令其统属于驻在城内的清朝官吏。清朝统治者为防止罗族人民的反抗，又令各"土司署"派人常驻城内做质；若罗人有何"叛乱"，便严厉处置其质人。清廷统治罗族的这套办法，曾为民国以来的军阀政府所沿袭；封建买办法西斯大民族主义统治罗族的办法，曾一面沿袭传统办法，一面又派遣特务深入"官寨"。

另方面，罗族奴隶主贵族，为取得奴隶劳动力的补充，又曾经常向其邻近的汉、唐、苗各族住户，实行武装偷袭去掳掠人口。所以其邻近的汉、唐、苗各族住户，特别是苗族，常遭受其迫害和威胁。他们对于俘去人口的处理办法，是很残酷的；为着试验俘虏是否驯服，便于俘去以后先行监禁，任意鞭打，数日不给饮食，常灌以妇人便溺，驯服的释做奴隶，否则便予杀死。

因此，罗族在解放前，一方面，在其社会内部有阶级的压迫和对立，主要为奴隶主对奴隶的压迫和两者间的对立；被压迫的奴隶，又大多为被俘去的汉人、唐人、苗人和其子孙。一方面，有罗族奴隶主贵族为掠夺人口，对其邻近汉、唐、苗各族人民的迫害和威胁。另方面，他们的民族又遭受法西斯大民族主义的压迫——特务统治——罗族人民和奴隶没有任何权利。因此，早在解放以前，我曾经认为："罗族问题的解决，首先便在于解决这些矛盾，其中以罗族和法西斯大民族主义间的民族矛盾为中心。能充当其民族解放主力的，在罗族内部，我以为是奴隶主和奴隶之间的自由民阶层；他们占罗族人口的绝大多数，和奴隶没有直接利害冲突，可能和奴隶阶级结成同盟；他们对掳掠人口没有直接的生死利益，可以和其邻近的汉、唐、苗各族人民建立和平友好关系；法西斯大民族主义的支配，对他们只有坏处，毫无好处；他们和奴隶主贵族有贫富和地位的矛盾，也有民族利害的共同——奴隶主贵族里并还有被大民族主义者收买的佣人。"①

现由于人民大革命在全国的胜利，罗族也随同国内各兄弟民族人民一样，完全从帝国主义及其走狗蒋介石匪帮的统治下解放出来了；在人民解放大军进军解放大西南的进程中，罗族人民的男女老少和其奴隶们，不只箪食壶浆迎接解放大军，而且直接、间接起了支援与配合作用。他们从此在毛泽东的旗帜下已走上了新生的光明大道，将由于中国共产党与人民政府的正确领导和帮助，向着新民主主义以至将来社会主义的程途迈进。

（乙）罗黑、栗粟、窝尼、阿卡等是否属于罗族的一个部分呢？台维斯与凌纯声根据实地研究的结果，把他们列为"罗罗组"或"罗罗群"（台氏等前揭书），是对的。但在所谓"组"和"群"中，又把他们与罗罗平列，是需要商酌的。由于他们在大民族主义的长期压迫下，不断被排挤、分裂，不仅形成其一些不同的特点，且使其社会进程发生差异；主要的，在于作为一个种族看，其基本特点还是共同的。所以还应把他们看作罗族的一个部分。

罗黑（La 'hu）系他们自己的称谓，现散布于澜沧江、怒江之间，顺宁以南、佛海以北一带；澜沧江右岸景谷与镇沅县境也有其住户。他们的住区，多为拔海一千二百公尺以上较贫瘠的山地，且杂有去自湖南的贩运大烟土的汉人住户（今已达二千余户），又不断被挤向缅甸方面移动。他们现有人口约十二万。因之，他们农业生产的发展受到阻碍，至今还适用一种"刀耕火种"的粗耕，耕地也还不长期固定（他们在阿卡山一带种大烟）。在清朝统治期间，为争持其生存空间和反对大民族主义的侵害，从1887年至1903年间，曾举行过多次暴动。

栗粟（Lisu）系他们自己的称谓，现散布于云南西北与康、藏毗连的高原地带，即分属于维西及贡山、康乐、碧江、泸水等设治局之云岭雪山、碧罗雪

---

① 这节所根据的材料，除参考一些书籍外，主要系根据几位身历罗族地区同志的口述。如有事实出入，希望读者与同道指正。

山、高黎贡山一带；金沙江右岸之武定、元谋、腾冲及其毗连地带，也有其少数住户。他们的住区，均为拔海一千三百四十公尺至三千公尺以上的山地，条件都较坏；现有人口共约十二万三千左右。生产情况，基本与罗黑相同，只是农业还较落后，但一部分住到伊洛瓦底江畔密支那平原者，却比较进步。他们过去对大民族主义者与军阀的统治，也是常有反抗的；陶云逵等 1934—1936 年在云南调查少数民族情况时，也遇到"当时康乐地方的栗粟叛乱"与"邻封各县调兵围剿"的场面。

窝尼（Wonni）也是其自己的称谓，内包卡多、布都、布孔、必约、西摩罗、糯必、麻黑等部，现共有人口约十五万；散布于红河以西元江、黑江、江城、宁洱诸县境以及把边江沿江诸高山。同地区内之平川与山中平地，均为汉人与掸人（在元江沿岸）所居，他们则被挤在高山上。他们的生产，基本上也与罗黑相近，农业为"刀耕火种，迁移不定"，不知使用犁、牛及人工灌溉；主要靠牧畜为生。但一部分"渐渐迁到江边居住"的栗粟，生产已基本与汉人一样，但已是"汉化的"（陶云逵前揭文），或者耕地在江边，住宅仍在山上的一部分人，亦已进到农业为主要生产的阶段。

阿卡（A'ka）亦系其自己的称谓，现散布于云南南部边界澜沧、佛海县境一带，与掸族同一区域，并有汉人住区交错；只是生产较前进的掸族占住平原低地，既不高寒也不湿热的地区则为汉族占住，他们则被挤在高山上。由于其长期受到他族支配者的侵害与自然条件太恶劣，现人口总数还不到五万人。他们虽盛行农业，但由于土地太贫瘠，还是"刀耕火种"；同时，由于其高山的自然条件太坏，有些便被迫到山中平地，充当掸人佃户——如佛海、南峤一带的阿卡（陶氏前文）。

罗黑、栗粟、窝尼、阿卡（前述"西番"族的怒子和曲子也是一样），并不如中外资产阶级的学者们所说，由于他们来自"西藏高原，气候凉爽的地带"，只适宜生存于凉爽的高山上，也不是由于其"各族之农业方法……是广种法（按即所谓粗种）或刀耕火种……不知道人工灌溉……也没有阶形阡陌及犁与牛之利用"，"需要有极广的区域，有森林，少莠草"……"山地"最"合适"，"只有山地方合适"（陶氏等前揭文）；而是由于过去大民族主义的长期迫害，特别是汉族皇朝、军阀、巨商、豪绅不断侵占其土地、财产，一步步把他们从较好的地区，挤到高山上，并使之停滞在粗耕的农业生产状态下，所以他们曾不断反抗与"叛乱"。实际上，这些先生们，也曾经自己打了嘴巴。为什么"喜欢住高山"的么些，在"维西一带的"却住到了平地？他们为什么又抛弃其"广种法"，而"采取汉人的方法，用犁、牛、人工灌溉，以及阶形阡陌"呢？为什么"山中平地及倾斜较小的大山坡"，又"变了么些的田地"？只要人们肯放弃大民族主义的观点，拿点人类的良心出来，问题就会明白的。不是说"自（汉）武帝而后"，在大民族主义的扩张政策下，"渐次占据了自滇池到洱海一带凉爽肥沃的大平原，将原住的土著，一部分驱逐到边荒山地或热（湿）地带去度其余生，其能适应汉族文化方式的，便被吸收而变成汉人"曾是事实么？不过这并非由于"汉族在耕种上所需要的……是平地，气候自然愿意凉爽健康的"，而是由于过去大民族主义者的"开辟云南"，"大规模的殖民及汉化政策"，致在解放前，连"他们自己也不愿认为是土人"，这里反映了一种民族如何不平等的凄惨情况啊！不是由于大民族主义的传统支配，特别是现已死亡的国民党反动"政府有这种政策"，才使"土族汉化的趋势一天天紧急"么？（陶氏前文）他们曾企图使各"土族"在"不久以后，会变成一律的形样"。但是这些"土族"今已获得解放和新生，他们再不会被灭亡了；而遭受灭亡的恰是法西斯大民族主义者蒋介石匪帮自身。

四　苗　族

（甲）苗族，是中国一个有悠久历史的民族，其中大约有苗、傜、僮各部。今散居西南各省边隅地区，估计人口共达二百万左右，苗部占其中百五十余万（张其昀等：《中国民族志》）。中古时代的历朝统治者，从大民族主义出发，统称南方各民族为"南蛮"，苗族便是其中的主要部分。

苗族的起源，据他们自己传说，谓在古代，由一个通人性的盘瓠（即神犬）与北方金天氏公主婚配，住贵州山巅岩洞，生六男六女自相婚配，为苗族祖。但这并不能说明其民族起源，只能说明苗族在原始期为犬图腾，并与世界其他民族一样，实行过血缘的阶级群婚。他们的另一传说，谓太古洪水时期，人畜都被淹死，只留下"罗公罗娘"兄妹，自相婚配，后裔繁衍为苗族。

这与汉族"东山老人、南山小妹"的传说同一内容，也只能说明苗族的远古祖先曾经过洪水灾难，有过血缘婚。今日湘西苗人，谓其宗教神三位天王均无父，母为乾城杨姓未嫁女，一日在溪边纺纱，水里瑶光射入怀中得孕，一胎生三子。这也只是关于苗族古代的母系制传说。根据前面的考证，苗族系源于马来人种；何时北进到今中国境内，则还有待于地下发现（根据贵州的旧石器发现，他们其时已住在当地。广西武鸣发现的旧石器，也可能是苗族的太古遗存）。

苗族的历史发展过程，由于长期和北方民族的斗争，特别自殷周以后，对大民族主义侵略斗争的不断失败，生存空间不断被占夺，生产不断被损害，居住地区不断被分割，人口不断被杀害与同化，便迟滞了，歪曲了。现在他们居住的地区，率皆为自然条件较坏之山谷岩阿间，所谓"深潭沉碧，危峰碍日；密树蒙烟，怪石狰狞"。他们散居的四川、贵州、云南、广西、湖南以至广东等省的地方，不少是这样情况。

人类都是优秀的，苗族也是优秀人类的一部分。但由于长期遭受大民族主义的毒害，衰落到七零八落，人们反转过来轻视这种优秀的人类，正是大民族主义的一种表现；今日国人口语中的所谓"野蛮"、"蛮得很"、"苗得厉害"……也正是大民族主义传统的遗留——我们为什么不说"汉得很"、"汉得厉害"呢？

（乙）苗族的主要部分为苗。其散居的地区，主要为湖南乾城、凤凰、永绥、城步、绥宁……贵州都匀、兴义、犁平、松桃、青江、丹江……四川酉阳、秀山……广西龙胜、怀远、泗城以至云南……等处，其中一个较大的聚居地区，以湘黔交界的腊尔山脉为中心，东南北三面环绕湘境七百余里，西北两面环绕黔境二百余里。

人们曾就苗部各部分的服装颜色、居住地区等方面的分别，而区分为所谓白苗、青苗、红苗、黑苗、花苗、东苗、西苗、夭苗、罗汉苗、平伐斯苗等等；其实，由于他们长期受到大民族主义的迫害，被迫分散、离析，形成居住地区不相连接，生产情况多不相同，渐次又表现为所谓"言语纷歧，风俗庞杂"的现象。历朝统治者又根据其所谓"汉化"和驯服程度的不同，区分为所谓"熟苗"、"生苗"，或所谓"正苗族"与"汉苗族"；并谓"熟苗"或"汉苗"，为汉、苗混合种。其实，岂止所谓"汉苗"，"正苗"又何尝不混有汉族血液，西南各省汉人何尝不杂有浓厚之苗族血液！

所谓"汉苗"，如贵州之仲家（人口约一万）、龙家（人口约一万），湘西之熊家、朱家、龙家、石家、向家……他们在语言、文字、经济、生活、人种血液以至生活习惯各方面，都已与西南汉人无大区别；所谓"通汉书，秉周礼，骎骎乎礼乐之乡"云云，实亦由来已久。他们的上层分子早已加入封建集团，参与政治生活；清末及民国以来，曾产生不少军阀、官僚、政客、大地主、大资本家。但同时也产生了革命家和学者。虽然如此，在解放前，他们还是在传统的种族成见上被歧视，在政治和社会生活上被歧视。

所谓"正苗"，大致可区分为下述三种情况：（一）最进步的部分，"男耕女织"的农业已成为主要生产，居宅聚成村寨，姓氏均仿汉人（如吴、廖、石、麻、邓、蓝……），通用汉文汉语；除一二特殊风习外，基本上与汉人无别。（二）较进步的一些部分，仍以牧畜为主要生产，同时也盛行"刀耕火种"的农艺；文字相当原始，一般都使用"木刻结绳"的办法，巫师则使用初步阶段的象形文字，一部分人能用汉语与汉人交接，也有少数人能懂汉文；姓氏也大都模仿汉人。（三）散居山涧岩阿间的那些最落后部落，据说仍以畜猎为主要生产，仅略知种植；食物不完全用熟食，所谓"火焙牲畜，带血而食"，甚至生食雀鼠；住室系"架木为巢"或"穴山而居"，无床具被盖，与牲畜同处。其社会还滞留在所谓"重女轻男"或所谓"有女官"的母系制时期。他们与汉人的接触是较少的，其中只有少数与汉人进行交易的人懂汉语；同时，他们也不仿易汉人姓氏，仍是所谓"有姓无名"（某史家误说为"有名无姓"），"姓"即其氏族的名称。这三类苗人都与汉人进行交易，以杂粮、皮毛、药材、牲口、野物……易汉人盐、铁、布匹等，特别是第一、第二两类苗人与汉人的交换更多。

对于所谓"正苗"的这种分类，只是相对的；实际上，每一类里面的各部间，也有其不同的情况和发展程度。

（丙）苗族的另一部分傜部，散布在广东连县以西、连山以南、阳山以北者，叫作"八排傜"（大排每排人口约五千左右不等）；散居于湖南旧衡、永、郴、桂各属山区及广西境内（主要在柳江以西）者，汉人从其梳头样式与居住地区，而别称为所谓"蓬头傜"、"平头傜"、"锦田傜"、"大山傜"、"平地傜"……等等；其散居柳江西之山巅岩阿间者，又称之为"童"；在云南境者，被称为所谓"傜子"。实际上，他们也与苗部一样，被分裂为许多单位，表现着生产情况，语言、风俗、文化程度的不同。中国历朝统治阶级，也从其所谓"汉化"与驯服程度的不同，而别称为所谓"生傜"与"熟傜"。

所谓"熟傜"又名"平地傜"，其中最著名的有蓝、胡、槃、侯、赵、朱诸姓（湖南傜多姓赵）。他们在各方面的情况，基本上都与所谓"熟苗"一样；不只"与汉人杂居，或通婚姻"，除开在传统种族成见上被歧视，在社会和政治生活上被歧视外，亦几与汉人无何区别。在他们中有豪绅，也有革命家和学者，新近逝世的著名生物学家朱㭽之先生，即系湖南郴州的傜人。

所谓"生傜"，居广西境者，多被挤于山洞溪谷间，即所谓"傜洞"或"傜山"，生产状况较所谓"正苗"的前进部分为低。其中较进步的虽已知道农业，但方法相当原始，所谓"刀耕火种"，"今岁此山，明岁又别岭"；农业作物主要为玉米，兼植黄豆、大麦、棉花、山薯、杉木等。住室较汉人简陋，为木架、土墙、盖茅，有地楼两层。语言文字兼用汉语汉文，风俗习惯也不少同于西南汉人。较落后者，仍以"畜猎为生"，农业才开始萌芽。居湘、粤境者，其较进步部分，农业已成为主要生产，基本情况与最进步的"正苗"相同。他们与汉人交易，也多以皮毛、药材、野物等易汉人盐、铁、布匹……

傜胞的生活是极端恶劣的，据前线记者方德同志关于广西右江流域果德、那马、隆山、都安、万岗地区傜胞生活的报道说："他们的身体已变得特别矮小，许多人的体格只相当普通汉人之半。他们在过度的劳动中，已折磨得肩耸尖腮了。""为着逃避反动统治者的屠杀，他们居住在高高的没有人烟的光石山上……山上奇寒，他们只有一身单衣，没有被子，终天在火边瑟缩着。许多人的眼睛被火熏坏了。""光山上没有泥土，他们从远处的山脚下背上泥土，填进朝天的石洞或小坑里……种下种子……""……吃的是比茶略浓的玉蜀黍糊汤。每到青黄不接的时候……便靠山薯、野菜度日……经年吃不到粮。""在生活无法维持时，便拿蛤蟆、草药、柴火到附近圩场换取粮食，或者冒险下山打零工。""虽然在深山里，他们仍躲避不了国民党反动政府的剥削和压迫，接二连三地派款、征粮、抓丁，逼得他们喘不过气来。"（见 1950 年 3 月 13 日《东北日报》）实际，这可说是解放前被挤在山涧岩阿间的所有苗胞生活的写真。

（丁）苗族虽不断为大民族主义者所战败、征服，但她是有着数千年斗争传统的。在清朝，满洲统治者对于苗族的压迫特别残酷，最显著的，如他们为掠夺苗人土地和增加财政收入，实行所谓"丈田"。充任其"奴才"的贪官污吏，则一面在"丈田"的名义下，对苗汉人民进行无限制的苛索与掠夺，至今湘西一带的苗汉人民，对于"丈田"，犹不免"谈虎色变"；一面则贪图贿赂，一贯左汉抑苗。地方豪绅奸商也每每对苗人施行压迫和欺骗，凌辱其人民，骗取其财物。苗族人民为反对清朝的血腥统治以及贪官污吏与豪绅奸商，曾揭起多次大规模的暴动。

规模最大的两次大暴动，为乾隆嘉庆间以铜仁石柳邓，凤凰吴半生、吴八月、吴廷礼、吴廷义、吴承受，永绥石宗四等为首的"苗民暴动"，以湘南赵金龙等为首的"傜民族暴动"；前者把湘、川、黔三省苗人都卷进了暴动的浪潮，后者把湘、粤两省傜人都卷进暴动的浪潮，均震动了西南半壁，成为燎原之势。特别是"苗民暴动"，声势最大，地区蔓延了三省，时间坚持了数年，参加的人达数十万。清朝政府配置数十万大军，罄其国库充做军费，对暴动群众进行"围剿"，在苗族地区实行无条件烧杀；充任"平苗"刽子手的清朝"奴才"也都被搞得焦头烂额。但此并没能使暴动的气焰减低。在残酷的战争过程中，他们创造出一套相当成熟的游击战术，即所谓"官有万兵，我有万山；其来我去，其去我来"（赵金龙的"傜暴"，也采用了这种战术）。他们最初的口号是"打到黄河去！""不到黄河心不死！"但由于群众不愿远离家乡，打到桃源看见沅水，便说到了黄河。后来清廷采取汉奸刽子手傅鼐的阴毒计划：一面竭尽民力，建筑数千里长的碉堡封锁线，实行所谓稳扎稳打；一面对暴动苗人的内部，实行离间、分化和收买。在暴动苗人方面，由于没有明确的方针和领导，也由于群众的疲倦，他们没有方法去巩固，又由于叛徒吴陇登之流的叛变，苗奸的内应，轰轰烈烈的大暴动，便在傅鼐的阴谋和清廷的屠刀下，惨烈的失败了。但暴动群众和其领袖，为苗族人民利益所作的英勇斗争和惨烈事迹，是永远留在苗族人民的心目中，不会磨灭的；出卖其民族利益的叛徒内奸吴陇登之流，也受到苗族子孙的万世唾骂。从这次暴动失败后，清廷便普遍实施其"改土归流"政策（即所谓易土司为流官与化苗为民），实现了对苗族的"流官"统治。自此，不只苗民都直接受所谓"流官"的黑暗统治，而且苗族的民族团结也被拆散了。

民国以后的所谓"民国"，实际并没有人民的民主，只是大地主大资产阶级专政的军阀统治，并提高了豪绅对农村的支配，苗族上层分子也参加了这种统治和支配。加之在"辛亥革命"的当时，资产阶级在处理民族问题的口号上，也只是"汉满蒙回藏五族共和"，没把苗族和国内其他少数民族当做民族看待；散处在汉族夹缝中的苗族更感受统治者的异视，如西南邻接苗区的各汉人氏姓，地主阶级大都严禁子弟与苗人结婚，并以之作为传统的"族规"……贪吏豪绅对苗族人民的无理凌压和剥削，特别是对其土地的侵占，常使他们无法忍受。因之在西南各省，不仅发生接连不断的苗汉纠纷，且激起多次小规模暴动和所谓"苗匪骚扰"。

抗战时期，苗族内部虽也有少数从事抗战投机的上层分子，但广大苗族人民为中国民族抗战事业，踊跃地参军、出丁、输粮，很多青年男女涌上前线，湘黔边数县的苗人并组织一支部队拟赴前线作战。但由于中式法西斯大民族主义者，根据其对苗族的一贯轻视、压迫与并吞政策（他们一面说苗族与汉族是"宗支"关系，一面又说苗族已完全"汉化"），对苗族进行无限制的需索粮款，勒征壮丁；特务分子与其地方政府、部队，复借端敲诈捕人罚款，"发国难财"。因此，早在抗战初期就激起以龙云卿为首的湘西苗民暴动（有不少汉人参加），公开反对国民党政府，发表《倒蒋宣言》。国民党反动派除派遣大军"进剿"外，还劳得苗族贵妇高玉柱小姐前去"宣慰"。在日寇投降前后，又有以彭叫驴子为首的湘西苗汉人民暴动。他们声势浩大，旗帜鲜明——一面反对法西斯反动统治，一面仍积极抗日和要求民主。这两次暴动，都打破了民族界限，为苗汉人民的合流，这是比过去进步的一个显著内容。另方面，法西斯大民族主义者，对那支外出抗日的苗族武装，在贵州境内实行堵截，打算只要他们的器械和士兵，不要苗族自己的干部。因此又把他们逼回苗区，对法西斯追逐部队实行武装对抗。他们对追逐部队提出条件：仍愿为抗日输粮出丁，只不允国民党反动政府人员武装进入其地区。这表现了他们的爱国忠忱，是始终如一的（国民党反动政府对这个事件始终是秘密的。我 1940 年在重庆得自国民党某君的面述）。

不仅如此，他们英勇地参加了中国共产党所领导的民族民主革命，不少苗族先进分子参加了共产党，并在共产党领导下展开了苗族人民的斗争，如在广西右江流域的傜区，"1929 年傜胞领袖和熙风参加了中国工农红军，担任了果德县苏维埃主席，傜胞区到处燃起了反对国民党反动统治的怒火。后来红军撤走，傜胞武装退据到太平圩、感圩一带，仍坚持两年斗争。”“1948 年，一部分傜胞又在中国共产党的领导下，建立了民主政权。在都安，他们建立了十个屯和一个村政权。当匪军……‘扫荡’时，他们便和‘共产党汉人’一同战争。”所以他们早已认清并流传着：“共产党汉人好，国民党汉人坏。”因此，今年元月九日人民解放军进抵果德时，他们便四面八方前来迎接大军，亲切地呼着“同志”，并自动捐献军粮支援（同前果德报道）。

因此，苗族人民是有着坚强的斗争传统的，今日人民大革命的胜利，是有苗族人民的一份功劳在内的。现在苗族人民是完全获得解放和新生了。但其散居地区分裂得很零碎，各部分间生产情况差异很多，表现很复杂，如何使落后者与前进者同走向现代化？各部分间内部的矛盾情况各异，须解决的问题不同。这都是很重要的问题……为要解决这些问题，苏联解决民族问题的丰富经验，自然是我们必须学习的榜样，在于如何正确地掌握列宁、斯大林的原则，中国共产党、毛主席的正确方针，根据具体情况和经验，去逐步地解决。

五　僰、掸、瓦崩、卡箐、缅甸等族

（甲）僰族内包僰子、“民家”等部，汉人称“民家”为“白子”（Pe-tso），甚至在大民族主义的影响下，称其为“白儿子”；“民家”与僰子则均自称为“僰子”（Bertz）。有些民俗学者，把他们看作不同的民族，以僰子、“民家”、“蒲蛮”并列为所谓“蒲僰群”，是不妥当的。作为同一种族看，他们不只有相同的语言，而且同自认为僰子族。不过僰族的主要部分是“民家”。

僰族的起源，据台维斯等人的实地研究，认为他们与苗族同属于一个语言系统，即所谓“蒙克穆（Mon-khmer Family）语系”。苗族起源于马来人种，可证他们亦系南来的马来人种之一支。其何时进到今云南境内，尚不能考知；惟据台维斯等对于云南各民族堆积层次的研究结果，为所谓“蒙古穆语族”、“泰语族”、“藏缅语族”之相次（台氏前书）；陶云逵根据“实地调查及研究所得”，亦符合了台维斯的“结论”。依此，僰族可能是云南的最先住民族。

僰族的主干部分"民家"散布的地区，西自云龙县境的澜沧江沿岸，西北迄维西县境；东自凤仪县起，沿大理至昆明交通大道之祥云、弥渡、镇南、姚南、楚雄、广通、禄丰、安宁等县，均有其村落；南则在红河流域之元江县远坝亦有"民家"。他们的住区，率皆为土地肥沃、气候温和之平原；但与汉人村落相互交错并杂居。人口共三十三万左右，占其散布各县人口总数百分之二十强。最多者为大理，占全县人口百分之六五；次为邓川，占百分之五五；次为洱源和宾川，均占百分之五十；次为鹤庆、剑川，均占百分之四五；最少者为广通、楚雄、镇南、禄丰、元江各县，仅占百分之一或不到百分之一。但从云南全省说，他们仅占总人口百分之三弱。

在解放前，"民家"的生产与生产力情况、阶级构成与剥削关系，以至文化生活，基本上都已完全与汉人一样，文字也使用汉字，与汉人接触并用汉语，即所谓"除语言外，文化的其他方面，可以说完全汉化"（陶云逵前揭文，台维斯前揭书）。但他们在其内部仍使用僰语；同时过去在政治上，由于大民族主义的传统影响，特别是法西斯大民族主义的支配，他们仍与其他少数民族一样被歧视，以至"他们自己也不愿认为是土人"（同上）；而他们的民族情感与情绪，却还相当强烈。

另方面，"民家"的统治阶级，一面与汉族统治阶级有着联合统治的关系；一面法西斯大民族主义对他们的压迫和排挤，又有着其相互间的严重矛盾，所以他们的大地主大资产者在这一点上，也常表现一点进步性。不过他们对于云南其他少数民族以至汉族下层群众，除去曾经进行一般的半封建剥削与压迫外，还有民族间的不合理支配与排挤。他们对于"民家"群众的半封建剥削与压迫，基本上也是一样。他们曾是不理解：要争取自己民族的平等和解放，首先自己便要平等对待其他民族，帮助其他民族解放；要求政治民主和自己民族解放，首先就应从内部给人民以民主的权利，特别要解决农民的要求——因为除开农民问题，民族问题就没有内容了。但是在人民解放大军进军西南，与云南地方人民革命武装及各族人民革命斗争的配合下，完成了和平解放云南的任务，他们也起了一些作用的。

"僰子"、"蒲蛮"和卜瓦，都与"民家"同属于僰族，但由于居住地区长期被分割和排挤，至被挤到云南西南部一带"山上较高地方"（以至缅甸他郎、安南占婆一带），被"冲散"得"七零八落"（同前陶文）。久而久之，便形成其与"民家"的一些不同特征,特别是生产还较落后。把这种惨局,归咎于"其未受同化的"结果,是完全不合事实的,颠倒黑白的。

（乙）掸族,中国历朝统治阶级,曾以大民族主义的观点,称之为"白夷"、"水摆夷"或"摆夷"。他们散布于云南西南及西部边沿二十五县境内;从所占各县人口百分比说,以车里、五福、佛海、镇越、六顺、临江各县为中心;从其人口数量说,以腾冲（101972 人）、澜沧（46368 人）、镇康（44228 人）等县为最多。据说,在昆明以北普渡河沿岸,有少数掸族村落,在雅砻河与金沙江交叉处,也有掸人居住（台维斯前书）。他们所住地区,率皆为四千英尺以下之低平原和江河流域,如所谓怒江、澜沧江流域诸幽谷,都比较湿热;各该县境的较高平地和山区,则为汉人及其他少数民族居住。在二十五县境内,掸族人口总数,共约五十五万左右。

掸族的语言、风俗、人种、体质及面貌等方面,多同于泰族,特别是语言,民俗学者实地研究的结果,已肯定其属于泰语系统（前揭陶文）。因此,他们原是泰族的近亲,"掸"可能即"泰"之音转。

他们的生产主要为农耕,农业生产技术相当进步,即"所谓集种法","用水牛犁地,并用人工灌溉及筑阶形阡陌"（同前陶文）。但也还有从事渔猎生产的,不过已只是残余。在他们有不少妇女担当农业劳动,形式上虽与西南边省汉人情况有些相同,但实质上是存在着奴隶制以至父家长奴隶制的残余。不过他们又实行佃耕制,据陶云逵的实地调查,谓"在佛海、南峤一带的阿卡,有些给在山中平地居住的摆夷做佃户,但一俟工作完了之后,他们急归山。而敢到平地来作工的,或竟出于摆夷土司的强迫。"（陶氏前文）这究系封建制的佃户,还是属于古罗马灭亡前夜之"科劳士"或"边疆佃户"的性质……我手边材料不够,尚难肯定;但其属于封建性的东西,是没有疑问的。

他们不仅有自己的语言,并有其独自的文字。原先有些史家,说他们自己的文字很原始,"一切皆刻木为符";现据陶云逵的实地调查,曾搜集"摆夷原文的土司历代大事记",陶氏虽未说明其文字发展的程度,但似已超过"刻木为符"的阶段。他们与汉缅各族交际,则使用汉语和缅语;所谓对外的"官场文告",原先也使用缅文,现在多使用汉文。

他们普遍信仰佛教,其中以怒江为界,分江东、江西两派;江东派宗暹罗佛教,江西派宗缅甸佛教。这代表其一神教（即有一个主神）的宗教信仰。

他们自己除佛教寺院外，没有独特的教育机关。在清朝及民初，其子弟多去缅甸求学；以后云南军阀政府在普洱沿边等处设立学校，招收掸族青年。云南军阀政府所设的这种学校，是一种同化政策的教育，只许使用汉族和"民家"所通用的汉文，不许使用掸文。这在国民党反动政权支配的时期，更是"变本加厉"了。

解放前他们没有其民族自己的地方政权，也没有参加云南省县政权的机会；在云南省县旧军阀地主以至国民党反动政权支配下的掸族各"土司"，名义上有相当限度的内部自治作用；实际上，除执行伪省县政令外，作用并不大；对于其人民的内部支配力，佛教僧侣的威权，也远比"土司"为高——自然，"土司"本身也就是佛教徒。

（丙）在云南境内还有其他许多少数民族，如所谓"蒙克穆语系"的瓦崩，内包：瓦、拉、崩龙等部；"藏缅语系"的卡箐或箐跑；缅甸族的术子、阿昌、马鲁、喇傈、阿系；此外还有安南族以及沙人、吕人等等。这是根据台维斯、凌纯声等人的调查研究和分类，是否正确，还有待于将来的实地调查和研究。

六　黎、"土番"、"疍民"、"畲民"等族

（甲）黎族，中国古时称作黎，南北朝时又称之为俚；至今传流所谓"下俚巴人"，所谓"俚语"的俚即指黎族。他们原先散布的地区相当广；南北朝时，《宋书·羊希传》有："刘师道行晋康太守（即今广东德庆），领军伐俚"；《陈书·沈恪传》："梁世常领兵讨伐广州俚洞"；《胡颖传》："梁世出番禺征伐俚洞"；《萧引传》："广州刺史马清；每年深入俚洞，又数有战功"；《徐豁传》："元嘉初为始兴（今广东曲江）太守，三年《表陈百姓避赋役事》曰：'年及应输，便自逃逸，既遏接蛮俚，去就益易'"。其时今广东德庆、曲江、广州等处，仍都有黎族散居。今湘南地方也可能有黎族居住过，当地汉人至今还盛行着关于"黎山老母"的传说。由于其长期遭受大民族主义、封建殖民政策与同化政策压迫的结果，至今除被同化者外，其残部已被挤于琼崖黎母山

脉（即五指山脉）间；其中散布于隆安、安定间者，名所谓"领门黎"；居琼东乐会间者，名所谓"乐安黎"；居临高、儋县间者，名所谓"南丰黎"；居万陵、陵水间者，名所谓"兴隆黎"。其中较进步与所谓"汉化"色彩较多者，汉族统治者又称之为所谓"熟黎"；其较落后者，又称之为所谓"生黎"。

所谓"熟黎"，都已知道耕种，植禾稻（多植糯谷），种山薯及栽棉织布；生活习惯受了汉族不少影响；房屋用竹子缚造，一般较两广汉人竹缚房屋矮小。他们不知冶铁，铁器全仗汉人供给；狡猾的汉族商人，常以少量盐铁，换取其多量东西，赢数倍之利。

"生黎"生产较落后，其中最落后者，据说还在"裸体穴居，茹毛饮血"的状态中。但究竟情况，还有待于实地调查研究。

他们的社会组织，都还是原始公社制的氏族组织，甚至在其中还有母系本位的氏族制——所谓"黎山老母"的传说，就是其早期母系本位氏族制的反映。氏族单位叫做"弓"，"弓"以上有统一的部落组织；有由各"弓"酋长会议选举的部落酋长。国民党反动派陈济棠等占据广东时，为着怀柔与欺骗黎族，曾约集其男女酋长数十人到广州观光。

他们还没有文字，传达事情，用弓矢逐"弓"传递。

黎族是中国境内一个落后的少数民族。由于历朝统治阶级残暴压迫、屠杀、排挤的结果，住居地区已很小，人口也很少了。抗战时期，日寇侵占琼崖后，曾公然以黎胞作为演习法西斯猎枪的目标；日寇投降后，中式法西斯又应用美制猎枪在照样表演，并派遣大军长期"围剿"，梦想消灭汉黎人民的革命武装琼崖纵队。侵占革命的根据地，对汉黎人民实行最凶恶的烧杀政策，黎胞遭受的灾难至为深重。美帝国主义的铁蹄也伸了进去，梦想把包括黎区在内的琼崖作为其西太平洋的行猎场所。

但黎胞在中国共产党和琼崖人民民主政权的领导下，与美帝国主义及蒋介石匪帮进行了"顽强不屈地……斗争"。当1950年3月人民解放军解放琼崖、登陆"部队刚达到和盛市，远在几十里以外的黎胞，连夜准备了猪、牛、鸡、香蕉、花生等慰劳解放军，并自动集合了二百名民工赶到和盛市为我军抬伤员、扛弹药。沿途黎胞都把房子打扫得干干净净，等候大军来住。妇女们自动地设茶水站，组织缝纫队。……被蒋匪扫荡最惨的畲匀乡的黎胞，终年吃白地瓜过活。一听说大军登陆，就从七十里外拿着一筐筐地瓜……扶老携幼地赶来欢迎解放军。"所到之处，他们都狂呼着："现在救星来了！国民党再不敢来欺负我们了！……"（前线记者报道，见1950年4月24日《东北日报》）。由于黎汉人民的热烈支援与英勇地配合作战，从登陆至4月30日，历时不足半月，即彻底粉碎蒋海陆空军立体防御与重点纵深防线，解放琼崖全岛。全岛的黎汉人民都从水深火热中获得解放了！在数千年悠久岁月中遭受深重灾难的黎族同胞，从此开始新生了！

（乙）"土番"族。台湾原先全属"土番"族住区。后来汉人才渐由福建等地移往，特别是郑成功以台湾为反清根据地时，汉人移往与留住者甚多；但"土番"人居住的地区还相当宽广，特别在台南以至台中。西班牙等国资产阶级，为猎取台湾的财富与控制全台资源，"番"汉人民，特别是"土番"人口，曾大量被屠杀，"番"人的住区便被迫向山区紧缩了一步。日本帝国主义侵占台湾后，他们便完全被挤进山区；日寇为要把台湾作成其侵略华南与"南进"的巩固基地，消灭台湾"番"汉居民的政策是不同的；对汉人以同化为主，对"番人"则以灭绝为主要手段。所以他对于"土番"族，不仅极尽其惨无人道的榨取和压迫，且在军事上常肆行屠杀与"清剿"。因此，不仅"土番"族的生产遭受凄惨的破坏和衰退，人口也一天天地减少了。

面临着这种生死灾难的"土番"族，顽强地对日寇坚持了数十年不懈的斗争，才把其民族保存下来。其中一次规模最大的斗争，便是一千九百三十年代的"雾社暴动"。这次暴动，是有组织有计划的，并有中国共产党人的参预。暴动的布置及表现在实际行动上的，首先由数百"番"人暗藏武器，混入集内，乘机把在场日人全部杀死（据说约有近百日人）。暴动群众在集场取得胜利后，为防止日寇派来兵团袭击，立即与应援的武装群众一同退入山区。他们在山区，利用其特别熟悉的地形，采取一种相当灵活的游击战术，即个别的、三五成群的、来去无踪的麻雀战。这样，他们消灭了日寇"进剿"部队的不少人马，并坚持了相当长时期的战斗。这次暴动虽终于失败了，并受到悲惨的烧杀；但震骇了日本统治阶级，使他们认识到"土番"族是不易制服的，更难于消灭的。此外，在日寇统治期间，志士舍身去诛戮其民族仇敌的事件，更是前仆后继、不断地发生着（根据亲历"雾社暴动"的蔡乾同志口述）。

抗战胜利后，他们由日寇的统治，换成了美帝国主义及其走狗中式法西斯大民族主义的统治；法西斯大民族主义者对于"土番"族，除去其对国内其他少数民族的一套残酷险毒办法外，还尽量利用了日寇的走卒和残余来帮凶。他们曾经不断叫嚣着台湾的战略地位和资源，公然秉承其主子美帝国主义的意旨招手，奉给他作为侵略远东民族的西南太平洋基地。法西斯化了的美帝国主义及其战争贩子们便在日寇投降时起，即不断配置其军事、经济、技术等类的所谓调查团，不断地大步踏入台湾布置其所谓战略要地，并任意在"番"区驰猎。美帝国主义及其走狗蒋介石的残酷统治，早就引起汉"番"人民的强烈反抗，并形成着大规模的暴动。

自其走狗蒋介石在大陆的统治被中国人民根本推翻后，美帝国主义又妄想把台湾作为其反对中国人民的最后据点。因此，不仅积极进行所谓"太平洋联盟"等等阴谋策动，各种各样的反共的疯狂叫嚣，而且拼命地支持蒋介石那一小撮残余，从经济、军事等等"援助"，到反革命的"国际纵队"的组织和派遣，以至封锁人民中国，以至疯狂轰炸若干人民都市……但这一切都是徒然的心劳日拙的。解放西藏、台湾及其他海岛，是我中央人民政府坚决不移的方针，也是百战百胜的伟大人民解放军在结束内战以前的未了任务。蒋介石那一小撮残余，是当不起十分强大的人民解放军雷霆万钧一击的；而况又有久经斗争的台湾"番"汉人民的必然地支援和配合，而况死亡在即的蒋介石残余匪帮的内部，也必然有"立功自赎"的。时间快了！"土番"族同胞很快就将随同台湾的解放而获得解放了！让美帝国主义去作梦吧！

（丙）"疍民"。起源已不可考。三国时，《魏书·司马睿传》记南方种族有："巴、蜀、蛮、獠、谿、俚、楚、越"；其中的谿族，当即南北朝时以渔为生的溪（或俣族）。东晋名将陶侃，为鄱阳人，少时以渔钓为生（《世说新语·贤媛篇》及刘孝标注引《幽明传》），同时又是溪人（《世说容止篇》称温峤说陶侃是"溪狗"）。南齐的达官胡谐之，南昌人，也是所谓"溪狗"，并有其独自语言"溪语"（《南史·胡谐之传》）。其时，始兴（曲江）也有所谓溪子，《通鉴》有"始兴溪子拳捷善斗"之记载（卷一一五）。依此，当时的鄱阳湖一带以及广东曲江等处，都有业渔为生的俣（或溪）族居住，俣族可能即唐朝所谓"蛮疍"和"渔疍"族的前身，但还不能肯定。元朝把"蜑民"列在最低等级的"贱民"里面。而唐朝统治阶级把他们称作"疍"，也就反映了贱视他们的大民族主义的内容。

他们的人口已不多，解放前，被局限于旧广州府属江面及海面，不许登陆居住和营生。政治上毫无地位，社会生活上受到最卑贱的待遇，处于极度不平等的奴隶地位。经济上，年月悠悠的水面生活与极端的条件限制，大多穷乏不堪，悲惨而可怜的营生方法，每户仅凭其一个同时作为住室的小舢板，或从事打渔，或搬运货物，或开设船上餐馆——抗战前夜，我亲见广州长堤、西堤，有数家"疍民"餐馆，系就堤边架设水上店铺——最阴惨的，则以其小舢板装成花艇，供客游览，并以其妻女任游客玩弄。由于其生活的极度困苦，"疍民"的少女，率多被迫充任歌妓、娼优，或暗操神女生涯；以致有不少可怜少女，曾沾染花柳、麻风等不治病症。因此，他们的人口一天天在减少，长期水上磨炼过的强壮体格，也一天天在削弱。

个别出身"疍户"的分子，爬上了大地主大资产者的地位（如东莞刘纪文）；但他不是以"疍民"地位出现，而是冒易汉人地位出现的。

"疍民"在语言、文字、生活习惯、服装、饮食以至人体面貌等等方面，都已与汉人毫无分别；所分别的，只是上述在解放前的人为的经济、政治和社会地位的限制与不平等，以及因此而形成的一些心理状态——如他们共同的生活情绪和种族反感……

因此，"疍民"曾是国内一个遭受极度压迫的少数民族。解放以后，在毛主席的方针下，不仅已根本取消对他们那些不平等的限制，保障他们和汉族人民在各方面的地位完全一样，而且采取各种步骤去实际帮助他们，改进其政治、经济和文化生活。因此，现在就不易把他们从汉人中区别出来了。

（丁）"畲民"，主要散布在福建旧建宁府属、汀州府属及浙江括苍山脉南部；有雷、蓝、钟、槃等氏，人口约在二十万至三十万之间。

他们的主要生产为农业，农业主要作物为山薯、玉蜀黍等。据张其昀说："畲民"农业经营技术相当落后，"随地迁徙，种植三年，土瘠辄弃去。"（张氏前书）但这是有着残酷内容的，他们把荒地耕熟后，便常被闽、浙汉人恶霸占夺；甚至占夺他们耕熟的土地以后，还每每令他们自己转充佃户，实行超额的残酷榨取。当地童谣反映这种"畲民"佃户的生活说："公会做，婆会做，做得有脚没有裤"。这不仅反映了那种地方豪霸对他们的剥削如何残酷！他们生活如何苦楚！也反映了他们生产技术并不太低。

"畲民"中最进步的部分，即那些御用学者所谓"汉化"了的部分，在经济生活等方面，基本上已与汉人无别，说汉话，懂汉文，模仿汉人的生活方式。他们中有地主，也有受过高等教育的知识分子——如浙江遂昌"畲民"蓝绚，曾毕业南京高师。但他们在解放前，完全没有政治权利，没有参加政权的任何机会。

他们中最落后的部分，据说"女子有承受遗产权"（同前）。这是否还是母系氏族制？由于材料不够，还难肯定。

（戊）黎族、"土番"族、"疍民"、"畲民"等，从其散布地区，"文身断发"，以至炉灶样式等方面看，可能是杨瓯、东瓯、闽瓯、南越各族的孑遗；从其人身面貌各方面看，还可以察出马来人种的一些特点来。

现在除"土番"族外，都已经得到解放了；"土番"族的解放也为期不远了。因此，今后的问题，在如何学习苏联解决国内少数民族问题的榜样，如何正确地掌握列宁、斯大林的原则，掌握中国共产党、毛主席的方针，帮助他们从经济、政治、文化各方面获得发展，逐步赶上先进民族，携手向着共同的光明前途迈进。

七 鄂伦春族、达呼尔族、呼尔克·黑斤奇勒族及其他

（甲）鄂伦春族，为通古斯之一支，散布于东兴安岭黑龙江上游的诸溪谷间。

由于他们长期受到大民族主义的侵害——如十二世纪的蒙古奴隶主贵族，及其以后的清朝统治者，汉族军阀，日本法西斯——至滞迟在渔猎为主要生产的阶段，牧畜业（饲养驯鹿）还在初步状态。他们按照季节性进行渔猎生产，住处也按照季节性移动。同时，由于氏族内部家族的存在，与集体劳动并行的，也有着家族的劳动。

他们进行渔猎的情况，是顺应季节的条件限制变动着。在3月，各别家族男子伴同猎犬，踏雪步入深谷行猎。4月，大地解冰，河沼增水，便集体入水网鱼，按家分配；并晒出大量干鱼以备荒月，如所获不多，荒月就要挨饿。5月是苦月，很少打鱼行猎，大家在谷中放火烧草，以助其生长。6月，主要靠猎鹿过活，以皮肉充做食粮、衣料和盖造住室材料，以鹿茸向汉族商人交换

油、盐、弹丸、火药、茶、烟等用品；贪婪的商人，常以少数低价物品，换取其价值高昂的鹿茸；贪官污吏和日本浪人，甚至无代价的强征豪夺。7月又集体从事捞鱼，把捞得之鱼除大家吃食外，用烟火曛干储藏；麋来河边觅食，又于河边猎麋。8月，向邻近西伯利亚方面猎野鸡、白鸟、鹅、鸭等，以鸟肉作食粮，鸟毛作防寒之用，也用以交换必需品。9月，移住河边，从事冬季渔猎的各种准备；本月为小鹿的春情发动期，他们结队于夜间潜入山谷（白天恐小鹿从雪中看到人的足迹），藏身息声，大家以桦皮制作的鹿哨，从各处作牡鹿或牝鹿鸣，以为引诱；白天，男女老少都去采取树木果食。10月初，正鱼类溯江产卵，再从事捞鱼；从月半后直至11月，移入森林，一面从事过冬准备，一面进行集体围猎，大量獍子、狐狸、黑貂、山猫、栗鼠、臭猫、貂、狼、熊等皮毛，以及熊掌，都是这时的产品。12月，由于他们猎得大量皮毛，在军阀统治时期，贪污的地方政府，便迫令其从十五岁到五十岁的男子，无例外的都须用皮毛缴纳贡税；贪婪狡诈的商人，也去和他们进行互市，以少数廉价的物品，换取高价的皮毛，并往往先期借给他们谷物等东西，至此便要求其用皮毛偿付，并往往索取其全部皮毛。日寇统治时期，毫无人道的敌人，便实行统制，规定以最少的代价，夺取其全部皮毛，来制作其军队和官吏的皮衣。1月、2月，又继续围猎，在这两月猎得的皮毛，即所谓春毛。他们饲养的驯鹿，从不轻易宰食；主要用作挤奶和拖拉东西。在他们这种原始的生产状态下，长年不断的劳动，除去维持其成员们的可怜生活外，没有多少剩余；而在其渔猎场所不断被缩小，生产物又受到无情剥夺的情况下，他们的生活便更凄惨了，生产力的进步也长期被阻滞了。

他们的住室，为圆锥形的小屋，用约二十根的柱杆交叉架成，覆以桦皮和鹿皮，顶上开穴通烟，入口处在冬季加皮毛幕帐。这种房屋，是随同其季节性生产地方的变动而移动的。

他们的财产，基本上都属于氏族所有。渔猎用的劳动工具，属于各别担当渔猎劳动的男子，其他房屋、驯鹿、锅铛等等东西，形式上好像属于各别家族。实际上，如像属于家族的驯鹿，常被提供于氏族全体，各别家族储藏的东西，可以为其他家族使用；不论是各别家族的储藏或氏族共同的储藏，都是全氏族"共产的使用"。他们对于其渔场和猎场，只许自己氏族使用，其他氏族以外的任何团体或个人去使用是受排斥的。在氏族内，除集体使用以外，各别家族的使用，由氏族团体按季节分配，但不固定，也不是绝对的。如甲家族在自己猎场上追赶或射伤的兽走入乙家族的猎场，仍属于甲的获物。渔猎的获得物，在消费上，并非属于该渔猎担当者的独占，而是一律分与氏族全体成员。

他们的婚姻，排除氏族内部的男女结婚，而是同一部族内的各氏族，在部族的领域内（所谓领域，在这里并没有严格的意义，因为他们并没有明确的领土观念），渔场或牧场相连的各氏族，在生产过程中发生彼此男女间的恋爱，渐次便形成其氏族间的通婚。

氏族的组织，以氏族全员的集会为最高机关，执行选举和罢免氏族酋长，规定氏族酋长的职务。氏族酋长的职务为：解决成员间的争执、成员的婚姻问题，分配猎场和渔场，有事时率领全体成员防卫外侮，以及主持氏族的祭仪等等。当选为氏族酋长的，为年高的男人或女人。在氏族以上还有部族和部族联盟的组织。

他们有自己的语言，但没有自己的文字，对外用汉文，其子弟有入嫩江小学读书的，均颇聪秀。

鄂伦春族的这种情况，在解放前的东北境内各渔猎民族，基本上都差不多，都可以类推其大概。

（乙）达呼尔族，《清朝实录》又称之为库尔喀、虎尔哈，《开国方略》称作胡尔哈；据岛田好说，他们与松花江下游之虎尔哈，实同名而异地异族。（《满洲学报》八九期合刊《清初萨哈连部考》）实际，所谓松花江下游之虎尔哈，即呼尔克·黑斤奇勒族。他们原住黑龙江上游列伊山脉各山谷间，后由于清初统治者的侵略，沙俄帝国主义的东进之相继胁迫，才全部渡江南徙至瑷珲一带。《盛京通志》说："乌鲁苏城去城（即黑龙江城）西北三百里乌鲁苏河北岸……城北即库尔喀故地，西为乌鲁苏河湾（即黑龙江的宽河河口以上之弯曲部）。"（卷三二，黑龙江城城池条）所谓乌鲁苏城，即今瑷珲，现达呼尔的一个氏族果古尔即散布在瑷珲地方。据《瑷珲县志》说：达呼尔十八姓三百五户中，果古尔占其中二十八户。据岛田好说："俄人初到黑龙江时，果古尔的户口远比今日为多。"（前揭文）

《清朝实录·太祖实录》：万历三十九年条有：上命额附何和理、巴图鲁额亦都、达尔汉侍卫扈尔汉三人率兵二千，征渥集部之虎尔哈路。依此，他们是属于通古斯系统的一个民族，日人亦多谓其属于通古斯系统。同时，他们今日使用的文字语言，为满文、满语，信仰萨满教，姓氏模仿汉人；这也可证他们属于通古斯系统。并传他们系契丹子遗，当待考。

清朝初期，他们对满洲的武装侵略，有过不断抵抗，人口也被屠杀得不少。上述《太祖实录》万历三十九年条说："征虎尔哈，围札库城三日，招之不下，遂攻克其城，斩首千余，俘二千人。其环近各路，尽招抚之。"但此并没有把他们征服，所以又有清太宗时之进侵。《太宗实录》说，崇德五年三月。往征索伦、虎尔哈两部落奏捷。但由于大量人口被屠杀与俘虏，终于被清朝统治者征服，向其承担纳税义务，主要为皮毛贡纳。《太宗实录》天聪五年七月甲戌条说："黑龙江地方虎尔哈部落托思科……四头目来朝，贡貂、狐、猞狸、狲等皮。"同时，清朝统治者为着扩大征伐，又强征他们的壮丁编入八旗，驱使他们战斗与驻防关内，直接减少其人口，破坏和阻滞其生产。

他们的生产也相当落后，只略比鄂伦春进步。在狩猎、牧畜、运载等方面，都使用家犬帮助劳动。据日人调查，从松花江与黑龙江会流处到黑龙江上流北岸，从松花江口附近至海口的黑龙江流域诸民族均使用犬。

（丙）索伦族，居西兴安岭一带，据传是女真的一个别支，于金朝覆亡后（十三世纪），到十七世纪，与达呼尔（清康熙书信所谓达歌里）比邻而居，相安无事；这两个民族居住的地理接近，至今还可以看出来（《满洲学报》89期54—55页）。因而，两者的生活习惯等方面，也都很接近。另方面，也有谓他们为蒙古、女真两族的混合种，最后的结论，还有待于实地调查。

在历史上，他们所遭受大民族侵略者的毒害，也与达呼尔族的情况相类似。

（丁）布里雅特族，散布于中苏边境，自西伯利亚贝加尔湖东面至敖嫩河畔；据传为蒙古族之旁支，其语言、生活、风习等方面，基本上不少类似蒙族，但也有其自己的特点。其在苏联境内者，已完全获得解放，享受了社会主义民族家庭的幸福生活。在中国境内者，由于长期遭受奴隶主贵族、封建王朝、军阀，日伪残酷统治的毒害，还滞留在很落后的历史状态下。自八路军、新四军、抗日联军（三者均人民解放军前身）配合苏联红军解放东北后，他们才开始享受新民主主义的民族平等生活，才在经济、政治、文化等方面走进新生的光明的前途。

（戊）陈巴尔虎族，据传为契丹的子遗，一说系蒙族旁支。究竟的真实情况，还有待于实地调查和研究。

他们散布地区颇广，北至海拉尔河，南达哈尔哈河，以兴安北省为中心，其中一个较主要的氏族为齐布齐诺特。

布里雅特族、陈巴尔虎族，是否可归入蒙古民族解放问题去处理，我以为须从实际情况的了解和具体斗争的过程中去解决。

（己）呼尔克·黑斤奇勒族，为通古斯之一支，又被呼为所谓"鱼皮达子"，《清朝实录》及《满洲源流考》又称作库尔喀或库雅喇。他们散布旧吉林东北边，即今东安一带，自依兰以东之桦富、临绥等处以至图们江北岸（《满洲源流考·库尔喀部》条云："延楚地方库雅喇"，注云："即库尔喀别名，在图们江北岸，与朝鲜庆远府相对"）。

他们的主要生产为渔猎，比鄂伦春还较落后；尚不知道历数，以鱼来一次为一年的界线——用珠算算盘式的木架做历书。他们在水面劳动的生活，比在陆地劳动的时间还要多，东北产的海豹皮、水獭皮等多系他们劳动的果实。但他们获得这种贵重的东西，不是为狡诈的汉鲜商人用低价物品换去，便为统治者用征税等方式缴去——从清朝政府到军阀政府到日伪都是如此。在清朝是以定期贡纳形式夺取的，例如《清朝实录·太宗实录》天聪七年乙未条云："库尔喀部落九人来朝，贡海豹皮"；在军阀政府时期，是由地方贪污以定额税纳夺取的；在日伪时期，是以统制的方式全部夺取的。同时，他们的渔场和猎场，经受过满汉统治者封建政策至日本帝国主义殖民政策实施的结果，也被压缩得很狭小了。因此，几百年来，他们不仅继续被阻滞在较原始的渔猎生产和公社制状态下，没有多少进步；而且其人口也一天天在减少。

在日寇统治时期，他们常陷于很严重的冻饿状态，以致常成群结队拿起渔猎工具做武器，打家劫舍，拦阻商旅，作为其对日伪统治的斗争。日寇反称他们为"匪贼"，去进行"剿灭"和屠杀。其实，所谓"匪贼"，正是日寇自身，并不是这种尚不知私有财产为何物的原始纯真的人们。日寇投降后，他们才与东北其他姊妹民族一同获得解放，开始享受新民主主义的民族平等生活。由于其长期的慢性饥荒，合江省民主政府成立后，便于1946年冬拨给大批粮食去救济，他们第一次得以饱暖地度过了严重的冬季；同时，人民民主政府又继续采取其他积极步骤去扶助他们进步。

呼尔克族虽较原始，但又纯真、强悍、勇敢、斗争性颇强。在人民民主政府的扶助下，他们一定能获得疾速的进步。

（庚）东北境内各少数民族，从解放以来，在中共中央、毛主席和东北局的正确领导下，东北各级人民政府在数年来，采取了各种正确而有效的步骤和帮助：他们在政治上已同汉族人民一样平等地参加政权，并建立了管理自己事务的政权；经济上已没有任何剥削和压迫，而且得到各种帮助，生活已开始改善；文化上不只与汉人享有平等的机会，而且已得到帮助，开始去建设其民族的文化事业。他们自己说："这都是从来没想到的"。

（辛）中国境内还有许多已知的少数民族，如西藏境内的东女族（《新唐书·东女传》说："亦曰苏伐剌拿"）、俺哒族，因手边没有现实的可靠材料，暂不作何叙述；也可能还有不少我不知道的少数民族。这只好待之于将来的实地调查研究与集体的努力。

八　结　语

上述各少数民族，由于长期历史过程中，不断遭受先进民族统治阶级的侵扰、支配，大民族主义以至帝国主义的摧残，不断夺去适合其生存和发展的自然条件，并遭受人口的直接杀戮掠夺和间接减员……以致其生产、文化等方面所表现的社会情况，限于各种不同程度的落后状态中，历史发展的过程被迟滞、歪曲以至相对逆转，且妨害其种族的繁殖。特别是近百年来，帝国主义对中国的侵略，直接间接所加于他们的残害，在清朝政府与大地主大买办阶级所起清道作用的基础上，有计划地进行歼灭与虐杀，更使其种族濒于绝灭的危机。

他们在过去悠久的历史过程中，为争得适合其生存和发展的自然条件，为争取自己的生存，曾有过各种各样的反抗和惨烈斗争。在过去人类的历史条件下，他们的反抗和斗争，并没有争得光明的前途。在整个世界为人吃人的阶级制度支配的时期，也不可能有他们那种弱小者的光明前途；但他们能把族类保存下来，也还是由于斗争。

现整个世界已临于光明，人类的前史快完结；一切落后的少数民族也都临到光明；苏联境内的各少数民族，已经都生活在光明世界里，享受愉快、幸福的生活。在中国，老解放区内的各少数民族，也都早已走上了光明的道路；由于人民大革命的胜利，到今为止，除"土番"族及西藏境内各兄弟民族尚待解放外，全国各兄弟民族都已从帝国主义及其走狗法西斯大民族主义者阴森黑暗的支配下解放出来了，都已经在光荣的毛泽东的旗帜下走上光明的道路了。将一齐循着苏联各兄弟民族所走过的道路，按照列宁、斯大林和毛泽东的原则，结合着前进途中的具体情况，共同来走完新民主主义的道路并过渡到将来的社会主义社会去。

九

结　论

一　历史的矛盾发展和百年来民族斗争的总结

中国各民族，根据历史的简单叙述和分析，事实胜于雄辩，并不如中式法西斯大民族主义者所说，都是什么"炎黄子孙"或什么"本支百世"的"文王子孙"，汉族是什么"正统"，其他国内各民族都是什么"宗支"或"宗族"。这说明了法西斯主义的民族理论，并没有任何历史根据，只是根据中国封建宗法主义而演绎的。

中国各民族在长期历史过程中，有着人种血统的相互融合与渗透；作为人种血统来看，民族的界限基本上确已不存在。但是，谁若想从人种血统上去理解中国各民族，那便是违反历史事实的妄想，是死去的德日法西斯血统优越论的僵尸作祟。而蒋匪介石在妄图估算"中国之命运"时，狂妄地愚蠢地也夸张了汉族的人种血统，说汉族不只是中国各民族中最优秀的部分，甚至是全世界最优秀的人种；但同时又把中国民族压低到帝国主义走狗集团的脚下去。这种法西斯大民族主义的民族理论，是完全没有根据的；其在实际行动上又卑视中国民族出卖国家民族，正是其封建买办阶级的本质和帝国主义走狗的本来色相。但也不能说，因为人种血统界限的基本不存在，就认为中国各民族也"汉不郎"形成为一个什么"国族"了。事实上，中国今日存在着经济、政治、文化乃至语言文字……情况各异的许多民族，内容的复杂，并不减于

"十月革命"后的苏联——虽则不容公式主义地去处理问题。因此,曾从这个角度里去叫嚣的法西斯大汉族主义,也是完全不合事实的。他们曾企图借这种叫嚣去迴避急待解决的国内民族问题,事实已证明他们是徒劳无益了。因此,那种根本违反科学和人类历史动向的法西斯大民族主义的理论与企图,不只立即就受到全国人民和国内少数民族的反对,而且为他们的革命行动打得粉碎。这种丑恶的民族论,是已经随同蒋介石匪帮而一同灭亡了,然却在中国历史上留下一个污点。

中国各民族,在长期历史过程中,人种血统和文化的交流,不只表现为汉族文化影响了他族,汉族同化了他族大量人口;也表现为汉族不断接受他族文化影响,不少汉族人口被同化。这都是在不断斗争的过程中进行,曾经过了各种不同情况——主要有下面三种:

第一种情况,是在彼此都没进到国家时代的部落间,为争夺适合生存的自然条件,引起原始战斗。结局,不是战败者被迫退出其原住地区(如"成汤革命"以前的夏族),便是参加战胜者的部落联盟(如有苗族与夏族),但非基于阶级社会那样战败者屈服于战胜者的意义上,而是基于两者的平等和完全自愿。因此而有联盟诸部落间的同化。或是为着对付共同敌人,保卫自己生存,实行彼此间平等自愿的联合(如"武王革命"前的西北各族与周族),引起同化。在这种情况下的同化,并没有侵略和被侵略、压迫和被压迫的内容,是完全合理的。这里还说明了一件事情,即恩格斯所说只有部族以下是血统的组织,同时也驳斥了血统优越论的完全无稽。

第二种情况,是一方面进到国家时代的民族,与他方面还没进到国家时代的民族间的斗争。这在前者方面,不是基于其统治阶级利益的侵略(汉武、唐太的征略与开疆阔地),便在保卫民族生存的自然条件,反对后者的原始掠夺(如齐桓公灭狄,汉初反对匈奴,西晋以后汉族人民反对"五胡"……)。在后者方面,不是为保卫其生存空间等自然条件(如西域各族反对汉唐统治阶级的侵犯,吐谷浑族和突厥族反对"吐番"统治阶级的侵犯,苗族反对清朝统治者……),便是为去争取较优良的生存条件(如周朝时,每举族对华人进行原始袭击的"西戎"、"山戎"、"北狄",以后各朝常有向"塞内"进行原始袭击的各落后民族)。在这些情况下,由于汉族在生产、人口、文化以至政治、军事的总和力量,常大于其对方,加之这种力量又常能贯串着汉族人民的斗争，发挥作用。因此，与汉族斗争的各落后民族，结果每每被汉族同化，或在文化上模仿汉族；但他们也每每把汉人同化和在文化上影响汉族。

第三种情况是彼此都进到阶级社会时代的民族间的斗争。这不是一方面基于其统治阶级利益的侵略（如回纥、辽、金、元、清奴隶主贵族之侵略汉族），他方面基于其人民对民族生存权利的保卫（如以牛皋为首的汉族农民的抗金，顾炎武、王船山、吕留良等与"下流社会"结合的反清，李自成、张献忠农民军余部的抗清），或其政府对统治权的挣扎（如南宋政府的抗辽，抗金，抗元，南明政府的抗清），便是彼此都基于统治阶级的利益而争夺原始殖民地（如唐朝地主与"吐蕃"奴隶主为争夺三镇十姓和吐谷浑的宗主权）。在这种情况下，也由于汉族力量的总和常大过对方，斗争的结局汉族常占优势；进犯汉族而取得其支配权的民族，反每每大部甚至全部同化于汉族——自然，也有不少汉人同化于他们。但此只是"鸦片战争"以前的情况。"鸦片战争"以后百多年间的情况，便完全不同了。百多年来，中国民族和资本主义帝国主义侵略者间力量总和的对比形势，便完全转过去了。所以资本主义帝国主义各国人民"华化"的很少，华人同化外国与成为"洋奴"的却较多；在曾被日寇侵占的地区，特别是东北，在解放之初，到处令人感到一种"日化"很深的腥味；甚至在国民党反动派的重要人物中，也不少"美化"和"日化"的"高等华人"……中国民族之所以还能保存自己的光荣，完全由于全民族人民的斗争，主要表现为"平英团"、"太平天国革命"、"反教运动"、"义和团运动"、各阶级联盟的"辛亥革命"、"五四运动"，共产党领导的"大革命"、"土地革命"，特别是共产党为中心的各民族人民的伟大"抗日战争"。百多年来，如果没有这一连贯英勇悲壮、轰轰烈烈的人民革命斗争，中国各民族的历史命运是不可想象的。目前完成全国解放神圣事业的人民大革命的伟大胜利，具有世界伟大历史意义的胜利，从中国革命历史发展的过程来说，也正是百多年来人民革命斗争传统的继承、发展和总结。

因此，遗老遗少与法西斯大民族主义者曾经大事夸张之"汉族独有的同化力"、"中国文化的独特力量"，是毫无根据的无知谰言，更完全不符合历史事实和规律。而他们那种无知的谰言与叫嚣，也并非表示其对民族斗争的主观自信；恰恰相反，他们不过是企图借以解释其"不抵抗主义"与卖国投降政策，去麻痹人民的抗敌和反侵略情绪。早在"九一八"后，以及抗战期中，他们就曾是那样厚颜叫嚣，那样进行其卖国投降与观战勾当，那样压制人民的反日和抗日。但他们为着想窃取人民的抗战胜利果实，在日寇投降后，又曾厚颜无耻地梦想化装为"民族英雄"、"抗战领袖"，曾经像煞有介事的在人民面前招摇。可惜谁也知道：日寇的败亡，完全由于中国共产党、毛主席的正确领导、全国人民的英勇斗争，八路军、新四军与盟军（特别是苏联红军）的联合作战，而不是由于大地主大资产阶级老爷们的观战。而且事实上并不止是观战，并且不断在暗中以至半公开的实行降敌，不断地配合日寇进攻八路军、新四军，还无耻之尤地名曰"曲线救国"。日寇投降以后，便公开充任美帝国主义的走狗，执行其奴役世界的侵略计划，奴役中国人民的殖民地计划订立比二十一条还毒辣的《中美商约》；为着给其主子清道，又千方百计地反对共产党，甚至狂妄声言："不消灭共产党死不瞑目"，进攻人民军队，镇压全国人民的反美爱国运动，如不断压制全国学生的"反美运动"，屠杀爱国学生，血洗上海百货业职工和厂商的"爱用国货抵制美货大会"，甚至指挥特务警宪毒打赴南京请愿的爱国民主人士，甚至以卑劣手段暗杀闻一多、李公朴等民主人士。

因此说，中式法西斯大民族主义曾叫嚣过的同化论的实质，就是卖国投降主义。

中国各民族，过去除人民革命根据地外，都生活在殖民地或半殖民地状态下，又一同遭受封建买办法西斯和临于其上的帝国主义的两重支配，或帝国主义汉奸的直接支配，汉族以外各民族所受的国内支配，而又是法西斯大民族主义的。这规定了民族民主革命的共同斗争任务，并规定了这个任务的艰巨性和严重性。另方面，中国各民族的历史现状，又是极不平衡的，在解放前有的还迟滞在原始公社制阶段（后期的甚至前期的），有的才到奴隶制，有的进到封建制，有的进到半封建制，在革命策源的解放区，当时已开始建立起新民主主义的支配形态。由于各民族社会形态的不同，在民族解放事业上，除去共同的基本任务外，又有其各自不同的动力以至特殊任务。而其各自的特殊任务，又须在共同任务解决的基础上，才能获得解决。

百多年来，中国各民族，为着这个共同的基本任务，为着解除自己民族的灾难，进行了不断的斗争，自"五四"以后，由于世界和国内形势的基本变化，才开始走上胜利的前途。伟大的民族抗战，由于中共毛主席的正确领导、八路军新四军抗日联军英勇艰苦的战斗，和全国各民族人民英勇惨烈的斗争，盟军（特别是伟大苏联红军）的配合，才打败了日本法西斯，并迫使各帝国主义国家曾在形式条文上解除了对华的不平等条约。这便给人民大革命的伟大胜利准备了条件。在日寇投降后的形势下，本可以使不平等条约成为实质的解除、使中国从殖民地半殖民地支配状态中获得完全解放，中国各民族人民百多年来共同斗争的两大任务，可以使反帝任务得到基本完成；留下的封建的买办的法西斯专政和其大民族主义支配的问题、全国土地改革和政治民主化问题，本可能用和平协商的方式觅取解决的步骤。为此，中共和全国人民领袖毛泽东为着顺应人民意志，尽可觅取和平解决问题的途径，曾亲赴重庆与国民党蒋介石谈判，签订"双十协定"；并在这个协定基础上召开了"政治协商会议"，达成各种协定和决议，并组织实现协定和决议的"三人委员会"及"军事调处执行部"；中共并恳切号召其全党全军与全国人民，不只要忠实地履行政协协定和决议，并须努力去争取其实现，以期从和平途径解决国内问题，逐步满足人民革命的要求。但在另方面，美帝国主义及其走狗国民党反动派，始终对和平民主没有丝毫诚意，始终只是把和平谈判作为奴役中国人民的手段、反共反人民的手段。因此，在他们所谓和平谈判，所谓协定和决议，就只是布置内战和贯彻奴役中国人民的独裁卖国方针的一种阴谋手段，借以麻痹人民和欺骗国际舆论、借以准备进攻共产党和人民的战争。所以左手签订协定，右手便把它撕毁；对面和平谈判，背后便布置和实行进攻。在这种反动方针下，表示他们决心不依靠人民，不依靠友党和友军，决心要坚持其美帝国主义走狗的、反共反人民的立场；决心不放弃其卖国的方针，不赞成中国民族的独立、自由和解放。因此，便一意执行其主子所谓"美国盟友"的侵略计划和战争政策。因此，以战争贩子马歇尔、赫尔利之流为代表的所谓"美国盟友"，便表面上装出一副伪善的面孔，要单独来"促成中国和平民主"，"帮助"中国"建设"为一个"独立强大的民主国家"；实质上便以比日寇更凶恶的手段，来仇视共产党和中国人民，来帮助、组织布置和指挥反动派的军事进攻，来摧毁中国民族工业，来掠取从地面到领空、从陆地到领海的各种特权，订立比"二十一条"还毒辣的"《中美商约》"……超过了过去日寇从南京伪组织所取得的东西，"日汪"间所玩弄的花样。因此，中国人民以无比巨大的代价争到的神圣的民族抗战胜利，结果不只没有根本解除帝国主义的支配，反而遭受了更严重的殖民地化的危机；中国各民族的共同斗争任务，基本上仍旧都没有完成。因此，对革命、对民族、对人民负责的中国共产党和它领导的人民军队，便又领导人民进行伟大的民族和人民自卫的解放战争，来领导人民大革命，结束百多年来反帝反封建的民族民主革命的伟大任务。

二 全国各兄弟民族人民在伟大毛泽东的旗帜下继续前进

百多年来，特别是"五四"以来，中国各民族人民，为着自己民族的解放，为着国家的独立、自由和民主，为着马列主义，进行了英勇悲壮而又轰轰烈烈的斗争；无数志士仁人，"舍身赴难"，壮烈牺牲，足以流芳千古！但自"五四"以后，中国各民族人民才找到自己的领袖、无产阶级及其先锋队中国共产党，才找到马列主义这个革命的武器，才找到了自己真诚而伟大的友人苏联，才明确了反帝反封建的共同斗争任务，而且产生了伟大的人民领袖毛泽东及中国化的马列主义毛泽东思想，才保证了革命的胜利。

因此，我们就有了目前人民大革命的伟大胜利。在全国范围内，除西藏、台湾及其他几个海岛外，除"土番"、图伯特及其他几个少数民族外的全国各民族，都已从帝国主义、官僚资产阶级、封建阶级的支配下解放了；西藏、台湾与其他几个海岛及当地各民族人民的解放，也完全有保证了，完成全国解放、结束内战的时日，屈指可数了。新兴的中华人民共和国已以雄伟的姿态在世界人类的面前挺立起来了，并成了以苏联为首的世界和平阵线的重大因素，特别是具有人类历史伟大意义的《中苏友好同盟互助条约》订立，将对人类和平与永久安全产生重大的决定作用。因此巩固我们的胜利，也完全有保证了。

历史经验证明：没有共产党的领导，没有马列主义，没有人民领袖毛泽东和毛泽东思想，没有伟大苏联的友谊和道义援助，中国人民革命的胜利是不能想象的。

历史经验又证明，国内各民族只有在共产党领导下，进行共同的斗争，完成共同任务，获得全国解放，才能获得各个民族的解放，各个民族自己的特殊任务的解决，才有了保证，而且便成了较易解决的任务了。

全国范围内的反帝反封建的伟大任务是基本完成了，今后国内各民族共同的努力目标，便在于建设新民主主义的中国并过渡到将来的社会主义社会；同时在以苏联为首的世界和平阵线的内部，要对人类和平与永久安全事业负起应有的适当的任务，斯大林说过："在一个国家里获得胜利的革命，不应把自己看做自满自足的东西，而应看做是用以加速世界各国无产阶级胜利的助力和工具。"（《十月革命与俄国无产阶级的策略》）"要给予其余各国工人群众和劳动群众的帮助……"；毛泽东主席也说过："中国革命战争，是为中国人民的解放而战，也是为全世界的永久和平与全人类的彻底解放而战"，"中国革命是世界革命的一部分"。而此两方面恰恰是统一而不是矛盾的：我们依靠以苏联为首的世界和平阵线的支援及其对于和平的保障，才能获得便利的条件与和平环境去进行人民的经济、政治、文化等等建设事业，我们的人民建设事业愈能获得迅速顺利地发展与壮大，便愈能提供世界和平与永久安全事业以更多更大的供献和保证。

国内各少数民族各自的特殊问题和任务，主要是如何建设与发展其民族的人民的经济、政治、文化等事业，并如何赶上先进民族而共同前进。因此，不只与建设新民主主义中国的共同任务一致，而且正是新民主主义中国伟大建设事业的一个构成部分，是包括在毛泽东主席所指示的方针之内的。因此，只要我们正确地掌握列宁、斯大林的原则，善于去学习苏联解决国内民族问题的榜样，正确地掌握毛泽东的方针，在毛泽东的旗帜下前进，较十月革命胜利后的苏联，是有着较便利的条件的。

我们全国各兄弟民族人民在共同的民族家庭内团结一致，在光荣的伟大的毛泽东旗帜下，继续前进，来完成我们共同的伟大光荣任务，来创造我们共同的幸福生活。

1947.2.20 完稿于哈尔滨

1950.5.6 增订

中国社会史诸问题

编 印 说 明

　　《中国社会史诸问题》共收入著者 1939 年至 1940 年于重庆期间撰写的论文计四篇。内容涉及中国社会史、哲学史、亚细亚生产方式、古代奴隶制度、继承民族文化遗产等方面。1942 年由上海耕耘出版社刊行初版。1953 年著者对该书作了修订，删去了附录批判日本秋泽修二文章，次年 8 月由华东人民出版社初版。1961 年三联书店初版了经过著者再次修订的新版，抽去了附录的《本国史研究提纲》，增加了 1943 年于延安《解放日报》发表的《国共两党和中国之命运（驳蒋著《中国之命运》）》专论。1979 年三联书店再版。

　　全集编辑，以三联书店 1979 年版为底本，整理排校，校对了有关引文，只更正出版时个别错讹，内容和观点均保持原貌。

蒋大椿　舒文

目　录

1961 年版序

一

这本小册子，从编辑成书已有二十多年，由上海耕耘出版社发行初版起到现在也将近二十年；解放后，华东人民出版社于 1954 年 8 月和 12 月印行了两次。

耕耘版的附录一《日本法西斯的中国历史观批判》，因大旨与本书本文对秋泽修二的批判差不多，故未收入华东人民出版社版。华东人民出版社版的附录《本国史研究提纲》（即耕耘版的附录二），已没有什么现实意义，现亦抽出。另外，将延安《解放日报》1943 年 8 月 7 日 "专论"：《国共两党和中国之命运（驳蒋著〈中国之命运〉）》辑入这次三联版，作为第五篇。

书中涉及的几个问题，都是第二次国内革命战争时期、抗日民族革命战争的第一阶段和第二阶段的 1943 年以前的时期中，敌、友、我斗争反映在历史科学战线上的论争，其中并包括马克思列宁主义历史科学战线内部的一些不同意见的讨论。但这个小册子所论述的问题，并不包括当时论争的所有问题，如关于所谓 "商业资本主义社会" 问题只简单地提了一下，关于近代中国社会的性质问题也没有专篇论述，等等；对那些当时已经提出而没有展开讨论的问题，如关于资本主义萌芽问题只是简单地提到，关于近代史的分期问题的论述则没有收入，等等。

我在民族抗日革命战争时期，有关这方面的下列论著，都没有收集在这个小册子内。（1）1938—1939 年在我党所办塘田战时讲学院研究班讲授中国问题所编讲义：《中国问题》的《中国民族解放运动史教程》（当时有梨木活字土纸印本），1940 年为《中学生》杂志所写的《辛亥革命三十年》（载该志1940（？）年 10 月号），1941 年在中国共产党华中局高级党校所编《中国革命史讲授提纲》（当时有油印本），都涉及了中国近代史的分期问题，我当时是以鸦片战争以后社会经济构成的特性和其发展过程的段落、各种社会经济因素的比重或地位的变化过程的段落，与此相适应的社会阶级构成和其关系的发展变化过程、阶级斗争的高度发展形式的各次革命运动为标志，来区分近代中国社会历史和革命发展的各时期，又以五四运动作为旧民主主义革命和新民主主义革命的界碑。（2）1941 年在中国共产党华中局高级党校关于中国社会史问题和哲学史问题的课外报告，在我离开华中后，校部曾将报告记录整理辑成《中国社会史问题十讲》、《中国哲学史问题十讲》，并刊成油印本。在这两个册子中，谈到了其时自己所接触到的有关中国社会和中国哲学史的各方面的问题。（3）发表在《学生》杂志 1941 年 4 月号的《怎样研究历史?》一文，一般地论述了历史唯物主义和历史唯心主义及公式主义的根本分野，历史发展的"一般性"和"特殊性"的矛盾统一的问题、历史发展的不平衡性问题、社会过渡的问题，批判了欧洲中心论，等等。此外还有其他一些与此有关的论著。这虽然也都是很不成熟的，但不只表现了我当时对上述各个问题的一些看法，也反映了当时历史科学战线的若干情况。

二

　　建国十二年来，尤其自 1958 年大跃进以来，随着社会主义革命和建设的胜利发展，在党的发展科学的正确方针和深厚的关怀下，在历史科学工作者学习毛泽东著作步步深入的推动下，我国马克思列宁主义历史科学有了巨大的发展和成就，产生了大量有一定水平的专著和论文，对史料整理和古籍出版等方面也都进行了巨大的工作；新生历史科学工作者的队伍已迅速地成长起来，不少旧的历史学者改变了或正在改变旧的立场、观点和方法，已能运用或愿意运用马克思列宁主义的理论武器来进行研究和教学，没有根本性改变的已只是极个别的了；由于二百方针的指导和群众路线的巨大作用，集体研究的方式方法、个人研究与集体研究相结合的方式方法，也已摸到了不少经验和作出了成绩；胜利地开展了对资产阶级右派的反动的历史观或社会学的斗争并粉碎了它们，也批判了散见于某些论著中的资产阶级历史学观点、修正主义观点，等等。

因此，以往留下来的关于中国社会史的各问题，不少已得到解决或接近解决；一些在马克思列宁主义历史科学战线内还存在着较大分歧的问题，基本上都是属于学术上的不同见解，则将继续争鸣下去，直至达到彼此认识的一致。在为工人阶级政治服务的实践过程中，又相继提出了不少新的问题，如关于中国民族的形成问题，中国历史上农民战争的性质、作用和特点问题，哲学史上唯物主义和唯心主义的对立统一的问题，展开和深入了已往所提出或已接触到而未展开争论的一些问题，如中国历史上的民族关系问题，中国封建社会的分期问题，中国近代史的分期问题，等等；相信在教学、研究和史料整理的进程中，还将不断提出新的问题，旧问题将逐步得到解决，新问题将不断提出来。

但这不是说，十二年来，我们的历史科学工作就没有缺点和不够的地方。对此，我个人在中国科学院哲学社会科学学部委员第三次扩大会议的发言中，有这样一点不成熟并可能是错误的估计：

"就我所感到的来说，这主要表现在下述三个方面。一、我们的历史科学，是以马克思列宁主义为理论基础的，但我们在历史研究的实际工作中，有些同志满足于对经典著作的文句引用，而不是去掌握经典著作的精神实质，不是从毛泽东同志给历史唯物主义作出的创造性地发展了的系统的基础上去进行研究。这是最基本的。二、在我们的历史科学研究领域中，资产阶级历史学观点、修正主义观点还没有一一都得到及时的深入的批判。三、不少人，包括我自己在内，用马克思列宁主义的观点、方法去处理资料的工作，还作得较差，不只表现在全面性的史料占有上，更重要的还表现在对史料的考证、选择和取材上，仍有着烦琐考据的倾向或残余。"①

此外，我们也还有一些较薄弱的环节或空白。这主要表现在对帝国主义和

---

① 《新建设》1961 年第 1 期，第 13—14 页。

外国反动派的反动的历史观的揭露和抨击，作得太少；同时，不论对兄弟国家的社会主义各国史和世界工人运动史、亚洲、非洲、拉丁美洲各国史、帝国主义各国史，即属于世界史范畴的我、友、敌三个方面的研究，都比较薄弱甚至存在空白。作为和苏联一起的一个社会主义大国的我国，从其应负的历史使命和知己、知友、知彼的要求说来，我们必须大力加强世界史范畴的这三个方面的研究和把空白填补起来。这是帮助和提高我们对世界共产主义运动的战略和策略的认识密切关联的，帮助和提高我们对亚洲、非洲、拉丁美洲各国民族民主革命的战略和策略、帝国主义各国社会主义革命的战略和策略的了解密切关联的。

自然，历史科学工作中的这些缺点、薄弱环节、空白与巨大的成绩比起来，也只是一个指头和九个指头之比；而从解放以前那样落后的基础来说，这些缺点、薄弱环节和空白的存在，又是很难避免的。

加强世界史工作方面的薄弱环节和弥补空白，又是和开展中国社会史问题的辩论、提高研究质量、克服缺点等方面互相关联而不可分割的。

三

我国有发展历史科学的很多有利条件，因此有可能而又应该把马克思列宁主义的历史科学提高到应有水平。为此，必须继续提高我们对毛泽东思想的精神实质的掌握。毛泽东思想是马克思列宁主义和我国历史实际革命实际的结合，是马克思列宁主义在我国民族民主革命、社会主义革命和建设的实践过程中的创造性的巨大发展。只要我们能够把毛泽东思想的全部精神实质，正确地运用于历史科学工作的各方面，就能大大的不断地提高我们的研究、教学和资料整理等工作的质量，来创造性地发展和丰富马克思主义的历史科学。我们历史研究中已存在的和将不断提出的问题，也都不难得到正确的解决，缺点将随同克服、薄弱环节将随同加强、空白将随同填补起来。

为着提高我们对毛泽东思想的精神实质的掌握，以之正确地运用到历史科学工作上，我以为必须以毛泽东思想为指导来进行历史科学的研究、教学和资料整理等工作，又必须通过研究、教学和资料整理等工作来进行和提高对毛泽东思想的学习，把工作和学习从内在联系的基础上密切结合起来。把解放以来或五四运动以来有关历史科学的专著、论文和还存在着分歧的问题，在新老恰当结合、教学恰当配合、党员和非党员紧密团结的基础上，通过百家争鸣的形式，分期分批地一一都加以检查和评价；在研究、教学和史料整理等工作中，都必须树立革命精神和科学精神相结合的学风，通过个人钻研和集体研究相结合的集体主义方式，普及与提高相结合的群众路线，等等。

我认为这样，我们就能更快和更大地发展起历史科学各个领域的创造性研究；在历史研究中存在和不断提出意见分歧或不同学派在学术上争鸣的问题，就不只不会妨害研究的进行，而是大大有助于创造地研究的发展和成果的获得。这种问题的存在和不断提出及其不断获得或接近解决，正是我国历史科学的发展程度和规模的一种反映和表现。

四

这个小册子所涉及的若干问题和其各种论旨，在当前的争鸣中，也每每以不同性质和形式出现；其中从第二次国内革命战争以来，就存在于马克思列宁主义历史科学战线内部的一些尚未达到一致的问题，就有着更现实的意义。

这次三联版增加的《国共两党和中国之命运》一篇，承北京大学哲学系1960年毕业班的同学从《评蒋介石〈中国之命运〉》辑刊中手抄见寄，特向他们表示衷心的感谢。

著者　于 1961 年春节

新 版 序

这本小册子，原是我在 1939—1940 年所写的几篇论文集成的，曾由耕耘出版社于 1942 年刊行初版。

当时，中国人民正在中国共产党领导下履行民族抗日革命战争的光荣、伟大的历史任务。小册子所收集的几篇论文，也正是在这一总的任务下写作的。所以它曾集中力量，抨击日寇对中国史问题的歪曲论断与汉奸、托派的无耻叫嚣，反对国民党顽固派的专制主义和投降、妥协主义的宣传。同时，为了说明问题和问题自身的关联，又曾对自己同志和朋友在有关问题方面的见解，作了相当的批评和论述。

现在把这本小册子修订重新出版，主要由于：（一）其基本内容并非时论文章，而是属于历史科学范畴的理论问题；而在我的主观上，是试图依据马克思列宁主义进行论述的；（二）它所论述的中国社会史的诸问题，大都是在中国历史的教学和研究上普遍遇到的问题，存在过争论或者还在争论中的问题，其中有属于学术性的也有属于政治性的问题，对今日学习祖国历史的一般青年还有现实的意义，其中有些问题，在进步史家间也还没有达到一致的结论；（三）它反映了中国新史学在历史科学战线上的斗争过程中的若干情况，也反映了有关各派对中国史问题的基本立场、观点、方法及其在一定时期的发展过程，可作为中国马克思主义史学史的参考资料。

为了保持这本小册子成书的时代特性和其所集各文的本来面目，主要仅从以下几个方面作了相当修订：（一）由于小册子所集各文是在当时的国民党统治区写作和发表的，为了争取它和读者见面，曾经对若干问题的论断采用了转弯抹角的笔法，也采用了一些较晦涩的词汇如所谓"资本者集团"之类；为了争取国民党抗战，在提到蒋匪时甚至也有一些原则性错误的措词——虽然在小册子的基本内容上是肯定无产阶级的领导权的。（二）这本小册子是在当时国民党统治区印行的，内容曾遭受若干重要篡改，如"新民主主义"被改为"三民主义"、"民族民主革命"被改为"民族革命"等等（如逃脱篡改者毒手的目录中仍保留"民族民主革命"的一个子题，而在正文及正文中的同一子题则均被篡改为"民族革命"。从这些地方，亦可看出国民党检查机关的恶毒、卑鄙而又拙劣）。我当时身在抗日民主根据地（即老解放区），无从知道这种情况，也未能加以挽救。（三）耕耘出版社印本不只多鲁鱼亥豕之讹，且有不少重要缺落。这都应一一加以修订，以免讹传。

1949 年我随大军南下，在武汉见到本书的耕耘出版社印本后，曾在江明同志的帮助下进行了一次修订，并将修订本经邓晏如同志寄交耕耘出版社，同时请该社将初版本停止发行。但据该出版社负责人说没有收到。

由于我的时间和水平的限制，这次修订稿的缺点以至错误可能还有不少，希望读者和同道指教。

（附记：修订稿交华东人民出版社后我即患病，编审同志提出的问题和意见，都是金家瑞先生帮助我作了一些处理。即此志谢。）

吕振羽 1953 年 11 月

著 者 序

随着民族民主革命实践过程的深入，为"抗战建国"的神圣事业服务的新史学，也进入了一个新的阶段。为了和侵略者、汉奸的中国史观以及其他各种各样的错误观点作斗争，为了指示大众以正确的实践方向，树立正确的中国社会史体系，首先对新史家提出的要求，是对中国社会史的几个基本问题给予正确的解决——而步步深入的革命实践，又使问题的解决成为可能。

自 1928 年到"七七"这一时期，在关于中国社会史的几次论战中，留下未解决的主要诸问题，有"亚细亚生产方式"问题、中国社会史上的奴隶制和封建制的分期问题，中国社会史上的诸阶段划分问题。在抗战前接触到而未系统地提出的，有所谓中国社会的"停滞性"问题、资本主义萌芽问题，等等，抗战开始后，这问题才由日本法西斯代言人系统地提出来，以之来歪曲中国史，并以之去适合其侵略主义的宣传。抗战开始后，在对敌斗争和创造民族新文化的现实要求上，我们又科学地、系统地提出了批判地承继民族文化遗产的问题、吸收世界文化进步成果的问题，以及在民族文化遗产的承继问题下面所产生的中国哲学史问题等，这也就是这本小册子所涉及的诸问题。

这本小册子所收集的几篇论文：《关于中国社会史的诸问题》、《"亚细亚生产方式"和所谓中国社会的"停滞性"问题》、《创造民族新文化与文化遗产的继承问题》，曾发表于《理论与现实》二卷各期；《中国社会史上的奴隶制度问题》，曾署名曾与，发表在《群众》五卷九、十、十一各期；《本国史研究提纲》曾发表在《读书月报》二卷四、五两期。这些论文都经过改编和修正。

第一篇，可说是全书的提纲；第二篇，专论"亚细亚生产方式"问题，中国社会的"停滞性"问题;第三篇,专论奴隶制社会问题,中国社会史上的奴隶制时期问题;第四篇,专论民族文化遗产的继承问题,吸收世界文化进步成果问题等。在每篇中,并叙述了各个问题的发展过程,批判了各种错误意见——特别着重对日本帝国主义宣传员的中国史观的批判。附录:《本国史研究提纲》,在于启发读者对中国社会发展的诸阶段以初步认识,作为青年研究中国通史的线索和集体讨论的大纲。因之,本书把中国社会发展诸阶段问题的专篇省略,以免重叠。

　　本书是否正确地解决了中国社会史的当前诸问题,那只有期待于实践来裁决。不过,我不会固执自己的意见,我所要固执的,只在要求问题的解决。所以读者和学术先进的指教,是我所热切期待的。

1940 年 11 月 20 日于重庆

关于中国社会史的诸问题

一、问题的提起

十余年来，在中国社会史研究的课题中，旧问题不断地获得解决，新问题不断地被提出，这正是中国文化运动发展过程的辩证法，是中国民族解放运动、即民族民主革命的实践进程的反映——不但适应着革命的实践要求而为其一个组成部分，而且是在其指导下进行的。

在最初，适应民族民主革命运动的退潮，革命诸阶级、阶层对中国革命问题提起自我批判与清算，而展开了中国社会性质问题的论战。在论战中，表现出中国社会诸阶级、阶层之交错复杂的意识形态的斗争——正面的反面的和中间道路的不同道路的斗争。

当时的论战，有的在玩弄马克思列宁主义词句，也有不少人陷于搬弄原理的公式主义，很少把握到中国历史的具体性——除真正联系实际的很少的几个人以外，然而却促进了新兴历史科学的发展，动摇了实验主义的历史理论的基础；当时除那代表地主买办阶级之陶希圣派的历史理论是一种形而上学的半实验主义的理论外，有些新史家也没有完全摆脱"疑古"派的影响，误认殷代为中国史的"开幕"期，就是一个例子。

论战时所提出的主要诸问题：一是"亚细亚生产方式"问题，一是奴隶制度是否为人类社会史一般发展过程中的一个必然阶段的问题，一是所谓"商业资本主义社会"问题，其归结的中心则为现阶段中国社会的性质问题，从而今后"中国社会往何处去"的一个革命或反对革命的实践问题。

关于"亚细亚生产方式"问题，在苏联、在中国、在日本，都展开了激烈的论争。在论争中表现了多种不同的意见，大致可分为如次的几种见解：（一）认为马克思所指出的"亚细亚的"社会，系意味着东方社会的一种特殊的发展形式；（二）认为系不同于奴隶制而又与之平行地结合的一种阶级社会的生产方式；（三）认为系意味着东方封建社会的特殊性，或在历史发展的一般规律的基础上，东方社会发展过程中的一种特殊色彩；（四）认为系意味着先于奴隶制即氏族制的生产方式，或由原始公社制到奴隶制的过渡期的生产方式；（五）在清算马扎亚尔的"水"的理论的过程中，具有支配意义的戈德斯等人的见解，却根本否决了所谓"亚细亚的"问题。然（一）（二）两说，显然误入了历史多元论的歧途；（三）（四）两说，不但不能符合马克思的原意，而且也不能符合历史发展的具体内容；戈德斯等人的见解，却不是解决问题，而是取消问题。

关于奴隶制度是否为世界史共同经过的一个阶段的问题，当时许多所谓历史家的见解，一面把希腊、罗马的奴隶制与日耳曼的封建制看作两种平行的制度，不肯把它们看作在历史发展过程上的两种社会制度的相互交替，不了解后者是前者的承继、由前者到后者是一个革命的突变；一面主观地断定希腊、罗马以外的世界史各部分，奴隶制都不曾构成为历史过程中的一独特的阶段，并从而曲解恩格斯所说的"家内奴隶"的论点。这些意见，无非是史的多元论的化装。

关于所谓"商业资本主义社会"问题，因为那不但不能在历史发展的过程中，找到具体的根据——商业资本不能代表何种生产方式——从而在理论和史实上都不能作出何种论证。这种穿上半件历史唯物论外衣的半实验主义的历史理论，不但是波格达诺夫的折中主义的贩运，而且企图夸大商业资本的作用，掩盖封建势力的保守性，在为中国买办资本从而为帝国主义说教。然这在当时，就已经受到历史科学的裁决，为广大的青年群众所抛弃和斥责。

最后归结到现阶段①的中国社会的性质问题，大致可归纳为三种不同的结

---

① 本书所收集的几篇论文均系写作于抗日战争时期的 1939—1940 年，故书中所谓"现阶段"，系指新民主主义革命胜利以前的时代。

论:(一)中国已是资本主义社会;(二)中国还是封建社会;(三)中国的现阶段是半殖民地半封建社会。实则前两说都没有从支配国民经济领域的生产力与生产关系的对立统一的生产方式、即社会基础上立论,而是纯然无耻地在反对民族民主革命的说教。中国资本主义社会论者的政治隐密,是在提倡国内革命诸阶级以至诸阶层的内战,反对国内革命诸阶级以至诸阶层为民族民主革命而统一团结,从而取消中国革命之反帝反封建的任务。中国封建社会论者的政治隐密,则在排斥民族解放运动中之无产阶级的领导作用、地位和力量,也同样地归结到取消民族民主革命的统一团结的必要,从而也同样归结到取消反帝的要求。中国民族解放运动的实践过程证明,只有中国社会的半殖民地半封建性质的结论是正确的。

问题不是单从理论宝库中搬弄文句所能解决,而要从历史自身的具体内容上,从人类的实践中,先进阶级和其领导的广大人民的实践中,才能得出和考验正确的结论,确证先进理论的指导作用。

自 1929 年世界资本主义经济危机爆发后,自"九一八"日本帝国主义开始武装进攻中国后,随着资本主义总危机与中国民族危机的深化,意识形态的斗争跟着深化,历史科学战线上的斗争也跟着深化了。在这种深刻的斗争中,给人民揭发和维护真理,指明道路。

从而在中国社会史研究的领域中,对前此留下的诸问题,便一一达到正确的——至少是进一步的——结论。关于奴隶制阶段问题,特别在清算波克罗夫斯基学派的文献中,已达到完全正确的结论,再无人否认奴隶制是世界史各部分的共同必经的阶段了。关于"亚细亚生产方式"的问题,在苏联、中国和日本,以科瓦列夫为首的结论,驳倒了戈德斯等人的结论,对这一问题至少已达到接近正确解决的程度。关于"商业资本主义社会"问题,再也没有作为问题提出来,只当作历史研究课题中一个解嘲的术语而被忆及了,只不过是替帝国主义、封建主义、买办主义效劳的小丑的罪恶的遗迹了。关于现阶段中国社会性质的问题,除去日本法西斯的侦探和汉奸以及一些见解幼稚的人们外,再没有人对半殖民地半封建性的结论表示怀疑了。在民族抗日革命战争的旗帜下,全民族抗日各阶级阶层的统一团结,为民族解放而共同斗争的政治现势与实践进程,百分之百地说明了现阶段中国社会的半殖民地半封建性结论的正确,指明中国社会往何处去的实践方向。

同时，从"九一八"到"七七"这一时期，我们对中国社会史的研究，一方面应用新的科学方法的史料整理工作，业已开始，特别是郭沫若先生已经作出了相当的成绩；一方面从或试图从严谨的正确方法的基础上，对中国历史的具体的系统的研究——不同程度地复现活生生的历史的具体性和体现出它的规律性——的著作，已相继产生，这些著作，为我国民族民主革命已发生了应有的作用，对世界历史科学的研究也已发生了相当的影响。

现在所提出的，已经不是过去的旧问题，而是一些新的问题了。（一）已不是奴隶制度是否在中国历史（以至世界史）发展过程中成为一个独特阶段的问题，而是其存在的时间问题；（二）"亚细亚的"社会问题的重新提出，除少数帝国主义的代言人外，也不是旧问题的重复，而是问题的新发展；（三）重新提出了所谓中国社会（以至东方社会）"停滞性"的问题；（四）对中国社会史的发展阶段的估定，虽则多数学者已达到共同的结论，然而仍是一个有待于进一步解决的问题；（五）又重新提起了关于中国哲学史的诸问题或关于创造民族新文化与"中国化""现实化"的问题……这些问题，在伟大的民族革命战争的历史任务的实践过程中，都将一一受到鉴定与考炼。

二、"亚细亚生产方式"与所谓中国
社会"停滞性"问题论纲

关于"亚细亚生产方式"问题，依据科瓦列夫和我们研究的结论，系意味着古代希腊、罗马以外之世界史其他部分的奴隶制的变种；马克思所指出的关于"亚细亚的"主要诸特征，在古代中国（公元前1766到公元前1122年的殷商时代），古代印度（公元前1500年代到公元前600年代间之里俱佛陀时代及所谓"叙事诗"时代），古代日本（公元646到1192年，自大化革新到镰仓幕府成立），以至古代西南亚细亚诸国与埃及历史的具体内容上，都能够证实。这些古代国家，统治阶级的奴隶主和下层自由民诸阶层或等级，大都是出身于征服者的种族而从其内部分化出来的；被统治阶级的奴隶与所谓"半奴隶的农民"，主要是被征服的"异族"的人民与战争俘虏构成的；奴隶是最

主要的生产资料；全国的土地在名义上均属于国家所有，通过村社的分配，自由民都有使用的权利，但实际上仍是有些人占有较多土地，有些人丧失土地；农村公社的形式，是一般地存在着的，不过在这里，所谓农村公社有两种形式：一是统治阶级自己直接管辖的公社，有着奴隶主、一般自由民和奴隶的阶级构成的内容；一是被征服"异族"的公社，允许其保持原来的组织与"内部自治"，只须向国家"支付租税"——这也就是所谓"半奴隶的农民"——和充作奴隶的人口等。例如古代巴比伦，据波特卡诺夫在《唯物史观世界史教程》中的叙述，"国土由国王（巴琪西·鲁加鲁）统治"，在一切"农村公社中，有其代理人和征税吏。认土地为属于巴琪西所有（即国有——吕）"。"土地则由农民（即自由民——吕），一部分则由奴隶去耕种"。在古代印度，在所谓"农村公社"的基础上，"……把人民结合在一定职业下面……设定为四个等级制度：婆罗门（僧侣）、刹地利（王族或武士）、吠陀（农民、手工业者、商人）及首陀罗（奴隶）。"在"大化革新"后的日本，据伊豆公夫在《日本社会史讲话》中的叙述，"土地所有权由氏族长而移转于国家"，管理所谓"职田"和"功田"的贵族，仍沿袭氏族制时代"田庄"即公社的组织形式，使用奴隶劳动去耕种。在这里，国家只是名义上的土地所有者，而实际上土地在原则上却属于所谓公社所有。在罗马国家的前期，波特卡诺夫说，在公元前六至四世纪时，罗马与其周围诸部落和种族斗争而次第把他们降服。罗马人将被征服地的公社的人民，作为奴隶出卖；宣布其土地归国家所有，以之分配给财产少的罗马人，因此这些公社便往往成为同盟共同体。这种同盟共同体虽被准许内部自治，但对罗马则须用货币去支付租税和充作奴隶的人口等。

可是秋泽修二对此所提起的新问题，已经不是从研究的立场出发，而是为着日本帝国主义的侵华宣传，来曲说其所谓"中国社会之'亚细亚的'停滞性"。从历史唯物论的理论来看，从整个世界史发展过程的形势来看，绝不容有秋泽的所谓"停滞"的形势，只有在某种外在的特殊矛盾关系的影响下，在阶级斗争或阶级压迫、剥削政策特别残酷的影响下，人民不只无法扩大再生产，甚至不能照常进行生产的情况下，才可能促进或阻滞社会的前进发展速度以至引起暂时的倒退。

穿上科学伪装的秋泽的法西斯侵略主义的历史理论，便利用所谓"亚细亚的"论题去加以曲解；他断定的亚细亚的诸特征，亦即所谓中国社会的诸特性是：（一）农村公社——土地共有制乃至其遗制；（二）人工灌溉的必要及与此相适应的大规模的水利事业由国家担任；（三）集权的专制主义；（四）作为基本的社会经济单位的世袭公社及父家长制的家族——个人及单一家族的未分化；（五）公社的代表者是贵族、官僚、祭司，这些阶层形成主要的支配阶级，从而形成集权的专制主义的支配体制；（六）由于农村公社的存在，同时限制了奴隶制的完成的发展，而其特异的发展，是公社的奴隶化即直接生产者农民人格的被占有，与其称他们为国家的农奴，毋宁谓之为"半奴隶的"农民；（七）从这里，在中国的场合，生出奴隶与农奴制之相关的并存的关系。

在这一虚构的图表的基础上，依照秋泽的规定，所谓"农村共同体的存续、残存"是第一个具有决定作用的东西。它规定着"父家长制的专制主义"，同时又是中国的"中央集权制"的"基础"，即所谓中国的"中央集权制，恰是以孤立的农村公社（农村公社的诸关系）为基础而成立起来的"，它不但没有为"奴隶制及封建制的诸关系"所"完全""破坏"，"反予中国的奴隶制及封建制的发展以根本制约"，"歪曲了中国的奴隶制及封建制"。"父家长制的专制主义"又支配了农业、手工业、商业等全部经济生活而制约其发展；集权的专制的国家，复转而支配着"农业及土地所有"、"手工业、手工业工场"、"基夫特及基尔特"①、"商业及商业资本"以及"文化"，即国家把它们直接掌握在自己手中而限制其发展。第二个重要的东西是所谓"人工灌溉"。它是中国农业的"集约性的""小农经营"②的物质基础，这"集约性的小农业"又是"中国农业社会发展的桎梏"；它又是"中国集权的专制支配的基础"，即其"第二个根本规定的要因"。从而他认为："在中国，不见有商人资本与土地资本间的对立"，"手工业的组织，多由官府为着在赋役的便利上所成立"，"教权与俗权对立的缺乏……一般地说来，中国社会并未以其自身之力，产生出具有资本主义性质的手工业工场"，"商人资本在中国社会自身的发展中，没有外部的作用，便不能发展成为资本主义的资本"，归结为中国"社会在结局上是停滞的……中国社会的停滞性是社会矛盾的循环，社

---

① 日文"基夫特"系手工业行会，"基尔特"系商业行会；我国学术界自来都统称为基尔特。
② "集约性的小农经营"是以较多的资本与劳力投于较狭小的土地，其耕作方法比较集中而细致。

会过程（社会运动）之反复的形式，是中国社会的根本性格"，易言之，"中国社会的根本性格"，是"停滞"的、"循环"的、"倒退"的。从这里，他得出"日本社会有与印度及中国社会不同的性格，不可不从这里去了解现代亚细亚的日本的特殊地位与结局"的结论。另一方面，他断定创造出"中国经济的近代化的过程的转机"，主要是"鸦片战争"，从这里引申出这回侵略中国的"日本皇军的武力"，正是推动中国社会前进，打破"中国社会的'亚细亚的'停滞性"的主要动力。

这样说来，规定中国社会形势的不是生产力和生产关系的对立统一的生产方式，而是其政治形态；作为中国社会形势发展的基本的动力，倒不是基于生产力的发展及生产力与生产关系的对立统一的内在矛盾，而是由于外在矛盾诸关系，即外来的侵略了。这不但没有半点史的唯物论的气味，而且也完全不符合世界史（中国史在内）发展的具体事实。这是一种最拙劣、最无耻的法西斯侵略主义的歪论。

但是秋泽修二又怎样去证明其法西斯宣传的论点呢？首先关于其所谓"农村公社的存续、残存"，他认为：（一）"以共同祖先的祭祀为中心而结合的同一氏族形成的村落"，是"氏族制的遗制"，他们并有"若干的村共有地——宗族共有地"；（二）"他姓村民杂居着的村落"，"作为村落全体的统制机关，普通是奉祀关帝或龙王的村祠堂"，这种祠堂是村民"宗教生活"、"社会生活"的中心，这也是"农村共同体的遗制"；（三）认为唐宋明各代有所谓"六世同居"、"五世以上同居"、"三世同居"、"四世同居"、"十九世同居"等特殊现象，正是阶级社会瀚海中的"原始家族共产体"的孤岛。但是从文献上去考察，无论在同姓或异姓"村落"中，本质上却都是豪绅地主与农民的阶级关系的构成，而不是什么"共产体"的关系。正如伟大导师列宁所说的："纯粹是地域性的联合"和"村社"是实质相同的东西。列宁说："地主和寺院接纳了从各地来的农民，而这样组成的村社纯粹是地域性的联合"[①]。村公有地的存在，正和中世欧洲之公共牧场、森林等存在一样；公有地之渐次为豪绅地主所支配或占有，也和那在欧洲之为封建地主所支配或占有

---

① 列宁：《什么是"人民之友"以及他们如何攻击社会民主主义者?》，《列宁全集》，第1卷，人民出版社1955年版，第134页。

一样。"祠"、"庙"在城市大都是有商业或商业的基尔特的组织内容的；在农村，世俗地主与僧侣地主以之作为统治农民的一种社会机构，与中世欧洲的教堂有类似的作用。自然这不是说两者是同一的，并且正由于"亚细亚"型的中国奴隶制，没有发展得像希腊、罗马那样典型，也没有能产生那样的宗教和哲学作为承袭的基础，因此继起的周代及其以后的封建制，在精神统治的要求上，地主阶级在初期曾采取"政教合一"的形式，世俗地主掌握了部分的教权，同时在农民斗争不断继起的形势下，又和缓了教权与俗权间的分裂的斗争。这形成中国社会的一点特殊色彩——仅只是特殊色彩。关于所谓"×世同居"及"同居同财"的历史事象，如果不把形式和内容分开，则从"唐史"、"宋史"、"明史"去考察张公艺、陆象山等家族的情况，他们那种"大家族"经济的本质，并非不同于其他地主的经济——没有什么"原始共产体"的内容；而且它们都是由小家族扩大而来的，如谓系共产体，那便真是"循环和倒退"了。但我们不是说，在中国社会没有存在农村公社的残余形迹，不过这种残余的东西，对社会发展形势并不能生出何种巨大影响，更不是起决定作用的东西。从而所谓"父家长制的专制主义的支配"等论点，便不过是建筑在秋泽修二的预定观念上的空中楼阁。父家长制对于政治上所起的作用，在中国和在世界史上其他国家的封建时代，基本是一样的。父对于家内的支配权是完全与封建财产的形态相适应的，而子女及其他家族成员——如雇佣劳动者——的地位，却不同于奴隶。

其次，所谓"作为中国农业必须条件的人工灌溉"，秋泽断定："灌溉排水的水利事业（及可航的运河的修筑），是中国中央集权的专制主义的一个物质基础"。事实上，水利事业由国家担任，在殷代确有其较大意义（但关于灌溉航行方面还没有充分的材料来证明）；在其后，历史上有名的所谓"郑国渠"、"广通渠"、"永济渠"等所灌溉的耕地均不过数万顷，占全中国耕地面积的比例是极其微小的；自"古代"到"中世"，中国广大耕地，主要都是人民自己利用泉、井、堰、坝、蓄水池塘、小溪流、河川及天然雨量等来灌溉的；中国的黄河、长江、珠江等大河流，与其说同于尼罗河那种情形（尼罗河也只能给予埃及社会的发展以较大的影响，也不是决定性的影响），毋宁说和泰晤士河、莱茵河、多瑙河、密士失必河等的原来情形相似。对于常给予人民以严重水灾威胁的黄河、淮河等，历朝封建统治阶级也大都没有认真去进行过水利事业。在中国的全部封建史上，都是大土地所有占支配地位，并反映为大地主阶层在政治上的统治地位。个体农民的经营形式，在全部世界史上的封建时代，基本上都是这样。从而秋泽的"中国中央集权的专制主义的"这个"物质基础"，也完全被推翻了。而其所规定的"集约性的小农经营"，也自是丧失其存在依据和规定的意义；"作为中国农业发展的"这个"桎梏"也就不存在了。

他所谓"集权的国家的经济支配"，不但是首尾倒置，是以局部去概括全体，而且把国家与其所代表的阶级对立起来，又从而把阶级的关系隐蔽于国家的名义下，并取消农民在社会革命事业上的重要地位和作用。而此在中国中世史上却是很突出的。奴隶制时代的土地国有（除希腊罗马奴隶制的全部过程外），初期封建制时代的土地最初由国王的名义去分配，是世界史一般的事实；中国由秦到清的皇室及官府所占有的大量土地及在此等土地上佃耕的农民，仅只占全国耕地与农业的一个小的比例。官营手工业与手工业工场，主要在供宫廷贵族的消费，而独立手工业者的手工业，却自秦以后便不断提高其比重。对于基尔特，秋泽只肯说出国家对它们的控制，而不肯看见它们与官府的矛盾，更不愿说明它们本身的封建特性。他对于中国中世纪的商业与商业资本，一面把官僚、地主、商人三位一体的独占商业，误解为国营商业，与国家的盐铁专卖混淆，一面把那自北宋开始形成的自由商人集团及其资本，跟官僚、地主、商人三位一体的商人及其资本混淆不分，一面又把那中世海关的"船舶司"等误解为国营商业。因此，在这一点上，秋泽是何等无耻地武断与曲解历史事实呵！

同时秋泽又以资本主义的或法西斯主义的"集权"尺度，去衡量中国专制主义的封建主义时代的"集权"形态。其实，后者的所谓集权与统一，原只是属于封建主义的范畴，而不是资本主义的范畴。他说："一般中央集权的支配，都是从孤立的分散的地方经济向全国统一的经济的发展——融合为基础的东西……在中国便与此相反，其中央集权制，恰是以孤立的农村公社（农村公社的诸关系）为基础而成立起来的。"这无疑在故意混淆历史的时代性。然而他又正从这里，达到如次一个历史唯心论的结论："国家——社会的无机的构造，为中国集权的专制支配的根本特质。而从这一点上说到一般中国人的特征，是其国民对国家的统一意识的缺乏。"他不从经济结构的基础上去说明人们的各阶级的意识，反而从其虚构的论说来诬蔑中国人的不爱国，来诬蔑伟大中国人民的英勇斗争的革命传统和创造精神，一若中国人是天生成的奴隶！这正是和日本军阀说"中国只是一个地理的名词"的狂言相呼应的。其次，他又以资本主义时代的商业与商业资本的尺度来衡量中国中世的商业与商业资本。因此，他又发现了中国地主向农民所吸取的是"剩余价值"。

这就是秋泽修二所构制的"中国社会的'亚细亚的'停滞性"的海市蜃楼。

然而把中国社会形式的发展作为一个总的过程来考察，生产力、生产……以至意识形态，都是螺旋式地向前发展的，并没有什么"停滞性"和"复归"或"循环"的性格。就劳动工具说，由传说时代的木器工具到旧石器工具与金石器工具①，进到殷商的金属工具（青铜器），而发展起奴隶制的生产方式。转入到周代封建制度下，由西周的金属工具（已发现有铁的迹象），进到春秋时期而发明了冶铁风箱与铁犁等。由汉经魏晋、南北朝、隋至初唐的千年间，是秋泽修二之所谓"倒退"与"回复到自然经济"的时期。这期间，在东晋迄南北朝时期，社会生产由不断受到严重破坏而表现相对滞迟以至衰落的状态；而诸葛亮的木牛流马，南齐祖冲之日行百里的"千里船"，以及唐代李皋的"双轮战舰"的发明，与银、铁、铜、锡等冶金业的发展，尤其是炼钢术的进步，仍表示着生产力的波浪式地前进。唐、宋的手工业的发展——官工场的大量雇佣工人的使用，火药术、印刷术的发明，罗盘术的改进以及自由商人的出现等现象，正表示了生产力的一大步发展，也表示了中国封建制已进入末期。在元朝，是秋泽所谓奴隶制复活期，而都市经济之进一步发展与造船业的进步，正表示在元朝的残暴压迫、剥削下，生产力虽受到严重的破坏和阻滞，而在某些方面仍有所发展。明清之际及鸦片战争前的资本主义性质的工场手工业的萌芽，若不是为清朝统治者及欧美资本帝国主义的侵入所绞杀，中国社会已开始准备了转入资本主义的条件。太平天国后的官工业的出现，虽不能否认是受了欧美资本主义的影响，但主要是由于中国社会已有着内在的根据和太平天国农民革命战争开辟了道路。第一次帝国主义大战期间中国民族资本的发展，虽不能否认战争造成各国资本在中国市场休战的机会，主要却由于辛亥革

---

① 参阅吕振羽：《中国社会史纲》。

命削弱了封建束缚而准备了一些条件。

就社会生产来说，在已往中国历史的全过程中，虽则每因战争破坏引起劳动人口以及劳动家畜等等的缺乏——被屠杀与移徙——生产工具遭受破坏和掠夺及田园荒芜，统治阶级对起义人民、某些落后民族的统治集团对汉族及其他各族人民的野蛮残暴的压迫与掠夺……而表现了社会生产的衰落等现象；但也只是暂时的现象，其在历史的总过程上，在生产力和生产发展的过程上，仍是波浪式地上升的。

很明白，这和秋泽修二的结论，完全没有相同的地方。

我们所说的中国封建社会发展的相对"停滞"，并不是由于什么"亚细亚的停滞性"。中国封建阶级在经济上和政治上对广大农民的极端残酷的压迫、剥削，使广大农民的生活极端穷困，不只常常没有力量去扩大再生产，并常常被迫流亡，远走他乡。这种压迫和剥削，具体表现为封建主义的中国官僚、地主、特权商人、高利贷者等互相联结的层层压迫和剥削，使广大农民乃至独立手工业者常陷于衣食不给的穷困境地，迫使农民只得用家庭手工业和小农业相结合去为其"物质最低限度"的生活而挣扎；某些落后民族的统治者为主体的统治集团的残暴压迫、剥削和掠夺、破坏，又增加了他们穷困的严重程度。这不只直接阻滞了农业生产的发展，往复又阻滞了独立手工业和商业的发展。由于中华民族所处的东亚大陆，国内少数民族所占的广大地区，生产较落后，人口较少，因此，各少数民族与汉族人民由于长期的经济、文化联结的纽带，不只常引起彼此间的人口交流，尤其是为着反迫害、反剥削和谋生而斗争的汉族劳动人民，便不断携妻负子，成群结队、离家别乡、间关犯难，去到其他兄弟民族地方和边疆，斩荆披棘，重建家园。这样，一方面，他们与当地民族人民共同进行劳动和斗争，推进和开发了当地的生产，奠定了祖国的疆域，这是促进了历史的发展的，尤其是促进了少数民族地方的历史发展的。一方面，由先进地区移到落后地区的汉族人民，虽带去了先进的生产技能或经验，却不能带同设备前去，不能不在垦荒的粗放经营和设备缺乏的条件下进行生产，这对于他们原来的生产说来，又是相对落后的。一方面，这种人口的大量移徙，常常是在战争的年月，在农民起义和反民族压迫战争失败后进行的。由于这种人口的大量移徙，被封建统治者和民族压迫者所破坏的内地的生产——常形成"田园荒芜"、"白骨蔽野"等惨象——，也不能不因劳动人口的流亡、缺乏而迟缓了生产的恢复和发展。一方面，这又不断使生产力和生产关系的矛盾得到缓和。这是中国封建社会发展速度迟缓之较重大的原因。近代的中国社会则由于外国资本帝国主义的侵略，严重地阻滞和歪曲了发展的过程。

三、中国奴隶制社会问题论纲

关于奴隶制在中国历史发展过程中的时间的论证，郭沫若先生首先在其所著《中国古代社会研究》中，估定西周为中国奴隶制度时期；我在拙著《中国社会史纲》中，认为殷商是中国奴隶制时期，西周则系由奴隶制到封建制的过渡期。继则有托派王宜昌妄论自春秋至秦汉为奴隶制度阶段；沙发洛夫在其所著《中国社会形式发展史》中，竟否认中国史上的奴隶制度的阶段，而以秦汉为所谓"封建奴隶制"；汉奸陶希圣及其"一群"的见解，又以秦汉为奴隶制；佐野袈裟美的《中国历史读本》，仅只把郭沫若先生的西周奴隶制度延长到战国（按郭先生后来在《古代研究的自我批判》中，也肯定殷代为奴隶制）……以中国历史为同一对象的研究，结论却是这样的不同。然而到抗战前后，问题便渐次明了了。何干之在其《中国社会史问题论战》及《中国启蒙运动史》两书中，翦伯赞在其《历史哲学教程》一书中，都承认殷商为中国史的奴隶制时期，《社会科学基础教程》的作者们，也提及这个结论，虽则何干之曾指摘我没有把"亚细亚生产方式"与奴隶制作统一的考察，实则由于他没有看见在其大著出版前出版的拙著《殷周时代的中国社会》。只是日本法西斯的代言人秋泽修二，在其所著《东洋哲学史》及《中国社会构成》两书中，又以西周到秦汉为中国史的奴隶制时期，由汉（元帝）至唐（玄宗）为由奴隶制到封建制的"千年"过渡期，是奴隶制和封建制平行发展的时期，元代是中国奴隶制再现的时期。向林冰在其所著《中国哲学史纲要》一书中，也误采了秋泽的歪曲结论。

诚然，自西周直至元代，奴隶制残余的存在，都是相当显著的，不单存在着家内奴隶，而且有参加手工业与商业等劳动的奴隶，直至现代也还有家内奴隶等残余。但问题不应从这些残余现象的考察出发，而应从其时代起支配作用的生产力以及与之相适应和相矛盾的生产关系的考察出发。若把前者从后者孤立起来去加以夸张，那正是历史唯心论观点和形而上学的方法，而不是历史唯物论的历史研究法。然而有不少的历史研究者，正在利用所谓东方的奴隶不是生产的直接的主要担当者，以及所谓"原始国家"的农奴式的奴隶等论点，来曲解马克思列宁主义的理论。实则根据前一种论点的曲解，便阉割了历史唯物论的核心；根据后一论点的曲解，便混乱了国家的概念和历史的事象，是平行主义的观点。这都是历史唯物论的反对派的论点。

农业是一般国家的奴隶制和封建制时代的主要生产部门，手工业和商业则是从属的部门；起支配作用的生产力及受其决定而与之相适应和相矛盾的生产关系，只有在农业生产中去体现。虽然也有个别奴隶制以至封建制国家是牧农并重，甚至是以牧畜业为主要生产的。

在中国，齐、晋在春秋时已发明冶铁风箱，根据汉朝人所著的《吴越春秋》和《越绝书》等记载，吴越在春秋末期也已有冶铁风箱的发明；根据《论语》和《孟子》的记载，使用在农业耕作上的主要生产工具，是铁制的犁，并利用牛耕。而"熔铁和制铁工作更进一步的改善；铁犁和织布车的散布；农业，园圃业，酿酒业和制油业的继续发展；与手工业作坊并存的手工业工场企业的出现，——这就是当时生产力状况底特征"[1]。在春秋战国，农业劳动的主要担当者，根据金文、《诗经》、《尚书》、《国语》、《左传》、诸子书及其他可靠文献的考究，则系自西周出现的"小人"、"农夫"和"庶民"……同时，他们虽没有主要生产资料的土地，却"存在有农民和手工业者以本身劳动为基础占有生产工具和自己私有经济的个人所有制"[2]。他们所提供于土地主人的是劳役地租、贡纳和徭役——现物地租在战国末已成为较普遍的形态；土地占有者虽仍有将他们买进卖出的现象，却已不能任意杀死他们了。然此正是封建制生产关系的特征[3]。所以奴隶的"大量"存在，也只是前代遗留的残余。自然，这不是说我们便可以忽视这种残余，因为它正表现中国封建社会特殊形相的一面。

---

① 《联共（布）党史简明教程》，第157页。

② 同上。

③ 详细论证，请参阅吕振羽：《中国社会史纲》，第2分册，即《殷周时代的中国社会》。

在秦以后所表现的封建佃耕制下的生产力与生产关系，只是春秋战国时期形势的发展——体现着由战国到秦的社会部分的质变。

农业生产劳动的主要担当者，在秦汉是所谓"黔首"、"浮客"、"徒附"或役属之民，他们一面经营独立的经济生活，农耕而外，兼营家庭副业；一面以"见税什五"或"耕者得其半"的原则，向地主缴纳现物地租，同时向地主和政府提供税纳与徭役。在此后，如西晋的"佃客"、"衣食客"，北朝的"良民"，南朝的"佃户"，"五胡十六国"时代的"部民"，隋唐迄宋的"客户"、"庄户"、"佃户"、"庄客"，元朝的"佃户"（元朝贵族直接剥削的"部曲户"，带有浓厚的农奴特性）……本质上，也都是同性质的封建制下的佃农。甚至在南北朝和隋唐的经营独立生活而从事农耕的所谓"奴婢"（那些服公私杂役的奴婢，则为家内奴隶或贱奴），如果我们不为文字的音义所蒙蔽，那么，在本质上与其说是奴隶，毋宁说是农奴。

然而郭沫若先生也把周代的"小人"、"农夫"和"庶民"等一律解作奴隶。我认为这也是不妥当的，没有对西周社会的历史现象从其运动的发展的变化的观点上去把握，也没有从其相互关系相互依存的联系性上作综合的考察，尤其没有从它们在生产、分配和所有制中的具体情况和地位去全面考察。这也是我们和郭先生的看法还没一致的地方。至于托派王宜昌与日本法西斯宣传员秋泽修二写的反革命谬论，则不是什么理论上的问题。但其在一些青年中还有些恶劣影响，所以亦应予以驳斥。托派王宜昌以发现齐国的渤海，谓其相当于希腊罗马的地中海为主要论据。秋泽修二把那"耕者得其半"的"徒附"、"浮客"等，曲解为"本质地是奴隶乃至半奴隶的农民"。而沙发洛夫的"秦汉封建奴隶制"的理论，正表现着托洛茨基主义的史的多元论的唯心论本质，及其对历史唯物论的公然曲解与完全无知。但此又构成秋泽修二的"千年"过渡期的一个根据，也充任了汉奸"陶希圣一群"的秦汉史论的理论根据。

反之，在殷商，虽然还感到史料的不够，然而根据我们得以利用的出土古物与可靠文献的考究，已能正确地得出如下的结论：（一）殷墟出土的石器遗物是殷商以前时代的残留，甚至可能是已被废弃使用的东西，殷商时代的主要生产工具是金属工具（青铜器）；（二）农业在殷商，已开始代替了牧畜的地位而向上发展，牧畜业已走向下坡；（三）一面奴隶劳动参加了农业、牧畜业、商业、交通等部门的工作，另一面已存在着一个脱离生产劳动的阶级；

（四）奴隶主对奴隶买进卖出，并常常任意杀死他们；（五）不但出现了农业、牧畜业、手工业各部门的分工，而且发现有各种手工业作坊的遗址；（六）财产的家族私有形态占支配地位，并出现了各个人及各个社会之间生产品的交换关系和居间交换的商业；（七）出现了强制性的政治权力，领土已有固定的政治疆界①。斯大林在《辩证唯物主义与历史唯物主义》中说：

　　"在奴隶制度下，生产关系底基础是奴隶主占有生产资料和占有生产工作者，这生产工作者便是奴隶主所能当作牲畜来买卖屠杀的奴隶。这样的生产关系基本上是与当时的生产力状况相适合的。此时人们所拥有的已经不是石器，而是金属工具；此时所有的已不是那种不知畜牧业为何物，也不知农业为何物的贫乏原始的狩猎经济，而是已经出现了的畜牧业、农业、手工业以及这些生产部门彼此间的分工；此时已有可能在各个人间和各部落间交换生产品，已有可能把财富积累在少数人手中，而且真正把生产资料积累于少数人手中，已有可能迫使大多数人服从少数人并把这大多数人变为奴隶。这里已不是社会中一切成员在生产过程中共同地和自由地劳动，而是由那些被不劳而获的奴隶主所剥削的奴隶们底强迫劳动占主要地位。因此也就没有了生产资料和生产品的公有制。它已被私有制所替代了。这里，奴隶主是第一个和基本的十足的私有主。"②

　　根据这一卓越的科学结论，便不难估定殷商时代的社会性，从而也不难解决中国奴隶制度存在的时间问题了。

四、中国社会发展诸阶段问题论纲

　　关于中国社会形式发展阶段问题的研究，有许多意见有进化主义、机械主义、多元主义的倾向。

　　胡适、钱玄同等人断定中国史的开幕时代是殷商，而且一开始就是有阶级

---

① 参阅吕振羽：《中国社会史纲》，第2分册，即《殷周时代的中国社会》。
② 《联共（布）党史简明教程》，第156—157页。

和国家制度的"文明时代"。他们从实验主义出发，无视那些关于有巢氏、燧人氏以至夏代的神话传说所能说明的原始公社制的诸特征，自无足怪；但他们又同时忽视周口店、蒙古人民共和国和内蒙古自治区等处地下出土的旧石器时期的遗存，龙山文化和仰韶文化的新石器、金石器时期的遗存，这表现了实验主义的方法的极端唯心主义的本质。而他们又都采取了安迪生等人的文化外来说的谬论。安迪生等人，是以帝国主义代言人和侦察员的资格来研究中国文化的，其主旨在说明所谓"西方文化"的支配地位——反映着帝国主义奴役其他民族的宣传作用。其实那些遗物不只能与中国传说时代的神话相结合，而且已大抵能证实它们是中国民族在原始公社制时代的遗存——自然，继续从地下去从事科学的系统的发掘，是有头等重要意义的。而我们也有些人误信安迪生的说教，正表明了百年来殖民地文化对中国学术研究（乃至文化生活）的支配作用与恶劣影响。

对中国新史学研究有相当贡献的郭沫若先生，也曾经以文化发展到相当程度的殷代为"开幕期"，为石器时期，断定殷代为氏族社会，我认为是值得商讨的。但郭先生的这种见解和胡适等人在基本观点上是有本质区别的。郭先生并从而对周与春秋之交的中国社会（公元前770年平王东迁），便了解为由奴隶制到封建制转化的界限。实则这时并没有经过何种社会革命或革命过渡的形势，只有他族的入侵；他族的入侵是不能担当社会形势转变的革命任务的，如果说拿厉王三十七年（公元前841年）的"彘之乱"来说明社会变革的革命形势，那又远距在"平王东迁"前六十余年，中间并有所谓宣王的"中兴"——"中兴"着"武王周公成王之业"——实际乃是标志着在西周国家范围内的过渡时期的终结。

殷周之际的社会斗争，是中国史上的第二个革命，即封建制度革命，它而且完成了社会的变革事业。郭沫若先生首先把它认为是一次成功的革命，是很正确的——虽则他曾经以之了解为中国史上的第一个革命、即奴隶制度革命。第一个革命乃是"成汤革命"——然而若把殷周社会估定为同质的东西，那便不能不否认这次社会的变革。没有新的材料发现前，我认为是不能抹杀"武王革命"的革命内容的。

秋泽修二虽亦承认由殷到周是中国社会的一次变局；但他不肯承认周族曾是殷的从属，认为完成这次社会变革事业的，是由于作为外族而与殷相敌对的周族的侵入。这在方法论上是明显的机械论，在政治意义上是公然无耻的法西斯侵略主义的一种宣传。但甲骨文字中的"命周侯"等记载的发现，却确证了周族是殷朝国家统治下的属领或从属，而不是相互敌对的外族。因此"武王伐纣"是中国社会内部的革命。

由战国到秦，形式上表现着天子、诸侯、大夫、士的封建分散性的政权到专制主义的中央集权，由"国"、"邑"的组织形式到"郡"、"县"的组织形式……因此，佐野袈裟美等，便误认其间是社会制度的一次大变革。实则"七雄"之一的秦的并吞六国，在形式与内容两方面都是一种阶级的内战——看不出其中有什么阶级革命的领导因素，自商鞅以后的秦的政策，只是为符合那作为当时一个阶层之新兴地主要求的改良政策。而土地占有者从农业劳动者那里所获得的，主要在春秋为劳役地租，战国为劳役和现物两种地租形态的并行，到秦便主要为现物地租——秋泽修二说中国史上没有出现劳役地租，是完全不符合历史事实的胡说；原来在"国"、"邑"（即采邑和庄园）内劳动的农奴，现在则为"见税什五"和"耕者得其半"的佃农。由劳役地租到现物地租，正是封建的生产力前进一大步的结果。由"国"、"邑"改为"郡"、"县"，主要由于前此整区的土地为一个领主所占有，所以领主得各自组织政治军事机关去直接管理，新兴地主的土地占有，却是点面的相互交错，从而便不能不打破原来管理机关的组织形式，不能不代之以联合的管理机关的组织，"郡"、"县"就是这样出现的；建立于这种"郡"、"县"之上的国家政权，便形成其形式上的"中央集权"。这不过表现着由初期封建制时期到专制主义封建制时期的上升，表示着一次较显著的部分的质变，显示了封建制发展过程中的一次分期或划段的界线——仍只是一个渐变的过程。

秦朝和汉朝的社会制度，本质上，甚至连形式上也没有显明的变化。秋泽修二为了要曲解中国史，便以汉元帝之赦免十万游嬉无所事事的官奴婢为庶人，作为由奴隶制到封建制转化的起点。依他的解释：奴隶所有者团体的首领汉元帝的一道命令，便等于完成了一次成功的革命的任务。这是何等无耻的唯心论的胡说！一般的奴隶制的末期都感受奴隶劳动的缺乏，依照秋泽的说法却是在中国倒由于奴隶劳动的过剩，大群奴隶没有事作，奴隶所有者的国家便自动改变其社会制度！这在我们这个星球上，是不会有这种奇迹的。从而秋泽又断定由汉到唐约一千年的期间，是由奴隶制向封建制转化的过渡期。两种社会制度的过渡要经过"千年"的平行过程，这种奇谈，在人类社会的历史上是无法想像的。而秋泽的这种判断，无非是否定革命阶级的创造作用的庸俗进化主义的狡猾的宣传，无非在诬蔑所谓"中国社会之'亚细亚的'停滞性"，以便利其法西斯主义侵略的无耻而又笨拙的宣传。

汉奸陶希圣及其"一群"的最后结论（我所以说是"最后"，因他为了唬弄青年，曾经故意地变来变去），判定南北朝是中国初期封建庄园制成立的时期。秋泽修二也认为中国的封建庄园制在此时期才出现。他们的主要论据是北朝的"均田制"和形式上的庄园组织。从而又断定三国魏晋为过渡期。秦汉或春秋至秦汉为奴隶制时期。实则，一方面，拓跋魏在南下前，本身确才进入奴隶制；但在其南下后，它企图以奴隶制加于封建制发展到了高度的汉族地区，因而便形成两种生产方式的矛盾；结果却是前进的克服了落后的。一方面，自西晋的所谓"占田法"到北朝的"均田制"，系由于长期的战乱而造成耕地的荒芜和劳动人口的缺乏（死亡与移徙），统治阶级为维护其剥削系统，便以所谓"均田制"去重新组织农业生产和把农民束缚于土地上面。这种办法，实际并继续到隋唐。而在所谓"均田制"下，并不排斥地主的土地占有，而且还继续进行秦汉以来的土地的剧烈兼并；在地主阶级的土地上劳动的农民，也只是在较苛刻的条件下，继续秦汉以来的佃耕制，向地主和地主阶级的国家提供实物地租的贡纳和徭役（或代役钱）。同时在南朝，仍完全是秦汉以来的佃耕制度的继续和发展。而秋泽修二、陶希圣之流在这里，不但抄袭了历史唯心主义的历来的花招，从零片的、部分的现象去夸张，企图把本质掩盖起来；而且拿部分去概括全部，以残余作为主要。这在他们夸张秦汉或春秋以来的奴隶制的残余的性质时，也同是这一诡辩的逻辑公式的应用。同样可耻的，是王宜昌的地中海奴隶论与渤海奴隶论的地理史观的公式的宣扬。

形式上的庄园组织的现象，是由于拓跋奴隶主集团以其固有的社会制度与农村公社的组织形式附加于中国专制主义封建制的基础上引出的结果，是外在矛盾与内在矛盾的统一。由于后者是主导，前者是从属，所以奴隶制的世界原理不能改变中国专制主义封建制的本质，只能给以特殊的色彩。因此在所谓庄园的内部，依旧继续着秦汉以来的佃耕制及其剥削方式。这就是说，我们不应否认地理条件的影响和各种文化的交流作用。无视历史上曾建立统治权的各部族对中国社会的影响，无视各种文化交流作用的影响，在历史哲学上是经济史观，在政治论上是"大民族主义"。反之夸大这种影响作用，以之作为决定社会性质的主导的因素，在历史哲学上便是机械论，在政治上则是侵略主义或投降卖国主义的来源。秋泽修二把北魏和元朝都断定为中国奴隶制的复活阶段，正是从曲说"外族侵入"的决定作用的基础上出发的。这就是他的侵略主义理论的本质。陶希圣的南北朝初期封建庄园论，也无非在暗示"五胡"和"拓跋"族的统治集团的"侵入"，却完成了中国社会由奴隶制到封建制的转变。这便是他的汉奸理论的根源。

秋泽修二为什么又把唐玄宗时代作为中国封建制度成立的起点呢？因为其时曾有"安史之乱"。虽然"安史之乱"是中国史上一次夹杂着阶级矛盾的民族矛盾的暴发；秋泽却正企图在民族斗争和其作用上去夸张，以符合其侵略主义的宣传。

唐宋到鸦片战争时代社会的封建性，除去秋泽修二把元朝作为奴隶制度的复活期外，是无人否定的。虽则在元朝，蒙古贵族曾实行过半奴隶制的剥削；但它不只在全国范围的比重是小量的，而且也只是暂时存在着的东西。虽则有些人曾把这时期所谓"皇庄"、"官庄"等类的东西夸张为庄园制，实则这种看法，也完全没有从质与量的辩证关系上去考察。所谓"皇庄"、"官庄"等类的占地，仅占全国耕地总面积的较小比例，当时仍是以点面交错的地主的土地占有占压倒的地位。"皇庄"、"官庄"等内部的经营组织与剥削方法，本质上也仍是秦汉以来的佃耕制的继续。

资本帝国主义的侵略的鸦片战争，决定了中国社会的开始陷入半殖民地半封建性的过渡期，这在历史唯物论者之中是人人公认的。

鸦片战争的结果，欧美资本主义绞杀了出现在中国社会自体内的资本主义的萌芽；以后在中国社会内在矛盾的基础上，在外国资本主义支配中国之外在矛盾的影响下，即在这内在外在矛盾之统一的基础上出生的中国民族资本，自始便带有其软弱性、妥协性的特性——构成其革命性与妥协性之矛盾的性格、软弱的性格（当然这和作为资本帝国主义工具而出现的中国买办资本是有区别的）。不过在另一方面，随同外国资本与民族资本而产生而成长起来的中国社会的新因素——中国无产阶级便形成其分外强烈、坚决、积极的革命性。这是了解现代中国社会政治的锁钥。

从太平天国到辛亥革命以至北伐革命战争……虽然每次都有所成就，每次都推动社会前进一步，但却并没有完成近代民族民主革命的任务。在帝国主义扶植下的封建势力，在国民经济领域以及在民族的政治文化生活中，还顽强地存在着。因而体现出近代中国社会的半殖民地半封建性。在这种基础上，中国民主革命的任务，是反帝反封建；担负革命任务的，是"共同奋斗"的全民族各革命阶级阶层，并只能以最先进的工人阶级为领导。

中国工人阶级所领导的反帝反封建的民族民主革命的指导原则，一贯地都是基于半殖民地半封建以至殖民地半殖民地半封建社会形势上的客观真理。

〔作为中国工人阶级伟大代表的、光荣正确的中国共产党和毛泽东同志，正确地运用了马克思列宁主义的普遍真理与中国革命的实践相结合，给马克思列宁主义以创造性的巨大发展，给中国人民革命以胜利的保证，使中国人民能够战胜日本帝国主义和汉奸，现今我们又战胜了以美国帝国主义为首的帝国主义，战胜了封建地主阶级和官僚资产阶级，胜利地完成了民族民主革命的任务，并及时转入到社会主义革命的轨道。

从失败了的旧民主主义的辛亥革命、新民主主义的北伐革命战争等民族民主革命的实践过程中，从正面和反面都证实了这种认识：即中国社会之半殖民地半封建性——殖民地半殖民地半封建性，是客观的真理。——1953 年增补〕

托洛茨基信徒曾断定近代中国是资本主义社会。而资本主义社会革命的主要形势，是无产阶级和资产阶级的斗争。这在文词上似乎是最"左"的，而其实应用到实践上，便不独在取消反帝反封建的任务，而且在破坏民族革命势力的团结，反教他们去内战。这如果应用到民族抗日革命战争中，便最能便利日本帝国主义来灭亡中国，便最能为日本帝国主义所赞成。然而民族抗日革命战争的实践，却无情地粉碎了托派的谬论。

陶希圣及其"一群"曾断定近代中国是末期封建社会。末期封建社会革命的主要形势，是革命的市民阶级对封建统治阶级的斗争。这应用到中国革命的实践上，不独在取消民族资产阶级以外的革命势力的领导作用，在取消工人阶级的领导，而且也在取消反帝斗争；这同样要归结于破坏民族民主革命势力的团结和取消革命。如果把这种结论应用到民族抗日革命战争中，也同样是最能便利日本帝国主义来灭亡中国，而为日本帝国主义所欢迎。但民族抗日革命战争的实践，也粉碎了这种汉奸理论。

在神圣的民族抗日革命战争的实践过程中，有些地主以至个别买办，也曾经同情过抗战，中小地主和有些开明绅士甚至参加抗战。这是人民所欢迎的；然而，大汉奸却都出身自封建军阀、官僚、大地主和买办或其代理人，易言之，封建集团和买办阶级，是大汉奸出生的来源，这是无可讳言的。但是依照托匪的结论，便不应反汉奸；依照汉奸陶希圣及其"一群"，便不应反日而只应"反共"，难怪他们欢迎侵略者的"东亚新秩序"和策动反共。

所以上述两种谬论，都是违反民族利益，和全国人民的要求相敌对的。

本来对于下流无耻的托派、汉奸是并无理可讲的，只是为了正视听，我们才不惮烦地来予以驳斥。

五、中国哲学史问题的提起

哲学思想虽则是受社会经济结构所决定的东西，但在人类对社会创造作用的意义上，却能反过来发生其或正或反的指导作用——特别是反映客观真理的先进理论，体现自然和社会的客观法则的科学的哲学，对先进阶级有着巨大的指导作用。在我们今日对民族文化遗产的继承问题上，对中国哲学史的探究和批判地继承，是有其一定意义的。所以我们最后还该说说中国哲学史问题。

哲学史是社会史的一个部分。在第二次国内革命战争以前，我们对这方面的研究还只是空白。我认为，我们首先对社会史若没有一个系统而正确的基本了解，而去进行哲学史的研究，是不能达到正确结论的。

从前，梁启超、胡适、李石岑等曾应用旧的实验主义的方法，研究过中国哲学史，但都失败了（按李石岑在临死前的数年间又转而倾向于新哲学的研究）；日人渡边秀方等的研究，却更其庸俗。冯友兰的《中国哲学史》也是应用实验主义观点方法的著作。陶希圣的《中国政治思想史》，为了想欺骗青年，他原来是企图应用半实验主义的方法和披上历史唯物论的外衣去进行掩饰的，结果在所谓"神权"、"王权"等东西的掩盖下，形成一种"非驴非马"的主观唯心主义的东西。1936年的拙著《中国政治思想史》，虽则我自始就不敢把它作为定论，或不免还有原则的错误；不过我曾尽自己的能力，应用了新的科学方法，希望对现阶段的社会革命的实践有所致力。

秋泽的《东洋哲学史》，据说是在其变成日本法西斯军阀的走卒以前写成的。但在他这本书中，已经可以看出他必然变成法西斯走卒的思想根源；他对印度史和中国史的歪曲，和对日本史的夸张，在《东洋哲学史》中已经预备了一个基础。

最近（1939年）出版的向林冰的《中国哲学史纲要》，是试图应用新的科学方法进行研究，著者的主观意图也可能是不坏的；但其若干基本论点，却未加深思地误采了秋泽修二的《东洋哲学史》与《中国社会构成》。向氏对各别哲学家思想的研究，其中一部分同于秋泽修二，一部分在素材上同于拙著《中国政治思想史》——虽则在许多重要问题上，向氏和我的看法是相反的。

对向氏这本大著，就我所认为重要的缺点来说：

一、向氏在中国社会形势发展阶段上，未加深思地误采了秋泽的意见——只重新判定中国现阶段为"半殖民地化的末期封建制社会"；又未加深思地误采了秋泽的不少论点，同样确认中国社会具备着"与印度同样的农村共同体（按即农村公社——吕）的存续"的"特质"以及"亚细亚的停滞性"，断定"商人资本在中国社会自身的发展中，没有外部的作用，不能发展成为资本主义的资本"。从而便确认中国社会形势发展之"王朝的同型"、"复归"、"退化"与"循环过程"……以此，他说："后汉灭亡以后至隋唐以后的六朝时代（？——吕）……由全体看来，此时期乃是复归于中国社会史上的自然经济的时代，一般地发现了生产诸力的衰退。""所以六朝时代的哲学，也显示着中国哲学发展的停滞、退化"；后汉比前汉，"在经济领域中，非但看不见发展，反而表示着衰退。""以此为基础，哲学的思惟力，乃大形衰退。近人吕振羽氏竟企图由汉代社会的经济的发展状态中，来说明王充哲学的成立，殊为欠妥。"但若从世界史从中国史一般发展形势，乃至从中国汉魏六朝、尤其是汉代历史发展的具体内容去考察，却只能看见螺旋式的、不断起伏的发展，而不是什么"退化"。在哲学上，王充的唯物论哲学和范缜的唯物论哲学，是焕发了其前人所未有的光辉的。向氏又何所根据来下这样大胆的结论呢？其实，我在拙著《中国政治思想史》中是这样说的："按中国社会自公元三十年代至一百三十年代间，地主农民间的阶级斗争形势虽渐呈缓和，而阶级间的矛盾，由于地主商人的土地兼并、及高利贷与商品掠夺的疾急进行，又疾急地在发展着。其次，由于手工业与商业的发展，给予人类对自然界的认识以较丰富的条件。在这种社会和文化诸条件的基础上，便产生较进步的王充的农民派哲学。"〔这种论述自然是不全面的，如我没提到其时科学的发明和发展。——1961 年增补〕

二、向氏不从社会生产关系的基础上，社会诸阶级的构成关系乃至阶级内部诸阶层的相互关系上，去探究历史上各派思想与其产生的社会根源，反而首尾倒置地认为"在封建制社会中，不但不会出现哲学上诸子百家争鸣的时代，而且不能形成一个国家哲学思想发展的第一个阶段。这一点，一方面在历史法则上有其必然根据（？——吕），另方面在各国的历史上也决无例外（？——吕）"①。这在一方面，正陷于"退化"论的错误；另方面则陷入了意识形态决定论。而且：（一）向氏的这种"必然根据"是落在"历史法则"以外的，同时在哲学和科学上那样"全盛"发展的情形，除希腊以外的古代各国历史，也反而很少"例"内；（二）不知向氏系根据哪些古代国家的历史，证明一切国家在奴隶制时代哲学思想之"无例外""全盛"的发展的"必然"？同时向氏又何所据而说明"诸子争鸣的时代"，是中国"哲学思想发展的第一个阶段"，调剂年分十二月之太阴历与年分四季之太阳历的参差的殷代的天文历数学，及与此种科学发明相当的殷代的神学，以至《易卦》和《洪范》，是否都不能算作哲学思想呢？这都是向氏欠斟酌的地方。

再说关于从意识形态去认识社会形态的问题。从意识形态所反映的社会性上，由上而下地去认识其当时的社会，我们是并不排除这种研究方法的。但这不是从学术思想的发展与否的形式去制定其时的社会，而是要从其所反映的社会性上去论证。因此向氏的方法，也不能从这里得到解释。

那样由上而下地向氏的哲学史研究，也就不着重去说明各派思想家的阶级性及其生活和社会的实践意义。须知意识形态不能超脱社会集团即阶级生活的实践，鲜花都不会凭空开出来的。新哲学研究者如果不从这里出发去把握问题，那和实验主义或其唯心论流派的思想史研究法还有什么不同呢？

实则中国的哲学思想，和全部中国社会形势一样，作为社会发展的一个总的过程看，并没有什么"退化"、"复归"和"循环过程"，而是螺旋式地不断起伏地向前发展着的。何况在新哲学的观点上，对自然、社会和人类思想，也

① 《理论与现实》，第 1 卷，第 3 期。

绝不容有如秋泽修二所说的那样"退化"、"复归"和"循环"的运动（反动统治阶级的反动思想及其行动，常表现为一种逆流，但它不能代表社会前进的运动和方向；其表现在思维形态上，也是愈走愈深的）。正因为自然、社会和人类思想的发展过程，在其本质上都是片刻不停地在运动、发展、变化，由低级进向高级，现象有在外表上像"循环"的、"静止"的、"退化"的，实际是相互继起的、片刻不停地在运动中的，有时在外表上像各自孤立的、偶然的，实际上都系相互依存、相互联系和相互渗透和制约的、必然的；现象不是脱离本质的现象，是和本质对立统一的。正因为新哲学所阐明的一切法则或规律，是实际存在的客观世界自己的法则或规律，不是空凭人类的头脑观念地创造出来的，所以它是正确的，是客观的真理，我们信赖它，不折不扣地信赖它。（这里被国民党顽固派的书报检查机关删去一大段）

这说明了作为一个总的社会发展的过程去考察，可以看到中国哲学思想也是波浪式地或螺旋式地发展的，而不是什么"循环"。向氏把春秋战国时代估定为中国哲学史的"全盛时期"，是受了实验主义"理论家"的蒙蔽的。

向氏对中国史上各派哲学家思想体系的理解，我也有很多不同意的地方，这里为篇幅所限，暂不论及。

为了爱护朋友和爱护真理，对于向氏的《中国哲学史纲要》作了以上的批判；同时对于《中国哲学史纲要》中采自秋泽修二的一些有害的意见，我曾再三和向氏恳谈过，希望他加以修改，最后承向氏在原则上接受我的意见，殊值得钦佩。他最后声明，只不愿放弃两周奴隶社会论的见解，那却是一个还值得讨论的问题，大家可以继续争论，我不敢把自己的见解作为定论。

（原载《理论与现实》第 2 卷第 1 期，1940 年 5 月 15 日发表）

"亚细亚生产方式"和所谓中国社会的"停滞性"问题

一、"亚细亚的"社会论的发展过程

在 1927 年以后，由于对中国革命问题的检讨，在苏联首先提出了所谓"亚细亚生产方式"的问题。

问题的提起，源于马克思对于社会发展诸阶段的提示。马克思在《政治经济学批判》序言中，曾说过如下的话：

"大体说来，亚细亚的、古代的、封建的与现代资本主义的生产方式，是社会经济形态向前发展的几个时代。"[①]

他以后又多次提及这个问题。所以"亚细亚生产方式"这一问题，马克思并不是什么"假设"，也不是任意提出的。但是他对于奴隶制、封建制，特别对资本主义社会构成的内容，都有具体的分析，而对于"亚细亚生产方式"，却没有遗给我们以明白的指示。因此，在革命的实践过程中，在世界史范畴中，这个问题就成为一个论争纷纭的问题。

马克思恩格斯对所谓"亚细亚生产方式"所提示的概念是：（一）土地国有；（二）全国分成许多各自孤立的公社；（三）农耕上的人工灌溉的重要性，但治水和其他公共事业的承担者则是国家；（四）公社受着国家政权的统

---

① 马克思：《政治经济学批判》序言，人民出版社 1955 年版，第 3 页。

治——它们须向国家纳税——政权表现为中央集权的专制支配的形态。依此，马克思恩格斯的"亚细亚生产方式"的历史时代，不是在国家出现前，而是属于国家的历史时代的范畴。但恩格斯和列宁又都说奴隶所有者社会，是人类史上最初的阶级社会，恩格斯说：

> "随着奴隶制（它在文明时代达到了最高度的发展）底出现，发生了社会分成剥削阶级和被剥削阶级的头一次大分裂。这个分裂继续存在于文明底全部时期。奴隶制是古代世界所特有的头一个剥削形式；继之而来的是中世纪的农奴制与近代的雇佣劳动制。三大文明时代所特有的三大奴役形式，便是如此。"①

列宁说：

> "奴隶主和奴隶——是第一次大规模的阶级区分。""只有当社会第一次划分为阶级时，当奴隶制已经出现时……在人类史上有几十个几百个国家经历过和经历着奴隶制、农奴制和资本主义。"②

依此，人类史上最初出现的国家是奴隶主国家；在国家存在的历史时代中，不能在奴隶制、封建制、资本主义、社会主义时代以外，另有一个"亚细亚生产方式"的历史时代。所以斯大林根据马克思、恩格斯、列宁学说和四十年代的史学水准，对全人类历史发展的诸阶段，总括地说：

> "历史上有五种基本生产关系：原始公社制的，奴隶制的，封建制的，资本主义的，社会主义的。"③

关于社会史的发展诸阶段，在理论原则上可说是定式化了，在研究上，已从以往人类历史的全部过程得到了论证。这对于"亚细亚生产方式"问题的把握，是大有裨益的。

根据马克思的说法，所谓"亚细亚生产方式"，很明白地是看成为"社会经济形态向前发展的几个时代"中的一个时代；根据恩格斯、列宁、斯大林的说法，所谓"亚细亚生产方式"，便不能在五阶段以外另成一独特的历史阶段。这并不是恩格斯、列宁、斯大林的论证与马克思的论证相矛盾，历史自身

---

① 恩格斯：《家庭、私有制和国家的起源》，人民出版社1954年版，第168—169页。
② 列宁：《论国家》，《列宁全集》，第29卷，人民出版社1956年版，第433、435、434页。
③ 《联共（布）党史简明教程》，第156页。

的具体内容证明，他们的论证都是完全正确的。

但有不少人，由于在这个问题上对马克思、列宁学说的机械论的咬文嚼字的了解，便不免构成其自己理论的矛盾。

在"亚细亚生产方式"问题的理解上，在科瓦列夫的新见解出现前，在理论斗争过程中，先后出现了如下几种主要的意见：

一、自普列汉诺夫以至马扎亚尔学派：他们看见在"古代的"社会以前，不能再有一个国家范畴的历史阶段，而马克思所指的"亚细亚的"社会又是属于国家范畴的历史时代。普列汉诺夫于无力解决其理解上的矛盾时，便凭着自己的主观推想，说："当马克思后来读到摩尔根的《原始社会》一书时，他就改变了他对于古代生产方式同东方生产方式的关系的观点。"从而他认为"在地理环境的影响之下"，"生产力在氏族组织腹内发展的结果"，在东方和西方孕育出"两种形式间有很大的区别"的社会制度①。他在这里，显然已由"史的一元论"堕落到多元论，堕落到地理史观。

这种理论，发展到威特福格（Wittfogel），便成为技术史观（《中国社会和经济》是其代表作）；到马扎亚尔学派，便形成其所谓"亚细亚社会"论，认为自氏族社会解体后到资本帝国主义入侵前的东方社会，就是所谓"亚细亚的"社会，"水"便是这种社会成立的主要基石（《中国农村经济研究》是其代表作）；到托派李季，便形成所谓夏殷"亚细亚社会"和秦后的"前资本主义社会"的结论（《中国社会史论战批判》是其代表作），这在理论上，是把东方社会排出于世界史发展的一般过程之外；在政治上，是取消中国革命的反封建的任务。而二十年来的中国民族民主革命的实践过程和其胜利发展，无比有力地粉碎了上述各派的谬论。

二、与马扎亚尔学派的结论近似的，是约尔克的二元"混合"论。约尔克在1931年1月发表《论亚细亚生产方式》的论文，力说从氏族制度灭亡到资本帝国主义侵入前的东方社会就是"亚细亚生产方式"所规定的社会，其内容则是奴隶制和农奴制的"混合"体，地租采取赋税的形式。这在本质上同马扎亚尔学派一样，认为自氏族制灭亡后的东方社会和西方社会走着不同的发展途径，即有着不同的发展规律。虽然约尔克曾力图把自己的理论，去接近

---

① 普列汉诺夫：《马克思主义的根本问题》，三联书店1949年版，第56、57页。

马克思、恩格斯、列宁的关于社会发展阶段论，把奴隶制和农奴制的"混合"物注入"亚细亚生产方式"的内部；可是这种"混合"论，已经不是历史的唯物论，而是机械论（均衡论）的见解，历史学上的历史唯心主义。

1932 年后，由于对戈德斯见解的反批判，约尔克的图式又先后在日本史家羽仁五郎、伊豆公夫的著作中复活了——但他们的根本论点，仍没有比约尔克进步的地方。

三、在 1931 年 2 月的"亚细亚生产方式"讨论会中，戈德斯等人严厉地批判了马扎亚尔学派的谬论，并力说"亚细亚生产方式"只是马克思在还未读到摩尔根的古代社会前的"一个假设"；"如果要作具体的解答"，所谓"亚细亚生产方式"就是"封建主义"①。易言之，那就是东方封建主义的特殊性。这种见解出现后，在苏联、中国和日本，都产生了不小影响甚或起了倡导的作用，我在拙著《史前期中国社会研究》中、李达在《社会学大纲》中，在这一问题上都曾误受其影响。

实际上，戈德斯对于马扎亚尔学派理论的批判，我认为大部分是正确的；他曾努力从历史唯物论的立场去抨击其论敌，来解答中国革命的实践问题，强调理论和实践的统一性。这都是不容抹杀的功绩，也是这次讨论会的不朽成果；但对于"亚细亚生产方式"问题的本身，依旧没有解决，他的论旨也缺乏说服力；而戈德斯的"假设"论，严格地说，也仍没有摆脱普列汉诺夫的主观臆测的影响。

四、另一方面，郭沫若先生等人依据马克思在文字的顺序上，把"亚细亚生产方式"排在"古代生产方式"之前，因而便认为"他这儿所说的'亚细亚的'，是指古代的原始公社社会"②。又因马克思在《德意志意识形态》中说过："这些种种细致的分工的相互关系是由农业劳动、工业劳动和商业劳动的经营方式（父权制、奴隶制、等级、阶级）决定的"③。郭先生便依此进而断定《政治经济学批判》序言中之"亚细亚的"，正和这里所说之"家长制"相适应，即"卡尔所说的'亚细亚生产方式'或'东方的社会'是等于

---

① 见早川二郎日译：《关于亚细亚生产方式》。
② 郭沫若：《中国古代社会研究》，人民出版社 1955 年版，第 166 页。
③ 马克思：《德意志意识形态》，《马克思恩格斯全集》，第 3 卷，人民出版社 1961 年版，第 25 页。

'家长制'或氏族财产形态……"① 郭先生前后的见解，只依照马克思的文字顺序看，可说是妥当的；但马克思所指的"亚细亚生产方式"或"东方社会"，却是属于国家范畴的历史时代。

郭先生的论断，在日本又得到森谷克己的赞同。森谷在《中国社会史的诸问题》中说："'亚细亚生产方式'，是一种社会构成，先于奴隶制的历史时代。"② 而且认为"这个生产方式"，无例外地"是各开化民族初出发的时代"③。确认"亚细亚生产方式是一种社会构成"，这是和马克思的原意符合的；谓为"先于奴隶制的历史时代"，则是和郭沫若先生的见解一致的。

五、郭沫若先生等人重视了马克思的文字顺序，但忽视了马克思所说的"亚细亚生产方式"是阶级社会的构成。在这个矛盾的论点上，便出现了相川春喜和平野义太郎的论断。相川认为："'亚细亚生产方式'的经济基础，就在这个公社（按即马克思所说的"古代公社或国家的财产"的"公社"——吕）的私有财产名义下得到了说明。"④ 易言之，即"公社的私有"或父家长的奴隶制，正是适应于"亚细亚生产方式"的社会形式。平野说："'亚细亚生产方式'是阶级社会的各种累进时期的开端，在中国，'亚细亚的残余'并存留到半封建社会里。"⑤ 依此，他们均认为"亚细亚生产方式"是前于奴隶制的一个"阶级社会"的独特阶段。但这与恩格斯、列宁的奴隶制是"阶级社会"的"开端"的结论，却是完全矛盾的。

上述各家，除别有卑鄙意图的托派又当别论外，都没有从活的历史的具体内容与具体分析出发，只是从经典家的理论宝库中去寻找原理或公式。马克思、列宁学说的原理原则，无疑地都是正确的，是我们所依以认识、研究和处理问题的南针，指导实践的南针或"行动的指南"；但仅凭原理原则并不能代替具体的历史，只有依靠经典家的原理原则的指导通过对历史自身的具体内容的研究，使之结合起来，才能帮助问题的解决，才能有益于先进阶级的实践。不过，他们虽则都没能解决问题，而在"亚细亚生产方式"的论争过程中，

① 郭沫若：《社会发展阶段之新认识》，载《文物》1936 年，第 1 卷，第 2 期。
② 载 1934 年 4 月号日文《历史科学》。
③ 载同上杂志 1935 年 2 月号。
④ 见《历史科学的方法论》。
⑤ 见威特福格：《中国经济和社会》，日译本，平野跋文。

却都有或多或少的贡献，这也是不容抹杀的。

二、科瓦列夫等对这个问题的新见解和问题的解决

随着苏联社会主义事业和中国革命事业实践的深入，随着二十世纪四十年代史学水准的提高，在各种错误的理论不断被扬弃的基础上，出现了科瓦列夫等人的"奴隶制度的变种"论的见解。科瓦列夫说：

"马克思、恩格斯所说的'亚细亚生产方式'，表现于两个形态。在古代的东方，即奴隶所有者的东方，'亚细亚生产方式'是这等国家的奴隶制度的变种，即实行人工灌溉的诸国中的奴隶所有者社会构成的具体形态。在中世纪的东方，它依然是各国中的封建主义的变种。"[1]

我根据可靠史料，对中国殷商社会进行研究，也得出了同样的结论，发现殷商是奴隶制社会，同时又具备马克思所指示的"亚细亚生产方式"的主要诸特征[2]。虽然，依照我对中国历史的初步研究的结果，认为中国历史的具体内容与科瓦列夫的"东方""封建主义变种"的结论是完全不符的。——我从前也曾经主张"封建主义变种"说，那是受了戈德斯见解的影响。

例如雷哈德的"过渡形态"说，早川二郎的"贡纳制"说，等等，都是从科瓦列夫的见解演化出来的。

雷哈德说："我们不反对'亚细亚生产方式'的特质，就是奴隶所有者社会的变种或其不完成性，但同时也不赞成把这种生产方式看作一种社会构成。所谓'亚细亚生产方式'，可说就是原始公社制和古代奴隶制度间的过渡形态。"[3] 佐野袈裟美等基本上都是赞同雷哈德的这种见解的。

早川二郎说："……'贡纳制度'……就是'亚细亚生产方式'。与奴隶制及农奴制均不相同，与共同体之存在保有密切关系，地租系以贡物之形式收

---

① 见《古代社会》，日译本。
② 参阅吕振羽：《中国社会史纲》第 2 分册，即《殷周时代的中国社会》。
③ 雷哈德：《前资本主义社会经济史论》，日译本。

归'国家'，保有特殊的与巴黎之类绝不相侔的亚细亚的都市，以及最后，保有'亚细亚的政府'。"① 这种"贡纳制"，"乃氏族制时代到奴隶所有者社会经济构成的过渡期。不待说，他并非若何独立的社会经济构成。在生产方式上说，这里只能看到共同体制度与初期家内奴隶制之混交。"② 何干之等是赞同早川二郎的这种见解的。

到现在，进步的史家对"亚细亚生产方式"问题的见解，在原则上，不是赞同科瓦列夫等，就是赞同雷哈德或早川二郎。事实上，那也都是比较科学的论断。

不过这三种见解，也并非"大同小异"，而是有着原则的分歧的。要考察三者中谁是正确的，便须根据马克思，列宁学说和历史自身的具体内容，作统一的考察。

首先来考察早川二郎的见解。早川断定"亚细亚生产方式"等于"贡纳制"，"乃氏族制时代到奴隶所有者社会经济构成的过渡期"，即前于"古代的"社会的历史时期——"并非什么独立的社会经济构成"。这从《政治经济学批判》序言中那句话的文字顺序看，可说是妥当的；但马克思在这里所说的"亚细亚生产方式"，是"可以看成为社会经济形态向前发展的几个时代"中的一个"时代"的。同时所谓"过渡期"，不是原始公社制生产方式占优势，便应是奴隶制生产方式占优势，绝不能是两种生产方式的"均衡"或平行，或既非前者又非后者。早川也看到自己理论上的这一矛盾，所以接着又说：氏族公社包含着家内奴隶制，正表示其已临于最后阶段。依此，早川的"过渡期"就是意味着"氏族制"的"最后阶段"。但"氏族制"的"最后阶段"，便不能属于国家范畴的历史时代；而早川的"贡纳制"，却又有"当作都市国家"的这个"国家"。这个"国家"的基础何在、性质若何呢？在这里，早川引用了马克思如下的两段话：

> "在奴隶关系，农奴关系，贡赋关系（Tributverhältnis，在所论为原始共同体的限度内）之下，只有奴隶所有者，封建主，受贡国家，是生产

---

① 早川二郎：《古代社会史》，耕耘出版社 1946 年版，第 95—96 页。
② 同上书，第 106 页。

物的所有者，从而是生产物的售卖者。"①

"在以前各种生产方式内，剩余生产物的主要所有者，商人交易的对手，奴隶所有者，封建地主，和国家（例如东方的专制者），代表着享受的富。"②

早川二郎是认为马克思在这里所说的"国家"，正与"贡纳制"相对应，而不是"奴隶所有者"或"封建地主"的"国家"。若依照早川的解释，显然是马克思把国家的概念混淆了。实际上，自然不是马克思的混淆，而是早川的曲解。

所谓"贡纳制"（只限于农村公社），如马克思所说："征服者一方面容许被征服者继续原来的生产方式，一方面以获得贡物为满足。"③ 这（贡纳制）是从国家还未出现的原始公社制末期到奴隶制封建制时代都存在着的形态，例如在原始公社制末期的易洛魁"永久联盟"——即市民学者所谓"印加帝国"——对被征服的氏族实行征收贡物；奴隶所有者时代的埃及也以同样的方法向被征服者征取贡物，被征服者"若系农业地域，则所贡为五谷、果实、葡萄酒、油、蜜、家畜、牛、羊、山羊及绵羊；他处则献熊与狮……就黎巴嫩而言，则贡建筑用之木材，矿苗式之金属……托司米兹第三于其战争胜利品中胪举此类运往埃及以充每年贡品之货物"④。在封建时代的中国，特别在汉、唐、宋、元、明、清各王朝，许多定期朝贡的"藩属"中，有些是还在原始公社制时代的部落，这是大家都明白的。在商朝的奴隶所有者国家时代，对它有进贡义的各属领，即所谓"万方"，都处在历史上的原始公社制的状态下；其他古代国家也大都有这种情况。因此，在所谓"贡纳制"的基础上，并不能建立何种独特的国家；在它的下面，也不能有何种独特的生产方式——征服者反而都有其自己独特的生产方式。而马克思（在早川引文中）所说的"国家"，正是"奴隶所有者"或"封建地主"的"国家"，它是奴隶主和奴隶或地主和农民的阶级构成，是前者统治后者的机器。在这里，除"奴隶所有者"和"封建地主"外，其"国家"也直接是"生产物的所有者"或"售卖者"，

① 马克思：《资本论》，第3卷，人民出版社1955年版，第402页。
② 同上书，第409页。
③《马克思全集》，日译本，第10卷，第197页。
④ A. Moret 和 G. Davy：《近东古代史》，商务印书馆版，第393—394页。

意义是十分明白的。

其次，来考察雷哈德的见解。雷哈德在许多重要论据上，都没有越出科瓦列夫的"家法"。他和早川不同的地方，是早川还多提出了一个"贡纳制"，他则认为"亚细亚生产方式"不是一种"特殊的社会构成的基础"，而是"原始公社制和古代奴隶制度间的过渡形态"。在这里，他在理论上正和早川构成同样的矛盾，未能和马克思、恩格斯、列宁的指示相符合，是存在着理论原则上的错误的。

但是科瓦列夫等人认为"亚细亚生产方式"就是东方"奴隶制度的变种"，那不是把"亚细亚生产方式"和"古代生产方式""机械"地平列了吗？如果马克思所意味着的"亚细亚生产方式"的内容，同于"古代的"，或"奴隶制度的变种"，那他又为何另外提出"亚细亚生产方式"呢？但是马克思又说过：

> "但在古亚细亚的（altasiatische），古代的（antike），及其他的生产方式内，生产物到商品的转化过程，从而，人的商品生产者资格，只起着次要的作用。跟着共同体（Gemeinwesen）越是走上崩溃的阶段，它的位置才越是重要起来。"[1]

在这里，所谓"古亚细亚的"和"古代的"生产方式，在本质上显然具有同一内容。同时，在《政治经济学批判》序言中，马克思既一面说"封建生产方式"，"资本主义生产方式"，不说"中世生产方式"，"现代生产方式"；另一面为什么不说"奴隶生产方式"，而说"古代生产方式"，这也值得我们深深地寻味。但问题的解决，却还有赖于对历史自身的具体内容的具体研究。

在古代巴比伦，从公元前2250年顷，王朝成立后，"当时巴比伦社会，共有三种阶级：上层是 Awêlum 阶级，中层是 Muškûnum 阶级，下层是奴隶（Wardum amtum）阶级。前两种属自由民，是第三阶级的主人……但是对于财富和地位，一、二两阶级未必有一定的区别……大概构成第一阶级的主要素，是创造巴比伦第一王朝阿摩利人（Awêl amurru Amorites）中的优秀分子"[2]，

---

① 马克思：《资本论》，第1卷，第62、63页。
② 中原与茂九郎、杉勇：《西南亚细亚文化史》，商务印书馆1936年版，第36—37页。

当时并创制有名的《汉谟拉比法典》——为巴比伦以后各王朝所承袭。A. Moret 等在《近东古代史》中提及：巴比伦的商业资本虽相当发达，并发现有股份公司式的组织；但其主要生产仍是农业，而农业等生产劳动的主要担当者则是奴隶。

在古代埃及，自公元前 3000 年前，由于人们拥有的是代替了金石器工具的青铜器工具，便统一南北两大埃及而形成一大王国。从地下出土物考察，奴隶制在初期王朝已相当盛行[1]。除用为家内奴隶外，还用于运河、堤防等国家建筑事业[2]。王及贵族的私有经济——特别是王有的矿山——都使用奴隶去从事生产[3]，商人们也使用奴隶去从事于商品的制造[4]；同时，"埃及王不但从华华特人，伊厄尔特人，及马梭义人间招募兵士，而各该民族之首领须以贡献之形式供给淘金匠。"[5]

在古代印度，"把人民结合在一定的职业下面……设定为四个等级制度：即婆罗门（僧侣）、刹帝利（王族或武士）、吠陀（农民、手工业者、商人）及首陀罗（奴隶）。"[6] 早川在其所著《古代社会史》中，认为把"首陀罗"译作"奴隶"并不妥当，但是他未能提出有力的反证；而波特卡诺夫却能说明那在本质上就是奴隶。——虽然波氏对世界史中的奴隶制这一问题，并没有达到正确的理解。

在古代中国的殷商时代，一方面，已表现着奴隶主（王、贵族、僧侣、自由民等）和奴隶之集团的大分裂，奴隶除担任国家杂役及贵族的家内服役外，已广泛地参加农业及牧畜业、手工业、商业、交通等生产事业，另一方面，奴隶所有者已集团地从生产劳动脱离了出来，自由民也懒于从事生产[7]。

这说明古代巴比伦、埃及、印度、中国的社会，都具备着奴隶制度的基本特征。这正与古代希腊罗马社会在本质上存在着共同性或一般特点——虽然，在古代东方，并没有发展得像希腊罗马那样高度或典型。但在另一方面，古代

---

[1] 参阅日本平凡社：《世界美术全集》，第 1 卷，第四十一图——初期王朝墓地壁画。
[2] 参阅恩古拉：《奴隶制度史》，日译本，第 204 页。
[3] 参阅向井章：《古代经济史概说》，载《经济史研究》，第 15 卷，第 5 号。
[4] 参阅福波格：《西洋古代史概说》，日译本，第 16 页。
[5] A. Moret 和 G. Davy：《近东古代史》，第 243 页。
[6] 波特卡诺夫：《唯物史观世界史教程》，第 1 分册，日译本。
[7] 参阅吕振羽：《中国社会史纲》，第 2 分册，即《殷周时代的中国社会》。

东方诸国，又都具有不同于古希腊罗马的特征、即其特殊性。这就是：

一、土地国有及中央集权。如在巴比伦，据《西南亚细亚文化史》的记载："到了完成中央集权国家之巴比伦第一王朝时代，于土地私有制之外，发生一种国有形态的一种封建的（？——吕）土地（ekelikum）。""这种土地，仅准男子承继人接受，一切买卖抵押，或为偿还而计予等，都不可以。"[1] 在埃及，《近东古代史》说："在最初各朝代之下，皇家官吏按期清查田地牛羊，将田地分发各组工人（？——吕），而终于确立一种严厉之管理，驯至所有私产全归消灭（？——吕），埃及全部可耕之土地尽变为王土。"[2] 其国家表现为一"集权"的"王国"[3]。在中国殷商时代，便把"氏族长所支配的氏族土地转化为由国家去支配的国有土地"，以农村公社为基层组织去进行分配——如前所述，在自由民间仍有多占或丧失土地的现象。政权也表现着一种集权的形态[4]。在印度，由公元前1500年代到600年代间的情形，也大致是这样的。在具有"亚细亚的"特殊性的古代各国家相互间，又都有其各自的特殊性，这是符合于历史唯物论所揭发的规律的。

二、两种形态的公社。在古代东方诸国，有居于统治地位的种族的人们自己的公社形式的农村组织即农村公社，和被统治异族的氏族公社的组织两种形态。在前者的内部存在着奴隶制度，或奴隶主、自由民与奴隶的集团对立（这连早川也不否认，只说其"阶级对立"的关系"没有表面化"）。它虽然还可说有氏族生活的联系，但实质上已成为一种阶级构成的农村组织。在后者的内部仍容许保持原来氏族公社的组织，其原来的氏族首长，一面又成了国家的代理人或收税吏。但前者是主要的形态，后者是从属的形态；古代东方各国家的成立，正是以前者的社会各集团的构成为基础的。居于统治地位的部族的人们自己的农村之所以还保持一种公社的组织形态，那是由于前代氏族约束的延长或残余。事实上，氏族性的组织形态，在国家出现后的一个很长时间还是保持着的。恩格斯曾经明确指出，雅典的国家由原来的十个部落所组成，后来也还保持着十个部落为单位的组织，"由十个部落所选出的五百名代表组成的

---

[1] 中原与茂九郎、杉勇：《西南亚细亚文化史》，第78页。

[2] A. Moret 和 G. Davy：《近东古代史》，第201页。

[3] 参阅向井章：《古代经济史概说》。

[4] 参阅吕振羽：《中国社会史纲》。

议事会来管理的"。恩格斯并说：

> "（在雅典），自实施这个新制度并允许大量的被保护民（Schutzverwand—er）——一部分是定居下来的异族人，一部分是被释放的奴隶——以后，氏族制度底各机关，便从社会事务的领导上被排挤出去：它们蜕变为私人性质底团体及宗教社会。不过，旧氏族时代底道德的影响、因袭的观点及思想方法，还长久地存在传统中，只是逐渐才消灭的。这从后头的那个国家机关中便可以看出来。"①

> "在罗马建国后差不多三百余年间，氏族的纽带还是这样的坚固，以致一个贵族氏族，即费边（Fabians）氏族，得元老院底许可，可以用自己的力量讨伐邻近的维爱（Veii）城。据说有三百〇六个费边人出征，为伏兵所杀；只剩下一个男孩，延续了这个氏族。"②

> "亚蒂加全土划分为一百个自治区——得莫（demes）。住在每个得莫内的公民（demots），选举他们的区长（demarch）和管账以及审判轻微诉讼的三十位审判官。各得莫也有自己的神殿及守护神或英雄，并选出祀奉他们的僧侣。得莫中的最高权力，属于公民大会。摩尔根说得对，这是美洲城市自治团体底一种原型。近代国家在其高度发展上所到达的单位是跟刚发生的国家在雅典开始时所根据的单位相同的。

> 十个这样的单位（得莫）构成一个部落，但是这种部落与旧有的氏族部落（Geschlechlsslamm）不同，现在它叫做地域部落（Ortsstamm）了……最后它选举五十位代表参加雅典议事会。

> 在这一切之上是雅典国家。它是由十个部落所选出的五百名代表组成的议事会来管理的，最后一级的管理权是属于人民大会，每个雅典公民都可出席该大会并享有投票权；此外，有执政官及其他官吏掌理各行政部门及司法事务。"③

不过在这里，氏族约束已失去其原来的意义，国家权力却成了第一位的支配的东西了。

---

① 恩格斯：《家庭、私有制和国家的起源》，第 113 页。
② 恩格斯：《家庭、私有制和国家的起源》，第 122 页。
③ 同上书，第 112—113 页。

所以马克思所说的"亚细亚的""国家",并不是任意给予的,而是完全和国家成立的阶级基础或历史的逻辑相适合的。

至于对国家担任纳税或进贡的被征服者的氏族公社,前面说过,那是到封建主义时代甚至其后还残留的形态,如德国的马克(Mark)和俄国的米尔(Mir)[①] 便是显例。

三、治水和公共事业的国家承当。幼发拉底、底格里斯两河与古代巴比伦文化,尼罗河与古代埃及文化,五河等与古代印度文化,黄河等与古代中国文化,均有重大关系,是不容否认的。这些河流的天然水源和其季节泛滥,一面给予古代东方各国以农业发展的优越条件,一面又给予这些国家以水灾的威迫。对水灾的防御和水利的利用,特别是前者,不是各个地区独立进行所能收效的,而需要全面的系统的工程。这种工程,在古代,只有国家的集体的力量才能担负起来。所以建筑堤防、开凿河道等事业,都是古代东方各国的重大措施。这在古代埃及的筑堤开河等记事中,巴比伦的洪水和水利工程的传说中,都可以考证出来;在中国,虽有"夏禹治水"的传说,和殷代国家关于迁都和水患的记载,但我们对于这方面的探究,还很不够。不过在古代东方各国的意识形态上,天文历数学之突出的发展,可说正和农业及与之相关联的治水事业有关。

但古代东方各国的政权,却并不如马扎亚尔所说,系建筑在"水"的基础上;而水利事业由国家承担,助长了阶级统治的集权性,却是事实。

这些特点,在古代日本也是大抵存在的。

根据以上所述,所谓"亚细亚的"社会的内容,一面具有奴隶主和奴隶之社会的阶级构成和它们间特定的生产关系,这在本质上与古希腊罗马是相同的;但一面又具备着土地国有、中央集权、公社形态、国家治水事业等特殊形态,这是古希腊罗马所不具备或不在其全部过程中都具备的诸特征。在这种种特征中,最基础的东西,却是奴隶制度的生产关系、奴隶和奴隶主之间的阶级的对立;其他则是建基于地理等条件的差异性和其发展的不完全性等等而形成起来的(同时,古希腊罗马曾吸取了古巴比伦和埃及的文化遗产,古代东方各国却没有这一条件)。所以在所谓古代东方各国间,又都有其各自的特殊

---

① 马克,是德国农村公社名称。米尔,是直到俄国资本主义时代还残留的农村公社的名称。

性。这种种特征之矛盾的统一，便构成古代东方奴隶制度的"变种"。——更正确地说：构成其一系列的共有的特殊性及其各自独有的特殊性。

由于古代东方各国有其独特的诸特征，马克思、恩格斯为给予一个有别于古希腊罗马的明白概念，故又称之为"亚细亚生产方式"。

因此，关于"亚细亚生产方式"的问题，我认为已由科瓦列夫等人正确地解决了。

三、所谓中国社会的"停滞性"问题和侵略者的歪曲

和"亚细亚生产方式"问题相关联的，便是所谓中国社会或东方社会的"停滞性"问题。

"史家"对所谓"停滞性"问题的了解，大抵都从所谓"亚细亚的"诸特征出发。

对这一问题，有好些人提出过意见，但意见都是零片的，甚或是过时了的；企图系统地来加以解释的（正确地说，进行系统地歪曲的），首先是秋泽修二。秋泽在其所著《东洋哲学史》中说：

"农村公社遗制及农村公社关系，是中国社会内部农业和手工业直接结合的根基，给予中国社会史以多少的影响。中国封建社会史的特点，是专制主义及中央集权的官僚制；但这是由于中国孤立的公社的存在，合农业手工业于一体的公社关系的存在。无疑地，在中国社会史中，是以农村为社会的基本单位。土地私有制虽说在农村发展着，但也还多少保留着一些公社的关系。"

《东洋哲学史》的中国和印度部分，就是在这个基础上建立起来的。在这里，他虽然还穿了一件历史唯物论的外衣，但已经走到玩弄现象与虚构图表的歧途。他在变成日本法西斯宣传员以后，便公然强奸历史唯物论，来曲说中国史，使之符合于日本统治者侵略主义的宣传。因此，我们可以说：由《东洋哲学史》到《中国社会构成》的秋泽修二，或者说由冒牌的马克思主义者到法西斯宣传员的秋泽修二，并不是偶然的变节，而是其思想发展的一贯过程。

秋泽修二在《中国社会构成》里，判定"中国社会之特有的停滞性"，即

"亚细亚的停滞性"的根源，是"专制主义及中央集权的官僚制"。他说："中国集权国家，不仅有政治的机能，而且有经济的机能，特别把全部农业经济——全部农业生产握在手中。""对农业生产的直接干涉、统制、指导"。"所有农民""对于专制国家之经济的社会隶属"，成为"集权专制国家的农奴"。所以"在中国，农民的剩余生产物最大部分的占有者，是集权专制的国家（及这国家的官僚、官人、地主）"。而且"集权专制的中国国家的经济支配，不只在上述农业生产的场合，且又表现在手工业及商业上"。"中国手工业及商业最重要的特征，差不多都通过集权专制国家，以这一国家及官人体制为媒介而发展的"。因而他规定中国社会以"停滞"、"退化"、"循环过程"的特性。

这在理论上，在历史的具体内容上，都是完全不对的。在理论上，在历史的现实性上，思想和政治形态虽能给予社会经济的发展以"反作用"，但政治却是经济的集中表现，而又要受着社会生产方式的规定。在秋泽修二，政治却反而成了起决定作用的东西了；他把经济的集中表现的政治看成为规定中国社会发展形式的决定因素，这便无异说中国社会的"停滞性"是由于先天的内在矛盾的规定。这种历史唯心论的谬说，并不能说明什么"中国社会的性格"，只能说明法西斯理论的反动特性，也是一种笨拙的反动宣传。

在中国历史的具体内容上，在殷代奴隶所有者国家时代，曾表现着"亚细亚的"集权的专制的统治；但在西周和春秋战国的初期封建制时期，却较典型地表现着封建政治的分散性——最高领主周天子权威的旁落，地方领主（诸侯、大夫、士等）的专横、独立和称霸；由秦到鸦片战争的专制主义的封建制时期，政治上的专制主义，大体上，和"百年战争"后的法国封建王权是同型的东西，只是在中国经过的时间较长。在这一点上，对周朝以后的中国社会史，秋泽修二所了解的集权的专制统治的政治形态，也是虚构的。同时，他把社会构成的阶级对立关系，在国家的名义下隐蔽起来，这可说是"国家封建主义"的谬说的化装。

但秋泽修二又以什么作为集权专制统治成立的基础呢？他说：（一）"……集权国家——专制的统治体制，是中国社会内部一切父家长制的专制主义诸关系的集中表现"；（二）"人工灌溉及与之密切关联的集约性的小农经营，是规定着作为农业的干预机关的集权的中国国家存在的一个重要因素"。

秋泽在其第一个论点上，认为"君临于中国社会经济全领域之上的父家长的专制的国家权力，及中国社会构造的父家长制的专制主义的性格"，在"中国奴隶制及封建制社会中，也同样可以看出来"。"这种父家长制的专制统治，不消说是一个政治的支配体制，然又不单在政治的上层建筑上，并深入地直接渗入了经济的下层构造，直接掌握中国社会的全经济生活。"因此，"中国的家族"、"奴隶制"、"封建制"、"中国的手工业（工作场）及基夫特"①（"职工的奴隶地位"），都是"父家长制的专制主义"的"诸关系"在支配着。但这种"父家长制"表现在什么地方呢？秋泽说，表现在"子对父、家族成员对父的奴隶关系"。在原始公社制末期的所谓"父家长制经济"的关系下，这种形态诚然是存在的。在中国封建制的情况下，"家内奴隶"或贱奴，对于其主人也诚然是、或者至少还残留有"奴隶的关系"，而且在汉族的农奴制及若干存在着农奴制状态的少数民族，在农奴制状态下以至其后，都残留着不少的家内奴隶及生产奴隶；但"子"和其他"家族成员"，依照各别家族的社会地位的不同，就发生这样的情形：有的是不劳而食者，有的是家族劳动的辅助者，有的则和"父"同为家族劳动的主要担当者，却并不是"奴隶的关系"。在这里，秋泽不但把封建财产形态和其家族组织与原始公社制末期的财产形态和其家族组织的不同内容，从形式上故意混淆起来，而又武断地无耻地去虚构历史事实；同时，在这里，他又同样把社会构成的阶级对立关系，消解于所谓"父家长制"的关系下面。这是什么用意呢？这不过表现他的不太高明的造谣技术的破产。

自然，我们也并不否认，中国社会长期间存在着父家长制经济的"残余"；但那并不是中国社会的"特有"，在俄国的历史上，列宁说过，直至社会主义革命胜利后的苏维埃国家的初期，也还存在着"父家长制"的生产方式的残余。

但什么是中国"父家长制"存在的依据呢？秋泽认为是"农村公社"或其"残余"。他说："在中国，农村公社在非常长久的期间存续着——往往直至现代。"诚然，在原始公社制末期的"父家长制经济"的过渡形态，是和农村公社相适应的。这种公社，并以不同的内容存在于"亚细亚生产方式"的

---

① 见本书第 150 页注①。

历史时代。马克思说过："亚细亚的共同体（原生的共产主义）和这种形态上或那种形态上的小家庭农业（那是和家庭工业结合在一起的）。这两个形态都是幼稚的形态，一样不适于把劳动当作社会劳动，当作社会劳动的生产力来发展。"① 但他又继续说："劳动和所有权（那是指对于生产条件的所有权）的分离，破裂，和对立，就是这样才成为必要的。"② 同时，又说：

"农村公社中所特有的二重性，很明白地，是它之能够成为巨大生产力的源泉。因为一方面公有财产制约着的社会关系，依然巩固着公社的滞迟性；但同时，私有的房屋和耕地之单独耕种及其收获之个人所有，导入了与更古的公社各种条件不能并存之个人的发展。"③

这在马克思是从世界历史的一般情况而说的。在秋泽修二，却断定："在中国，奴隶制及封建制的诸关系，没有完全把农村公社诸关系打破。相反地，农村公社诸关系……反给予中国奴隶制及封建制的发展以根本的制约"，而"构成中国奴隶制及封建制——甚至中国社会——的根本特质"。这在一方面，正是从曲解马克思关于"二重性"的论点来反对马克思；一方面便把中国社会解释成为"谜样"的"神秘"。不图"谜样的中国"之帝国主义的陈腐宣传，又被日本法西斯喇叭手重新制成蜡片。

在"中国奴隶制及封建制"时代，秋泽又从何处发现了"农村公社"或其"残余"呢？依他看来，"没有实现土地的完全私有化"，"属于各村落公共的共有地——非农耕地（从这里采取薪炭草类等），属于庙宇和祠堂的祠产，属于血族——氏族——宗族的族产（特别表现在南中国）等等的存在"④，就是"农村公社"的"残余"；"×世同居"，就是"原始家族共产体"。

事实上，在殷代占支配地位的公社形态的农村——包含着奴隶主、下层自由民、奴隶诸阶级阶层构成的公社形态，是在土地国有的形态下存在着的，马克思所说的"二重性"，并不能完全适应于这种情况，那是适应于原始公社制末期以至其向奴隶制过渡时期的情况而说的。关于周代以后，农村公有地的残存，也并非"特有"的，在那所谓"典型的"日耳曼封建制度的农村中，也

---

① 马克思：《剩余价值学说史》，第3卷，三联书店1957年版，第477页。
② 马克思：《剩余价值学说史》，第3卷，三联书店1957年版，第477页。
③《马克思恩格斯全集》，第21卷，日文版。
④ 见《中国社会构成》，日文本。

存在过公共森林和牧场等等；受氏族关系约束的公有地，只不过是仅存的残余，占耕地面积的比例是很小的，对中国社会形式的发展上，并不能发生什么决定性的影响；庙宇祠堂公产的存在，正由于中国社会在奴隶制时代，没有产生西欧那样的宗教，世俗地主为了直接行使其对"治于人者"的精神支配，自始便把一部分教权直接拿在自己的手中，以伦理为中心的宗法制度便是其代用物之一种，并造成了"儒"之似宗教非宗教的特性，祠堂便在表现这种作用，庙宇则在本质上便同于西欧的教堂，同是属于僧侣地主所掌握的东西。所以公地和公产的存在，只增强了土豪劣绅以至寺院支配农村的作用——土豪劣绅以至寺院却非由此而产生而存在；土豪劣绅之充任中国封建统治的基层势力，并非什么"父家长制的集权专制的统治"，只在表现着封建地主之阶级的统治的属性。寺院僧侣地主则是构成地主阶级的一个阶层。而且，秋泽自己也不得不承认：在中国"公社的土地所有，不是决定的东西"，"大抵土地私有是决定的东西"。认为"残余"的"不是决定的东西"，能给予大量的"支配的东西"，能给予中国社会史以"根本的制约"，可算是法西斯走狗们的"异想天开"的奇谈。假使这种奇谈是可靠的话，则首先便应该证明俄国社会的"停滞"、"退化"、"循环过程"的"特有""性格"，因为她不只在过去的历史时代存在着米尔，而且在伟大的十月社会主义革命胜利后的一个时期还残留着父家长制的经济形态。事实上，俄国从九世纪到二十世纪的一千余年间，就跨过了奴隶制、封建制、资本主义制的历史诸阶段，而进入了社会主义的时代。这是在全部人类历史上，社会发展的进程最快的。所以"父家长制经济"的残留形态的幽灵，倒不是中国社会史发展的"根本的制约"，但它却"制约"了法西斯宣传员的脆弱的思维和造谣的能力。

所谓"×世同居"的内容，并不是存在于阶级社会中的什么"共产体"的孤岛，本质上而是一种大土地所有制，他们和其他大地主家族的经济生活，本质上并没有两样；他们也不是从原始公社制时代遗留下来的东西，反而是从地主经济的一般家族的基础上成长起来的。这是"唐史"、"宋史"，"明史"等记载得很明白的。

其次，关于秋泽的第二个论点，他认为"人工灌溉是中国农业不可缺的条件"，在广大地区中，"需要巨大劳动"的"水利事业"，"不是各个农村公社，各个地方所能进行，只有由中央政府权力的干涉才能进行。因而，在这里，可说由于政府施行水利事业这一机能，而成为产生集权国家的一个重要的经济机能"，同时，"由于这种中央集权的国家的成立（政治的统一），广大地域的大规模水利事业的施行才成为可能"。从而他得出如下的结论："中国的中央集权制……是以经济的停滞为基础而成立起来的东西"，"以孤立的农村公社（农村公社诸关系）为基础而成立起来的。"依此，中央集权专制统治的形态，倒不是以社会生产关系为基础，反而植基在"水"——"大规模的水利事业的施行"上面了。在这里，我们与秋泽修二的根本区别，即我们认为"大规模的水利事业"须由国家施行，只能予中央集权专制统治以增强作用，却不能作为其成立的"重要因素"；中央集权的国家，乃是封建制的生产关系发展到了它的后期的基础上产生的必然趋势，在中国，自然也还有其他一些条件。

事实上，"为着河水的调节——防御洪水的大规模水利事业"，在殷代才有全国性的意义，因为殷本族居住的山东与河南河北以及皖北地区，正是黄河、洹水、淮河等季节泛滥的区域——虽则我们手中关于这方面的材料还很不充分。自周代以后，以及发展为庞大的中央集权的封建帝国的秦汉以后，国家虽常有防止河泛与开河凿渠等措施，却都只有区域的而没有全国性的意义了。在秦汉以后的中国广大地区，如西北西南各地，大都是不虞洪水为灾的——受洪水威胁的地区，主要是扬子江、黄河中下游、珠江下游、松辽平原等低洼地区。全国耕地最大部分的灌溉设施，主要也不是在依赖国家，而是依赖着天然的河流、湖泊、泉水、溪流、雨量，及人民自己修筑和开挖的蓄水池塘、水沟、井以及筒车的装置与陂、堰、堤、坝等等；国家开凿的河渠，除去为粮道运输或商业交通外，所灌溉的耕地，仅占全国耕地总面积的最小比例。这是略解中国历史地理的人们都能够知道的。

说到"集约性的小农经营"，也不能从"水"的基础上得到解释，只有从中国社会发展的过程上去研究，才能达到正确的理解。在中国，由于专制主义的中央集权的封建制时期比较久长，局限于其内部的农业生产力的发展结果，引出农业经营的集约性。又由于农民渴求土地及农民战争不断继起的结果，秦汉以后，特别是自唐代后，便有相当数量小土地所有者的存在。所以"集约性的小农经营"，正是在封建的生产方式局限内的农业生产力发展的结果，而不是生产力"停滞"的结果，是中国农民对农业生产上的伟大创造和贡献。

秋泽在这里，故意颠倒因果，把自然条件提到第一位。由于统治阶级的残酷榨取，农民没有多余的力量去改进生产，他们为维持其物质生活的最低限度，使小农业与家庭手工业相结合，又是对于商品经济发展的一种抗拒。同时马克思说过："生产物地租的形态是与生产物和生产的一定种类结合在一起的"，"对于它农村经济和家庭工业的结合是不可缺少的"，"农民家庭是几乎完全自给的"①。

因此，秋泽修二对中国社会"停滞性"的叫嚣，也不过是一种图表的虚构和故意颠倒是非，来反对中国民族的抗日革命战争，来掩饰日本法西斯残暴侵略的反动的罪恶。

但这是毫不足怪的，因为秋泽修二如果不拿虚构的图表来代替具体的历史，不把假马克思主义来歪曲马克思主义，那他便不成其为日本法西斯的宣传员了，所以他不能不从法西斯侵略主义的一种预定观念的观点上来歪曲中国史。他自己就说过，他研究"中国社会构成"的最中心的"主要课题"，在于说明"此次中日事变，……皇军的武力"将"给予中国社会之特有的停滞性以最后的克服"，使中国"与……日本结合"。这便是他的坦白的自供。所以我们不能不从他的本质上与以揭发。而他又妄图来强奸历史的唯物论，去掩护其传播法西斯的毒素，我们更应该展开理论的反攻战和进行消毒工作。

四、形成中国社会发展的"阻滞性"的根源

中国乃至其他许多"文明古国"，其社会发展的进程都比较迟慢，这是具体的历史事实。史家便给予其比较迟慢的进程以"停滞性"的规定（我认为中、日译马克思列宁文献中的"停滞性"可改为"迟滞性"）。

正确地说来，历史唯物论只规定人类社会在客观规律性的下面，采取着一般的共同过程；但并不规定相同的历史阶段，一定要经过相同长短的时间，更不否认世界史各部分都有其独自的特殊性（忽略这种特殊性，就不能了解具

---

① 马克思：《资本论》，第 3 卷，第 1039 页。

体的历史，会堕落到公式主义或原理论；把这种特殊性夸大到否认共同性的程度，就不能把握历史的规律性，会堕落到唯心史观或多元论去）。从人类史的全过程看来，原始公社制所经过的时间，计有数十万年，我国地下出土的旧石器文化的遗址遗物和遗迹，已能追溯到五十万年以上；从阶级社会的形成到现在，共不过数千年；某一国家在某一特定历史时代之时间较长，从全过程看来，是毫不足异的。

中国封建制所经过的时间，较其他各国为长。而中国的封建文化，也较其他任何国家的封建文化有较高度的发展；在人类的封建社会史上，中国的封建经济和文化是其时人类最先进的。但苏联历史自公元 862 年罗斯王朝成立开始，才进入国家时代，到十五世纪中叶建立莫斯科王国，到十九世纪中叶进入了资本主义阶段，到二十世纪初叶就跃入了社会主义时代，超越了一切文明民族的历史进展速度。正如斯大林所说："欧洲在三千年内已更换过三种不同的社会制度：原始公社制度，奴隶制度，封建制度；而在欧洲东部，即在苏联，甚至更换了四种社会制度。"[1] 拿英、法、意、美等国的历史来与苏联的历史比较，其发展的进程也是较迟慢的，它们至今还没有取得社会主义革命的胜利。依此，如果要给中国社会以"停滞性"的规定，也就不能不给予英、法、意、美各国社会史发展以相对的"停滞性"——或者说，"迟滞性"的规定。所以特定国家在特定的历史时代所经历时间的久暂，只有相对的意义——各有其自身的一般性与特殊性之辩证的统一过程——但较低级的社会历史阶段要为较高级的阶段所代替，资本主义要为社会主义所代替，则是必然的，世界必然成为共产主义的世界。

但我们对社会发展的或速或迟的问题，是不应忽视的。不过我们认为这不是由于什么先天的疾速性或"停滞性"，而是由于某些国家的某些特点，由于其地理环境和人口的增长等特点所引起，但这都不能改变历史发展的共同规律，都不是决定的影响或主要力量。斯大林说：

"地理环境当然是社会发展底经常必要的条件之一，而且它无疑是能影响到社会底发展，加速或延缓社会发展进程。但它的影响并不是决定的

---

[1]《联共（布）党史简明教程》，第150页。

影响,因为社会底变更和发展要比地理环境底变更和发展快得不可计量。"①

"人口底增长当然能影响到社会底发展,促进或延缓社会底发展,但它不能成为社会发展中的主要力量,它对于社会发展的影响不能是决定的影响,因为人口底增长并不能给我们说明为什么某个社会制度恰巧要由一定的新制度来替代,而不是由其他某一个制度来替代。"②

依此,问题虽则包含多样性复杂性的内容,而地理环境或"地理条件的差异性"和"人口的增长"等等,却是我们了解社会发展进程或迟或速的一些因素。马克思说过:"因为生产物地租的形态是与生产物和生产的一定种类结合在一起的,因为对于它农村经济和家庭工业的结合是不可缺少的,因为农民家庭是几乎完全自给的,因为它和市场,和它以外那部分社会内进行的生产运动和历史运动是互相独立的,总之,因为一般地说有自然经济的性质,所以这个地租形态,对于我们例如在亚洲可以看到的静止的社会状态,就完全适合于成为它们的基础。"③ 马克思在这里以"亚洲"的"静止的社会状态"为例,一方面自是说的"亚洲"的相对地"静止的社会状态",一方面也就是在说那带有地域的、即地理的特性。因而斯大林所揭示的和马克思所说的精神实质是一致的,只是斯大林把马克思的论证发展了。但斯大林没有谈到马克思关于"农村经济和家庭工业的结合"的论旨,以及在中国为什么农民的小农业和家庭副业相结合对商品经济进行顽强抵抗? 这就不能不使我们深入到压迫、剥削的深度和强度等方面去追究。

中国封建社会时期经历得较长,这是无可否认的。〔毛泽东同志在《中国革命和中国共产党》中教导说:"中国自从脱离奴隶制度进到封建制度以后,其经济、政治、文化的发展,就长期地陷在发展迟缓的状态中。这个封建制度,自周秦以来一直延续了三千年左右。"为什么"发展迟缓"呢? 毛泽东同志说道:"地主阶级这样残酷的剥削和压迫所造成的农民的极端的穷苦和落后,就是中国社会几千年在经济上和社会生活上停滞不前的基本原因。"④ 他

---

① 《联共(布)党史简明教程》,第150页。
② 《联共(布)党史简明教程》,第151页。
③ 马克思:《资本论》,第3卷,第1039页。
④ 《毛泽东选集》,第2卷,第618、619页。

并指出构成中国封建时代的经济制度和政治制度的各个主要特点："一、自给自足的自然经济占主要地位。农民不但生产自己需要的农产品，而且生产自己需要的大部分手工业品。地主和贵族对于从农民剥削来的地租，也主要地是自己享用，而不是用于交换……二、封建的统治阶级——地主、贵族和皇帝，拥有最大部分的土地，而农民则很少土地，或者完全没有土地……三、不但地主、贵族和皇室依靠剥削农民的地租过活，而且地主阶级的国家又强迫农民缴纳贡税，并强迫农民从事无偿的劳役，去养活一大群的国家官吏和主要地是为了镇压农民之用的军队。四、保护这种封建剥削制度的权力机关，是地主阶级的封建国家"①。毛泽东同志在这里所说的不只完全符合于马克思关于中国农民的小农业和家庭副业相结合的顽强性的论旨，而且通过中国封建社会的全部历史情况给了马克思的论旨以重要的发展而又更加具体化深刻化了。中国封建社会发展的迟缓，在毛泽东同志所指明的基本原因及那些特点的情况下，便构成中国封建社会之断续性的紧张形势，具体表现为无数次的农民起义和反对外来民族压迫的民族战争，这却是打破阻滞性的推动历史前进的真正动力，这是一；在那样残酷的剥削、压迫下，农民为获得土地和反迫害、反剥削，汉族便不断向落后民族地区和边疆迁移，这虽有利于边疆的发展，却不能不影响到内地生产发展的进程，这是二；封建统治阶级为着自己的豪奢生活，一方面开办各种大规模的国家手工业工场，一方面为着获得异地产品和本国没有的东西，又不断发动对外战争和不计代价的对外贸易，反复来加重农民负担……而这些，又都是与斯大林同志所揭示的地理环境、人口底增长等条件密切关联的。如果不是处在这样多民族的国家、少数民族地区和边疆人口较稀少和可垦荒地较多，汉族农民在长期间那样不断的大量移徙是不可能的；如果不是汉族人口特多，少数民族和边疆人口特少，这种迁徙也是不可能的。而此却加速了边疆迟缓了内地的发展进程。因此说，我国的历史情况，确证了马克思、斯大林和毛泽东同志的论旨，毛泽东同志发展了的马克思的论旨。这是我们解决中国封建社会的停滞性或阻滞性问题的钥匙。

中国封建社会发展的迟缓，在毛泽东同志所指明的基本原因下面，我认为：

---

① 《毛泽东选集》，第 2 卷，第 618 页。

一、农民为了逃避残酷的剥削、压迫和获得土地,便在农民战争、民族战争过程中和其失败后、以至在平时,大量人口不断向落后民族地区和四周移徙。而此又是与中国所处的地理环境密切关联的。因为中国所处葱岭以东这块大陆,有广漠无际的肥沃的可耕地,以先进的汉族为例,在鸦片战争以前的长时期中,四周和境内都没有比它更先进的、强大的部落、种族和国家,汉族农民带同先进的生产技术、经验,由黄河流域南向长江、珠江流域,东北向松花江流域,北向内蒙以及西北西南移徙,是有利于当地历史的发展、受到当地兄弟民族人民的欢迎与合作的。而每次的大规模移徙,又都是与农民战争和民族战争相关联,与农民战争或民族战争失败后的统治阶级的屠杀或他族统治者残酷的民族压迫相关联,与地主阶级的内战而使农民无法生活相关联。这样,一方面使生产力和生产关系的矛盾不断获得缓和;一方面大量人口移到新地区后,便使原住地区劳动人口相对缺乏,使因战争破坏的生产恢复迟缓,同时移到新地区的人口,虽带去较进步的生产知识、经验和农业手工业的技术知识,但因设备等条件缺乏而不易在短时内赶上原先的生产水准。这从全国,特别是从东南、西北和西南的地方志及民间传说里都能考究出来的。从一方面说,地大物博人众,这是中国民族获有的天惠,并使各兄弟民族在长期历史过程中发生了血肉相连的关系,为今日的民族大家庭打下了良好的基础。并促速了少数民族地方和边疆的发展。另方面却因历朝统治阶级没有较好的利用这个条件,每每倒行逆施,因之反而成了内地、即以汉族地区为中心的中国封建社会发展迟缓的重要原因之一。

大量人口的不断他徙,使社会内部的剩余劳动人口不断得到消纳。这又阻滞了商业资本向生产资本的转化和商品市场的扩大。

在华中、华南,聚族而居的情况分外显著和普遍。这种情况也只有从这人口移徙的问题上才能得到说明。华中、华南的农业生产力,一般都高过华北。所以聚族而居的事情,并不能说明中国社会的发展因此而受到阻滞。

二、地主阶级对农民的剥削和压迫那样的残酷,因此阶级矛盾的形势就不断的紧张起来。这样,地主阶级就没有余力再去处理民族矛盾了。加之其对各部落和种族的人民,进行残酷的剥削,又不断的引起民族矛盾的紧张和战争及封建帝国的分裂。如"五胡十六国"的突起,拓跋、契丹、女真、蒙古、满族奴隶主集团的南下,北魏、辽、金、元、清等落后统治集团的野蛮残暴的军事掠夺和破坏，以及其反动落后的统治与民族压迫，不只直接给予中国社会的生产力以惨毒的破坏——如大量地屠杀劳动人口、圈耕地为牧场、烧毁房屋与生产设备、掠夺财产、危害科学技术的研究等等，——而且战争波及的地区，每每形成数百、千里人烟灭绝、血流成渠、白骨遍地的惨状；其残暴落后的统治，不只使人民的生命财产完全没有保障，人民被任意打杀和掠夺、苛榨至于竭泽而渔的地步，而又采取种种落后的统治制度（如以奴隶制度、农奴制度强加于汉族地区的发展到了后期的封建制度之上，等等），用暴力去阻碍历史前进，每使社会发展呈逆转的形势。自然，它们也都在不同程度上超过一些促进作用的，但促退却远远大于它们所起的促进作用。同时在每次农民战争中，地主阶级为着所谓"平乱"，而施行的屠杀、焚烧、劫抢等等残暴手段，也同样造成荒凉满目、白骨遍野的惨状。所以农民战争对封建制度的打击，迫使封建统治阶级对农民让步等等，促进了历史的前进；而封建统治阶级的摧残、破坏，却起了不小的促退作用。地主阶级争权夺利的内战及国内民族地方和对外的军事行动，除去一些有进步性的战争外，也是如此。这一切，不只直接给予社会生产以严重的破坏和阻碍，阻滞社会的发展；而且又不断加重人民的负担。农民在求生不得的情况下，为维持其最低限度的物质生活，只得以农业与家庭手工业相结合的方式去顽强地进行挣扎，自然更无力去改进生产或扩大再生产。

　　三、由于中国地大、物博、人众，封建皇帝、贵族、官僚、地主从人民、主要从农民那里剥削来的剩余劳动生产物常常装得满仓满库，超过他们及其家族和左右的肠胃的消化力，因此，他们便步步趋向豪奢。在整个封建时代，中国四周和国境内的各部落和种族又大都比较落后，于是他们一方面穷奢极欲地修建各种规模宏大的华丽的宫室、别墅、陵寝……；一方面开办各种专供皇室贵族、官僚、大地主消费享乐的手工工场，把全国有技术的手工工人都收罗起来，从事各种不计代价的细巧的手工制作；另方面为着追求奇禽异兽，奇珍异物以及凡本国没有的稀有东西，又不断派人长征远航，并垄断对外贸易，不计代价去进行交换，甚至发动对外战争和经略。这样，不只加重对人民的剥削、压迫，增加人民负担，而又不断的直接间接妨害以至破坏农业生产的发展和进步，并阻碍国内市场的扩大与私家手工业及自由商业资本的发展，尤其妨害自由商人资本向资本主义资本的转化，而且，常促起私家商业资本向高利贷转化以及投向土地;因而形成所谓国家手工业、国家及官僚、地主、商人三位一体的商业贸易、东方式的宫廷文化的畸形发展。

四、从鸦片战争到新民主主义革命胜利以前的百零九年间,则由于美英等国的帝国主义侵略。在鸦片战争以前的年月,中国在明清之际,曾在东南沿海沿江地区开始出现的资本主义生产方式——即马克思所说的资本主义手工业工场等——的萌芽,可是为入关之初的清朝贵族和其奴才武装对扬州、江阴、嘉定等先进城市所实行的血洗政策所绞杀了;在康熙朝中叶后至鸦片战争前夜,又在沿海沿江的广州等处重新出现的这种萌芽,但又为英美等国的资本帝国主义侵略所绞杀了。如果没有这两次历史的浩劫,尤其是外国资本帝国主义的侵略,中国社会便可能早已走上资本主义前途,保持着世界文化的先进地位。外国资本帝国主义侵略,不只绞杀了新生的中国资本主义生产方式的幼芽,而又尽力把中国的商人资本改组为买办资本,正如毛泽东同志所说:"帝国主义列强从中国的通商都市直至穷乡僻壤,造成了一个买办的和商业高利贷的剥削网,造成了为帝国主义服务的买办阶级和商业高利贷阶级,以便利其剥削广大的中国农民和其他人民大众。"把中国的市场和资源全部控制起来,又勾结和扶植陷于没落的中国封建地主阶级,"使中国的封建地主阶级变为它们统治中国的支柱",因而它们把中国的"一个封建社会变成了一个半封建的社会……把一个独立的中国变成了一个半殖民地和殖民地的中国"[①]。不只使中国各民族人民在百多年间同陷于奴隶牛马的地位和人类最低下的生活状况,而又歪曲和阻滞了中国社会的发展。因此,毛泽东同志说:"中国封建社会内的商品经济的发展,已经孕育着资本主义的萌芽,如果没有外国资本主义的影响,中国也将缓慢地发展到资本主义社会。"[②]

五、中国封建社会发展的迟缓,此外也还有一些较次要的原因。

因此,在鸦片战争以前,那些带特殊性的条件,只阻滞了中国社会的发展,并没有能改变中国社会发展的一般规律和过程,也没有能根本阻止中国社会的发展。中国封建社会在较迟缓的发展进程中,并没有"静止"、"退化"、"复归"或"循环",而是螺旋式地或波浪式地前进。在鸦片战争以后的年月,

---

① 《毛泽东选集》,第2卷,第623、624页。
② 同上书,第620页。

如果没有外国资本帝国主义的侵入，中国社会自身内部孕育出的资本主义幼芽便必然早就会引导中国社会完成资本主义的革命和由封建制向资本主义制的转化了。

目前的民族抗战，也只有民族抗日革命战争的胜利、民族民主革命的彻底胜利，和转入到社会主义革命及其胜利，才能把阻滞中国社会发展的诸矛盾予以根本的克服，中国社会才能飞跃地疾速地跃入社会主义工业化和农业社会主义化的过程。反之，"皇军武力"的胜利，不但不能"予中国社会之特有的停滞性以最后的克服"，反而会使中国历史文化中断，使中国国家和民族趋向死亡，反而会造成人类史上最反动局面。虽然，历史自身的法则，不容倒退的东西战胜前进的东西；但我们又不应服从自然主义，还须通过我们主观的最大努力和英勇顽强的斗争，才能完成历史的任务。〔到目前，我们不只已战胜了帝国主义、封建地主阶级和官僚资产阶级，完成了民族民主革命的任务，"占人类总数四分之一的中国人从此站立起来了。中国人从来就是一个伟大的勇敢的勤劳的民族，只是在近代是落伍了。这种落伍，完全是被外国帝国主义和本国反动政府所压迫和剥削的结果。……我们的民族将从此列入爱好和平自由的世界各民族的大家庭，以勇敢而勤劳的姿态工作着，创造自己的文明和幸福，同时也促进世界的和平和自由。我们的民族将再也不是一个被人侮辱的民族了，我们已经站起来了。"① 而且我国在政治上和军事上，已成为全世界的强国之一，我们不只已取得了经济恢复的巨大胜利，不只已及时转入了社会主义革命和建设的轨道，随着对农业、手工业、资本主义工商业的社会主义改造的完成，和社会主义建设的胜利，我们并将在工业上、农业上、科学文化上成为远远超迈资本主义世界的社会主义强国。——1953 年增订〕

（原载《理论与现实》第 2 卷第 2 期，1940 年 10 月 15 日发表）

---

① 《中国人民政治协商会议第一届全体会议纪念刊》，新华书店 1950 年版，第 198—199 页。

中国社会史上的奴隶制度问题

一、奴隶制社会论的发展过程

　　奴隶制社会问题，是在讨论中国革命问题的过程中，随同"亚细亚生产方式"等问题提出的。

　　对奴隶制社会问题的争论，可说自 1928 年到 1934 年为第一阶段；自 1934 年到中国"七七"抗战前为第二阶段；"七七"以后为第三阶段。第一阶段论争的中心是：奴隶制是否构成社会发展过程中的一般必经阶段；第二阶段论争的中心是：奴隶制社会和"亚细亚生产方式"的关系及其在中国史上的具体时间问题；第三阶段，在理论和实践的进一步统一与深入的前提下，无疑地将达到问题的正确解决。自然，这只是就问题发展过程中的主潮来说的。

　　在论争第一阶段中，一方面认为奴隶制社会，只是希腊罗马史的独特形式，从而否认中国社会史上（乃至世界史的其他部分）奴隶制阶段的存在；另一方面，则确认奴隶制是一种社会构成，是世界史共同经过的阶段，并论证和肯定了中国社会史上存在着奴隶制阶段。

　　以讨论"亚细亚生产方式"问题著称的马扎亚尔学派，他们企图而且曾经从"亚细亚生产方式"的范畴中，寻找中国乃至东方社会发展的特殊法则。依照他们的结论，在中国，自国家的形成到资本帝国主义侵入前，便只是一种"亚细亚的社会"过程，没有奴隶制社会阶段，也没有封建制社会阶段。这一派的理论，在政治上，是取消中国革命的反帝反封建任务的机会主义观点，表现了"理论落在实践的后面";在历史方法论上,是一种史的多元论的谬见。马扎亚尔自己,虽曾在原则上承认过错误;但他们的见解,却不但是"被托洛茨基所蒙蔽",且为托派和其他骗子们拿来曲解中国社会史,以作出否认奴隶社会阶段的反历史唯物论的歪曲结论,来取消中国革命的反帝反封建的任务。这表明了马扎亚尔和托洛茨基间的血统关系。

与马扎亚尔的《中国农村经济研究》同年(1928)出版的沙发诺夫的《中国社会史》①,估定周以前是中国原始社会时代,即所谓"游牧民与定居民的'分工'"的社会,自周以后,便一直是封建社会;可是在秦汉时代,插入了一个"封建奴隶私有制"(按这位"理论家"不只创作了所谓"封建奴隶私有制",而又创作了所谓"原始封建制");他又认为:"在元朝,商业资本……自己有一种独立的生产基础——行会手工业"。因而在沙发诺夫的《中国社会史》中,便没有奴隶制社会的地位。

在普列汉诺夫、波格达诺夫、拉狄克、沙发诺夫以至"亚细亚派"的错误影响下,在中国,一面派生着李季、刘镜园、陈邦国一派的中国史论;一面派生着胡秋原等的中国史论;一面派生着以波格达诺夫为师承的"陶希圣一群"的中国史论。

李季断定"夏"以前为中国原始共产社会时代,"自夏至殷为亚细亚的生产方式时代",周为封建制时代,秦至鸦片战争为"前资本主义"时代,现代为资本主义时代。他并认为"亚细亚的"和"古代的"是在氏族社会崩溃后继起的两种平行的生产方式;在中国,却是这两种生产方式的平行和混合②。因此,李季不只是完全不了解"亚细亚生产方式"与奴隶制之有机的统一,而且是机械地、故意歪曲地把两者看成平列,来哄弄青年,也构成其自己理论的混乱。其次,他虽然批判过陶希圣,但他的"前资本主义社会"阶段,与陶希圣的"商业资本主义社会",却不过是"同义异音"。陈邦国却以为"在一般的历史发展上,氏族社会是到封建社会的先决条件"③。所以,在否认奴隶制社会阶段这一点上,李季和其同道陈邦国是同一的。只是陈邦国完全不管

① 即佴人中译:《中国社会形式发展史》。
② 见李季:《对于中国社会史论战的贡献与批评》,载神州国光社出版之《读书杂志》《中国社会史的论战》,第2辑。
③ 见《中国历史发展的道路》,载《读书杂志》《中国社会史的论战》,第1辑。

世界史的具体内容如何，根据氏族公社与封建庄园组织形式之表层的一些近似，便敢于武断"氏族社会是封建社会的先决条件"，以之来反对马克思主义的社会发展阶段论。

胡秋原断定殷以前是"原始社会时代"，殷为"氏族社会"时代，两周为"封建社会时代"，秦以后为"专制主义"的社会。并说"希腊罗马是经过封建局面的"，"不是奴隶社会先于封建社会，而是封建社会先于奴隶社会"①。依此，他不但和李、陈等一样拿主观的武断去代替具体的历史，而其任意颠倒历史过程与其逻辑的混乱，更令人惊异。但依照胡秋原的逻辑，在两周的"封建社会"时代以"后"，却应该要给予一个"不是""先于封建社会"的"奴隶社会"阶段；而在实际上，胡秋原却只给了我们一个"专制主义"。而"专制主义"并不能代表何种独特的生产方式，也不能构成何种独特的历史阶段，连读过社会学入门的初中学生也懂得的。因此胡秋原对李季、陈邦国等一派的帮腔，也是帮得不高明的。

陶希圣的见解是随时变更的，在他 1932 年前的著作中，便有如下几种说法：一、"周以前不能说是封建社会"；二、西周是"原始封建国家的类型"；三、"氏族的战争……使一氏族征服他氏族"，在炎黄时"便成立了初期的封建国家"；四、商以前是氏族社会；五、"西周时代是氏族社会末期"；六、"春秋战国时代，旧封建制度已经结束"；七、"中国社会，自战国到最近，是不变质的封建社会"；八、"秦汉以后的中国，还是在前资本主义时期"，等等。本来，不固执成见，随时改正自己的错误见解，是学术上一种忠实而必要的态度；不过陶希圣的这种令人捉摸不定的善变的论点，却只能令研究历史学的青年"头痛"和感到玄虚。同时，在他的中国史的上述一系列的构制中，也还没有给予奴隶制社会以"历史地位"。

李季、陈邦国、胡秋原、陶希圣等人的各种各样的中国史论，不管其持论如何不同，而在否认中国史上的奴隶制社会阶段和故意来曲解中国史的目的，却是相同的。

这是他们在 1932—1934 年以前，在中国社会史研究课题中所玩弄的花

---

① 见《亚细亚生产方式与专制主义》、《中国社会文化发展草书》，载《读书杂志》《中国社会史的论战》，第 3、第 4 辑。

样——但至今已都为群众所揭穿和抛弃。

然而随着苏联社会主义建设与中国革命实践过程的深入，随着国际史学水准的提高，关于社会史诸问题，便不断地获得解决。特别是在 1931 年展开了对马扎亚尔学派的批判，1934 年科瓦列夫教授等发表了他们关于"亚细亚生产方式"问题的著作，1935 年进行了对波克罗夫斯基学派的清算，这都是具有历史意义的。因之，一些在史学上向来对历史唯物论持异见的人（自然，在表面上，其中甚至有自认为历史唯物论者，或"辩证法家"的），也不再从正面来否认奴隶制社会阶段，其中有人甚至在表面上也来承认马克思列宁主义的社会发展阶段论。

例如陶希圣在 1932 年发表的《中国社会形式发展的新估定》中，便转换论调，断定西周时代是氏族社会的末期；由战国到后汉是奴隶社会；由三国到唐末五代是封建庄园时期；宋以后是前资本主义社会。托派王宜昌在 1932 年发表的《中国社会史短论》中，也断定春秋战国到秦汉为中国奴隶制社会阶段。但陶希圣或王宜昌，正又从肯定中国奴隶制社会的论点上去宣扬其外因论，王宜昌说：奴隶制度的出现是由于周人对殷人的征服；由奴隶制到封建制的转变，是由于"已朽腐的奴隶经济制度，没有出路，而只有五胡乱华来以异族的力量而复活，但不能复活为奴隶制度，依赖异族底氏族组织，而成为封建制度了。"陶希圣也有类似的见解。不过陶希圣义着重在夸大春秋战国秦汉有"奴婢"存在的部分现象，极力避免去触到社会全部的阶级构成，去触到"奴婢"在社会生产过程中的作用如何。王宜昌后来又发现春秋时代的各国奴隶制之所以能发展起来，是由于齐国的地理环境，有那同于古希腊罗马之地中海似的渤海。这在历史方法论上，陶希圣表现着半实验主义的本质，王宜昌表现着百分之百的地理史观。

拉狄克在清算波克罗夫斯基学派的报告中，也不能不装模作样地承认马克思列宁主义的社会发展阶段论。秋泽修二在还未公开变成日本法西斯军阀的走卒前，在他"来说明氏族制度的没落过程的时候"，已不能不"承认奴隶制度的辩证的普遍性"，对他前此所主张的"国家封建主义"说，也只得以"实在太模糊"的饰词去替代"自我批判"[1]。他在正式充任日本法西斯主义的侵华

---

[1] 秋泽修二：《日本奴隶社会的具体形态》，载《经济评论》1936 年 1 月号。

宣传员后，仍旧不敢从正面来反对马克思列宁主义的社会发展阶段论，来否认中国社会发展过程之一般的规律性；而是从阉割马克思列宁主义的精神实质上来歪曲中国史，即假借马克思列宁的文句来反对马克思列宁主义，以适合其侵略主义的宣传①。在 1934 年以后发行的"陶希圣一群"的《食货》，又大吹大擂地来研究中国奴隶制，而且也是披着马克思主义的外衣登场的。

自然，这也仅就其主潮来说。此外在 1934 年以后，在《中国经济》和《中国研究》等杂志上发表论文的某些人，一部分仍坚持其否认中国奴隶制社会的论点，另一部分则持论反对，故意作出自相打骂的姿态，企图以此来混淆人们的视听和扩大反动影响、抬高自我身价。

另一方面，一切前进的为真理而努力的历史家对中国史的研究，在 1931 年前，不少人也都多多少少受到马扎亚尔的一些错误影响。在 1931 年列宁格勒的"亚细亚生产方式"问题的讨论会中，戈德斯虽正确地批判了马扎亚尔，但依旧没有正确地把握历史发展的规律性，没有能把"亚细亚生产方式"和奴隶制作有机地统一考察。因此，自 1931 年到科瓦列夫等人的新见解发表前，甚至到清算波克罗夫斯基学派前，在戈德斯见解影响下的中国社会史研究，虽说摆脱了"亚细亚派"的错误影响，却大都把"亚细亚生产方式"了解为中国（或东方）封建社会的特殊色彩，依旧没有把握人类社会发展过程中的奴隶制阶段的必然性。例如森谷克己在《中国社会史的诸问题》中，认为"中国是缺了奴隶制度，即缺了以劳动者（生产主体）与生产手段（生产客体）结合为特征的奴隶制度"②。其同年出版的《中国社会史》，也认为没有奴隶制社会阶段。王渔邨把森谷的著作编译为《中国社会经济史》（生活书店版），并于卷首附加王氏自序一篇，非难郭沫若、吕振羽等，责他们不该确认中国社会史上的奴隶制阶段。早川二郎也在《评郭沫若的〈中国古代社会研究〉》中，说郭氏不应该"以为中国古代曾有过奴隶制"③。直至 1935 年，他还认为"继氏族制的分解之后出现的不是奴隶制，而是农奴制"④。《唯物史观世界史教程》的著者波特卡诺夫，在其著作中说，除希腊、罗马外，其他国家也都

① 参阅秋泽修二：《中国社会构成》。
② 森谷克己：《中国社会史的诸问题》，载日文《历史科学》1934 年 4 月号。
③ 早川二郎：《评郭沫若的〈中国古代社会研究〉》，载日文《历史科学》1933 年 5 月号。
④ 载同上志，1935 年 3 月号。

缺了一个奴隶制社会阶段。

在我国，首先肯定中国社会史上的奴隶制阶段的是郭沫若，郭先生在《中国古代社会研究》中估定西周时代是中国史的奴隶制阶段。接着，我在《中国社会史纲》、即《史前期中国社会研究》和《殷周时代的中国社会》等书和一些论文中，论证殷代为中国史上的奴隶制社会的时代。我和郭先生的见解，对中国奴隶制时间的估定虽然不同，而在肯定中国奴隶制社会阶段这一点上，却是相同的，相信我们间的分歧是容易取得一致的。

其实，关于奴隶制在社会形势发展过程中的地位，在马克思列宁主义的理论宝库中，并非没有明白的指示。马克思说："大体说来，亚细亚的、古代的、封建的与现代资本主义的生产方式，是社会经济形态向前发展的几个时代。"[1] 在这里，所谓"古代的生产方式"，就是奴隶制的生产方式。恩格斯在《家庭、私有制和国家的起源》中说："随着奴隶制（它在文明时代达到了最高度的发展）底出现，发生了社会分成剥削阶级和被剥削阶级的头一次大分裂。这个分裂继续存在于文明底全部时期。奴隶制是古代世界所特有的头一个剥削形式；继之而来的是中世纪的农奴制与近代的雇佣劳动制。"[2] 列宁在《论国家》中说："奴隶主和奴隶——是第一次大规模的阶级区分。"[3] 在这里，马克思列宁主义的社会发展阶段论是定式化了的；而四十年代史学研究的成果，又确证了世界史的具体内容恰恰与马克思列宁主义的定式符合。

至1934年，科瓦列夫的《关于奴隶制社会的几个根本问题》等文发表后，特别在1935年清算波克罗夫斯基学派的报告中，斯大林根据马克思列宁主义的社会发展阶段论和四十年代的史学成果，明确地指出奴隶制度是世界史各部分共同必经的阶段（他以后在《辩证唯物主义与历史唯物主义》中，更明确地指出："历史上有五种基本生产关系：原始公社制的、奴隶制的、封建制的、资本主义的、社会主义的。"[4]）。从这时起，在中国社会史的研究课程中，已不是曾否存在奴隶制社会阶段的问题，而是奴隶制与"亚细亚生产方式"的关系及其在中国史上的具体时间的起讫问题，也就是所谓奴隶制和封

① 马克思：《政治经济学批判》序言，第3页。
② 恩格斯：《家庭、私有制和国家的起源》，第168—169页。
③ 列宁：《论国家》，《列宁全集》，第29卷，第433页。
④《联共（布）党史简明教程》，第156页。

建制的划期问题了。

关于奴隶制与"亚细亚生产方式"的关系这一问题，科瓦列夫在 1934 年 1 月《关于奴隶制社会的几个根本问题》的讲稿中，首先确认奴隶制是世界史的一个共同必经的阶段，其次认为"在古代东方，即奴隶所有者社会的东方，'亚细亚生产方式'是这等国家的奴隶制度的变种，即实行人工灌溉的诸国中的奴隶所有者社会构成的具体形态"。复次又指出："东方古代奴隶制形态，虽说有某种特殊，但东方奴隶制度也同样是阶级支配阶级的形态。"（按：科瓦列夫的这篇讲稿连同其以后关于这问题的论文，辑成《古代社会论》专书。）

我是和科瓦列夫的意见基本相同的。在 1934 年 5 月的《殷周时代的中国社会》中所作自我批判时曾说："我在本书第一分册中，在指摘马扎亚尔的'亚细亚的'论点时，同时误从普列汉诺夫的意见，因而便误解了马克思所说的'亚细亚生产方式'的论旨。现在读到古代印度史和古代西南亚细亚各国史，始恍然于马克思所说'亚细亚生产方式'，不外是东方国家的奴隶制度。""所谓'亚细亚生产方式'，即希腊、罗马而外的其他国家的奴隶制度阶段的社会。"并依据这种理解，分析殷商时代的社会构成[①]。

接受科瓦列夫影响，而与之达到不同结论的，是雷哈德与早川二郎。

雷哈德在《前资本主义社会经济史论》，中说道："我们不反对'亚细亚生产方式'的特质，就是奴隶所有者社会的变种或其不完成性；但同时也不赞成把这种生产方式看作一种社会构成。所谓'亚细亚生产方式'，可说就是原始公社制和古代奴隶制度间的过渡形态。"雷哈德虽承认"'亚细亚生产方式'的特质，就是奴隶所有者社会的变种"，但又认为它是由无阶级社会到阶级社会的一种"过渡形态"，在它以后，还另有一个"古代奴隶制度"阶段。

佐野袈裟美的《中国历史读本》[②] 关于"亚细亚生产方式"和奴隶制相互关联的问题，在其主要论点上，正是根据雷哈德的结论来叙述殷周社会。

早川二郎的《古代社会史》认为"亚细亚生产方式"就是"贡纳制"。早川说："贡纳制"，"乃氏族制时代到奴隶所有者社会经济构成的过渡期。不

---

① 参阅吕振羽：《中国社会史纲》第 1 分册《殷周时代的中国社会》。
② 即刘希宁等：中译《中国历史教程》。

待说，他并非若何独立的社会经济构成。在生产方式上说，这里只能看到共同体制度与初期家内奴隶制之混交。"① 在这里，早川二郎并力说有收受"贡物"的"国家"和"亚细亚的政府"存在。但是除去所谓"贡纳制的生产方式"、"亚细亚的政府"及"国家"外，除去更机械地把一种"生产方式"了解为"混交"的合成体外，早川二郎并不曾被雷哈德有何新鲜的见解。

但马克思所说的"亚细亚生产方式"，显然是属于有国家存在的历史范畴。依照雷哈德，所谓"原始公社制和古代奴隶制度间的过渡形态"，不是受前者的生产方式的支配，便应是受后者的生产方式的支配，绝不容有一既非前者也非后者的中间阶段。所谓过渡的"中间阶段"论，却是"均衡论"的观点。雷哈德在这里所说明的，如属于"原始公社制"的历史范畴，则与马克思的原意不符；如属于"奴隶制"的历史范畴，又与其自己的说法相矛盾。依照早川二郎，则在古代奴隶制社会以前，还另有一个国家存在的历史阶段，即所谓收受"贡物的国家"（虽则他又声明"不是什么特殊的社会构成"），而马克思列宁主义对国家的经典定义是："国家是阶级统治的机关，是一个阶级压迫另一个阶级的机关，是建立一种'秩序'，来使这种压迫合法化、固定化，使阶级冲突得到缓和。"② 可见早川二郎的说法和马克思列宁主义的社会发展阶段论是根本矛盾的。反之，古代埃及、巴比伦、印度、中国等国家古代历史的具体内容，却具备了奴隶制社会的基本特征，也具备了马克思所说的"亚细亚生产方式"的主要特点，形成其奴隶制的共同的特殊性；易言之，古代东方诸国历史的具体内容，正符合了科瓦列夫和我们的论证。

但由于各人对"亚细亚生产方式"与奴隶制的内在关联了解得不同，因而对中国社会史上奴隶制社会的解释及其时期的估定，也便发生了很大的差异。从我们的认识出发写成的拙著《中国社会史纲》第二分册《殷周时代的中国社会》，以殷商为奴隶制社会时代；佐野袈裟美根据雷哈德的结论来叙述，则判定周代为奴隶制社会；早川二郎的《古代社会史》，又估定西周是"氏族制度到奴隶制度的过渡时代"③。春秋战国时代才是中国社会的奴隶制时

① 早川二郎：《古代社会史》，第106页。
② 列宁：《国家与革命》，《列宁全集》，第25卷，人民出版社1958年版，第375页。
③ 早川二郎：《古代社会史》，第196页。

期。究竟何者较合于历史自身的具体内容，只要正确地掌握了历史唯物论或真正愿意应用历史唯物论，就可以经过讨论来步步提高认识以至达到认识的一致。

二、对中国史上奴隶制时期问题的各家意见

关于中国社会史上奴隶制阶段的时期问题，在进步的历史家间，也有各种不同的意见。

首先就郭沫若先生的见解来说。郭先生虽没有从"亚细亚生产方式"和奴隶制的统一考察出发，来分析中国的奴隶制，这或者是由于他的慎重，或者由于他没放弃对"亚细亚生产方式"的见解；我以为郭先生对中国社会史研究的功绩，不在于其见解是否完全正确，而在于他首先应用历史唯物论来系统地研究中国史，其开创的功绩，是不能否认的。

在《中国古代社会研究》中，他断定西周是奴隶制社会，东周以后是封建社会；后来在 1937 年出版的《沫若近著》中，对中国社会发展的阶段，又重新作了估定："殷代为氏族社会的末期，周代为奴隶制，秦汉以后为身分制的封建社会，直到最近年代才有近代资本制发生。"[1] 虽然郭先生自认这"依然是"七八年前写《中国古代社会研究》的时候"的"见解"。〔按郭先生在《奴隶制时代》一文中，又重新估定殷代为奴隶制，西周也是奴隶社会，而奴隶制的下限在春秋与战国之交，即公元前四七五年，以"初税亩"为标志。——1953 年增补〕

郭先生的"西周"或"周代"奴隶制社会的主要论据，在《沫若近著》中又重新揭示的：第一是《左传》定公四年的"周武王以殷民六族给鲁公伯禽，殷民七族给卫康叔，怀姓九宗给唐叔"。说"这些六族七族的殷民，九宗的怀姓，老幼男女，父子妻孥一道与物品同时锡予，不是奴隶是什么呢？"[2]

---

① 郭沫若：《沫若近著》，第 2 页。
② 郭沫若：《沫若近著》，第 3、5、6 页。

第二是周金文中关于"锡臣×家"、"人鬲自驭至于庶人六百又五十又九夫"等的铭文，说"以家为计，与弓矢王田贝物等同锡的'臣'，不是奴隶是什么呢?"① 第三是关于"曶鼎"的铭文之类，他认为系关于"奴隶贩卖和以奴隶赎罪的话"②。此外在《中国古代社会研究》中，他对于周代文献的解释，多为早川二郎或佐野袈裟美所接受，暂不提及。

郭先生在这里所提出的论据，还是不能令我心折。我认为，如果把奴隶制和"亚细亚生产方式"作统一考察的见解有可取的话，则建基于"亚细亚的"农村公社及氏族公社两种公社形态之上的社会组织，保持氏族组织的若干外貌，并不能妨碍其国家的机能与存在，反之，在初期国家时代，那还是一种普遍存在的形态，而为其特征之一。在古典的罗马，依照恩格斯所说："在罗马建国后差不多三百年间，氏族的纽带还是这样的坚固……"③ 而雅典国家就是由十个部落组成的。在中国殷商时代，"无论其本族（子族）或异族（多生），都带着这种组织的特色。新获卜辞一九三片：'重多子卿、重多生卿。'郭沫若先生说：'多生与多子对文，盖犹言百生（姓）也。'④ 本族与异族在同一的权力统治下，并各保存其氏族的联系，正是初期国家一般的特色——亦即马克思所说的'亚细亚生产方式'的特点之一。"⑤ 因而，在初期国家，有"异常坚固的"或"亚细亚的"公社基础上的"氏族的纽带"之存在，是不足为怪的。问题在于它是依靠氏族组织去约束其成员，还是按地域标准去区分其管理下的人民和已有社会权力底建立。恩格斯说过："国家和旧的氏族组织不同的地方，第一是按地区来划分国家管治下的人民"；"第二个显著的特征是公共权力底创设，这种公共权力已不跟那自行组织为武装力量的居民直接一致了。这种特殊的公共权力之所以必要，是因为居民的自动的武装组织，自从社会分裂为各阶级以来，已经成为不可能的了。"⑥ 我认为不只在西周，在殷代已具备了这两个特征，这我在拙著《中国社会史纲》已有所论证。另一方面，

---

① 郭沫若：《沫若近著》，第 3、5、6 页。
② 郭沫若：《沫若近著》，第 3、5、6 页。
③ 恩格斯：《家庭、私有制和国家的起源》，第 122 页。
④ 郭沫若：《卜辞通纂》。
⑤ 吕振羽：《中国社会史纲》，第 241 页。
⑥ 恩格斯：《家庭、私有制和国家的起源》，第 163、164 页。

马克思说过，封建的土地赠予，并不是单纯概念下的土地，而是连同土地上的人民。《左传》定公四年所载武王分赠给鲁公、康叔、唐叔的"六族七族的殷民、九宗的怀姓"，并不只是"老幼男女父子妻孥"与"物品"，而是连同其居地、以之建立"藩屏"的。这正如《大盂鼎铭》所谓"受民受疆土"，《诗·閟宫》所谓"锡之山川，土田附庸"，也就是按照殷代国家那种带有氏族联系的若干特点的地域区划并连同其居住的人民，分赐王的亲属、左右、功臣和参加"武王"革命的各部落长等。但这种人口究作为农奴还是奴隶而赐予呢？我认为除去上述《左传》金文的引文外，重要的须从西周的生产关系去考察。尤其是主要的直接生产者在生产中的地位。这却正是大家意见分歧的一个关键。

郭先生所提出之周金文"锡臣×家"的"臣"以及《牧敦铭》的"僕庶"之"僕"，《齐侯镈钟铭》所谓"厘仆"等，及《左传》昭公七年传：楚芊尹无宇之所谓皂、舆、隶、僚、仆、台、圉、牧等，其身份系同于奴隶，是确切的。但一方面，他们主要系使用在公私杂役及贵族家内服役等方面，实即所谓"贱奴"，大都不是直接生产者，至少已不是生产劳动的主要担当者，他们并有自己的妻子和家屋，这在奴隶制社会的一般情形下是难于想像的。一方面，"人鬲自驭至于庶人"，也已说明了作为贱奴的"驭"是和"庶人"有区别的。"庶人"、"夫"、"白丁"、"小人"或"农夫"等是直接生产者，我认为《诗·大田》"雨我公田，遂及我私"所说明的社会内容，正是《资本论》所谓在地租的单纯形态即劳役地租形态下，"直接生产者以每周的一部分，用实际上或法律上属于他所有的劳动工具（犁、家畜等等），用在实际上属于他的土地上面，并以每周的别几日，在地主的土地上，无代价地，为地主劳动。"①列宁在《十九世纪末俄国的土地问题》中也说过："在农奴制度下，……当时地主把土地分给农民，有时还贷给农民以其他生产资料，如森林、牲畜等等。这样把地主土地分给农奴，究竟有什么意义呢？如果拿适用于现代关系的话来说，当时的份地就是一种工资形式。"在这种情况下的必要劳动与剩余劳动，"这两种劳动在时间和空间上是分开的。农奴三天给地主干活，三天为自己干活。替地主干活，他或者在地主的土地上干活，或者为地主生产粮食。为自己

① 马克思：《资本论》，第3卷，第1030页。

干活，他是在份地上干活，给自己和自己的家庭谋得为地主维持劳动力所必需的粮食。"① 列宁在《告农村贫民书》中还讲到，领主还指定有代理人和管理者，农奴要按照他们所指定的日子替地主老爷作工。这种代理人和管理者，在西周就是"田畯"之类，也就是《汉书·食货志》追述的所谓"里胥"。列宁在《论国家》中还说过："农奴根本没有任何政治权利。""农民是没有权利的。其实，农民的地位与奴隶占有制国家内奴隶的地位没有多大区别。"② 他们只有很少一点自由。恩格斯在《德国农民战争》中说："如果他是农奴，那他要完全听从其主人的驱策……""而且主人可照处理农民财产的方法，更糟踏到农民的本身和他的妻女……无论何时，他可任意把农民投之狱中，在狱内拷问农民正和现在预审法官拷问犯人一样。无论何时，他可扑杀农民，或者把农民斩首。"③ 西周的"庶人"、"夫"、"农夫"、"白丁"或"小人"，正是"分田而耕"④ 的"食力"的"农"，并与"工商"一样身分世袭地（农之子恒为农）"各守其业"，而能自由处分其部分的劳动时间。他们所贡纳于土地占有者的，则为劳役地租（即《颂鼎铭》所谓"贮赋廿家"，《格伯毁》所谓"贮赋世田"之"贮赋"，亦即孟轲所谓"请野九一而助，国中什一使自赋"⑤ 的"助"或"赋"，也就是"力役之征"的"力"）、贡物（如《诗》所谓"献豜"、"为公子裳"等）、徭役（如《诗·灵台》等所述的徭役，《诗·东山》、《出车》、《小明》等所述的兵役……也就是所谓"力役之征"的"役"），这也就是列宁所说的赋役制的经营体系。所以"庶人"……是农奴，而不是奴隶。至于"庶人"……可以被赠予的问题，斯大林说："在封建制度下，生产关系底基础是封建主占有生产资料和不完全占有生产工作者，这生产工作者便是封建主虽已不能屠杀，但仍可以买卖的农奴。"⑥ 甚至在沙俄的资本主义时代，在半封建的农村中，地主们还有把其对农奴之"不完全占有"的主权出卖的残迹。所以"庶人"之随同"臣"、"仆"等被赠赐而转移其从属的主人，是并不足怪的。而且在周代，也看不见土地占有者任意杀死"庶

---

① 列宁：《十九世纪末俄国的土地问题》，《列宁全集》，第15卷，人民出版社1959年版，第61页。
② 列宁：《论国家》，《列宁全集》，第29卷，第437页。
③ 恩格斯：《德国农民战争》，新华书店1945年版，第15—16页。
④ 《荀子·王霸篇》。
⑤ 《孟子·滕文公上》。
⑥ 《联共（布）党史简明教程》，第157页。

人"……的事情（根据汉代的情况，周代可能有农奴主任意杀死农奴的事情）。一方面，马克思说过："土地所有权的阶级体系，和侍卫们的武装团体，给予贵族统治农奴的权力。"① 在周代，天子、诸侯、大夫都相次以其土地分赐其左右，形成了"土地所有权的阶级体系"；而以其"臣隶子弟"的"士"构成最下的领主层，他的"侍卫们"，就只是"隶子弟"，在他的上面，则是"王臣公、公臣大夫、大夫臣士"。周金中所谓"奢劂""余锡汝厘都奢劂，其县三百，造国徒四千，为汝敌寮"。"余锡汝车马戎兵，峄仆三百又五十家，汝以戒戎作"② 之类的记载，也正反映了"土地所有权的阶级体系，和侍卫们的武装团体"的情况。但这种诸侯，"他们几乎脱离皇帝而独立，掌握部分统治权。他们自由宣战和媾和，他们维持常备军，召集地方会议，征收赋税。"③西周和春秋战国的情况不正是这样么？另方面，"士"隶属下的所谓"隶子弟"，其中无疑是包括有奴隶在内。但这也是容许的。恩格斯在《德国农民战争》中就说到"诸侯本身下（隶属）之农民，或是诸侯家臣的骑士下（隶属）之农奴和奴隶"④。因此，在初期封建制的农奴制度下，生产的主要担当者是农奴，但生产奴隶、家内奴隶是和农奴同时存在的；历史表明，直至封建制的后期，也还存在这种情况。何况西周还只是一个过渡期，从周朝的全国范围说，有的地方直至春秋战国时期才完成了这种过渡。我们把西周论证为封建制度时代，由于"武王革命"的革命创造的伟大作用，革命政权的伟大创造作用，从而把封建制度引向胜利和把奴隶制度推入死亡。

我上面的意见是极不全面极不成熟的，只是提出来供商讨。

其次，我们来看早川二郎的意见。早川二郎说："西周时代，为氏族制度到奴隶制度的过渡时代。但奴隶大多数是作为家内奴隶而存在，因此尚未能使氏族制度遭到彻底的驱逐。""西周时代和春秋战国时代，两者在社会制度上，亦有显著的不同。"又说西周是"未成熟的奴隶所有者社会"。"在春秋战国时代，渐次形成"了"亚细亚的封建制"。所以早川二郎的意见，可说是极不明确的。依照早川，西周在社会史阶段上，正同于"印加帝国"，是属于氏族社

① 马克思：《德意志观念体系》，珠林书店1941年版，第13页。
② 齐侯镈钟。
③ 同注①。
④ 恩格斯：《德国农民战争》，新华书店1945年版，第6页。

会的范畴。在他看来：一、西周是青铜器时代；二、所谓周"分封"的"同姓"和"异姓"，只是部族的关系；其与"被支配者间的关系，等于贡纳征收者与贡纳纳付者——公社的关系"；三、井田制是公社的组织；四、中国史上所谓"贡"、"助"、"彻"系居民向公社纳税的一定率；五、所谓"宗法"，是"被歪曲的氏族制度"；六、"奴隶制在殷代已存在"，但《诗·国风·七月》、《小雅·无羊》、《楚茨》、《信南山》、《甫田》等章，都在说明"父家长的奴隶制"；七、奴隶在外表上像农奴。① 这就是早川二郎关于西周社会的基本论点。

早川二郎的论证，一方面，由于他误认残余为主要，或把残余的东西作为新生的东西，如他认为"奴隶大多数是作为家内奴隶而存在"，并以之去估定西周为"未成熟的奴隶所有者社会"等等；一方面，也由于他误解"亚细亚生产方式"与奴隶制的关系，同时由于他自己正为"中国文字"的"语义"所蒙蔽。至于他说，在西周"尚未能使氏族制度遭到彻底的驱逐"，那在事实上是对的；氏族制尤其是奴隶制的残余，实际还存在于其后一个较长时期，在西周以至西周区域而外的春秋战国的某些诸侯之邦，由以往时代遗留下来的氏族制和奴隶制尤为显著。下面分别论述早川二郎的意见。

一、西周与春秋之间，并没有经过何种革命的斗争，更没有产生成功的革命；公元前842年的"彘之乱"诚然是群众性的起义，但在一方面，显然是失败了的；一方面，其时又远距在"平王东迁"前六十余年。以此说"西周时代和春秋战国时代，两者在社会制度上，亦有显著的不同"，是没有根据的。同时，在其间也没有经过任何显著而又成效的由上而下的改革。因此，这种论断是违反马克思列宁主义的社会变革论的原则的。

二、认为西周是青铜器时代的，并不只早川二郎，许多历史家甚而因此论断殷商的生产工具是石器。这在一方面，西周使用青铜器，也不能以此就否定西周社会的过渡性，马克思列宁主义教导我们，应从历史的全面具体情况去作具体分析，而不要去夸大某种个别现象；另方面，在西周已有了知道使用铁器的迹象和可能。在春秋初期，盛行于齐国的冶铁事业，以及赵鞅时代的晋国和其后的吴越关于冶铁风箱的发明，都不能认为是突然出现的东西。所以，说

---

① 参阅早川二郎：《古代社会史》。

"取厉取锻"① 可能是关于炼铁的记载，说"锻工"即"铁工"也是有可能的。历史事实表明，某些地方的农奴制度，经过了长期发展以后，还是大量的木器、石器与铁器并用。至殷商的生产工具是否为石器，后面再说。

三、周"分封"的"同姓"和"异姓"的内容，究属于何种历史范畴呢？这需要从周朝历史的具体内容和辩证过程去把握。在"武王革命"后开始出现的周代新社会的构成，一面从殷代奴隶所有者社会制度与组织形式，如国家的土地所有和国家支配下的两种形式的公社组织出发；一面从其自身的氏族社会的制度与组织形式（氏族公社及其向农村公社过渡的形态）出发，从而形成周代的新社会在某些方面上，如像日耳曼封建社会形成的过程一样。易言之，亦即从国家的土地所有的财产形态以及国家支配下的公社内的家族财产形态和周人及其他部落和种族原有之氏族公社的氏族财产和家族财产形态，各种因素和要求的矛盾斗争的统一而转化出庄园制的封建财产形态和农奴经济，并步步去排除奴隶制和氏族制的东西。在这种财产形态下，土地在名义上属于王，由王分封给左右、功臣、亲属等人。这在实质上，就是他们对土地的瓜分和占有。列宁说："土地为大的土地占有者即地主所瓜分；地主把这种土地分一块给农民，以便剥削他们，于是土地好像是实物工资。"② 受封者，一为王的左右扈从、亲族、功臣及僧侣等，即《孔子集语》所谓"载干戈以至封侯"的"同姓之士百人"，《荀子·儒效篇》所谓"五十三"个"姬姓""国"，《左传》定公四年所谓"四十"个"姬姓之国"，《史记·汉兴以来诸侯年表》所谓"武王成康所封数百，而同姓五十五"……一为各氏族的酋长或部落长——已渐次成为公社土地的占有者，即《周书·武成》所谓"庶邦冢君，暨百工，受命于周"，《左传》成公十三年所谓"征东之诸侯，虞、夏、商、周之胤"，司马迁所谓一以封前代帝王子孙（所谓前代帝王子孙，实际就是各氏族的酋长或部落长），一为殷代的贵族转化而成为新时代领主的，如宋、郳等。波特卡诺夫在《唯物史观世界史教程》中说："这些土地所有者的出身是怎样的呢？他们大都为酋长、僧侣及武士团武士的子孙；他们侵占公社的土地据为私有，使公社只残存为农业上的生产形态。"这是就日耳曼作典型来说

---

① 《诗经·大雅·生民之什》，《公刘》。
② 列宁：《什么是"人民之友"以及他们如何攻击社会民主主义者？》，《列宁全集》，第 1 卷，第 168 页。

的。在周初，这种封邑究有多少呢？《吕氏春秋·观世篇》说"周之所封四百余，服国八百余"；《贾山至言》说有千八百余。这不过极言其多。以此，"同姓为多，异姓为寡"的说法是夸张的。这种封赐土地的制度，到秦汉以后便残留为食邑制度。列宁就封建俄国的情况说："从前俄国在采邑制度鼎盛时代，土地不能当作遗产来传授（因为当时只是把土地看作条件的私产）。"[①] 这是说十五世纪中叶确立的一种特殊的封建土地占有制，食邑算是封建君主的占有的地产，是由君主暂时赐给贵族们的一种有条件的地产。中国秦汉以后的食邑的土地所有权性质，也还是如此。

王"分封"土地给左右等人，是用册令去行使的，周金中关于锡邑、锡采的册令，及《诗·鲁颂》等，均记载得很明白。封予者，并不仅是自然的土地，而是连同土地上的人民，如《大盂鼎铭》所谓"受民受疆土"，《子仲姜镈铭》所谓"与邑民人都鄙"，《左传》隐公八年众仲所谓"胙之土而命之氏"。所以《荀子·王霸篇》引"《传》曰：……建国诸侯之君，分土而守"。"诸侯"而下，又依次以土地"分封"其左右，如鲁三家、晋六卿等；三家或六卿又有其自己的从属领主；又有些较小的领主，自己要求去充任较大领主的"附庸"而取得其保护。因而形成等级从属的"土地所有的属性"。这在周代，就是所谓"王及公、侯、伯、子、男、甸、采、卫、大夫，各居其列"[②]。在这个基础上，建立起军事裁判和社会身份的等级从属性，及相互间的盟誓，即所谓"天子经略，诸侯正封，古之制也……故王臣公，公臣大夫，大夫臣士"[③]，"士有隶子弟"[④]，与各种凡属盟誓的东西。在这里，仅叙述其等级从属性的"武装家臣制"，不是把生产阶级的"庶民"或"农夫"……包括在内。"士"是"食田"的最小领主；"惟士无土则不君"，而为中上阶级领主的左右。

体现身份的爵位与职业的世袭制，以及"礼"、"名分"、尊卑主义，等等，都被视为神圣不可侵犯。早川二郎在这里，只知有"宗法"制的亲亲主

---

① 列宁：《什么是"人民之友"以及他们如何攻击社会民主主义者？》，《列宁全集》，第1卷，第132页。

② 《左传》，襄公十五年。

③ 《左传》，昭公七年。

④ 《左传》，桓公二年。

义，而不知有尊尊的尊卑主义，即等级制度以及"三纲五常"等等。

因此，周代历史的具体内容，与早川二郎所臆断的部族的关系的内容，并没有什么相同的地方。

不过，西周虽然是以这样一种规模和制度去建立其新国家；但并非一下子在全国范围完全实现，事实上，不只在这种领地内存在着奴隶制和氏族制的残余，而且这两种形态、特别是奴隶制生产方式，在相当长的时期内还是保留着一定比重的。在全国各地区发展不平衡的基础上，表现为一个较长的过渡期的存在。

四、所谓"井田"，在原来的意义上，的确"是农业经营上的一种灌溉制度的组织"，"不是一种土地制度"①。孟轲把水利制度和土地制度混淆，把庄园制的内容结合于"井田"的语义下，而构成其理想化的"井田"论。但孟轲所谓"野人"，却是周金中的"庶人"、"白丁"，其性质，已如前述。《诗》云："雨我公田，遂及我私"的"私田"，即《王霸篇》所谓"《传》曰：'农分田而耕'"的农民的分地，也就是《汉书·食货志》所追述的"民年二十受田，六十归田"之田。领主乃以此去养活农民，维持劳动力的再生产。农民在"公田"上所支出的劳动力，强孟轲所谓"助"或"赋"，为领主从农民身上榨取的剩余劳动。这我已在前面说过。

"农夫"或"庶人"所使用的劳动工具，依据《诗·臣工》"庤乃钱镈"及《尚书·费誓》"峙乃桢干"的史实来看，我认为系农民有"自己的生产工具"②。但《诗·大田》"以我覃耜"的覃耜，又似属领主所有。这如果是对农奴说的，也不足惊异，事实上，在今日也还有使用地主工具的佃农；如果是对奴隶说的，则正是过渡时期的特点。他们"有自己的经济"③，则是公认为西周作品的几篇诗及其他可靠文献都能确证的。而"有自己的经济，有自己的生产工具"正是农奴与奴隶不同的重大特点。同时，"农夫"不但有"农之子恒为农"④的身份职业的约束，而又是"民不迁，农不移"⑤地被束缚于土

---

① 参阅吕振羽：《中国社会史纲》，第 2 分册《殷周时代的中国社会》。
②《联共（布）党史简明教程》，第 157 页。
③ 同上。
④《管子·小匡》。
⑤《左传》，昭公二十六年。

地上面。列宁关于封建的生产关系曾说过：对直接生产者，就特殊说，必须分给生产资料，就一般说，必须分给土地，且必须把他们束缚于土地上面不令离开，农民在人格上必须隶属于土地所有者，从而才能为"经济外的强制"。

这和早川二郎对"井田制"和"贡"、"助"、"彻"所作的解释，是完全不符合的。从而早川二郎对《诗·七月》等章所作的解释，也只是"断章"取字的玩弄语义；"庶人"也不只是"外表上像农奴"，在本质上正是农奴。

五、周朝"宗法"的内容，确实表现了一点氏族联系的残余，而在实质上，它却正体现了初期封建时代的爵位、身份、财产、权力（特别是财产）承袭的特色。初期封建社会的承袭权，原则上为长子承继制，这不但由于领地组织的特性；且由于长子代理其父的领主的职权，较之其弟辈，在地位上能力上都常常具有较好的条件。又由于封建领邑间以及其对其他部落和种族间常常有战争发生，加之领主同时又系其领地或其属领内军事的组织者与指挥者，长子在年龄上，较其弟辈也有容易继承这种军事职务的优越条件，因而便发生了长子继承的原则。但长子继承，并非根本抹杀庶子的分承权，事实上，庶子也有在其父的领地内分占采邑的权利，如郑庄公继承武公，其弟叔段则得分承鄢地为其领邑——不过后者便成为前者的从属。与此相适应的，便是所谓"大宗""小宗"的派演。反之，女子没有承继权，所以女子被排斥在宗法的系统以外。

另方面，由于"亚细亚的"中国殷商的奴隶制时代，不曾产生过像希腊、罗马那样的宗教，只有那具备一神教内容的巫教，其特色为在崇奉最高神天帝之下，又同时崇拜祖先。所以周朝的封建统治者，又能够而且不能不把一部分教权直接握在自己手中，行使对农民的精神统治。"宗法"，便是封建主手中的教权表现的一种方式（所以《左传》哀公四年说："致邑立宗，以诱其遗民"），从而形成为一种制度。所以"丧服"上所表现的"宗法"的系统，除去无财产承继权的女子外，并不限于同姓，而是"立宗"与"致邑"相关的，也是与天子、诸侯、大夫、士的政治上等级系统相适应的。"宗法"之表现在"宗教"的作用上，正是部分地承袭了殷商巫教崇拜祖先的教义。

早川二郎不了解历史的这种内在的关联和其具体内容，为儒家所演绎的丧服说所蒙蔽，才把"宗法"误解为"被歪曲的氏族制度"。

再次说到佐野袈裟美的见解。佐野"主张把由西周到东周的初期，这个

期间，划成一个时期，作为形成奴隶占有者的社会经济组织的期间"；并认为
"到春秋时代（公元前七二二——四八一年），奴隶制渐次走上崩溃的道路，
而转化到封建农奴制去"，"到了战国时代"，"旧贵族渐渐没落，新贵族及官
僚、商人领有了土地"，"土地私有的发展，便产生封建的佃农关系"，到"秦
朝的统一"便成立了"官僚的中央集权的封建制"①。

　　他的主要论据是：一、"被周民族征服了的殷民族的十三族，被迫为奴
隶"②。二、《诗·甫田》："我取其陈（旧谷物），食我农人"，是在说"农民
则由'公子'或'曾孙'，或者由其代理人给与食物养活着"。反映着"收获
物的全部却是被收缴于榨取者的手里"③。三、《诗·载芟》的"千耦"、《噫
嘻》的"骏发尔私（私田），终三十里（方三十里），亦服尔耕，十千（一
万）维耦"一类的记事，正说明"农业劳动"是"在集团方式下进行的"④。
而所谓"私田"则是说的"已渐渐把公社所有的土地私有化"的"贵族"的
占有地⑤。四、《诗·良耜》是描写"奴隶农业劳动非常盛行的光景"，说明
"满满地堆在仓里"的"收获物"，"成了征服者的一族或者其中的贵族集团的
东西"⑥。五、《左传》成公二年："楚侵及阳桥，孟孙请往赂之以执斫（木
匠）、执针（裁缝）、织纴（织工），皆百人，公衡为质，以请盟。楚人许平。"
是在说鲁以其"都是奴隶的木匠、裁缝、织工等各百人执送敌国，由此可以
推知手工业奴隶当时已普遍地存在着了"⑦。六、周金大盂鼎、令鼎、令敦、
齐侯镈、县妃彝等铭文，都是记载着"赐赠奴隶的事"⑧。七、不娶敦、敔敦、
卯敦等关于赐田的记载，系显示着"田的赐与确实到了听任作为贵族个人的
私有土地的地步了，但是，也不能不承认，也有赐给氏族种族共同体的"⑨。

　　佐野袈裟美的一、六两点论证，系承袭郭沫若先生的论旨，不再赘及。他

①　佐野袈裟美：《中国历史教程》，第98、99、105、106、176页。
②　同上书，第89页。
③　佐野袈裟美：《中国历史教程》，第91—97页。
④　佐野袈裟美：《中国历史教程》，第91—97页。
⑤　佐野袈裟美：《中国历史教程》，第91—97页。
⑥　佐野袈裟美：《中国历史教程》，第91—97页。
⑦　佐野袈裟美：《中国历史教程》，第91—97页。
⑧　佐野袈裟美：《中国历史教程》，第91—97页。
⑨　佐野袈裟美：《中国历史教程》，第91—97页。

对《诗·大田》等章的解释，则与早川二郎一样，完全为文字的表层语义所蒙蔽，不知从全部史实及历史的内部联系上进行考察。事实上，有其自己的"家"、"室"、"妇子"，甚且还有其自己的劳动工具——钱镈等等的"守其业"的"食力"的"农夫"、"庶人"……历史上绝没有这种被"给与食物养活着"的奴隶。说到他们劳动的"收获物"，如系"全部……被收缴于榨取者的手里"，则《诗·七月》所谓"言私其豵，献豜于公"及"献羔"的事实，便是不能解释的；同时，鲁哀公所谓"二，吾犹不足，如之何其彻也"[1]，以及所谓"民参其力，二入于公"[2] 与所谓周之"助"的情况，也正是与佐野袈裟美的见解相矛盾的。从而《诗·载芟》和《噫嘻》所说的，也便不是描写农业奴隶的集团劳动，而是说在最高领主的庄园内，常有成千成万的，也就是说很多的农奴，同时在"公田"或"私田"上劳动。这在奴隶制下的个别奴隶主的土地上，反而是不可能有的情况。与"尔耕"并称的"尔私"，也并非"私有化"的"贵族"的"土地"，而是"分田而耕"的农民的分有地。农民在其分有地上劳动的时间，是能自由支配的；其在"公田"上的劳动（及其他徭役），是完全提供给领主的剩余劳动。从而所谓"万亿及秭"[3] 的诗文，不过在描写剩余劳动生产物，即"公田"上的全部收获物之量的庞大，而不是农民全部劳动"收获物的全部"。自然，我们从来就不否认西周是以"武王革命"为标志的建立封建制度的过渡期和有着大量生产奴隶、家内奴隶的存在；而这些诗篇、却正是新兴的封建主对其封建制生产的宣扬。

敔敦等铭文的锡臣、锡田的记载，如前而所说过的一样，那正是用册命去行使的封建盛典；其意义，正如《鲁颂》所述："王曰：'叔父，建尔元子，俾侯于鲁；大启尔宇，为周室辅……锡之山川，土田附庸。'""受民受疆土"的贵族，则以"殊厥井疆……申画郊圻，慎固封守"[4] 的方式，把被赐予的土地组织为"邦"或"邑"，这种"邦""邑"，并具有相对独立的军事、政治、财政的权力，所以《尚书·文侯之命》说："共归视尔师，宁尔邦"，"简恤尔都"。《荀子·王霸篇》说："《传》曰：'建国诸侯之君，分土而守。'"（按

---

① 《论语·颜渊》。
② 《左传》，昭公三年。
③ 《诗经·周颂·闵予小子之什·载芟》。
④ 《尚书·周书·毕命》。

《毕命》与《文侯之命》虽系稍后之作，但以之与其他史实联系起来去考察，是可以作为副料的。）"锡臣"则系同时赐予执事人员、贱奴以至奴隶等；连同田地、执事人员、农奴、贱奴同时还包括奴隶去封赐，也是容许的，那不只是过渡期的特点，而且是农奴制及其以后时期一般都存在的现象。

关于鲁以木匠、裁缝、织工送予"敌国"以及《大盂鼎铭》的"人鬲"，锡"庶人"、"臣"等记事，一方面，由于佐野袈裟美也同样不懂得：封建主一般虽已不能屠杀农奴，"但仍可以买卖"①，而况也有任意杀死农奴而不受到法律干涉的情况。封建主对于工奴，尤其是"贱奴"，常以之任意买卖或赠予，更是世界历史上一般都存在的情况。一方面上级封建主所封赠给其属下的，不只是连同土地上的农奴，还包括贱奴及奴隶等，尤其在过渡时期常连同有不少数量的奴隶。这正是《大盂鼎铭》所说明的内容。

我现在以斯大林的一段话来作为本节的结语："在封建制度下，生产关系底基础是封建主占有生产资料和不完全占有生产工作者，这生产工作者便是封建主虽已不能屠杀，但仍可以买卖的农奴。当时除封建所有制外，还存在有农民和手工业者以本身劳动为基础占有生产工具和自己私有经济的个人所有制。这样的生产关系基本上是与当时的生产力状况相适合的。熔铁和制铁工作更进一步的改善；铁犁和织布车的散布；农业，园圃业，酿酒业和制油业的继续发展；与手工业作坊并存的手工业工场企业的出现，——这就是当时生产力状况底特征。

新的生产力所需要的是在生产中能表现某种自动性，愿意劳动，对劳动感觉兴趣的生产者。因此，封建主就把奴隶抛弃，因为奴隶是对劳动不感兴趣和完全没有自动性的工作者；而宁愿利用农奴，因为农奴有自己的经济，有自己的生产工具，具有为耕种土地并从自己收成中拿出一部分实物缴给封建主所必需的某种劳动兴趣。

私有制在这里已经继续发展了。剥削几乎仍如奴隶制度下的剥削一样残酷，不过是稍许减轻一些罢了。剥削者和被剥削者间的阶级斗争，便是封建制度底基本特征。"②

———————————————

① 《联共（布）党史简明教程》，第157页。
② 《联共（布）党史简明教程》，第157页。

自然，在世界各国家和民族的历史上，多多少少都还有其各自的特点。

三、秋泽修二对于这个问题的歪曲

现在来检查日本法西斯军阀侵华宣传员秋泽修二的歪论。他的《中国社会构成》，是集一切反马克思列宁主义的反动的错误的观点之大成的中国史论。

关于中国社会的发展形式，他在该书第 214 页说："我们认为，大体上从春秋战国到秦汉时代的中国社会是奴隶所有者构成的社会，从唐代到清末是封建构成的社会，而自汉以后至唐的期间，是从奴隶所有者社会构成向封建社会构成转化的时代，向封建社会构成之明确地确立的时代。"但他又在同书第 245 页说："在春秋战国时代，秦汉时代（至少在前汉时代），及北朝的若干诸王朝是奴隶制成为支配的生产方式，唐宋以后到清末的时代，封建的农奴制成为支配的生产方式。"第 241 页说："在隋代，奴隶制又成了重要的生产关系。"第 243 页说："至元代，由于元征服的结果，奴隶制再复活。"第 257 页说："周以前的时代，所谓'殷商'时代（公元前十八世纪到公元前十三世纪）大体上是氏族制社会的时代。"第 257—258 页说："殷代末期"，"社会阶层分化的开始，表现着国家的始基形态。"第 205 页说："奴隶制到周种族对殷种族的征服后，才成为决定的东西。"第 215 页说："殷代末期及周代初期，是种族奴隶制的时代。"第 207 页说："西周"是"成立于种族奴隶之上"的"原始国家"。

在这里，不只是秋泽修二立论的不明确与自相矛盾，而且又正是他在承认中国社会发展之"一般规律性"的言词下，隐蔽其历史循环论的本质，隐蔽其歪曲中国史的法西斯侵略主义的阴谋。他所以胡诌所谓中国社会发展的"一般规律性"，不过是他所散布的妄图迷人的烟幕。但在伪装的言词或烟幕下，却也露出了秋泽修二的狐狸尾巴，他说："自汉至隋唐的中国社会"，由于"奴隶制与农奴制相互制约的关系"，而形成"中国社会"之"同一的社会过程的反复"，"社会矛盾的反复，社会过程（社会运动）的反复"，又规定了

"中国社会的停滞性"。因此，秋泽修二的"一般规律性"，只是历史循环论的"规律性"。

在他的"一般规律性"的基础上，所达到的中国社会过程之循环运动的结论，从而又导出外族的侵入起决定作用的外因论的结论。由这里所导出的秋泽修二的"包藏祸心"的真实意图，正说明异族的侵入与其统治权的建立，能让死去的奴隶制一再数次地复活。这就是说，如果中国封建余孽、保守派及一切害怕民族民主革命的人们，肯欢迎日寇侵入中国来建立其殖民地统治，中国的封建制度也是可能复活的，他们已失去的阶级统治也是可能挽回的。依照秋泽修二，异族的"征服"或侵略，不但是没落阶级的救星，且能替代革命阶级履行革命的任务，为他们开辟历史前途。所以他在另方面，又认为当作对立的、或彼此从不相属的异族之"周种族"的侵略把"殷种族""征服"，便完成了中国社会由氏族制转化到奴隶制的变革任务。从而又创造出中国史上第一次出现的国家。这应用到日本法西斯侵华的宣传意义上，就是在说，如果中国人民肯欢迎日本帝国主义来征服中华民族，便能"破坏""中国社会的特有的停滞性"，给你以"中国经济的近代化"的"道路"。可惜社会变革的根据绝非外在矛盾，"国家决不是从外部强加于社会的一种力量"①，殷周也决不是相互敌对的异族，"周种族"曾是受命于殷（如"命周侯"的记载等等）的，是殷代国家的一个组成部分的从属或属领，正如日耳曼民族之"曾为罗马的属领"一样。所以"武王伐纣"的内容，决不是异族的"征服"行为，而是产生于社会内部的阶级矛盾基础上的一个革命。这个革命，虽然是以武王、周公、太公等人为首和以周人为中心，却是连同殷人在内的各族人民共同进行的。

秋泽修二不但以其可耻的宣传歪论，企图来麻醉中国的封建余孽和大资产阶级，而又企图来动摇坚决抗战的中国人民与反战的日本人民。所以，他不但给予"中国社会"以"停滞"、"循环"、"反复"、"退化"、"过程"的"特性"，又胡说什么"中国社会经济的近代化的过程，不是发生于中国社会自体内的资本主义生产方式的自生的发展"，而是由于"外力之侵入中国"所决定的。这就是在说，"中国社会的特性"是没有"自生的发展"，以此来曲说中

---

① 恩格斯：《家庭、私有制和国家的起源》，第163页。

国民族的"抗战建国"运动，也是没有前途的；反之，日本法西斯侵略中国，在秋泽修二的喇叭中，倒成了适应"中国社会之特性"的要求，而不是违反历史法则的非正义的、反革命的战争了。但这并不足以说明他擅长歪曲，而只暴露了法西斯宣传员的无耻本色和低能。

秋泽修二的由汉至唐的"千年"过渡期，又在说明什么呢？在这里，秋泽就是企图曲说中国史上的封建制和奴隶制，既得以"共存共荣"地平行存在了一千年，那自然便能给予"工业日本，农业中国"之"结合"以历史的根据。

因此，秋泽修二的中国史论，纯系从日本侵华的政治阴谋的基础上，根据预定的宣传观点作出的结论。他的中国奴隶制度论，又正是其可耻的反动理论的主要构成部分。在这里，我们进而指出其虚构的中国奴隶制度的内容，是必要的。

他的周代奴隶制，却仅能利用早川二郎、佐野袈裟美等人的错误论证，特别是他们对于"亚细亚生产方式"的错误见解，而给以恶意的渲染和歪曲，他自己并没能加入何种新鲜的材料。只是他认为西周和春秋之交，由于"那些旧氏族的破产没落"，"代之而起的新有产者（富有者贵族）的抬头"，即"小人出身的富有者（奴隶所有者）的参加政权"，社会便"从种族奴隶制"转变为"生产奴隶制"。在这里，秋泽企图曲说，由奴隶制的初期到其发展期，也经过了两个阶级的地位交替，秋泽解作奴隶的、与"庶民"、"农夫"同质的"小人"，即所谓"种族奴隶"，现在却和平转化而成了"奴隶所有者"阶级。这种理论，当然为那些甘心作"种族奴隶"的汉奸所欢迎。

所谓秦、汉"奴隶制"，秋泽在该书第 213 页说："在汉代以前的中国社会，被称作封建农奴制的那些东西，实际不外是特殊形态的奴隶制；被规定为封建农奴的那些东西，本质上，只是奴隶乃至半奴隶的农民。而此农奴形态的奴隶乃至半奴隶这一范畴的存在，是古代中国社会的特征。""以收获百分之五十作为地租而纳付的佃农"，也"大致是半奴隶的东西"。第 218 页说："广大的官有地"的"农业生产"都使用"奴隶劳动"；第 219 页说："官有地以外的贵族、地主、商人的大私有地，除佃农外，主要也是奴隶在从事农业劳动。"

秋泽修二在这里，除去反复陶希圣及其"一群"所谓"秦汉奴隶制度"

的片面材料外，并没有提出何种新鲜的证据。而陶希圣及其"一群"中稍有良心不愿再同流合污的人们，也曾经说秦汉的奴隶，不是农业劳动的主要担当者，系大都被使用在官私杂役上。事实上，在秦汉，农业劳动的主要担当者，是那"耕豪民之田，见税什伍"的"小民"[1]，耕"富民""之田"而纳付"其半"收获的"浮客"[2] 或"徒附"；这种"小民"、"浮客"或"徒附"，另外还需向国家提供徭役和人头税。所以《史记·秦始皇本纪》说他们系常年生活在"戍漕"和"赋税"的重荷下。《汉书·王莽传》说："汉氏减轻田租，三十而税一，常有更赋，罢癃咸出。而豪民侵陵、分田劫假，厥名三十税一，实什税五也。"《东汉会要》说："今汉人或百一而税，可谓鲜矣！然豪强占田踰（多），其赋太半。官收百一之税，而入输豪民太半之赋。官家之惠优于三代，豪强之暴酷于亡秦。"政府收税，地主收租，正是封建制后期的租税分化的事实。同时，他们还有权利去出卖其妻子和自身。这对于秦汉农业劳动者的社会性质，是表述得很清楚的。

但秋泽还可能以"形式上很像农奴"的斯巴达的黑劳士（Holos）作依据来玩弄其诡辩。可是斯巴达当时才进到"文明的入口"，农业手工业"各生产部门的分工"还不明显，"各个个人及各个社会之间生产品的交换"还没有发展的"可能"；财产还保持在种族财产的形态下，"同一氏族内部的财产差别没有把共同利益变为氏族成员之间的对抗"[3]。社会还保持着氏族的组织。同时，斯巴达除黑劳士外，还有被征服的亚格亚人。因此，斯巴达的社会，严格地说来，当时还只是未成熟的奴隶制。所以恩格斯叙述国家成立之三个形态时，只提到雅典、罗马、日耳曼，并没有提及斯巴达，而且说："雅典人国家底发生乃是一般国家形成底一种非常典型的例子，因为一方面它产生的方式非常单纯……在这里，极发展的国家形态，民主共和国，是直接从氏族社会中发生的"[4]。在这里，马克思主义经典家的论旨，是十分明确的，不容歪曲的。

然而秋泽修二或者又可能引证罗马末期的"科劳士"与"边疆佃户"来作为立论的根据。可是"科劳士"与"边疆佃户"，正是中世农奴的"前驱"，

---

[1] 《汉书·董仲舒传》。
[2] 马端临：《文献通考·田赋考》引苏洵语。
[3] 马克思语；转引自恩格斯：《家庭、私有制和国家的起源》，第158页。
[4] 恩格斯：《家庭、私有制和国家的起源》，第114—115页。

在罗马末期它们都还只是一种新生的因素，并没有成为支配的生产方式。

自然，所谓奴隶与农奴的本质区别，从形式与内容的辩证的关系去进行理解，便不应单凭其"外貌"，主要应从他们自己是否有支配其一部分劳动时间的自由去考察，因为这是决定农奴的半人格的社会身份的基础。但是像秋泽修二在所著书第 301 页所说："中国奴隶社会的直接生产者，第一是奴隶——包含奴隶以外的'农夫'型奴隶，'浮客'型奴隶等农业奴隶，——第二是佃农——其中多半是半奴隶的佃农，——第三是公民，尤其是自由农民……这种公民——自由农民，决不是国家的封建的农奴，在集权的专制的支配下，可说多半是处于半奴隶的地位"。然而"农夫"和"浮客"却都能自由支配其一部分的劳动时间，特别是纳付现物地租的"浮客"，地主所要严格执行的，并不在于其劳动时间的如何支配，只在于所收集的实物地租量。马克思在《资本论》第 3 卷说道："在这个关系下，直接生产者对于他的全部劳动时间如何利用，已经多少有权可以自己支配了……地主现在已经不是在劳动的自然形态上直接得受这种剩余劳动，他是在劳动借以实现的生产物的自然形态上得到它……生产者为自己做的劳动和他为地主做的劳动，不复在时间和空间上显明分开了。"①（自然，地主对于农民的及时耕种与深耕施肥等事情，并不是放弃干涉的）而所谓"佃农"却只是"浮客"……的同义语。秋泽修二所说的"公民——自由农民"，想系指自耕农民而说，否则，就只是无内容的空话。因此，秋泽修二又调转花枪来自己反对自己，该书第 299 页说："春秋战国——秦汉时代中国社会的农业奴隶制，多是半（！）农奴制的"。在"半（！）农奴制"的掩饰下，又露出一根丑陋的尾巴。

再说到秋泽修二的"千年"过渡时期（自汉以后至隋唐）是怎样成立的呢？依照他自己的解释，认为由于奴隶所有者感觉奴隶劳动的"不经济"，从贡禹劝告汉元帝释放"十万奴婢为庶人"作起点，奴隶制便让出其支配王座。而与封建制平分春色。从此，农奴"外貌"的奴隶，也蒙受"皇恩"而变成了"本质"的农奴。这样说来，不但不需要经过成功的革命斗争，而且不需要经过任何革命的形式，仅凭统治者的一纸命令，就完成了一个变革社会性质的历史任务，真算是"皇恩浩荡"！难怪秋泽修二甘心把冒牌马克思主义外衣

---

① 马克思：《资本论》，第 3 卷，第 1037—1038 页。

脱掉，去充任法西斯的走狗。因为依照他自己的历史逻辑，日本资产阶级也终或有一日会感觉工资劳动的"不经济"，不能不以"皇恩浩荡"的命令来解放工资劳动者的。斯大林根据人类全部历史，却早已明确指出：划分世界史三个极重要时代的三种极重要的革命，即消灭了奴隶主制度的奴隶革命，消灭了封建制度的农奴革命，消灭了资本主义的无产阶级革命。秋泽修二的小丑形象在真理之前是无所遁形的。

依照秋泽修二的说法，"奴隶制"不但是由于皇帝的一纸命令，自"汉"代就退出了支配的地位，而且"由于后汉灭亡，由于五胡侵入"，"社会"却又"逆转到自然经济，行使较原始的奴隶制——如部民型奴隶制"。致出现"五胡十六国时代，是向奴隶制的自然经济逆转的时代"。在南北朝的"北中国的许多国家，大体上，奴隶制""也成了支配的生产方式"，在南朝，却是"农奴制相当的发展"。"虽然，在南北朝的时代，奴隶制在当时的生产上"，还是"有着主要的作用"——根据是："当时的谣谚'耕问奴，织问婢'"。

但是事实上，在汉末，由于地主阶级普遍发动的反农民武装，归结为魏、蜀、吴的三分局面，在社会制度上，却仍是承袭秦汉。西晋的占田法，也只是把无主的荒地分给农民，由国家征收赋税，并非把有主的土地没收；对贵族、官僚、地主、商人的占田和佃农（佃客）数额的限制，系由于长期纷乱后，地主阶级的屠杀和人口流亡引起的劳动人口的缺乏而作出的措施，但亦未见诸实行。因此，晋代也并未改变秦汉以来的雇役佃耕制。那种佃耕国家土地的农民，也并不能改变其属性。马克思说："假设相对出现的，不是私有土地的地主，却像在亚细亚一样，是那种对于他们是地主同时又是主权者的国家，地租和课税就会合并在一起……"[①] 这种地租收入归"地主同时又是主权者的国家"的土地，在中国的情况下，只占其时全部耕地面积的极小比例；皇室占有的土地，则是最大地主的皇帝和其家族的土地占有。在北朝，一方面由于拓跋人在南下以前，才发展起奴隶制的生产，在其南下以后，便形成拓跋人的奴隶制状态与汉人的专制主义封建制两种生产方式的并存和矛盾；但先进的克服落后的，所以，到所谓孝文改制时，拓跋人的奴隶制基本上已转化为封建制。而这，曾给了中国社会以特殊色彩和阻滞社会发展的作用，却是不能否认的。

---

① 马克思：《资本论》，第3卷，第1032页。

一方面，在所谓"均田制"的原则下，不但仍允许贵族、官僚、地主的私有地存在，而且没有防止土地的兼并；分给农民的土地，则由国家征取"租调"和"力役"，如齐武帝河清三年诏说："受田输租调，二十充兵，六十免力役"①。"受田"除"良丁"外，"奴婢"也"受田"，其原则为："奴婢受田者：亲王止三百人，嗣王二百人，第二品嗣王以下及庶姓王百五十人，正三品以上及皇宗百人，七品以上八十人，八品以上至庶人六十人，奴婢限外不给田者皆不输。"② 很明白，这不是以"奴婢"作为生产者去直接"受田"，而是贵族、官僚、地主以其"奴婢"作手段去扩大土地的占有。

北朝的贵族、官僚，特别是拓跋贵族，自"五胡十六国"以来，一面曾俘虏人口作奴隶，圈占耕地作牧场；一面由于占有大量土地，在农业劳动力缺乏的情势下，常以在战争中俘虏人口的手段，或其他方式，强迫难民（所谓流民）和农户为其部曲（或部民），在其占有地内从事农业劳动。前者比较盛行于拓跋南下初期，后者则系汉末以来所出现的一种情况。在汉末，由于豪族的"聚众堡垒"而出现了所谓"部曲"。其来源一为豪族原有的手下武装，一为在军事扰攘中要求保护的农民。变成"部曲"的农民，对其主人（将、吏、长）有"质任"，即服从和应役的义务。晋武帝想把"百姓徭役""复"拿回到国家手中，曾一度诏令"罢部曲将吏长以下质任"③。依此，"部曲"是带有原先农奴性质的农民，不是奴隶。《旧唐书·高宗纪》更说得明白："显庆二年十二月，敕放还奴婢为良人及部曲客女者听"是"部曲"受其主人的约束程度，虽较苛刻，而在其本质上，仍系同于"良人"或"佃客"。但有人认为"部曲"是初出现于历史舞台上的农奴，却是错误的。依照这种说法，则晋武帝想从"将吏长"手中，把"百姓徭役"收回到国家手中而取消"部曲"对他们的"质任"，这一史实，便无法解释。同时，"部曲"在其最盛行的时代，也只占全农业劳动人口的最小比例；而且自唐以后，又完全绝迹了。如果"部曲"是初出现于历史上的农奴，为什么始终都不曾在农业生产中取得支配地位？事实上自汉末到南北朝，全中国、尤其是北中国人民，在地主阶

---

① 《文献通考·田赋考》。
② 《文献通考·田赋考》。
③ 《晋书·武帝纪》。

级的混战，"五胡"、拓跋各族上层集团的残暴侵掠、烧杀与民族压迫的动荡局面和野蛮宰割的年月，生命财产和日常生活，完全失去了保障，因而一部分求生不得，求死不能的一些农民，便投靠豪族势家，妄想从豪族势家的保护下去继续其可怜的生活。故《魏书·食货志》说："魏初不立三长，故民多荫附。荫附者皆无官役，豪强征敛，倍于公赋。"这与他们后来之投靠沙门，有相同的社会内容。

因此，中国历史的具体内容，与秋泽修二的中国奴隶制度论的虚构图式，并没有丝毫相同的地方。但是秋泽修二的中国史论的毒素，在我们抗日民族文化统一战线的内部，也有受其传染的。这由于秋泽修二所玩弄的以残余当作主要，以部分概括全部的手段，容易蒙蔽人们的政治嗅觉；或由于某些人甘愿充任秋泽修二的应声虫；或由于鸦片战争后的一百多年间帝国主义侵略下的殖民地文化的影响所致。

四、殷商是中国史上的奴隶制阶段

奴隶制，在历史上，有家长制的、家内的、古代的、殖民地的各种具体形态。

所谓古代的奴隶，是在奴隶所有者社会构成范畴中，作为生产的主要担当者而存在的一个阶级。父家长制的奴隶，是生产奴隶的前驱者，是出现在由原始公社制社会向奴隶制社会过渡期的一种形态，在劳动生产上还只能演着补助的作用。所谓家内奴隶，系由父家长制的奴隶演进到奴隶制社会，一部分转化为生产奴隶，一部分则以家内奴隶的形态而成为奢侈奴隶；而后来之所谓"东方的家内奴隶制"，系包括奢侈奴隶和生产奴隶两者的残余而说的。殖民地的奴隶制，是在资本主义的生产方式，特别是工资劳动形态还未充分发展的期间作为其补助物而存在的；但奴隶劳动妨碍着机械的发展，并排斥工资劳动，反而会阻止资本主义生产方式的成熟，因此，它一到资本主义的发展阶段，便不能不被废止，而完全由工资奴隶所代替了。这在美国资产阶级对所谓"黑奴"的役使，表现了最贪婪最残忍的典型——这其中还夹有种族歧视的残忍典型。

在这里所要说明的，是奴隶所有者社会构成的奴隶制。奴隶所有者社会构成的特征何在呢？斯大林说道：

"在奴隶制度下，生产关系底基础是奴隶主占有生产资料和占有生产工作者，这生产工作者便是奴隶主所能当作牲畜来买卖屠杀的奴隶。这样的生产关系基本上是与当时的生产力状况相适合的。此时人们所拥有的已经不是石器，而是金属工具；此时所有的已不是那种不知畜牧业为何物，也不知农业为何物的贫乏原始的狩猎经济，而是已经出现了的畜牧业、农业、手工业以及这些生产部门彼此间的分工；此时已有可能在各个人间和各部落间交换生产品，已有可能把财富积累在少数人手中，而且真正把生产资料积累于少数人手中，已有可能迫使大多数人服从少数人并把这大多数人变为奴隶。这里已不是社会中一切成员在生产过程中共同地和自由地劳动，而是由那些被不劳而获的奴隶主所剥削的奴隶们底强迫劳动占主要地位。因此也就没有了生产资料和生产品的公有制。它已被私有制所替代了。这里，奴隶主是第一个和基本的十足的私有主。"

"富人和穷人，剥削者和被剥削者，享有完全权利的人和毫无权利的人，他们彼此间的残酷阶级斗争，——这就是奴隶制度底情景。"①

依照这一科学的表述，通过中国历史的具体情况来进行我们的研究，中国社会史上的奴隶制的阶段问题，是不难解决的，不难揭出中国奴隶制度与世界其他国家的奴隶制度的共同规律和各自的特殊色彩或独特性。

现在就以下各点来进行探讨：

一、在中国历史研究的课题中，郭沫若先生最初曾提出殷代劳动工具为石斧、石刀。中外史家大都不加疑议地赞同郭先生的结论。但由于殷墟文化遗物的新发现，如1931年南京政府中央研究院在后冈的发掘，发现仰韶、龙山、小屯各期遗物的埋藏层次相迭压，显示了殷墟的埋藏物，实包括了人类史的一个很长时期。又从殷墟地下的版筑与穴居的遗迹考察，据《安阳发掘报告》第四期，郭宝钧《发掘记》说："穴居与堂基之关系，有时代先后之分。穴居居先，堂基居后，于 B31B43 所见，土墙跨园穴而筑，可为铁证。大抵距现地

———

① 《联共（布）党史简明教程》，第156—157页。

面二·五公尺处，系殷代地面……由此而上为版筑分布层，由此而下为穴居分布层。""版筑"跨填平之穴居从事建筑"。然而殷墟整批发现的骨器石器……又均系堆积在这种废穴内。"堆积情形"亦"不见扰乱"①。其余铜器及完整之陶器，则系零散发现，而且大都发现在"殷代地面"以上。因此，我分析的结果是："石斧石刀如系充任当时主要的劳动工具，为什么那样大批地闲置于窖中储藏呢？如系兵器，则在冶铜术那样发展，而又普遍存在的情形下，铜兵器大量制造的情形下，为何没有大量铜器的储藏呢？因而，这倒说明了石斧和石刀的使用系过去时代的残留或者已被废弃，所以才大量的堆在废穴中，铜制的工具已普遍被使用，所以才不曾那样大批的堆积着。"②

从另方面看，"在殷墟的发掘区域内，到处'红烧土碎块、木炭、将军盔、炼渣、铜范和未冶炼过的铜矿砂'，'密布着炼铜遗痕'③。又据郭宝钧先生的报告，在一坑内，'铜范出土逾百，铜锅出土数十'……这证明殷代冶铜事业……十分盛行。""冶铜的技术，据刘屿霞先生的研究，已发现每次能炼出一二·七公斤纯铜的炼锅——'将军盔'。""并推定有更大的炼炉之被使用，因为在安阳又发现有一块重二一·八公斤的炼楂。"④ 铜器的种类，已发现的祭器、食器有二十余种，兵器和"用具"有戈、矛、镞、针、锥、锛、瞿、斧、刀、小刀等。据马衡、罗振玉等的研究，谓殷代冶金术已极精巧，器具已至为锋利。

由于殷墟出土的手工工具、兵器、祭器、食器及其他器物和文化艺术品等，用合金青铜制造，便又有人认为殷代只在此等方面使用青铜器，并从而否认殷代是奴隶制社会。这种说法是不妥当的。从殷墟遗物及遗迹考察，地下尚无青铜制农耕工具的发现⑤。但是，在殷代不只从事文化艺术生活的人们，都是脱离生产劳动，作为一种专业而存在；而且有一个脱离生产、依靠剥削他人

---

① 《安阳发掘报告》，第4期，石璋如的报告。
② 吕振羽：《中国社会史纲》，第222页。
③ 刘屿霞：《殷代冶铜术之研究》，载《安阳发掘报告》，第4期。
④ 吕振羽：《中国社会史纲》，第217—218页。
⑤ 余近见上海博物馆所列之殷代青铜器群中有犁头一具，惜未详其出土地点、时间及埋藏情况；浙江博物馆所列之殷代青铜器中有镰形农具一，绍兴漓渚出土，惜亦未详其出土时间及埋藏情况。闻中国科学院近在郑州殷墓的殉葬物中发现青铜制铲一具，专家认为尚不能肯定其当时是否曾使用在农业生产上。并志以待考究。——1953年补注。

劳动过活的阶级存在。

因此，殷代是青铜器时代。在历史上，殷墟的青铜器正和龙山期的金石器是两个社会阶段的残骸，虽则两者并不衔接。不过殷代虽以青铜器为主要生产工具，但并没有也不可能完全排除石器的使用，尤其在农业生产上对石器和木犁等的使用。

从全人类历史来考证青铜器的作用，出现在公元前四千年左右的古代巴比伦，出现在公元前三千年的古代埃及，这些国家及其文明，都是随着青铜器的使用而出现的。巴比伦到公元前一千五百年，才由嘉陀人开始使用铁器，在所发现的铁制遗物中——在公元前七百年的亚几里亚王的故城中，发现约二百吨铁制的武器——也没有农具。而铁在最初，照恩格斯说来，还不及青铜的硬度高。所以斯大林关于奴隶制社会的生产工具，只说"此时人们所拥有的已经不是石器，而是金属工具"①。这就是在人类史研究的新成果上，代替旧结论的新结论。

在殷代，青铜器也创造出国家和文明。一方面，青铜器创造出脱离生产劳动的不劳而食的阶级，这从下面的事情可以考知：一、从事占卜书契等事务……的僧侣们，已是完全脱离生产，依他人劳动为生的坐食者；依甲骨文等记载，他们并成为一个统治的阶层。二、从《商书·微子》、《周书·酒诰》、甲骨文及出土酒器等研究，殷代已有大批的人脱离了生产劳动，而颠倒昼夜地"酗酒"流连，"不知稼穑之艰难，不闻小人之劳，惟耽乐之从"，"于观、于逸、于游、于田"②，他们是依他人劳动以为生活的贵族阶层。三、《商书·盘庚》说："若农服田力穑，乃亦有秋"，"惰农自安，不昏作劳，不服田亩，越其（惰农）罔有黍稷"，这不独说明了这种"农"是自耕自收的生产个体，且说明他们已是怠于从事生产劳动的一般自由民或平民③。如果青铜器不能产生大量的剩余劳动生产物，则不劳而食者阶级的存在，是不能想像的。

另一方面，在殷代担当生产劳动的主要是什么人呢？一、根据甲骨文字，在农业生产领域中，除关于奴隶劳动的记载外，便仅有所谓"惰农自安，不

---

① 《联共（布）党史简明教程》，第156页。
② 《尚书·周书·无逸》。
③ 参阅吕振羽：《中国社会史纲》，第2分册《殷周时代的中国社会》。

服田亩"的记载，所以奴隶不是作为一种补助劳动者，而是农业劳动的主要的直接担当者。二、在畜牧业方面，已发现和考释出的甲骨文，记奴隶担任"刍""牧"之事甚多，一次往一地"刍""牧"者多至十人至十二人以上；反之，在殷代可靠文献中，却没有其他人物参加畜牧劳动的记载，——然这只能确证奴隶为畜牧业劳动的主要担当者，却不能就认为自由民不参加畜牧劳动。三、在交通运输方面，驱使家畜参加交通运输劳动的，甲骨文及其他文献，也只有关于奴隶劳动的记载。四、在其他方面、在捕渔及贵族的田猎游戏等方面，也使用奴隶；又使用奴隶供贵族娱乐——甲骨文字有殷人使用奴隶歌舞取乐的记事；甲骨文字并有不少关于奴隶参加战争的记事，——不过在原先，殷人并不让奴隶参加战争，后来渐次才令奴隶参加防御，以至让奴隶参加进攻，至于让奴隶广泛地参加战争的各方面工作，则属殷末之事；在殷代国家灭亡前，并发现以奴隶担任政府公务与代管贵族家内私务等现象①。

奴隶的来源，在殷代，主要是从战争得来的俘虏，所以甲骨文所载的奴隶，有"鄜人"、"羌人"、"人方牧"、"土方牧"、"臣吕方"、"邶奴"，等等，均冠以族名；然亦有不冠族名的，如"糟臣"、"小臣"、"偤"、"渔有众"、"仆"等。其次则是由买卖而来，其中包括由贫穷的自由民转化而来的，因从甲骨文与其他文献的记载中研究，殷代又曾通过商品交换的买卖形式，为获得奴隶所有权的一种手段②。

殷代奴隶所有者对于奴隶，又都施以"黥额"③，这与罗马给奴隶套上"项圈"，是同一用意。

因此，青铜器在殷代，已创造出人类最初的阶级大分裂的历史，创造出奴隶所有者的贵族、自由民和奴隶两大对立的阶级，创造出殷代的国家和文明。

二、在生产事业上：根据甲骨文字和《诗·商颂·殷武》，《尚书·微子》、《盘庚》、《无逸》、《酒诰》等文献研究，"自再不能说，殷代农业是刍料的种植"；当时农业实已成为生产物资财富的主要生产部门。郭沫若先生也曾说："大抵殷人产业以农艺牧畜为主，且已驱使奴隶以从事于此等生产事

---

① 参阅吕振羽：《中国社会史纲》，第2分册《殷周时代的中国社会》。
② 参阅吕振羽：《中国社会史纲》，第2分册《殷周时代的中国社会》。
③ 参阅吕振羽：《中国社会史纲》，第2分册《殷周时代的中国社会》。

项，已远远超越于所谓渔猎时代矣。于礼有告乞、告麦、祈年、观耤之事，多已周人同。孔子所谓'周因于殷礼'者也。"① 这是完全正确的。郭先生又说："观其牲牢品类，牛羊犬豕无所不备；而用牲之数，有多至三百四百者。实为后世所罕见，余意殷代畜牧必为主要产业。"② 这却还值得研究。我以为每次以那样大量的家畜作牺牲，且有把它付诸"窆"埋的，那正反映畜牧业已由繁盛而走向下坡，家畜的肉和乳，已不是当时人类所依赖的主要生活资料的主食品，生活资料的主食品的主要来源，已经移到农业部门的粮食生产。同时，那又正反映社会内有大量剩余劳动生产物的堆积，才得以那样大量的家畜用于宗教、祭祀的浪费方面，而无需充作食料。因为畜牧的繁盛已经过渡，已经让渡其地位于农业，所以关于农业的占卜，才特别关心而频繁，关于畜牧的占卜则很稀见。

而殷人之调剂年分十二月的太阴历与年分四季的太阳历之参差的天文历数学的发明，也正反映了农业的发展程度。

使用在农耕上的工具，虽尚无多的实物发现，应已有不少金属的刀、斧、铲、镰、耙、锄、犁，等等③。

殷代的手工业，根据文字记载和殷墟遗址中的宗庙宫阙与其他居室的版筑遗迹（发现其宗庙堂基甚为宽大，基础坚固整齐，石卵础石规则地排列的砌筑），等等，可知其手工建筑工业的发展程度。

从冶炼遗迹的发现及已考知的冶炼技术程度，可知当时冶金术的发展和分业的专门化及其水平。

从殷墟各种手工业作坊的遗址及其他文献记载，可知当时手工业部门中，除建筑工、冶金工外，还有铜器制造、兵器制造、雕刻（铜雕、骨雕、石雕）、制陶、缝纫、石工等专门的分工和各种手工业作坊的存在。

三、殷代的商业：首先就殷墟遗址的发现，已证实殷墟是一个广袤十平方华里左右的都市，在市区内，版筑房屋连比密布。在这个古代都市中，不仅包括有各种"市"、"肆"，而且还是手工业的中心。

---

① 郭沫若：《卜辞通纂》，第 103 页。
② 同上书，第 100 页。
③ 参阅吕振羽：《中国社会史纲》，第 2 分册《殷周时代的中国社会》。

当时商人活动的地域，从甲骨文字等文献已考出的，东向至抵"海外有截"的海滨，东南达今日浙江上虞一带，西南达今日四川（罗），南达今日的皖、鄂，西北达今日的陕、甘，东北达古营州——似又达到今朝鲜国境，北到河套。商业上所用的交通工具，已考知的为舟、车、牛、马和"服象"；车上有箱，供远途行商的装载和乘坐，对远地的贸易（远服贾），曾是以商队的团体组织去进行。最主要的商品是奴隶；商品交换的媒介是"贝"、"朋"① 等。

四、殷代的土地制度：甲骨文有"帚妝田于公"一类的记载。"帚"，罗振玉释为"归"。大抵殷代土地，形式上系经过国家的分配，为土地所有权属于国家之一种形态。又关于《殷墟书契前编》，五、一三片的考释，郭沫若说："卤字曾释为粪，案当是基之异，从土其声，囊方疑箕子所封之箕"，"芎字，余疑封之异，言乙日破之，丙日封之也。封之者谓缮完城郭"②。这是说，殷人把所被征服的种族和部落地方的土地，宣布为国家所有。破之而重封之，即宣布土地国有之后，或仍容许其内部自治，只派遣代理人或征税吏，这样，把被征服者的氏族形态下的公社，转化为国家支配下的公社；或系宣布被征服的土地为国有之后，直接由殷人占领，并按照殷人的形式组织农村公社。卜辞中所谓："贞作邑"、"王封邑"……我以为便是这种内容。"邑"的组织内容在这里就是农村公社。不过殷人自己的农村公社，包含着贵族、一般自由民和奴隶的阶级构成。氏族联系和组织，已"只残存为农业上的生产形态"。被征服各异族即所谓"方"或"万方"、"多方"的公社，则容许其继续原来的氏族组织，国家只派遣征税吏（侯）；除去有凌驾于其上的国家权力外，它对内仍保有氏族公社的性质和内容。这种征税吏，也大抵为各该部落和种族原有的酋长，所以卜辞中的"侯"（征税吏或代理人）与一定地区的"邑"常是相联关的。若干城市都是由这种农村公社性质的"邑"发展起来的；所以曾是殷首都的商也叫作"商邑"或"大邑商"。

依此，殷人自己的公社在形式上虽还带着氏族联系的特色，但已失去其原来的机能，而成为地域性的基层政治组织了；被征服异族的公社，则是其内部还保有氏族组织的性质和内容，还是一种氏族公社。殷代社会之带有这种特色，是

---

① 参阅吕振羽：《中国社会史纲》，第 2 分册《殷周时代的中国社会》。
② 郭沫若：《卜辞通纂》，第 137 页。

不足奇异的。新获卜辞一九三片"叀多子卿、叀多生（姓）卿"中两个"卿"字，前者为殷本族各"侯"，后者为被征服诸族或属领的各"侯"。他们为殷代国家的贵族和为王管理公社的代理人。"多子族"正相当于罗马氏族的"贵族氏族"。

在这里，也正体现着"亚细亚的"特色，或者可说是殷代奴隶制度的"变种"，或其较之古典希腊罗马的不发展与不成熟形态的一些特点。

五、恩格斯说，"没有土地私有制之存在，这的确是了解全东方情形的关键。"① 所以在殷代，土地也属于国家所有——虽然也存在富人占有较多土地和贫穷的自由民丧失土地的现象存在；但除土地外，奴隶及其他一切生产资料与消费资料等，即作为财产形态而存在的一切东西，便都在以"家"为单位的私有形态下存在了。从货币作为储积手段、"农"人自己生产并私有生产物、奴隶可以用货币去买卖、除奴隶外在殷人内部也表现着贫富的分裂与盗贼的存在等一系列现象来看，也确证私有财产制度的支配形态的存在。

六、在政治形态上，殷代国家包含有许多不同的氏族、部落和种族，一为占统治地位的商族的"多子族"等，一为被征服被统治的他族、即所谓多生（姓）、百生（姓）或"多方"、"万方"等；国家由商族的奴主集团所创造，商族的内部也包含着许多单位或部落，其中并有"王族"与普通"贵族氏族"之分。殷代对被征服的他族，除直接由殷人占领并组织农村公社者外，"只在征取纳税"；他们对殷代国家，除纳税外，则视作凌驾于其上的国家权力或行使主权的国家②。

其次，《盘庚篇》说明了国王已具有"强制性"的国家权力。甲骨文中又说明了殷代领土已有其政治性的一定疆域③。

殷代王位的继承，就各家所考证的王位世系，在三十一世中，基本上符合于司马迁的记述，"兄终弟及"者仅十三世。但"兄终弟及"也只是说明男系世袭；而况在殷代，"传弟"与"传子"互见。事实上，在这种初期国家时代，王同时是军事团体的首领，必须具有组织军队与指挥战争的才能。因之，当王死后，其"子"具备军事首领的才能便"传子"，否则，便不能不"传

① 《马克思恩格斯论中国》，人民出版社1950年版，第20页。
② 参阅吕振羽：《中国社会史纲》，第2分册《殷周时代的中国社会》。
③ 参阅吕振羽：《中国社会史纲》，第2分册《殷周时代的中国社会》。

弟"。所以在罗马甚至有翁婿相传的事实。

七、在家族制度上，不少历史家都认为"商勾刀"的铭文，甲骨文中的祖乙、祖丁各数配、武丁三配等记事，是殷代为"多父""多母"制的证明。其实，在"商勾刀"铭文中，却显有"父"、"仲父"和"大父"及"祖"和"大祖"之分，这便不能证明其为"多父制"。所谓"多母"，据王国维根据甲骨文字等所考证，在殷代三十一世帝王中，除祖乙、祖丁、武丁等少数帝王各有数配外，其他人都仅有一配。这也只是从其子孙尊称为"妣"和我们现在可以考知的而说的。在历史上，所谓古代乃至中世帝王，其妻妾之多殆有令我们惊异的。在资本主义社会中，资产阶级则采取设娼嫖妓与奸淫其同僚妻女等方式去补充其所谓一夫一妻制。真正能贯彻一夫一妻制和保证两性生活的严肃性的，只有在无产阶级专政的时代才有可能。在殷代，据《易·归妹》及《诗·大雅》的记载，并出现了媵嫁制。因此，所谓"多父""多母"说，便只是一种误解或片面夸张的文学游戏。

基于上面的论述，所以我们说："殷商是中国史上的奴隶制阶段。"

1940 年 8 月 24 日于重庆

（原载《群众》1940 年第 5 卷第 9、10、11 期）

创造民族新文化与
文化遗产的继承问题

〔本文系 1940 年在重庆学过毛泽东同志的《新民主主义论》以后所写，主观上并试图从一个角度来宣传毛泽东同志的伟大思想；但由于在当时国民党顽固派统治的重庆，不可能一一均引用原文和注明出处，1953 年由华东人民出版社重版时，也只作了一些补注。但本文当时在《理论与现实》①公开发表时仍受到不少节删和周折。为保存本文的本来面目，现仍不加改变。——著者〕

一、民族新文化运动的发展过程

现代中国民族民主革命，由于在第一次帝国主义战争前和战争后，俄国十月社会主义革命前和革命后，民族具体环境——国内形势和国际关系——的巨大变化，引起了前后不同的革命内容，发生在十月革命后的"五四"运动，便成了前后两个历史时期的界碑。在以前，为旧的民主革命；在以后，为新民主主义革命。前者是资产阶级的资本主义世界革命的一个部分；后者是无产阶级的社会主义世界革命的一个部分。作为民族民主革命一个构成部分的文化革

---

① 编者注：经查该文原名《论抗战以来三民主义文化诸问题》，1940 年 11 月送审稿遭国民党中央图书审查委员会扣存未发。见中国第二历史档案馆编《中华民国史档案资料汇编》。

命运动，也显示为"五四"运动以前和以后的两个不同的历史时期。在"五四"以前，包括戊戌运动、辛亥革命诸时期，其斗争的对象是或基本是封建阶级的旧文化，所谓新文化则是旧民主主义的文化、资产阶级的文化；"五四"以后，这种文化革命的统一战线也可分为四个时期：由 1919 年"五四"运动到 1921 年时期，1921 到 1927 年时期，1927 到 1937 年，"七七"民族抗日战争时期，1937 年"七七"民族抗日战争以后的时期。

所谓以"中学为体，西学为用"的洋务运动，在本质上并非一种革命运动，而是封建统治阶级的一种自救运动。在外国资本主义侵略和人民革命运动交迫的形势下，一部分封建官僚，如曾国藩、左宗棠、李鸿章、张之洞等，企图输入一点资本主义血液，来延续中国封建主义的生命。他们当时只看见资本主义的洋枪、大炮、火车、轮船、电报和军事科学、军事工业、交通工业等部门的技术科学，认为"修身、齐家、治国、平天下"的大道理，中国还比"西洋"优越。因此，洋务运动，一面是建铁路、设电报、开矿、创立招商局、机器局、造船厂、纺织厂等；一面是设立同文馆、外国语言文字学馆、电报学堂、武备学堂、水师学堂，翻译外国技艺书籍，派"满、汉幼童"赴外国"习艺"，将士赴外国习陆海军事，并派监督与留学生同往，教以中国圣贤之道，孔子之学。因此，洋务运动在"西学为用"方面，在学习和设立资本主义性质的事业方面，客观上是进步的；而在"中学为体"、在维护封建统治方面，则是保守的、反动的。但由此而开展了"学校与科举之争，新学与旧学之争，西学与中学之争"①。

洋务运动是失败了，但它替戊戌运动开辟了道路。

戊戌运动是一种由上而下的改良运动。在民族资本已经出现，国家官僚资本初步形成的基础上，进步官僚和知识分子，感受累次对外战争惨败后的亡国恐惧，和继续爆发的人民革命运动的胁迫，发动了这次运动。他们提出"变法维新"和"强国保种"的口号，企图通过这种改良运动来打开中国资本主义的前途。

以戊戌运动为标志的这时期的文化运动，一面继续介绍了"西洋"自然科学：如所谓"天文、地理"、"声、光、化、电"、农学等，资产阶级的社会科

---

① 《毛泽东选集》，第 2 卷，第 690 页。——1953 年补注。

学：如达尔文《进化论》、亚丹斯密《经济学》、穆勒《形式论理学》、孟德斯鸠《社会论》等，各国资产阶级民主革命史：如《泰西新史揽要》、《列国变通兴盛记》、《明治变政考》等等（对西学的介绍实际开始于明清之际，徐光启等人已曾作过不少工作）；一面开报馆，立学会，兴学堂（首都立京师大学堂，改省会大书院为高等学堂、郡立书院为中学堂、州县书院为小学堂，外开特科学校，并提倡绅民兴学），废八股，试策论，并举经济特科，设立译书局等。而陈炽的《庸书》，康有为的《新学伪经考》、《孔子改制考》、《大同书》，谭嗣同的《仁学》，梁启超的《新民论》等，则表现了这时期文化运动的基本思想。

戊戌运动一方面替辛亥革命作了相当的思想准备工作；另一方面，对封建文化表现了留恋妥协的倾向，并没有摆脱"中学为体、西学为用"的传统，所以他们的新学，也"夹杂了许多中国的封建余毒在内"①。表现在其政治运动上的由上而下的改良运动，企图通过改良运动的过程，把封建主义的中国推进到资本主义。这在当时虽也表现了一定程度的革命内容或进步意义，但它不只表现了严重的保守主义倾向，而且从谭嗣同的《非君论》、梁启超的《新民论》的理论来说，也表现了实践和理论脱离的倾向。梁启超到"五四"运动时成为保守派，康有为后来成为复辟派的首领，并非偶然。他们不知文化是社会意识形态的东西，文化革命要作为社会革命的一个部分去完成；不知由旧社会旧文化到新社会新文化的转变，不是和平进化的过程，而是一种革命的过程；新社会及其新文化不是和平进化而来的，而是群众在革命实践过程中对文化方面提出的要求，通过实践斗争和革命创造，伴随革命的胜利而来的。

在洋务运动、戊戌运动的过程中，民族资本和国家官僚资本企业，得到初步的发展，资本主义科学思想和民主思想得到初步传播，这不只由于外国资本主义经济、政治、文化的影响，基本上，还由于明末以来，中国社会内部已有了产生资本主义生产方式的条件，特别是太平天国革命运动所产生的积极作用。戊戌运动所以不能像日本明治维新那样，形成一种由上而下和由下而上相配合的改革运动，达成"模仿""西洋文化"的"维新变法"的胜利，不只内在条件的不够，即新生资本主义力量的薄弱和封建保守力量的强大；而且在帝国主义时代，在世界上还没有社会主义国家前，任何殖民地半殖民地的资产阶

---

① 《毛泽东选集》，第 2 卷，第 690 页。——1953 年补注。

级革命（旧民主主义革命），都不能不受到帝国主义的拼死反对，因而便根本没有胜利的可能。从资本主义进入帝国主义时期以后的近代历史，正表明了这种情况。

辛亥革命的发生，自身并没有展开一个作为思想准备的文化运动，只是在过去启蒙运动的基础上，抛弃其"维新"改良、"君主立宪"的思想因素。所以自兴中会的《中国日报》到同盟会的《民报》、《苏报》等，都以宣传反满、革命、民主为基本立场，排击保皇党的改良主义。由兴中会到同盟会的宣言，也表现了这种内容。而当时所谓民主，也还是"国民""皆有参政权"，"公举之议员构成""议会"，"共举""大总统"的"改革式"的旧民主。孙中山先生的民主主义思想，列宁曾给予颇高的评价，说它是"伟大中国民主派的纲领"①，这主要由于它"是带有建立共和制度要求的完整的民主主义。它直接提出群众生活状况及群众斗争问题，热烈地同情劳动者和被剥削者，相信他们是正直的和有力量的。"② 同时也阐明了它的民粹主义实质。

以上是旧民主主义文化革命的基本情况。这种为旧民主主义革命服务的文化革命，到辛亥革命失败后，便随同其"政治革命"的历史的终结而基本结束了。

作为新民主主义和旧民主主义革命的划期标志的"五四"运动，是中国历史上破天荒的一次群众革命运动。它是以中国社会主要矛盾为基础，在十月社会主义革命的政治和思想的影响与鼓舞下产生的；参加运动的基本群众是工人和学生，也有民族资产阶级和城市上层小资产阶级；在思想上起主导作用并成为其后革命的主流的，是先进知识分子所宣传的科学的社会主义思想。因而才使运动表现着崭新的反帝反封建的丰富内容。所以"五四"运动本身就是新民主主义的革命运动。中国民族民主革命从此便进入了一个新的时期——一个由革命各阶级联合而以最先进最革命的阶级来领导或参加领导，明确地提出反帝反封建作为中心任务的斗争时期。作为文化革新运动，而表现为反封建文化的"赛恩斯"（科学）和"德谟克拉西"（民主）思想运动，反封建文学的"白话"文运动，特别是宣传十月革命和科学社会主义的思想。这都是反帝反封建的民族民主革命的表现形式。

---

① 列宁：《中国的民主主义和民粹主义》，《列宁全集》，第18卷，人民出版社1959年版，第151页。
② 列宁：《中国的民主主义和民粹主义》，《列宁全集》，第18卷，人民出版社1959年版，第152页。

　　"五四"运动所以成为这样历史性的运动,是由于民族具体环境的变化。在第一次帝国主义战争期间,一方面,俄国十月社会主义革命的胜利,使一个占全地球面积六分之一的大国从帝国主义世界中分裂了出来,世界形势发生了根本的变化。一方面,中国的民族资本在轻工业方面,大战期间有了相当的发展。这不但提高了资产阶级的政治要求,尤其是壮大了中国工人阶级。这又改变了中国的国内形势,特别是社会阶级关系的构成和其力量对比的变化。从帝国主义世界分裂出来的苏俄(当时是苏俄),高举着反帝的世界革命旗帜,给予东方被压迫民族以无限同情和鼓励,特别是使业已成长起来的中国工人阶级有了马克思列宁主义的武装。这样,中国人民便有了最先进阶级的正确的革命领导。这是从来没有过的新形势。而战时日本帝国主义对中国的凶猛、险毒的进攻和许多特权的掠夺,威胁着中国民族生存与民族资本的命运;战后其他帝国主义势力重来,不只加深了英、美、日(特别是美、日)在太平洋的矛盾,并以风卷残云的阵势打击着幼稚的中国民族资本。这又引发了中国各民族人民更强烈的反帝要求。这是当时的国际环境和国内环境的基本情况。

　　这就规定了"政治革命"及为其服务的文化革命的领导权,落到了最革命的阶级、即工人阶级的肩上;资产阶级"……就绝无领导作用,至多在革命时期在一定程度上充当一个盟员。"[①] 但资产阶级并不是那样明智和自觉地在这个问题上退让,而是"五四"以后就经历了并还将经历着一个曲折复杂的斗争过程的。"可是,因为中国资产阶级的无力和世界已经进到帝国主义时代",资产阶级既无力来领导"政治革命",也就无力来领导文化革命,"旧的资产阶级民主主义文化,在帝国主义时代,已经腐化,已经无力了。"[②] 因而"五四"运动的前后,中国人民便掀起了学习科学社会主义和苏联革命经验的热潮,提出接受苏联先进文化成果的要求——并伴随着"政治革命"的发展而发展。因而中国文化运动的面貌便完全一新了,科学社会主义宇宙观和社会革命论便取得了文化思想上的支配地位,也就是说,科学社会主义思想成了新文化运动的指导方针。崭新的文化生力军,便以雷霆万钧之势展开向帝国主义文化与封建文化的进攻;尽管他们受到了各种各样的挫折和灾难,经历了不断

---

① 《毛泽东选集》,第2卷,第691页。——1953年补注。
② 同上书,第690页。——1953年补注。

的狂风暴雨，但是不只没有减杀了锐气，反而锻炼得越来越坚强，斗争的锐气越来越不可当，形成了所向披靡的威力。以致使得文化专制主义者仅凭其专制主义的残暴而无所施其策，而不能不役使一些文化小丑以科学社会主义思想的伪装来进行其阴暗的买卖——但也没能扩大其市场。

"五四"运动的伟大历史意义是空前的，但它在文化革新运动中也产生过偏向。首先是在反封建文化斗争的高潮中，曾产生一部分自由主义分子的盲目反古的倾向，即反历史主义的倾向。他们无视伟大祖国文化的优良传统，几乎认为中国历史上的一切都是要不得的，在"打倒孔家店"的口号下，一时就抹杀了发展到那样高度的中国封建文化的一切，不去估计其巨大的创造成果和它对人类文化的巨大贡献。虽然，这在运动高潮中是难于避免的一种现象，不过那并非出于一般群众的盲目倾向。当时的以"科学态度"去"整理国故"的方向是对的。在这个方向下，不可否认，自由主义者也进行过若干有益的工作，如对于《红楼梦》、《水浒传》、《儒林外史》等章回小说的研究等——虽然由于其科学方法、即立场观点的错误，并没能解决问题。当时在这一方向下，是有两种本质上不同的"科学态度"的。一种是李大钊、鲁迅等的科学社会主义思想或试图依据科学社会主义思想的"科学态度"。他们一面不"抹杀"民族文化的传统而且予以重视，一面又采取反对国粹主义的批判的态度。这是当时正确的方向，也是其后崭新的文化生力军在这方面的方向。一种是自由主义派的资产阶级的"科学态度"。他们一部分人在当时曾产生过上述的偏向。而在"五四"后转到"故纸堆中"所进行的裹脚式的考据工作：一面在其传统的偏向下无条件"疑古"，以致根本否认殷商以前多少万年历史的存在；一面又自觉不自觉地捎带封建文化的毒素。"到了第二个时期，他们中间的大部分就和敌人妥协，站在反动方面了。"① 这不只由于资产阶级的科学思想已经过时了，如在社会科学方面已表现了它的假科学和反科学的本质，自然科学方面的服务立场与哲学基础的错误；而且是他们的动摇性及其软弱性和两面性的表现——他们这种特性，只有在革命胜利以后，在最先进的阶级的领导下才能逐步获得改造。

"五四"文化运动过程中自由主义派的另一偏向，就是他们对欧美资本主

---

① 《毛泽东选集》，第 2 卷，第 693 页。——1953 年补注。

义文化的崇拜，或所谓"全盘西化"。当时在"赛恩斯"和"德谟克拉西"的口号下，吸收外国的科学成果和革命民主的经验，是对的。但这里却存在着两个根本不同的方向上的分歧。一种是在科学社会主义知识分子倡导下，在人民、特别在青年学生中所提出的学习苏联革命经验和科学社会主义思想，并使之在中国自己的园地里生根、开花、结实的方向。一种就是资产阶级自由主义派的方向。他们一面对苏联和科学社会主义抱有成见和反感，拒绝学习，连对孙中山先生的联俄、联共、扶助农工三大政策的三民主义也抱有成见和反感；一面对欧美资本主义文化，则是无条件地崇拜，不管好歹地搬运和生吞活剥。这在后来便成为文化贩运主义。其实他们当时所搬运、特别是其后所贩运的，在社会科学方面，又大都是对中国无益甚至是有害的东西。这种对欧美资本主义文化盲目崇拜的偏向，不只是中国资本主义经济对国际帝国主义经济的附庸性的反映、资产阶级两重性的反映，而又由于百多年中帝国主义文化支配作用的反映以及买办主义文化的影响。这种偏向是带有殖民地文化的偏向的性质的，是害己害人和贻误民族的。这也只有在革命胜利，在中国成为独立、自由和民主的国家以后，才能彻底改变。

"五四"运动在文化战线上是社会革命各阶级，即工人阶级、小资产阶级、资产阶级的联盟；资产阶级则为其中的右翼。从"五四"开始建立起来的这种联盟，便成为其"政治革命"和文化革命的特点，——其在各个时期的盟员成分虽有所变化，而工人阶级、小资产阶级却始终充任了它的基本盟员。

随着"五四"运动的过去，便进入 1921 到 1927 年时期。这时期，右翼自由主义派大都躲到了"故纸堆中"，甚至公开叛变了；而充任中国人民革命领袖的最革命的工人阶级，出现到历史舞台上和其先锋队成立。新文化运动不只有了自己的政治领袖和科学社会主义思想的指导，而且由于革命的巨人的天才，出现了科学社会主义和中国革命的具体实践的全面地恰当地统一起来的伟大思想①。以此为前提，孙中山先生在"以俄为师"和三大政策的方针下，在工人阶级和其先锋队的帮助下，也重新解释了他的三民主义，也就是："'适乎世界之潮流，合乎人群之需要'，提出了联俄、联共、扶助农工三大革命政

① 这里是指毛泽东同志和其伟大思想。——1961 年补注。

策，对三民主义作了新的解释，树立了三大政策的新三民主义。"① 孙中山先生并声称他这种三民主义是共产主义的朋友。因而在反帝反封建的共同任务下，又重新形成了工人、农民、小资产阶级、资产阶级的统一团结，在文化战线上继承"五四"的传统，反对封建教育、封建文学，提倡反帝反封建的新文学、新思想，宣传科学社会主义思想并以反帝反封建的思想去教育群众、训练军队。这并且和"二七"运动、"五卅"运动、北伐战争的革命实践进程相配合。

1927 年北伐时代过去后，"民族资产阶级也附和了大资产阶级"②，联盟中便只剩下基本盟员。在风雨晦明的年月，大群革命知识分子提出重新检讨革命的自我批判，因而展开了中国社会性质问题、中国社会史问题及中国哲学史问题的论战，展开了新史学的研究，社会科学其他学科和科学的哲学的研究；同时，又进行了对科学社会主义理论的系统介绍。因而展开了新兴社会科学运动。与此相伴随的，便是以文艺创作和文艺批判为主要内容的革命文学运动。这种新文化运动便逐渐形成面对反动逆流而浩荡前进的洪流。随着"九一八"日本帝国主义进攻沈阳、进占东三省、进占热河、进攻华北……新文化运动步步深入和开展，并与群众爱国运动、民族抗日武装斗争和统一战线方针更加密切地结合。这到"一二九"运动爆发后，一面抗日民族统一战线便成了广大群众的公开的政治要求，一面又开展了新启蒙运动，结合政治思想教育启发大众以抗日民族统一团结的思想，影响一切可能参加或同情抗战的人来参加或赞成抗战。在民族新文化的创造任务上，又提出了"大众化"、"科学化"的要求。这一时期新文化运动的开展，有如在狂风暴雨之夜逆水行舟，其所以获得一定的成就，是马克思列宁主义这一指南针的指引、工人阶级先锋队的政治领导和文化战士们在异常艰险的条件下付出巨大劳动的结果。

随着"七七"民族抗日革命战争展开后，在文化战线上也重新成了四阶级的联盟。在武汉失陷前的一个时期，也曾表现着欣欣向荣的趋势；在此以后，在"大后方"便又泛滥着一股不利于民族团结抗战的逆流，反共、反人民与对日妥协、投降的逆流。但同时，在"大后方"和敌占区矛盾愈益深刻、

---

① 《毛泽东选集》，第 2 卷，第 694 页。——1953 年补注。
② 《毛泽东选集》，第 2 卷，第 695 页。——1953 年补注。

斗争形势愈益复杂，在敌后抗日民族革命战争愈益发展、斗争愈益深化的基础上，在新文化运动方面，总结了新启蒙运动和以往新文化运动的全部经验，适应斗争形势发展的趋势和要求，我们又正确地提出了"民族的科学的大众的文化"①的伟大方针。在这个方针的要求下，又提出了如何对待民族文化遗产和世界进步的文化成果的正确方针，即批判地继承民族文化的优良传统和吸收世界文化的进步成果，来创造新民主主义的民族新文化。它所要求的新文化必须是"民族的"、"大众的"、"科学的"民族新文化。而大众化运动与科学化运动是内在关联的，是"普遍"与"提高"的矛盾的对立统一的运动过程。

但中国民族，自远古到现在，已经过了原始公社制、奴隶制、封建制的"几个演进时代"；目前正处在一个殖民地半殖民地半封建的过渡期。自殷周迄今，也将近有四千年"文明"的历史；在长久的历史过程中，创造出光辉灿烂的民族文化，特别在封建制时代，我国封建文化的成果获得人类封建文化史上的卓绝地位，对世界人类作出了巨大的贡献。在这丰富的民族文化遗产中，哪些东西是优良的传统，这不是可以凭常识去判断，而要我们的文化战士，从全部民族文化史中进行科学地深入地探究，去发掘其优良成果和进步因素。从而批判地继承民族文化优良传统这一问题，才有实践的内容。这就是说，要把认识民族文化的研究过程和创造民族新文化的实践过程统一起来，既不容是盲目的实践，也不容为研究而研究。同时，过去曾是优良的或起过进步作用的东西，在当前和未来时代的条件下，却未必是优良的，甚至可能变成了毒素；到现在还有其积极作用的东西，也不能以其原有的性质和面目，拿来生吞活剥或"凑合"，必须要经过批判地改造，才能吸收成为新文化的构成因素。所以我们必须遵循这样一个极端明白正确的方针："清理古代文化的发展过程，剔除其封建性的糟粕，吸收其民主性的精华，是发展民族新文化提高民族自信心的必要条件；但是决不能无批判地兼收并蓄。必须将古代封建统治阶级的一切腐朽的东西和古代优秀的人民文化即多少带有民主性和革命性的东西区别开来……我们必须尊重自己的历史，决不能割断历史。但是这种尊重，是

---

① 在抗战前夜开始和在抗战后继续进行的新启蒙运动提出的口号是："中国化"和"现实化"。毛泽东同志在伟大著作《新民主主义论》中总结了新文化运动的全部历史和经验，提出了"民族的科学的大众的文化"的伟大正确的方针。——1961年补注。

给历史以一定的科学的地位，是尊重历史的辩证法的发展，而不是颂古非今，不是赞扬任何封建的毒素。"①

中国民族虽有近四千年"文明"的光荣历史，是世界"文明古国"之一；而近代中国却相对地落后了——不只较社会主义苏联落后，比资本主义社会也落后。因之，对于我们，苏联社会主义文化成果自然是先进的，而资本主义技术和自然科学成果及在其上升时代的某些东西也是我们所缺少的。但无论社会主义文化或资本主义文化，都有其历史的过程和民族特点，有其共同性和特殊性的统一的构成体系，其中哪些东西是适合中国人民革命要求的革命或进步成果，也不是可以凭主观去判断，同样要我们的文化战士，科学地深入地去认识各种文化成果的形式和内容、现象和本质及其各自的体系，批判地吸收其革命的进步的因素。但新民主主义文化是属于世界社会主义文化范畴的，所以"以俄为师"是我们的方向。帝国主义文化是我们反对的一个主要对象，绝不容模糊我们的立场；吸收其对我们有用的东西，则是学敌人之所长和学习其人民大众的东西。所以批判地吸收世界文化革命的进步的成果和适合我们要求或对我们有用的东西，总之，必须服从中国革命的要求，马克思主义运动的要求。因此，认识世界文化的研究工作必须和创造民族新文化、爱国主义与国际主义统一的实践过程统一起来。学习苏联先进文化成果也必须以之和中国具体情况相结合。因此，必须遵循这样一个极端明白正确的方向："这种新民主主义的文化是民族的……它同一切别的民族的社会主义文化和新民主主义文化和联合，建立互相吸收和互相发展的关系，共同形成世界的新文化；但是决不能和任何别的民族的帝国主义反动文化相联合……中国应该大量吸收外国的进步文化，作为自己文化食粮的原料……这不但是当前的社会主义文化和新民主主义文化，还有外国的古代文化，例如各资本主义国家启蒙时代的文化，凡属我们今天用得着的东西，都应该吸收。但是一切外国的东西，如同我们对于食物一样，必须经过自己的口腔咀嚼和胃肠运动……然后排泄其糟粕，吸收其精华……决不能生吞活剥地毫无批判地吸收。"② 对科学社会主义也是一样，"决

---

① 《毛泽东选集》，第 2 卷，第 700—701 页。——1953 年补注。
② 《毛泽东选集》，第 2 卷，第 699—700 页。——1953 年补注。

不能主观地公式地应用它"①，公式主义是不能解决任何问题的。

因此，"这种新民主主义的文化是民族的。它是反对帝国主义压迫，主张中华民族的尊严和独立的。""……是科学的。它是反对一切封建思想和迷信思想，主张实事求是，主张客观真理，主张理论和实践一致的。""……是大众的，因而即是民主的。它应为全民族中百分之九十以上的工农劳苦民众服务，并逐渐成为他们的文化。要把教育革命干部的知识和教育革命大众的知识在程度上互相区别又互相联结起来，把提高和普及互相区别又互相联结起来。"② 这就是伟大的革命匠师所给予新民主主义文化的科学规定。

二、民族民主革命的发展形势对民族
新文化运动的规定作用

现代中国民族民主革命形势，是随同民族具体环境的变化而发展的。

百年前鸦片战争的结局，使中国社会走向半殖民地半封建的道路，"甲午"中日战争的结局，便造成了中国半殖民地半封建的地位，"九一八"以后，中国更沦为殖民地半殖民地半封建社会。这时候，中国便由两种不同的地区和情况变成三种不同的地区和情况。日本法西斯侵占的沦陷区，已完全沦为殖民地状态（虽是暂时的）。在那里，经济、政治、文化都由日本帝国主义势力在支配。其役使的汉奸政权，乃是毫无人民性和民族性的侵略者的傀儡；汉奸的文化，乃是日本法西斯用来消灭我民族文化的窒性毒气，宣传迷信、愚暗、盲从、武断……的"皇道主义"的喇叭。未被日本法西斯占领的区域，却有着两种不同的情况。在"大后方"，抗战初期，在形势的逼迫下，虽有不少的进步——主要表现为群众的抗日运动；而一般地说来，帝国主义经济、政治、文化仍起着支配作用。所以在那里，也还没有脱离半殖民地状态。在半封建的基础上，民族资本虽曾有一度相当的发展，但不久又陷于惨淡的情景，在

---

① 《毛泽东选集》，第2卷，第700页。——1953年补注。
② 《毛泽东选集》，第2卷，第699、700、701页。——1953年补注。

整个国民经济体系中，还是封建的生产方式占支配地位，从而又表现着与之相适应的政治和文化。经过鸦片战争、英法联军战争、"甲午"战争、尤其是"八国联军"的进攻后，中国封建势力不断地屈服在帝国主义面前，充任其统治中国的工具。所以建筑在封建生产关系基础上的政治和文化，也是帝国主义政治文化的附庸。在人民自己当权的地区①，则完全解脱了帝国主义经济、政治、文化的支配，封建残余也处在从属的地位，产生着一种新的经济、政治和文化，不论其所占比重如何，却都是新生的东西。

鸦片战争的结局，外国资本主义虽绞杀了中国社会自生的资本主义胚卵；但在中国社会内在矛盾或根据的基础上，加上外国资本主义的影响，又产生了中国民族资本。这是中国民族民主革命的因素之一。而中国民族资本，正因其成长在半殖民地基础上，始终是微弱的。它对外国资本主义有一定的联系和某些依赖，它虽然受到封建势力的压迫和束缚，而又对封建势力也有一定的联系和依赖，并有不少民族资本家本身又是地主；它在外国资产阶级的特权压迫和优势资本的排挤下挣扎，又每每对工人采取半封建性的残酷剥削方法。同时，它又与帝国主义封建势力有根本性的矛盾。因而一面便形成中国民族资产阶级的一定程度的革命性；一面又形成其软弱性、动摇性和妥协性；再加上它的力量的微弱以及旧民主主义革命已过时。所以，他们不能单独负起领导民族民主革命的任务。

比资产阶级早出世的是中国工人阶级。其数量虽至今还只三百万左右（外有城市手工业工人一千二百万）。但由于中国是半殖民地国度，他们不仅是与本国产业资本而且和帝国主义在华产业资本对比地成长起来的，所以他们比资产阶级年龄长、力量大。同时由于他们是半殖民地半封建社会的工人阶级，受着多重压迫，生活极端穷困，政治上毫无权利；加之他们一登上历史舞台，就与科学社会主义及俄国工人阶级的先进经验相结合并有其本阶级先锋队的坚强领导。因而便形成其对革命有特别强烈的要求，形成特别顽强的斗争性、团结性和进步性和革命的彻底性。他们和农民有广泛而深刻的社会联系，因此更便利他们去了解农民和知道如何去满足农民的要求。在他们登上历史舞台的时候，世界已进入社会主义革命的时代。这是他们在中国革命领导权问题

---

① 即抗日民主根据地，也就是后来的解放区。——1953 年补注。

上的天赋的优越性和责任。

另一广大的革命力量，是中国农民，占全人口百分之八十以上。他们在帝国主义、买办势力、封建势力等重重剥削、压迫下，终岁勤苦，忍饥挨冻，还不能延续其"物质最低限度"的生活，还不断地破产、失业、流离。政治上也毫无权利。实际上，他们还是一种半农奴式的农民。在全民族遭受日寇残暴侵略的今日，农民所遭受的痛苦更要深重。列宁说："中国人民也遭到俄国人民所遭到的那种苦难，他们遭受到向饥饿农民横征暴敛和用武力压制自由愿望的亚洲式政府的压迫，遭受到侵入中国的资本的压迫。"① 所以说："所谓民族问题实质上是农民问题"②，"因此农民问题，就成了中国革命的基本问题，农民的力量，是中国革命的主要力量。"③ 但这不是说，现代中国革命就是农民革命，实质上，由于农民有涣散、迟钝、落后等弱点，不得到最进步阶级即工人阶级的领导，便不能有明确方向和获得彻底解放。这是千百万次的历史经验证明过的。

其次，生长在半殖民地半封建国度里的知识分子，出身的地位并不一样，但他们在求知和职业方面一般地无出路。在日本法西斯的残暴侵略下，所加于他们的迫害，又特别严重，驱使他们更积极地要求革命。因而在中国知识分子群中，不断分裂出大群革命知识分子来。他们是属于小资产阶级的。在这种国度里的其他小资产者（如其他自由职业者及商、工业小有产者等等），也随时有破产的危险，很少上升的机会；在日本法西斯残暴侵略的今日，所加于他们生命财产和生活艰苦的威迫，更要严重，因之他们也有革命的要求。

工人阶级、农民阶级、革命知识分子和其他小资产阶级以及民族资产阶级，是反帝反封建（今日是反日反汉奸）的民族民主革命势力的构成因素，共占全人口百分之九十以上，而工人阶级、农民阶级，革命知识分子和其他小资产阶级，又占其中百分之九十以上。

民族民主革命的主要敌人：帝国主义、封建阶级、买办阶级（目前民族抗日战争的主要敌人则是日寇和汉奸），力量虽是强大的，但在民族内部，反

---

① 列宁：《中国的战争》，《列宁全集》，第 4 卷，人民出版社 1958 年版，第 338 页。
② 斯大林：《论南斯拉夫的民族问题》，《斯大林全集》，第 7 卷，人民出版社 1958 年版，第 61 页。
③ 《毛泽东选集》，第 2 卷，第 685 页。——1953 年补注。

革命的封建阶级、买办阶级，却仅占全人口最微末的数量；他们都是民族败类，其主要的代表则是军阀、买办以及土豪劣绅等，其中不少人已公开成了出卖民族的汉奸。这种占人口绝对少数的败类，所以能成为危害民族的恶势力，由于其从来享有社会的各种特权，由于这些败类是依靠帝国主义或为帝国主义所培养的。

这是我们国内的具体环境的基本情况。

另一方面，中国是世界的一个构成部分。环绕中国的，一面是帝国主义的世界体系，一面是苏联社会主义的世界体系，一面是帝国主义支配下的殖民地半殖民地被压迫民族弟兄和附属国。

帝国主义对外以殖民地半殖民地为其存在的尾闾，从经济、政治、文化各方面来箝制被压迫民族和附属国人民，以牺牲他们的利益为利益。所以帝国主义是根本反对被压迫民族解放的，特别是其中的法西斯，是以侵略弱小、争夺殖民地为其特性的。所以，帝国主义在本质上就是被压迫民族人民的生死敌人——更正确地说，是世界无产阶级和被压边民族人民共同的生死敌人。

百年来，资本帝国主义所给予中国人民的痛苦和灾难是极其深重的。自1931年"九一八"事变开始，日、德、意法西斯暴徒，便不断提出殖民地要求，拿战争来威胁世界人类。而英、美、法等所谓"民主"国家，则不惜"翻起石子打自己的脚跟"，以所谓"绥靖主义"或其变形的"不承认主义"，继续牺牲中国东四省，牺牲阿比西尼亚，牺牲西班牙人民的抗战，牺牲奥国、捷克、阿尔巴尼亚，甚至还以军火和军事物资去支援希特勒、墨索里尼和日寇；企图以弱小者的血和泪去满足法西斯暴徒"贪得无厌"的要求，以达到自己做生意买卖的要求，主要的则企图支持法西斯暴徒，叫他们去进攻苏联。在德国纳粹匪徒和英、美、法帝国主义为着争夺市场和霸权，揭起第二次帝国主义大战后，彼此为着争取同盟，扩大己方阵线，还不断布置阴谋，企图牺牲中国抗战，牺牲中国民族去换取日本的中立或同盟。到各洲门罗主义的宣布和滇缅路的封锁时期，这种阴谋便达到最露骨的程度。美国帝国主义还企图协助日本法西斯从中国扯出泥足，共同来利用中国的人力物力和财力去充作其强盗战争的炮灰和资本。这是当前帝国主义企图迫使我们去走的道路。不过这都是中国人民所坚决反对的；中国人民所要求的是"自力更生"的民族解放的道路。——自然我们不忽视外援，而且要以最大努力去争取；但这种外援一定要建立在平等与独立的基础上。

帝国主义原是资本主义的最后阶段、垂没时期。而持久的日益扩大的帝国主义战争，正以残酷无比的暴力在摧毁着生产和破坏世界文化，正以残暴无比的压力和绝快的速度，把以工人阶级为首的它们国内人民和殖民地人民驱向革命，去争取人民解放和民族解放……这是说，历史正在加速地把帝国主义一步一步地推入死亡，帝国主义的历史前途是黑暗的、愈来愈狭窄和短暂了。

社会主义的苏联，是照耀着人类前进道路的灯塔和各国劳动人民的榜样，是全世界人民的反帝堡垒，是被压迫民族的"良友"。

列宁说过：社会主义苏联，不仅不能有殖民地，而且一般地也不能领有被压迫的民族。不仅不能领有被压迫的民族，而且认为"国际无产阶级是东部各民族亿万被剥削劳动群众的唯一同盟者"①。

从社会主义苏联的存在开始，世界的形势就发生了根本转变。斯大林说道：

"十月革命的胜利是人类历史中的根本转变，是世界资本主义历史命运中的根本转变，是世界无产阶级解放运动中的根本转变，是全世界被剥削群众的斗争方法和组织形式、生活习惯和传统、文化和思想上的根本转变。"②

"十月革命的伟大的世界意义主要在于：

（一）它扩大了民族问题的范围，使民族问题从欧洲反对民族压迫的局部问题变为各被压迫民族、各殖民地和半殖民地从帝国主义压迫下解放出来的总问题；

（二）它给这一解放开辟了广泛的可能性和现实的道路，这就大大促进了西方和东方的被压迫民族的解放事业，把他们汇总到胜利的反帝国主义斗争的巨流中去；

（三）它从而在社会主义的西方和被奴役的东方之间架起了一座桥梁，建成了一条从西方无产者经过俄国革命到东方被压迫民族的新的反对世界

---

① 列宁：《在全俄东部各民族共产党组织第二次代表大会上的报告》，《列宁全集》，第30卷，人民出版社1957年版，第140页。

② 斯大林：《十月革命的国际性质》，《斯大林全集》，第10卷，人民出版社1954年版，第204页。

帝国主义的革命战线。"①

"十月革命开辟了一个新时代，即在世界各被压迫国家中、在和无产阶级结成联盟并在无产阶级领导下进行的殖民地革命的时代。"②

因此便规定了："中国革命是世界革命的一部分"，"这种革命，就不能不变成无产阶级社会主义世界革命的一部分。""它不为帝国主义所容许，而为帝国主义所反对。但是它却为社会主义所容许，而为社会主义的国家和社会主义的国际无产阶级所援助。"③

在帝国主义世界的经济、政治、文化加快地走向衰落、走向死亡的今日，社会主义苏联的经济、政治、文化则以无比的速度蓬勃地向上成长；第一、二两个五年计划已经光辉地胜利地完成了，目前第三个五年计划正在顺利地进行，苏联已创造出人类史上空前辉煌的业绩，并成了全世界最强大的社会主义国家。它是被压迫被侵略的中华民族的"良友"。

帝国主义支配下的殖民地半殖民地被压迫民族，在帝国主义战争的灾难和法西斯盗匪的虐政和暴力胁迫面前，在中国民族抗日战争的影响下，都不仅对中国民族抗战表示同情，对帝国主义战争和法西斯盗匪的侵略表示反对，并相继爆发着或正在酝酿着反帝民族解放运动，无疑的，都将演成为民族民主革命。〔在希特勒匪徒背信弃义进攻苏联后，大战的性质便变化了。——1953年增补〕

这就是我们国际具体环境的基本情况。

从中国国内具体环境说，反帝反封建的民族民主革命（特别表现在反日反汉奸的民族抗日战争的革命形势中），不是任何单一阶级的独力所能完成的，而是需要革命各阶级的联盟"共同奋斗"，不仅需要共同来担负"抗战"任务，并需要共同来担负"建国"任务，而且必须以新民主主义为指导原则，并以最革命的阶级、即工人阶级为领导。这是和第一次世界大战前各国资产阶级民主革命的不同之点。

从中国国际具体环境说，帝国主义世界的历史已走到末日，中国社会再不

① 斯大林：《十月革命和民族问题》，《斯大林全集》，第4卷，人民出版社1956年版，第148—149页。
② 斯大林：《十月革命的国际性质》，《斯大林全集》，第10卷，第206页。
③ 《毛泽东选集》，第2卷，第662、661页。——1953年补注。

能有资本主义的前途，中国革命不仅不应而且不能从帝国主义阵营中觅取真正友军；只要愿意中国民族民主革命达到成功，便不能不积极去获得社会主义苏联、西方无产阶级、东方被压迫民族及世界各国人民的援助。这就是说，要想依赖帝国主义，结果，革命就不能成功，就不能不放弃革命，也就是说，抗战就不能胜利，或势必放弃抗战；要想革命成功或抗战胜利，就不能不联合苏联及西方被压迫人民与东方被压迫民族。这是和第一次世界大战前各国资产阶级民主革命的不同之点。

所以，今日中国民族民主革命的形式和内容，和"五四"运动以前是不同的。在第一次世界大战前，整个世界都在帝国主义支配下，社会主义苏联还未出现，帝国主义是不容许殖民地半殖民地解放的。那时中国革命不能从世界上获得任何进步势力的有效援助，民族解放的道路异常狭隘，胜利的可能性异常微小，更确切地说：胜利是不可能的（其他被压迫民族也是一样）。因此说，"五四"前的中国民族民主革命，只是旧民主主义的革命，反之，"五四"后的中国民族民主革命，由于工人阶级登上了历史舞台，革命一定要由工人阶级来领导，因此便不能不是新民主主义的革命。所以"五四"以前的中国民族民主革命纲领，只能有《兴中会宣言》、《同盟会宣言》式的纲领；"五四"以后，便能有中国共产党第二次全国代表大会所提出的中国资产阶级民主革命的彻底的纲领；并从而能有国民党第一次全国代表大会宣言所解释的三民主义即新民主主义的三民主义的纲领。

旧民主主义革命所要创造的经济、政治和文化，只符合资产阶级的要求，是世界资本主义经济政治文化的一个部分。新民主主义革命所要创造的社会，其经济是要符合各个革命阶级的共同利益的新民主主义的经济，是"平均地权"、"节制资本"，不是"少数人所得而私"，所得"操纵国民生计"的经济，不是欧美式的资本主义经济，也不是原来的半殖民地半封建经济；其政治，是要符合各革命阶级联盟当权的新民主主义的政治，是"为一般平民所共有，非少数人所得而私"的"民权制度"，不是"为资产阶级所专有，适成为压迫平民之工具"的"民权制度"（孙中山先生语）。这是中国民族民主革命的现实形势所规定的，是此时此地中国民族具体环境所规定之唯一可能的民族出路。

新民主主义的新文化，必定要和新民主主义的经济、新民主主义的政治相适应，要为新民主主义革命服务，为新民主主义的经济和政治服务。没有这种新的政治新的经济力量，新文化便无从发生和发展。而新民主主义政治和经济，不是已完成地存在的东西，更不是可能自发地成长的东西，现在还只有创造和发展它的客观条件和主观力量，即革命各阶级的政治力量和革命的经济力量及其他客观条件，现在还只有它的初步形态的东西在某些地方和方面出现和发展，它在全国范围的实现，是一个革命斗争的过程，是要从反帝国主义的政治和经济，反封建的政治和经济的胜利基础上去建立。因而新民主主义的新文化，也不是已完成地存在的东西，更不是一种自发地成长的东西，现在还只有创造和发展这种新文化的革命的主观力量与客观条件，现在还只有它的初步形态的东西在某些地方和方面出现和发展，其创造和发展过程是一个革命的过程，是要从反帝国主义文化和反封建文化的胜利基础上去实现和前进。

在今日，对中国文化起统治作用的还有帝国主义文化和封建文化。这两者又是互相联结、依靠的。帝国主义文化不只直接对中国文化起统治作用，而且在半殖民地园地里培植着买办文化——它在殖民地（沦陷区）里变种为卖国文化，即汉奸文化。中国封建势力依靠帝国主义而生存，帝国主义则利用封建势力作统治中国的工具。因而中国封建文化也成了帝国主义文化的"螟蛉"，帝国主义又利用封建文化来麻痹中国人民。我们从香港和华南教会所宣传的教义中，可以看到《新旧约》与儒家学说的杂交色彩；我们从某些人的中国文法学中，可看出其挪西洋语法来解释中国语法之牵强附会的东西；同时我们也看到尊孔读经主义和基督教义的苟合……这不过是简单的例子。在日寇侵占的沦陷区，中国封建文化，便露骨地成为响应"日本法西斯主义"的所谓"新民"文化，即郑逆孝胥、王逆克敏、罗逆振玉等所提倡的汉奸文化。因为封建文化的本质，是在宣扬愚暗、迷信、武断、盲从，反对科学，反对真理，维护专制，反对民主，反对人民，脱离大众，迎合外敌，玷污和剥夺我们伟大民族尊严。所以在帝国主义统治殖民地半殖民地的要求上，在巩固落后的统治权的要求上，它成了保守主义者的"宝贝"。但这是违反历史前进方向的。

帝国主义文化、封建文化及其变种，都是和新民主主义的民族新文化不能相容和不能并存的。帝国主义和封建买办集团曾经而且现在还是采取各种卑鄙残暴的手段、文化专制主义的手段，来绞杀新文化的嫩芽。

新民主主义新文化，虽已成了革命人民的共同要求，其指导思想和方针并已在社会文化运动中发生领导的作用，但它还正在革命的创造和发展过程中。而其作为社会主义文化范畴的前途，是无限远大和光明的。

要创造新民主主义的民族新文化，就要彻底反对帝国主义文化、封建文化及其变种的买办文化、汉奸文化。

三、继承民族文化遗产方面的一些具体问题

新民主主义的民族新文化，是通过反封建文化的斗争过程去创造的；但这不是把"民族固有文化""抹杀"，而是"扬弃"旧文化。民族新文化并非凭空创造，而是从旧文化的母胎中产生出来的，是中国民族文化发展过程中一种继起的历史形态——与社会经济发展过程相适应。所以说，我们要珍重民族文化遗产，批判地继承其优良传统，吸收其积极的、进步的、有生命力的因素。

中国民族文化有些什么优良传统呢？除去少数"先知先觉"的革命导师及学人外，照我看来，那些所谓学者名流和自诩为"政治学家"、"军事学家"、"哲学家"、"科学家"、"文学家"、"艺术家"等等，是很少能给予全面而具体的正确回答；他们大都只知道一些外国的东西而不知道中国的东西，或知道得不全面、不深透、不正确，他们是洋学者。因而所谓继承民族文化遗产的问题，作为具体的实践前提的科学研究和认识上还需要大大努力。所以通过最进步的世界观，即科学的哲学，重新认识自己民族的历史，是迫切必要的。要不然，我们的新文化运动就不能大步前进。

中华民族是富有革命传统的，在以往的历史上，一面有完成革命大业的"成汤革命"、"武王革命"，近百年的革命运动有太平天国革命、义和团运动、戊戌运动、辛亥革命……等历次旧民主主义的革命。——虽没有完成资产阶级民主革命的任务。产生过成汤、伊尹、武王、周公、太公、松赞冈保、耶律阿保机、完颜阿骨打、努尔哈赤、孙中山等等重要革命领袖。一面有无数次反封建的农民（及其他被压迫人民）的起义，无数次反抗外来民族压迫和侵略的民族战争，有陈胜、吴广、吕臣、樊崇、张角、刘黑闼、钟相、杨幺、方腊、李自成、洪秀全、李秀成等优秀的农民起义领袖，有戚继光、俞大猷、刘丽

川、刘永福等等反抗外来侵略的民族英雄。还有像祖逖、岳飞、文天祥等等那样的英雄人物，为反对国内某些民族的统治集团与汉族大地主相贯连实行野蛮残暴的掠夺、烧杀、压迫等等倒行逆施的暴行和政策——那都是违反人民利益和阻碍历史前进的——，和人民一道进行了英勇的顽强的战斗。农民的起义和农民战争是推动中国封建社会历史前进的真正动力；反压迫和反倒退的正义战争，也都是适合于历史的发展与人民的利益和要求的。"成汤革命"则是实现中国社会由原始公社制到奴隶制过渡的革命；"武王革命"，在我看来，则是实现中国社会由奴隶制到封建制过渡的革命。从五四运动开始的以工人阶级和其先锋队为领导的新民主主义革命，是在此以前的中国历史上最伟大的革命；指导这个伟大革命的伟大革命匠师的伟大思想，是科学社会主义在我国土地上的巨大发展。

在中国以往的历史上，还产生过其他各方面的不少有创造性的大人物、思想和创作成果，等等。如在政治上和军事上，产生过像周公、管仲、诸葛亮、王安石、耶律楚材等那样封建时代的大政治家，孙膑、曹操等那样大军事学家，嬴政、刘彻、李世民、朱元璋、爱新觉罗弘历等那样雄才大略的人物。在哲学上，有着与唯心论斗争的丰富的唯物论传统，也有着与形而上学对立的朴素的辩证观。因此，不独有老子、孔子、庄子、孟子、荀子、淮南子、董仲舒、陈玄奘、周敦颐、陆象山、王阳明、李二曲等人著名的唯心论哲学，朱熹等的二元论哲学，而又有朴素的辩证唯物观的八卦哲学，墨翟、王充、鲍敬言、范缜、吕才、叶适、王夫之、戴震、颜元等人的唯物论哲学，谭嗣同的有革命思想的哲学……唯物论各流派的哲学体系中，都多少包含着辩证法的因素；观念论哲学的各流派中，如老子哲学与宋代理学的周张哲学，虽没有构成黑格尔那样完密的体系，却也把握了不完全的朴素的辩证法观点。在政治思想的传统上，有墨翟的古代民主思想、鲍敬言的"无君"主义，王夫之的进化论、黄梨洲的朴素的民主论、康有为的《大同书》……尤其是，历代革命农民集团的政治的经济的民主纲领（虽则这方面的文献多被湮没，我们只能从历代官家的记载中和被篡改的文献中找着一点影子或线索）。还有周公、张良、诸葛亮、曹操、李世民、朱元璋等人的封建时代的战略思想。在社会伦理上，有爱和平、重信义、刚毅坚忍、"临难不苟"、"见危受命"、"视死如归"等封建道德的优良传统。在科学上，有罗盘针、造纸术、印刷术、火药术等等对人类文化的贡献，在天文、历数、医学、数学、建筑术等等方面，也都发达得很早，并都有重要的创造和成就……在封建时代的文学和艺术方面也都有惊人的成果：有不胜枚举的优秀的文学作品和伟大的巧夺天工的艺术创作；闻名的文学家、诗人、艺术家就难于尽数，群众中的无名的天才更无法数计。这都是伟大人民的伟大天才与伟大创造能力的表现。

可是要把握民族文化传统的具体内容，便需要科学地认识中国各民族的社会发展史、哲学史、科学史、文学史、艺术史……而二十年来，我们对本国史的重新认识，自陈恭禄的《中国近代史》、萧一山的《清代通史》到王桐龄的《中国通史》、邓之诚的《中华二千年史》、商务印书馆的《中国文化史丛书》……自胡适的《中国哲学史纲》（第 1 册）、梁启超的《断代思想史研究》到李石岑的《中国哲学十讲》、冯友兰的《中国哲学史》、范寿康的《中国哲学史通论》……其中如李石岑、邓之诚、梁启超等人的著作，虽亦都有其一些成就和贡献，但他们都没能说明中国史的规律和其未来面目，并有着不少错误的东西，如胡适的《中国哲学史纲》等著作，则主要在散播欧美资产阶级的腐朽思想的毒素，在于为帝国主义和买办阶级服务。这说明了实验主义科学方法的不行和其反动性。从五四运动前后开端，1928 年开始系统展开的新史学研究，在中国社会史部门中是比较有成绩的：批判了各种各样的假科学的史学理论，较正确地估定了中国社会发展的诸阶段，出版了几部应用或试图应用马克思主义观点、方法写成的原始社会史、奴隶制度史、初期封建社会业、近世史、尤其是革命史等；虽然由于主观和客观条件的限制，还有不少缺点，特别是还没有完成一部较正确的中国通史，但把中国社会发展过程的具体面目系统地初步整理出来，这一工作，为新史学初步打下了基础。在中国哲学史及社会思想史部门，李季的《胡适批判》、叶青的《胡适哲学批判》，除去以机械论或半实验主义去代替实验主义外，对中国古代哲学的研究并没有半点科学的气味；陶希圣在《中国政治思想史》中，连史的唯物论的半截外衣也公开抛弃，而以实验主义的面目出场了。秋泽修二的《东洋哲学史》，关于中国哲学史的部分，由于其对中国社会史认识的错误与有意曲解，自不能达到科学的结论；而他又故意把哲学的阶级性颠倒混淆，把哲学思想的发展过程，从所谓"停滞"、"倒退'、"循环"的观点去加以曲解。实质上，这都不能说是什么科学的研究，都不能说是对历史抱有何种研究态度、对读者抱有何种好心肠，都是用马克思主义的词句来反对马克思主义，来歪曲中国历史和唬弄群众的，比如为日本军部所豢养的秋泽修二，就在其《东洋哲学史》中偷偷地运入了法西斯主义的私货。对他们的研究，我们期待历史自身去给予回答。而我们在这方面的工作还作得很少。拙著《中国政治思想史》，由于条件的限制，也还只能说是速成品；但我是努力在应用历史唯物论的科学方法的，它究竟达到几分之几的正确程度，只好待实践来批判。新近出版的翦伯赞的《历史哲学教程》，虽不能说没有问题，但在青年读者中是起了一定的作用的。在科学史部门，才开始一些零片的研究，用新的史学方法去研究的科学通史，还未开端。在文学史部门，也已有了几部文学史著作出世；作者的主观上大多在应用新的史学方法；而且大多有一定成就和起了一定作用的；但也还没能解决问题。在艺术史的部门，我们的研究也还是零片的。在史料考证的部门，郭沫若应用新史学方法对金石甲骨文字的考证，已给我们在这方面开了路。在世界史研究方面，我们的成绩还不大。因此，在今日，现实要求我们革命的哲学家、历史学家、文学家、艺术家等，各从中国社会通史、政治史、军事史、哲学史、科学史、文学史、艺术史等的研究中，尤其从革命史的研究中，去批判地吸取优良的进步的革命的因素，围绕革命实践来确证今日革命实践的方针和动向，以之教育和提高广大群众的斗争信心，来丰富民族新文化及其实践斗争的内容。

我们所要认识的民族文化的传统，不是从来的所谓"道统"、"精神文明"、"王道主义"或进化主义的图式，而是民族的经济生活、政治生活、文化生活等方面在历史发展过程中的千百万群众的伟大斗争与伟大创造，千百万群众的生产和阶级斗争的丰富经验与伟大创造，对历史所起的促进作用与对人类的巨大贡献。"道统"观是封建文化的精神，是从封建统治阶级的立场出发的；进化主义是资本主义文化的精神，是从资产阶级的立场出发的。从"道统'观的观点上所看见的民族文化，其所夸张的、坚持的，正是行将死灭的腐朽的一面，是妨害民族新生的东西；其所排斥的，反而正多是文化传统中具有积极性的进步的活力的因素。从庸俗进化主义的观点上，对民族文化传统的看法"橘过淮则为枳"，自始就带有文化贩运主义或买办主义的倾向。特别在其堕落到今日，大地主大资产阶级所夸张的只是符合买办主义和文化专制主义的意识形态的东西，而对民族文化传统中那些具有革命作用的积极因素，也抱着忽视和排拒的态度。而某些原先具备自由主义色彩的文人学士，好像已放弃了对"自由"的争取，甚至随声附和。真正属于人民的东西，却为他们所毋视以至于加以歪曲和污蔑；从五四运动以后才由我们开始进行了一些探讨、研究，但还作得很不够。因此，我们从辩证唯物论和历史唯物论的世界观——人类最先进的科学的哲学出发，必须从反对"道统"史观、进化史观以及一切非科学假科学的史观和毒素的斗争中，去把握民族文化的优良传统，吸收其对民族民主革命有用的东西，抛弃其对民族民主革命有害的东西；最重要的而且是主要的，应特别致力去发掘和研究真正属于人民的东西。

所谓民族文化的传统，近代的特别是"五四"以来的革命的传统外，以往时代的东西，基本上都是丧失了现实意义的死亡了的或行将死亡的东西，是过时了的奴隶文化或封建文化的东西；还保持着现实性的积极作用的，只是其中的某些积极因素。所以说，传统文化的各种构成因素，有些在过去是优良的东西，如果不适合民族民主革命的现实要求，或目前所谓"抗战建国"的现实要求，便不再有其现实的意义；有现实性的积极作用的进步因素，也不是可以生吞活剥地继承，而是要经过批判地改造，变旧质为新质，才是有用的——即使在本质上就是发生在旧社会母胎内的民主和革命等朴素因素或原始形态的东西——因那为旧时代服务的文化，一般地说来，不经过批判改造，便不能为新时代服务。历史不会倒退，革命主义根本不同于庸俗进化主义，而正是彼此敌对的。

因此，我们不应说，中国有朴素的唯物辩证观的八卦哲学，有王充、范缜、吕才、叶适等人的唯物论，便可以之来代替人类最先进的世界观——辩证唯物论和历史唯物论；有八卦哲学、老子哲学、周、张等哲学中的朴素的辩证观，便可拒绝研究黑格尔的首尾倒置的辩证法；有鲍敬言的"无君"主义、康有为的《大同书》和民粹主义思想，便可以之来代替或混淆现代科学社会主义的伟大思想；有墨翟的"尚贤"论、黄梨洲的民主论、谭嗣同的非君论和近代旧民主主义思想，便可以之来代替或混淆现代最新的民主主义思想；有孙武子等人的兵学、历代农民革命的游击战术，便可以之来代替或混淆马克思列宁主义的军事科学和游击战术；有诸葛亮的木牛流马、有双轮战舰，有过罗盘针、火药术等等发明，便可以不要现代的科学技术以及机械、飞机、坦克、大炮、弹药等等；有施耐庵、吴敬梓、曹雪芹等人的文学，便可拒绝去研究高尔基、萧伯纳、罗曼罗兰、萧洛霍夫等的文学，有杜甫、白居易等人的诗，便可拒绝去研究玛雅可夫斯基、叶塞宁、别德内依、惠特曼等的诗，有云冈石佛一类伟大的艺术创作，便可不去研究法意的近代雕塑、尤其是苏联社会主义的伟大艺术成果，不去批判地吸取近代资本主义文学艺术的积极因素、不去学习适合中国要求的苏联社会主义的文学艺术成果以之改造成为中国的东西……我们过去时代的那些东西都是中国民族文化的光辉成果，是伟大中国人民优越才能和伟大创造力的表现，值得我们骄傲和自豪。不过，封建制时代的东西，乃至旧民主主义革命时代的一些东西，虽然包含着丰富的积极因素，值得我们批判地继承；但是在社会发展史的过程上，它不只较之社会主义的，甚至较资本主义上升时代的东西，是相对落后的过时了的。所以它只能在为新民主主义经济和政治服务的新民主主义文化的基础上，去批判地继承，必须经过改造，消化为属于社会主义文化范畴的新民主主义文化的构成因素。我们的民族是有处理文化遗产和创造新文化的伟大精神与伟大能力的。

我们不能因为中国民族有丰富的文化遗产，便作为保守主义或国粹主义的借口；犹之人们已发现代替石器工具的金属工具的使用后，就不应再局限于石器工具的使用。也不能因此就说，民族所要求的新的为人民大众服务的哲学、科学、文学、艺术等，可以用文化闭关主义的观点去处理，认为它都是要从民族自己的地盘里生长出来的东西，才合于历史的逻辑；犹之新石器末期的日本，自己虽则已具备发明金属工具的社会条件，但由于中国冶铁术的传入，便不必再由其自己去重新发明冶金术，也正因为当时日本社会已具备着生产力革命的条件，它才能吸收中国的冶铁术成为其自己的东西。保守主义、国粹主义、文化闭关主义，和贩运主义一样，都是误国害民和"自贻伊戚"的东西。

新文化的创造，主要不是决定于人们的主观意志，而是要决定于社会的物质条件，要主观能动性和客观条件相结合。如果洋务运动的当时，中国社会内部没有新兴事业产生的根据，国营军事工业等企业是不能出现的，"西学"是完全不能生根的。如果"五四"运动的当时，没有让成为自为阶级的工人阶级及民族资产阶级能够存在等条件，则反帝反封建运动、"民主"和"科学"运动，是不能想像的；由于中国社会的内在根据和世界形势，才发展起新民主主义的革命，因此，拒绝新民主主义革命的任何借口，都是违反历史规律的。譬如说：中国尚没经历资本主义阶段，就必须还要有一个资本主义的前途。那么，帝国主义不让你走上这个前途，岂非死路一条。对所谓社会物质条件，是不容作任何机械的理解的。如日耳曼人，他们经过作为罗马"属领"时期和推翻罗马帝国后的创立封建制时期的过渡期，就不再经历奴隶制社会阶段了。如果机械地理解，则今日世界上的有些落后民族，就不知要多少年后才能进入社会主义；而苏联各民族在社会主义大家庭内，有些甚至跨越几个历史时代而进入了社会主义。

历史上，相互交替的两种本质不同的文化，不是一刀两断的而是一种辩证的历史过程。新质是旧质的否定，但不是取消而是扬弃，也就是说，新质产生于旧质的母胎中，吸取旧质构成体中的积极因素而又把旧质革除；而新质是在旧质的内在矛盾斗争基础上发生的，并不是任何旧质的东西的生命的延续或化装。新的文化发生于新的经济新的政治的基础上；随着新经济、新政治力量的发生，便要对于文化提出其新的要求，从而便发生新的文化力量。所以文化虽不是受经济的物质的条件直接决定，而有其发展的相对独立性和继承性，但它不是和社会经济政治相脱离而有其独自的一个历史过程，而是依存于社会经济政治的发展过程；所以说新文化对于旧文化是有其相对的继承性的，而产生新文化的主要动力和基础是新的经济和政治力量等物质条件。

封建时代的革命农民是封建社会内部的积极因素，革命农民的意识形态也是封建文化体系中的积极因素；但是继封建社会而起的，不是农民社会或农民文化。欧洲十八世纪的革命市民，并非自始就存在于封建社会的人民之中，而是在封建社会内在矛盾的发展的基础上发生的；革命市民的文化，也并非封建文化母胎内的任何旧质的东西的化装，而是在革命市民的经济、政治力量成长的基础上发生和发展的。自然，无论英国或法国的资本主义文化的发生和成长，都有其社会历史发展的规律性和其民族传统的相对继承性。同时，因为资产阶级革命是以另一种剥削制度去代替原来的剥削制度，所以它一取得胜利，就出卖了同盟者而与其昨日的敌人妥协；因此它又保存着不少落后的封建的东西。马克思、恩格斯的科学社会主义的产生，是和现代工人阶级进入到"自为"的历史时代相适应的；它虽然吸收了法国空想社会主义、英国古典经济学和德国古典哲学的积极因素，但在本质上却完全是一种崭新的东西，是马克思、恩格斯的无比伟大的天才的发现和创造，是对工人阶级、对人类的无比伟大的贡献。

所以要在历史唯物论的伟大理论的基础上，才能掌握各种社会文化在历史过程中的相互关系和制约。不过在我国，在继承民族文化优良传统的口号下，却有各种各样的曲解和偏向。

一、有一种人假借这个口号去排演复古运动。不管复古主义或国粹主义采取何种姿态，本质上都是反对民族新文化、即新民主主义文化的封建文化的复辟运动。如果历史不容倒退，复古主义或国粹主义的企图便没有实现的可能。不过它在新民主主义民族新文化的创造上，在民族民主革命和目前所谓"抗战建国"的神圣事业上，复古运动却可能发挥其反动的作用，发挥其帮助敌人来灭亡中国的反动作用。

二、有一种人把这个口号曲解为对民族文化优良传统的"保留"，他们以为既是所谓优良的因素，便无须经过科学地批判与改造的过程。但是旧的文化传统中的东西，不管是如何优良的因素，不经过批判改造的过程，依旧只能是旧文化本质的东西、封建文化的东西，是为旧社会或封建社会服务的。所以这种见解，同样在拒绝民族新交化、即新民主主义文化，在怀疑"抗战建国"，怀疑民族民主革命，在保守现状。这种见解，是从庸俗进化主义的观点出发的。而在全民族遭受日本帝国主义狂暴侵略的当前，我们不战胜日本帝国主义，建设新民主主义的新中国，便要为日本所灭亡，并没有维持现状主义或渐进主义的中间道路。

三、有一种人根据"新质发生于旧质的胎内"的论点，便曲论民族旧文化的遗产，是创造民族新文化的所谓"中心源泉"。这是把文化自身作为一个孤立的连续性的历史过程去把握，把它脱离社会经济、政治发展的历史过程去考察；这是否认了革命的飞跃性，是违反历史唯物论的基本原则的。须知意识形态的东西自身并不是一个孤立的历史过程，归根结底而是决定于历史发展过程中的各种生产方式，并在这个基础上生长起来的，它是社会经济结构——生产关系的反映——虽然不是经济的物质的条件所直接决定。所以，创造民族新文化的"中心源泉"是广大人民的现实生活，广大革命人民的具体革命斗争和要求的现实生活等等所体现的经济的、政治的等物质条件，所以其内容是多样性的。与新文化的内容相适应的新文化的表现形式，也是多样性的。同时，它所吸收的因素或素材，不管是传统的或外来的，都要经过批判地改造，适合新的内容的要求，与新生的形式具有同等的现实性，才有其存在意义。这是说，在内容和形式之矛盾统一的基础上，后者要由前者来规定，一面要掌握民族形式，一面又不应为传统形式所拘泥而束缚内容的发展。

但这是不是与民族历史的发展过程脱节呢？不，这里并没有忽视民族文化的传统。而是说，文化在历史诸阶段的继起的发展过程中，虽能作用于基础，却不是首尾倒置的，虽有其独特的传统性，却不能脱离基础——决定社会面貌的各种生产方式——而自有一个孤立的过程。

然而不为大众所"习见常闻"的东西，能否为大众所接受呢？能的，只要是反映大众的现实生活，为大众所要求的为经济政治服务的文化，通过民族形式，如特殊习性和大众惯用的语言作风、气派去表现，也就是说，通过"民族气派民族作风"去表现，便能为大众所接受，所"喜闻乐见"。而所谓"习见常闻"的东西，实际上不少是保守的反动的东西，是应该反对的东西，因而若要为一般大众的"习见常闻"的东西所局限，就非归结到保守旧文化不可。问题在于既不要脱离群众，也不要无原则迁就；既要为群众容易接受，也不要迁就落后。解决问题的钥匙是：内容"新民主主义的""社会主义范畴"的，形式"民族气派民族作风"的，也就是："民族的形式，新民主主义的内容——这就是我们今天的新文化。"① 这和"……社会主义内容和民族形式的文化……"② 的精神是完全一致的，而又是其在我国情况下的发展。

四、还有一种人，则表现为反历史主义的偏向，根本否认文化的传统性。他们认为传统的民族文化是奴隶制文化或封建文化，不适合中国民族现实生活的实践要求，都是无用的赘疣，应该全部抛弃。这种意见，看来似乎是很"左"的，实质上，却是主观主义的，把新文化理解为凭空出现的东西，把新旧社会的历史交替了解为截然两断的。不知新文化和旧文化之相互交替的革命过程，是辩证法的扬弃的过程，不是形式主义的彼此孤立无缘。而况文化本身不是没有其相对的独立性和继承性。从这种见解出发，便要取消新文化运动，便要成为文化革命的乌托邦主义。

在抗日民族革命战争的文化战线上，在"保卫民族文化"——创造民族新文化的实践任务上，纠正文化战线上的各种错误倾向，在文化统一战线中和

① 《毛泽东选集》，第2卷，第700页。——1953年补注。
② 《斯大林全集》，第12卷，人民出版社1955年版，第319页。

各种错误倾向、特别是和第一种倾向作斗争，是当前的任务。但这不是为的要分裂文化统一战线，反而正是为的要加强团结；因为各种错误倾向正是对文化统一战线的团结起不利作用的，要加强团结，就不能不与那些起分裂作用的倾向作斗争。

上述各种错误倾向，尤其是第一种倾向，都是妨害新民主主义的民族新文化运动、抗日文化运动的开展的。因此，新文化运动必然要经历一个艰苦曲折的斗争过程去开辟自己的前途。

任令第一种错误倾向发展下去，客观上必然会走到和帝国主义文化封建文化——包括买办文化汉奸文化——结成不解之缘，以致合流。因此，为着要争取所谓"抗战建国"的胜利、民族解放事业的胜利，便不能不着重与这种错误倾向作斗争。

四、吸收世界文化进步成果方面的一些具体问题

新民主主义的民族新文化，本质上又是反对帝国主义文化的。

从世界文化的潮流来说，资本帝国主义文化是落后的、反动的；从资本主义的历史命运来说，它已是临近死亡的末日。而其对于目前中国殖民地半殖民地半封建文化来说，却是前行历史阶段的东西。我们是否需要按照人家所走过的道路循序前进呢？孙中山先生曾说过：要"迎头赶上"，不再走欧美所走过的道路。这对于我们的民族新文化来说，便将不同于欧、美、日本资本主义的文化，将是比它们进步的一种新型的文化。这种新型的文化，就是"民族的科学的大众的"新民主主义文化。

资本主义文化的进步成果，在其启蒙时代或革命时期所创造出的一些进步成果，如英国的古典经济学，德国的古典哲学，法国的空想社会主义，德、美的自然科学和技术，英、美、法资本主义初期的民主主义和自由思想，法、意资本主义初期的文艺……其中还有其积极性、革命性、进步性的因素，即凡是对我有用的东西，也应当在科学社会主义思想的指导下，在我国新民主主义经济和政治的基础上，予以批判地改造。

因此，所谓吸收，不是把资本主义文化的进步成果"移植"过来，或把楔行文译成方块字，假名译成汉字，而要从民族民主革命的现实生活的实践要求上，选择其适合我们要求的东西去批判地吸收和通过革命的改造，消化为民族自己的东西，为属于社会主义范畴的新民主主义文化的东西。

但这也不是说，翻译的工作是不必要的，只是说，翻译或模写的工作，还只是介绍外国文化的起点。而我们对资本主义启蒙时代或革命时期的哲学、科学、文学、艺术等的介绍，不只是贩运式的，而且是还不够系统。在今日，系统地介绍，即把它全部放到我们面前来作为原始材料，反而还有必要。以之来作为我们创造新文化的参考材料或原料，经过我们的批判改造，经过我们的咀嚼和肠胃消化。我们革命的哲学家、科学家、文学家、艺术家……对其哲学、科学、文学、艺术……的各个体系和其历史过程，还要加以科学的分析，有批判地去掌握，依靠群众，掌握原料和在生产中利用那些原料来制造自己的产品。无可讳言，我们过去对这方面的工作，还做得极其不够甚至不对。

但是从保守主义的立场上去看待资本主义文化，其观点、其意义、其收获，和我们是完全不同的；例如说，求实主义的精神是值得学习的，但必须以之和我们的革命精神相结合；而它一到了中国买办阶层的血液中，便成为"贪小利而忘大义"的市侩主义。中央集权和地方分权的美国政治制度本是过时了的，到现在，其本身也已不同于在华盛顿和林肯的时代，已经演成为垄断资本专政的反动的政治体制。而中国半殖民地半封建的统治者，或者只要集权的一面，成为袁世凯之流的半封建半殖民地型的专制主义，或者只要分权的一面，又成为新军阀的割据主义。所以从半封建主义和买办主义立场去看世界资本主义文化，便拒绝其在启蒙时代或资产阶级革命时期的东西，只愿接收其反动的有毒素的东西，来为封建残余势力服务，为买办阶级的垄断资本服务，从而也就是为帝国主义服务；因而在经济上、政治上、文化上，便形成了半殖民地半封建性质，便利了帝国主义的侵略。

从民族资产阶级或自由主义派的立场来看待资本主义文化，他们只知朝思暮想于中国资本主义前途而模仿欧美，加上他们不见其全体只见其点滴、不认识其本质反而迷惑于其庸俗进化论观点和反动的实验主义方法，况且他们本身又底子太差和顾虑颇多，因而便形成一派不切实际、无补实用的洋八股或模仿主义。这就是所谓"全盘西化"的实质。在中国不根据中国的国情，拿于我有用的外国东西来"中化",而不仅"西化"还要"全盘",则既不能生根又何从开花结果!在这里他们也就不能不和文化专制主义及文化买办主义发生因缘。他们相互之间数十年的关系,也就是一个悲欢离合的历史过程。

我们的新民主主义民族新文化,是属于社会主义范畴的。我们要批判地继承民族文化的优良传统,如前所述;在这方面,我们还要进行长期的斗争和艰巨的工作,这是极其重要的一面。另方面,我们的新民主主义文化是世界社会主义新文化的一部分,是和社会主义文化为同盟的。因而学习和研究苏联社会主义文化的先进成果,批判地吸取适合我国土壤和要求的东西,对我们是极其重要的。而苏联社会主义文化,是扬弃了资本主义的文化,批判地吸收了资本主义文化的积极因素和有用东西的。

马克思、恩格斯扬弃了过去人类认识世界的唯物论、形式逻辑和跛足的辩证法,批判地吸取了人类思想的全部精华,创造性地发现了自然、社会和人类思想的客观法则的唯物辩证法和辩证唯物论。它到了列宁的时代,在科学的新发现的条件下与理论和实践一致的发展过程上伟大列宁给予了创造性的全面的极巨大的发展,它指导苏联人民取得了伟大十月社会主义革命和社会主义建设的胜利,指导世界共产主义运动的胜利开展,已成为苏联人民生活所依据的法则和原则,全世界人们为其未来前途而斗争所依据的法则和原则。苏联的科学是在列宁主义的指导下,从扬弃旧科学的基础上发展起来的,是最先进的科学——它吸收了旧科学的科学因素,抛弃了旧科学的假科学因素。苏联的文学和艺术,是从扬弃旧的专供少数人享乐而又是用以欺骗多数人的文学和艺术的基础上发展起来的社会主义文学、艺术……苏联是全世界各国人民的路碑和榜样,它的今天就是全世界的明天。

五四运动以来,二十年中,在科学社会主义和我国民族民主革命总方针的指导下发展起来的新哲学、新科学、新文学、新艺术……已成了民族民主革命的锐利的武器,特别在今日民族抗日战争中,发挥了巨大的积极的作用。这是不容否认的事实。

二十年来,我们在这种最进步的世界观——最进步的科学方法和科学社会主义革命理论的基础上,对中华民族过去的历史已初步进行了系统的科学的探索或研究。特别重要的,由于伟大革命导师的伟大思想和创造,我们不只已正确地认识了当前民族的具体环境和世界情势,不只正确地掌握了中国和世界往何处去的方向，大大提高了中国人民的自信心和创造性，在二十年来的斗争过程中，我们已能有一套一贯正确的战略方针和策略路线，而且有了科学社会主义理论和中国革命的具体情况相结合的伟大思想。这就是能引导我们必然要达到抗战胜利的保证，也就是中国民族之所以变得更加聪明和勇敢的源泉，是日寇以至任何帝国主义都不能灭亡中国的绝对保证。

二十年来我们对苏联社会主义文化与经验的介绍和研究，在极端困难与艰苦的条件下，已作出可惊的成绩；然无可讳言，也还是作得不够的，还须按照一定的方向，依靠集体的力量，从事更系统的介绍、更系统的研究、更深入细致的工作。

我们对苏联社会主义文化、苏联经验的系统的介绍和研究，是从中国革命的实践所提出的要求出发的。所以必须如何使之更密切地与我国民族民主革命的要求相结合，与抗日民族革命战争形势下的政治斗争、武装斗争、经济斗争等实践斗争相配合；同时必须依据新民主主义革命所要创造的新民主主义文化的"民族化"的方针，通过中国的具体环境和民族民主革命的现实要求来活用，通过民族肠胃的消化，更多地发挥其对中国革命的积极作用。但这不是说，我们今日还没有消化苏联社会主义的文化成果（相反的，其适合中国革命的现实要求的东西，已在而且不断在和中国社会结成血肉相连的关系）；只是说依据我国革命的方针和要求，我们在文化战线上的工作作得还不够，并且还有着公式主义的情况存在，也不是说，不是中国革命现阶段的实践中所要求的东西，就都是不能接收的东西。列宁的苏联是我们的"良友"和"老师"，列宁所规定的苏联的道路是我们所要遵循的道路。

中国今日，从民族民主革命的客观要求上，从世界工人运动的远大前途上，需要学习苏联革命的经验，结合中国的具体情况和要求吸收社会主义文化的成果；全国进步的人们也都有着慕爱和研究苏联文化的愿望。因此，我国已组织了沟通中苏文化交流的中苏文化协会。然而无可讳言，在我国，有些人对苏联文化仍是抱有阶级的成见和错误看法，有些人还每每惑于帝国主义的宣传。帝国主义，特别是日本帝国主义的宣传员们，采用各种各样的卑鄙阴险的手法，企图在中苏文化的交流线上，在中苏两国人民的联结线上，建筑一道思想的鸿沟；他们在中国人民面前，故意歪曲事实，甚至散布各种凭空捏造的谣言，诬蔑社会主义与社会主义文化。中国的大小汉奸以至各派大地主大资产阶级，都是其应声虫。另一方面，一些英美派的大地主大资产阶级分子心里虽不喜欢苏联和苏联文化，口里却装得像外交使节一样的亲善，或者说是"反共并不反苏"；民族资产阶级的有些人士，由于误解苏联或由于阶级的偏见，对苏联和社会主义文化表示疑惧，害怕亲苏和吸收社会主义文化会输入社会主义革命；在他们看来，社会主义革命是可能从外国输入的。这可说是一种无知和阶级偏见。而这对于给予我国民族抗日革命战争以无私援助的苏联的关系，对于中国民族解放事业，对于建设民族新文化前途，都是有害的，也是违反孙中山先生遗教精神的，从而又都是不为全中国人民所欢迎。

事情是十分明白的，如果我们需要新民主主义的民族新文化，就不能不反对帝国主义文化和封建文化，就不能不批判地继承民族文化的优良传统、就不能不结合中国的具体情况和要求去吸收苏联社会主义文化的先进成果，就不能不反对帝国主义宣传员和汉奸的挑拨离间；如果需要帝国主义文化或封建文化，那就尽可和帝国主义宣传员们、汉奸们在一起，不过那是没有前途的，也得不到全国人民的赞成和允许的。

五、对吸收世界文化进步成果问题的两种偏向的批判

在吸收世界文化进步成果这一课题下，从洋务运动以来，就有两种主要的偏向：一是文化贩运主义的偏向，一是文化闭关主义的偏向。

文化贩运主义的偏向，在自由主义派的某些先生们比较严重，表现为对资本主义文化的无条件贩运。

首先在洋务运动时，一部分官僚认为只须把"西洋"的自然科学贩运进来，给"天朝"封建主义糊上一点"物质文明"的颜色，中国就会"富强"。

自洋务运动到"五四"运动以前的时期，已翻译了多种"西洋科学"的书籍；但多系（我只说多系）贩运式的介绍，没有通过其时中国民族的具体环境加以批判、改造和消化。

在"五四"运动前后，特别在以后，自由主义派的先生们曾不断的翻译了资本主义各国关于哲学、科学、文学、艺术等各方面的著作，而且其中不少

是各国资产阶级学者的专著。但他们并没有加以选择和消化；相反的，而是毫无选择地搬运和模仿，把英、美、法各国的一套搬到中国来照本宣读。他们所编写的许多专著和课本，也多是（我只说多是）与中国无关，好像是美国人、英国人在美国、英国的讲话。以历史、语文等为例：所谓世界史，实际上只是欧美史，并没有中国史和亚洲及非洲等各民族历史的地位；所谓上古史，只是希腊、罗马为主干的欧洲史，所谓中古史，只是封建主义的日耳曼史为中心的欧洲史；所谓近代和现代史，也只是欧美资本帝国主义史。同样，一般所谓文学，则是以资产阶级文学为主要内容的欧美文学，不但没有中国或亚洲文学的地位，连人物、题材、作风、气派，也大都是西洋化的。对中国历史、中国文学，又好像是欧美人在讲中国历史中国文学，中国历史、中国文学都被看做从属的东西。研究和著作要用英文写才显得可贵似的，甚至国家机关的出版物也以英文为主，中文只附在后面，甚至在日常交际中，也以说英语为荣，至少也要夹入几个英语词汇，以显现自己是"高等华人"……数十年来学校教育的内容，也多受着这种文化版运主义的支配或影响，一走入某些学校就好像到了英国、美国或法国。在课堂里，教师所讲授的东西，不论哲学、科学、文学、艺术等，主要课程大多是无条件地把欧、美资本主义的东西搬来照本宣读、或者"洋八股"地硬套，瞎吹一气，与中国的国计民生、历史文化多不相干。同时，在若干大学里，流行一种所谓原文教学主义，讲究用"英文原本"和用英语讲授。如某国立大学的一位印度哲学教授，也采用美国《东方文库》中的所谓印度哲学，即佛学"原文本"。而佛学却产生在印度，中国封建时代的僧俗地主阶级则是在佛学方面作过许多研究，曾产生很多佛学家的国家。美国市侩主义的所谓印度哲学，只不过是中国和印度佛学的糟粕。某教授竟如此把源流颠倒。而这还不过是一个例子。同时，在他们，好像外国资产阶级学者所讲的，就都是对的，而中国人自己和苏联人所讲的，就值不得一顾。因之学生在学校中所习的便多系与自己民族的历史文化、社会生活、祖国前途……无关的东西，易言之，主要都是"西洋"社会经济、政治所反映的东西，而又未经过选择和"民族化"。从而形成教育和中国具体情况、和民族的现实要求及斗争任务脱节的现象。这对于倒行逆施的封建主义、买办主义的教育，至少在客观上是起了帮助作用的。数十年来，在帝国主义支配下的大地主大资产阶级所统治的中国教育事业的不死不活，其"症结"便在反映半殖民地半封建社会特性的文化贩运主义。

但这不是说：数十年来，资产阶级知识分子和教育工作者，在教育、文化工作方面毫无成就和贡献。不是的，他们之中的不少人曾作过好些工作，特别在自然科学方面曾进行过若干有益的研究，并获得一定成就；而且除去出卖自己人格的一些人外，大多没能在政治上享有权利，生活也是比较清苦的。同时，也不是说：他们所学习的资本主义文化的东西，完全对中国没有用或完全没有消化成为中国的东西；只是说他们的基本方向是错误的，其中有些人还执行了违反民族利益和要求的文化专制主义的政策或为文化专制主义服务。

从本质上来看，文化贩运主义或洋八股派的偏向，以及从这一偏向上所表现出来的各种现象，是拜外主义的一种表现形式，正是帝国主义支配下的半殖民地经济政治所反映的文化、教育的特色，帝国主义文化侵略直接所引起的特色。

在新兴社会科学运动过程中，也还没有完全克服搬弄原理和公式主义的偏向。如对于中国社会史上的奴隶制或封建制的研究上，当时有些人不管中国史的具体内容如何，故意牵强附会地去迁就"古代"希腊、罗马或"中世"日耳曼的公式，以希腊、罗马或日耳曼的纪年，来概括全人类奴隶制或封建制的发生和没落的纪年……除去无足深究的这类人的种种歪论外，一些进步的或好心肠的研究者，也是有过开口希腊、闭口罗马的偏向的。又如个别苏联历史家日本史家对中国社会史研究的结论，未必都是正确的，而况由于文字和生活传统的隔膜等关系，有时还不及中国新历史家自己的结论正确；而我们学术界的一部分人士和有些读者，却宁肯相信波克罗夫斯基、波特卡诺夫、约尔克、森谷克己、早川二郎、佐野袈裟美等人，甚至遭受托派和新生命的蒙蔽，误信马扎亚尔、沙发诺夫、波格丹诺夫、秋泽修二、乃至德国的威特福格等人的反动说法，而不肯相信中国自己的新历史家的正确意见。这不是由于幼稚，就是由于受拜外主义教育或西洋文化中心论的不良影响。另方面以"西洋"文化为中心的不良影响，也在如次的一些方面存在着：如在哲学史方面，有些人从不轻易涉及中国自己的东西，而只以欧洲的史实为依据；一说到世界史的奴隶制或封建制时代的哲学思想，便不外是苏格拉底、柏拉图、亚里士多德、席勒、奥古士丁、罗杰、培根等，而轻易不涉及八卦哲学或诸子和其以后的各派哲学。在革命史、政治史、文学史、艺术史等方面，也都有相同情况。其实一般读者对中国民族自己的历史和文化不但感到亲切，而且也容易接受；那些外国的东西反可能使人们误解和感到生疏——尤其对工农和学生。有些新科学家，无论在自然科学或社会科学的各部门，都没有把它拿去和中国民族的历史与土壤相渗透，这无疑会减低其教育和实践意义。有些新文学家，在文学作品中的语汇、气派、作风等方面，未能完全表现为中国大众自己的语汇、气派和作风，反常常掺杂着不为中国大众所"喜闻乐见"的外国语汇、气派和作风。有些艺术家的作品，如绘画和雕刻等，常不免表现为外国人物的模型，不像中国人物的模型，不能充分表现出"民族作风民族气派"……抗战初期，我们在湖南农村给农民演抗战戏剧，农民对有些戏剧叫做"看洋戏"，剧情中吃饭用刀叉，有的农民说："那叫作么子？"有的说是"吃洋饭"。

但这绝不是说：二十年来我们的方向错了；我们的方向是完全正确的，这在抗战前的爱国文化运动及其后的抗日文化运动，都表现得很明白。这也不是说：我们的成绩和贡献不大；我们在民族解放事业、在创造民族新文化方面建立了不可磨灭的功绩，"在社会科学领域和文学艺术领域中，不论在哲学方面，在经济学方面，在政治学方面，在军事学方面，在历史学方面，在文学方面，在艺术方面（又不论是戏剧，是电影，是音乐，是雕刻，是绘画），都有了极大的发展。二十年来，这个文化新军的锋芒所向，从思想到形式（文字等），无不起了极大的革命。其声势之浩大，威力之猛烈，简直是所向无敌的。其动员之广大，超过中国任何历史时代。"[1] 也不是说：我们所吸收的世界先进文化成果，没有在中国民族的园地里生根、开花、结实；相反的，它已经成了中国革命精锐无比的武器，发挥着不可战胜的无敌力量。所以只是说：我们新文化工作者对"民族化"、"科学化"、"大众化"，特别对"民族化"也是"中国化"的工作还作得很不够，若干人在若干场合还存在上述缺点，还没有完全摆脱某种传统的不良影响和表现公式主义倾向，还该加紧努力去克服这些缺点。——当然这是要经过一定过程的。

其次文化闭关主义，即排外主义原来是发生在保守主义或国粹主义的地盘上。保守主义者或国粹主义者主张文化闭关主义，是毫不足怪的。从清朝政府的闭关政策到封建余孽的儒学一尊思想，是十足的闭关主义或国粹主义；"中

---

① 《毛泽东选集》，第 2 卷，第 690—691 页。

学为体，西学为用"论是半闭关主义或半国粹主义；大地主大资产阶级顽固派则只是对社会主义文化或革命文化闭关而对帝国主义文化却是敞开大门。现在，有些进步的社会科学者，由于机械地了解"新质发生于旧质的胎内"的原理，也陷入这种偏向。他们认为产生中国民族新文化的"中心源泉"在民族旧文化，因而便不得不过低去估计群众在伟大的现实斗争和现实生活中的伟大创造作用，不恰当地估计外来的革命的先进的文化的影响作用。——虽然他们的心肠可能不坏，只由于认识上的错误，与上述的闭关主义是有本质区别的。

这种错误见解的形成，第一，由于他们没能从历史的实践过程去认识。各民族文化的接触，即使完全没有相同的社会条件，也能相互影响而给以特殊色彩，特别是前进文化对落后文化的影响，如专制封建主义的中国隋唐文化对日本"大化革新"和其奴隶制文化的影响，便是显例。如果较落后的民族的社会内部已存在着接收先进文化的物质条件，便可能在一个革命的过程中，大量地吸收先进文化的成果以适应自己民族的特殊条件而予以批判地改造，使成为自己民族的东西，如"西洋"资本主义文化对日本"明治维新"和其资本主义文化的影响，就是显例；苏联社会主义文化对于世界被压迫民族和附属国的作用，也只有这样去理解才是正确的。自然他们没有反对接受苏联文化成果；但从其错误认识出发，便可在逻辑上达到这种错误结论。

第二，尤其重要的，由于他们忽视了此时此地中国民族的具体环境和具体的革命斗争，不知把理论活用到这种具体情况中去，反而把原则公式化。新民主主义的民族新文化产生的主要根据，是新民主主义的新经济、新政治力量，新文化又随同新经济、新政治力量的成长而成长。新文化在新经济、新政治的主要根据上：一面批判地继承民族文化的优良传统；一面也批判地吸收资本主义文化成果中于我有用的东西，最重要的，在于适合自己的革命实践和要求的基础上，吸收社会主义的文化成果，而加以消化，这是民族具体环境与新民主主义革命的客观形式和根本性质所规定的。这是不是外因论呢？不，意识形态的发展虽有其相对的独立性和继承性，但却不能不从属于社会经济、政治的发展法则而受其支配，以新民主主义为纲领的新经济、新政治，基本上是以中国社会内在的矛盾发展为根据的。而这种矛盾是存在于社会主义已经强盛、帝国主义已近死亡的殖民地半殖民地半封建社会的基础上，因之，中国的民族民主革命，较之由封建主义到资本主义的欧洲经过的历史，是不同的，是一个未有先例的新民主主义革命的最新形式。而为这种革命服务，为新的经济新的政治服务的新文化，便只有（而又必然）从中国的社会根据上，在社会主义国家及其人民的帮助和其影响下去吸收其适合自己要求的先进的文化成果和经验，加以消化，就能在自己民族的园地里生根、开花、结实。这在二十年来的实践过程中已得到证明。

今日中国文化，无论在哲学、社会科学、文学、艺术各部门中，都表现着帝国主义文化、封建文化与新民主主义的民族新文化间的矛盾交织的斗争形式。前两者虽还在起着统治作用，却已走向没落、走近死亡；后者则正蓬勃地走向成长、走向发展，正以"雷霆万钧之力"在摧毁前两者。在新文化运动的内部，作为新的人类的意识形态之反映的新的哲学、社会科学、文学、艺术……在科学的社会主义思想的指导下，不可避免地要取得支配地位；科学社会主义思想和其社会革命论已在中国的土地上得到巨大的成长和发展，已成了保证革命胜利的领导思想。

另外有一种意见，主张我们对国外学术思想的翻译介绍，应尽量采用民族固有的语汇，自己没有的用语才重新创造。这种意见是值得重视的。不错，过去许多意译的用语，不少转自日本，那对于中国大众的习惯语汇上，是多少有些隔阂的。从而也就阻滞了民族文化的普及与提高的进程。不过所谓民族固有的语汇，应说是现实生活中大众的习惯用语——民族固有的用语和成了惯用的外来语——而且我们民族的语汇是很丰富的；反之，在民族过去曾惯用，今日已为他种用语所代替了的用语，也便只有考据上的意义了。以汉语为例，如"论衡"是汉民族过去的用语，今日已为"批判"或"批评"所代替；苜蓿、葡萄、胡麻、胡桃、豌豆、菠菜、胡萝卜、黄瓜、西瓜、无花果、皂荚、凤仙花、米突、铁道、轮船、摩登……都不是汉民族原有用语，或随同其实物的传入而传入，或随同新事物的发生而发生，今日都成了汉民族自己的用语了。所以语汇也是不断发生、不断加多的。

实际上，在用语方面，还有急待解决的严重问题，即在一方面，今日汉人所谓惯用的语汇，是"官话"主义的，并没有认真去解决地方语的差异问题，把地方语一齐拿上文化的舞台，使之由差异到统一——问题到今天还只有原则的解决。在又一方面，今日所谓惯用的语言，一般只就汉语说的，不少人在口语上，好像只有汉语是"中国话"，其他兄弟民族的语言就不算"中国话"似的；因而就还没有认真应用国内其他民族的语言来写作，认真使各兄弟民族都能用自己的语言写成文化读物，并能表现其各自的气派和作风。这两个问题不认真解决，新民主主义的民族新文化运动，仍是跛脚的。

最后，所谓民族文化传统，在四千年来的历史过程中，已不断地吸收了外来文化的因素，如佛学来自印度，景教来自西欧，回教来自阿拉伯，音韵受到"西域胡书"① 的影响，云冈石佛的作风，在传统雕塑的基础上，又直接受到印度、间接受到希腊的影响，彩塑和壁画亦受到印度等国的外来影响……这一一都在中国社会内在的根据上和民族传统的东西相结合生根、开花、结实，成了中国民族自己的东西。这对于文化闭关主义或国粹主义者以至民族主义者，都应该是很好的教育材料。他如胡角、胡琴等等则系汉族与新疆各兄弟民族如维吾尔族等的相互影响下的产品。这表现了国内各兄弟民族的文化在长期历史过程中相互影响相互发展的关系。而这还不过是一个例子。这对于大汉族主义者，也应该是很好的教育材料。

1940 年 11 月 5 日于重庆

---

① 参考《隋书·经籍志》。

国共两党和中国之命运
（驳蒋著《中国之命运》）

在中国国民党总裁蒋介石先生所著的《中国之命运》中公然说，中国国民党，特别是大革命失败后的中国国民党，是"中国之命运"的唯一"寄托"、"是全国国民共有共享的一个建国的总机关"，"今日的中国，没有中国国民党，那就是没有了中国"；而对于中国共产党却在蒋先生及国民党的通令中称之为"奸党"，对于八路军、新四军则称之为"奸军"、"叛军"，陕甘宁边区是"封建割据"，都应该"取消"。其实，咒骂共产党、八路军、新四军和陕甘宁边区的这些调儿，日寇汉奸已唱了好久，蒋先生及国民党东施效颦，即使学得和敌人汉奸一模一样，也不过还是那一套。但是正因蒋先生自称是中国"抗战的领袖"，国民党自称是抗战的政党，说出的话，做出的事，竟和敌人汉奸如出一辙，就值得中国人民大大的注意了。

你说我们是"奸党"，大概你们就是"忠党"吧！究竟中国共产党是"奸党"，还是国民党内的 CC 团、复兴社及其特务机关是奸党？最好查查历史，看看事实。说边区是"封建割据"，大概你们那大后方就是"民主"、"统一"吧！究竟谁是民主，谁是封建？也最好问问人民，看看事实。说八路军、新四军是"奸军"、"叛军"，大概你们就是"忠军"、"顺军"吧！究竟谁奸谁忠？人民会来作结论，将来的历史家也会来作结论的。究竟"中国的命运，完全寄托于中国国民党"，或者也"寄托"点把于我们呢？最好也查查历史，看看事实，问问人民。你想"取消"共产党，我们却并不提出"取消"国民党的要求，因为我们没有那样无知，我们认识国民党和共产党都是现代中国历史的必然产物，除非国民党或共产党临到其自己历史的末日，谁也没有权力来取消的。你如不信，请学学社会学 ABC。

先查查近代史 ABC，看中国无产阶级和资产阶级，中国国民党和中国共产党是怎样产生的？国民党又是怎样变化的？告诉你，中国在鸦片战争以后，有了外国在华的企业，就出现了现代无产者，那时中国大资产阶级的有些祖宗，还是替"洋大人"服务的买办。太平天国以后，中国有了官办、官商合办、商办的企业，就产生代表官僚资产阶级的保国会，今天大资产阶级中的那伙子亲日派正是它不肖的后代。甲午战争以后，民族产业资本比重大过官僚资本，民族资产阶级有了一定限度的自觉，因此就又产生以民族资产阶级为主体的革命同盟会。但是民族资产阶级的运动一次又一次地失败了，他们找不到中国解放的正确途径。只有到了五四前后，由于国际国内情况的巨大变化，由于十月革命的胜利，由于中国反日运动和民主运动的高涨，由于民族工业在欧战期间有一度相当发展，中国无产阶级成为政治上自觉的先进阶级，它的先锋队中国共产党应运而兴，以民族救星和人民救星的巨人姿态登上了历史舞台，这个时候，中国革命才进入了新的时代，中国人民才知道反帝反封建是中国唯一出路，而孙中山先生也才在列宁和中共的帮助下，把丧失了革命性的国民党，改组为资产阶级、无产阶级、小资产阶级革命联盟的中国国民党。这段经历，中国国民党的领导者今天虽然不愿提，然却都是历史的事实。1927 年大革命失败以后，叛变革命的资产阶级代理人联合大地主掌握政权、掌握国有、省有、市有各种企业……国民党就变成以大地主大资产阶级为主体的政党了，于是豪绅、买办、军阀、政客、上海闻人及其他许多反动分子都成了国民党的重要干部，CC 团、复兴社（亦称蓝衣社）两个反革命团体，就开始在国民党内形成。而党内有正义感的党员，不论老党员新党员，却都受到排斥，不能起任何决定作用。你们如不承认，请你们自己清算历史、翻阅档案、审查干部。"九一八"以后，国民党当权的先生们，进一步想模仿希特勒和墨索里尼，使国民党完全法西斯化，于是乎收集地痞流氓，破铜烂铁，扩大 CC 团、复兴社这两个反动团体，组织所谓"国民政府军事委员会调查统计局"，"中国国民党中央执行委员会调查统计局"，而此所谓"调查统计局"也者，实质上，竟成了支配国民党的党务、政治、军事、经济、文化教育等方面的最高权力机关，这对于我们中华民国的体面虽则并不雅观，然而又都是事实。在共产党方面，中国有了自觉的无产阶级，就有了共产党；无产阶级存在，共产党就会存在。共产党始终是无产阶级的政党。而国民党却已有着一变再变的经历了。

我们再来翻阅一下两党的历史，看看彼此对"中国之命运"究起了何种作用。好的不容抹煞，坏的也不必否认。

不容否认，中国国民党前身的同盟会，是当时革命各阶级的阶级联盟。他们的主义，就是"驱除鞑虏、恢复中华、建立民国、平均地权。"在这个时期，同盟会曾与"中国之命运"有密切关系。但是正如孙中山所说："革命军起，革命党消"，在辛亥革命以后，国民党却放弃了革命的任务，变成改良主义的组织；许多干部变成军阀、官僚、政客、大地主和交易所的经纪人。"五四"以后，孙中山先生在"以俄为师"的觉悟下，改组了中国国民党，并由于共产党人的帮助，把旧三民主义改造为联俄、联共、扶助农工三大政策的新三民主义。有人硬说改变的不是原则，只是"方法"，试问"打倒帝国主义"和"打倒军阀"的纲领从哪里来的呢？那不是在前此二年的中共第二次全国代表大会宣言中，就明明白白地提出来了吗？因此，从最低限度说，也不能不承认 1924—27 年的中国国民党，和中国共产党同为"中国之命运"所"寄托"，而实际上起革命领导作用的显然是中国共产党。"不幸正在这革命"快要成功"的重要关头，而国民革命军内遭遇了分裂"。分裂的原因，正由于黄郛、陈群等这批汉奸，从上海跑到南昌，准备了反革命政变的阴谋，这不是任何"颠倒是非，混淆黑白"的"宣传"可以掩盖的。因此，中国革命快要成功的命运，便由那些反动叛变分子葬送了。而且，早在北伐出师以前，在反共汉奸缪斌之流的煽动下，就有人拿"三月二十号事变"和"党务整理案"来反对孙中山的新三民主义了。大革命失败以后，成了国民党主体的大地主大资产阶级，便拿"舶来"的基马尔主义代替孙中山的新三民主义。全力进攻革命，对革命的工农知识分子群众肆行残暴的大屠杀，正是基马尔主义的实行。同时，他们还尽量扩大军阀内战。据说这都是为着国家的"统一"。可惜得很，不久就统来了一个日本帝国主义的侵略，使"中国之命运"陷入殖民地半殖民地半封建的苦境。当时的基马尔主义者如系英雄好汉，就应当挺起腰把这个责任负起来；若想把责任卸给毫不相干的"自由主义与共产主义"，卸给"土地革命"与"农民革命"，就未免有点无聊吧。"九一八"以后，正所谓国家民族的"危急存亡之秋"，你们却丝毫不顾国家民族的存亡，人民的死活，反而觉得基马尔主义还不过瘾，索性再来一个中西合璧的法西斯主义。这难道还有心肝吗？你们先之以"不抵抗"的投降政策，还觉得不够，又继之以"先安内、后攘外"的清道政策。投降政策的具体证据，就是淞沪协定、塘沽协定、何梅协定。替日寇清道政策的具体证据，便是罄全国的人力、物力、财力和数百万军队，不用去抵抗日寇的侵略，专用来围剿工农红军，削平异己；便是到处的特务机关，满天飞的特务分子，不是去对付日寇汉奸，而是专门来摧残革命势力，摧残抗日爱国运动和打击异己，这不是日寇的第五纵队是什么？还亏你们说这叫做"备战"，但是除了秦桧之流谁还这样地"备战"过呢？西安事变时，你们的汪精卫李精卫那班家伙，就暴露了日寇第五纵队的面目，他们企图扩大内战、阻挠团结、甚至还不惜牺牲蒋介石先生，幸喜中共挺身来打救，要不然，真是一命呜呼了。因此，到抗战以前的国民党，难道还算是孙中山的国民党吗？到抗战以前的三民主义，难道还算是孙中山的三民主义吗？这一笔一笔葬送"中国之命运"的烂账，你们难道忍心记在孙中山的名下吗？

请看看中国共产党吧！从它成立的那一天起，就肩负起民族解放和社会解放的历史任务，"即在中国历史上，第一次破天荒向中国人民提出了反帝反封建的纲领，并根据此种纲领在各个时机规定了各种具体实施的政策。"二十二年来，它一刻也没有放下革命的旗帜，总是和人民在一起，总是领导人民和帝国主义封建势力作坚决的斗争，不论在任何时候，都是中国民族民主革命的"中流砥柱"。在第一次国共合作时，中国共产党和其党员，从各方面帮助了孙中山先生，帮助了国民党；和国民党共同建立广东革命根据地，平定反革命的商团事变，消灭陈炯明等反革命军阀，共同完成革命，在珠江和长江流域的胜利，收回汉浔英租界，单独领导群众起义，克复上海，响应北伐军……这正是新民主主义革命的胜利，也就是新三民主义革命的胜利。在国共合作破裂以后，那些国民党人，那些民族叛徒们，在当时曾一脚踢开同盟者，踢开群众，断送了这个胜利的果实；在今日，还要无耻地歪曲历史，把当时的胜利解释为：一民主义的"民族主义运动"的胜利，作为宣传其中国式法西斯主义的资本。但当时摧毁此"蓬蓬勃勃的风起云涌"的"运动"者，不就是今日的中国式法西斯主义者吗？而这种不爱面子的办法，不是希特勒、墨索里尼就早采用过了吗？在那些民族叛徒叛变革命以后，中国共产党"为求三民主义的实现"，单独撑起革命的旗帜，领导群众进行"土地革命"，实行"耕者有其田"，反对了封建主义，拿"人人有权"的民主代替了"由身而家而族"的封建家长制，拿革命各阶级联合的民主政权代替了"由族而保甲而乡社以至于县与省，以构成我们中国国家大一统的组织"的各级封建政权，拿"国家建设的基层"的乡村人民代表会议代替了豪绅统治的"保甲"和"乡社"，拿劳动人民的民主宪法代替了封建的"家礼"、"家训"、"族谱"、"族规"、"保约"、"乡约"、"社规"，也拿新三民主义的"民族道德"，代替以家长制的"忠孝为根本"的"四维八德"的"民族固有道德"，反对了寡廉鲜耻的买办道德。试问哪一点不符合中国人民的需要，不符合孙中山新三民主义的政治原则？然而若不是那班孙中山主义的叛徒，拼命来反对真正"为求三民主义的实现"的中国共产党，以无所不用其极的残酷手段，来破坏实行新三民主义的革命地区，又何致"民国二十年至二十五年之间……兵连祸结、闾阎为墟"，又何致"敌寇……敢向中国这样大举侵略"！在"九一八"事变发生后，共产党首先就发动人民的抗日爱国运动，号召全国军队共同抗日；红军为着北上抗日，并实行了艰苦卓绝、震动世界的二万五千里长征；遵义会议以后，以毛泽东同志为首的中共中央，又坚决倡导抗日民族统一战线、并派遣代表去和国民党谈判，斡旋西安事变的和平解决、救出蒋介石、实现了从来没有的全国统一局面……。你认为这都是"催战论"的表现吗？若果没有这些"催"，"明末的""不可收拾的亡国惨状"，恐怕很难避免吧！神圣的民族抗日战争就未见得抗的成吧！不消说、更谈不到"四强之一"和"四大领袖之一"了。因此，历史的事实告诉了我们：中国之光明的命运，完全寄托于中国共产党，没有了中国共产党，那就没有了光明的中国，只有中国共产党一贯"为求三民主义的实现"，从来没有变更过立场。不消说，共产党自有其贯彻始终的马克思列宁主义，应用在现阶段中国具体情况具体革命斗争的马克思列宁主义，就是毛泽东同志的新民主主义；新民主主义是马克思列宁主义在中国的发展，是民族化的马克思列宁主义。那么共产党为什么又承认"三民主义为中国今日之必需"，一贯地"为其彻底实现而奋斗"呢？这由于孙中山新三民主义的政治原则，"同共产主义在中国民主革命阶段的政纲，基本上是相同的"（毛泽东），同新民主主义的政治原则基本上是相同的。

因此，从来一贯为中国民族解放事业而奋斗，为求三民主义之"彻底实现而奋斗"的，是中国国民党还是中国共产党呢？"中国之命运完全寄托于中国国民党"还是完全寄托于中国共产党呢？过去的历史已给了我们明确的答案，有良心的历史家也会作出这样的答案。

西安事变以后，又有了国共合作，因此，才有六年来的民族抗日战争，才有废除不平等条约的收获，才有今日这样接近胜利的形势，中国才成为"四强之一"。然在抗战阶段中的国共两党，彼此有着不同的两种方针，两套办法。中国国民党的方针，是一面抗日一面反共的方针，但反共是和投降分不开的，所以又是一面抗日一面投降的方针。中国共产党的方针，就是不折不扣的坚决抗日的方针。在坚决抗日方针下的一套办法，就是"抗日救国十大纲领"。中国国民党虽亦有临时全国代表大会的"抗战建国纲领"，"复为国民参政会所接受"，但那只是欺骗人民的一纸具文，实际的办法却是另一套。

我说你的方针是一面抗日一面反共，你能说不是事实吗？武汉失守以后，那一套又一套的"防共"、"限共"、"溶共"、"灭共"的办法，即所谓"处理异党问题实施方案"、"限制异党活动办法"、"异党问题处理办法"……是哪些王八蛋干的呢？大后方成千成万进步人士和爱国青年的被捕，尤其是皖变前后，四川、贵州、湖南、江西都有数千爱国青年的被捕，甚至以所谓"共产党嫌疑犯"把他们秘密处死、活埋、枪杀或迫其两小时秘密自首……这又是哪些无法无天的反动分子干的呢？把新四军平江嘉义留守处工作人员和男女老小眷属全部活埋，似此伤天害理惨绝人寰的平江惨案，又是什么人干出的呢？精忠报国、坚决抗战的新四军，公然诬之为"叛军"，明令围剿，造成皖南事变。

你们在敌后在前线的军队，在特务分子、日寇第五纵队的指使和挟持下，经常找八路军新四军摩擦，而又常常配合敌寇的扫荡。这是什么原故呢？日寇在华的军队不过三十几个师团。八路军新四军抗击了一半，其他数百万军队仅仅对付一半，而乃把装备最好的数十万大军专用来包围和进攻陕甘宁边区，不用去抗日。照你们的说法，抗战只有"两个阶段"，武汉失守后就进入"反攻阶段"，为什么不把数百万国民党军队组织反攻，从日寇那里去收复失地，反而只想到边区来"收复失地"呢？大后方满天飞的特务分子，为什么只对付所谓"共产分子"、抗日爱国的进步分子？对于暗藏和公开的汉奸、敌探，反视若无睹，甚至公开或暗中保护？而那班老老少少的真正孙中山信徒，也都被你们压迫得喘不过气来？在敌后在敌区的特务机关和成千成万的特务分子，为什么不对日寇进行反特务斗争、不去破坏日伪，反而和日伪配合，专门进行破坏八路军、新四军和敌后抗日民主根据地的工作？为什么那样把实行新三民主义的边区看作眼中钉、派遣成千成万的特务来进行各方面的破坏工作？而他们又何以和日伪特务分子沆瀣一气？……这种罄南山之竹、书罪无穷的特务集团，能说还有半点"黄帝子孙"的味道吗？能说不是日寇的第五纵队吗？在这里，就根本说不到抗日，而只是抗共和抗"抗日"了。

反共就是反"抗日"，所以一面抗日一面反共的方针，执行上就不能不成为一面抗日一面投降的方针。你说这是"恶意诬蔑"吗？请看事实。降敌的汪精卫，难道不是国民党副总裁；汪记公司的周佛海、陈公博、顾孟余、陈璧君、陈春圃、林柏生、缪斌、陈中孚等几十个大汉奸，难道不是国民党的中央委员？李士群、丁默村等等难道不是CC团和复兴社的特务头子？全部降敌的江苏省党部、三青团、特务队，难道是"共产分子"？降敌的三十三名高级将领，难道大多数不是CC团和复兴社主干，难道有一个是你们所称为"叛军"或"奸军"的干部吗？妙的是至今还不只对他们没有任何处分的表示，反而仍有人替他们向人民解释，仍尊称为"总司令"、"军长"。的确，他们也还在作"总司令"、作"军长"，不过已改贴"汪记"的商标，那对你们或者是无关大体的吧。从武汉失守以后，一群一群的官吏不断投奔敌伪，却从不见有人去为难他们。皖变以后，为着不让"共产分子"和"左倾分子"漏网，特务机关却又防范得那样严密，日伪奸细陶希圣、吴开先……凭什么仍住在重庆大作其"校阅"、委员……？至今还公开宣称和汪精卫是"好友"的谷正纲，难道不是堂堂国民党中央社会部长？调查统计局和日伪特务机关的人员经常交流，难道不是事实？"当我首都危机"的时候，敌寇利用德国的调停，难道没有人和他进行过谈判？敌寇"第二步又想以武汉会战为其侵略军事的止境"之"和平攻势与政治攻势"难道没有得到国民党党政要人的响应？今天还留在重庆的"德意路线"派，难道还算少？……这一切一切，难道不是事实，倒是"混淆是非，颠倒黑白"的"宣传"么？

在一面投降的方针下，就不能不随时有全面妥协的准备。因此，在抗战时期，政治上理应把大地主大资产阶级专政即国民党一党专政的政治机构加以改造，使之符合抗战的要求、符合孙中山新三民主义的政治原则；而乃不此之图，竟拿所谓抗战时期要求政府权力集中等遁词，来和人民要死狗，反而进一步法西斯化、特务化。既说"中国的……民权思想……蕴积于民间"，已"历二百余年"，仍公然宣称"不惟宪政无法开始，就是训政亦无从推行"，还不能"终结"其"军政时期"的法西斯特务的统治。这不是拿内战和军事统治来威胁人民，就是和人民耍流氓。因此，抗战以来，或者说从国军退出武汉以来，在"一个主义"、"一个党"、"一个领袖"、"一个政府"下面，不惟四万万五千万"阿斗"的权利完全被剥夺、不惟一同抗战的各党各派都被压制得喘不过气来；而且连那班老老少少的真正孙中山信徒，写一句文章、说一句话、走一步路都要受到特务分子的监视。同时，又连作梦也在想"取消"共产党、八路军、新四军，一若不"取消"，就到死也不能瞑目。的确，如果让四万万五千万"阿斗"都有权，让各党各派一同来组织抗日民族统一战线的民主政府，让那班真正孙中山信徒来决定"党国大计"，让坚持抗战的共产党、八路军、新四军存在和发展下去，那从坚持抗战、战胜日寇方面来说，自然是好的，是必要的；而那对于妥协投降，的确是不大方便的，因为在那种情况下，谁若想妥协，谁若想投降，他们立即就会来制止他、粉碎他的。在"一个主义"、"一个党"、"一个领袖"、"一个政府"下面，试问各级政府、军队、财政经济机关、民众团体、交通机关、文化教育机关（通讯社、报纸、书店、学校、出版社、文化团体……）以至茶楼酒店、游艺场所，哪一部门不是由上到下受特务机关的控制、支配？国民党各级党部和三青团团部，就更不用说了。人民、连同那些和特务机关没有联系的官吏、职员，谁不觉得头痛？谁不是敢怒而不敢言？真正知道特务机关内幕的人，又有谁不知道，在那些职业化的特务分子中间，一半是日本特务机关的兼差，一半是日本特务机关的候补？

朋友，你如果说这就是孙中山主义的政治，那未免是开"国父"的玩笑，是侮辱"伟大的民主主义者"孙中山。实际上，你们手中的三民主义旗帜，不过是"师父在上"的巫师口中的咒语，只是骗鬼的玩意。你们如系英雄好汉，就无妨公开宣称自己是法西斯主义（也就是特务主义）。自然，你们那种法西斯主义不是道地的"希式"、"墨式"或"东条式"，而是实质的"西班牙式"、"匈牙利式"、"泰国式"，或者名副其实的就叫作"中式"。所谓"中式"也者，缘于它是土产的封建专制主义和"舶来"的法西斯主义杂交的产物。所以它的半个身子是封建主义，即所谓"系之于血统"的"由身而家而族"的封建家长主义，"在地域方面，由家族而保甲而乡社""以至于县与省，以构成……中国国家……组织"之秦始皇以来的"大一统"主义，以"乡社"为"国家建设的基层"的豪绅主义。家长主义的治家纲领就是"家礼"、"家训"、"族谱"、"族规"，豪绅主义的治乡纲领就是"保约"、"乡约"、"社规"，"大一统"主义的治国纲领，就是"礼制"和"刑罚"主义，"礼制"就是和卢梭"天赋人权"的"学说"相反的等级主义，"刑罚"主义就是"法律的施行，仍然是存乎其人"的朕即国家的"人治"主义。其表现在意识形态上，就是提倡"尊孔"和强迫学生"读经"，就是宣扬王阳明主义、曾国藩主义，就是"以忠孝为根本"的"四维八德"，就是要"恢复"而"使之扩充光大"的"我国固有的伦理"。先生们不是好谈什么"封建割据"吗？不必他求，这就是封建主义的典型。不过这也并非先生们的创见，日寇早已提倡的"皇道主义"之主要内容，正是这一套，郑孝胥、王克敏之流所要求的也正是这一套。这有陶希圣"校阅"，应该很清楚。而此在日寇、郑孝胥、王克敏那里，不正是奴化主义的工具吗？我看你还是避点嫌疑吧。

中式法西斯主义的另半个身子，正是"生于其心，害于其政，发于其政，害于其事"的"法西斯纳粹主义"，其主要的内容：就是要把"我们中华民族……结成""民族的国防体"，在这个"民族的国防体"里面，"无论在战时或在战后……'个人自由'是不能存在的"。就是"污辱"人民争取"民主"的斗争为"封建与割据"，"侮蔑"人民争取自由的斗争为"反动与暴乱"，"视革命为大逆不道"。就是模写"希式"的"全民"主义，来反对中小资产阶级的"自由主义"、'个人主义与功利主义"，反对无产阶级的"世界主义"，"以最大的努力"来摧残"自由主义与共产主义的思潮"。就是模写希特勒"大日耳曼主义"的"民族主义"，为大汉族主义的"民族主义"，就是公开宣扬希特勒的"种族论"。就是体现大地主大资产阶级专政的"一个党"、"一个主义"、"一个领袖"的"专制""独裁"，不容许国内其他各党派存在，就是最残暴最黑暗的法西斯集中营的遍布全国。还有一个最主要的标志就是"反共"，谁不知道，反共的只有希特勒、墨索里尼、东条英机等法西斯匪帮和其喽啰，一切民主国家的政府都是"联共"的，一切被侵略民族也都是"联共"的，全世界人民也都是赞成"联共"的。朋友，难道这和孙中山主义还有相同的地方吗？不过你们这种法西斯主义和伪华北新民会的"新民"主义，倒有不少基本的共同点，他们的"中国革新运动的斗争路线"，不也"是要反世界以功利思想及自由主义为中心之资本主义与共产主义"吗？也是以"反共"为其头等任务吗？朋友，清醒些吧！你们的本钱不够，也不是货色，希特勒、墨索里尼和东条英机那样的梦是演不成的，而况墨索里尼已经毁灭，其他二位也快要"就木"了。就是降格以求，只作一个小小的罗马尼亚、匈牙利或泰国那样的法西斯附庸，也不是时候了。我"很精诚很坦白的不惮重复的对各位再进忠告"，并不是为了中国共产党对各位有什么企图，而是深恐妨碍你们自己的前途，阻止你们自己的事业。

"不怕不识货，只怕货比货"，请回头再看看抗战时期的中国共产党吧。抗战六年以来，中共始终都是坚持其坚决抗战的方针，任何一言、一动、一件事，都是为着坚持抗战、坚持团结、坚持进步，为着反对妥协、反对分裂、反对倒退。

六年以来，中共为着坚持这个战胜日寇的唯一方针，对于国民党每一个摩擦、进攻以及种种伤天害理的事情，哪一次不容忍到最后一分钟？为着巩固团结、战胜日寇，也为着帮助国民党，向国民党提出建议，何止几十次几百次？就是最近人家已在高唱反共的时候，中共中央抗战六周年宣言，还不惜向国民党提出"加强作战"、"加强团结"、"改良政治"、"发展生产"等四项建议，总算仁至义尽了罢？中共和其党员，从各方面去帮助国民党和其他党派进步的事迹，帮助国民党解决困难的事迹，总算不少吧？这种大公无私的精神，无非是为了顾全大局，为了保卫祖国和神圣的民族解放事业。

六年以来，八路军新四军没有得到"政府"一枪一弹的接济，全靠自己的双手，全靠和广大群众的联系，从敌人手中夺回广大的国土，建立起抗日民主根据地，坚持了敌后的抗战。敌人企图消灭他们，花样百出的"扫荡"、"蚕食"、"封锁"、"分割"、"三光政策"、"治安强化"……无不极尽其残酷、阴险、毒辣之能事。因此，他们在敌后抗战的艰难困苦情况，便远非大后方同胞所能想象。但他们却始终在那里坚持，没有后退一步，没有一个降将。他们又不只要抗击近二十个师团的敌军与几乎全部的伪军，还时常要应付特务分子、日寇第五纵队的残害、破坏，反共军的摩擦，进攻和配合敌人扫荡。然而他们为着顾全团结、为着保卫祖国，仍不断要求那些反共"友军"停止摩擦，协力对抗日寇；仍自动去配合友军作战，帮助其解决困难。像韩德勤那样顽固

279

的反共将领，年初被敌寇击溃，逃奔到新四军防区，只缘他没有降敌，新四军仍不念旧恶，与以宽仁大义的待遇。新四军在皖南被围攻后，"政府"至今没有恢复他们的番号，被赐予的"叛军"头衔，也还戴在他们的头上；而他们却依旧紧握着中华民国的国旗，在华中敌后坚持抗战，在根据地"为实行三民主义而奋斗"。这种大公无私、精忠报国的精神，真可以昭日月而泣鬼神！

六年以来，孙中山三大政策的新三民主义，在陕甘宁边区和敌后各抗日民主根据地，已不是理论而是事实了。民选的各级参议会，并不是那样的咨询机关，而是有着完全权力的民意机关，政府的"公仆"由他们选举并得罢免，他们的决议案有支配政府的作用。这种抗日各阶层联合的三三制政权的成立和其行使的成绩，表现了人民完全"有权"，政府完全"有能"。同时也证明了一个真理：人民都是迫切的要求民主、并能很好的行使其权力；说要先把人民"训"过"十年""五十年"再行民主，那不过是掩盖法西斯专制的借口。在边区和敌后抗日民主根据地普遍实行了的土地政策和劳动政策，一面是减租、减息、增资，一面又保证交租、交息和奖励生产。实行的结果：一面改善了中农、贫农、雇工的生活，提高了他们的生产热忱；一面保护了地主、富农、工商业者的地权、人权和财权，一面又改善了农村和城市的阶级关系，加强了抗战的力量。在边区和敌后抗日民主根据地所发动的生产运动，部队、机关、学校都自己动手生产，减轻人民负担，解决自己自力更生与丰衣足食的问题，并帮助人民生产。形成了党政军民的生产热潮。原来荒漠的边区，至今遍地都成了良田，出现热闹的市镇，党政军民都过着丰衣足食的生活，克服了财政经济上的某些困难。因此，在边区和抗日民主根据地，千百万群众也都组织起来了，他们和共产党、八路军、新四军站在一起，和敌伪进行坚决的斗争。在边区和敌后抗日民主根据地，已创造出民族的、科学的、大众的新文化、新民主主义的文化，也就是新三民主义的文化。这种民族新文化，是中国民族文化优良传统的正统继承者，批判地吸收其反侵略的、革命的、民主的、科学的、唯物论的、辩证法的……种种积极的进步的因素。我党领袖毛泽东同志的《新民主主义论》、《论新阶段》、《论持久战》、《〈共产党人〉发刊词》等天才著作，在这方面表现了最高的模范。而中式法西斯主义者却和我们相反，他们所叫嚣的民族文化传统，只是那些秽污的、过时的、死去的、或行将死去的东西，是污蔑民族文化优良传统的；他们的作为，也正在破坏民族文化的优良传统。在边区和敌后抗日民主根据地这种新的经济、政治、文化形态，就是新民主主义中国经济、政治、文化的雏形，也就是新三民主义中国经济、政治、文化的雏形。

因此，如果没有中国共产党、八路军、新四军，能有神圣的民族抗战吗？抗战能够坚持下来吗？更说得到"四强之一"吗？如果没有边区和敌后抗日民主根据地，那么，在中国经济、政治、文化的现实生活中，难道还能找出一点三民主义的形迹吗？一句话，没有了中国共产党，难道还有中国？谁能保证，某些人不公开作了溥仪、郑孝胥、王克敏、王揖唐、汪精卫、鲍文樾、叶蓬呢？然而这样"为国家尽大忠，为民族尽大孝"的中国共产党、八路军、新四军，竟有人敢说是"奸党"、"奸军"、"叛军"，誓死想来"取消"；实现了新三民主义的陕甘宁边区，竟有人敢说是"封建割据"，也誓死想要来"取消"，这是何等无耻地"颠倒是非，混淆黑白"的"宣传"！这种胡言乱语，如果只出于日寇第五纵队、特务机关、托派汉奸的狗嘴，倒也不足为奇，因为他们的主子日伪都不喜欢共产党、八路军、新四军，曾用尽种种方法想要来"取消"他们。但此在号称抗战的大后方，不受到取缔和制裁，却颇费索解；而国民党当局诸公也公然同意那种办法，大肆宣传，甚至撤退河防部队，来执行"取消"任务，好像日寇比共产党、八路军、新四军还够朋友，这教将来的历史家如何下笔？

日寇第五纵队的所谓"忠""奸"，不外说汪精卫那个国民党就是"忠党"，庞炳勋、孙殿英等三十三降将就是"忠军"，因他们为日寇的国家尽大忠、为民族尽大孝；反之，为中国国家尽大忠、为中华民族尽大孝的共产党、八路军、新四军，自是应称为"奸党"、"奸军"或"叛军"。但是，朋友！你们所谓忠奸的标准又是怎样呢？实行孙中山新三民主义的陕甘宁边区，自是同汪精卫的那个假三民主义的政治原则不合，所以从汪精卫的立场说，是可以乱骂我们为"封建割据"的，但是，朋友！谁给你们也"校阅"出一个"封建割据"来了呢？

说到"取消"，就更谈何容易呵！你想来"取消"，岂只中国共产党、八路军、新四军不赞成，全边区和敌后抗日民主根据地的人民不赞成，全国人民不赞成，连同盟国和全世界的人民也都是不赞成的啊！因为那都是万万"取消"不得的，一"取消"中国就要灭亡，同盟国抗战的胜利形势就要受到非同小可的影响，人类就要遭受更多的灾难。而况谁也没有权力来"取消"呢。历史不会重复，如意的算盘不会太多的。挑拨离间的伎俩也只是徒劳。中国共产党是马克思列宁主义武装起来了的党，是身经百战的布尔塞维克化了的党，并已有着其坚强的中央和英明的领袖毛泽东同志这个伟大的舵手，全党在他的周围团结得像士敏土一样、钢铁一样的坚固。因此，我们愿意很诚恳很坦白不惮重复的向各位国民党人再进忠告：你们如果仍旧保持过去的态度，继续过去的作风，无异于妨碍你们自己的前途，阻止你们自己的事业，而且使国家力量不能团结，抗战建国工作不能圆满进行，于国家民族有莫大的损失，"四强之一"和"四大领袖之一"的现成地位也靠不住；还是改变一下方向，撤退派来执行"取消"任务的部队，解除对边区的封锁，解散特务机关，肃清日寇第五纵队，大家好好的从坚持抗日、团结、进步的方针上来商量商量，岂不大妙？

总之，中国之命运的光明面，是寄托在中国共产党身上的，凡与中国共产党合作的人，就与它共同负起了争取中国光明前途的任务；而在一切反共分子的身上，如果也寄托了什么"中国之命运"的话，就只是寄托了黑暗的腐败的灭亡的命运。今天的中国国民党，究竟愿意担负哪一种的"中国之命运"呢？

（原载延安《解放日报》1943 年 8 月 7 日。专论）

史学研究论文集

编 印 说 明

    《史学研究论文集》共收入著者 1949 年至 1953 年于东北期间撰写的论文计六篇，并把《关于苏联社会主义经济法则》一文作为附录收入。内容涉及治史方法、社会思想意识和祖国文化遗产、中国古代社会性质与分期、中国社会发展、太平天国运动等方面。分别系在中共东北局宣传部讲习班、东北行政学院（东北人民大学）、东北师范大学等处所作讲演和报告记录稿的基础上整理成书，1954 年 7 月由华东人民出版社出版。

    全书编辑，以华东人民出版社 1954 年版为底本，整理排校，只更正出版时个别错讹，内容和观点均保持原貌。

蒋大椿   舒文

目　录

序　言

　　本书是从 1949 年到 1953 年的六篇关于史学研究的论文和报告的汇辑。如果以后能抽出时间继续辑集，这部分就作为第一辑。

　　《关于治史方法方面的零片意见》，是 1949 年 11 月在前东北行政学院（即东北人民大学前身）研究班报告的一部分，由该班同学们集体记录、整理成稿的。《论社会思想意识》和《我们伟大祖国的伟大文化遗产》，是 1951 年 4 月在中共中央东北局宣传部政治理论教员讲习班的讲授提纲，经《东北日报》分作《论社会思想意识》和《我们伟大祖国的伟大文化遗产》两个题目在同月 14、15 两日发表。《关于"怎样学习中国历史"等问题的解答》，是 1950 年 11 月对东北师范大学历史等系师生所提问题的连续解答，由历史系同学们集体记录、整理成稿的。《关于中国社会发展的几个问题》，是 1951 年 7 月对中共中央东北局机关夜党校政治常识班所提问题的解答，由沈阳日报社宣传组同志们记录整理成稿的，并在《沈阳日报》和《学习生活》上发表过。《论太平天国革命运动》（原题为：《伟大民族民主革命的开端——太平天国革命运动》），也是一个报告提纲，曾连续发表在《学习生活》第三、四、五各期。《关于苏联社会主义经济法则》，是 1953 年 4 月在东北人民大学研究班历史唯物论讲座的报告提纲，也是我学习斯大林同志的伟大著作《苏联社会主义经济问题》笔记的一部分。

　　我所以选出这六篇东西辑成一个集子，由于：

　　第一、二、三、四各篇所包括的内容：一是关于历史方法论的若干问题的探讨，一是目前历史教学中所普遍遇到的一些问题——也都是尚待解决的一些问题的研究。第五篇是在近代史上尚有若干分歧意见的问题的论述。第六篇基本上是关涉到马克思主义史学问题的，所以作为附录一并辑入。抛砖引玉，我希望借以取得同道和读者的帮助，也希望能对学习历史的青年同志有一些帮助和启发。由于这几篇东西大都是报告提纲和讲演记录，材料上不可能旁征博引，分析上也很可能不够全面，虽然在辑集时曾加了一些补充和校改，但仍是很不够的，也希望能在同道和读者的帮助下，获得不断的修改和充实。

在这里，我首先应向作过记录和整理工作的沈阳日报社宣传组同志、东北师范大学历史系同学、前东北行政学院研究班同学表示感谢。同时，在辑集工作上，江明（王时真）同志曾给予鼓励和帮助，提过不少的修改意见，并代我作过文字上的若干修改工作，梁子钧同志曾辛勤地为我抄录，一并在此表示谢意。

吕振羽

1953 年 11 月于长春

关于治史方法方面的零片意见

——1949 年 11 月在东北行政学院（今东北人民大学前身）
研究班报告的一部分

革命导师马克思的《政治经济学批判》的序言、恩格斯的《家庭、私有制和国家的起源》、列宁的《什么是"人民之友"以及他们如何攻击社会民主党人?》、斯大林的《辩证唯物主义与历史唯物主义》、毛泽东的《实践论》和《矛盾论》等，揭露了自然和社会的客观规律，是马克思主义历史学的经典。从其中我们可以取之不尽，用之不竭，尤其是斯大林同志的《辩证唯物主义与历史唯物主义》，对马克思主义的辩证唯物主义与历史唯物主义作了综合的阐明和发展，其中关于各种社会形态的特征和转化也都讲得很具体。对研究历史的人来说，这是一本最基本的读物，只要掌握其精神实质，就能够解决问题。下面我来谈一点个人的零片体会。

首先，研究历史，要从生产力与生产关系出发。马克思教导说："经济的社会形态的发展，从我的立场，是被理解为自然史上的一个过程。无论个人主观地说可以怎样超出他所加入的各种关系，社会地说，他总归是这各种关系的产物。"① 他同时把社会关系归结于生产关系，把生产关系归结于生产力高度。分析各个历史时代的社会生产力，不只要对构成生产力的各个要素及其特性从历史的具体情况进行全面的具体的分析，要反对片面和抽象论断；而且要着重掌握其变更和发展。分析社会生产力的变更和发展，不只要掌握首先开始变更和发展的生产工具的变更和发展的具体情况，随着变更和发展起来的生产和使

---

① 马克思：《资本论》，第 1 卷，《初版序》，人民出版社 1953 年版，第 5 页。

用这些工具的人们的变更和发展的具体情况，而且要对这些因素在由一种社会制度进到另一种社会制度的过渡期中的特点和变化进行统一的具体的分析。否则就不能认识社会生产力及其各个因素在社会过渡期中的变更、发展的趋势和其特性。研究人们在生产过程中所发生的关系，即生产关系，同样要根据历史情况进行全面的具体的分析，解决生产资料归谁所有的问题，还要从那些同时存在的各种生产关系中去分别主要的和从属的、支配的和残余的、新生的和衰退的各种形态及其相互关系，还要着重去把握由一种生产关系形式过渡到另一种生产关系形式的过渡关系，否则便不能对错综复杂的历史情况、尤其是社会变革期中的历史情况进行科学的分析。生产关系一定要适合于生产力的性质及状况，因此不仅要认识生产力是生产中最革命的因素，生产的变更和发展始终是从生产力的变更和发展上开始，而且要认识当生产关系不适合于生产力的发展和状况时，便必然提出变更生产关系的要求。这在社会主义时代和共产主义时代，人们能根据客观规律自觉地不断使生产关系适合于生产力发展的性质和状况；而在过去，由原始公社制到奴隶制、由奴隶制到封建制、由封建制到资本主义、由资本主义到社会主义的转变，便不可避免地要产生革命，便不能不依靠群众的革命斗争去破坏旧的生产关系，建立新的生产关系。所以马克思主义的社会变革论是和进化主义改良主义不能相容的。而社会生产力和人们的生产关系在生产过程中的统一的生产、生产方式，是决定社会面貌，决定社会制度性质，决定社会由这一制度发展为另一制度的主要力量。"社会底生产方式怎样，社会本身在基本上也就会怎样，社会底思想和理论，政治观点和政治制度也就会怎样"。"这就是说，社会发展史首先便是生产发展史，数千百年来新陈代谢的生产方式发展史，生产力和人们生产关系发展史"。"同时也就是物质资料生产者本身底历史……劳动群众底历史"[1]。

生产力和生产关系的矛盾的统一及其斗争，决定人类社会发展的共同规律，体现出各别国家或部落、部族和民族在相同的历史阶段中、在历史发展过程中的一般性。但人类历史是极其具体、生动、丰富、多采的。各别国家或部落、部族和民族，由于其所处的地理环境、历史传统及其他具体条件的不同，便构成其特殊性，而表现为各自独特的色彩。原始公社制是人们以实行所谓

---

[1] 《联共（布）党史简明教程》，苏联外国文书籍出版局 1953 年中文版，第 153 页。

"采集经济"的方式谋取物质生活资料的时期，各别群团的社会生活情况是相同的，特殊性较少。随着生产力向前发展，地理环境等具体条件便愈益显现其给予生产的影响，一些具体条件对社会生产虽不能起决定作用，但是却给各别国家或部落、部族和民族以特殊色彩。恩格斯说过：新石器初期，东半球知道牧畜业而不知道农业，西半球则正相反。这就是特殊性。虽然我们在史前的中国又发现新的情况，即中国在新石器初期已同时知道牧畜业和农业。但这也同样说明了：大地的各个部分在相同的历史阶段的社会生产，因生产力的发展而引出了在一般规律基础上的特殊情况。这完全是符合恩格斯的结论的精神实质的。因此，我们研究历史，必须从一般性和特殊性的统一上去把握。但一般性是主要的，是决定历史发展过程和社会面貌的；特殊性是服从于一般性的，是在一般规律的基础上发生作用的。因而，我们如果只去掌握一般性或共同规律而忽视特殊性，便要犯公式主义的错误；如果过分强调特殊性而忽视一般性，即不从一般性的基础上去把握特殊性，就要犯历史多元论的错误。

其次，研究阶级社会的历史，必须从阶级分析出发，不然便无法掌握历史发展规律。从阶级分析出发，还要掌握其重点——那就是最主要的对立的两个阶级。而又必须坚持正确的原则立场，不容采取客观主义的态度。封建的历史家是站在封建主和历史上其他统治阶级一面的，资产阶级的历史家是站在资产阶级和历史上其他统治阶级一面的。而我们人民的历史家、工人阶级历史家的立场就不同了。我们要站在生产人类物质财富的劳动人民的一面。我们研究奴隶社会历史要站在奴隶阶级等劳动人民的一面，研究封建社会历史要站在农奴或农民阶级等劳动人民的一面，毫无疑问，研究资本主义社会历史则要站在工人阶级和其他劳动人民的一面。

奴隶制时代的历史，是以奴隶为主体的劳动人民创造的，因为从事劳动的主要是奴隶。奴隶主也发明过天文、历数等，也有他的艺术，但这些东西不是奴隶主用头脑凭空想出来的，而是千百万劳动者的经验的积累和结晶，而且不少文化成果都是奴隶阶级等劳动人民的双手和心血创造出来的。封建制时代的历史，是以农民为主体的劳动人民创造的，因为如果没有农民阶级等劳动人民去劳动，地主阶级就不只毫无作为，而且一定会饿死。地主阶级根据农民以及手工工人等劳动人民在生产中的经验，也有一些成就，如科学上的创造发明及其他文化上的创造和成果等。这在我们伟大祖国的中世时期，特别显得灿烂光华。但这不只是基于农民等劳动人民的经验创造出来的，而且基本上都是农民等劳动人民用双手和心血创造出来的。封建末期从封建社会的母胎中孕育出资本主义新因素，也出现了资产阶级的科学等等；但那不只和农民等劳动人民生产劳动的成果分不开，而且是和农民的反封建斗争分不开的。就是资本主义社会的产生，也是农民革命起了产婆作用所致。资产阶级革命倘若离开农民和工人，他们便毫无作为——虽然他们最后都叛变和出卖了同盟者。至于在资本主义社会中无产阶级的无比伟大的创造作用，大家都比较熟悉，我就不谈了。

同时，我们还要掌握一点，就是一个阶级不是单纯的，阶级之中还有若干阶层。奴隶主阶级、封建主阶级、资产阶级内部的各阶层在对外时，它的基本利害是一致的，但彼此间也有矛盾。譬如封建主阶级内部有大地主、中等地主、小地主等等阶层，当权和享有各种特权的是大地主集团，中、小地主一般就没有特权，在政权上只能充当为大地主服务的职位。资产阶级内部不只有大、中、小各阶层，而且还随着部门和产业的不同而分成各个小集团。他们常常为着各自的利益而争吵，他们个人间也都有利害冲突。过去半殖民地半封建形态下的中国，阶级和阶层的构成及其相互关系就更加复杂。所以我们研究许多情况都要根据阶级关系出发。但单是这样还不够，还要从诸阶级内部诸阶层在经济政治等方面的利害关系，以及其各自的思想等方面的具体情况去加以分析，才能把握问题的实质。

我们除了看到两个对立的主要阶级和其中不同的阶层以外，还要看到两个主要阶级之间的中间诸阶层。在无数次历史事变中，中间阶层都有其同于和别于其他诸阶级阶层的动向——虽然他们是动摇不定的，但他们却是个很重要的力量。中国历史上的所谓"圣君贤相"总是努力拉拢中间阶层，同他们妥协，选方正，举孝廉，考举人、秀士等等措施，都包含有这种作用。经济上政治上的某些改良，除了欺骗其敌对的被剥削阶级外，也有麻痹中间诸阶级阶层的作用。但中间阶层总是和被统治阶级利害共同的地方多。某一时期这些把戏如果没搞好，或者不是这种办法所能生效的时候，中间阶层就会站到和统治阶级敌对的阶级方面去，或在符合其自身利益的某些点上站到被统治阶级方面去（甚至统治阶层内部诸集团间以至于个人间也常有这种情况）。这正是历史自身的辩证法，也正是历史自身的生动性和具体性的表现。

第三，历史是劳动人民创造的。我们要了解劳动人民如何创造历史，他们的生活和斗争等方面的具体情况，必须从实践中去体会，从群众中去学习。正因为历史的创造者是广大的人民群众，其内容是极其丰富、复杂、具体的，仅凭任何个人或少数人的能力，想掌握任何一个国家的全部史料（只就一个国家的历史来说的话），解决全部问题，复现全部历史的具体面貌，是不可能的，所以需要尊重千百万群众，要走群众路线，要依靠集体力量。历史家要取得群众的帮助，发挥分工合作的集体主义作用，这就不只要诚恳虚心，而且要认识自己只是一个螺丝钉。正因为历史自身的具体性，历史上的问题、事件、事变和创造，都是在具体斗争中——阶级斗争和生产斗争中发生，并通过具体斗争去实现、解决、安排或处理的，所以研究历史，必须具有相当的阶级斗争和生产斗争的知识，才能领会历史的生动性和具体性以及广大群众的具体斗争和其伟大创造性，才能很好地占有和分析史料。因此历史家不只要把自己的工作作为群众实践斗争的一个部分，而且要把自己置身于群众斗争之中，认识自己只是群众中的一个战士。如果既不走群众路线，不虚心向群众学习和依靠集体力量，又缺乏阶级斗争、生产斗争的知识，站在错误的立场，主观地"闭门造车"，那是必然不能领会历史的真实性和复现历史的本来面貌的。

第四，在阶级社会的各个时代的历史，统治阶级和被统治阶级的关系，特别是统治阶级的方针政策，是在实际生活中起支配作用的。因此，要看统治阶级在各个时期的方针政策和措施，对历史和人民生活起了何种作用，是起了进步的作用，还是起了反动的作用。研究历史不掌握这一点，就会陷于机械论。同时，特别要注重广大群众在进行阶级斗争时，他所采取的纲领和行动如何？在当时起了什么作用？历史上有不少的农民起义都有原始性的纲领。这些纲领虽然是不明确的，不能体现社会前进的方向和使农民自己获得解放，但都是反映了群众的素朴要求和利益的。在无产阶级形成以前，历史上某些阶级在其革命时代的纲领，如地主阶级、资产阶级在其革命时代的纲领，虽然由于那种革命只是推翻一种剥削制度建立另一种剥削制度，其纲领是有不彻底性的，又因其不取得群众的帮助就不能取得胜利，所以，其纲领又每每是带有欺骗性的；但不论如何，其革命都是代表着社会前进的方向的，革命的胜利便使社会跃进到一个较高的阶段。对此，我们都应给以足够的重视和估计。以马克思主义为指导的现代无产阶级革命或其所领导的革命，其终极目的，在于消灭一切阶级和剥削制度，实现共产主义社会。这不只是人类史上空前的无比伟大的事业，而且正是历史给予我们的实践斗争的光荣任务。因此，我们对于无产阶级革命或其所领导的革命及其纲领路线和方针政策的研究，便应当作为服从于革命斗争的政治任务去进行。以马克思主义为指导原则的无产阶级革命或无产阶级所领导的革命的必然胜利，正由于它体现着历史前进的方向，其纲领、路线和方针政策，能正确地反映和适合于社会发展的客观规律，成为保证革命胜利的武器。历史研究者的任务，便在于依据马克思主义，依据革命所由发生及其在各个发展时期的历史环境，依据这种纲领、路线和方针政策的本身及其执行情况和结果，给以科学的分析和论断。引导革命达到胜利的纲领、路线和方针政策，不仅其本身是正确地反映了客观规律的、马克思主义的，而且它也得到了正确的贯彻和执行；使革命遭到失败或损失的纲领、路线和方针政策，正由于它违反了马克思主义的原则，犯了机会主义的错误，因而也就必然是违反客观规律的；或者纲领、路线和方针政策的本身虽然是正确的，但由于贯彻和执行的错误，结果使革命遭受到不同程度的损失以致失败。由此可以理解，无产阶级党的正确领导和坚决而正确地贯彻执行党的路线、方针、政策，实现党的纲领，对历史的作用何等重大！

第五，与上一问题相关的就是应如何正确地去把握人们对于历史的能动的创造性、伟大领袖或杰出人物对于历史的作用的问题。人们虽然不能违反历史前进的方向或客观规律而有所作为，但决不能因此就否认人们对于历史的能动的创造性；恰恰相反，历史正是劳动人民所创造的，正是人们在适合历史动向和客观规律的基础上发挥了伟大的能动的创造作用的结果。伟大领袖和杰出人物虽不能违反历史前进的方向或客观规律，脱离千百万群众的实践斗争而有所作为，但并不能否认他们对于历史的作用；恰恰相反，正由于他们的思想行动适合于历史前进的方向和客观规律，适合于千百万群众的要求，从而去动员、组织和教育群众，领导群众进行斗争，便能加速历史的前进，加速腐朽的垂死的阶级的衰落和死亡、新兴的革命的阶级的成长和胜利、旧社会的衰落死亡和新社会的产生。反之，作为革命阶级的领导者来说，如果其思想行动违反客观规律，违反群众的利益和要求，其领导就必然要使革命遭到失败或损失，迟缓历史的进程。由此可以理解，伟大的革命领袖及其正确领导对历史的巨大作用。由此可以理解：为什么列宁斯大林和布尔什维克党所领导的俄国革命就取得胜利，并建设起人类史上第一个社会主义国家，而其时德国和匈牙利的革命，由于机会主义的领导或领导错误，就使革命遭受失败，并给群众带来灾难；为什么中国革命在陈独秀等机会主义领导的时候，群众斗争的胜利果实就不断地被葬送，革命就不断地受到挫折和损失，党就不断地受到打击，群众也不断地受到灾难，而在以毛泽东同志为首的党中央和毛泽东同志的英明领导下，革命就获得了胜利。历史上不是属于革命阶级的历史人物，其思想和行动，如果在客观上能起促进社会前进的作用或符合于群众的利益和要求，不论其自觉或不自觉，都有一定的进步作用的。如秦始皇的统一以及李世民、朱元璋对中国历史所起的作用，彼得大帝对俄国历史所起的作用等等就都是。同样，历史上的反动阶级和元恶巨憝，在基于其狭隘利益的基础上的思想和行动，虽不能逆转历史前进的车轮，但却起了阻挠社会发展的作用，给人民制造了深重的灾害和苦难。如秦桧、袁世凯、蒋介石之流的罪恶，也就在这里。因此，我们对历史上各个阶级各个集团和其人物，都应该从其对于社会历史所起的作用、对人民的生活利益所起的作用，去给以足够的恰当的估计。否则便要陷于机械论或唯心论的错误。

第六，对历史上各个时代的重大问题、重大事件或事变，都要去寻找和掌握其基本矛盾。但仅此还不够，还必须对一切作为其条件的各种矛盾以及和它相关联的国内和国际环境的全部情况进行马克思主义的分析，找出其规律，阐明其发生和发展变化的过程，并给予其时人们所采取的方针和各种措施以恰当的论断，指出其所产生的作用和引出的后果等等，以吸取经验教训。而这在一方面必须保证史料的全面性和真实性，即必须掌握可靠的而又能说明全部问题、事件或事变的史料，一方面不只要遵循马克思主义的历史方法论，而且要能正确地运用马克思主义的历史方法论，否则是不能得到正确的结论的。

论断其时人们对那种重大问题、事件或事变所采取的方针和措施，我们应该从人民利益的立场出发，但不能要求历史上的统治阶级来服从我们的立场；同时，也不应按照我们今日的认识水平去要求古人，轻易地评定其功过或妄加褒贬，而应从其时人们已达到的认识去评论。以鸦片战争为例，中国方面的失败，一方面自有其客观的原因，另一方面满清朝廷的方针错误与措施失当，也是招致失败和演成严重后果的重大原因。满清朝廷所以犯错误，不只因为它限于自己的狭隘的统治利益和缺乏国际事务的知识，更重要的，还因为它顽固地拒绝了其时较进步的魏源和龚自珍的思想、主张以及人民的抗英办法。这就不能不对历史担负罪责。当时魏源对世界形势研究的知识和对外主张，是既符合于中国民族的利益也无损于满清朝廷的统治的，是可以作为决定对英方针政策的基础的；人民自发的游击战的朴素形式是可以发展成为抗英战争的重要形式的。当时自然不可能有马克思主义和先进阶级，但如能根据魏源对于国际形势的研究与对外主张，在中国民族与英国的帝国主义侵略矛盾的基础上，全面地去研究情况，利用各种可能利用的条件，去组织、领导和进行这一次斗争，即使在不根本动摇满清朝廷统治的前提下，斗争情况和其结局以及其后中国社会的发展形势就可能不同。

第七，历史是具体的，不是抽象的。由这个社会到那个社会不是一下子就变过来的，都要经过一定的过渡时期，不是截然两断的，旧社会的东西不可能在一个早晨就全部死灭而一切都变成新的。过去社会的各种残余东西，每每能残留很长时期。而且在过渡期中形成的新的生产方式每每与各种旧的生产方式并存，而使过渡时期表现为新的不断上升和旧的不断削弱与衰落的斗争过程。经过过渡而残留下来的旧的东西，无论如何是不能产生任何决定作用的。因此，不注重新生的东西而看重旧的东西，就要犯原则错误，以残余作为主要去估计，也要犯原则错误，就不能说明历史真相。这种过渡时期，愈在历史的早期经过的时间愈长，其残余的旧东西也每每愈多愈久。如由奴隶制到封建制，大概经过两百年的过渡期；由封建制到资本主义，大概经过一百年或者还要少些的过渡期。当时，新生的封建制会表现出它的比垂死的奴隶制的不可战胜的优越性，新生的资本主义会表现出它的比垂死的封建制的不可战胜的优越性。斯大林同志在《再论我们党内的社会民主主义倾向》一文中教导说：

"封建经济制度为了证明自己比奴隶经济制度优越，大约费去了二百年，也许略少些。不这样也不可能，因为当时发展的速度极为缓慢，而生产的技术又非常原始。"

"资产阶级经济制度为了证明自己比封建经济制度优越，大约费去了一百年，或者不到一百年。还在封建社会内部，资产阶级经济制度就已显示出它比封建经济制度优越，并且优越得多。这里时间长短的不同是因为资产阶级经济制度有更快的发展速度，有更发达的技术。"[1]

---

[1]《斯大林全集》，第9卷，人民出版社1954年版，第121—122页。

我们如果不掌握马克思主义的社会转变论的科学，就不只不能正确理解西周的社会形势，也将不能正确理解我们过渡到社会主义的过渡期的社会形势。

另一方面，历史的突变是在渐变的过程中逐渐准备条件的，不是凭空出现的。因而在突变到来以前的渐变过程中，便常常有部分的旧质的死灭和新质的产生，或者说叫作部分的质变，或部分的质的变化。如由初期封建制到中央集权的封建制，就明显地表现着有部分的质变。若忽视这种部分的质变，就要陷于反历史主义的错误；若夸大这种部分的质变而以之概括全体，就要陷入唯心史观的泥坑；自然，如果否认社会的突变，又成了进化主义者了。

第八，我们从中国和世界历史上来看、从阶级斗争中来看，正义总是属于人民方面的，社会利益和民族利益总是由广大群众或依靠广大群众的英勇斗争来保障的。在统治阶级中，其各阶层的情况亦有不同。在中国，在每次民族斗争的严重关头，大地主一般不是逃命，就是作奴才、顺民；中小地主虽比较不同一些，但也并非都是自觉自愿的来参加斗争，更不是坚决的。而群众则不论任何时候，都是首先起来抵抗，而且一直坚持到最后。西晋末年以及辽、金、元、清南下时的情况，都是这样。每当这种时际，地主阶级中的个别人物，一般都是中小地主出身的人物，起而与民族压迫者抗争，而他们也只有依靠群众才能有所作为。历史又证明：这些人物虽在力量上依靠群众，政治上却是靠统治阶级的。例如岳飞等就都是这样。他们在力量上靠群众，在政治上靠统治阶级，结果就不能成功而只能"成仁"。

在中国，应用马克思主义研究中国历史的，最初有李大钊等同志，后来有郭沫若，随后我和其他几个同志也跟着搞了一下。同志们问我如何搞法，我并没有一套。当时由于看到国民党陶希圣和托匪们伪装为马克思主义的姿态在群众中散布毒素，我们一些人觉得不能坐视不管，但当时，除去郭沫若的《中国古代社会研究》外，并无系统研究的著作可作蓝本，而对中国历史问题的意见却是五花八门，在史料方面，文献又浩如烟海，须从沙里去淘金，加之自己的马克思主义理论水平又很低。在这种情况下，只好先读经典著作和世界史、外国史；同时按朝代搜集资料，先搞殷周以前，根据当时条件的可能，力求全面，并以地下出土的东西为主，书面材料和神话传说为副，加以整理和分析；然后虚心考虑同志和朋友们的意见，分析各种反动史论的根本意图。今日看来，立场虽然是不错的，但这种作法是很幼稚的。这时期的一些论文和

《史前期中国社会研究》等那些小册子便都是这样写出来的。

同志们提的题目是"治史方法",太大了,我讲不了,只能提出上面一些零片意见供参考。

(东北行政学院研究班集体记录)

论社会思想意识和我们伟大祖国的伟大文化遗产

一

辩证唯物论指明：世界是统一的、物质的整体，在自然界中、社会中存在着共同的辩证法规律；自然现象的联系与相互制约，是自然发展的规律性；社会生活现象的联系与相互制约也不是偶然性的，而是社会发展的规律性。体现社会发展的规律性的科学就是历史唯物论。

伟大导师斯大林教导说："究竟什么是决定社会面貌，决定社会制度性质，决定社会由这一制度发展为另一制度的主要力量呢？""这样的力量……便是人们生存所必需的生活资料谋得方式，便是社会生活和发展所必需的食品、衣服、靴鞋、住房、燃料和生产工具等等物质资料生产方式。"① 而生产方式则是生产力和生产关系的统一的体现，生产力又是其中最积极最革命的因素，生产力的变更和发展，首先又是从生产工具的变更和发展上开始的。

社会意识形态是为生产方式、即社会经济基础所决定的。马克思教导说："物质生活底生产方式决定着社会生活、政治生活以及一般精神生活的过程。并不是人们底意识决定人们底存在，恰巧相反，正是人们底社会存在决定人们底意识……随着经济基础的变更，于是全部庞大的上层建筑中也就会或迟或速

①《联共（布）党史简明教程》，苏联外国文书籍出版局1953年中文版，第151页。

的发生变革。"① 因此，在历史上，什么样的生产方式，就有建筑于其上面的什么样的上层建筑：政治制度、法权、艺术、哲学、宗教、伦理等等。因此说：自然、物质世界是第一性的，思维、意识是第二性的；在社会现象上，社会物质生活是第一性的，它的精神生活是第二性的，是社会物质生活的客观现实的反映、存在的反映。在这个问题上，毛泽东同志在著名的哲学著作《实践论》中，对马克思列宁主义的认识论作了光辉的天才的发展。他教导说：

"马克思主义者认为人类的生产活动是最基本的实践活动，是决定其他一切活动的东西。人的认识，主要地依赖于物质的生产活动，逐渐地了解自然的现象、自然的性质、自然的规律性、人和自然的关系；而且经过生产活动，也在各种不同程度上逐渐地认识了人和人的一定的相互关系。一切这些知识，离开生产活动是不能得到的。"

"人的社会实践，不限于生产活动一种形式，还有多种其他的形式……其中，尤以各种形式的阶级斗争，给予人的认识发展以深刻的影响。"

"通过实践而发现真理，又通过实践而证实真理和发展真理。从感性认识而能动地发展到理性认识，又从理性认识而能动地指导革命实践，改造主观世界和客观世界。实践、认识、再实践、再认识，这种形式，循环往复以至无穷，而实践和认识之每一循环的内容，都比较地进到了高一级的程度。"②

从这里，我们可以更深刻地体会到：由实践而来的反映与认识的深刻性，"主观和客观、理论和实践、知和行的具体的历史的统一"③ 的规律性，直接从事生产的人们对社会历史的伟大创造作用，革命的阶级对社会历史的伟大创造作用，现代无产阶级的先进作用和领导地位。那种轻视生产劳动、轻视革命阶级的作用的思想，认为人类知识纯由于天才者的发现、发明和"英雄造时势"的唯心论思想，是完全错误的、没有根据的。归根结底，历史是劳动人民创造的、是劳动创造的，人类的一切知识也都是劳动创造的。

---

① 转引自《联共（布）党史简明教程》，苏联外国文书籍出版局 1953 年中文版，第 164—165 页。
②《毛泽东选集》，第 1 卷，人民出版社 1952 年第 2 版，第 271、272、285 页。
③《毛泽东选集》，第 1 卷，人民出版社 1952 年第 2 版，第 284 页。

二

历史唯物论断言：社会思想、意识依存于社会存在；而社会存在总是先行的，思想、意识的产生或变革常落后于社会存在。斯大林说道："显然，首先是外部条件发生变化，首先是物质发生变化，然后意识和其他精神现象才相应地发生变化，——观念方面的发展落后于物质条件的发展。"① 他并指出科学社会主义还没有发生时，资本主义已经存在了，工人与资本家之间的阶级斗争已经发生了；社会主义观念还没有产生时，生产过程已经有了社会的性质。所以，在资本主义社会存在以前，不能产生马克思主义，当社会进入资本主义阶段，无产阶级还只作为一个"自在阶级"，经过无数自发的斗争后，才产生马克思主义。当资本主义进入其垂殁的帝国主义阶段以及实现了一国社会主义革命胜利的时期，马克思主义才由列宁和斯大林发展成为帝国主义时期无产阶级革命的学说、社会主义建设的学说。当中国进入半殖民地半封建社会，经过鸦片战争、太平天国革命运动、戊戌运动、义和团运动、辛亥革命直至五四运动以后，我们才有了马克思列宁主义和马克思列宁主义与中国具体情况相结合的毛泽东思想。也正如伟大导师列宁在其经典著作《共产主义运动中的"左派"幼稚病》中所论述，俄国怎样经过半世纪的辛苦阅历，"才挣得了马克思主义这个唯一正确的革命理论"，和"在这个异常坚固的理论基础上产生出来的布尔什维主义"②。我国从鸦片战争算起，整整经历了八十年的辛苦阅历，才挣得了马克思列宁主义这个唯一正确的革命理论，才在这个异常坚固的理论基础上产生出毛泽东思想，这是一方面；另一方面，当社会变革以后，旧社会的思想意识，总还是多多少少或久或暂的残留着。这在伟大十月社会主义革命胜利后的苏联、新民主主义革命胜利后的目前的我国，都可以看见这种情况。因此，在无产阶级革命或由其领导的革命获得胜利后，对人民群众以至无产者本

---

① 《斯大林全集》，第 1 卷，人民出版社 1953 年版，第 352 页。
② 《列宁文选》两卷集，第二卷，苏联外国文书籍出版局 1950 年中文版，第 693—694 页。

身的思想教育和改造，便成了最重要的任务。列宁曾说过：在无产阶级专政之下将要重新教育千百万农民和小业主，几十万职员、官吏、资产阶级知识分子……来重新教育无产者自己……是一个最重要的任务。斯大林在关于联共十三次大会的总结中也早就说过："在无产阶级专政时代底党的最重要任务之一，就是展开在无产阶级专政和社会主义精神下教育新的一代和重新教育旧的一代的工作。旧社会遗传下来的旧的积习和习惯、传统和成见是社会主义的最危险的敌人。它们——这些积习和传统，束缚着千百万劳动群众"①。在人民民主专政的我国，毛泽东同志也不只一次地像列宁斯大林一样的讲过。因此，也就可以理解：我们党和毛泽东同志为何把思想教育问题提得那样高。

社会意识的产生和变革常落后于社会存在，却并不与马克思主义的预见相矛盾。马克思、恩格斯、列宁和斯大林及其他天才领袖，根据那些已经存在或至少已在形成过程中的物质条件，掌握客观世界运动的规律，提出当前所能够解决的任务，指明斗争方向和历史前途。实践证明了马克思主义的预见完全是科学的，是合乎客观规律的。

但是，不能因为归根结底社会意识为社会生活的经济的、物质的条件所决定，就认为是被直接决定的，就否定观念发展的相对独立性及观念的继承性在社会意识发展中的意义，就否认其自己的发展规律。恩格斯说过：社会意识的每种形态，不论哲学、艺术、法权、道德等等，在每个时代都有一定的思想上的材料作为其先决条件，这种思想上的材料为其前一代所传给的，而社会意识的每种形态则从这些材料出发。举哲学为例："在经济上落后的国家，常能够在哲学上起领导的作用：例如十八世纪法国对于英国（法国人就是立足在它的哲学上的），后来德国对于前两者……"② 从另方面说，今日帝国主义诸国家中，美国经济超过其他资本主义国家，而美国的哲学、艺术、道德等等，却反而更加庸俗、颓废、腐败、反动和落后。所以马克思列宁主义不只承认人类伟大文化遗产的伟大作用，而且善于从那些先进思想的伟大观念中，吸收有价值的东西。这是一方面。

另一方面，又必须承认上层建筑对社会经济的积极作用，才能正确地理解：政治运动的反作用及其所具有的相对独立性；才能正确地理解：人类对历

① 《斯大林全集》，俄文本，第6卷。
② 《马克思恩格斯列宁斯大林思想方法论》，人民出版社1953年版，第247页。

史的能动的创造作用，革命阶级和伟大人物伟大思想对社会前进的推进作用，反动阶级和反动人物反动思想对社会前进的阻挠作用，这也就是上层建筑对社会发展所起的加速或阻碍作用。否则，就不能正确理解像法西斯思想及其他反动思想的异乎寻常的巨大罪恶，像希特勒、墨索里尼、东条英机、杜鲁门、麦克阿瑟、蒋介石之流的异乎寻常的巨大罪恶以及帝国主义、国民党一类反动集团的异乎寻常的巨大罪恶；反而会归咎于社会规律，要历史来替他们担负罪责。因此就势必轻视对帝国主义和反动派的斗争，轻视对一切反动思想的斗争。同样也就不能正确理解历史上某些对社会前进及人民生活起过积极作用的思想和措施的进步性，马克思列宁主义对全人类空前无比的光辉作用，马克思、恩格斯、列宁和斯大林这些无比伟大的人物对整个人类社会的推进作用；中国革命为什么在机会主义领导下遭受损失和失败，在以毛泽东同志为首的党中央的英明领导下就获得今日这样光辉的胜利，使我们祖国成为全世界最重要的政治的军事的强国。因此，就势必抹杀历史，就势必减低对领导的信赖，轻视对马克思列宁主义的学习、对错误思想的批评、对群众的教育。由此就可以理解党的正确领导的重要性、无产阶级革命学说的重要性，学习这种学说并以之去教育群众的重要性；由此就可以理解在和真正的群众运动、真正的革命实践密切联系中形成的马克思列宁主义，在和中国革命运动、中国革命实践密切联系中形成的毛泽东思想之所以坚强有力，之所以给予我们以无限信心，之所以把我们引向胜利，它在每个时期都给予我们以确定的方向和获得胜利的方针……对我们的胜利有着何等巨大的作用。但这并不是说，历史不是阶级所创造，不是阶级斗争所创造的。

在我们的一部分知识分子中，自觉或不自觉的流行着一种观点，这便是粗鲁地、简单地认为历史上凡不是属于人民方面的东西，都是不对的，毫无可取的；像孔孟那样的大思想家、李白那样的大诗人、《红楼梦》那样伟大的文学作品、云岗石佛那样伟大的艺术作品、张骞朱元璋那样的人物、霍去病薛仁贵那样的名将等等，都是毫无价值的。这在实质上就是一种否认和截断历史的经济主义观点。另外也有一些人，只了解英美文化的一些皮毛，对伟大祖国的伟大文化遗产，本来无知或所知不多；反而赞美外国资本主义文化，轻视伟大祖国文化的优良传统。这却是半殖民地文化以至买办思想的残余。另方面，那种无条件无批判地夸大本国历史的国粹主义观点，在我们人民学府的个别角落也还存在着。这同样是不对的。

历史唯物论又肯定："在阶级社会中，每一个人都在一定的阶级地位中生活，各种思想无不打上阶级的烙印"①。因为人有两种本质：一种是人的自然本质，即人的体质、聪明、健康及本能等（比如在医学上就有各种体质的人）；另一种是人的社会本质，即人的心理、思想、意识、观点、习惯及其要求等。"一切的人们是作为阶级的人而存在的。如是，人的社会本质，就由人的阶级地位来决定。由于人们的阶级地位各有不同，人们的社会本质也各有不同。"② 各阶级人们的社会本质，无不有其一定的特性：譬如封建统治阶级的封建割据性、互相兼并性以及奢惰性、残暴性、身分等级性、权位思想、宗派观念等等；资产阶极的损人利己性、竞争性、垄断性、奢侈性、冷酷性、投机性、盲目性、组织上的集中性和机械性以及个人事业性等等；农民的散漫性、保守性、狭隘性、落后性、地域宗派性、对财产的私有观念、对封建主的反抗性、对政治的平等要求等等；无产阶级的伟大的团结性、互助性、组织性、纪律性、进步性、创造性、对财产的公有观念、对一切剥削者的反抗性、战斗性、忍耐性以及集体主义、国际主义等等；一般知识分子的政治敏感性、进步性、对旧社会的反抗性、主观自大性、虚荣性、浮夸性、动摇性、缺乏坚韧性以及平均要求等等；小商人的自私自利性、动摇性、欺骗性、趋炎附势顺风转舵的两面性、有限程度的反抗性与进步性等等。这种特性，是随同他们所处的历史时代与社会生活、地位不同，而有所变化的。

各阶级的意识形态，都是为其各自的利益服务的，充当其各自的斗争武器；在阶级斗争中，表现为思想斗争以至于理论斗争，与经济斗争、政治斗争形成三种斗争形式。

但是各阶级的思想意识，不只要受到历史传统的影响，而且是有相互的影响关系的——尤其是居于支配地位的阶级的意识形态对其他阶级的影响。由此就可以了解：在无产阶级先锋队共产党里面，在有些党员干部中也常表现各种非无产阶级思想意识作风的残余，正是各种非无产阶级思想意识作风的影响在党内的反映，它而且常常混淆实行家的头脑。因此，从工作中、学习中，从各种各样的实践中，不断增强党性锻炼，提高政治和思想水平，对每个党员干部都是极其

---

① 《毛泽东选集》，第 1 卷，人民出版社 1952 年第 2 版，第 272 页。
② 刘少奇：《论共产党员的修养》，人民出版社 1952 年版，第 90 页。

重要的。斯大林教导说：那些意识上没有锻炼的、没有精通马克思主义—列宁主义的领导者有变为无原则的事务主义者的危险，盲目地和机械地执行上面的命令，不理解我们事业的正义，不看见我们发展的前途。所以，领导干部必须思想意识健强，必须掌握马克思、恩格斯、列宁、斯大林学说的精神实质，并把它变为行动的指导。所以，《中国共产党党章》规定："努力地提高自己的觉悟程度和领会马克思列宁主义、毛泽东思想的基础。"[①] 是党员的义务之一。

但社会思想意识的阶极性是作为一个阶级来说的，不应把个人的思想意识凝固于其出身的阶级地位。思想意识是能动的、变化的。任何人只要放弃其原来的阶级立场和生活，他的思想意识和立场便可以改变。由此就可以理解：为什么出身于资产阶级或地主阶级的个别分子，能成为无产阶级的战斗员，在历史上某些不出身于农民的人物，能成为农民利益的代表者或反映农民的一些要求；又为什么出身无产阶级的个别分子，也有叛变为工贼，为敌对阶级服务的。但人们的思想意识和立场是否真正改变，却不容只凭其言论表现看，而要从其一贯的行动看。死死啃住每个人出身的阶级，把其思想意识看成凝固的或硬化的东西，就无法理解历史上某些人物，如墨子、杜甫、但丁、巴尔扎克、托尔斯泰、凯士雷等等，更无法理解历史上的许多革命人物。而这正是经济主义的观点。那种只从言论看，而不从其行动看的，则是唯心论观点。在对群众的思想教育改造过程中，我们有个别同志说："立场、观点、方法是不好改造的。"这是一种不自觉的经济主义观点，怕进行艰苦繁难工作的懒汉思想。但也有个别同志，看到某人一时言论表现好，就认为某人不错，是进步分子。这又是一种不自觉的唯心论观点。

三

关于社会意识形态发展的过程，我们在这里不可能全面叙述，只就我们国家在历史过程中的一些重要事例，来说明一些基本规律，并借以说明我们伟大

[①]《中国共产党党章》，人民出版社 1953 年版，第 9 页。

祖国人民的伟大思想和创造。

从北京周口店遗迹的研究，地质学家断定，我们祖先在五十万到七十万年前，就住在中国这块大地上；经过难以尽述的艰苦而光辉的斗争，开辟出这样广大、富厚、雄伟的锦绣河山，创造出灿烂丰富的文化遗产，繁殖了五万万以上优秀的人民，使我们有了这样一个地大、物博、人众的可爱的祖国——在以毛泽东同志为首的中国共产党领导下，又已成了以苏联为中心的全世界人类和平民主阵营中的一个重要的组成部分。

我们祖国的文化，在漫长的原始公社制时代，从残留的遗物遗迹结合神话传说考察，自然和世界其他地区的情形没有本质的区别，但也有它的特点：首先是关于斗争和发明创造方面的传说特别丰富（如关于和恶蛇猛兽的斗争、治水的斗争、部落间的斗争，工具、取火、衣裳、住室、农业、牧畜、药物的发明创造，等等），原始民主制度的传统特别丰富（如尧舜禅让、酋长会议、罢免和选举酋长等），并显示出社会前进的脉络，而又能与地下出土物相结合。

那些无限丰富的神话，都是我们祖先当时集体的社会生产活动和生活的现实反映，也就是原始的文艺。如关于西王母、伏羲女娲兄妹、尧舜禅让、大禹治水、黄帝战蚩尤等等神话，都好像是有声有色的生动活泼的故事；关于大舜就职的宗教仪式的神话，好像是一篇歌舞大会的速写；关于反映劳动协作的神话，正是他们当时的歌谣。遗物的精巧制作、陶器上色彩花纹的调协等等，都可以体现出他们的艺术创作。关于图画，我们还发现很少，但传说所描述的却很丰富——如：全身鳞甲捕住鸟生吃的动物画像，手拿弓箭射蛇、长着长臂捕鱼、豹尾虎牙、绑住手脚挂到树上、穿胸等等的人体画像，画成龙身、蛇身、牛头虎鼻、牛头龙身的庖牺氏、女娲氏、神农氏、夏后氏等人的画像……这一一都表现出一种雄伟的气派和健康的精神。

这种图画就是出现在原始公社制前期的魔术。我们祖先从人物混同的迷糊意识，发展到万物有灵论的幼稚想像（即他们对世界的解释），在与自然斗争过程中产生了这种魔术。与此随同出现的，还有以鹏、雁、鸢等自然物作旗帜的图腾崇拜。这就是原始的宗教。由于生产力不断提高、生产活动的范围不断扩大，到原始公社制后期，万物有灵论演化为多神论，图腾崇拜演化为祖先崇拜；而他们所崇拜的祖先，大抵是生产中战斗中的英雄、传授和创造过斗争经验的人物。所以原始的宗教，一方面，也正是他们当时现实生活诸关系，在幼稚意识中被颠倒、歪曲的幻想的反映，是原始人的鸦片；另方面，却是为全社会的集体生产活动和生活服务的，并非为着想升天堂或骗人，而是在生产力低下的状态中，幻想借助于魔术、图腾、祖先和善神来增加斗争力量，表现着提高征服自然的能力的倾向和要求。

文艺和宗教就是这样起源的。

在殷商奴隶制度时代。在奴隶制经济的基础上，原始的宗教便演变为奴隶主集团的宗教即巫教。它是奴隶主集团统治奴隶和异族的精神武器，是为奴隶主服务的。在殷商奴隶制经济上升时期，巫教僧侣对农业、牧畜的祷告和研究，基本上是从奴隶主的利益出发的，但对其时农业和牧畜的生产，也起了一些推动作用。

巫教僧侣从农业季节性的研究出发，在天文历数学上有了重要的发明。这种发明：一面是建筑在奴隶劳动的基础上，又以农业生产的实践经验为依据的；一面也是适应于奴隶主的利益和要求的。但这一科学上的重要成果，不只对当时的农业生产起了重大作用，对中国天文历数学的发展打下了基础，而且是全世界天文历数学发明最早的成果之一，是对全人类的伟大贡献。

在殷商末期产生的八卦哲学，与奴隶主的巫教神学相对立，是以周人为中心的革命集团的哲学。八卦哲学是一种朴素的辩证唯物论哲学，是古代人类的伟大思想；它虽比古希腊德谟克里特的唯物论（公元前五世纪）更朴素些，但约早了七个世纪左右，是世界最早的朴素辩证唯物论。

在文艺方面，从《易经》卦文中所残留的诗歌来看，一面有歌颂战争、武士的威武、贵族和武士的恋爱等作品，一面也有反映了一些奴隶生活的作品。出土的石雕、铜雕、骨雕等等绮丽精美、气派雄伟的作品，虽都是奴隶主贵族享有的东西，但都是奴隶的劳动创造，表现了劳动人民的艺术天才。

我国在西周开始的近三千年封建制度时代中，产生过全世界无与伦比的辉煌灿烂的封建文化，产生过众多的政治家、战略家、军事家、哲学家、科学家、发明家、文学家、艺术家等，其中并有许多伟大、优秀的人物，发挥了伟大的思想，遗给我们以无限丰富的伟大、优秀的文化成果。

择要来说：封建制度革命领袖之一周公的战略思想，就是世界上最早的具有辩证唯物论因素的战略思想。在这种思想的传统影响下，由于不断的阶级战争、民族战争的锻炼，养成了中国人民顽强的斗争性，而又富于战略思想。张良、刘秀、曹操、诸葛亮、李世民、朱元璋等人，都运用了一套战略思想，创建其朝代的兴盛局面或小康局面。这在他们虽都是为封建统治阶级服务的，但却正是伟大中国人民战略才能的反映。

在军事思想上：是否真出于太公之手的《阴符经》，就不必说了（太公也是封建制革命的领袖之一）；以早在战国时期的《孙子兵法》为例，它不只在中世的军事思想上起过指导作用，在现代军事学上，还有它的地位——其中许多重要观念或积极的进步的因素，对现代人民革命战争也还是适用的。这反映了伟大中国人民丰富的战争经验和优越的军事才能。

哲学方面，哲学家班班辈起，人物之多，全世界无与伦比。其中最著名的：一方面有代表当时统治集团各阶层的老聃、孔丘、庄周、孟轲、荀卿、韩非、淮南子、董仲舒、王通、玄奘、韩愈、柳宗元、周敦颐、朱熹、陆九渊、王守仁、王畿、李二曲等的唯心论哲学——不论是属于主观主义、客观主义或二元论，但都是唯心论的；一方面有反映农民要求的墨翟、王充、吕才、王艮、李卓吾等人的唯物论哲学；在明清之际和鸦片战争前夜，随同资本主义生产方式的萌芽，又产生了王船山、黄梨洲、颜元、唐甄、戴震、魏源、龚自珍等人的唯物论哲学。

唯物论哲学各流派，正反映了伟大中国人民伟大思想的发展，启示了思想解放的倾向和要求，不断与封建主哲学作斗争。其中像墨翟，并最先建立起论理学体系。

在封建主哲学里面，代表封建统治集团的孔孟哲学，由于产生在中国封建制度的上升时期，给封建制建立起成套的思想体系，是适应于封建制的前进倾向和要求的——虽然孔子曾在恢复西周秩序的形式下来论断。因此，它不仅支配了中国全部封建时代的思想，而且给了东亚以至于全世界以重大的影响；其中个别的伟大观念，在今日也还是有其积极意义的。陆九渊、王守仁等的极端唯心论哲学，反映了封建末期统治集团的保守思想；而在地主阶级要求自救的基础上，也有个别积极的观念，如所谓"知行合一"即"理论与实践一致"，虽然是颠倒的，不是对客观世界的实践，而是从内心修养的实践出发的，但仍可以说是一种伟大观念。代表初期没落封建主的老聃哲学（约公元前七至六世纪），末期的周敦颐张载哲学（十一世纪初），都是辩证法唯心论的。唯心论正表现了他们的复古或保守思想，是其本质的东西；而辩证法却是伟大的观念，是伟大思想传统和深刻的阶级矛盾的反映。他们虽然都没有像黑格尔那样完整的体系，但远远早于黑格尔。代表中小地主的柳宗元、朱熹等人的哲学，都是二元论的。朱熹二元论哲学的许多重要观念和论点，很类似康德哲学；但它远早于康德。朱熹解释自然现象的许多论点，大都有其盖然的正确性。因此，他们的哲学虽都是为地主阶级服务的，到今日已都是过时的；但也反映了伟大中国人民的伟大思想。其中值得我们批判地吸收的积极因素和伟大观念，是相当丰富的。

朱熹的二元论和陆九渊的极端唯心论，都是从周敦颐哲学流派中分化出来的；王畿的极端唯心论与王艮的唯物论，都是以王守仁哲学为师承而分化的。这正表现出在社会经济基础上，意识形态的阶级性和相对独立性。

科学发明方面，择要来说，首先是天文学，在周朝有重要的发展；到战国，基本上完成了一个科学体系；以后又相继出现了不少优秀的天文学家以及各种天文仪器的发明和制造。在战国，由于采矿冶金事业的发达，就发现了朴素的矿学原理（见《管子》）和磁铁相吸的物理学原理（见《吕氏春秋》。在秦汉，秦李冰父子的都江堰水利工程，至今还保有科学价值；继蒙恬制笔之后，蔡伦发明用树皮、麻头、破布、鱼网造纸；此外又发明利用水力推动冶铁风箱的"排橐"，五则式的数学；以培翁、张机等等为代表的医理特别对针灸和伤寒的研究获得相当成果。在两晋南北朝，祖冲之改进指南针（这可能早已发明在汉朝以前，在东汉已确定地发现了磁石的指极性，祖冲之又有所改进）和所谓"千里船"；无名工人根据战国以来的炼钢术，发明叫作"横法钢"的精炼法；信都芳根据天文仪器的制造原理，发明"铜壶漏刻"（即钟漏）和测验风向的仪器。在隋唐，宇文恺制成使用轮轴转动的战舰和"观风行殿"；无名的工人根据轮轴转动的原理，又发明借水力或风力推动的水车（桔槔）；何稠发明用绿瓷造玻璃；此外又发明刻板印刷术。在五代两宋，田苗、尹拙、张昭、毕升等相继发明活字印刷术；无名氏发明火药制造术、铳炮制造术、改进指南针；秦九韶创立"数学九章"的数学体系；闻名世界的瓷器制造，到宋朝也已达到高度的发展。在明清，发明用数种矿质合成的玻璃制造法；改进印刷术的胶泥活字为铅字；发明利用螺旋力、或利用圆筒转动滑杆的起重机；发明两锭至三锭的纺车（天车）；在建筑学上也有重要的成就，如今日成了伟大人民首都的北京城的建筑，就是这种成就的具体表现；并出现了一群启蒙的科学家，如明清之际的宋长庚、顾应祥、朱世育、邢云路、徐光启、李之藻、梅文鼎、王寅旭、方以智等，鸦片战争前的焦循、李锐、汪莱等，从事天文学、地理学、数学、物理学、博物学、农学、水力学等等的研究，获得相当成就，同时还翻译了欧洲的科学书籍。这在两宋以前，主要是适应地主阶级的要求，因为在两宋是以城市商业资本和手工业生产的高度发展为条件的；在明清之际和以后，是适应资本主义生产方法的萌芽和市民层的要求而出现的。但它不只标志中世生产力发展的进程，对社会前进起了重大推进作用，而且是以千百万人千百万次的农业、手工业生产劳动的经验为基础，结合了天才的科学构思的。这充分表现了伟大中国人民的科学天才和创造能力，也充分表现了伟大中国人民对人类文化贡献的伟大——如指南针、火药术、印刷术等等。这些创造并且传授给世界各国。

文艺方面，成名的文学家（理论、散文、小说、赋、诗词等等方面的）艺术家（雕刻、戏剧、音乐、图画、书法等等方面的）人数的众多，是惊人的；即如屈原、司马相如、蔡琰、曹植、嵇康、沈约、庾信、顾恺之、郑法士、元稹、杜甫、李白、白居易、吴道玄、苏轼、陆游、辛弃疾、郑思肖、施耐庵、王实甫、关汉卿、高则诚、唐寅、归庄、郑燮、曹雪芹、吴敬梓、孔尚任等这样著名的大文艺家，也是不胜例举的；其他留下无数优秀伟大作品的无名作家，即人民文艺家，更不知有多少！其创造积累的丰富，任何人用一生的时间都不能全部研读。而为统治者销毁、删除、遗落的人民作品，更不知有多少！从阶级性说，主要都是代表地主和农民的东西。但文艺的各种形式，都是劳动人民创造的。地主阶级和文艺家在各方面都采取当时的民间形式、承袭传统的成果。不过地主阶级的文艺家，常常割弃或改变人民文艺的丰富而健康的内容；人民的或有进步倾向的文艺家，则以之和自己的天才结合，予以或多或少的发展。举几种伟大的作品为例，早期的（西周）伟大作品《诗经》，其中《国风》就主要是民间的歌谣，而与它内容矛盾的《雅颂》，便是这种歌谣形式的封建主的作品。而此又都是殷朝卦词形式的发展。"楚词"系采自楚人的讴歌形式与屈原等人的天才相结合的产物，因此便成了伟大的作品。"唐诗"也是一面采取先存在于民间的形式，一面采取伴随民间形式的西汉以来的诗的格律加以发展的。民间形式的格调和声律都是很自然的、生动活泼的、气派雄伟的。在这种血液的灌注下，产生了杜甫、白居易、李白等那样大诗人和伟大作品。其中愈多地反映人民生活和要求的杜甫、白居易，愈表现了他们在艺术上的更高成就。中国封建文化灿烂成果之一的二簧（京剧），基本上也采自民间的"乐歌"、"诨唱"、"说话"、"讲史"、"杂剧"、"地方腔"、"俗剧"（由唐到清）等形式，同时也是伴随这些民间形形式而来的"梨园戏"、"弹词"、"元曲"、"传奇"等的发展。《水浒》、《三国演义》（元）、《金瓶梅》、《儒林外史》（明）、《红楼梦》（清）一类伟大的创作，也是由民间的口传故事和"讲史"等形式发展而来的。而像云岗石佛那一类世界无与伦比的伟大雕刻艺术作品，在我们祖国又是不胜例举的；它虽然是为统治阶级服务的，但都是直接由人民的手所创制的。"西人引为惊奇"的果核和象牙雕刻，真是达到了"巧夺天工"的程度。这其中，大多是为地主阶级服务的，包含不少肮脏的、不健康的内容；但在另方面，它又多多少少从正面或反面，反映了人民的生活和要求、地主阶级的黑暗和腐化，这又是有积极和进步作用的；而且它都是从农民劳动的基础上产生的，是从人民文艺的基础上或直接由人民的手所创造出来的辉煌成果，具有伟大的艺术价值，同时也表现了伟大中国人民的伟大艺术天才和艺术传统。

在宗教方面，地主阶级的宗教是佛教和道教；在阶级斗争的基础上，人民也不断创造自己的宗教，即所谓异端派，如汉朝的"太平道"和"五斗米道"、宋朝的"魔教"、元明清的"白莲教"等——这在实质上，都是农民起义的组织形式。

在鸦片战争到新民主主义革命胜利前的一百零九年中，中国是处在殖民地、半殖民地、半封建的过渡时期；在帝国主义、地主阶级、买办阶级的压迫之下，伟大中国人民的伟大思想和创造力，是受到严重的束缚和摧残的。

但由于中国人民从鸦片战争开始，就进行着"不屈不挠、再接再厉的英勇斗争"[1]（尤其自"五四"运动以后，在中国共产党和毛泽东同志领导下的轰轰烈烈英勇壮烈的光荣斗争）。我们产生了像孙中山那样的民主主义思想家、詹天佑那样的科学家、鲁迅那样伟大的人民文艺匠师，尤其是伟大人民领袖毛泽东这样光辉伟大的人物——马克思、恩格斯、列宁、斯大林的优秀门

---

[1]《毛泽东选集》，第2卷，人民出版社1952年第2版，第626页。

徒、人民的伟大天才政治家、战略家、组织家、思想家、理论家、文艺家——和增加到马克思列宁主义文库中的毛泽东思想，以及在毛泽东旗帜下的若干优秀领袖、政治家、战略家、组织家、军事家、哲学家、科学家、文学家、艺术家等等。

在一百零九年的过渡期中的社会思想，适应于社会诸阶级情况的，主要有以下各流派。

一、地主买办阶级流派。"地主阶级是帝国主义统治中国的主要的社会基础，是用封建制度剥削和压迫农民的阶级，是在政治上、经济上、文化上阻碍中国社会前进而没有丝毫进步作用的阶级。""带买办性的大资产阶级，是直接为帝国主义国家的资本家服务并为他们所豢养的阶级，它们和农村中的封建势力有着千丝万缕的联系。"① 这两者结合起来，便成为最凶恶、最反动的卖国流派，是人民的死敌。从曾国藩、李鸿章、袁世凯到蒋介石及其匪帮，就是这一流派的代表。尤其到蒋介石及其匪帮，它集中了历史上黑暗面的一切反动的特性，所以特别显得凶恶、下流、无耻和肮脏；在意识形态上的具体表现，就是蒋匪介石的"三民主义"和陈匪立夫的唯生论。

二、国粹主义派。他们一面有一些民族气节，一面无条件拥护中国封建文化。民族气节是其积极性，无条件拥护封建文化则是其保守性的具体表现。辜鸿铭、林纾等曾是这派的代表。

三、改良主义派。太平天国以后，在封建经济和国家官僚资本的基础上，出现了"中学为体，西学为用"的洋务运动派。从它的积极方面蜕化出来的"保国会"派；一面主张提倡科学、民主、反对封建思想；一面又只主张用由上而下的改良办法，去打开资本主义前途。康有为、谭嗣同等就是保国会的代表人物。到戊戌运动以后，这一派又蜕化为"立宪保皇党"，成为满清政府反对革命的挡箭牌。辛亥革命以后，更渐次演化为投机政客的流派；到新民主主义革命胜利的前夜，这一派便公开成了蒋介石匪帮的帮凶，今日已作了蒋匪帮的殉葬品。

四、自由主义派，是民族资产阶级的一个流派。"民族资产阶级受帝国主义的压迫，又受封建主义的束缚，所以，他们同帝国主义和封建主义有矛盾。

① 《毛泽东选集》，第 2 卷，人民出版社 1952 年第 2 版，第 633 页。

从这一方面说来,他们是革命的力量之一。""但是又一方面,由于他们在经济上和政治上的软弱性,由于他们同帝国主义和封建主义并未完全断绝经济上的联系,所以,他们又没有彻底的反帝反封建的勇气。"① 自由主义派在"五四"运动时期,曾和马克思主义思想者一道对旧文化作过斗争,提倡思想解放和自由,宣传科学和民主,但在"五四"以后,便逐渐与旧势力妥协,对北伐革命战争旁观;在北伐革命战争失败以后,其一部分上层分子,便相继钻进反动统治的营垒;在新民主主义革命胜利的前夜,除少数上层分子外,大部倾向或赞成革命以至参加斗争、或抱中立态度——但他们绝大多数人的思想,当时基本上还是旧民主主义的。这一派人中的知识分子,在工人阶级的领导下,将要经历一个长时期的思想改造的过程。

五、以孙中山为首的资产阶级民主派,从兴中会到同盟会,"也曾经领导过光荣的革命斗争";在北伐革命战争中,也参加过部分的领导。孙中山的"革命民主主义"思想,列宁在 1912 年 7 月发表的《中国的民主主义与民粹主义》一文中,曾经给了适当的评价。他们中间的一部分人在 1927 年以后,1931 年(九一八事变)以前曾跟随大地主大资产阶级反对过革命,不过基本上没有掌握过政权。在抗日战争时期,这一派的分子是与大地主大资产阶级投降派与顽固派有所区别的。现他们已表示放弃旧民主主义,赞成新民主主义。

六、无产阶级所代表的人民的流派——中国共产党。它批判地继承了中国文化的优良传统,根据国内国际的环境和条件,领导人民进行了光荣的、伟大的、正确的斗争,并以马克思列宁主义的普遍真理结合中国具体情况来指导斗争。在武装斗争、政治斗争、经济斗争的基础上展开的文化思想斗争,同样以雷霆万钧之势,粉碎了一切反动思想、批评了一切错误思想,从思想上教育和组织人民。中国共产党、毛泽东同志,已领导人民获得新民主主义革命的伟大胜利,并继续领导人民进行伟大的社会主义建设。毛泽东旗帜的光辉,照耀着中国大地、照耀着进步的人类。

上面还只是以汉族的历史为例来说的;而其实,中国各民族都是光荣的、伟大的、优秀的民族,而今又是仅次于苏联的世界最先进诸民族行列中的民族。我们有无限丰富的优秀历史遗产和光荣的革命传统。伟大列宁仅对于近代

---

① 《毛泽东选集》,第 2 卷,人民出版社 1952 年第 2 版,第 634 页。

中国人民及其斗争，早在 1912 年就充满着革命的同情和关心说过："摆在我们面前的是一个真正伟大的人民底真正伟大的思想体系；这个伟大的人民不仅善于悲叹自己成百年的奴隶地位，不仅善于梦想自由和平等，而且还善于同中国成百年的压迫者作斗争。"① 伟大导师给予中国人民这样无比高贵的评价，昭示了伟大国际主义的范例，对于我们是一种极大的鼓舞和力量。毛泽东同志也如同列宁一样，充满着对祖国历史与人民的无比热爱、对革命无比伟大的信心，他洋溢着国际主义和爱国主义的精神说道：

"中华民族的发展（这里说的主要地是汉族的发展），和世界上别的许多民族同样，曾经经过了若干万年的无阶级的原始公社的生活。而从原始公社崩溃，社会生活转入阶级生活那个时代开始，经过奴隶社会、封建社会，直到现在，已有了大约四千年之久。在中华民族的开化史上，有素称发达的农业和手工业，有许多伟大的思想家、科学家、发明家、政治家、军事家、文学家和艺术家，有丰富的文化典籍。在很早的时候，中国就有了指南针的发明。还在一千八百年前，已经发明了造纸法。在一千三百年前，已经发明了刻版印刷。在八百年前，更发明了活字印刷。火药的应用，也在欧洲人之前。所以，中国是世界文明发达最早的国家之一，中国已有了将近四千年的有文字可考的历史。"

"中华民族不但以刻苦耐劳著称于世，同时又是酷爱自由、富于革命传统的民族。以汉族的历史为例，可以证明中国人民是不能忍受黑暗势力的统治的，他们每次都用革命的手段达到推翻和改造这种统治的目的。在汉族的数千年的历史上，有过大小几百次的农民起义，反抗地主和贵族的黑暗统治。而多数朝代的更换，都是由于农民起义的力量才能得到成功的。中华民族的各族人民都反对外来民族的压迫，都要用反抗的手段解除这种压迫。他们赞成平等的联合，而不赞成互相压迫。在中华民族的几千年的历史中，产生了很多的民族英雄和革命领袖。所以，中华民族又是一个有光荣的革命传统和优秀的历史遗产的民族。"②

这不只使我们每个人都以作为一个中国人、特别是生活在毛泽东时代的中

---

① 《列宁斯大林论中国》，人民出版社 1953 年版，第 25 页。
② 《毛泽东选集》，第 2 卷，人民出版社 1952 年第 2 版，第 616—617 页。

国人而感到光荣和自豪；同时，这又不啻给中国人民的全部历史作了一个基本总结，显示了把历史唯物论应用于历史研究的典范，教导我们如何去研究和认识人民的历史，去认识和批判地继承我们伟大人民的伟大光荣传统和优秀遗产，发扬和工人阶级国际主义相结合的爱国主义。

关于"怎样学习中国历史"等问题的解答

——1950 年 11 月在东北师范大学

　　学习和研究中国历史是个很繁重的工作，但也是个很重要的工作。毛主席多次号召我们重视历史科学的研究，重视对我们伟大祖国历史的研究，可见这个工作是极重要的。五四运动以后，马克思列宁主义传入中国，接着，光荣、伟大、正确的中国共产党诞生。在党的领导下，开展了新史学的研究工作。三十年来，作为新民主主义革命的文化战线上一个侧面的新史学，与各色各样的反动史学在极艰苦的条件下进行了剧烈的斗争，并击败了它们。但在过去，由于条件的限制，不只有许多问题没有及时解决，若干重要问题也还没着重去研究，特别是至今还不曾写出一部适用的教科书。这都有待于今后的努力，依靠群策群力来解决。

　　先生们、同学们所提出的问题很多，而且一般又都是较重要的问题。我仅就自己所能够解答的来解答；而所谓"能够解答"，也只能说是以自己的一点见解，提出来和大家商量。因为我对历史科学的研究原是不深的，过去虽然写过几本东西，或者说还曾经起过一些作用，但问题可能是不少的，我正期待着大家的帮助，不断去加以修改和充实。我深信，只要把集体力量发挥出来，正确地掌握批评和自我批评的武器，我们自己过去的某些缺点以至错误是能够得到克服和改正的，中国历史研究上的一些问题是容易得到解决的，分歧的意见也是容易达到一致的；而况大家都是为了革命和人民，谁也没有也不应有"成一家言"、"藏之名山"的企图和"自是其说"的成见。因此，能够满足群众要求的历史著作，一定能在集体努力下不断产生出来。

现在就大家所提问题，择要发表个人的一些不成熟的意见，请大家指教。

第一个问题：怎样学习中国历史？

我认为革命导师们的著作，从历史科学的角度来看，早已给我们解决了这个问题。如果我们一时还不可能去一一钻研，我想：马克思的《政治经济学批判》的《序言》、恩格斯的《家庭、私有制和国家的起源》、列宁的《什么是"人民之友"以及他们如何攻击社会民主党人?》是必须读的；斯大林同志所著的《联共（布）党史简明教程》，不消说是一部关于马克思列宁主义百科全书的伟大著作，作为一部历史来看，是到今为止人类史上最伟大的典范著作；毛泽东同志在其著名哲学著作《实践论》和《矛盾论》中，在《中国革命和中国共产党》及其他一系列的天才著作中，关于史学和中国历史方面的问题，不只对历史唯物论方面所作的若干天才的阐明和发展是我们据以研究中国历史的基本原理和原则，而且是到今为止中国人民据以认识本国历史的最高典范。这些著作教导我们如何应用历史唯物论去进行具体研究。因此，我希望大家去钻研革命导师们的著作，至少是上述著作。我现在只从以下几个方面来谈一谈。

我们所要研究的历史是劳动人民的历史，而不是别的什么人的历史。大家知道，历史是劳动人民创造的，研究历史，就是要把研究工作放在科学的轨道上，把历史的本来面目复现出来，即还原为劳动人民的历史。斯大林同志教导说："历史科学要想成为真正的科学，便不能再把社会发展史归结为帝王将相底行动，归结为国家'侵略者'和'征服者'底行动，而是首先应当研究物质资料生产者底历史，劳动群众底历史，各国人民底历史。""历史科学底首要任务是要研究和揭示生产底规律，生产力与生产关系发展底规律，社会经济发展底规律。"[①] 所以它不是封建统治阶级或资产阶级的所谓历史。研究和学习人民的历史，必须站在人民的立场上、先进阶级的立场上，必须应用马克思列宁主义的观点、方法，从而就必须具备马克思列宁主义的以下几个方面的基本知识：如辩证唯物主义与历史唯物主义、政治经济学、社会发展史等等的基本知识；此外，还须有民俗学、语言学、考古学、地质学、地理学等等部门的

---

① 《联共（布）党史简明教程》，苏联外国文书籍出版局1953年中文版，第153、154页。

基本知识。但后者不一定在学生时期就一一都要学习，可在出校后从事教学研究等工作中，不断去学习与提高。

无产阶级是代表一切劳动人民的利益的，是人类历史上最先进最革命的阶级，因而站在人民的立场上，也就是要站在无产阶级的立场上。无产阶级是天生的国际主义者，负有解放一切被压迫人民的历史任务，同时又是真正的爱国主义者、民族利益的真正保卫者；无产阶级的爱国主义又是和国际主义相结合的，与地主资产阶级的狭隘民族主义、沙文主义有着本质的区别。因此，我们反对狭隘民族主义的历史观点以及其变形的大民族主义观点。无产阶级是人民历史的继承者，批判地继承着历史上一切优良的传统，所以，我们又反对那种否认和截断历史的经济主义观点，或对历史作片面夸大的国粹主义观点。因此，我们研究中国历史，必须站在无产阶级国际主义的立场去考察历史上的一切问题，而不是狭隘的只看到中国人民去否定其他国家的人民；要站在中国各民族人民的立场上，而不是只看到任何一个民族人民的利益和要求去否定其他民族人民的利益和要求，也不是只看到任何一个民族的历史而无视其他民族的历史。在这方面，我们过去的历史研究工作是有缺点的，具体表现在一些中国历史的著作中，没有把国内各民族的历史作统一的研究，即使作了一些，也作得不够。

由于阶级立场不同，就必然产生对历史看法的不同。"历史是劳动人民创造的"，这是无可怀疑的真理。我们吃的、穿的、住的以至日常生活的一切，哪一件不是劳动人民生产出来的；社会生产力的不断进步和提高，无非是千百万劳动人民不断地劳动创造的结果；社会不断地由低级阶段进到高级阶段，都是通过千百万劳动人民的革命斗争来实现的；人类所有的文化成果，无非是劳动人民的劳动创造；一切科学和知识，无非是从劳动人民的生产活动和阶级斗争中总结出来的经验。既然历史是劳动人民创造的，那末离开劳动人民的立场去研究历史，根本就不切实际，就不能掌握历史发展的规律，就必然歪曲历史。然而封建统治阶级和资产阶级的历史唯心论者，却把人民的功劳据为己有，一一记到统治阶级的账上，硬说是"英雄造时势"。我国的《二十五史》和《通鉴》、《纲鉴》之类的史书，几乎都是从这样一个基本观点出发编成的——其中只有像司马迁的《史记》还包括着日者列传、游侠列传一类的东西。俄国民粹派，也是抱着这样一种历史观的。"照他们的意见，历史不是阶级所创造，不是阶级斗争所创造，而只是个别杰出人物，即所谓'英雄'所创造的；群众、'群氓'、人民和阶级是盲目地跟着这种'英雄'走的。"① 我国的民众"阿斗"论也正是与此同一内容。其他各国的资产阶级也无不抱着这种观点——即使他们还在初期、即还在革命的时代也是如此。我们则恰恰与此相反，"并不是英雄创造历史，而是历史创造英雄，也就是说，不是英雄创造人民，而是人民创造英雄并推进历史。英雄，杰出人物，只有当他们能正确了解社会发展条件，了解应如何改进这些条件的时候，才能在社会生活中起重大的作用。英雄和杰出人物如果不能正确了解社会底发展条件，却竟不顾社会底历史要求而胡作乱为，俨然以历史底'创造者'自居，那他们就会变成滑稽可笑，一钱不值的倒霉人物。"② 因而我们祖先所谓"时势造英雄"的观点，也是具有素朴真理的。因而"英雄造时势"的历史观自然是不对的。当然，否认个人在历史上的作用也是不对的。列宁教导说："只有在有定论观点下，才可能作出严格正确的估计，而不会把一切都推到自由意志头上。同样，历史必然性思想，也丝毫不损害个人在历史上的作用。"③ 无产阶级及其伟大导师和领袖们所以能够发挥造福于人类的无比伟大的作用，对历史发生巨大的创造作用，是因为他们有了马克思主义这个武器，能够认识和掌握历史发展的客观法则，能够正确了解社会的发展条件，正确地配置社会力量，吸引和正确地领导群众，按照那种正确地反映了现实的客观法则的路线、方针、政策去进行阶级斗争。而在马克思以前，都不是把历史看作有其内在的相互联系的发展过程的，而是看作无意义的暴力的纷乱纠缠的。黑格尔虽把它看作一种过程，并企图发现其内在的相互联系，而其基本出发点也是首尾倒置的。自从有了马克思主义，"历史成了人类本身发展的过程，现在思想家的任务，即在于从一切迷乱中，追踪这一过程的依次发展之阶段，并在一切表面的偶然性中证明出过程的内在的规律性。"④ 列宁也像恩格斯一样地说过：马克思的历史唯物论的英明的思想，"第一次使人有可能用严格科学态度对待历史问题和社会问题……第一次把社会学提到了科学的高度。""第一次造成了使科学社会学出现的可

---

① 《联共（布）党史简明教程》，苏联外国文书籍出版局1953年中文版，第24页。
② 《联共（布）党史简明教程》，苏联外国文书籍出版局1953年中文版，第27页。
③ 《列宁文选》两卷集，第1卷，苏联外国文书籍出版局1950年中文版，第116—117页。
④ 恩格斯：《反杜林论》，三联书店1950年版，第14页。

能，还因为只有把社会关系归结于生产关系，把生产关系归结于生产力高度，才给了坚固根据把社会形态发展过程看作自然历史过程。没有这种观点，当然也就不能有什么社会科学。"①

过去统治阶级所编写的历史，不只常常篡夺人民的功劳和粉饰他们自己，而又常常抹杀事实、颠倒是非，来歪曲人民。因此，我们人民的历史家，就要坚决站稳人民的立场，因而就不能站在人民之上，而要站在人民之中，把自己作为人民的一分子；就是要爱人民之所爱，憎人民之所憎。对人民的一切要细心去体会，对人民的错误和缺点，要当作经验教训看，而不是去吹毛求疵，也不是漠不关心；对历史上人民的一切活动和要求，要给予适当的表彰和批判，既不掩饰，也不夸张。对统治阶级所编写的历史和其人物的评价，也必须采取实事求是的科学的态度去分析和批判；对其个别集团和个别人物的功过，应以其是否适合当时人民的利益、是否促进历史的发展为主要标准；对其重要的一言一行都不要放松，都要分别加以分析和批判，做到瑕瑜不掩、功过分明。否则就要割断历史。对封建统治阶级所编的史籍、即所谓"正史"，我们不仅不应采取一概否认的态度，而且其中有些东西是极有用的，值得珍视的。当然，其中有不少歪曲、污蔑和欺骗人民、抹杀人民、并给封建统治阶级自己擦脂抹粉的东西，也就是颠倒是非、歪曲真相以及无中生有的东西，这是不能随便相信的。我们必须实事求是地去加以分析，抉取其中有用的东西，哪怕是沙里淘金。而"正史"以外的稗史、杂记以及关于民俗资料等方面的东西，每每能更多的保存人民的东西和反映历史的真相，我以为应把它放在比"正史"更重要的地位。这样，在比较可靠比较全面的史料基础上，应用历史唯物论的武器、精密的科学的方法，发现历史发展的规律，解除统治阶级给历史所加上的伪装，复现人民历史的本来面目，并从而对目前事物给予科学的分析，对将来事物给予科学的预测。斯大林说："马克思主义是用历史观点来观察一切事物的。"② 如果立场、观点不对，就不能完成这种任务。我们在历史研究上的任何错误论断和结论，都是由立场、观点的根本错误或某些错误而来的，都是受了非无产阶级的影响而来的。

---

① 《列宁文选》两卷集，第 1 卷，苏联外国文书籍出版局 1950 年中文版，第 97、98 页。
② 《斯大林全集》，第 1 卷，人民出版社 1953 年版，第 204 页。

反动阶级的历史家所以要歪曲历史、伪造历史，因为其根本立场是与人民对立的，因而他们对人民和人民事业不但毫无感情，而且看到人民的事业就不舒服，看到人民的缺点和错误就幸灾乐祸；对人民的行动，都是吹毛求疵、满怀反感，人民的正义行动到他们眼中就看作捣乱，他们对历史上的农民起义称之为"流寇"、为"盗贼"。总之，他们对人民的事业都是反感的、仇视的，从敌对的方面来看的。因此，他们所否定的关于人民方面的东西，我们都要实事求是地去翻案；他们所肯定的某些东西，如对于黄天霸型的人物的评价之类，也要实事求是地去翻案。但必须要实事求是，否则如果你把《宋史》对岳飞和秦桧的褒贬也反过来，那就要铸成大错。因此说，历史科学是党性最强的科学，一定阶级的史学都是为一定阶级服务的，为其所进行的阶级斗争的一个方面或部分。如果你在立场、观点上接受过去统治阶级的影响或受其欺骗，就不能作出正确的论断和结论。

历史上的一切创造，都是千百万人的群众性的活动的结果，是千百万人的千百万次实践的无比巨大的力量与智慧的积累和结晶。千百万人的实践活动，都不是偶然的，而是有其必然性的，是适合于历史的客观法则的实践的。古往今来，千百万群众班班辈起的实践活动，就是历史唯物论与唯物辩证法的具体体现，更正确地说，历史唯物论和唯物辩证法，正是伟大导师们所揭发的历史自身的客观法则。因而没有正确的群众观点和一定程度的群众实践活动的经验，就无法了解历史运动的具体性和群众实践的深刻性，从而也就无从去体会历史唯物论和唯物辩证法的精神实质。小而言之，如果不联系厨师、不深入厨房的实践中去，就不能真正了解做饭的具体活动情况及其规律性，终日食之而不知其所以然；不联系工人、农民，不深入到工厂、农村生产的实践活动中去，就不能真正了解工业生产和农业生产的具体活动情况及其规律性；不参加土地改革运动和深入到群众斗争里面去，就不能真正了解群众斗争的具体情况及其规律性。联系了，也深入下去了，如果不细心去体会和虚心向群众学习，也还只可能是一知半解以至出岔子的。我们过去在辽东省进行土地改革时，有一家养蚕兼种十五坰地，自家有五个主要劳动力，三个半劳动力，另雇两个长工。工作队同志看到他家生活富裕，便划为富农；但农民有意见。另一家种地二十坰，自家有一个主要劳动力，另外全雇季节工和短工。工作队同志看到他家每年生活没多少富余，便划为中农；但农民也有意见。后来我们根据群众的反映，找农民开会，经大家精打细算地合计，算出前者的剥削率没超过百分之二十五，应为中农，后者的剥削率超过百分之二十五，应为富农。这说明群众是很清楚的，依靠他们就能正确地解决问题；而我们工作队同志既没有实际经验，也未能掌握情况，又没有真正去依靠群众，因此便出了岔子，最后还是依靠群众才解决了问题。

人类的历史是如此无限地丰富、无限地多样而复杂，我们不可能也不必要对它的各方面都亲自从实践中去体会，但我们必须尽可能多地去熟悉各种各样的斗争形式和组织形式，至少要有一些亲自经历的较完整的体会。这在一方面，不外是虚心体会书本上的和其他方面的以及耳闻目见的东西。另一方面不外是亲自经历：我们参加思想改造、生产实习等等都是属于这方面的东西；我们在学习岗位上为完成学习任务而斗争、在教学岗位上为完成教学任务而斗争，这都是具有群众性的实践活动。在伟大祖国的伟大建设过程中，我们会有许多的机会去参加各种运动和实践。这都是创造历史的活动，是活的历史。同时，我们又必须紧紧依靠群众、依靠集体力量，虚心向群众学习，依靠大家来解决问题，不要自以为是、闭门造车。因此，我们的学习和研究，必须用理论密切联系实际的方法去代替脱离实际的方法，用分工合作的集体主义的方式去代替个人主义的方式，用依靠群众的作风去代替脱离群众的作风。

其次，人类过去的历史，除原始公社制阶段外，在阶级社会中，人们的社会活动和一切社会问题，无不与诸阶级的利害及其相互关系密切关联，都必须紧紧从阶级的关系上去分析。奴隶主阶级、地主阶级、资产阶级为着掩盖其阶级统治与剥削的实质，常自谓其言论行动是"超阶级"的或者说他们是代表"全民"的，实际是一点也不"超"、也不"全"。离开阶级关系，对那种种社会现象或问题，便不能把握其相互联系与相互制约的因果关系，便不能把握其本质。同时，在人类史上的阶级社会时期，阶级内部还有诸阶层的存在，除去无产阶级能够按照其固有的集体主义精神去团结自己的阶级弟兄外，在奴隶主阶级、封建主阶级、特别是资产阶级的内部，不只有诸阶层的存在和诸阶层间的利害冲突，而又有各个人相互间的利害冲突，所以常常表现为其内部的争吵。这种争吵，一般虽不改变其一致来对付人民的态度，但有时为利用人民去帮助其进行争权夺利的争吵，又常表现为对人民的某种暂时妥协或联合。如果我们不了解这一原理，一方面就不能了解无产阶级之所以能实现国际的紧密团结，团结成为无敌的巨人的可能性；另一方面也不能了解如中国历史上的今古文学派斗争的社会根据、朱陆两学派斗争的社会根据等等以及现今资产阶级各国之间、其一国内的各政党之间、及其各集团以至个别资本家之间，如美英的争吵，美国内部共和党和民主党的争吵，以至其六十大家族相互间的争吵等等。过去历史上的被剥削阶级、奴隶阶级、农民阶级，在无产阶级去领导他们逐步改造成为集体主义者以前，也还不能是集体主义的；但由于处在被压迫被剥削的地位，就不可能在阶级内部发生多大的利害冲突——除非为统治阶级所欺骗，以致这一部分阶级弟兄去反对那一部分的阶级弟兄，如在农民战争中曾经发生过的情况那样。

其三，历史现象是极其错综复杂的。一方面，前一社会阶段的生产方式以至过去历史上各种生产方式的残余和某些社会特征都可以残留到其后的社会；一方面各个国家相互间的影响，常常表现为某些特殊的现象和形势，如日本从大化革新到镰仓幕府成立前的奴隶制，由于受到隋唐社会的强烈影响，便表现若干类似隋唐封建社会的形象；一方面，部族间的斗争和其相互影响，特别在有民族压迫的情况下，便常常形成社会形势的特殊面貌，以至歪曲历史的过程，如拓跋、契丹、女真、蒙古奴隶主贵族南下建立统治后，形成奴隶制和后期封建制两种生产方式的斗争，又给予其时的中国封建社会以特殊面貌，鸦片战争后百多年中帝国主义对中国的侵略和压迫，又阻滞和歪曲了中国历史发展的过程。

其四，关于自然条件问题。斯大林同志教导我们，地理史观是根本错误的，但地理环境也能影响到社会发展，加速或延缓其进程；同时，人口增长也不能决定社会制度的性质，对社会发展不能产生决定的影响，但人口的增长能影响到社会的发展，促进或延缓社会的发展。毛泽东同志也一再指出：地大、物博、人众的优越条件对我们人民革命战争和革命形势发展的重大作用，并把它们提到了战略原则的高度。

总之，人类史上各民族、各国家历史的发展过程，都有一般的共同的规律。这是由生产力和生产关系矛盾发展的过程所决定的。但个别国家、民族，由于地理等条件的不同，又各有其特殊性以及各异的具体面貌。一般性是主要的，起根本性的决定作用的；特殊性是次要的，从属于一般性的。

最后关于史料问题。我认为我们对于史料，应要求达到确切和尽可能全面的程度。过去我们——特别是我，由于条件的限制，这方面的工作是作得不够的，希望今后以分工合作的方式来解决这个问题。如果材料不确切是不能作出正确的论断和结论的，确切了，如果只是片面的，所作出的论断和结论也就必然免不了片面性。但是要作到这样的程度，却是很艰巨的，不消说，首先需要观点、方法正确，这就不容易；而况一方面，古代的文献，真伪杂陈，加之见仁见智，大家的解释也颇不一致，虽然它只能有一个正确的解释；另一方面古代的文献真是所谓"汗牛充栋"，任何个人穷毕生之力也没法读完，而况还有民俗资料及已出土未出土的地下资料等等。大概还没有那样的人，认为他自己在这方面是够了的。

问题最多的是关于殷周以前以及西周的问题，特别是后者。我认为关于殷以前的史料，应以地下出土物为骨干；但只有骨头还不行，必须以适当可靠的书本材料与合乎历史规律的神话传说作说明，才能有血有肉。关于西周，我认为只要而且必须在历史唯物论的基础上，以严谨而又虚心的态度，把已能一般肯定和尚不能肯定的有关资料，进行联系的对比的分析研究，其各自的时代性是不难分别出来的。

第二个问题：到现在为止，中国历史上还有哪些问题没有解决？

在全国胜利前，托派对史学方面的反革命歪论，对青年的影响早已清除了；国民党匪帮陶希圣的影响也早已清除了。这是由于人民革命斗争的胜利发展，粉碎了那些反革命宣传。1925—1927年北伐革命战争失败后，提出了当前阶段的社会性质问题。托派说是"资本主义社会"，陶匪希圣等说是"末期封建社会"。虽然，匪帮们的反革命宣传，根本谈不到是什么理论上的问题，但也有少数幼稚的青年曾受其影响。中国共产党领导的中国人民革命的伟大实践斗争，不只粉碎了一切反革命的谬论，而且确证了近代中国社会是半殖民地半封建——殖民地半殖民地半封建性质的社会，这完全符合于马克思列宁主义的论断和结论，符合于列宁、斯大林、毛泽东的论断和结论。人民革命的纲领、方针和路线都是从这种论断和结论的基础上提出来的，所以中国人民赢得了伟大的胜利。毛泽东同志的《中国革命和中国共产党》等著名天才著作，中国共产党和毛泽东同志领导人民革命的胜利，已给近代中国社会作了确切不移的结论。因此，像过去那类反革命歪论是不会公开出现了，但我们在理论战线上还应提高警惕，因为它还可能以隐蔽的方式来散布毒素。

到目前为止，在马克思主义史学阵营中，关于中国史方面还没达到一致结论的问题和应提出的问题，我认为主要有下面几个：

（一）中国历史发展阶段的划分问题。问题的关键可说已集中到西周社会性质的问题上。我认为这个问题必须解决，否则对我们的教学和历史教科书的编辑都有影响。问题是可能解决的，但还不能立刻解决，还须创造一些条件。

（二）中国封建社会长期性问题，也就是同学们提出的所谓"停滞性"问题（下略，详见本书第五篇）。

（三）中国资本主义因素在何时开始出现的问题。这里所关涉的是：中国如果不遭受帝国主义侵略和外来的影响，是否能走上或早已走上了资本主义道路的问题；与此关联的是：给了中国人民以一百多年严重灾难的穷凶极恶的帝国主义侵略，是否还对中国产生过一些进步作用的问题。我根据马克思在《资本论》中揭示的关于资本主义工场手工业的原始形态的原理，确认在明清之际曾出现这种幼芽，但被满清统治者绞杀了，在鸦片战争之前再度出现，又为英美等国的帝国主义者所绞杀了。因而帝国主义的侵略，不只阻碍了中国社会的发展，而且歪曲了中国社会的发展过程，使中国经历一个不是按照社会发展正常轨道的半殖民地半封建以至殖民地半殖民地半封建的过渡期。自然，帝国主义对一切殖民地半殖民地也都起了类似这样的反动作用。

（四）历史人物的评价问题。这不只关涉到民族文化遗产的处理和爱国主义教育问题，而且关涉到马克思主义与经济主义、国粹主义观点分歧的问题，同时又关系到历史阶段的划分问题。如由于对西周、春秋、战国社会性质的估计不同，便必然引出对文王、武王、周公、太公、齐桓公、管仲、孔子、老子、墨子、秦始皇、李斯、项羽等人的不同评价。其次，又关涉到今天国内各兄弟民族在过去相互间的战争性质与统治被统治关系的问题，如契丹、女真、蒙古奴隶主贵族的南下和辽、金、元的统治性质如何，就不能不影响到对岳飞等人的评价问题。如果这些问题得不到适当解决，就不但影响历史教科书的编写工作，而且影响各兄弟民族人民对历史的看法。

（五）各兄弟民族的起源问题。自从新民主主义革命胜利以后，各兄弟民族的人民都翻了身，因而就要求了解自己民族的历史，从而便提出了民族起源的问题。如形成回族的主干，究系来自阿拉伯、波斯，还是原先中国境内的突厥族；苗族究系从北方南去的蒙古人种系统、还是南来的马来人种系统……这些问题如不解决，就使民族史和中国历史教本的编写工作遇到困难，至少也要在这个问题上留下空白。

此外也还有一些问题待解决。

第三个问题：中国历史阶段应如何划分以及对各家主张的看法。

中国社会历史发展的阶段问题，需要解决，我已在前面说过。

现在这个问题比起过去那种混乱的情况来，已有所不同，主要已只是马克思主义史学家阵营内部的问题；在马克思主义史学阵营内部，彼此的意见也比较接近了，基本上可说已经把问题的范围缩小到西周的社会性质上。特别在《毛泽东选集》出版后，对中国历史研究也已经指明了确定的方向，对其中若干基本问题也已给予了马克思主义的论断和结论。因此我们已不须像过去那样去黑夜摸索了。

过去在这个问题上，我们大家都是集中力量对反马克思主义、假马克思主义等等反革命的宣传和传统成见作斗争；在马克思主义史学者相互之间，只是由于对若干问题有不同看法和意见而有彼此间的批评，其基本精神却是一种自我批评的性质。

在第一次国内革命战争失败后，我们和国民党匪帮及托匪的斗争，主要集中在社会发展论和鸦片战争以后的社会性质两个问题上。在前一个问题上，匪徒们否认奴隶制度是社会发展必经的阶段，说秦汉以后是所谓"商业资本主义社会"或其帮腔者所谓"专制主义社会"，以至其后来又改换腔调的，在地理史观、循环论、外因论基础上的"奴隶制社会论"等等，实质上都是以假借马克思主义词句作掩盖的历史唯心论来反对马克思主义的历史唯物论，即从理论上来反对马克思主义和反对马克思主义的中国革命。在鸦片战争以后的社会性质问题上，不论是匪徒们的所谓"末期封建社会"、"商业资本主义社会"或"资本主义社会"，均在于反对列宁斯大林关于中国革命问题的学说，反对无产阶级对中国革命的领导权，反对民族民主革命。而其最卑鄙、最恶毒无耻的地方，就是他们不但常常假借马克思列宁主义的词句，而又常常冒充马克思列宁主义者。郭沫若和我们，也就是说，以郭沫若为首的马克思主义史学者，始终坚持了马克思主义的社会发展论和列宁斯大林关于中国革命问题的学说的立场，在革命的旗帜下，与匪徒们及其帮腔者进行了持续的斗争。这种斗争就是历史唯物论与历史唯心论的斗争、历史的一元论与多元论的斗争，更本质地说，而是拥护革命与反对革命的斗争，革命与反革命的斗争。

当时在这个史学斗争的过程中，郭沫若是起了一定程度的旗手作用的。他是最先应用历史唯物论来系统地研究殷周社会的。我们都是后起者，追随他上去的，或者还可以说是他的私淑弟子。但也不否认，在对敌斗争的过程中，随着论争的深入，我们之间曾经在某些问题上产生了分歧的意见，主要的有关于殷代社会性质的氏族制与奴隶制的意见分歧、以及随同而来的关于西周社会性质的奴隶制与初期封建制的意见分歧……这种分歧我认为是不可避免的，或者还可说是必要的，是走向真理和达到一致结论的必经过程。现在关于殷代社会性质问题，基本上已达到一致的结论，只有西周问题还有待于今后来解决。这已大大缩短了达到全部结论一致的过程，而且存在的问题是不难解决的。

问题不但关涉到理论方面，而且还关涉到资料的解决方面。理论方面的问题是比较容易解决的，因为大家所遵循的都是马克思主义，对于马克思主义的原理原则是不能有两套解释的。资料方面的问题，困难比较要多一点，其关键在对于某些资料的时代性的确定。其实关于周朝所有的资料只有那么多，所以困难也还是不太大。如果上述两个方面基本上得到解决，问题就能迎刃而解了。如现时关于"农夫"、"庶人"、"小人"、"百姓"、"人鬲"、"臣"等等的性质问题的争执，大家就不必在字面上纠缠，可以对大量确定了的资料进行研究，去研究他们（"农夫""庶人"等）跟土地和生产工具的关系，即土地和生产工具的所有权性质，以及他们和"君子"或"公子"等等人物在生产过程中的关系。这样，关于他们在生产中的地位、生产物如何分配以及用何种形式分配等问题，就比较容易解决了。只要这些较基本的问题能得到解决，其他较次要的问题，便比较容易解决了。

至于我个人对中国历史发展阶段的意见，现在基本上还停留在二十多年前的意见上，但这并不是说自己的意见从早年以来就是完全对了的，而是由于：（一）近十几年来，我对中国历史的研究有某种程度的荒废，没继续深入去钻研这些问题，近年在工作中写成的几本小册子，也只是为了适应群众的需要，而不是从学术上或解决论争问题的角度上着眼的；（二）我所接触到的近年新发现的地下材料和国内同道们在这方面研究的新成果，或者由于我还没抽出时间去仔细研究，或者还不足以使我根本改变自己的意见。但我并不敢把自己的意见作为成见来坚持。我自己老是想能有适当时间，以批评和自我批评的精神重新来考查一下自己的意见和虚心研究一下他人的意见。我认为，将来大家是会得出一个一致的正确结论来的。那或将证明现有的某一种意见基本上是对的，其他都是错的，或者都有一些对也都有一些错，或者所有各种意见全都是错的。不过我认为第三个可能性是不大的。

第四个问题："种族奴隶制"与"低级奴隶制"是什么意思？殷商的奴隶制与希腊罗马的奴隶制有何不同？

所谓"低级奴隶制"的意思是什么，我不大明了。如果是说的奴隶制的低级阶段，那应该是容易明白的。

所谓"种族奴隶制"一词，我在殷商奴隶制社会研究中曾用过。那是错误的。我当时认为殷商奴隶制社会的奴隶主贵族和自由民大都是出身于商族，奴隶则大都是出身于所谓"异族"，因此我错误地称之为"种族奴隶制国家"。其实，这不只是没有根据的，而且会模糊阶级的真实内容和奴隶制社会的本质。因而我后来就把它改正了，也不再用所谓"种族奴隶制"的字样了。但由于没公开提出自我批评，实在对不起读者。

殷商奴隶制和希腊罗马的奴隶制都是遵循着人类历史的奴隶社会的一般规律而有其共同特点的，但同时由于地理等条件的不同，又皆有其特殊性，因而有其各自的特殊面貌。这也正是历史自身的具体性的表现，否则个别国家、民族的历史，就会成为千篇一律的公式。而历史自身却是极其具体极其生动的。另方面，人类史上的奴隶制阶段，包括殷商在内，都不曾发展到希腊罗马那样的成熟和高度，就都开始崩溃而向着封建制度转化了。但这也只是相对的，人类史上没有两个国家所经历的同一社会阶段的时期是相等的。这种情况是由若干条件凑成的，这正是历史自身的具体性的表现，也正是历史自身的辩证法。如殷商奴隶制之所以崩溃的那么早，我认为主要是由以下的几个具体情况凑成的：（一）作为殷代国家的中央区域、即所谓"邦几千里"的黄河腹部地区，不便于向外发展，到一定程度时便形成奴隶来源的相对枯竭；（二）在殷商奴隶制的发展过程中，周族也随同发展起来，而在与殷商奴隶制矛盾斗争的基础上，奴隶们在周族等族的公社制度中看到比较公平的社会制度，而逃向周族地区、即所谓"为逋逃薮",西北各族也都围绕到周族的周围,而形成了一个反殷的庞大集团,并担负起了消灭奴隶制度的奴隶革命的任务;(三)由于上述两个条件的相互推移,又使殷代奴隶制统治系统日趋薄弱,并加速了奴隶主贵族的腐化过程。

第五个问题:何谓"亚细亚生产方式"?

我的意见没变,请看《中国社会史诸问题》一书。

第六个问题:殷周都是农村公社的组织形式,何以能证明殷是奴隶制、周是封建制?

农村公社是原始公社制的一种组织形式,也被称为农村共同体,是随同原始农业的发展和定居的结果而来的。它实行以土地公有为基础的公有财产制,内部成员都平等地参加劳动,还没有剥削和被剥削、压迫和被压迫的情况存在。随着私有财产的形成,特别是土地成为私有财产,公社便随同解体了,公社的性质也随同变化了。恩格斯在《反杜林论》中说道:

"一切文化的人民,都从土地的公有制开始。在所有经过一定程度原始状态的人民中,随着农业的发展,公有的财产开始成为生产的桎梏,这种公有制被废除了,被否定了,经过多少长久的中间阶段之后,它转成了私有财产。"①

恩格斯在这里是从一般情况和总的过程而说的。马克思和恩格斯在其他地方又多次讲到,一方面,作为公有的形态而残留下来的土地财产等公有制的残余,存留到其后的阶级社会中很长时期。如在英国,直至资本主义出世以后,马克思说,"在圈地口实下由邻近大地主圈围而被合并的土地,不单是荒地。须对共同体为一定支付或公共所有的已耕地,也往往同样被圈围去。""就说1801年至1831年间地主盗窃的共有地,即通过国会赠与地主的那3,511,770英亩共有地,农民又曾得到一个铜板代价么?"苏德兰女公爵,"把那不知从什么时代起即为氏族所有的794,000英亩土地,占为己有了。"资产阶级"用毫无顾虑的恐怖主义把封建所有地和氏族所有地,转化为近代私有财产。"②

---

① 恩格斯:《反杜林论》,三联书店1950年版,第169页。
② 马克思:《资本论》,第1卷,人民出版社1953年版,第918、928页。

如在中国，直到土地改革前，农村公有的耕地、山林、房屋等原始公有制的残留物，也还到处存在着，特别在长江和珠江流域。一方面，甚至在阶级社会的私有财产制度的瀚海中，还有村落共同体的存在，如俄国的米尔、德国的马克、印度的农村共同体；它内部还都是实行以土地公有为基础的公有财产制，只是要对实行阶级支配的国家担负纳税等义务。这是马克思及卢森堡都论证过的。另方面，作为农村公社的组织形式的残留，在由这种组织形式直接转化而来的奴隶制时代的农村组织，是毫不足奇的。在历史上某种特殊的场合，如周人和日耳曼人，各自在殷代奴隶社会或罗马奴隶社会的废墟上越过奴隶制而建立起封建制，其封建庄园的组织形式，也都多多少少带有农村公社组织形式的一些残余。因此，我们不应只从其形式看，而要从其内容看；不要作为孤立的偶然的东西看，而要从其转化过程的内在联系看。

在殷代奴隶所有者支配下，有两种不同性质的公社组织形式：一种是在其支配下的其他各部落和种族的氏族公社，包括着农村公社及其以前的形态，基本上类似于马克思所说的印度农村共同体的情况；一种是殷人自己居住和直接支配的公社组织形式，也叫作"邑"。城市——如曾为殷首都的大邑商——便是从这种"邑"发展而来的。居住于其中的不是彼此平等的成员，而是包括着自由民（奴隶主和平民）和奴隶两种不同的人们，即剥削和被剥削、压迫和被压迫的两个阶级。因此，它已根本丧失了原来公社的内容，而只存留其外壳。这我在《中国社会史纲》的殷代部分已有所论证。

西周在宣王以前是由奴隶制到封建制的过渡期，我所以把它划入初期封建制的时期内，是由于从经济、政治、文化思想之综合的考察结果，封建制占有愈来愈大的支配地位。在这一过渡期中，社会各种成分的比重都在不断的变化中，全社会的变化也是较快较大的。因此，西周庄园制的组织形式亦即所谓"邑"或"田"等等，愈在早期便愈多地带有殷代那两种性质的公社组织形式的残余成分，以至残留有一定数量的奴隶，愈到后来便愈益减少了这种特殊的成分。但其社会构成的基本内容，则是封建主和农奴及工奴，即一面为封建主及其亲属左右，一面为农奴及工奴以至贱奴等。这我在《中国社会史纲》的周朝部分也基本上有所论证。

对此，列宁就俄国历史给了我们以如次的指示："在古代俄国还可以说有过氏族生活，而在中世纪，在莫斯科皇朝时代，这种氏族联系就毫无疑义已不存在了，就是说，当时国家完全不是建立在氏族团体上，而是建立于地方团体上：地主和教堂接纳了从各地来的农民，而这样组成的村社就成为纯粹地域性的团体。"①

第七个问题：**希腊罗马奴隶制时代便有铁器，而中国则在未有铁器前便进入封建社会，是何原因**？

是的，奴隶制的希腊罗马所使用的生产工具是铁器，而且恩格斯在其经典著作《家庭、私有制和国家的起源》中也曾经说过："我们在这里（未开化晚期——吕）初次遇到了带有铁尖的用家畜拖曳的木犁；自有木犁以后，大规模的土地耕耘，田野耕耘，而同时生活品底在实践上对于当时条件毫无限制的增加，便都有可能了。"② 摩尔根在所著《古代社会》中，并以"铁矿之熔解"作为未开化时代晚期开始的特征。而恩格斯却只说"遇到"，可见他是极慎重的。其论断是以当时所掌握的原始公社制时代和古代的资料为基础的；而在以后，由于对史前时期和古代社会研究范围的扩大，便发现了新的情况，如奴隶制的亚述、巴比伦、埃及等古代国家，都拥有青铜器工具。问题的实质不在于使用何种工具去生产，而在于能否借以生产出剩余劳动生产物来，这种剩余劳动生产物并足以使一部分人得以依此为生而脱离生产劳动，从而能使社会分裂出阶级来。《联共（布）党史简明教程》教导说："精通马克思列宁主义理论，——这就是说要善于拿革命运动底新经验来丰富它，要善于拿新原理和新结论来丰富它，要善于发展它和推进它，不怕根据这个理论底实质去用适合于新历史环境的新原理和新结论代替其某些已经过时的原理和结论。"③ 又说："在奴隶制度下……此时人们所拥有的已经不是石器，而是金属工具。"④ 这就是代替旧结论的新结论。

在我们研究殷代社会时，一方面确证当时所拥有的是青铜器工具，另方面也确证了当时有奴隶主和奴隶两阶级的存在，因而我们便肯定殷代奴隶制社会人们所拥有的不是铁器而是青铜器工具。但当我在《中国社会史纲》最初提

---

① 《列宁文选》两卷集，第 1 卷，苏联外国文书籍出版局 1950 年中文版，第 111—112 页。
② 恩格斯：《家庭、私有制和国家的起源》，三联书店 1950 年版，第 27 页。
③ 《联共（布）党史简明教程》，苏联外国文书籍出版局 1953 年中文版，第 434 页。
④ 《联共（布）党史简明教程》，苏联外国文书籍出版局 1953 年中文版，第 156 页。

出这个问题时，曾受到不少非难。现在虽已有不少历史家达到了同样的结论，但问题还是可以讨论的。

第八个问题：古代东方社会的特点是"灌溉经济"，中国是否也具备这种特征？

所谓"灌溉经济"的说法，首先是马札亚尔从所谓"亚细亚生产方式"的问题上加以夸张的。马札亚尔所谓"亚细亚生产方式"的特征，可以概括为：（一）土地属于国家所有，适用一种永佃制佃给人民，地租采取一种赋税的形式；（二）全国分成无数公社，公社都是各自独立的小社会；（三）国家和官吏是社会事业的承担者，水利的掌管者，统治着那些各自独立的小社会，专制政权便是由此形成的。这是他公然认为所谓东方社会有其独特的发展规律，并公然否认了"国家是在社会分裂为敌对阶级的基础上产生的"这一马克思主义的基本原理。这种反历史唯物论、反列宁斯大林的国家论的托派理论，在苏联早已受到彻底的清算。在第一次国内革命战争失败后，中国的托派也曾宣传过马札亚尔的理论，并一度在史学战线上引起论争。我在《中国社会形势发展的诸阶段》一文中（后收在 1933 年成书的《史前期中国社会研究》中）所作的抨击，今日看来我认为还是妥当的（见《史前期中国社会研究》15—21 页或《中国社会史纲》9—12 页）。

第九个问题：什么样的人物才算是农民起义领袖？项羽、刘邦、李密等是不是？

在回答这个问题以前，首先应说明什么叫作"农民起义"。我认为那就是反对封建压迫或民族压迫的农民群众或以农民为主体的武装发动，表现为农民斗争的最高形式。这在历史上有的基于群众自觉的切身利害，因某些偶发事件而激发起来的；有的还经过宗教、结社形式之类的组织和酝酿，甚至还有以宗教教条形式表现出来的朴素的纲领，正如恩格斯所说："一切反对封建制度的斗争，在当时都要带上宗教的外衣。"① 但不论如何，都是在阶级矛盾发展到一定程度的基础上，以及斗争传统的影响下发动的。

---

① 恩格斯：《社会主义从空想到科学的发展》，人民出版社 1953 年版，第 18 页。

作为起义的领袖，一般都是与群众一道、在群众中成长起来的，为群众所支持和拥护的；他不只与群众有共同的利害，并在行动中反映群众的朴素要求和表达他们的利害。但他一旦脱离群众，便会失去群众的支持以至丧失其作为群众领袖的真实作用，甚至为群众所抛弃——在这样的情况下，或表现为群众的离散和解体，或为群众所直接抛弃。在我们祖国的历史上，曾产生过不少优秀的农民起义领袖，如吕臣、刘黑闼、张角、方腊、锺相、杨幺、李自成、李秀成等人；但也有为图取个人富贵或贪生怕死而出卖群众和变节的（如马武、高欢、朱温之流）；也有为争权夺利而身败名裂的（如田臧、尚让之流）；也有为群众所厌绝（如洪仁发之流）或抛弃的（如韦昌辉之流）。而在我们祖国的农民起义的历史中，地主阶级利用农民起义去挽救其阶级统治地位或创立和增强自己政治地位的例子，也是很多的，如刘秀、李渊、李善长等都是这类人物。

项羽、刘邦、李密及其类似人物，是否是农民起义的领袖呢？这都是还没有达到一致结论的问题，也是历史人物评价上较复杂的问题。我的初步意见，基本上仍如在《简明中国通史》中所说的一样。

像项羽，他一方面利用陈涉、吴广为首的农民起义及群众反秦的要求而起事的，起事以后又去与农民军取得联系，并吸引了一些农民武装到自己方面，如所谓"黥布蒲将军亦以兵属焉"[1]，在推翻秦朝统治的斗争中，他也是起过不小的作用的。但另一方面，项梁、项羽最初借以起事的，却是"吴中贤士大夫"、"故所知豪吏"、"宾客及子弟"，"争附"的又多系所谓"楚蠭起之将"，他们自己也是以楚国贵族身份去号召的；他们起事的动机，也是根据会稽守殷通所谓"先即制人，后即为人所制"[2]的主张而发动的；在战争过程中所表现的基本立场，都在于恢复六国、即恢复初期封建制的局面。这是保守的，违反农民利益的。因此，项羽虽在推翻秦朝统治方面起过一定作用，却不能说他是农民起义领袖。

刘邦也是在农民起义的浪潮中，利用群众的反秦要求而起事的；最初随同他起事的数百人都是曾违犯秦朝法令而隐匿、逃亡在外的群众；在起事以前，

---

[1] 司马迁：《史记·项羽本纪》。

[2] 司马迁：《史记·项羽本纪》。

他又曾释放过由自己监送去服役的农民；在起事以后，也直接与陈、吴为首的农民军取得联系，并吸引了一些农民武装如雍齿等到自己方面来；在反秦事业上，他又率军建立了"先入关"的功劳。从这方面说，刘邦为首的武装发动，是带有农民起义的成分的。但他起事的口号，一开始就是所谓为"父老"保全家室。他告沛邑"父老"书说："共诛令，择子弟可立者立之，以应诸侯，则家室完。"① 同时他也是为所谓"父老"所立，"父老乃率子弟共杀沛令，开城门迎刘季……立季为沛公"②；后来入关"与父老约法三章"的基本精神，也是在维护地主阶级的社会秩序。因此，他自始便是以所谓"父老"即地主阶级为基础，并以维护地主阶级的社会秩序为基本立场的。从这方面说，刘邦是利用农民群众的发动来树立自己的政治地位和维护地主阶级统治的。

但如果把当时的群众发动估计为奴隶革命的性质，那对于项羽和刘邦就当另作评价；不过我至今还不能同意这种估计。

李密是否也可以算作农民起义的领袖？这应从其全部历史来分析。有人说，由于他出身于世代大贵族的家庭，我们便否认他是农民领袖。这是不对的。我们在评定一个人时，他的阶级出身是要被考虑到的；但这不是决定问题的关键所在，问题的关键在于他在立场、思想感情和行动上是否真正背叛了原来的阶级，而转到了进步阶级一方面。李密不是从群众中成长起来的，也不是一开始就和群众一道发动武装斗争的，而是半途参加的；而且他之参加瓦岗军，是在他参加杨玄感叛乱失败后，奔走流离、走投无路，隋朝的官府又要逮捕他，才投奔的。这也不是决定问题的关键，问题的关键在于他是真心赞成瓦岗军的正义行动而投奔，还是为着个人的意图而投奔。现从以下几个方面来分析。（一）据《旧唐书·李密传》，他参加杨玄感叛乱，完全是为着个人的功名富贵；在杨玄感叛乱失败后，他在投奔瓦岗军的前夜所赋五言诗说："秦俗犹未平，汉道将何冀？"③ 这是他把隋朝比作秦朝而表示厌绝，希望再产生一个新的汉朝式的朝代；又说："樊哙市井徒，萧何刀笔吏，一朝时运会，千古传名谥。"④ 却只是为的追求个人的功名富贵而伤感。他投奔瓦岗军后，一面，

---

① 司马迁：《史记·高祖本纪》。
② 司马迁：《史记·高祖本纪》。
③ 刘昫：《旧唐书·李密传》。
④ 刘昫：《旧唐书·李密传》。

建议和协力攻取兴洛仓，"开仓恣人所取，老弱襁负，道路不绝"。这是符合群众要求的。另一面，他向翟让建议的中心思想，仍是"廓清天下，诛翦群凶"①，以建立刘邦式的帝业。他在宣布隋炀帝十大罪状的文告中，一面暴露了隋朝政治的黑暗和群众的痛苦，是有进步意义的；另一面，其中心思想，却更露骨地表现了自己要作皇帝的企图。而且，直至最后他率部投靠李渊时，还斤斤于官位的大小得失，并企图拿群众的功劳去为自己换取官位。因此，为着个人功名富贵的思想，李密是始终一贯的。从而可以说，他之投奔瓦岗军，全由于穷无所归和利用瓦岗军去实现个人的政治企图。所以他是农民军队伍中的投机分子。正因为是这样，所以他对隋越王侗的关系、以及把"弑炀帝人于洪达献隋越王侗"等行径，也表现了只要谁给他高官贵爵，他就拥戴谁，完全是没有原则立场的，或者说全没改变其原来的立场。（二）投奔瓦岗军后，他对瓦岗军的发展和壮大是起了一定作用的，其后瓦岗军在"亡隋"事业上所发挥的较大作用，也是有李密的功劳在内的。但李密的计划能得到实行，才能得以发挥，又是与瓦岗军领袖翟让对他的"深加敬重"和信任分不开的。这在翟让是表现了宽厚大度、信人不疑等优良品质的。（三）翟让推李密充当瓦岗军领袖后，李密一面尽量援用隋朝的旧官降将柴孝和、裴仁基、裴行俨和大知识分子祖君彦等为心腹；一面认为瓦岗军原来的领袖"出于群盗"，而阴谋计算他们。如柴孝和劝他西攻长安，建立刘邦式的帝业时，他与柴孝合计说："君之所图，仆亦思之久矣！诚乃上策。但……我之所部，并是山东人，既见未下洛阳，何肯相随西入；诸将出于群盗，留之各竞雄雌。"② 这说明李密对瓦岗军旧人始终是歧视的，思想感情上和他们有很大距离的。因而便形成为两个宗派，破坏了瓦岗军的团结。翟让部将王儒信要翟让从李密手中夺回"总统众务"之权，翟宽责难翟让说："天子止可自作，安得与人！"这不只反映了李密的行为是与瓦岗军旧人的意志相违背的，也表现了两派间矛盾的尖锐和瓦岗军旧人的一般情绪。而李密竟又设下如此阴恶的陷阱："让径至密所欲为宴乐。密具馔以待之；其所将左右各分令就食。密引让入坐，以良弓示让；让方引满，密遣壮士自后斩之，并杀其兄宽及王儒信。让部将徐世绩为乱兵所

---

① 刘昫：《旧唐书·李密传》。
② 刘昫：《旧唐书·李密传》。

斫，中重疮，密遽止之，得免。单雄信等顿首求哀；密并释而慰论之。于是诣让连营谕其将士，无敢动者；乃命徐世绩、单雄信、王伯当分统其众。"① 因而，除个别（如王伯当）被收买者外，便必然更增加了两派间的猜忌和离心离德，且又进一步改变了瓦岗军原来的性质。此后，李密虽曾一度还扩大了与各地农民军联系的声势，也还打了一些胜仗，但瓦岗军本身自此便走下坡路了。因此，李密对于瓦岗军又是功不偿过的。

这就是我对项羽、刘邦、李密一类人物评价的初步意见，是否妥当，请大家讨论。

第十个问题：封建社会的农民战争为何总不能成功？如果说是有成功的话，怎样才能算是成功？明末农民战争和太平天国是否有成功的方面？

斯大林同志曾经指出过，消灭奴隶制度的奴隶革命、消灭封建制度的农民革命、消灭资本主义的无产阶极革命，是区分世界史三个极重要时代的三种极重要的革命。因而农民革命对社会发展是有重大的决定作用的。但这不是说的封建制度还比较稳固时期的农民战争，而是发动在生产力与生产关系已经发生冲突时代的农民革命，它不只给予封建制以决定性的致命打击，而又促进了资本主义的胜利。在这种情况下，就是农民革命的成功。在中国史上，明末的农民大暴动，给了明朝封建统治和地主阶级以极严重的打击，但因为汉族地主阶级与满清贵族的联合反对而失败，满清入关以后，实施了残暴的民族压迫政策，结果农民大起义的作用就被降低了。太平天国农民革命曾给了满清朝廷和地主阶级以致命打击，但由于产生在鸦片战争以后，在中外反动势力联合反对之下，终于遭到失败，它的作用也被降低了。

那末，在封建制还比较稳固时代的农民起义，是否也可以说有什么成功呢？就中国历史来讲，毛泽东同志教导说："在汉族的数千年的历史上，有过大小几百次的农民起义，反抗地主和贵族的黑暗统治。而多数朝代的更换，都是由于农民起义的力量才能得到成功的。中华民族的各族人民都反对外来民族的压迫，都要用反抗的手段解除这种压迫。"② 这指明，在中国封建制度时期，

---

① 刘昫：《旧唐书·李密传》。
②《毛泽东选集》，第2卷，人民出版社1953年第2版，第617页。

农民成功地尽了推动历史前进的作用，保卫了民族利益的作用。由于农民战争不断成功地推翻了专制王朝的残暴统治，继起的封建王朝就不能不实施政治、经济等方面的若干改良，如刘邦、刘秀、李世民，赵匡胤、朱元璋、满清朝廷等都是这样作了的。这使农民获得经济上的一些利益和减少政治上的一些束缚，因而就促使生产力进一步发展和农民生活的一时好转。在所谓"五胡十六国"、北魏、辽、金、元各朝代残暴的民族压迫与野蛮落后的统治时期，不只人民生命财产毫无保障、人口遭受大量屠杀、社会生产力受到空前破坏，而且引起中国社会的逆转。而每次都由于各族人民，主要是汉族农民的起义，成功地把这些朝代推翻，保障了民族的利益，中国历史才恢复到正常发展的轨道上。这都是人民，主要是农民斗争的伟大创造作用和其不可磨灭的历史功绩，也是其所获得的成功。当然，这些成功，并没能也不可能使农民得到彻底解放。

农民起义，没有无产阶级领导，是不能使农民得到彻底解放的，特别在封建制度还较稳固的时代，它只能起推动历史前进的应有作用、动力的作用。恩格斯在《德国的革命与反革命》中说道："农民由于分散于广大地区，极难得到大多数意见的一致，是永远不能企图得到一个胜利的独立的运动的；他们需要城市里更集中、更有知识、更易动员起来的人民的领导和推动。"① 列宁也如同恩格斯一样说道："散漫的数百万农村小有产者，只有在资产阶级或无产阶级来领导他们的时候，才能获得行动底组织性及政治觉悟，和其胜利所必需的集中化。"② 恩格斯在《德国农民战争》中又说道："只有与其他阶级联合，农民才有胜利的机会，但是，当他们被其他一切阶级同等榨取的时候，如何能和其他阶级联合呢？"③ 当农民和资产阶级联合时，资产阶级在其私自的狭隘利益得到满足时，便要退出革命，保存封建权利，转而来反对革命、反对人民。列宁说道："资产阶级当其私自的狭隘利益得到满足时，当它'退避'了彻底民主主义时……其中极大多数分子就会必然转到反革命方面，转到专制制

---

① 恩格斯：《德国的革命与反革命》，解放社 1949 年版，第 14 页。
② 列宁：《论立宪的幻想》，转引自《研究马列主义理论的辅助资料》（下），大连新华书店 1950 年版，第 879 页。
③ 恩格斯：《德国农民战争》，生活书店 1947 年版，第 20 页。

度方面去反对革命，反对人民。所剩下的只有'人民'，即无产阶级和农民。"① "无产阶级与农民的'意志一致'是可能的，因为这里有利益上的一致。"又说："只有获得了完全胜利的革命才能使农民获得土地改革方面的一切，才能使农民获得他们所想有所希望而且是他们真正必需的一切，其所以必需，并不是如'社会革命党人'所臆想的那样要消灭资本主义，而是要摆脱半农奴制的束缚，摆脱被压迫被贱视的黑暗地位，以便在商品经济下可能的限度内尽量改善自己的生活条件。"② 因此，农民只有同无产阶级联合才能得到所必需的一切，只有在无产阶级登上历史舞台以后，才能提出彻底解放农民的任务。而今我们伟大祖国已完成了反帝反封建的任务，农民将经过集体化、即互助合作的道路稳步地过渡到社会主义社会而获得彻底的解放。

第十一个问题：中国历史上曾否建立过短期的农民政权？

在中国历史上若干次农民起义过程中所建立起来的短期性的政权，如果可以把它叫作"农民政权"的话，我认为曾经不止一次地存在过。

在若干次农民起义过程中，农民群众仿照地主阶级中央或地方政权机关的组织形式，建立起政权机关。从中国历史的事实看，这种政权和地主阶级的政权在实质上不同的地方，主要在于：（一）采取原始性的素朴民主的"公议"等形式，起义者间有所谓"兄弟"的关系；（二）用以处置地主阶级政府的官吏和没收来的财产；（三）有的还进行了原始公社制或其他一些政治上的建设，像张鲁在汉中、毛贵在山东所做的。但农民自身究竟是没有明确方向的，这种政权的形式一般都是不完整不确定的、性质也是不明确的，因而也就不能有自己的远大前途，而只能是在其武装斗争的过程中存在，并常常是军、政混合的。

在中国历史上存在过的这种政权，较著名的，有以张鲁为首的农民军在汉中、以刘黑闼为首的农民军在河北永年、以黄巢为首的农民军在西安、以杨幺为首的农民军在洞庭、以韩山童刘福通为首的农民军的一支（毛贵）在山东、以明玉珍为首的农民军在四川、以李自成为首的农民军在西安和北京、以张献

---

① 《列宁文选》两卷集，第 1 卷，苏联外国文书籍出版局 1950 年中文版，第 642—643 页。
② 《列宁文选》两卷集，第 1 卷，苏联外国文书籍出版局 1950 年中文版，第 630、643 页。

忠为首的农民军在四川建立的政权以及洪秀全等在南京建立的太平天国等等。其中像张鲁等在汉中，还按照《太平清领书》的教条去建立政权；杨幺在洞庭，也按照所谓"新法"去建立政权——这就是说，他们还企图按照其原始公社制的纲领去试行建立过政权。以朱元璋为首的政权最初也是属于这样一种性质的，后来在李善长等的策划下，才渐次转化为地主阶级的政权。太平天国却是一种较确定较完整的政权形式，并包含着一些资产阶级性的因素。这些政权，其中像以张鲁为首的政权和洪秀全等建立的太平天国，存在的时间还不太短。

由于材料极不完备，以及地主阶级对之有意无意的歪曲记载，历史上存在过的这种政权的具体情况与农民在这方面的创造和理想，我们已不能完全知道而只能讲个大概。

最后，所谓"农民政权"的提法是否妥当，还可加以考虑。

第十二个问题：汉朝不从事生产的奴隶为何那样多？

是的，在汉朝，不从事生产的"奴婢"是相当多的。文献中也有一些较突出的记载，如汉武帝元鼎三年（公元前114年）从富商大贾家所"没入奴婢，分诸苑养狗马禽兽及与诸官；官益杂置多。徒奴婢众（《史记·平准书》"杂"作"新"，"徒"作"徙"），而下河漕度四百万石，及官自籴乃足。"①这次"没入奴婢"确数多少，司马迁班固均只说"以千万数"，每年要四百多万石粮食才够养活他们。到元帝时（公元前48—33）《汉书》说："戏游无事"的"诸官奴婢十万余人"②，数目仍不小。而贵族、官吏、富商大贾家的家内"奴婢"，也大都有几十、几百、几千人。而且，汉朝的"奴婢"并非全不参加生产，按照《史记》、《汉书》等文献记载，不只私家有役使"奴婢"从事于商业和手工业生产，而官家手工工场中，除来自雇佣或征调及因犯罪而罚充定期徒役（如《汉书》说："非沮宝货，民罚作一岁"者外，还有"奴婢"身份的手工工人。而且在汉朝，又是公开允许买卖"奴婢"的，《汉书》

---

① 班固：《汉书·食货志》。
② 班固：《汉书·贡禹传》。

说:"秦为无道……置奴婢之市,与牛马同兰。"① 这在汉朝也同样是允许的。

正因为如此,就有人断定汉朝、或秦汉为奴隶制社会。其实,这也是只见树木不见森林的说法,他们没有从普遍的、大量的、本质的、主要的东西出发,而只去强调次要的部分的现象。汉朝或秦汉的主要生产是农业,担任农业生产的,主要是佃耕地主土地实行二五纳租的农民,即所谓"耕豪民之田,见税什五"②。这种雇役佃耕制和地租形态,比封建初期的分地制和劳役地租也已前进了一大步。其次,以当时奴婢的数量去与全部人口、或全部农民数量比较,其比例也是很小的。而且不从事生产的"奴婢"数量这样多,正由于"奴婢"劳动在生产中已没有地位。另方面,这种不事生产的"奴婢",不论其主人属于何种社会身份,都不能私自任意杀死他们。这说明他们已不同于原来的奴隶,而是具备贱奴的性质了。像这样的"奴婢"直至后来一个较长的时期,都是为数很不小的,直至民族抗日战争时期也还是存在着的,如山东临沂一家姓王的地主就豢养着三十多个女婢和男仆。在清朝,《红楼梦》所反映的贵族大地主豢养"奴婢"的数量更属不小。这在资本主义的英国,据马克思在《资本论》第一卷中所引证,在十九世纪后半世纪也还有如此的情况:"和租地农业家住在一起的婢仆,倒是营养充足的。他们的人数,在 1851 年是288277 人,在 1861 年减到 204962 人。"③

在汉朝,这种"奴婢"的来源何在呢?我的初步研究,认为主要来自以下两个方面:(一)最主要的来源是人民,大多是农民因犯罪被官府没入为"奴婢"的。如《汉书·食货志》述王莽天凤年间的情况说:"莽以私铸钱死,及非沮宝货投四裔,犯法者多,不可胜行,乃更轻其法:私铸作泉布者,与妻子没入为官奴婢;吏及比伍,知而不举告,与同罪……犯者俞众,及五人相坐皆没入,郡国槛车铁锁,传送长安锺官。"④ 这还叫作"轻其法",可见人民动辄就会触犯没入为"奴婢"的法令。所以王莽地皇二年(公元 22 年),仅关东一处"五人相坐没入为官奴婢"者即"以十万数"⑤。人民触犯法令,轻于

---

① 班固:《汉书·王莽传》。
② 班固:《汉书·食货志》。
③ 马克思:《资本论》,第 1 卷,人民出版社 1953 年版,第 859 页。
④ 班固:《汉书·食货志》。
⑤ 班固:《汉书·王莽传》。

"没入为奴婢"的便是"徒",即充"徒役"。《汉书·食货志》说:"世家子弟富人或斗鸡走狗马,弋猎博戏,乱齐民。乃征诸犯令,相引数千人,名曰株送徒。入财者得补郎。"[1] 颜师古说:"言被牵引者,为其根株所送,当充徒役。""徒"是有等级的,如"罚作一岁"也是"徒"。所以说"徒"也是奴隶是不对的。(二)"奴婢"买卖:一为人口贩卖,即《王莽传》所谓"奸虐之民至略卖人妻子"之类;一为因贫困而出卖子女的,如晁错所谓"于是有……鬻子孙以偿债者矣"之类。

产生这种情况的根源:一方面由于周秦以来的遗习;一方面在汉朝随同社会经济的发展,地主阶级及其政府便不断的积累了很大的财富,有条件去豢养大量不事生产的"奴婢"。人民、主要是农民则愈来愈贫困,为生活所逼,不惜去触犯法令,甚至法网越严密,犯法者反而越多。如晁错所谓:"民贫则奸邪生……虽有高城深池、严法重刑,犹不能禁也……夫腹饥不得食,肤寒不得衣,虽慈母不能保其子,君安能以有其民哉!"[2] 马克思在《资本论》第一卷引证英国政府:《关于流刑及判处苦役……调查委员会的报告》(伦敦,1863年第 280 页)说:"农村劳动者会说,我从事强烈的劳动,不能得到充分的食物。入狱之后,劳动没有以前那样强烈,却吃得十分充足。所以,对于我,与其被释放出去,不如再入狱了。"[3] 这虽则是说英国资本主义时代农村劳动者的状况的,但说明了在饥寒交迫的情况下,群众为生存而宁肯犯法。这在汉朝,就形成了因犯法而"没入为奴婢"的不断来源。从社会各阶级中排挤出来而成为流浪者的流氓,更不怕法令的约束,竟至于去绑卖和拐卖他人的妻子。善良的人民由于生活所迫则忍痛出卖自己的妻子以至自身。

至于"奴婢"买卖价格的贵贱问题,我认为不必过于去强调。依据《资本论》第 1 卷第 7 篇注 217 的引证:英国在十九世纪初还有这样的情况:"苏格兰的贵族,像拔除小树一样,驱逐人民的家族……人与一头羊的毛或肉相交易,甚至为了更低的代价。"[4] 在我国,也有类似情形。例如当我童年的时候,大概在 1914 年,从湖北襄阳府"逃荒"到湖南邵阳一带的难民,以一块银元

[1] 班固:《汉书·食货志》,《颜师古注》。
[2] 班固:《汉书·食货志》。
[3] 马克思:《资本论》,第 1 卷,人民出版社 1953 年版,第 857—858 页。
[4] 马克思:《资本论》,第 1 卷,人民出版社 1953 年版,第 923 页。

的代价，或以人三斤换稻谷一斤的价格出卖自己的妻子；当地有些"单身公"就"讨得便宜婆娘"，地主也买得了便宜丫头。

第十三个问题：宋朝小土地所有者是怎样形成的？它对历史发展起了什么作用？

关于小土地所有者是怎样形成的问题，不必只就宋朝讲，我的认识，基本上已在拙著《简明中国通史》中谈过了，现在还没有改变。

但这个小土地所有者阶层（主要包括自耕农、半佃农等）、主要也就是说自耕农阶层，从秦汉直至鸦片战争前，它的性质及其在历史过程中的变化和作用，却应该研究一下。马克思在《资本论》第 1 卷中说道："在英格兰，农奴制事实上在十四世纪末期已经消灭了。当时，尤其是十五世纪，英国人口的惊人的多数，是自由的自耕农民（Bauer），尽管这些自耕农民的所有权，还由封建的招牌隐蔽着。"[1] 在中国历史上，没有过正式宣布解放农奴的法令。不过秦汉时代的农民可由自己去出卖其子孙，其后各个朝代的情况也是这样。这和原先在农奴制下面由封建主"可以卖买的农奴"的情况已有所区别；"耕豪民之田，见税什五"的佃农与"分田劫假"（即分租田地略取地租）的豪民的关系，也已不似过去那样世代被束缚于固定的土地上为一定领主的家臣，而是以文字或口头的逐年承佃的契约形式，在一定时期内从属于一定地主。虽然契约义务只是佃农的片面负担，而且事实上，佃农也每每是子孙世代承佃一定地主的一定土地，但契约的形式却不是这样去加以约束的。这种转换的过程及佃农半佃农的生活状况，《汉书·食货志》载董仲舒上武帝疏有如次的叙述："至秦则不然，用商鞅之法，改帝王之制，除井田，民得卖买，富者田连仟伯，贫者亡立锥之地，又颛川泽之利，管山林之饶；荒淫越制，踰侈以相高。邑有人君之尊，里有公侯之富，小民安得不困！又加月为更卒，已复为正；一岁屯戍，一岁力役，三十倍于古；田租、口赋、盐铁之利，二十倍于古；或耕豪民之田，见税什五。故贫民常衣牛马之衣，而食犬彘之食。重以贪暴之吏，刑戮妄加。民愁亡聊，亡逃山林，转为盗贼；赭衣半道，断狱岁以千万数。汉兴，

---

① 马克思：《资本论》，第 1 卷，人民出版社 1953 年版，第 905—906 页。

循而未改。"① 这种情况，除在北魏、辽、金、元那样特殊形势下，以及如同在三国那样时代的"聚众堡垒"或"结坞"的形势下，在这里、那里（而不是全国范围）又出现了农奴制的约束外，一直是继续着，并占有支配的地位。但这种佃农和半佃农对地主阶级仍有人格的从属而受到超经济的强制剥削，具体表现为对田东（即地主）随时有提供各种无给劳动与孝敬、送礼等义务。这在历朝不论采取何种不同的形式，也没有为法律所固定，实质上却都是徭役和贡纳物的继续。对地主阶级政府的服役和户丁税（即人头税）等负担，也不论历朝采取何种不同形式，实质上也是随同租税分裂而来的徭役和贡纳物等负担的继续。虽然这在地主阶级政府的立法上是连地主阶级也要负担的，事实上却不只是地主阶级常以之转嫁于农民，而且以大地主集团为首的地主阶级的主要部分都享有免除全部或部分负担的特权……不过，这些东西，随着每次农民大暴动而来的新起的朝代，都有一度的改良和减轻。到 1578 年（明神宗万历六年）一条鞭法的实行，农民对地主阶级政府的负担，便改为课税的形式，全部归到地税中去了。因此，中国封建制度时代的农民，由于自己的不断斗争，从秦汉开始，已获得比在农奴制时代较多的自由；地主阶级也不是采取解放农奴的法令的方式，而是在不断被迫让步的形式下采取逐步改良的方式。马克思教导说："直接生产者，劳动者，到他已经不是被束缚于土地，已经不是依附于或隶属于别一个人的时候，才能处分他的人身。为要成为劳动力的自由出卖者，能够把他的商品，带到他找得到一个市场的任何一个地方去，他又必须进一步脱离行会的支配，脱离行会关于徒弟和帮伙的制度，脱离各种阻碍的劳动规定。"② 中国农民虽早已在这方面获得一些权利，但并没完全解除农奴制的束缚，而是经过不断斗争，一步一步地扩大这一权利的。

然而直到在人民大革命过程中获得解放以前，中国农民还是半农奴式的。他们租地耕种，乃是封建地主获得劳动力的一种农奴方法。他们为自己的劳动和为土地所有者的劳动，虽不复在时间和空间上显明地分开，而其以现物地租等形态缴纳于地主的，依然是无代价的全部剩余劳动。他们和农奴制度下的农民不同的地方，正如列宁就俄国历史的情况所说："在农奴制度之下，农民不

---

① 班固：《汉书·食货志》。
② 马克思：《资本论》，第 1 卷，人民出版社 1953 年版，第 903—904 页。

得地主底允许不能娶妻。现在，农民可以不得任何的允许而自由娶妻。在农奴制度之下，农民必须按地保（注：在农奴制度之下地主所指定的一乡底代理人和管理者。——俄文版编者注）所指定的日子替自己的地主老爷做工。现在，农民可以随便选择替哪个东家，在哪些日子，要多少工资才去做工。在农奴制度之下，农民不得地主老爷底允许就不能离开乡村。现在，如果村社允许他，如果他没有欠账，如果他能得到护照，如果省长或县警察长不禁止移居，则农民可以自由出外。这就是说，农民现在也还没有行动和迁徙底完全自由，农民仍旧还是半农奴式的。""在农奴制度之下，农民不得地主老爷底允许，不能获得财产，不能购买土地。现在，农民可以自由购置任何的财产（退出村社的完全自由，任意处理自己土地的完全自由，农民在现在也还没有获得）。在农奴制度之下，农民要受地主底肉刑。现在虽然农民还没有免除肉刑，可是地主已不能亲自处罚自己的农民了。"[1] 只是中间农民还有更多的不自由罢了。

在秦汉时代开始形成的自耕农阶层，是在战国时期伴同"为人佣耕"的形态出现的。他们"不像奴隶，农奴等等那样，直接属于生产资料"，而"是生产资料属于他们"[2]。关于这种自耕农的状况，《汉书·食货志》载晁错上文帝疏说：

"今农夫五口之家，其服役者不下二人，其能耕者不过百亩，百亩之收，不过百石。春耕，夏耘，秋获，冬藏，伐薪樵，治官府，给徭役，春不得避风尘，夏不得避暑热，秋不得避阴雨，冬不得避寒冻，四时之间，亡日休息；又私自送往迎来，吊死问疾，养孤长幼在其中。勤苦如此，尚复被水旱之灾。急政暴虐，赋敛不时，朝令而暮改。当具有者半贾（贾读作价）而卖，亡者取倍称之息。于是有卖田宅、鬻子孙以偿责者矣。而商贾大者积贮倍息，小者坐列贩卖；操其奇赢，日游都市，乘上之急，所卖必倍。故其男不耕耘，女不蚕织；衣必文采，食必粱肉；亡农夫之苦，有仟伯之得。因其富厚，交通王侯，力过吏势，以利相倾，千里游敖，冠盖相望；乘坚策肥，履丝曳缟。此商人所以兼并农人，农人所以流

---

① 《列宁文集》，第 1 册，人民出版社 1953 年版，第 151—152 页。
② 马克思：《资本论》，第 1 卷，人民出版社 1953 年版，第 903 页。

亡者也。今法律贱商人，商人已富贵矣！尊农夫，农夫已贫贱矣！"①

他们虽没有像佃农半佃农那样"见税什五"的地租等负担，但要遭受地主阶级的高利贷及通过商品形式的残酷剥削，同时对于豪绅还有"送往迎来、吊死问疾"之类的"送礼"和"人情"等负担；对于地主阶级的政府的负担，则是与佃农半佃农一样的。因而，他们的地位，是极不稳定的。但他们在封建经济体系中带有中间阶层的性质，封建统治阶级常能从他们方面去取得后备力量，其地位的稳固是能给封建统治以稳定的作用的。因此地主阶级的政论家如董仲舒等，不断提出限制土地兼并和创造自耕农的主张，在每次农民大起义以后而继起的新王朝，为稳定其统治与和缓阶级间的矛盾，也大都实施了一些改良主义的政策，并多多少少给予农民一些土地，因而又重新出现一些自耕农和能有几亩土地的小土地所有者。但始终像毒蛇样缠扰着他们的土地兼并，也是一直没有停止其进行的。因而自耕农和半佃农的土地仍是不断被兼并，他们也不断的沦为佃农或流入城市以至失业流离。所以在中国历史上，他们也总是农民起义中的一个重要成分。

在宋朝，自耕农及其他小土地所有者的数量，曾有空前的扩大；并随同而出现了从封建社会的经济结构中游离出来的因素——作为近代资产阶级前身或雏形的自由商人集团开始形成。大地主集团无限制地利用其特权对自耕农和中小地主进行兼并和束缚，扩大了彼此间的矛盾。神宗为稳定统治和增强自己的权力，便联合以王安石为首的"新党"于1068年开始实行所谓"新政"，其中包括一些有利于自耕农及其他中间阶层的政策。马克思在论到"封建领主的权力，不是依存于他的地租折的大小，而是依存于他的臣属的人数。后者又依存于自耕农民的人数"时，曾给予如次的注解："日本有纯粹的封建土地所有权，和颇为发达的小农经济……牺牲中世纪而成为'自由的'，是再便当不过的事！"② 如果这种"新政"能继续推行下去，是能逐渐引出这种结果的。但由于"新政"损害了大地主集团的一些现实利益，因此他们便对皇帝和"新党"进行斗争。"新党"被他们推翻后，他们的特权更扩大了，就更无忌惮地向农民和中间阶层进攻，因此扩大了农村生产者土地被兼并的过程——即

---

① 班固：《汉书·食货志》。
② 马克思：《资本论》，第1卷，人民出版社1953年版，第906页。

自耕农及其他农民和其生产资料所有权分离的过程，而引起若干农民的失业与流入城市找职业和雇主。这是可以作为创造资本主义关系的一个因素的。因此，在宋朝，一面有自由商人的商业资本存在，一面又有这种能自由出卖自己劳动力的人们存在，但由于这种商业资本还没有成为资本主义的资本，这两种因素就没能结合起来；被剥夺的农民的生产资料也不是转入到自由商人的手中而转化为资本，而是转入到了地主阶级的手中。马克思在《资本论》第 1 卷中教导说：

"货币与商品，并非自始就是资本，正如生产资料及生活资料，并非自始就是资本一样。它们要转化为资本。但这种转化，只能发生于以这个事实为中心的一定的情形下；那就是，两种极不相同的商品所有者——一方面，是货币，生产资料，生活资料的所有者，他渴望由别人劳动力的购买，来增殖他所占有的价值量；另一方面，是自由的劳动者，他是自身的劳动力的出卖者，从而是劳动的出卖者——必须相互对立而发生接触。"①

"资本主义生产，又是以资本及劳动力已经有较大量存在于商品生产者手中为前提。"②

在宋朝虽已有自由商人的商业资本、资本的原始积累情况和自由出卖自己劳动力的劳动者存在，但还没有发展到马克思在这里所说的情况，中国社会就遭受了蒙古奴隶主集团严重的军事摧残和野蛮落后的民族压迫，使这种新生的社会因素转而萎缩起来。以后经过明朝前期和中期的恢复，直至明末，才开始有马克思所说的这种情况的萌芽，可是又由于满清入关后对东南的大屠洗而遭摧残；它在鸦片战争前又重新出现，又为英美等国的帝国主义侵略所绞杀。

因此，我们祖国的文明虽然开化很早，作为近代资本主义关系的因素也出现得最早，但由于经历了这样曲折而不幸的过程，以致反而在人民大革命胜利以前的百多年间，成为比较落后的半殖民地半封建——殖民地半殖民地半封建的社会形势；直至人民大革命获得伟大的胜利以后，才又成为仅次于苏联的全世界最先进的一个大国和强国。

---

① 马克思：《资本论》，第 1 卷，人民出版社 1953 年版，第 902—903 页。
② 马克思：《资本论》，第 1 卷，人民出版社 1953 年版，第 901 页。

第十四个问题：怎样划分中国的民族？民族和种族的区别何在？

毛泽东同志在《中国革命和中国共产党》中教导说："我们中国现在拥有四亿五千万人口，差不多占了全世界人口的四分之一。在这四亿五千万人口中，十分之九以上为汉人。此外，还有蒙人、回人、藏人、维吾尔人、苗人、彝人、僮人、仲家人、朝鲜人等，共有数十种少数民族，虽然文化发展的程度不同，但是都已有长久的历史。中国是一个由多数民族结合而成的拥有广大人口的国家。"① 中国是一个多民族的国家，各少数民族的人口将近占全国人口总数的十分之一，也就是将近占全世界人口总数四分之一中的十分之一，而中国各民族的文化发展程度却是极不相同的。因此，中国无产阶级在民族问题方面的任务是极艰巨的，但也是极光荣的。

中国各民族在过去的长期历史过程中，一方面，各民族人民发展了日益密切的经济上和文化上的联系与合作，这对于各民族文化的发展是起了影响、帮助与丰富作用的；但在另一方面，由于历史发展的不平衡等原因，特别由于民族压迫制度的存在，尤其自鸦片战争以后百多年间帝国主义的残暴侵略及其役使的满清政府、北洋政府、国民党政府的民族压迫政策，各民族发展的历史过程受到阻滞和歪曲，发展不平衡的情况更加严重。这种情况，较之斯大林同志在 1921 年的报告《论党在民族问题方面的迫切任务》中所说的当时苏联各少数民族的情况，基本上是相似的，只是还比较落后。在数十个少数民族中，除个别（如回族、蒙族、朝鲜族等）已有了一些资本主义的东西存在外，大都没有资本主义的发展，也没有自己的无产阶级（但到现在，不只蒙人、朝鲜人、回人中已有了相当数量的现代产业工人，其他一些民族中，原来没有产业工人的，也已经有了；原来有产业工人的，则更有增加），生产上，都停留在农业、牧畜、甚至停留在以渔猎为主要生产的状态。在居住情况上，有些有一定的住区，有些则已被挤成交叉居住的插花状态，有些则被分割甚至被挤到荒僻地区或"山间岩阿"去，有些形成散居状态，有些则还是较游动的集团。在语言文字上，一部分有自己的语言和文字；而大部分或者只有语言而没有文字，或者应用其他民族的文字而又兼用其语言。在蒙古人中，还有一部分人已不能使用其本

---

① 《毛泽东选集》，第 2 卷，人民出版社 1953 年第 2 版，第 616 页。

民族的语言文字而只能使用汉语汉文。在社会发展的进程上，解放前，在全国范围的殖民地半殖民地半封建的形势下，存在着原始公社制、奴隶制、封建制以及半封建的过渡形态等多种社会形态。这就是说，在解放以前（现除台湾的高山族外，国内各兄弟民族都已获得解放），中国各少数民族都还没有形成为现代的民族。如果机械地按照现代民族的特征去要求，是不能解决问题的。

斯大林同志在《马克思主义与民族问题》中对于民族曾给了如次的经典定义："民族是历史上形成的一个有共同语言、有共同地域、有共同经济生活以及有表现于共同文化上的共同心理状态的稳定的人们共同体。""必须着重指出，把上述种种特征中任何一种特征单独拿出来，都不足以作出一个民族的定义。而且，只要这些特征中缺少一种特征，民族就不成其为民族了。"① 这是丝毫没有怀疑余地的真理。但斯大林同志在这里所说的，是对现代民族而说的。他在同一著作中又说过："民族并不是个简单的历史范畴，而是一个在一定时代即资本主义上升时代的历史范畴。封建制度消灭和资本主义发展的过程，同时也就是人们形成为民族的过程。"② 在《论党在民族问题方面的迫切任务》中也说过同样的话，并指出："现代民族是一定的时代——资本主义上升时代的产物。"③ 列宁就俄国民族形成的历史，也早就说过："仅仅在俄国历史底新时期中（大约自十七世纪起），这种区域、领土和侯国才真正在事实上溶合为一个整体……这种溶合并不是由氏族联系所引起，甚至不是由这种联系底继续和综合所引起，而是由各个区域间日益加强的交换，由逐渐增长的商品周转，由各个不大的地方市场集中为一个全俄市场所引起的。既然这个过程底领导者和主人翁是商人资本家，所以这种民族联系底创立也就无非是资产阶级联系的创立。"④ 在这里，列宁和斯大林都说明了："民族是上升的资本主义时代的产物"，"民族联系底创立，也就无非是资产阶级联系底创立"，而并不是由"氏族联合"或其"继续和综合所引起"。而作为现代的民族这四个缺一不可的特征，不是突然出现的，其因素是在其以前的长期历史过程中形成和发展起来的，在其以前的氏族、部落到部族等人们共同体中，就有作为其因素的东

---

① 斯大林：《马克思主义与民族、殖民地问题》，人民出版社1953年版，第28页。
② 斯大林：《马克思主义与民族、殖民地问题》，人民出版社1953年版，第34页。
③ 斯大林：《马克思主义与民族、殖民地问题》，人民出版社1953年版，第136页。
④ 《列宁文选》两卷集，第1卷，苏联外国文书籍出版局1950年中文版，第112页。

西的萌芽和存在；历史进入到"封建制度消灭和资本主义发展的过程，同时也就是人们形成为民族的过程"，这是以一定的历史条件或因素的存在与发展为前提的。一个部落或部族，虽然还没踏入资本主义阶段，就是还没踏入现代民族的阶段，但它却具备着作为民族特征的某些因素，存在着作为民族问题范围内的问题。

因此，我们应用列宁和斯大林同志的科学原则来研究民族问题，必须从现实的政治生活出发，从无产阶级改造现实社会制度的总问题出发。在无产阶级的历史任务上，民族问题是改造现实社会制度的总问题的一个部分。因而，不论在哪一部分人们中，不论是部落、部族或民族，只要有着作为民族问题范围内的问题，并还在其生活中起着一定作用，便都要作为民族问题去解决。从而也就要把这些部落或部族的人们作为民族范畴的人群去看待，给予享受民族平等的权利，并"应当特别加以保障"①。因此在我们解决民族问题的现实政治生活中，一方面，如果某一部分曾经构成为一个少数民族的人们，今天已没有任何一个作为民族问题而需要解决的问题，没有一个看作关于无产阶级革命的总问题的一个构成部分的民族问题，那我以为就不须去人工地组织或制造一个民族出来；另一方面，只要有作为民族问题的问题，而不是其他性质的社会问题存在于某一部分人群中，并还在这一部分人群的生活上起作用，而又只有依靠其劳动人民及其领袖人物自己才能得到适当解决，那我以为既不容许回避问题，也不能不承认其作为一个民族而存在——直至作为民族问题的问题经过适当过程而得到适当解决，因为"民族问题不能认为是什么孤立的、一成不变的问题"②。

至于中国境内有些过去曾属于一个民族或部落，由于长期的分离，至今仍保有共同的语言及其他一些共同特点的各个部分的人们，究竟是把他们合起来，看作一个少数民族呢，还是分别地看待的问题，我以为首先应以怎样才有利于无产阶级的革命事业，亦即有利于这些人们自身的发展为依据，第二应从其绝大多数劳动人民及其领袖人物的自愿去决定。

至于民族和种族，这是两个不同的范畴。鲍威尔违反科学原则，把散居在世界各国，"彼此语言不通（他们操着不同的语言）、居住在世界上不同的区

① 斯大林：《马克思主义与民族、殖民地问题》，人民出版社1953年版，第103页。
② 斯大林：《马克思主义与民族、殖民地问题》，人民出版社1953年版，第106页。

域中，彼此从来没有见过面，无论平时或战时都不会共同行动"的犹太人，看作是一个民族。斯大林同志批评鲍威尔时曾说过这样一句话："鲍威尔显然是把民族这一历史范畴与部落这一人种的范畴混淆起来了。"① 恩格斯说过，部落以下是同血统的人们的组织，部落联盟便可以由不同血统的部落所组成。而由部落发展为部落联盟或部族，自然也都是在历史过程中形成的，是发展到一定历史时代的产物。但是在历史上，不同种族的人们或部落形成为一个部族，都是经过种族同化的过程的。因此，部落、部落联盟或部族，在这一方面，基本上都是具备着人种学内容的。而从人种学的范畴上说，我认为"部族"和"种族"是同义的。斯大林同志在《马克思主义与语言学问题》那一划时代的著作发表前，在关于民族问题的著作中，常常提到"部落和种族"；在苏联宪法中则是"民族或种族"并提。

民族与种族不同。斯大林同志说道："什么是民族呢？民族首先就是个共同体，是一定的人们共同体。"他又列举了意大利、法兰西、英吉利、德意志等民族，这些民族都"是由一些不同的种族和部落的人们所组成的"。但"民族并不是种族的人们共同体，也不是部落的人们共同体，而是一个历史上形成的人们共同体"。不仅如此，"民族并不是什么偶然的混合物，并不是什么昙花一现的混合物，而是一个稳定的人们共同体"。不仅如此，民族"并非任何一个稳定的共同体"，必须具备前述四个特征，"只有一切特征通统具备时，才算是一个民族"②。因此，民族不只与种族属于不同的范畴，而且是在人类历史过程上较高级阶段中形成的东西。

现今苏联各民族，和资本主义的"现代的民族"已有本质的不同，而是社会主义的民族。我国和各人民民主国家的民族则是属于社会主义范畴的民族。在无产阶级专政或无产阶级领导的人民民主专政之下的社会主义民族或社会主义范畴的民族的民族文化，"这是一种内容是社会主义的而形式是民族的文化，它的目的是以社会主义和国际主义的精神来教育群众"③。斯大林同志说道："或许有人觉得很奇怪，以为我们主张在将来各种民族文化溶合而成为

① 斯大林：《马克思主义与民族、殖民地问题》，人民出版社1953年版，第33页。
② 斯大林：《马克思主义与民族、殖民地问题》，人民出版社1953年版，第25—29页。
③ 斯大林：《马克思主义与民族、殖民地问题》，人民出版社1953年版，第369页。

一个共同文化（在形式上和内容上），并用一种共同的语言，而同时却主张，在现在，在无产阶级专政时期,发扬各种民族文化。但是这是没有什么可奇怪的。应当让各民族的文化发展和展开起来，显出它们的一切潜力，以便造成它们在全世界社会主义胜利时期溶合而成为一个共同文化和用一种共同语言的条件。在一个国家内无产阶级专政的条件下，发扬民族形式、社会主义内容的文化,以便在无产阶级在全世界胜利而社会主义成为生活方式的时候，使他们溶合而成为一个共同的社会主义的（在形式上和在内容上）文化。"① 在列宁斯大林关于民族问题的科学的光辉照耀下，在以列宁斯大林关于民族问题的科学为准则而制定的各国工人阶级政党的民族政策的正确施行下，全世界的民族都不可避免地一步一步地奔赴一个共同的终极的目标，那时候作为各别民族的特点就不存在了，民族也不存在了！

上面也只是个人的极不成熟的意见，提出来和大家研究。

第十五个问题：对中国历史上的各兄弟民族间的战争及统治被统治关系一类问题应如何看法？是否有侵略与被侵略的关系存在？

这是一个较为复杂、至今还不曾得到一个一致结论的问题。

汉族统治阶级在历史上对其他兄弟民族行使过军事压迫和征服，也统治过其他兄弟民族；其他有些兄弟民族的统治阶级也对汉族等兄弟民族行使过军事压迫和征服，也在全国或部分地区上建立过统治。这都不容轻率地、简单地任意给古人扣上一顶侵略或被侵略的帽子，都应该一一从当时的历史情况和具体条件及其对历史所产生的作用如何去加以分析。

首先以秦皇汉武的扩张为例。当时不断进入汉族住区骚扰的匈奴人，由于它还没进到阶级社会（对此国内史家还有不同意见），因而便不能有任何侵略的根据，但它所行使的原始掠夺，却危害了汉族居民的生存，因而秦汉朝廷对他们的反击，便带有进步内容的自卫战争的性质。

秦皇汉武对当时国境外的领土扩张，并对那些区域内的人民实施了军事压迫和封建性的统治，是带有侵略性的。但在另一方面，它却为各族人民相互间的经济合作与文化交流开辟了道路，特别是曾以先进的汉族的经济和文化去推

---

① 斯大林：《马克思主义与民族、殖民地问题》，人民出版社 1953 年版，第 370—371 页。

动当时尚在原始公社制时代的各族前进，而又为今日的民族大家庭创造了前提。因而，其对中国历史与各民族历史所起的进步作用，是巨大的，超过其反动作用的。

其次，以所谓"五胡十六国"为例。所谓"五胡"各族，原先就都是居住在中国境内的部落。他们为着反对阶级压迫和民族压迫而进行武装斗争，在斗争的过程中占领一定地区建立政权。这是不带有什么侵略性的，而且从其反压迫的斗争本身说还是带有进步性的。但其统治集团由反压迫而转为民族报复与民族压迫，并肆行野蛮残暴的烧杀掠夺，则是严重地摧毁了社会生产，使人民的生命财产受到空前的危害，大大地阻碍了历史的发展。同时，破裂统一的那种落后的割据状态，也是妨害其时中国社会发展的。这却是反动的。所以他们遭到当时各族人民的坚决反对。因而，当时帮助他们去建立和行使统治的张宾、王猛之流也是起了反动作用的；另方面，祖逖、刘琨等为首的反"五胡"各国的斗争，便是正义的、进步的、符合人民要求的，所以能得到人民的同情和支持。

其次，以唐朝的国内民族关系与对外关系为例。李世民和其后继者，恢复并扩大了秦汉以来的版图，并臣服了秦汉以来国境外的若干部落和种族，建立起版图空前扩大的帝国。但唐朝初年，曾不断受到北突厥的侵扰，后来又遭受到藏族前身即所谓吐蕃统治者的打击，也遭受了回纥（突厥系）和南诏的胁迫。

唐朝统治下的各种族和部落，大抵可区分为如次的四类情况。第一类，如东北的靺鞨、室韦、奚、契丹等，北方的北突厥各部，西北的西域即今新疆境内各族，南方的南诏等等，秦汉以来即已在中国疆域内，后来（直至现今）也还是中国境内的少数民族。因此，唐朝政府和他们的关系，基本上，自始就是封建朝廷与国内各部落和种族间的关系。第二类，如所谓"吐蕃"（今西藏境）原先不在秦汉以来的疆域之内，因为李世民通过政治上的"和亲"与军事上的威胁等办法，以及亲自领导建立"吐蕃"国家的弃宗弄赞（亦作弃苏农）赞普（赞普意即皇帝），使"吐蕃"得以和唐朝先进经济文化联系并取得帮助而臣服于唐朝，"吐蕃"便开始成为中国的一个组成部分。第三类，以之列入唐朝的版图，其后成为中国的邻邦的，如中南亚的波斯、大食等（它们其后只一度为元朝所统治）；或在秦汉时曾列为郡县，唐朝以之列为藩邦，其后与中国只成为藩邦或邻邦关系的，如高丽、百济、新罗等（即今朝鲜民主主义人民共和国境）。第四类，迫使其向唐朝朝贡和称臣的，如其时日本和印度的某些封邦——如所谓中天竺等。秦、汉、唐等大封建帝国，正如斯大林同志所说的基尔帝国或亚历山大帝国的状况一样：它"虽然是历史上所形成，虽然是由一些不同的部落和种族所组成，……而是些偶然凑合起来、内部很少联系的集团混合物，其分合是以某个侵略者的胜败为转移的"①。所以各个部落和种族与封建帝国的关系，并不是始终稳定的，而是不断有分合的。唐朝政府对这些部落和种族行使其大封建帝国的支配方式，也大致有三种。第一种，按照汉族地区的行政系统和建制去建立统治机关，任命各种族和部落的上层人物充任行使统治的官吏，以之直属于唐廷或统辖于唐廷所设置的都护府。如将北突厥地区划为十州县，分置十个州都督府；于葱岭以东的所谓西域地区（即今新疆），设置安西都护府并派兵镇守；于波斯"分置州县"，设波斯都督府，以波斯王子俾路斯为都督；对高丽"乃分其地置都督府九、州四十一、县一百，又置安东都护府以统之"②。第二种，如对于所谓吐蕃等，列为藩邦，不改变其内部的行政系统和建制，但须奉行唐朝的正朔、接受唐朝封号和在种族间部落间的争执上服从唐朝调度及军事调遣等。第三种，如对其时日本和印度的一些封邦及中印半岛的某些部落和种族，名义上唐廷也视之为藩邦，但只是一种所谓称臣朝贡的关系。因此，唐朝的统治，主要在对于前二者，对于后者的所谓藩邦，其目的只在于所谓"服我声教"与"怀柔""备预"。

唐朝政府的基本方针，则是所谓"弱者德以怀之，强者力以制之"。这个方针是以其强大的军事力量与其时最进步的封建经济和文化为基础，而以军事为中心环节。自然，当时有若干部落和种族都没有直接受到唐廷的军事进攻和镇压，但也无非恐惧于唐朝强大的军事力量才服从其统治的。当时高昌的童谣说："高昌兵马如霜雪，汉家兵马如日月；日月照霜雪，回手自消灭。"③ 这正反映了这种情绪。因此，唐朝政府对于自秦汉以来即在中国疆域内的各部落和种族的统治，一方面在强大的军事力量的基础上，对各个部落和种族实行了政治上的分割，侵害了他们各自的独立发展的志愿，具有民族压迫制度的性质和内容。在军事上，唐朝初年对于北突厥，基本上在于制止其对汉族地区的侵掠

---

① 斯大林：《马克思主义与民族、殖民地问题》，人民出版社1953年版，第25页。
② 刘昫：《旧唐书·东夷传》。
③ 刘昫：《旧唐书·西戎传》。

和迫其遵守盟誓，以及后来对于回纥的抵御，都是带有自卫性的进步内容的；但此外对各部落和种族的军事行动，便都带有军事镇压的性质，并使各族人民的生命财产和社会生产都多多少少受到直接的损害，则是对社会发展起了反动作用的。另一方面，唐朝政府对于各部落和种族：第一，极力阻止和调处其相互间的侵掠和争夺；第二，把某些前来投靠的部落，安置于先进的汉族地区居住和进行生产；第三，传授先进的汉族生产技术和文化；第四，它所需索于各部落和种族的是马匹、皮毛、宝石、奇禽异兽以及美女等等，所给予他们的则为绸缎布帛和金属器具以及先进技术等等；第五，特别重要的，使远远落后的各族的经济、文化与先进的汉族经济、文化联系起来，在各族人民间，较之秦汉有了进一步的联系；第六，在一个相当时期内，阻止了吐蕃奴隶主集团对新疆、青海境内各部落和种族的武装侵掠与奴役。这都是有一定的进步作用的，对于各族人民的生活和社会发展，都起了不小的推动和助长作用，对我们今日的民族大家庭也是起了奠基作用的。弃宗弄赞赞普以其新建的吐蕃国家，自附于唐朝而为其藩邦，不只从唐朝获得金属、布帛等各种先进产品，学习了唐朝的城郭、宫室等进步的建筑术，"遣……子弟"到长安"入国学"，"请中国识文之人，典其表疏"① ……而又不断由唐廷得到蚕种、造酒、碾硙、纸墨等技术人员，去开创这种种先进的生产事业和传授技术。吐蕃对唐朝政府的义务，是称臣、接受军事调遣（如王玄策发吐蕃精兵击中天竺，阻止其对青海、新疆各部落和种族的侵掠等）和朝贡。这样把吐蕃和唐朝在经济上、文化上联系起来是完全符合于当时及其后西藏社会的发展和人民的利益的；而且在弃宗弄赞时代，由于这种联系，就使得当时西藏的文化获得较快的发展。由于历史矛盾的发展，后来吐蕃奴隶主集团转而向唐朝进攻。那虽然是带有一个国家内的两个统治集团相争夺的性质，但吐蕃统治集团不只企图以奴隶制的统治加于先进的汉族地区，是违反历史前进方向的，因而是反动的，而且其奴隶制武装对汉族及其他各族地区所进行的残暴掠夺和对生产的严重破坏，也是在实际行动上起了反动作用的。所以它受到其时汉族及其他各族人民的反对。因而唐朝政府对吐蕃奴隶主集团进攻的抵抗，主观上虽在为着保全其统治，客观上却是符合群众要求和历史前进方向的。唐朝政府对于波斯，并没有直接去行使过军

---

① 刘昫：《旧唐书·吐蕃传》。

事压迫，而是利用了其时波斯与西突厥及大食间的矛盾，建立其对波斯的统治权。这在主观上是带有封建主义扩张的侵略内容的，但它在一个时期内阻止了西突厥和大食对波斯的侵掠，同时也没有实施任何妨害波斯内政的独立与妨害其发展的步骤。另一方面，却不只使波斯直接受了其时人类最先进的唐朝经济文化的影响，并促进了东西文化的交流。唐朝政府对于印度封邦中天竺的军事行动，即《旧唐书·西戎传》所谓：唐太宗派王玄策使天竺，中庆竺"那伏帝阿罗那顺……尽发胡兵以拒玄策，玄策从骑三十人，与胡御战，不敌，矢尽悉被擒，胡并掠诸国贡献之物。玄策乃挺身宵遁走，至吐蕃，发精锐一千二百人并泥婆罗国（即今尼泊尔——吕）七千余骑，以从玄策。玄策与副使蒋师仁，率二国兵进至中天竺国城，连战三日，大破之，斩首三千余级，赴水溺死者且万人。阿罗那顺弃城而遁，师仁进擒获之，虏男女万二千人、牛马三万余头匹。于是天竺震惧。俘阿罗那顺以归。"[1] 这在一方面，由于阿罗那顺破坏其前人尸罗逸多对唐朝的传统关系与"劫掠……使人"；一方面唐朝政府的行动是带有报复性的，而且是过分的，但唐朝政府并没有借此去树立其对中天竺的支配或干涉其内政，所以还不能说是封建主义扩张的侵略行动。而且由此促进了中印文化的交流，加深了中印人民间的友谊，还是有进步意义的。唐朝对大食、泥婆罗和日本的关系，只在于形式上要他们称臣，实际上并没去干涉他们的内政；在朝贡、即实质上的货物交换方面，获得利益的却是他们而不是唐朝。特别是唐朝的先进经济和文化对他们的巨大影响，尤其对于日本，隋唐文化的传入和其留唐学生的回国，曾成了"大化革新"与推动其历史发展的重要因素之一。至于高丽、新罗和百济，它们自三国后的数百年间，已获得了自己独立的发展，并由于先进的中国中世经济与文化的不断影响，已建立起其自己的相当高度的中世文化，如《旧唐书·高丽传》说："俗爱书籍，至于衡门厮养之家，各于街衢造大屋，谓之扃堂。子弟未婚之前，昼夜于此读书习射。其书有《五经》及《史记》、《汉书》、范晔《后汉书》、《三国志》、孙盛《晋春秋》、《玉篇》、《字统》、《字林》，又有《文选》，尤爱重之。"[2]《百济传》

---

[1] 刘昫：《旧唐书·西戎传》。
[2] 刘昫：《旧唐书·东夷传》。

说："岁时伏腊，同于中国其书籍有《五经》、子、史，又表疏并依中华之法。"①《新罗传》说："新罗号为君子之国，颇知书记，有类中华。"② 唐朝政府一方面使用强大的军事力量举行所谓"征东"，把他们置于中国地主政府的统治之下，这是封建主义的扩张和侵略。所以李世民的"征东"曾受到当时高丽军民的顽强抵抗。但在另一方面，唐朝又不断的制止了高丽、百济、新罗相互间的侵掠和争夺，阻止了日本奴隶主集团向朝鲜半岛的侵略及人口买卖和掠夺，直接向他们传入先进的技术和书籍等等，并派学者前去讲学，则是有利于朝鲜族的发展和其人民利益的。

最后以契丹、女真（《金史》作女直）、蒙古、满洲奴隶主集团的南下为例。契丹、女真、蒙古和满族，在其进行和完成奴隶制革命以前，除比较后起的蒙族外，从秦汉以来，虽经历着一个不断离合的过程，但都是中国境内的部落和种族。契丹族散布的地区，如前所述，在唐朝是唐的属领，而又在行政区划上列为州县，其所散布的南满、热河以致冀东一带地区，并和汉族等居民形成交叉居住的状态。五代初，契丹酋长耶律阿保机（《旧五代史》作安巴坚），仍向后梁"送名马、女口、貂皮等，求封册"③。欧阳修《新五代史》卷七二则谓"奉表称臣，以求封册"，梁"特以诏书报劳，别以记事赐之"，"又使以子弟三百骑入卫京师"，"而终梁之世，契丹使者四至"④。女真族，按《唐书》、《金史》等文献记载：金之先出靺鞨氏，亦即勿吉，即周朝的肃慎，秦汉时的东胡鲜卑，也就是后来的满族。在唐朝，粟末靺鞨（即所谓渤海国）和黑水靺鞨等部同为唐的属领，唐朝也同样实行了府州等行政区划。五代时，欧阳修《新五代史》卷七四说：其中渤海靺鞨部，自后梁开平元年至后周显德年间（公元907—956年），不断派人朝见五代政府，保存隶属关系；黑水靺鞨部在同光至长兴年间（公元923—933年）也对后唐政府保存着同样的关系，甚至派人渡海绕道山东半岛赴后唐朝见；酋长继任也请命后唐政府。在辽国，熟女真和生女真同是辽国直接统治下的属领。蒙古族，据《旧五代史》三七卷《契丹列传》说：契丹在唐末，"乘中原多故，北边无备，遂蚕食诸

---

① 刘昫：《旧唐书·东夷传》。
② 刘昫：《旧唐书·东夷传》。
③ 薛居正等：《旧五代史·外国列传第一》。
④ 欧阳修：《新五代史·四夷附录第一》。

郡，达靼、奚、室韦之属，咸被驱役"①。所谓"达靼"，即其时的蒙族。因此，它曾是契丹，也即其后辽国的属领。据《新元史》和《旧元史》等记载，蒙族的诸部落又曾是金国的属领。满族则为女真的后裔，在金国灭亡后，都是元朝和明朝境内的一个种族。他们与国内各种族和部落间，特别和汉族间都有长期的经济上、文化上的相互联系、合作，以致某种程度上的相互依靠。他们所进行的奴隶制革命，也带有反民族压迫的成分。

因此，当他们踏入奴隶制革命的进程后，一方面以耶律阿保机为首的契丹人便不能不要求摆脱汉族地主朝廷的支配，以完颜阿骨打为首的女真人不能不要求摆脱辽国的支配，以成吉思汗为首的蒙古人不能不要求摆脱金国的支配，因而便不能不使其斗争带有反民族压迫的内容，他们都以其原先的支配者作为斗争的主要对象。因此便又表现为国内战争的形势，并发展为持续不断的南北争持的形势。一方面，他们为着扩大占领地、特别为着掠夺充当奴隶的人口，便又不断向着邻近的兄弟部落和种族进攻，掠夺其财产，屠杀和俘虏其人口，摧残其生产，占领其地区。这较之原先地主朝廷对各个部落和种族的统治，不只特别残暴和落后，而且严重地妨害了各个部落和种族的发展，是使历史发展开倒车的（特别是对于已走到封建主义末期的汉族来说是这样）。因此便不只引起汉族人民与之进行生死的斗争，其他部落和种族也宁肯接受地主朝廷的统治而反对奴隶主的掠夺。另一方面，由于经济上、文化上的联系与传统的关系，尤其是对汉族地区的经济依靠，契丹奴隶主集团又不能不去收罗一部分汉族地主，女真奴隶主集团不能不去收罗一部分汉族地主和契丹贵族，蒙古奴隶主集团不能不去收罗一部分汉族地主与契丹、女真贵族，以取得帮助和合作。因而在汉族地区，一面他们试图建立起奴隶制的生产方式，一面又不能不允许封建制生产方式的存在，于是就形成其固有的奴隶制生产方式与到了末期的汉区原有的封建制生产方式的并存和矛盾。因而辽廷的政权，最初便不能不形成以契丹奴隶主集团为主体的契丹奴隶主与汉人地主的混合体，金朝的政权最初也形成以女真奴隶主集团为主体的女真奴隶主、封建化的契丹贵族与汉人地主的混合体，元朝政权最初也形成以蒙古奴隶主集团为主体的蒙古奴隶主、中央亚细亚商人、封建化的契丹、女真贵族和汉人地主的混合体。在这种混合体的

---

① 薛居正等：《旧五代史·外国列传第一》。

政权中，由于两种生产方式矛盾发展的结果，较落后的生产方式被较先进的生产方式所克服，奴隶主贵族便逐渐地主化。到这几个政权灭亡以前，它们便都已完全封建化了，虽然构成其政权本身的种族成分及各族的不平等地位，始终是不容许改变的。清朝的政权，虽然从其进入北京起就是以满洲贵族为主体的封建政权，但其构成政权的种族成分与各族的不平等地位也始终是一样的。所以这种政权，自始就带有严重的残暴性、落后性与极端野蛮的民族压迫的内容，或者说，它基本上就是一种实行民族压迫制度的政权，是阻滞历史前进的、开倒车的。因此，辽、金、元政权无论在历史行程和统治制度等方面，都比那业已腐败了的宋朝地主政权还反动、落后，宋朝政权反相对地表现了在历史行程上的前进性。一开始就符合于其时中国封建秩序的清朝政权，在其所实行的残酷的民族压迫制度，特别在其对社会新生因素的资本主义生产方式所采取的歼灭政策等方面，也远较业已腐败了的明朝政权落后，腐败的明朝政权也反而相对地表现了它的前进性。

因此，以耶律阿保机为首的契丹人解除了汉人地主朝廷的支配建立起自己的国家，以完颜阿骨打为首的女真人解除辽廷的支配建立起自己的国家，以成吉思汗为首的蒙古人解除了金廷的支配建立起自己的国家，以努尔哈赤为首的满人解除了明廷的支配建立起自己的国家，这对于其本部族来说，是有其革命的、推动历史前进的重大作用的——在当时，如果作为与汉族等各族并存的国家而存在，则是有利于各该族的社会发展，也无损于汉族的发展的。这些国家的建立也表现了各族人民的伟大的革命创造性。但是契丹、女真、蒙古、满族等奴隶主集团却又表现了对历史的极大反动性。这种反动性，并不在于其在部分地区以致全国范围推翻了汉人地主为主体的统治而建立起以他们为主体的统治——在这一点上，同在一个国家内，代表统治阶级当权的主要人物出身于哪个种族，是不成为问题的——问题在于以他们为主体的政权和统治制度的本身及其行动，是否适合于中国社会发展及各族人民的利益。而他们在这些方面，却正是使各族人民蒙受到空前的灾难，亦即所谓"旷古未有之浩劫"，严重地阻滞和歪曲了中国历史的前进过程，因而使中国社会在数百年间呈现迟滞、逆转的形势。契丹、女真、蒙古、满族等奴隶主集团对生产的惨毒破坏、对人口的无情屠杀和俘虏（如在农村，每至数百里"人迹绝灭"；在城市，若干名都大邑每每都屠洗一空）……在《五代史》、《宋史》、《辽史》、《金史》、《元史》、《清史稿》等等文献中，都有不少令我们今日难以想象的惨绝人寰的记载。因此，汉族等各族人民所进行的殊死斗争和反抗，不只是基于群众当时的切身利益，而且是适合于历史的前进方向的。而每次也正由于千百万群众的持续不断的英勇壮烈的斗争，把这些野蛮、落后、残暴的统治推翻，推动了历史前进，中国社会才又回复到正常的发展轨道。因而李纲、宗泽、岳飞、文天祥、陆秀夫、张世杰、史可法、袁崇焕、郑成功、瞿式耜等难以胜数的英雄人物的斗争，便都是符合群众的利益和要求的，也是适合于历史前进方向的，是正义的、进步的。另方面，石敬塘、张邦昌、刘豫、秦桧、洪承畴之流，便都是人民的公敌、历史的罪人。

上面仅是我个人对这个问题的不成熟意见。但问题很复杂，我希望大家来加以研究和讨论，以便得出一个一致的正确结论来。

（东北师范大学历史系同学集体记录）

关于中国社会发展的几个问题

1951 年 7 月在东北局机关夜党校政治常识班的解答问题报告

一、中国封建社会为什么延续了三千年？

依照社会一般发展的规律，各个国家各个民族都是经过原始公社制社会、奴隶社会、封建社会、资本主义社会，最后进向社会主义社会——共产主义社会的；但其在各个历史阶段中所经历的时间是不可能一致的。譬如拿过去的俄国来说，到第八世纪还没有建立国家，自公元 862 年罗斯王国成立后，才开始有国家出现，到十九世纪中叶进入资本主义制，到二十世纪初，1917 年伟大的十月社会主义革命胜利后，就跃入社会主义时代，现又正向着共产主义社会迈进。其社会发展的各个阶段经过的时间都不长，发展进程却超越了英法等欧洲其他国家；而希腊、罗马的奴隶社会又比其他各国经过的时间都长。这样，我们可以说，中国的封建社会的时间比其他国家长一些。但这是相对的，比较来说的，而不是绝对的；所以这只能说是比较缓慢、迟滞。

社会的向前发展是必然的，是生产力的不断发展、是生产力与生产关系之内在矛盾的结果，在阶级社会是阶级斗争的结果；而"加速"或"阻滞"社会的发展，常是受着外在矛盾的影响。斯大林在《联共（布）党史简明教程》上告诉我们，这外在的影响，一是地理环境，"它无疑是能影响到社会底发展，加速或延缓社会发展进程。"但"决不能成为社会发展底主要原因,决定原因……"其次是"人口底增长当然能影响到社会底发展，促进或延缓社会底发展，但它不能成为社会发展中的主要力量。"① 毛泽东同志说：由于"地主阶级这样残酷的剥削和压迫所造成的农民的极端的穷苦和落后，就是中国社会几千年在经济上和社会生活上停滞不前的基本原因。"② 农民在极端穷困和落后的条件下，自然也就没有余力去改进生产，迫使"手工业与农业直接结合"，阻滞了新生产力的发展。中国的历史事实能充分说明斯大林和毛泽东同志的论断。

中国社会发展的迟滞，可由以下几点得到说明——虽然还是我个人不成熟的见解：

首先从地理环境上看，中国是处在帕米尔高原以东的大陆上，有着广大可耕的土地；而中国民族——主要以汉族为例来说——最初只是在山西、陕西、河南、河北、山东一带建立国家，周围的少数民族都比汉族落后。由于历代统治阶级的残酷压榨，在中国封建制时代，规模较大的农民运动爆发了几百次，农民运动失败后，在统治阶级的镇压与屠杀之下，便常有不少农民成群结队的移往四周少数民族地区。其次作为阶级斗争之延长的民族战争和民族压迫也促使这种移徙，比如元朝时，汉族及其他各族人民为反抗蒙古奴隶主贵族的民族压迫和残暴统治，坚持了近百年的武装斗争，不少人曾移到各少数民族地区，特别是南方苗族等族地区。其次由于农民丧失土地，而向地广人稀的地区移徙，如满清入关后，河北、山东等地的农民本已缺少土地，加之土地被圈占，便促使农民大批向东北等地移徙。这种大批人口移徙的结果，一方面使原来生产力与生产关系的矛盾获得暂时的缓和；另一方面，移到新开荒地的人民，虽然带去了较进步的生产技术知识，但由于新地区的设备缺乏与粗放经营等条件，却迟缓了生产力的进步。这样，在生产力和生产关系的矛盾不断得到缓和的基础上，又给予那些伴随着农民起义而兴起的新王朝以继起的机会。这是阻滞中国社会发展的重要条件。因而每次的农民起义虽都对社会发展起了"促进"的作用，但由于没有产生新的生产力，没有先进阶级的领导，就没能把社会推到另一前进阶段上去。

其次，在封建制时代的中国，汉族以外，四周和国内其他各族的经济情况

---

① 《联共（布）党史简明教程》，苏联外国文书籍出版局 1953 年中文版，第 150—151 页。
② 《毛泽东选集》，第二卷，人民出版社 1953 年第 2 版，第 619 页。

都比较落后。国内方面，汉族以外的各族都长期迟滞在原始公社制状况下，西藏到唐朝时才进入奴隶制，满族和蒙族到两晋、唐宋间才进入奴隶制……国外方面，日本、朝鲜及中印半岛等都长期较中国落后；印度的文明历史虽也很早，但当时的经济情况也较中国落后；中亚细亚也比中国落后。我们的祖先很早就开辟了对中亚细亚，对南洋，以及经中亚细亚、南洋至欧洲和非洲的通商道路，而欧洲在产业革命前也比中国落后。当时封建宫廷和贵族为着向远方获取奇珍异物等本国没有的东西，所费的代价是不能计算的。他们获得这种远方奇珍异物的办法有两个：一个办法是通过商业关系，即以其从农民那里剥削来的大量剩余劳动生产物，不计代价的去进行对外贸易，而形成朝廷和贵族垄断的对外贸易和商业资本，这对于国计民生都是有害无益的；另一个办法是通过战争。封建统治者为获得远方的奇珍异物和打开通商道路，常不断向周围各民族进行战争。许多农民不仅被强迫出征，荒废土地，战争停止了还要为统治者守边；而庞大的军费支出，也都是由农民负担的。因此，这不只直接耗费国家财富，而又不断地加重人民——主要是农民——的负担，对农民的剥削就越来越残酷。

再次，封建统治阶级不是以其向人民剥削来的大量财富去从事扩大再生产，而是以之不断去提高其豪奢的生活享受。基于上述原因，由于中国的地大、物博、人众，封建统治阶级的国家和贵族，又自己开办各种手工工厂，来制造绸缎、瓷器等专为满足其少数人豪奢生活的物品，即不是为了人民的需要，而是为满足贵族、官僚、地主的奢侈生活，形成社会生活的天堂、地狱式的悬殊情况（欧洲资产阶级历史家曾说，中国封建社会的国家手工业是宫廷手工业，文化是"宫廷文化"）。这样，一方面妨害了私人手工业和商业的发展；另一方面又直接间接妨害了农业生产力的发展。

主要由汉族地主阶级构成的封建统治阶级不断向外侵略与对国内其他各族实行民族压迫，这是一方面；另方面境内其他各族如五胡十六国、回纥以及建立起北魏、辽、金、元、清等朝代的拓跋、契丹、女真、蒙古等奴隶主贵族，不断向内地进扰和侵夺，常常引起各族间的残酷战争。由于战争的残酷烧杀与破坏以及野蛮残暴的民族压迫与落后统治，社会生产力遭到了极严重的破坏，如大量屠杀和掠夺劳动人口，烧毁城镇村庄，圈耕地为牧场，危害科学技术的研究等等，给生产力的发展以很大的阻滞作用。

鸦片战争以后，阻滞中国社会发展的，主要则是国际帝国主义的侵略。鸦片战争以前，在我国广州及东南一带地区，已开始有了资本主义生产方式的萌芽，如广州曾有很多私人开设的手工纺织工厂，平均雇二十来个人纺纱织布，到市场上去销售。鸦片战争时，与英国侵略者斗争最剧烈的是广州三元里一带人民，其中就是以这种手工工人为主力的。所以假如没有帝国主义的侵略，我们就不会走上半殖民地、半封建社会，也可能经历了资本主义社会的阶段。因此，帝国主义的侵略阻滞了中国社会的进步，并歪曲了中国社会的发展过程。

二、中国历来就有很多很大的农民起义，这都是推进社会前进的动力，为什么封建社会还停滞了三千多年？

农民起义在中国历史上大约共有几千次，规模比较大的也有几百次，但为什么没有把封建社会打垮呢？这是不是农民起义不是推动社会前进的动力呢？不是的。农民起义乃是破坏封建制度生产方式的要素。每一次农民起义以后，都给封建势力很大的打击。地主阶级、封建政府皇帝，都被迫把农民负担减轻一些，把法律尺度放宽一点，有的还注意到水利方面的建设，甚至给农民一部分土地，如刘邦、刘秀、朱元璋以致满清政府都这样做过。所以，每一次农民起义的结果，在新的朝代兴起时，生产力都向前推进一步，人民生活得到一些改进。

同时，由于农民起义的结果，很多农民都向新的地区移动，开辟了广大的国土，密切了国内各族人民间的关系。在农民斗争的过程中，在军事和文化上都有很多新的创造。农民在斗争中所唱的一些歌谣等，就是我们优良的诗歌文学。在不断的农民斗争中，群众要和强大的敌人（统治阶级和侵略者）作斗争，就不能不设法组织自己的力量，讲求有效的斗争手段和办法等等，因而就锻炼出中国人民高度的组织性、思想性和战略思想以致科学创造，如洞庭杨幺等对造船技术的改进，太平军对制炮技术的改进等等。农民的武装斗争是与统治者压迫者拼死活的斗争。因此，不断的斗争，又锻炼出坚忍果敢、英勇顽强、斗争到底至死不屈的斗争性。总而言之，农民斗争创造了极其优良的传统，把中华民族锻炼成为极其优秀的民族。

但是那么多次轰轰烈烈的、规模宏大的农民斗争，为什么没有把封建社会推翻，把历史推进到一个更高的阶段呢？就是因为没有先进阶级的领导，像"五四"以后的工人阶级及其先锋队共产党的领导。农民自己是找不到前进方向的，所以多次反封建的农民战争，推翻了旧的封建朝代，却不能完成生产方式以及社会制度的革命，战争的果实复为地主阶级所窃夺而建立起新的封建皇朝，只迫使新的封建皇朝对农民作一些暂时的让步和妥协，即他们不能不被迫而实行一些改良，也正如我们在第一个问题中所讲过的那些原因而引起了生产力进步的迟滞。因此在明清之际和鸦片战争以前的长时间中，没有出现资本主义的生产方式，在明清之际与鸦片战争前夜，虽有了新的生产方式的萌芽，但也还没有形成新的先进阶级。在每次农民大起义以后出现的新的封建皇朝的统治者，被迫对农民作了某些让步和改良，促使社会生产前进，人民生活也得到一些改进（同时也稳定了新的朝代的统治），但那只是短时的。经过这样一个短时期以后，统治阶级又完全腐化了，他们都只知道荒淫无耻的享乐，对社会情况、民间疾苦一点也不了解，一点也不管，又对人民——主要是农民——肆行残酷的压迫剥削，又促使社会矛盾的扩大和新的农民起义的产生。所以，中国历史上的农民起义虽然次数很多、规模很大，但中国社会却常在一个时期的"国泰民安"即生产发展以后，又转趋入迟滞和"世乱民苦"的状态。因此，三千年中国封建社会虽也在不断的曲线式的前进中，但却呈现出一种相对迟滞的状态。

三、有人说，中国奴隶社会发展不成熟，也是中国 封建社会长期停滞的原因之一，对不对？

这种说法我以为是不对的。这种说法的来源，大概是因为看到中国封建社会的奴隶制残余较显著、普遍的缘故。事实也是这样，奴隶社会留给封建社会的残余东西太多了，直到解放前，地主阶级还相当普遍的使用家内奴隶，如丫头、养子等。但是，残余的东西是不能起决定作用的，它的力量比起来是不大的。封建国家和贵族使用相当数量的人手作为奴隶去从事手工业等生产的事情也是有的，但它在社会生产，尤其是农业生产中所占的比重是微乎其微的。另一方面，在资本主义国家也有奴隶劳动剥削的状况存在，例如美国资产阶级对黑人的榨取——野蛮落后的奴隶制榨取，是很厉害的；日本的农村一直很落后，都市里买卖人口的情形也很普遍；同时，在世界上除了希腊、罗马以外，其他各国的奴隶制度都和中国古代奴隶制的发展情况差不多。

在中国历史上，汉族以外的某些部族的奴隶主阶极，也曾经占领了全中国一大部分地区或统治了全中国，如北魏、吐蕃（西夏）、辽、金、元等。汉族其时已经到了封建社会的后期，他们把汉区耕地圈起来做牧场，把俘掳来的汉人及他族人民作奴隶，并使用较落后的强制力量来统治中国，这的确在某一时期阻碍了中国社会的进步，甚至有倒退的现象，对中国社会进步是有一些影响的。但这并非是由于中国古代奴隶制的发展不成熟而来的。

四、中国历来的革命，为什么都发生在南方？

这种说法是不完全合于事实的。"成汤革命"起于晋、冀、鲁、豫地区，武王革命起于陕、甘地区，即是说：奴隶制革命和封建制革命都是起于北方。历代农民革命战争，在各个地区都发生过。农民斗争发生次数最多的地区，是陕、川、鲁、冀、豫、皖等地，特别是苏、皖、豫、鲁接合地区，请参看《中国通史简编》和《简明中国通史》便知历史上有名的农民战争，大都起自北方。在长江以南，规模最大的农民起义在唐宋以前反而较少。因为在唐朝以前，西北是中国封建经济最发达的地区；唐朝起，封建经济的中心才移到东南。这主要因为西北不断发生战争，生产力遭受严重破坏；森林的被砍伐，又使得许多地方变成荒山而引起气候干燥；加以天灾流行，便引起生产的相对落后。唐朝封建朝廷的财政，主要靠东南，不只由于南方具有适宜于农业发展的较好的自然条件，而且自唐朝起，对外贸易，经西北的陆路交通也逐渐为经东南与广东的海道交通所代替了。随同南方封建经济的发展而来的，便是阶级矛盾的日益扩大，农民起义便从这种基础上产生了。

从鸦片战争到新民主主义革命胜利前的百多年间，中国是处在帝国主义的支配下的。帝国主义侵略中国的据点，主要是广东及东南沿海及沿江一带，帝国主义也较先侵入这些地区，因此在长江和珠江流域受帝国主义的影响较早较大，帝国主义对农村的分解作用也较早较深刻。最重要的，还由于这些地方的中国民族资本和富农经济发生较早，也较发达，华侨资本和国内经济的联系较多的是广东和福建。因此"五四"以前资产阶级领导的旧民主主义革命，"五四"以后无产阶级领导的新民主主义革命主要都起于南方。以孙中山为首的辛亥革命，是以集中在沿海沿江的民族资本与华侨资本为主要基础的。同时，由于帝国主义在华的企业和我们本国的资本主义企业的发展，中国无产阶级的数量在南方也较大，与帝国主义、封建主义、官僚资本主义的矛盾也较尖锐，因此新民主主义革命便起于南方，作为新民主主义革命重要内容的工人运动也以沿海沿江一带的规模为较广大。

但这也只是相对地说的，不是绝对的。如作为我们的新民主主义革命与旧民主主义革命之划界的"五四"运动，却又发生在北京。第一次和第二次国内革命战争虽都开始于南方，而民族抗日战争和第三次国内革命战争，又主要在北方，是由北向南发展的。

这些事实都说明，中国历史上的革命并不完全发生在南方。革命的发生基本上是由于经济关系、阶级关系以及国内国际的具体条件决定的，不是南方与北方的问题。

五、中国开化最早，为什么现在还很落后？

中国在历史上不落后，在鸦片战争以前的几千年中，不论在哪方面，中国一直是站在世界的最前面。从生产方面讲，我们的农业发达很早，而且早就懂得精耕细作。在世界上我们有高度的文化，今天的英、法这些国家，在当时还是很落后的，美国当时就还根本不存在。在造纸、火药、活字印刷、工具发明、仪器制造等等方面，我们祖先也有无数重要的伟大的发明。在汉朝以前，就发明了指别方向的仪器——指南针。世界上还没有发明钟表以前，我们就发明了计时的仪器——铜壶漏刻。另外，我们有很多的革命家、政治家、军事家、思想家、哲学家、科学家、文学家、艺术家等等。他们给我们留下了无数宝贵的遗产，也给全人类的文化作了极多极大的贡献。在英国资本主义出世以前，我们和欧洲的贸易，不只是输出多于输入，而且输出的都是较进步的生产品，如绸、缎、麻布、棉布、铜、铁器；而输入的则多是香料、珍珠、玛瑙等奢侈品。总之，不论从哪方面讲，我们当时都不落后。

但后来为什么他们比我们先发展到了资本主义呢？在满清入关以前，我们不只已经有了当时掌握在统治阶级国家手中的各种规模颇大的手工业工厂，而且在东南地区，已经产生了资本主义性的工场手工业的幼芽，即已有了资本主义的生产方式的萌芽。满清入关以后，对扬州、江阴、嘉定等等东南城市，实行彻底屠洗及其他一系列的反动政策，摧毁了中国资本主义的嫩芽。这样就使得欧洲先有了资本主义革命。鸦片战争以前，在广东和东南又出现了资本主义的嫩芽，但又被外国帝国主义的侵略绞杀了。

从鸦片战争到新民主主义革命胜利前，中国由于遭受帝国主义、封建主义、官僚资本主义的压迫和阻挠，在生产方面是落后的。但在另一方面，我们在政治上并不落后。我们的革命有全世界第二个强大的正确的布尔什维克党——中国共产党的领导，有马克思列宁主义与中国革命斗争的实践之统一的毛泽东思想，它是马克思列宁主义在中国的光辉发展，对全世界来说都是先进的，对一切殖民地半殖民地附属国的革命都是适用的。特别在我们新民主主义革命胜利以后，所有殖民地半殖民地附属国都要向我们学习斗争经验。我们现在只有在生产技术上还比较落后，但在中国共产党和毛主席的正确领导下，加上我们无限丰富的资源，勤劳而众多的人口，又有苏联的无私援助及和各兄弟人民民主国家间的互助，我们在各方面的发展都是并将是很快的。我们的生产技术也将赶上并超过资本主义国家。在社会性质上、在政治上，比起资本主义国家来，我们是先进的，他们是落后的。今天我们的国家，在全世界来说，是重要的强国，是东方和平的堡垒，是以苏联为首的世界和平民主阵营的重大决定力量。因此，我们今天并不落后，而是先进的强大国家了。我们对全世界已起了重大影响，发生积极作用。当然，我们不能因此自满，我们还要加倍努力。我们要在经济建设、国防建设上、即社会主义工业化上加倍努力，建设强大的国防，完成国家的工业化，以过渡到社会主义、共产主义社会。

六、中国是落后的农业国，为什么会产生垄断性的官僚资产主义？

中国所以产生垄断性的官僚资本主义，是和半殖民地、半封建的社会性质分不开的，尤其和半殖民地特性，也就是说和国际帝国主义的侵略分不开。鸦片战争以后，帝国主义打到中国来，不论在经济上和政治上，都要找它的代理人。帝国主义一方面扶植封建势力，另方面则培养买办资本。封建阶级和买办阶级结合起来，共同统治中国。他们以官僚的身份掌握国家企业，又利用政治上的特权与剥削所得搞些私人名义下的企业，便形成为官僚资本。他们又是公私不分的，官僚资本与买办资本是分不开的，因此便形成官僚的买办的资本和官僚买办资产阶级。

官僚买办资产阶级，在政治上和封建地主阶级结合，掌握了政权，代表帝国主义来统治中国人民。由于帝国主义对半殖民地统治的暴力主义的特性与封建主义统治的强制性，便形成其无限制的特权支配和专制统治，丝毫不讲民主。如在经济上用国家的名义和特权，体现着国际帝国主义支配中国经济的垄断性，表现为对市场、银行、铁路和大的工矿企业以及资源等等的占有性，而发挥其从属于帝国主义垄断资本的垄断性。因此，它在经济上的占有性是以其从属于帝国主义的买办性为基本特征的，又以其在政治上的封建强制性为基本特征的。这样，就形成垄断性的官僚资本主义。它垄断资源是为帝国主义垄断的，例如抗日战争时期，有些华侨回国想开创工矿企业，到哪里都被四大家族挡驾，这正表现帝国主义对民族资本的排除和压迫。它垄断市场，在于贩卖帝国主义商品和排挤国货，例如宋美龄、孔祥熙等都公开宣布他们有在中国贩卖美帝国主义某些大公司出品的专利权。他们的银行，所谓中、中、交、农及其附属银行，实质上都是帝国主义在华银行的出纳部。他们的工矿企业，大都是为帝国主义搞原料或加工的。因此，这种垄断性的官僚资本完全是为帝国主义资本服务的，是代表外国帝国主义垄断资本来发挥垄断作用的。

在此基础上出现的蒋介石匪帮的法西斯主义，就是买办的封建的法西斯主义，它与帝国主义国家的法西斯主义不同。过去的德、意、日和今天的美国的法西斯主义及其统治，是资本主义发展到了尖端上的产物，是金融财政资本寡头专制的政治形态，是其垂死前的回光反照。它对内实行法西斯的暴力专制，对外实行公开的暴力扩张和侵略。蒋介石匪帮的封建的买办的法西斯主义的一个基本不同的特征，是对外实行卖国，帮助帝国主义来侵略中国，为帝国主义侵略充当清道夫。

七、为什么说原始官僚资本就是地主资本？

中国官僚资本是从哪里起源的？这可以从三方面来谈：

（一）在鸦片战争以后，太平天国革命的后期及其以后，满清政府开办了一些企业，如兵工厂、机械局、铁路、矿山等等，这是封建政府用从人民身上直接剥削来的钱开办的。这种官僚资本也就是地主阶级国家的资本。

（二）后来有一些私人也办企业，其中有一些是没有政权的商人等等，这就是民族资本的起源。另一部分则既是官僚又是地主，他们资本的来源，主要是来自对农民的地租剥削、高利贷剥削、贪污以及经手向外国借款的回扣等等，他们又利用特权去搞企业。太平天国以后，满清朝廷的许多大官僚，辛亥革命以后的军阀大官僚，大都有这种企业。特别辛亥革命以后，从北京的北洋军阀政府到各省军阀官僚，几乎都有银行和百货商店等，而且都是公私不分，公有的也等于他们私有的。这到蒋介石匪帮统治的时期，更达到了登峰造极的情况。

（三）买办资产阶级，是帝国主义在中国经济上的代理人，也是政治上的代理人；他们掌握政权以后，其买办资本也便同时具有官僚资本的性质。如北洋军阀政府时代的梁士诒等，国民党反动派统治时代的四大家族以及张静江、虞洽卿等及其资本都是最典型的例子。中国是几乎受所有外国帝国主义的统治的；而在蒋匪帮统治的时期，主要是美、英、日帝国主义在中国的争夺，因此便形成所谓英美派、亲日派两个最大的官僚买办资本集团。英美派以四大家族为代表，总的机构有所谓"中国建设银公司"，亲日派则以张群、吴鼎昌等匪徒的所谓"四行储蓄会"为代表，何匪应钦也曾是属于这个臭名昭著的亲日派。在日寇被中国人民打垮以后和新民主主义革命胜利以前，中国便成了美国帝国主义独霸的局面，因而蒋匪的小朝廷便完全成为四大家族的化身，原来的亲日派成了他们的附庸。所以，官僚资本是和地主资本、买办资本分不开的。

论太平天国革命运动

　　产生在距今百年前的太平天国革命运动，从 1850 年旧历六月金田起义到 1864 年 6 月天京（南京）沦陷，历十四年；到 1868 年 6 月张宗禹军在山东茌平覆灭，天国纪元告终，则共历十八年；从 1851 年 8 月在永安州正式建立太平天国政权到天京沦陷，革命政权屹立了十二年零十个月。

　　这是一次波澜壮阔的人民革命运动，是"真正的人民战争"。它一面是中国历史上千百次农民战争传统的继承、两百年（1645—1850）反满民族运动的高涨，所以带有"宗教的、朝代的或民族的形式"① 和主观的社会主义思想；一面又具有近代民主革命的性质，是伟大中华民族民主革命的开端，正如伟大导师马克思和恩格斯所估计："就是世界上最古老最坚固的帝国，因受了英国资本家纺织品的影响，八年来已处于社会革新的前夜，这种社会革新对于文明无论如何应有非常重大的结果。我们欧洲的反动派，在最近的将来势必向亚洲逃跑……那时候，安知他们在那里不会碰到'中华共和国——自由、平等、博爱' （Republique Chinoise—Liberté, Egalité, Fraternité）这几个大字呢？"② 其思想、纲领和革命行动的基本精神，体现了伟大中国人民的伟大理想、伟大的革命创造性、英勇顽强的斗争性和爱国主义国际主义的素朴思想。同时，他们在鸦片战争后的新形势下，第一次和外国资产阶极、本国封建阶级及买办联合势力作斗争，并使中国人民又一次获得艰苦斗争的严重锻炼。他们

---

① 《马克思恩格斯论中国》，人民出版社 1953 年版，第 40 页。
② 《马克思恩格斯论中国》，人民出版社 1953 年版，第 213—214 页。

的斗争是失败了，但其光辉的革命创造和斗争传统，却永留在中国人民的血液中，成为我们今日伟大人民革命的伟大胜利的鼓舞力量。

一、太平天国革命运动的国内外情况与群众基础

1840 年鸦片战争的结局，引起中国国内情况和国际关系的根本变化，使垂死的古老的中国封建社会，开始转入半殖民地半封建社会。

1842 年的《南京条约》，强迫中国割让香港，赔款白银二千一百万两，规定五口通商；翌年的《虎门条约》又开始规定不平等的关税协定和领事裁判权。

因此，洋货和鸦片，在不平等条约的掩护下，便大量输入。英国不名誉的鸦片输入，在美国强盗的帮助下（它在中立名义的掩护下，以自己的商船为英国运送鸦片），到 1850 年增至五二，九二五箱。这直接使中国纹银外流、银价高涨、银根枯竭；而皇室、贵族、官僚、地主等因纷纷吸食鸦片，开支不断增大，便又不断对人民增加剥削。更重要的还是洋货的输入，"千百只英国和美国的轮船开到了中国去，而在很快的时期内，中国市场上就被充满了英国和美国的便宜的机器制造品。以手工劳动为基础的中国工业，竞争不过机器工业。于是稳固的中国就遇到了社会危机。赋税不复源源而来，国家频于破产，大批民众变为赤贫……"① 益以大宗赔款的负担和侵略战争的破坏，便引起中国社会经济和国家财政的急剧变化。马克思总结当时的情况说："1840 年战争失败以后中国所付给英国的赔款，大宗的鸦片消耗，鸦片贸易所引起的金银外溢，外国竞争对地方生产的破坏影响，全部国家行政机关的腐败——这些情形就引起了两种结果：旧捐税更加繁重而难以担负，旧捐税外又加上新捐税……这一切对于中国的财政、礼教、工业及政治结构同时发生影响的破坏因素……已经完全发展起来了。"② 因此而引起的结果便是：（一）国家财政日益穷

① 《马克思恩格斯论中国》，人民出版社 1953 年版，第 212—213 页。
② 《马克思恩格斯论中国》，人民出版社 1953 年版，第 42—43 页。

乏，剥削日益加剧；原先在广东和东南地区出现的资本主义幼芽遭受破坏；华侨的资本主义生产和国内的关系被隔断（他们曾在 1777—1886 年，在印尼建立起近代式的兰芳共和国）；（二）商业资本，一部分转为买办资本，一部分转为高利贷，一部分流向南洋，贩卖土产的中小商业资本则受到严重影响，特别是苛杂负担；（三）农民日益穷困，以致相继破产、失业，一部分中小地主也不断丧失土地，土地迅速向官僚、大地主、高利贷者等人的手里集中；（四）手工业者遭受严重打击，以致停闭和破产。但在另方面也促起城乡商品经济的发展，毛泽东同志在其天才著作《中国革命和中国共产党》中总结这种情况说："外国资本主义对于中国的社会经济起了很大的分解作用，一方面，破坏了中国自给自足的自然经济的基础，破坏了城市的手工业和农民的家庭手工业；又一方面，则促进了中国城乡商品经济的发展。"① 而这种情况，在外国资本主义侵入较早较深入的南方，又更加严重和显著。

这便直接引起阶级关系的变化。（一）主要敌对阶级的农民与地主间的关系，日益恶化，贫苦农民及失业农民、手工工人的人口数量日益扩大，农民及手工工人与封建统治阶级间的矛盾也更加扩大了，集中表现为反满情绪的日益高涨，特别在 1850 年内地十一省在严重灾荒的袭击下，人民到了无法生活下去的地步。（二）中国民族与帝国主义侵略间的矛盾，也开始成为主要矛盾。中国人民从 1840 年以来的切身生活和斗争经验中，初步认识了英、美、法等侵略者"贪婪、不法与暴力"、"杀戮"、"战争和抢掳"的"性格"，是"洋鬼子"②；并采取了各种各样的方式和他们作斗争，正如马克思当时所说："现在至少在南方各省……民众是积极地而且是狂热地参加反对外人的斗争。"③而在先进分子中，并有了更进一步的认识，如太平军的一个优秀领袖李秀成，就认识到"西洋侵略中国方剧，民族危机，千钧一发"和"西洋国家侵略中国之阴谋"④；另一领袖洪仁玕，并进而研究了世界各国的情况。自然，这正如我们的伟大领袖毛泽东同志所指出：他们还没有并且不可能"看出了帝国

---

① 《毛泽东选集》，第 2 卷，人民出版社 1953 年第 2 版，第 620 页。
② 胡绳：《帝国主义对中国的侵略》，《学习》，第 3 卷，第 11 期。
③ 《马克思恩格斯论中国》，人民出版社 1953 年版，第 85 页。
④ 罗尔纲：《太平天国史稿》，开明书店 1951 年版，第 172 页。

主义内部和外部的各种矛盾，并看出了帝国主义联合中国买办阶级和封建阶级以压榨中国人民大众的实质……"还只是一种"笼统的排外主义的斗争……"①和感性认识。（三）中小地主与封建统治阶层间的利害冲突日益增多，中小商人对满清统治者的反感也加深了。（四）出现了为帝国主义服务的买办，也诞生了现代产业工人（如海员工人），但还很微弱。（五）由于"清朝一遇到英国的枪炮就丧尽了自己的声威，迷信'天朝'万古不朽的这种幻想也就消失了"②，这使满清统治集团内部，也分化为抗战派（王鼎、林则徐等）和卖国、投降派（道光、咸丰、穆彰阿、耆英、曾国藩等），统治集团更陷于孤立。

在这种情况下，群众秘密结社的会党，如所谓斋教、天地会、捻党、"帼匪"等等，在全国各地、尤其在长江和珠江流域，有很大的发展；而且在1841到1849年间，由于他们的发动，两广两湖等省群众，在"天厌满清"、"大明再兴"、"替天行道"、"劫富济贫"、"官逼民反"等口号下，普遍发生起义，尤其在广西，多至数十起。

在国际关系方面，"列强"由前此"自由通商"的要求者，开始成为凌驾中国的支配者。他们虽认识了伟大中国人民而有所忌惮，但也认识了满清朝廷的虚弱和无能。当时的欧洲，正处在1848年革命失败后的十年反动时期；"列强"间正展开着市场利益争夺的冲突，如英俄在"中东"的冲突，日本、英美关于关税政策的冲突等等。

因此，革命的群众基础是很广大的，有利于革命的机会是很多的，条件也是成熟的；只是由于历史条件的限制，缺少一个先进阶级的领导，革命运动只能由农民来负担。

太平军的主力、骨干和领导成分，都以农民为主，并有贫民、手工工人、下层知识分子和小商人、富农参加，地主及其他成分都是个别的。这种知识分子已和历史上的知识分子有区别。他们大都出身于两广农村，其中不少人都受过资本主义的影响和教育，也看到了鸦片战争的情况和结局，如太平天国的重要领袖洪秀全、冯云山、洪仁玕等，便都是这种知识分子。这种手工工人、尤

---

① 《毛泽东选集》，第1卷，人民出版社1952年第2版，第278页。
② 《马克思恩格斯论中国》，人民出版社1953年版，第40页。

其在广州九江间、广州湘潭间，充当过运输洋货的苦力，也已和历史上的手工工人有区别。他们大都主要生活在两广贫苦的农村，受过资本主义的影响，而又经历过鸦片战争，如太平天国重要领袖杨秀清、萧朝贵等，就都是这种手工工人。

革命的主要敌人，则是以满清朝廷为首的封建统治阶级和帝国主义侵略者。

在这种社会情况和历史条件下产生的太平天国革命，便一面带有资产阶级革命性质，怀抱创造资本主义社会的理想；另一方面又带有传统农民战争的性质，在宗教的旗帜下，去进行反世俗和佛道等宗教封建主的斗争；并抱着主观社会主义的幻想。太平天国的全部思想、政策和行动，基本上都表现着这种两重性。他们那种进步的社会观念，隐藏在奇异的、宗教的形态中。这和十六世纪德国农民战争（具有资产阶级革命内容）、十七世纪唱着宗教赞美歌的英国资产阶级革命，有相似的形式和性质；但波澜更壮阔，规模更宏大，个别政策更彻底。

二、太平天国革命运动的方针政策和建设

太平天国是以改革了的基督教——移植在中国土壤上的"拜上帝会"教义为其思想武器的。其政治的观念、理论、纲领等等，都包括在这种教义中。

太平天国政治思想的基本精神，是：（一）人人平等，男女平等；（二）全世界男人都是兄弟，女子都是姊妹。

太平天国的政治纲领，可归结为："扫除妖孽、廓清中夏"，"兴复久沦之境土"，建设"人人平等、男女平等"的太平天国。为实现这个纲领，他们又根据传统民族统一战线的素朴思想，以种族大义，号召"世居中国"的人们：无论"为官为民"，"脱鬼成人"，"同心戮力，扫落胡尘"，"共享太平"。这在客观上，是一种扩大同盟军、集中锋芒去打击满清朝廷的方针，基本上是对的。为着贯彻这个方针，他们在实际行动中，又采取步骤，暂时避免与另一主要敌人、即美、英、法侵略者武装冲突，使它暂守中立，即天国政论家黄畹所

谓"先和缓洋人，灭亡清朝；然后再打击洋人；向上海进兵"。因此，在"国与国平等"，"各自保管其自己所有的产业，而不侵害别人所有"的原则下，太平天国曾通告各国，"彼此通商，理所应然；将来事定，只洋烟再勿来吾中国，其余自由贸易，无所禁止"，但须服从天国关卡检查和税章，"不得毁谤国法"，也不得"代胡妖行挟持之事"。这在当时情况下也是可以的，同时也表现了一种素朴的独立自主的外交政策思想。但他们缺乏反侵略的明确主张，也缺乏对群众的反侵略教育。

太平天国所宣布和实际施行的主要政策及其贯彻情况：

（一）联合会党。会党是一种较落后的组织形式，但它组织了广大的农民、手工工人、贫民和失业群众。不联合他们，便不能使这种有组织的广大群众，参加到革命运动中来。因此，太平军在起义前夜就联合了天地会，其首领洪大全并成为太平军主要领袖之一。因此在太平军起义后，两湖与其他各省的天地会都纷纷响应，拥戴天国，奉洪秀全为大元帅，发出讨满文告，并揭出反侵略的宗旨。在他们的影响与号召下，其他起义会党也纷纷与太平军联系。太平军在两湖和长江流域能够顺利进展和急速壮大，这些起义会党是起了重大作用的。建都南京后，太平军又联合了苏、皖、豫、鲁地区的捻党，这对天京的保卫，也是起了重大作用的。但另一方面，太平天国领袖们对其他会党及起义群众，却是轻视的；最重要的，还由于他们采取一种简单的方式，在反满的共同方针下，强迫其他会党和群众归依拜上帝会，这是妨害联合的巩固与扩大的主要原因。群众不但不愿轻易放弃其会党组织，对拜上帝会这种宗教形式也没有传统习惯；而且在鸦片战争后，由于对侵略者的愤怒，他们对外国资产阶级的宗教形式有很大的反感；因此在安庆等处，并发生群众反抗的事情。天国的领袖们在实际经验中也曾经体会到，所以曾尽量解释，说拜上帝会这种宗教不是外来的，而是中国自己古代的宗教，但仅靠这种解释是不能发生作用的。因此，其他前后起义的会党及自发的群众起义，就都没能配合行动。这对太平天国革命运动的失败，是有重大关系的。

（二）土地政策。《天朝田亩制度》规定，根本废除地主阶级的土地占有，将所有土地平均分配给全国人民。它虽然还带有一些平均主义内容；但从其基本精神说，却是一种较彻底的土地政策，是符合于农民要求的。美、英等国资产阶级革命都不曾具有这种较彻底的内容。太平军到处都焚烧粮册、田契和债券，"大批杀戮皇帝底官吏及佛爷底和尚"① 与反动豪绅，没收他们的财产。这种"朝代的"反封建行动，也正是其实践土地政策的第一个步骤。

天国土地政策没有全面实行：一面由于其"有田同耕、有饭同食、有衣同穿、有钱同使、无处不均匀、无人不饱暖"的主观社会主义财产制度；一面由于政策本身带有平均主义内容；一面由于战争频繁，始终没有一块地区巩固或稳定过。如果克服这三个方面的矛盾，天国就能全面实施土地政策，就能把广大群众发动和卷到斗争中来。由于土地政策没能全面实行，他们又宣布暂由人民自报田亩，发给"田凭"②，"照旧交粮纳税"。在废除了全部苛捐杂税的情况下，粮税又大为减轻，农民是得到好处的。但他们也没能利用这种条件去发动群众。

（三）城市政策。对于商业资本和手工业主的产业，按照《天朝田亩制度》所规定的主观社会主义原则，也要归"圣库"所有，但事实上，他们对商业资本自始就没有按这种原则实行；如比较普遍实行"中国的社会主义"③供给制的天京，也还是有商业贸易的。对于商店，发给一种叫作"店凭"的营业执照，规定其"务须公平交易，毋得昂价居奇"④。根据各种记载，商品缴很低的税金，就允许自由买卖，实近于一种自由贸易政策。对于手工业，在天京，他们为着保证军需和政府部门的供给，曾实行一种供给制的"匠营"制，即把所有手工工人和其他无适当职业的人民，分别集中起来，设立制造军器、铁器、火药、衣服、靴鞋、铜器、木工、石工等等"匠营"，生产全归"圣库"，职工生活统由"圣库"供给；职工家属，有劳动力的也分别编入各种"营"，无劳动力的，则归入儿童老废公养院——"牌尾馆"。在其他城市是否也实行这种办法，却没有记载。但天国占领的各城市，都建立起革命秩

---

① 《马克思恩格斯论中国》，人民出版社1953年版，第213页。
② 浙江博物馆藏有天国"殿前副掌率邓"发给"花户年文德""田凭"一纸。凭中叙明"发给'田凭'以安恒业而利民生事。今据石门县军前营族帅统治下花户年文德，有自置田玖亩正二分，座落四都小九图地方。每年遵照天朝定制完纳米银，不得违误。所有自份田产，并无假冒隐匿等弊。给凭之后，如有争讼霸占一切情事，准该花户禀请究治。"云云。
③ 《马克思恩格斯论中国》，人民出版社1953年版，第213页。
④ 浙江博物馆藏有天国"殿前扶朝天军浙江大佐将总理钱塘县民务汪"于太平天国拾贰年发给店户恒兴号"店凭"一纸。凭中叙明："给发'店凭'，以凭稽查事。今据店户恒兴系 省 县人氏，在于珊墩地方开张醃腊店铺，请给照凭前来。除查明外，合行给发。为此仰该店户遵照执守，务须公平交易，毋得昂价居奇，致干查究。"云云。

序，表现一种新兴气象，这是连英、法侵略者也不得不承认的。他们说："江宁城葺理完固，壁垒坚整……中城贸易虽疏，而民众兴盛，闾阎各家门户洞开，士庶冠服整洁，市井安恬，极有规矩约束。鸦片烟断绝，庙宇偶像毁除荡尽。官与兵皆一体平等，无轻重异视。"全市人口百零八万。"当佛（法）人进城时，与城中人途遇，皆无谤词，称谓但以兄弟相呼。"①"彼处人民千百成群，下船观看，彼此皆以礼相待，意甚欣厚。"②他如九江、安庆，被清军围困，粮尽援绝，均守至最后一分钟，人民都没有发生任何骚动和怨言。在苏州、常熟两城，人民都拥护太平军，尤其称赞李秀成的功劳和恩德；常熟城现还有这种功德碑。李秀成在天京就义时，人民都痛哭流泪，焚化的纸钱灰堆成山垃。可见天国的城市政策是比较成功的。

（四）建政和建军。太平军与历代农民军不同，它有一定的编制系统：军、师、旅、卒、两、伍；军辖五师、师辖五旅、旅辖五卒、卒辖四两、两辖五伍，伍五人，每军定额一万二千五百人，并备有编制名册和干部履历表。平时以军为训练单位，受将军、总制、监军节制，战时组成大兵团，分由丞相或各王统领。军衣、军帽、军旗、腰牌（符号）等都有定制。后勤供给等工作，由天京到各军内部都设立"圣库"，分设各种典官担负专责。平时训练相当严格，尤其是作礼拜"讲道理"的教育，在战时也必须进行；"十大天条"是必须遵守的严格纪律，触犯的都要受到严厉处罚。凡安民之地，"何官何兵无令敢入民房者斩不赦"③。官兵间除吃肉多少，服装质料式样等有分别外，一律平等，皆以兄弟姊妹相称。加之不断的战争锻炼，太平军便成了一种比较有整齐军容、严密组织、严明纪律和坚强战斗意志的农民革命队伍。因此无论在行军或战斗中，除去烧官衙、焚文契、"杀妖"和"妖仔"（即和他们敌对的清军、官吏、豪绅、皂役、团练兵勇等等）以外，都"秋毫无犯"，"民心佩服"。太平军还常"没收达官富绅财物"散发给贫民。

（五）政权的组织形式。《天朝田亩制度》规定，乡村政权组织也按军队编制形式：分伍、两、卒、旅、师、军各级行政组织，设伍长、两司马、卒

---

① 《佛兰西公使赴天京记》。

② 香港《遐迩贯珍·西兴括论》述英公使赴天京观感。

③ 中国史学会主编：《太平天国》，第2册，神州国光社1952年版，第791页。

长、旅帅、师帅、军帅各级乡官。乡官由人民公举。每伍五家，上至每军共一万二千五百家。每家出一人当乡兵，每军共成一万三千一百五十五人，平时担任自卫，必要时即为军队，这是一幅战时农村民主政权的图案。军以上受天国派遣的"指挥衙门"管辖。他们又规定以二十五家的"两"为基层行政组织，每两均设一"圣库"、一礼拜堂。每人每年生产收入，除留下够自己吃用部分外，全部交入"圣库"；婚丧生育等所需，则由圣库按规定供给……这可说是一幅村落共产体的理想图，也表现出他们一种纯真高贵的理想，但它是没有也不可能实现的。乡镇政权的组织形式，实际上也没有按照那样整齐的编制实行。根据现存的《殿右捌指挥札论》二件来看，他们是曾经建立起乡镇民主政权的。"札论"说：安徽各郡县都已投册请领门牌，只有繁珫县各镇和荻港没有前来；限合繁珫"赶紧举官、造册……赴省呈报"；限期令荻港"举齐旅帅两司马等官"。由于战争频繁等原因，这种政权始终没巩固起来。但是这种乡村民主政权的建立，正是他们在中国民主运动史上的光辉业绩之一。

（六）文教。这在天国有下面几个基本特点。（1）严格取缔佛、道、巫等宗教，反对一切迷信和不良习尚，删改儒家书籍。（2）规定应用切合实用的浅白文体。（3）规定农村各"两"所有儿童每日到礼拜堂就读，所有男女每礼拜日到礼拜堂"听讲道理"，军队和城市人民也是一样；太平军所到之处都召集人民开会，"听讲道理"。（4）建立考试制度，男女分科考试，试题都较容易，录取标准定得很低，使妇女和广大下层知识分子都有参加工作的机会。（5）制定和颁行了新历法。这在一方面表现了他们的革命性、创造性和群众性；但在另一方面，他们的宣教方式和组织形式，都通过那种不民族化不大众化的宗教传道的方式和形式去进行，却是落后的，不受群众欢迎。他们宣教的内容，如所谓《旧遗诏圣书》、《新遗诏圣书》那种外国资产阶级的宗教教义也不为群众所欢迎。他们自己著作的《原道觉世训》等文书，其中很多革命的、进步的、对群众生活有现实意义的东西，是能为群众所接受的；但他们把这些文书一一都通过所谓"天父皇上帝""天兄基督"的名义去说教，就不为群众所喜闻乐见。

（七）妇女政策。天国确立男女绝对平等的原则，并把它贯彻到经济、政治、军事、文化和婚姻制度等全部生活中。如"分田不论男女"、女官与男官政治地位平等、男女在军事上地位平等、考试分设男女两科及男女同等受教育、禁止买卖婚姻、禁止买卖奴婢和女子缠足等等。这是一种较急进的解放妇女的革命思想。英、美各国的资产阶级革命都没有具备和实践这样一种思想。他们的缺点，主要在对军队和按"营"队编组的群众——"男有男营、女有女营"——规定在灭亡清朝前严格禁止结婚、夫妇同居和两性生活。这是违反自然和群众要求的。后来由于一般干部、士兵和群众纷纷表示不满，杨秀清才下令改变。其次，他们对男女不同的生理情况，没有在具体工作中加以适当照顾。

太平天国的纲领和几个重大政策的基本精神或主要一面，不只表现了伟大中国人民的高贵理想和政治的组织的才能，而且是有着重大的革命意义，适合当时各阶层群众要求的；但由于其不民族化、不大众化的宗教形式以及空想性和落后性的一面，便大大降低了它的革命性、进步性和现实性，减低了群众的信任，并使政策的贯彻和实行遭到了阻碍。因此，群众虽感受太平军的"纪律严明，秋毫无犯"和免除苛杂"歪例"等等好处，但却仍没能普遍参加到革命运动中来。

因此，只有发展政策本身积极的一面，克服落后的一面，才能发挥其动员和团结广大群众的作用，使革命运动的胜利获得巩固和发展。代表这个方向的，是天国后期的一个领袖洪仁玕。他在他著的《资政新篇》中，提出一个较全面的资产阶级性的民主革命纲领，其中并提出三十二条具体方案，要点如次。（1）关于政权："要自大至小，由上而下，权归于一"，又要根据群众意志由下而上；使上下意志贯通，无有隔塞，最好的办法是创办报纸、设立意见箱。（2）兴办陆上车马交通。如人民能制造日行七八千里的火车，准其专利。先修建贯通全国二十一省的二十一条大干道。（3）兴办水上交通。人民能创制火轮汽轮的，准其专利。（4）兴办银行，发行纸币。（5）兴办器具技艺制造事业。人民如有新的创制，准其专利。（6）开发金、银、铜、铁、锡、煤、盐、琥珀、蠔壳、美石等矿产，准许人民探勘矿源，缴税开采。（7）兴办邮政、报馆。（8）兴办府县"钱谷库"。（9）设立"市镇公司……以司工商水陆关税"。（10）兴办医院。（11）建立乡村政权，乡官由人民公举。（12）设立乡兵，"大村多设，小村少设"。（13）"禁溺子女"。（14）"准富者请人雇工，不得买奴"。（15）"禁酒及一切生熟黄烟鸦片"。（16）取消庙宇寺观，令僧尼还俗；焚其书籍，其房屋改作礼拜堂，财产拨作医院等社会事业经费。

（17）设立丈量官，兴办水利。（18）兴办跛盲聋哑院。（19）兴办"鳏孤寡独院"。（20）禁卖官鬻爵和私人夤缘。（21）"善待轻犯……使修街渠道路"，促其"改过自新"；严办重犯。（22）与外人并雄办法。如彼此各开一店，他出租税，工人多，贵卖；我无租税，工人少，平卖，就能竞争过他，而且只要不失信义，我还有保护自己的政策。他又提出"耶和华"的原意就是"自有者"，即自然法则的体现。他这个纲领是由洪秀全批准和公布了的，但没有实行，可能由于"老弟兄"阻难。幼天王在1860年11月26日和12月27日下的二道诏旨，都反映了天国内部争权的情况，也都反映了洪仁玕的相当孤立和遭受排挤的情况。他们正式解除洪仁玕的枢要职务，由幼东王、幼西王和其他参加"公议"的"老弟兄"掌握。如果洪仁玕的这个纲领能实行，太平天国革命运动的前途便可能不同，那么，近代中国社会形势也可能不同。

三、革命运动发展的过程

洪秀全和冯云山在1840年鸦片战争后，开始产生一种革命的意志。他们想"以宗教发动革命"①，便根据基督教形式创立拜上帝会。洪自称为上帝次子，冯为三子，开始在家乡花县、顺德、南海、增城、从化、英德、阳山、连山一带活动；后又想以湘粤交界的八排瑶族地区作策源地，但瑶民不易发动。1844年他们去广西贵县，便选择紫荆山为发动革命的中心地区。他们在活动的过程中，又参考《旧约全书》、《新约全书》和中国古代的含有大同思想的书籍及《周礼》等书，写了《原道救世歌》、《原道觉世训》、《原道醒世文》及《天条书》等。这正如马克思所说："他们焦心地召唤过去的亡灵来为自己效力，向其借用名称、战斗口号和服装，以便穿着古老服装，说着借来的词句，来演出世界历史底新场面。"② 太平天国的思想、纲领和信条的基本内容，都已包含在这几个文件中。

---

① 罗尔纲：《太平天国史稿》，开明书店1951年版，第2页。
② 马克思：《拿破仑第三政变记》，新华书店1949年版，第15页。

洪、冯和杨秀清、萧朝贵等根据这种思想武器和宗教形式在群众中进行着艰苦的宣传工作和组织工作，并不断展开反"妖神"、反对豪绅破坏拜上帝会、反对地主武装（团练）的种种斗争。因此，到1850年起义前，在贵县、桂平、平南、藤县、博白、陆州、武宣、象州一带地区，已打下基础，拜上帝会已使广大群众团结在会里面和周围，并培养出大批有斗争意志的干部，而以洪秀全、冯云山、杨秀清、萧朝贵、石达开等为领导骨干。

在广西严重饥荒、到处发生武装暴动、全省骚动的情况下，他们便利用时机，于1850年旧历十月初一集合会众于桂平金田村，进行军事部署。十一月击败进攻的清军，杀毙清将伊克坦布；十二月初十日，揭起太平天国义旗，发布讨满文书。轰轰烈烈的革命运动便正式展开了。

太平军于1851年闰八月攻克永安州，正式宣布政制，建立革命政权，同时公布：令人民留发、禁止金银私有、实行新历法（冯云山所创制）等项法令。满清朝廷大惊，急派赛尚阿等率领大军围攻。1852年三月，他们从永安州突围后，因围攻桂林不下，便放弃有群众工作基础的广西，想取湖南作根据地。沿湘水入湖南，克复全州、永州、道州、郴州各郡县。北进攻长沙不下，又放弃以湖南作根据地的打算；乃渡湘水经宁乡、克益阳，获得民船数千艘，由洞庭湖北进。十一月攻克岳州，夺取吴三桂旧藏的炮械装备，便急速进军湖北。从旧历十一月十二日攻克汉阳到十二月初四日攻克武昌，前后22日就完全占领武汉三镇，清军纷纷溃散。

在两湖，都有会党配合行动；群众参军的，湖南约三十万人，湖北约十万人。因此，太平军便壮大成为一支约有五十万人的大军。但由于他们误采攻坚的阵地战战术，历次战役中"老弟兄"伤亡不少，尤其在永安突围、进攻全州和强攻长沙的三大战役中，连续牺牲洪大全、冯云山、萧朝贵三大重要领袖，这是不能补偿的严重损失。洪大全是天地会首领，在长江流域的会党中有相当威信，尤其在会党势力雄厚的两湖，有很大的号召力。他被俘在北京慷慨就义后，天国对会党的政策便更趋消极，会党与太平军的关系就日趋疏远，甚至使民贼曾国藩、左宗棠们，得利用会党群众组织湘军（湘军中有不少会党分子）。冯云山是太平天国一个最有学问、经验和组织才能的领袖，资望仅次于洪秀全。萧朝贵是一个英勇善战、有军事天才的领袖，在"老弟兄"中与杨秀清有同等的威信。他们牺牲以后，就大大的削弱了太平天国的领导核心。

1853 年正月初二日，大军沿江东下，巨船近万只，掩蔽江面，陆军沿两岸前进；在会党的配合下，连败清军，斩总兵寿长等，相继克复沿江大小城市。二十八日大军进逼南京，清军闭城固守；二月初十日地道火药爆发，攻破南京城垣。十一日大军从各门进城，"诸军皆红巾短衣，队伍整肃，秋毫无犯"①，杀清将陆建瀛、祥厚、霍隆武等，完全占领南京，随即派兵攻克镇江、扬州。天国于是便决定以江南为根据地，以南京为革命首都，改称天京；建立革命秩序；颁布《天朝田亩制度》，宣布废除地主阶级的土地占有制，耕地平均分配给人民；建立由人民选举乡官的乡村民主政权；建立兵农合一的乡村人民武装；建立中央革命政权的各种行政机构和制度，制定建军要目，整编革命军队；实行男女平等的考试制度；设立删书衙删改儒家书籍……开创了中国历史上空前未有的局面。

但他们以江南为根据地的方针，却是错误的。在此以前曾有过两种方针。一是洪杨等原先所主张的，即分兵留守江南，大军北进攻取河南为主要根据地；一即湖南老水手以江南为主要根据地的主张——实际上这就是在两湖新组成的水军和船夫们的主张。他们既放弃有群众工作基础的广西，又放弃以群众条件较好的"湖南为家"的方针，把攻克的城市都随即放弃，现复放弃"取河南为业"的方针，这对太平军此后不能完全掌握主动以致丧失主动，是有密切关系的。在当时的情况下，江南是一个四面受敌的地区，如果不普遍深入的发动群众作依靠，就必须在西南分兵坚守武汉、九江、安庆沿江三要镇，北面控制徐州，东面控制苏、常及杭、嘉，天京才能巩固，根据地才能建设起来。四面把守是不可能的，"扶得东来西又倒"，所以天京不断遭受敌人的威胁和围攻，太平军便被逼去进行四面出击和分兵扼守，战略上陷于被动地位；而况当时英、美、法侵略者的魔爪，已实际支配了上海；那些侵略者对于太平天国的危害是异常严重的，尤其以中立姿态出现的阴险狡诈的美国强盗。他们对人民的革命运动，自始就满怀恶毒的在阴谋盘算，在第二次鸦片战争停战前，英、法正忙着扩大帝国主义侵略、进一步用武装去征服满清朝廷，当时还只有美国强盗多方协助清军，太平军的攻守情况还比较好些；而在 1860 年 11 月签订《北京条约》后，侵略者已攫得更多的特权利益，满清朝廷已完全驯

---

① 罗尔纲：《太平天国史稿》，开明书店 1951 年版，第 4 页。

服，他们便协力配合清朝来进攻太平军，太平军的形势就根本恶化了。

当时的满清朝廷，自知八旗军和绿营都不中用，力量很空虚，所以在太平军起义、防军连遭败仗后，就套袭历朝地主政府故伎，号召豪绅创办团练来"出力"。江中源的楚勇、曾国藩的湘勇和以后李鸿章的淮勇，都是这种地主武装。当太平军北出长江占领南京时，满清朝廷的反动卖国的战略方针，就完全确定了。他们一面命令跟从追击太平军的向荣，率部驻天京城外建立"江南大营"，结营固守，命令琦善率直、陕各省防军进驻扬州一带，建立"江北大营"，与向荣互相声援，控制天京，牵制太平军行动；一面严令奴才曾国藩加紧组训湘军；一面又奴颜婢膝，不惜以民族的重大利益为代价，向美、英、法强盗求援。混水摸鱼的外国强盗们，便乘机攫夺海关行政等各项权利。

但太平军又没有利用 1853—1860 年间《北京条约》签订前，以及反革命湘军还没练成的时机，运用有利条件，打击敌人要害。湘军到 1854 年才能勉强出战，人数仅一万七千，一遇太平军主力就大吃败仗。如同年的静港、九江两役，都损兵折将。在此期间，起义人民武装也遍于南北各地。长江以北，苏、皖、豫、鲁各地的捻党，都相继起义，响应太平军。在长江以南，太平军经过的两湖，如湘南方面，陆续起义的群众，都用太平军旗帜，贴太平军布告，攻县城、烧衙门、杀官吏……如鄂南的崇阳、通城，群众多留发，拥护太平军，通山、蒲圻、大冶、兴国、咸宁、嘉鱼等县都为起义群众所占领；两广、福建、江西、苏南也都有人民起义，或自立旗号，或响应太平军；上海也有著名的七首党起义，他们占领上海县城，在清军与法国海陆军的联合围攻下，从 1853 年 9 月一直坚守到 1855 年 5 月。尤其太平军本身，这时已更加壮大、坚强。因此，他们完全可能集中相当力量，消灭还没练成的湘军，及时粉碎围攻天京的江南和江北大营，巩固占领区，或直捣清朝的反革命首脑，击破其反革命战略计划。

由于太平军的实际战略行动，中心在拱卫天京，太平军就不能不集中主力去防守天京，争夺外围重点。因此，奠都后，他们便把主力向两个方面部署：一面布置于天京城厢和外围，主干人物也都留守天京；一面由胡以晃、罗大纲、赖汉英、石祥真、韦俊等组织西征军，以争夺长江上游安庆、九江、武汉等城镇；同时又分兵五万由林凤祥、李开芳、吉文元等组织北伐军，袭取北京。在这种北伐计划还没决定前，罗大纲就指出它是"孤军深入的冒险"计划，并提出一个比较正确的意见，说："要北伐必须先平定河南，天王坐镇开封；然后大军才可以北渡黄河。"

北伐军本身却是一支钢铁般的人民武装，1853 年四月从扬州北进，破临淮关，克凤阳，入河南，至商邱、归德，击败堵截清军，越过开封，经中牟、郑州、氾水，突破黄河天险，经怀庆、直入山西，攻破曲沃、平阳，又东经河南武安入河北，大败堵截清军于临洺关，进迫保定。北京动摇，官吏和富户纷纷逃走，咸丰也打算逃往热河。清廷慌忙派两个王爷总统满蒙各军，防卫北京，扼守保定。北伐军乃从深州东进至静海独流镇（天津南）。由于六个月的急行军数千里和不断战斗，北伐军军力已过分疲乏，官兵又多系出身两湖广西，不耐北方冬寒，便暂时休整；十月至天津为清军所阻，相持至明年正月，因粮尽援绝，便向南转进，希望迎合援军。至河北阜城，吉文元力抗追军战死。四月林、李率军退到直隶东光县之东西连镇，被清军重重包围。李开芳率骑兵二千突围往山东临清迎接援军，林凤祥布置防守待援。东连镇主力坚守至翌年正月，抵死苦斗，每战都给敌人以重大杀伤，最后因饥饿疲乏过度，才被清军攻陷，全军英勇战死。凤祥自杀不果，被清军俘虏后慷慨就义。援军在山东因失机溃败。李开芳孤军二千人，不肯弃主力"南归"，从四月到明年四月，前后据守高唐及茌平冯官屯，抗拒数十倍优势敌军，最后只剩几百人。由于屯内被清军引水淹没，"智勇皆困"，无法再守，突围失败，李开芳以下都壮烈牺牲。北伐军这种英勇壮烈、坚决顽强、万众一心、战斗到底的英雄主义精神，正表现了伟大中国人民无比的英雄气概与高贵品质。

太平军由于兵力向三个方面分散使用，结果上游不能取得决定性胜利，天京防卫，没能及时消灭敌人，反而长期被围，影响上游进取；北伐军及援军近十万精锐主力的损失，又直接影响防卫天京与争夺上游的战略部署。

1853 年四月与北伐军同时出发的西征军，由于全军的英勇善战与起义群众的配合，五月便收复江北重镇安庆，围攻江西省会南昌，吉安等地群众纷纷响应。西征军围攻南昌不下，随即北进克复水陆重镇九江，挥师西进，又于1854 年六月克复两湖枢纽武昌，直抵岳州，握住湖南的水陆咽喉。两湖起义群众声势也更加壮大。这对曾国藩的威胁是很严重的。他必须控制屏障湘东的袁州、吉安，尤其是湘北的岳州和武汉，才能保住其湖南的反革命巢穴。因此，西征军一进向江西，他立即派遣其反革命助手罗泽南等出赣西救援，并对起义群众肆行残暴的屠杀；当西征军一攻克武昌、岳州，他便尽其全力来争夺。西征军由于战线太长，兵力不够分配，在江西虽大败湘军，但并没有消灭它，而又不能不放弃围攻中的南昌，以致湘军在江西站下脚跟。在湘清各军的联合反攻下，西征军便又于七月放弃岳州，八月放弃武昌，最后并不得不撤出湖北。湘军水陆沿江东下，围攻九江。天国又只得命石达开率领防守部队救援上游。石达开指挥各军，先于江西境内大败湘军，并封锁彭玉麟水军一部分于鄱阳湖内，减轻九江围困；挥戈西进，于 1855 年正月收复汉口、汉阳。曾国藩命胡林翼、罗泽南、彭玉麟等分路从江西援救武昌，也连吃败仗。太平军于二月又克复武昌，完全掌握华中锁钥的武汉三镇。石达开因又回师来肃清江西。除曾国藩困守的南昌外，江西全入太平军的掌握。正在这种胜利的形势下，由于天京形势危急，太平军不能不分兵回京援救。

天京防卫，自林凤祥等率师北伐以后，江北兵力减弱，敌琦善江北大营便立即转取主动，于 1853 年全力围攻扬州。曾立昌、赖汉英等协力击败围攻敌军，江北形势又趋稳定。但由于北伐军求援，天国又于 1854 年二月命曾立昌等率军北上，天京防卫力量就更加减弱了。因此，清军又利用空子，配合上游湘军行动，于 1855 年正月直接对天京发动攻势，江苏巡抚吉尔杭阿进攻镇江，向荣江南大营加紧围攻天京。天京形势十分严重，天国便把秦日纲、陈玉成等争夺上游的主力调回，1856 年把石达开也调回。守援两军密切配合，连战连胜。清军相继溃败。到 1856 年六七月间，敌吉尔杭阿军、江北大营、江南大营都完全瓦解。这是一个很大的胜利，是对天国有利的；但由于不够及时，客观形势已发生变化，这个胜利没有能产生决定性的作用。因为一方面，到这时湘军已成为一支强大的劲敌，加之主力从上游撤回，使曾国藩得从死里逃生，并得到一个休整和从容部署的空隙。另一方面，满清朝廷更敢于用全力来配合湘军，所以在这次进攻天京失败后，随又收集残兵败将准备再攻。但是最重要的，还是由于天国的内乱，在内乱发生前，石达开回到上游后，形势又在胜利地发展着。

内乱是紧接在 1856 年天京保卫战大胜利后发生的。韦昌辉接受洪秀全密令，由江西率兵回天京，惨杀杨秀清全家、僚属及平日和他有关系的干部共数千人。石达开正在湖北洪山，听到天京变乱，即由前线赶回，严责韦昌辉。韦又想杀石，石越城走往安庆。韦便杀石全家，并"不分清白，乱杀文武大小男女，势逼太重，各众内外，并合朝同心将北王（韦）杀之，人心乃定……后翼王（石）回京，合朝同举翼王提理政务，众人欢悦。主有不乐之心，专用安（洪仁发）、福（洪仁达）两王……主用二人……挟制翼王"①，逼翼王他逃。引起这次内乱的主要原因，史家大都认为由于杨秀清要争夺天王地位。这是不对的。根据天国文献，杨秀清是一个颇有政治、军事和组织才能的领袖。他以上帝的名义对洪秀全父子的批评和责难，也大都是有积极作用的。但由于他个人英雄主义很严重，独断独行，地位特别突出，加之平日对洪秀全及其他负责干部尊敬不够，而又责求太过，约束太严，这便引起胸怀狭隘的洪秀全及一部分干部的不满与怀恨。洪秀全及其左右被天京保卫战大胜利冲昏了头脑，认为万事大吉了，泄愤的时机到来了，就给予韦昌辉那样一个自壤长城的密令。在革命队伍中根本没改变其阶级根性的地主分子韦昌辉，平日就在钻空子、闹宗派，至此便乘机作乱来破坏革命。

这次内乱的结果：（一）根本毁坏了天国的领导核心；（二）惨杀了成千老干部，并严重影响了内部团结和群众情绪；（三）原先与杨、韦有亲属等关系的一部分人如韦俊等，便不顾革命大义，叛变投敌，削弱了革命武装，加强了敌人；（四）不顾革命大局的石达开，走了极端错误的分裂主义的道路，率领数十万大军脱离天国，远征湘、桂、黔、川，最后也在金沙江覆灭——他虽然不是投敌，但事实上起了加强敌人、削弱革命力量的作用。这都是不可弥补的重大损失。天国的根基削弱了，形势完全转坏了！

在这种形势下，天国在军事上便完全转入防御，敌人便完全转入进攻。因此，在天京方面，清军和春、张国樑便于1857年十一月到1858年三月，继续攻陷镇江和雨花台，跟同德兴阿的江北大营重新建立起江南大营，又形成围攻的形势。在上游，武汉于1856年十一月为湘军胡林翼攻陷，1857年四月九江又相继陷落，安庆形势也十分危急。

新提拔起来负责军事的少壮干部陈玉成、李秀成，虽都是具有优秀的品质和才能的军事领袖，也无力挽回大局；1859年来到天京、负责全局领导的洪仁玕，虽有一套比较进步的主张，但资望不够，又缺乏经验，无力扭转局势。

---

① 中国史学会主编：《太平天国》，第2册，神州国光社1952年版，第792页。

因此，在陈、李的努力下，天国虽于 1860 年又把清军江南和江北大营打垮，但始终没能解除安庆的围困。在这种形势下面，卖国贼曾国藩，便一面命曾国荃死死围住安庆，并拖住陈玉成；另一面又决定派淮军头子合肥大土豪李鸿章去负责苏南，担任与英、美、法强盗打交道的卖国勾当，命左宗棠去负责浙江，配合英、美、法侵略强盗的行动。这正是他依靠侵略者来反对太平军、包围天京的阴谋毒计。因此，不只为了天京和部队的供给，最重要的还为了保卫天京的后门，打破敌人合围阴谋，李秀成便不能不继续以全力去抵抗侵略，与洋清联军争夺苏南和浙江。因此李秀成、陈玉成，就形成两支不能密切配合的独立作战的部队。

陈玉成统率江北守军，联合捻军，配合坚守安庆的孤军，一面发挥了人民武装的顽强性和战斗机智，在安庆外围展开了多次诱敌苦斗的战役；一面派陈得才、赖文光等，联合捻军，北入中原，开辟新局面来牵制敌人；一面组织力量向上游进击，打击湘军后方，希望牵动敌军，解救安庆围困。但终因形势不利，众寡悬殊，1861 年五月，集贤关被攻陷，勇将刘玱林以下四千人全部战死。八月初一日，安庆城垣被地雷轰塌，守城孤军浴血冲杀，守将叶芸来以下二万余人，全军战死。庐州也相继于 1862 年四月失守。陈玉成被团练贼苗沛霖阴谋设陷，捉送清将胜保。胜保再四卑词诱降，玉成严厉斥责说："好男儿要死就死，何必多嘴！"英勇壮烈，浩气长存！

李秀成等对苏南和浙江的争夺，是一种极复杂艰巨的斗争。美国强盗早就从各方面积极帮助清军，并组织所谓"常胜军"（亦名洋枪队）与太平军作战；英、法在淞沪地区也早就配合清军防守上海，帮助船只器械等。在北京《条约》签订后，美、英、法强盗便公开协助满清，充任反太平军的组织者，并以其正规陆海军和"常胜军"来充当攻守主力。民贼曾国藩、李鸿章、左宗棠们，便公开成为他们的助手和工具。而太平军与洋清联军战争的过程中，又不断受到天京防守军事的牵制。但由于李秀成优越的军事才能和全军顽强坚决的战斗精神，同时又依靠了群众，太平军仍能取得许多重大的胜利，不断给侵略者和民贼武装以沉重打击，使天国延续了四年。

李秀成等于 1860 年三月打垮敌江南大营后，便乘胜于四月相继收复常州、苏州、松江、嘉兴等重要城市；在青浦迎击美国强盗的"常胜军"，据李秀成自述"两阵交锋……鬼军大败，杀死鬼兵六七百人，得其洋枪二千余条，得其大炮十余条，得洋庄（大概是指土制的大炮）一百余口，得其舟只数百余条"①，并得出"洋兵易打"的结论；乘胜收复松江，直抵徐家汇。英、法军便联合在上海县布防，公开采取敌对行动。李秀成乃计划南进，收复浙江；适江北形势吃紧，天王要他北上解救。因此，李秀成便放弃南进计划，于1861年春攻入江西、湖北，牵制清军，配合江北战斗。六月又由江西攻入浙江，收复浙东；十一月攻克杭州，相继收复浙西。浙江全境，除衢州外，全部收复。因此，大汉奸曾国藩们，认为"目下情势，舍借助洋兵，亦实别无良策"，便进一步出卖民族利益，乞求侵略者拿出更多的力量来。这在美、英、法强盗，却是"正中下怀"。

在这一卖国的阴谋勾当下，李鸿章便于1862年三月率淮军进入上海，配合美、英、法联军对太平军作战；但这种完全现代装备的中外反革命的联合武装，仍一连在太仓、嘉定、青浦被太平军打得大败，法海军提督普罗帖被击毙，英、法、美军从嘉定、青浦落荒而逃。所以李秀成说："那时洋鬼并不敢与我见仗，战则即败"，② 但由于曾国荃围攻南京，李秀成不敢违抗天王诏令，又于五月率大军回救南京。苏南仅由谭绍光等分兵防守，形势转入不利。

同时，左宗棠于1862年正月进入浙江衢州，被太平军阻击。英、法战舰陆军便于四月与清军会攻宁波③。美国"常胜军"也急忙开往浙江增援。慈谿之役，"常胜军"头子美国流氓华尔被击毙，因此美国副将法尔师德又于闰八月至定海，会同清军团练"合剿"。十月，"法国因宁波海口吃紧"，又派副将勒伯勒东"带兵防剿"。勒贼也被英勇的太平军击毙。1863年正月，强盗们又派美国流氓白齐文、法思尔德会带"常胜军"（后来又由英国流氓戈登继任白齐文），法参将买试勒继任勒伯勒东。二月，英总兵哒乐德、法参将买试勒"带领洋兵花绿头各勇、车轮大炮"进攻绍兴。此外，左宗棠又请法国流氓组织"常捷军"。在清洋联军的全力进攻下，浙江各城除湖州外，都相继沦陷

① 中国史学会主编：《太平天国》，第2册，神州国光社1952年版，第812页。
② 中国史学会主编：《太平天国》，第2册，神州国光社1952年版，第822页。
③ 在会攻前，侵入宁波的英法海军，曾经其蛮横地要求太平军移开炮口正对江北口岸之城墙炮台炮位和撤离宁波。太平军宁波守将黄呈忠、范汝增于太平天国壬戌十二年（1862）3月27日给英法海军头目提出"照会"，义正词严地拒绝其无理要求。现浙江博物馆藏有这个"照会"的原件。

了。但太平军据守的每个城市和地方，都经过顽强坚决的战斗，都给了侵略者及其走狗以重大杀伤，并大都战守到流尽最后一滴血。

到1863年十月苏州沦陷后，苏南浙江各城市除李秀成驻军丹阳、黄文金坚守湖州外，也全部沦陷，天京成了被围攻的孤城。因此，李秀成便向洪秀全提出"弃城别走"的主张，但没有为洪秀全所接受。十一月南京神策门城墙被地道炸药轰塌，守军便扼守月城横洞。1864年城中粮食将尽，军民都兼食野菜，但全军都发挥了艰苦顽强的战斗精神，依旧坚守每一段城垣。四月十九日，天王服毒自杀。六月十六日太平门城墙地道被轰塌，湘军蜂拥攻入，守军万余人中，有战斗力的已只有三四千人，"都誓死战斗，无一人投降"。英勇壮烈，流芳千古。"清军入天京，大肆杀掠，纵火延烧……天京大火三日夜不息，历代金陵文物富丽尽成灰烬"①。轰轰烈烈的太平天国革命运动，至此便基本上结束了。但陈德才、赖文光等部联合捻军，仍奉太平天国年号，驰驱苏、皖、豫、鲁、陕各省，继续坚持了数年战斗；李世贤、汪海洋等，也没有放下旗帜，率领残部继续在江西、福建、广东坚持了十六个月的斗争。这虽说只是太平天国的余波，但却表现了伟大中国人民斗争的顽强性、坚持性和斗争到底的决心。

四、结　论

（一）太平天国革命的全部斗争事迹，虽有宗教的、空想的、落后的一面，但其基本精神和主要一面，却表现了：（1）伟大中国人民的伟大气派；（2）"世界一家，男人都是兄弟，女子都是姊妹"的素朴国际主义思想，"人人平等，男女平等"的民主主义思想，解决土地问题的经济思想；（3）经济、政治、军事、文化等方面的革命创造性；（4）对侵略者——美、英、法强盗的侵略武装——进行顽强抗击的不可征服的爱国主义精神，反封建压迫的革命精神；（5）英勇壮烈、顽强坚决、万众一心、斗争到底的革命英雄主义精神和高贵品质。这一切都是伟大中国人民从数千年的丰富的斗争传统中锻炼出来

① 罗尔纲：《太平天国史稿》，开明书店1951年版，第11页。

的；它不只遗留在今日中国人民的血液中，而且经过马克思列宁主义的教养和改造，经过三十多年来轰轰烈烈、英勇悲壮的光荣的革命斗争的锻炼，内容更加丰富了。我们以此感到光荣和骄傲。

（二）太平天国革命运动又给中国人民创造出一些意义极其重大的宝贵经验。最重要的，它使中国人民进一步认识到美、英、法资本主义强盗的贪婪、不法、横暴、杀戮、抢掠和好战的面目与侵略中国之阴谋；同时也认识了"洋兵易打"、即中国人民是完全可以战胜他们的道理。另方面，它也使中国人民开始感觉到：垂死的封建统治集团不只是人民的死敌，而且和外国资本主义侵略者一接触就成为其工具，买办阶层（如以李鸿章为代表）一出世就是人民的死敌和外国资本主义侵略者的工具。他们是天生的卖国奴才。李秀成举例说："鬼兵……到太仓攻打，外有清军前来助战。打入城者，鬼把城门。凡见清官兵，不准自取一物，大小男女任其（鬼）带尽，清官兵不敢与言。若尔清朝官兵多言者，不计尔官职大小，乱打不饶。"①

（三）太平天国失败的客观原因，最根本的，由于历史条件的限制，没有一个先进的阶级和政党来领导；其次，由于美、英、法帝国主义侵略强盗的联合干涉。

太平天国失败的主观原因，主要有以下三点：（1）最主要的，由于他们思想、纲领、方针、政策以及组织形式本身所包含的两重性的矛盾，即其宗教的、空想的、落后的一面与具有现实性的革命的一面的矛盾。这种矛盾不得到解决，便不能不降低以致否定其纲领、方针、政策本身的现实性，就要脱离群众。但他们没能解决这种矛盾。（2）由于封建农村小生产者的散漫性、狭隘性、宗派性、保守性、平均思想和个人英雄主义，一面大大妨害革命集团本身的团结，极其不幸的天国内乱，就是这种特性发展到严重程度的集中表现；一面也大大妨害了对广大群众的团结，他们没有广泛的去与各地会党及起义群众取得联系的思想根源，也正在这里；一面又大大妨害了正确主张的实行，如罗大纲的北伐主张和李秀成的"弃城别走"主张之被拒绝，特别是洪仁玕的政治主张不能实行，都是这种特性这种思想意识的作怪。（3）由于打下南京以后的战略方针的错误，即放弃了坚决进攻的方针，而陷入了保守的被动的方针，而此又正与他们享乐主义的情绪有关。

---

① 中国史学会主编：《太平天国》，第 2 册，神州国光社 1952 年版，第 821—822 页。

关于苏联社会主义经济法则

——1953 年 4 月给东北人民大学研究班的报告提纲

斯大林同志的伟大著作《苏联社会主义经济问题》，对马克思列宁主义的科学的哲学、历史学、政治经济学、由社会主义过渡到共产主义的科学等方面，均作了极其重要的创造性的发展。毛泽东同志在《最伟大的友谊》中写道："斯大林同志全面地划时代地发展了马克思列宁主义的理论，把马克思主义的发展推进到新的阶段。""他所著的《列宁主义基础》、《苏联共产党历史》以及他最后的伟大著作《苏联社会主义经济问题》，是马克思列宁主义的百科全书，是百年来世界共产主义运动经验的综合。"[①] 它将永远照亮着人类前进的道路。

斯大林同志在这一伟大著作中，对社会主义经济法则的天才发现及对马克思列宁主义的其他方面的发展，教导了和武装了各国工人阶级政党，使他们在领导劳动人民为共产主义事业而斗争的前进道路上，在进行实际活动与处理重大复杂的事变的时候，更能胸有成竹和不致迷失方向，并将极大地提高所有前进战士的认识水平和实际活动能力，使他们更能自觉地依据客观法则和理论原则来衡量和检查自己，避免和减少工作中的错误，增强党性修养、提高胜利信心。

斯大林同志以天才的、透彻的笔调，极其深刻地阐明了社会主义经济法则及其客观性质，从而规划出由社会主义过渡到共产主义的道路、共产主义经济的道路；对于各色各样主观主义的谬论，又给以无情的批判。这对于社会主义

[①] 毛泽东：《最伟大的友谊》，人民出版社 1953 年版，第 2、3 页。

和共产主义建设具有何等重大的意义！同时，他又发现了现代资本主义基本经济法则，并揭露了资本主义经济危机的深刻性与无可解救的根源，帝国主义侵略政策的根源，极大地发展了列宁的经典著作《帝国主义是资本主义底最高阶段》。

一、社会经济法则的客观性质和政治经济学法则

社会主义经济法则与各历史阶段中的经济法则一样，都属于客观世界的法则的范畴。否认法则的客观性或在客观法则面前表示屈服的宿命论观点，都是违反历史唯物论的基本观点的。

辩证唯物论指明："世界按其本质说来是物质的。世界上形形色色的现象是运动着的物质底各种形态"①。"除了运动的物质以外，世界上什么也没有，而物质的运动则必取一定的形式"② 这揭露了离人们意识而独立存在的世界的物质性。"各现象由辩证法所判明的相互联系和相互制约是运动着的物质底发展规律；世界是按物质运动规律发展着，而并不需要什么'宇宙精神'③。辩证法不只是作为观察世界的法则，而且它并非是外加于自然和社会的公式，列宁论证道："事物底辩证法创造观念底辩证法，而不是相反。"④ 这揭示了法则（即规律）是客观世界所固有的东西。

辩证唯物论又指明："世界及其规律完全可能认识"⑤，"世界上没有不可认识之物，而只有现在尚未认识，但将来却会由科学和实践力量揭示和认识之物。"⑥ "自然界是无限的，正如它的最小的质点（电子也在内）是无限的，可是理性之把'物自体'转化为'我们之物'也同样是无限的。"⑦ 科学的任

① 《联共（布）党史简明教程》，苏联外国文书籍出版局 1953 年中文版，第 141 页。
② 《毛泽东选集》，第 1 卷，人民出版社 1952 年第 2 版，第 296 页。
③ 《联共（布）党史简明教程》，苏联外国文书籍出版局 1953 年中文版，第 141 页。
④ 列宁：《黑格尔"逻辑学"一书摘要》，人民出版社 1953 年版，第 162 页。
⑤ 《联共（布）党史简明教程》，苏联外国文书籍出版局 1953 年中文版，第 143 页。
⑥ 《联共（布）党史简明教程》，苏联外国文书籍出版局 1953 年中文版，第 143 页。
⑦ 列宁：《唯物论与经验批判论》，人民出版社 1953 年版，第 343 页。

务便在于认识、发现或揭露自然界和社会的客观法则。各种科学的法则乃是不依赖于人们意志为转移的客观过程在人们意识中的反映，即客观在主观中的反映。斯大林同志写道："马克思主义把科学法则——无论指自然科学法则或政治经济学法则都是一样——了解为不以人们的意志为转移的客观过程的反映。"①

认识和发现法则是一个复杂的过程，最基本的问题则在于实践。斯大林同志在其经典著作《联共（布）党史简明教程》中写道："科学和实际活动间的联系，理论和实践间的联系，它们的一致，应当成为无产阶级党底指南针。"②毛泽东同志在其著名哲学著作《实践论》中写道："通过实践而发现真理，又通过实践而证实真理和发展真理。从感性认识而能动地发展到理性认识，又从理性认识而能动地指导革命实践，改造主观世界和客观世界。实践、认识、再实践、再认识，这种形式，循环往复以致无穷，而实践和认识之每一循环的内容，都比较地进到了高一级的程度。"③ 斯大林和毛泽东的这些话，极深刻地揭发了辩证唯物论的认识论的全部精神实质，阐发了理论和实践的密切联系以及它们间的一致，是检验人们所认识的法则的科学的标准，也指明了我们发现科学法则的目的：是为了满足实践的要求，为了利用它来指导自己的行动，使之为人类服务。

斯大林同志指出，人类对自然界和在社会中斗争的一切有成效的创造，都是适合于或依据于客观法则去实现的，而任何一种违反或稍微违反客观法则的举动，都会使事业遭受破坏，使工作遭受损失；但这不是说，人们对客观法则无能为力。除去在自然界的天文、地质及其他某些类似方面的发展过程中还是确实不能给以影响外，人们能够依据客观法则，巧妙地运用和利用它，使它的破坏力改变方向，限制其发生作用的范围，并使一些正在替自己开辟道路的客观法则获得发展的自由，来造福于社会。如自然科学中的医学依据生理和病理法则对人体病状的处理，电学依据阴电和阳电之对立统一的运动法则对电力的处理，伟大的科学家巴甫洛夫和米邱林依据所发现的生理和生物学法则来造福

---

① 斯大林：《苏联社会主义经济问题》，人民出版社1953年第2版，第2页。
② 《联共（布）党史简明教程》，苏联外国文书籍出版局1953年中文版，第146页。
③ 《毛泽东选集》，第1卷，人民出版社1952年第2版，第285页。

社会，都是很显著的例子。揭发了自然界和社会的根本法则、准确地阐发了全部社会科学法则的马克思列宁主义，则是到今为止的人类历史上无比伟大的范例。

但社会科学法则和自然科学法则并不相同。斯大林同志写道："政治经济学的特点之一就在于：它的法则与自然科学的法则不同，不是长久不变的；政治经济学法则，至少是其中大多数，是在一定的历史时期中发生作用的，在此以后，它们就让位给新的法则。"① 而从社会科学的法则来说，马克思在《资本论》第 1 卷《第 2 版跋》中写道："生产力的发展不同，社会关系与支配社会关系的法则也不同。"② 恩格斯在《反杜林论》中也这样说过："历史成了人类本身发展的过程，现在思想家的任务，即在于从一切迷乱中，追踪这一过程的依次发展之阶段，并在一切表面的偶然性中证明出过程的内在的规律性。"③ 这同样说明了社会法则的这个特点和社会变革的真理。斯大林同志在这里深化了马克思和恩格斯的论证，明确地指出社会科学的法则与自然科学的法则不同。他所说的"自然科学的法则……是长久不变的"，是从相对的意义上来说的，是以其存在的物质根据为前提的。自然界物质运动所表现的各种现象的本性，从其存在的那一瞬间起就是较固定的，因而其固有的本质或客观法则都是恒久性的：生物学法则是随同地球上生命的出现就发生了的，其中高级神经活动的法则也是随同高级有机物质、即高等动物和人类的存在就开始发生作用了的；他如能量不灭和能量转化法则——恩格斯指出——是永恒的和绝对的自然法则。

人类历史上最进步最革命的无产阶级之所以不可战胜，能负起解放全人类的历史任务，正因为它不害怕真理（客观法则），并且依据真理去进行实际活动、领导革命和经济生活的缘故。这是无产阶级的导师们都恳切地教导过的。马克思和恩格斯早在 1848 年 1 月发表的《共产党宣言》中就说过："共产党人底理论原理丝毫也不是以某个世界改革家所臆想或发现出来的思想或原则为根据。""它们不过是现时进行着的阶级斗争真实关系底概括表现，现时在我

---

① 斯大林：《苏联社会主义经济问题》，人民出版社 1953 年第 2 版，第 4 页。
② 马克思：《资本论》，第 1 卷，人民出版社 1953 年版，第 16 页。
③ 恩格斯：《反杜林论》，三联书店 1950 年版，第 14 页。

们眼前发生着的历史运动底表现。"① 斯大林同志说："无产阶级党要想成为真正的党，首先就应精通生产发展底规律，社会经济发展底规律。"② "在它的实际活动中，决不应以什么偶然动机为准则，而应以社会发展规律，以及由这些规律中所得出的实际结论为准则。"③ "为了在政治上不犯错误，无产阶级党在制定自己的党纲以及进行实际活动时，首先应以生产发展底规律，应以社会经济发展底规律为出发点。"④ 列宁斯大林与列宁斯大林党领导俄国革命和苏联社会主义建设并获得胜利，以及胜利地进行共产主义建设，列宁斯大林胜利地指导了无产阶级的世界革命运动，正是这样地给了各国工人政党以辉煌的范例，给世界劳动人民规划出胜利的道路。以毛泽东同志为首和以苏联共产党为榜样的中国共产党，也正是这样领导中国革命并获得胜利；现在又领导全国人民进行伟大的社会主义建设，给殖民地半殖民地各国的工人政党和劳动人民以胜利的榜样。毛泽东同志以其马克思主义的伟大天才，把马克思主义的普遍真理与中国革命的具体情况相结合，揭示了中国社会发展的规律、中国社会各被压迫阶级和帝国主义的矛盾、人民大众和封建制度的矛盾、无产阶级和资产阶级的矛盾、各个反动的统治集团之间的矛盾等等，并依据这些规律、依据马克思主义和列宁斯大林关于中国革命问题的学说，指出了中国革命的规律，如统一战线的规律、武装斗争的规律、建党的规律、创造革命根据地与农村包围城市的规律、抗日战争的规律、过渡到社会主义社会的过渡时期的经济建设规律……不以中国社会经济发展法则为出发点，不以革命运动发展的规律为依据，在中国新民主主义革命史上的第一次国内革命战争时期，以陈独秀为代表的集团，便产生投降主义倾向的错误，到 1927 年初又发展为右倾机会主义路线，并拒绝了以毛泽东同志为代表的列宁主义路线，使第一次国内革命战争遭受失败。1927 年以后，由于党清算了这种机会主义，在第一次国内革命战争失败后所产生的国内新的阶级关系之下，以毛泽东同志为首，党"又英勇地领导了土地革命战争，创立了革命的军队和革命的根据地"⑤，因而把革命从

① 马克思和恩格斯：《共产党宣言》，人民出版社 1953 年版，第 49 页。
②《联共（布）党史简明教程》，苏联外国文书籍出版局 1953 年中文版，第 154 页。
③《联共（布）党史简明教程》，苏联外国文书籍出版局 1953 年中文版，第 145 页。
④《联共（布）党史简明教程》，苏联外国文书籍出版局 1953 年中文版，第 154 页。
⑤《毛泽东选集》，第 1 卷，人民出版社 1952 年第 2 版，第 304 页。

危机中挽救了出来，并把它推入了新的阶段，使它重新得到了发展。但在土地革命、即第二次国内革命战争时期，以王明、博古两同志为首的党内教条主义者，不从中国社会具体情况和中国社会经济发展法则出发，不以中国革命运动的发展法则、日寇侵略和民族危机的新情况下的革命发展法则为依据，反对毛泽东同志所代表的正确路线，并在党的中央排挤毛泽东同志的领导，犯了严重的"左"倾错误，因而就破坏了由红军胜利和国民党统治区群众运动高涨所表现出来的革命的复兴，使军队和根据地都受到了很大的损失。1935 年以后，以毛泽东同志为首，党又纠正了冒险主义的错误，领导新的抗日的统一战线，我们的事业又重新发展了。在抗日战争第一阶段中，以王明同志为代表，又在党内形成右倾机会主义路线，并在其所负责的工作中擅自执行了自己的错误路线，"因而妨碍了当时长江流域人民抗日战争的发展，并造成了在'皖南事变'中新四军部队的失败"[1]。以毛泽东同志为首的党中央纠正了这种错误路线以后，长江流域的人民抗日战争又在党的领导下重新发展起来了。因此，毛泽东同志也如同斯大林同志一样地说道："一个政党要引导革命到胜利，必须依靠自己政治路线的正确和组织上的巩固。"[2]

无产阶级的前进战士，要使自己在执行党的政策中，在自己负责的工作和一切实际活动中，不犯政治上的错误，作好革命工作和发展我们的事业而不使它遭受不应有的损失，就要善于根据时间、地点、条件和实际情况，去领会和掌握党的政策的精神实质；并善于依据、运用和利用党的路线政策所依以制定的客观法则，"控制"某些法则的破坏作用，使之改变方向，限制其发生作用的范围，使一些正在替自己开辟道路的法则获得发展的自由；否则就可能陷于宿命论的泥坑，以致丧失立场，或者就可能由于无视法则而引到盲动、引到看不见前途、左右摇摆、丧失胜利信心、否认科学预见性的歧路。无产阶级行动的自觉性和其不可战胜，正是以客观法则为依据的。

全世界无产阶级的领袖和导师马克思、恩格斯、列宁、斯大林之所以伟大、之所以能对人类有无比巨大的贡献，正因为他们发现和掌握了客观世界的法则，并依据客观法则来制定共产主义运动的纲领和领导共产主义运动的

---

[1] 胡乔木：《中国共产党的三十年》，人民出版社 1952 年版，第 50 页。
[2] 《毛泽东选集》，第 1 卷，人民出版社 1952 年第 2 版，第 291 页。

缘故。

社会发展法则决定了近代资产阶级必然死亡，而且俄国的资产阶级早已死亡了，殖民地半殖民地半封建的中国的官僚买办资产阶级也已经死亡了，……其他现时还没有死亡的美、英各国资产阶级，也都是暮景惨淡，气息奄奄。由此便不难了解：他们为什么在马克思列宁主义面前、在马克思列宁主义所揭露的客观法则面前发抖，为什么那样拼死来反对马克思列宁主义，来否认、歪曲社会法则或伪造社会法则，为他们的狭隘的阶级利益而进行垂死的挣扎。资产阶级的哲学和社会科学早已丧失了它们在黎明时期的仅有的科学性，而成为神学的奴仆，从所谓"宇宙精神"等唯心论以至露骨的神学观点出发，捏造其反科学的社会科学"法则"与下流邪说，粉饰资本主义制度为"自然和理性的永久规律"，企图欺骗工人阶级和劳动人民。无产阶级的导师马克思和恩格斯在《共产党宣言》中早就指斥过："你们（按指资产阶级——吕）的偏颇观念，驱使你们把你们的生产关系和所有制关系从生产发展过程中暂时的历史性的关系夸大成为永久的自然法则和理性法则，而你们的这种偏颇观念原是先前所有一切灭亡了的统治阶级也都有过的。"① 到了资本主义社会临死的现在，资产阶级的哲学和社会科学更趋下流了；由此便产生了它的种种"倒行逆施"的暴行与"自食其果"的错误政策和举动。美国帝国主义在中国人民面前已遭受了惨重的失败，在朝鲜人民和中国人民志愿军面前也业已遭受了惨重的失败，在全世界各地也都已遭受了或正在遭受着严重的失败，但它并没有也不可能取得失败的教训。产生在资产阶级社会的自然科学，按其本身来说是科学的，是反映了自然界的一定侧面的客观法则的；但其哲学基础却是资产阶级性质的，包含了反真理的宣传，是服从于资产阶级利用科学作为获取高额利润以致最大限度利润的手段的要求的。由于垄断资本主义内在矛盾的深刻性、特别是在现今互相对立的两个平行的世界市场存在的情况下，帝国主义市场的日益缩小、危机的日益加深，以及其军事化的国民经济的生产，资产阶级便不只把若干有益于人类的科学发现埋没掉，把若干有益于和平生产的科学设备闲置起来，而且利用人类劳动实践所发现的科学成果，如应该用来为社会谋福利的原子能等等，用作侵略战争和准备新战争的杀人手段与讹诈工具。而此也正表现

---

① 马克思和恩格斯：《共产党宣言》，人民出版社1953年版，第53页。

了资产阶级在如何破坏生产力、阻碍生产力的发展，资本主义的生产关系和生产力间的矛盾已发展到何等严重的程度！

二、生产关系必定要和生产力性质相适合

经济法则所表现的是一定生产方式的本质、本性、该生产方式内部所固有的必然性、因果性关系。对此，斯大林同志在《联共（布）党史简明教程》第四章历史唯物主义部分，总结了人类历史和马克思与恩格斯的发现，并给了极具体深刻的阐明，其中对于人类社会经济发展的一般法则、五种社会经济形态各自的特殊法则，都作了无比详尽而精确的表述。他又明确地指出，历史上每一种社会经济发展除去有其为一切社会的经济发展共同的法则外，又都有其特殊的经济法则。"各种不同的社会形态在它的经济发展中，不仅服从自己特有的经济法则，而且还服从一切社会形态所共有的经济法则，例如，在单一的社会生产中生产力和生产关系的统一的法则，在一切社会形态发展过程中生产力和生产关系间的关系法则。"① 由于这种特殊的经济法则的作用，又正如马克思所说的："每一个历史时期，都有它自己的法则。"② 而从各个国家社会发展的历史来看，其同一历史阶段的社会形态，都是服从于一切社会共同的一般法则和其特定历史阶段的特殊法则的；但由于地理环境等特殊条件所形成的具体情况的不同，又都有其特殊的面貌——而其本质则是一致的。

斯大林同志写道：生产方式即"社会生产是由两个方面组成，这两个方面虽然是不可分割地互相联系着，但却反映两种不同的关系，即人们对自然的关系（生产力）和人们在生产过程中的相互关系（生产关系）。只有具备生产的这两个方面，才能有社会生产"③。斯大林同志又指明，生产力是由生产物质资料时所使用的生产工具，以及因有相当生产经验和劳动技能而发动着生产

---

① 斯大林：《苏联社会主义经济问题》，人民出版社1953年版第2版，第64页。
② 马克思：《资本论》，第1卷，人民出版社1953年版，第16页。
③ 斯大林：《苏联社会主义经济问题》，人民出版社1953年版第2版，第57页。

工具并实现物质资料生产的人这些要素构成的。生产关系所包括的是："（甲）生产资料的所有制形式；（乙）由此产生的各种不同社会集团在生产中的地位以及它们的相互关系，或如马克思所说的，'互相交换自己的活动'；（丙）完全以甲乙二项为转移的产品分配形式。"① 斯大林同志在这里极其深刻地揭露了：在历史各个时期的社会经济形态中以及同在一个社会制度下的各种经济形态中，由于生产力发展水平的不同、生产关系所包括的各方面的基本情况不同，而表现为生产方式的本质的区别。由此就可以理解：我国在新民主主义革命胜利后的生产力和生产关系与旧中国的殖民地半殖民地半封建的生产力和生产关系的本质区别，以及我国现时存在的五种经济形态的性质，并从而去正确地认识和掌握党的经济政策，领导经济生活。

依据革命导师的证明，生产力和生产关系的矛盾乃是社会经济发展的根据，表现着生产的本质。生产力是生产过程中最活动最革命的要素，是在生产发展过程中起决定作用的东西，也就是说："生产力和生产关系的矛盾，生产力是主要的"②；生产关系"是依赖于生产力底发展而发展"③ 的。束缚生产力发展的旧生产关系必然要为适合生产力发展的新的生产关系所代替。"生产力的发展不同，社会关系与支配社会关系的法则也不同"④。"手力的磨坊产生了以绪则连（即封建主。——编者注）为首的社会；蒸汽力的磨坊产生了以工业资本家为首的社会"⑤。"共产主义是苏维埃政权加全国电气化"。但生产关系又反转来影响和作用于生产力，加速或迟缓其发展。认为它只是起着束缚生产力发展的阻碍作用的论点是根本错误的。当生产关系适合于生产力性质，并使生产力有发展余地时，生产力才能尽量发展起来，而且"代替旧生产关系的新生产关系"，斯大林同志写道："……是这样一种主要的和有决定性的力量，它真正决定生产力进一步的而且是强大的发展。"⑥ 毛泽东同志也同样说过："当着不变更生产关系，生产力就不能发展的时候，生产关系的变更就

---

① 斯大林：《苏联社会主义经济问题》，人民出版社1953年版第2版，第65页。
②《毛泽东选集》，第1卷，人民出版社1952年第2版，第313页。
③《联共（布）党史简明教程》，苏联外国文书籍出版社1953年中文版，第154页。
④ 马克思：《资本论》，第1卷，人民出版社1953年版，第16页。
⑤《马克思恩格斯全集》，第5卷，第364页。转引自《联共（布）党史简明教程》，苏联外国文书籍出版局1953年中文版，第160页。
⑥ 斯大林：《苏联社会主义经济问题》，人民出版社1953年第2版，第55页。

起了主要的决定的作用。"① 如在资产阶级革命以后所有过的情况，由于"破坏了封建的生产关系、确立了资产阶级的生产关系的时代，无疑地曾经有过一个时期，资产阶级的生产关系是完全适合生产力的性质的"。资本主义就有"像它在资产阶级革命之后那样迅速地发展了"②。在奴隶制度或封建制度革命以后的初期，较之其整个历史阶段来说，生产力也都有过较快的发展。苏联和各人民民主国家的国民经济之所以有继续不断的强大的高涨，正由于生产关系完全适合于生产力性质，并将依据于人们的自觉性不断地使生产关系完全适合于增长起来的生产力性质。它通常不致使生产力和生产关系的矛盾发展到冲突的程度。而在有阶级对抗的社会中，当生产关系不适合于生产力的性质，变成生产力的桎梏时，"便会有生产体系中生产力与生产关系统一底根本破坏，全部生产破裂，生产危机以及生产力破坏的情形"③。这种冲突，又必然表现为阶级间的冲突，革命是不可避免的。"在新生产力与旧生产关系互相冲突的基础上，在社会底新经济需要的基础上产生出新的社会思想，新的思想组织和动员群众，群众团结成为新的政治军队，建立起新的革命政权，并运用这个政权去用强力消灭生产关系方面的旧秩序而奠定新秩序。于是，自发的发展过程就让位于人们自觉的活动，和平的发展就让位于强力的变革，进化就让位于革命"④。由此可以了解：革命和实现革命的先进阶级、特别是消灭阶级制度的无产阶级革命和无产阶级所领导的革命对历史前进的无比巨大的决定作用、马克思列宁主义理论的巨大作用、无产阶级专政和无产阶级领导的人民民主专政的巨大作用。

到今为止，在人类历史上，若干国家都经历了奴隶制革命、封建制革命、资产阶级革命，在苏联不只早已实现了社会主义革命，且正在由共产主义社会的低级阶段、即社会主义社会，向高级阶段迈进，在我国和各人民民主国家也已实现了无产阶级领导的人民民主革命。

苏联社会主义经济，是"依靠了生产关系一定要适合生产力性质这个经

---

① 《毛泽东选集》，第 1 卷，人民出版社 1952 年第 2 版，第 314 页。
② 斯大林：《苏联社会主义经济问题》，人民出版社 1953 年第 2 版，第 45 页。
③ 《联共（布）党史简明教程》，苏联外国文书籍出版局 1953 年中文版，第 154 页。
④ 《联共（布）党史简明教程》，苏联外国文书籍出版局 1953 年中文版，第 163 页。

济法则"①，在无产阶级革命胜利、消灭了旧的生产关系建立起新的生产关系的基础上建立起来的。斯大林同志写道："由于国内缺乏任何现成的社会主义经济的萌芽，苏维埃政权当时必得在所谓'空地上'创造新的社会主义的经济形式。""苏维埃政权依据生产关系一定要适合生产力性质这个经济法则，把生产资料公有化了，使之成为全体人民的财产，因而消灭了剥削制度，创造了社会主义的经济形式。"② 马克思和恩格斯也曾经说过："无产阶级的运动是绝大多数人为绝大多数人谋利益的独立的运动。"③ 因此，它与那些只是为着少数人利益、以一种剥削去代替另一种剥削的一切在历史上发生过的运动不同。"无产者却只有消灭自己现时的占有方式，亦即消灭迄今存在的全部占有方式，才能夺得社会生产力。无产者自己没有什么必须保护的东西，他们必须打破迄今所有一切保护和保障过私有财产权的东西"④。列宁和斯大林在领导无产阶级革命和创立社会主义经济形式的实践中，又极大地发展了马克思和恩格斯的这个理论。

我国的在过渡时期起领导作用的社会主义性质的国营经济，和组织农民和手工业者个体经济使之实现社会主义改造的合作社经济，以及引导私人资本主义经济使之实现社会主义改造的国家资本主义经济，也正是依据了生产关系一定要适合生产力性质的这个经济法则，在无产阶级领导的新民主主义革命胜利的基础上建立起来的。过去殖民地半殖民地半封建的生产关系不适合于中国社会生产力的性质，这具体表现为帝国主义的经济支配及其支配下的"大地主、大银行家、大买办的资本，垄断中国的主要经济命脉，而残酷地压迫农民，压迫工人，压迫小资产阶级和自由资产阶级"⑤；因而又表现为：无产阶级生活的极端穷困和政治上极端被压迫；农村经济极端衰落，农民极端穷困和政治上严重的被压迫；小资产阶级经济的不断下降和政治上的无权利；自由资产阶级的资本主义生产被束缚和被压抑。这就要求新的生产诸关系来代替旧的生产诸关系，但却遇到了帝国主义、封建阶级和官僚资产阶级的顽强反抗，因而就需

---

① 斯大林：《苏联社会主义经济问题》，人民出版社1953年第2版，第5页。
② 斯大林：《苏联社会主义经济问题》，人民出版社1953年第2版，第5页。
③ 马克思和恩格斯：《共产党宣言》，人民出版社1953年版，第46页。
④ 马克思和恩格斯：《共产党宣言》，人民出版社1953年版，第46页。
⑤《毛泽东选集》，第3卷，人民出版社1953年第2版，第1046页。

要有克服这种反抗的社会力量。以毛泽东同志为首的中国共产党找到了这种力量。这种力量，毛泽东同志在 1926 年 3 月的著作《中国社会各阶级的分析》中就明确指出："工业无产阶级是我们革命的领导力量。一切半无产阶级、小资产阶级，是我们最接近的朋友。那种动摇不定的中产阶级，其右翼可能是我们的敌人，其左翼可能是我们的朋友。"① 这便是无产阶级联合农民和城市小资产阶级，适当联合民族资产阶级，并在一定时期内争取一切可能争取的同盟军，组成在无产阶级领导下的人民革命力量。在推翻帝国主义、封建主义、官僚资本主义的统治、建立了无产阶级领导的人民民主专政以后，新的革命政权以其强大的政治力量，取消了帝国主义在中国的一切特权，没收了官僚资本归人民国家所有，没收了封建地主阶级的土地分配给无地少地的农民，"节制资本"，扶助有利于国计民生的资本主义经济并不断对它实行改造。这样就消灭了旧的生产关系、建立了新的生产关系。现在，中国工人阶级和其他劳动人民，在中国共产党领导下，正以尽量快的速度，发展社会生产力。但应指出，在革命过程中，如果依照我们党内曾经存在过的"左"右倾机会主义的路线，便会分散和瓦解这种力量，就要使革命失败；而且它也确乎危害过革命，使革命遭受过严重的挫折。

依据生产关系一定要适合于生产力性质的这个经济法则，近代资本主义的美、英、法等国现时还没有完成无产阶级革命的历史任务，并不是由于资本主义的生产力还有发展的余地，也不是由于新的社会主义生产关系借以存在的那些物质条件还没有产生，如同马克思在《〈政治经济学批判〉序言》中所表述的情况："无论哪一个社会形态，当它所给以充分发展余地的那一切生产力还没有展开以前，是决不会灭亡的；而新的更高的生产关系，当它所借以存在的那些物质条件还没有在旧社会胞胎里成熟以前，是决不会出现的。"② 马克思和恩格斯早在《共产党宣言》中就已经指出了："社会所拥有的生产力已不复促进资产阶级文明和资产阶级所有关系底发展；恰恰相反，生产力已经增长到这种关系所不能容纳的地步，资产阶级的关系已在阻碍着生产力底发展；而当生产力一开始实行打破这种障碍时，就使得全部资产阶级社会陷于混乱，就使

① 《毛泽东选集》，第 1 卷，人民出版社 1952 年第 2 版，第 9 页。
② 见《联共（布）党史简明教程》所引，苏联外国文书籍出版局 1953 年中文版，第 165 页。

得资产阶级所有制底存在受到威协。资产阶级的关系已是过于狭隘、再容纳不了它们所造成的财富了。"① 其时资产阶级业已只能使用"强迫消灭大批生产力"和"争取新市场与更加彻底地榨取旧市场"的方法、即"准备更全面的与更厉害的危机"的方法去"克服危机"。在资本主义进到帝国主义时期以后，列宁在其伟大的天才的经典著作《帝国主义是资本主义底最高阶段》中，根据对于帝国主义经济的本质问题的无可驳辩的分析，指出了"帝国主义是资本主义的特殊阶段"，是"垂死的资本主义"。资本主义的私有经济关系和私有权关系，"显然已变成一种不合于内容的外壳，而假如用人工方法来延缓其必被消除的时日，那它就必然要腐化起来；它也许能在腐化状态中存留一个比较长久的时间……但它终究还是必然会被消除掉的"②。美、英等国的资本主义经济，正像列宁所说的一样，"在腐化状态中"存留到现在。斯大林同志在《苏联社会主义经济问题》中，依据自列宁逝世以后的历史情况，对列宁在《帝国主义是资本主义底最高阶段》中所揭示的连同上述原理在内的若干原理都作了重大的发展。在这里，他给了如次的令人信服的表述："生产关系一定要适合生产力性质这一经济法则，早已在资本主义国家中为自己开辟道路。它之所以还没有给自己开辟出道路，还没有获得发生作用的广阔场所，是因为它遇到了社会衰朽力量极强烈的反抗。在这里，我们碰到了经济法则的另一个特点。在自然科学中，发现和应用新的法则是或多或少顺利地进行的；与此相反，在经济学领域中，发现和应用那些触犯社会衰朽力量的利益的新法则，却要遇到这些力量极强烈的反抗。因此，必须有能够克服这种反抗的力量，社会力量。在我国，已经有了这种力量，其形式就是占社会绝大多数的工人阶级和农民的联盟。而在其他国家、即资本主义国家中还没有这种力量。"③

要有这种社会力量，就要工人阶级自己团结成为政治的军队，同时把广大劳动人民、首先是农民团结在自己周围。斯大林同志在这里并非说当时美、英等资本主义国家没有工人阶级和可能成为其同盟者的阶级力量存在，而只是当时他们还没能在马克思列宁主义思想基础上组织和动员起来，还没能成为新的

---

① 马克思和恩格斯：《共产党宣言》，人民出版社1953年版，第39—40页。
② 《列宁文选》两卷集，第1卷，苏联外国文书籍出版局1950年中文版，第1031页。
③ 斯大林：《苏联社会主义经济问题》，人民出版社1953年第2版，第6页。

政治的军队和行动力量。其所以是这样，因为在十月革命以前和革命当时，俄国已有了列宁斯大林和列宁斯大林所手创的布尔什维克党的直接领导，按照列宁主义的路线把群众组成了政治的军队和行动力量，因此能在一个帝国主义国家——当时帝国主义一切矛盾的集结点、也就是帝国主义经济体系中薄弱一环、也就是在资本主义阵线薄弱、无产阶级比较容易冲破这个阵线的沙皇俄国，首先获得胜利；但是在其他资本主义各国，首先由于出卖了无产阶级的阶级利益的第二国际机会主义的影响，还没有一个国家的工人阶级普遍地从实质上来领会列宁主义，还没有一个成熟的布尔什维克式的党，也由于那些国家当时还没有像沙皇俄国那样的成为矛盾的集结点、即其帝国主义的经济体系也还比较强大，如在英国，资产阶级又从其对殖民地残酷榨取所得的最高利润的一点残余，去收买和培养工人贵族，分化工人阶级，也没有那样人数众多的农民存在……然而，在伟大十月社会主义革命胜利以后，在列宁斯大林的旗帜和马克思列宁主义的光辉照耀下，在革命的第三国际的领导下，各国都有了以布尔什维克党为榜样的工人阶级先锋队，都按照列宁斯大林的战略和策略原则解决工人阶级本身的团结和同盟军问题。因而在第二次世界大战和其以后的一个时期中，就有中国和现已成了人民民主国家的各国人民在工人阶级领导下的伟大胜利，就出现了各人民民主国家。"那些还没有取得政权并且还在资产阶级残酷法律的统治下继续工作的共产主义的、民主的或工农的政党"，斯大林同志在《在苏联共产党第十九次代表大会上的演说》中指出：它们的工作已没有俄国共产党人"在沙皇统治时期那样困难"，"第一，因为在它们面前有苏联和各人民民主国家的斗争和成功的榜样"。"第二，因为资产阶级，——解放运动的主要敌人，——其本身已经和以前不同了，已经大大地改变了，已经变得更加反动了，已经失去了和人民的联系，因而把自己削弱了"。"人们平等和民族平等的原则被践踏了；这种原则已代之以从事剥削的少数人享有充分权利而公民中被剥削的大多数人则毫无权利的原则。资产阶级民主的自由这面旗帜已经被抛弃了"。"资产阶级出卖民族的权利和独立来换取美元。民族独立和民族主权这面旗帜已经被抛弃了"①。因此，那些国家中共产主义的、民主的或工农的政党，便成了把大多数人团结到自己周围的唯一的旗帜，便成了民

---

① 斯大林：《在苏联共产党第十九次代表大会上的演说》，人民出版社1953年版，第4—7页。

族的权利和民主的自由的旗帜。革命同盟军的阶级基础是很广大的。根据斯大林同志的纲领性的指示——现已成了他对全世界劳动人民的遗嘱，在资本主义统治的国家中的兄弟党的成功和胜利，是完全有保证的。

"继资本主义而来的必然是社会主义制度，正像继黑夜而来的必然是白天一样"①。那末在资本主义各国有无和平转变的可能呢？毛泽东同志说："在阶级社会中，革命和革命战争是不可避免的，舍此不能完成社会发展的飞跃，不能推翻反动的统治阶级，而使人民获得政权。"②

三、社会主义经济法则与人们的自觉活动

在苏联社会主义制度下，生产关系与在资本主义制度下的情况完全不同。它与"生产关系底基础是生产资料的资本主义所有制"的情况相反，"生产资料的公有制是生产关系底基础"；与生产工作者"没有生产资料"、"不得不出卖自己的劳动力给资本家，并忍受繁重的剥削"的工资奴隶的情况相反，"生产过程中人们相互关系底特征，乃是不受剥削的工作者们间的同志合作和社会主义互助"，没有什么剥削者和被剥削者；与连同直接生产者在内的千百万民众挨饿受冻、而资本家手中却占有大量商品、甚至不得不把它烧毁和消灭的情况相反，"生产出来的物品是根据'不劳动者不得食'的原则来按劳动分配的"③。社会主义生产关系与生产力性质是完全适合的，生产过程的公共性质与生产资料的资本主义私人性的矛盾根本不存在，那种竞争和生产无政府状态的情况也就根本不会产生，因而苏联的社会主义生产也就"根本不知道什么是周期的生产过剩危机，以及与此危机相联结的荒谬现象"④，生产力也就不断地获得迅速的强大的高涨。

但是对这种"完全适合"不能从绝对意义上来理解。诺特金同志说："只

----

① 《斯大林全集》，第1卷，人民出版社1953年版，第310页。
② 《毛泽东选集》，第1卷，人民出版社1952年第2版，第322页。
③ 《联共（布）党史简明教程》，苏联外国文书籍出版局1953年中文版，第158、159页。
④ 《联共（布）党史简明教程》，苏联外国文书籍出版局1953年中文版，第159页。

有在社会主义制度和共产主义制度下，才能达到使生产关系完全适合生产力的性质，而在其他社会形态下，只能实现不完全的适合"。这是不对的。斯大林同志批评这种错误说法时写道："在资产阶级革命之后……无疑地曾经有过一个时期，资产阶级的生产关系是完全适合生产力的性质的。"同时，把"完全适合"一语理解为"仿佛在社会主义制度下，决没有生产关系落后于生产力的增长的现象"① 也是不对的。斯大林同志说：生产力"在社会主义制度下，也无可争辩地是走在生产关系前面的"。所谓"完全适合"，"应该理解为在社会主义制度下，通常不会弄到生产关系和生产力发生冲突，社会有可能及时使落后了的生产关系去适合生产力的性质"。"当然，就是在社会主义制度下，也有落后的惰性的力量，它们不了解生产关系有改变的必要，但是这种力量，当然不难克服，而不致把事情弄到冲突的地步"②，在我国，对"完全适合"一语，也有不少人存在过不正确的理解的。而这种不正确理解的另一面，如雅罗申柯同志认为生产力与生产关系间的矛盾只是在阶级社会中存在，在社会主义制度下，"生产关系'再也不与生产力的发展相矛盾的'"；并且认为在"对抗性的阶级矛盾"的条件下，生产关系的作用只是一种"消极的作用，限制为阻碍和束缚生产力发展的因素的作用"；在社会主义制度下，生产关系则没有任何独立作用，"包括在生产力的组织中，作为这种组织的一个手段、一个成分"③。这是更加错误的。这在一方面是不符合于历史事实，也是违反马克思主义政治经济学的基本原理的；一方面，认为社会主义制度下生产力和生产关系彼此没有矛盾，也是违反事实的。斯大林同志写道："矛盾无疑是有的，而且将来也会有的。"④ 否认这种矛盾的存在，就不啻直接违反了马克思在《〈政治经济学批判〉序言》中所揭示的著名公式，就不啻阉割了"辩证法的核心"。列宁说道："统一物之分解为二及对其各矛盾部分的认识，是辩证法底本质。""把辩证法简要地规定为关于对立底统一的学说……辩证法底核心就被抓住。"⑤ 毛泽东同志也如同列宁一样地说道："事物的矛盾法则，即对立

---

① 斯大林：《苏联社会主义经济问题》，人民出版社 1953 年第 2 版，第 45 页。
② 斯大林：《苏联社会主义经济问题》，人民出版社 1953 年第 2 版，第 45、46 页。
③ 斯大林：《苏联社会主义经济问题》，人民出版社 1953 年第 2 版，第 53 页。
④ 斯大林：《苏联社会主义经济问题》，人民出版社 1953 年第 2 版，第 61 页。
⑤ 列宁：《黑格尔"逻辑学"一书摘要》，人民出版社 1953 年版，第 213、191 页。

统一的法则,是唯物辩证法的最根本的法则。"① 否认这种矛盾的存在,一方面,就会麻痹我们自己,让社会主义生产导入自发过程,另一方面,就会否认领导机关领导经济生活的巨大任务和作用。在社会主义制度下,生产力和生产关系间的矛盾,"在领导机关的正确政策下","就不会变成对立,而这样也就不会弄到社会的生产关系和生产力发生冲突"。斯大林同志教导说:"领导机关的任务在于及时地看出日益增长的矛盾,并及时地采取办法,使生产关系适合于生产力的增长,来克服这种矛盾。这首先是与集团的即集体农庄的所有制、商品流通这种经济现象有关的。"② 苏联社会主义经济在过去三十多年的过程中,除去在第二次世界大战期间因希特勒匪徒的背信弃义的进攻和其极端野蛮残酷的掠夺、破坏,以及战争所给予的影响外,一直保持着继续不断的强大高涨,充分表现了社会主义制度的无比优越性,也充分表现了列宁斯大林党和苏维埃政权所执行的政策的完全"正确无误"和其在领导苏联社会主义经济生活中的无比巨大的作用。斯大林同志在这里天才地透彻地阐发了关于社会发展的基础的理论,表明了社会主义制度较之资本主义制度的无比优越性,而又极深刻地揭示了社会主义经济不断高涨的根据及其不可战胜的源泉、人们的自觉活动代替了自发过程的伟大作用以及自觉性与客观法则的关系,同时也指出了:在苏联社会主义的当前情况下,不断将小型集体农庄合并为大型集体农庄的重大意义,在把小生产者的农民经济改造为社会主义集体农庄经济以后又如何引进到共产主义去的历史性的重大步骤,以及领导机关根据客观法则的科学预见来领导社会经济生活的重要性,在解决新任务的必需条件成熟时就及时提出新任务的重要性。

在社会主义社会、共产主义社会制度下,"社会有可能来得及使落后了的生产关系适合于生产力的性质",即"人们的自觉活动"代替"自发过程"的伟大作用,是以往一切历史时代所不能实现的。在以往一切历史时代,人们的适应于客观法则而致事业有了成功的社会行动,如所谓"时势造英雄",也不是基于对社会法则有了清醒认识后的自觉行动;所谓"英雄造时势"则是倒因为果的唯心论的谬说。适应于社会法则的人们的社会行动,便能得到多数人

---

① 《毛泽东选集》,第 1 卷,人民出版社 1952 年第 2 版,第 287 页。
② 斯大林:《苏联社会主义经济问题》,人民出版社 1953 年第 2 版,第 61 页。

的同情和支持，即所谓"得道（在这里，'道'意味着法则——吕）多助"或"顺天（在这里，'天'意味着自然——吕）者存"；而违反了社会法则的人们的社会行动，便得不到多数人的同情和支持，结果遭受到反对和失败，即所谓"失道寡助"或"逆天者亡"，这也不是对社会有了什么认识，而是产生于其集团利益基础上的"倒行逆施"。但所有这些活动，究竟是符合还是违反大多数人的利益，却是群众带有自觉性的选择的依据；"倒行逆施"是必然违反多数人的意志和利益的。随同历史进展到共产主义运动时代、并随同揭发自然界和社会客观法则的马克思主义的产生——这也是基于必然性而产生的——，无产阶级和社会主义时代人们的自觉活动才成为可能和现实。马克思和恩格斯说过："共产主义所以异于向来之一切的运动的，是要推翻一切向来的生产与交通之诸关系，要把一切自然生长的诸前提第一次用着意识作为向来的人类之创造物而处理，剥掉它们的自然生长性，使隶属于团结着的个人们之势力下面。"① 恩格斯在《反杜林论》一书中又明确地把法则提到了原则高度而作了如次的表述："他们自己社会行动的法则直到现在都是与他们相对立，而成为一种异己的、统治于他们之上的自然法则；现在则为人们所完全自觉地运用起来，因之也就处在他们的统治之下了。"他并形象地解释为"由必然的王国进于自由的王国之飞跃"②。

但社会主义制度下的"人们的自觉的活动"，不是听任经济法则的自流、自动和自发的，也不是背离或违反经济法则而可以"自由"的；而是自觉地以经济法则为依据，理解它的相互联系和相互制约的关系，有目的有计划地利用它来对自然和社会进行革命改造的。所以恩格斯对"自由"和"必然"的关系又作了如次的说明："自由不是在于想像中的对自然法则的独立，而是在于认识这些法则，并根据这种知识来能够有计划地运用它们，以达到一定的目的。"③ 斯大林同志引述恩格斯的公式时写道："恩格斯把这种自由叫作'被认识了的必然性'。究竟'被认识了的必然性'是什么意思呢？这就是说，人们认识了客观的法则（'必然性'）之后，就会完全自觉地运用这些法则来为社

---

① 马克思和恩格斯：《德意志意识形态》，群益出版社1949年版，第125—126页。
② 恩格斯：《反杜林论》，三联书店1950年版，第366、367页。
③ 恩格斯：《反杜林论》，三联书店1950年版，第137页。

会谋福利。"① 恩格斯的公式不是要我们来消灭经济法则和创立新法则，"而是要我们来认识经济法则和巧妙地运用这种法则"。斯大林并写道："经济发展的法则是反映不以人们的意志为转移的经济发展过程的客观法则。人们能发现这些法则，认识它们，依靠它们，利用它们来为社会谋福利，把某些法则所发生的破坏作用引导到另一方向，限制它们发生作用的范围，给予其他正在为自己开辟道路的法则以发生作用的广阔场所。"② 斯大林同志不只给了恩格斯的公式以极其详细明晰的阐述，而且给马克思列宁主义的这个重要原理作了理论上的重大发展。他揭示了社会主义经济法则的客观性，而又极其深刻地揭露了：在社会主义和共产主义制度下，人们能认识和依据客观法则，把法则去运用和作用于无限广阔场所；以"必然性"为基础的"自由"，获得了并将不断扩大其发挥的场所，以客观法则为基础的人们的主观能动作用将无限制地不断地增大；人们得以尽量发挥其"认识世界"和"改造世界"的作用，并从而得以尽量发挥其无限制的伟大创造性去"驾御"和统治世界；自然界、社会和人类自身的潜在力量将无限地被发掘出来，以造福于社会。

斯大林同志又告诫我们，客观法则是反映不以人们的意志为转移的客观过程，如果认为我们可以"消灭"、"改造"或"创造"社会主义经济法则，或者如果我们不能自觉地有目的地去"认识"、"掌握"、"依据"法则和来"利用"、"运用"、"限制"、"控制"、"驾御"法则的力量或其作用范围，就不啻否认科学，否认作出科学的预见的可能性，否认有领导经济生活的可能性，就不啻认为社会主义没有自己的依据，就不啻让社会主义成为软弱无力的东西。对此，他以巨大的马克思主义的说服力，又驳斥了那种认为在社会主义制度下人们可以"改造"、"创造"或"消灭"经济法则的主观主义论点，并给予极其详尽的理论的深刻分析。苏联社会主义制度，正是在党和苏维埃政权的深刻的科学领导、即自觉地利用社会主义的客观法则的基础上产生和发展起来的，是苏维埃人民在自觉地利用客观法则的基础上的创造性活动的结果。另方面，那种把社会主义经济法则的客观性与自发性混为一谈的观点，认为经济法则的动作是不可制止的、人们无力去施以影响和作用的观点，都是自发论观点。资

---

① 斯大林：《苏联社会主义经济问题》，人民出版社1953年第2版，第4页。
② 斯大林：《苏联社会主义经济问题》，人民出版社1953年第2版，第3页。

本主义经济的那种自流和自发的趋势，是与社会主义不相容的。如果社会主义经济法则自发地盲目地发生作用，社会主义国家就要陷于消极等待经济法则自发的结果。斯大林同志早在其经典著作《论列宁主义基础》中，揭发了自发论的本质而给了它以尖锐的批评："自发'论'是机会主义底理论，是崇拜工人运动自发性的理论，是在实际上否认工人阶级先锋队、即工人阶级党领导作用的理论。"① 在《苏联社会主义经济问题》中，他又批评自发论思想说："这是把法则偶像化，是让自己去做法则的奴隶。"② 正如马克思所早已说过的一样：唯物主义的理论不能只以认识世界为限，它还应当改造世界。

四、国民经济计划制、有计划的发展法则与社会主义基本经济法则

社会主义经济法则不是凭空出现的，也不是凭社会主义国家和人民的主观愿望发现出来的东西，而是随同生产资料公有制为基础的社会主义的生产方式而产生的。由资本主义过渡到社会主义的必要条件，是无产阶级推翻资产阶级的统治和夺取政权，同时无产阶级"以统治阶级资格运用强力去消灭旧的生产关系"，"集中一切生产工具于国家手中，即集中于已组织成为统治阶级的无产阶级手中，并尽量迅速地增殖生产力总量"③；并以自觉的创造性的活动，建立新的生产关系。这样，在无产阶级革命获得胜利后的苏联，就出现了社会主义的生产关系；在新民主主义革命获得胜利后的我国，就在取消帝国主义一切特权和没收官僚资产阶级的资本归人民国家所有的基础上，出现了社会主义性质的国营经济。《苏联社会主义经济问题》表明：在生产资料公有化的基础上，在苏联就产生出与资本主义制度下的竞争和无政府性生产法则相反的、国民经济有计划的发展即比例相称地发展的客观经济法则。这个新的法则，是在

---

① 斯大林：《列宁主义问题》，苏联外国文书籍出版局1950年中文版，第37页。
② 斯大林：《苏联社会主义经济问题》，人民出版社1953年第2版，第5页。
③ 马克思和恩格斯：《共产党宣言》，人民出版社1953年版，第59、57页。

生产资料公有化基础上，作为竞争和生产无政府状态法则的敌对物而出现的。

"只有在国民经济有计划发展的经济法则的基础上，社会主义的国民经济才能进行"①，社会主义的国民经济只有计划化了才能实现和发展。斯大林同志 1925 年 6 月 9 日在斯维德洛夫大学的讲演词中曾说道："社会主义的社会，是一个由工业及农村经济的工作人员结成的生产消费组合。如果工业的组合，与供给原料、粮食及种种工业需用品的农村经济不发生密切的联系，如果工业与农村经济不能成为一个统一的整个的国民经济——那就没有什么社会主义了。"② 因而就产生了反映国民经济有计划的发展法则的国民经济计划制。也就是说，只有依据国民经济有计划的发展法则，苏维埃政权的计划机关才有可能来正确地计划社会生产。"但是，不能把可能同现实混为一谈"，斯大林同志教导说："要把这种可能变为现实，就必须研究这个经济法则，必须掌握它，必须学会以完备的知识去应用它，必须制定出能完全反映这个法则的要求的计划。不能说，我们的各个年度计划和五年计划都完全反映出这个经济法则的要求。"③

为要实行社会主义国民经济计划化，为要按计划原则来领导，斯大林同志教导说："就要具备另一种即社会主义而非资本主义的工业体系，就至少要具备收归国有的工业、收归国有的信贷系统、收归国有的土地、城乡间的社会主义结合、工人阶级掌握的国家政权等等"④。

社会主义国民经济计划化，服从于建设社会主义或共产主义、巩固和加强国家经济的独立性与国防力量、不断发展与增长社会财富和提高人民物质文化福利的主要任务。在这个任务下面，从社会生产力的水平出发，国家把集中在自己手中和能够保证动员的巨大物资、财政力量，依据准确的计算和相互平衡相互配合的经济比例，有计划地分配于各部门：如按照工业与农业的正确比例，生产资料生产（第一部类）与消费资料生产（第二部类）之间的正确比例……以及消费与积累间，生产与流通间，国民货币收入与商品流转、销售

---

① 斯大林：《苏联社会主义经济问题》，人民出版社 1953 年第 2 版，第 6 页。
②《斯大林选集》，第 1 卷，东北新华书店 1949 年版，第 295 页。
③ 斯大林：《苏联社会主义经济问题》，人民出版社 1953 年第 2 版，第 7 页。
④ 斯大林：《在联共（布）第十五次代表大会上关于中央委员会政治工作的总结报告》，人民出版社 1953 年版，第 52 页。

间，以及运输、邮电、商业网、干部培养等等之间的相互平衡与配合的正确比例有计划地予以分配。在两部类间，基于社会主义扩大再生产的要求或工业化的要求，决定了生产资料生产的优先增长；从而又决定了在第一部类中重工业的中心环节的作用，重工业中又以机器制造占特别重要的地位。这种比例性又要保证生产力在全国范围的合理分布，保证工业接近于原料产地和消费中心。这种比例性又要反映客观法则的要求；虽然不能说完全反映法则的要求，但若违反法则的要求，就要显露破坏与脱节的现象。各部门的计划，必须互相协调、互相联系，列宁教导说："一切不同生产部门的计划，必须严密协调起来，联系起来，并同时拟定我们所需要的统一的经济计划。"① 这样才能防止脱节现象与保证必要的比例。前一个五年计划要为后一个五年计划创造不断提高的条件，要彼此衔接而不是彼此脱节。制定和执行计划必须从合理使用人力物力，反对浪费的要求出发。制定和执行计划，一方面必须坚决反对减低生产能力、压低计划的保守主义以及本位主义思想与事务主义作风。必须以先进定额为依据，必须使计划成为动员群众发挥创造的潜力及为其完成与超额完成和克服困难的计划。一方面又必须反对只凭主观愿望、忽视或否认经济法则的客观性的冒险主义。必须使计划成为发掘潜力的而又是切实可行的现实的有科学根据的计划。斯大林同志说过，计划所规定的任务应当是相当紧张努力后能完成的任务。为着合理地进行生产，必须正确地掌握和运用价值法则，精确地计算生产量，估量生产中的现实事物，寻求、发现和运用生产内部潜在的后备力量，改进生产方法，降低生产成本，提高产品质量，实行经济核算，并使企业能够赢利。实行计划化的生产，要求有物质的、劳动的和财政的后备力量，并合理使用这种力量，反对浪费。不断节省活的劳动和物化劳动，是国民经济有计划的按比例的发展法则的一个最重大的要求。

从节省时间来说，马克思早已指出："节省时间，如同按照各种生产部门分配工作时间一样，是在集体生产基础上的第一个经济法则。"②

社会主义国民经济的计划性是与盲目自发性不相容的。苏联国民经济的计划性，是在生产资料的社会主义所有制的基础上与自发力量进行残酷的斗争中

---

① 《列宁全集》，俄文第 4 版，第 31 卷，第 480 页。
② 《马克思与恩格斯文献》，俄文本，第 4 卷，第 119 页。

形成和发展起来的。国民经济有计划的发展与过渡时期的自发力间两种对立趋势的斗争，是按照列宁的"谁战胜谁"的公式进行的。社会主义计划性是在与阶级敌对力量、即小资产阶级私有制的自发力量进行斗争而给自己打开道路的。斯大林同志在 1928 年曾指出："设计工作不好，经济计算工作上的错误，在这里起了颇大的作用，——这是不能有丝毫怀疑的。可是，如果以设计工作不好与偶然错误来解释一切，那就大错特错了。轻视设计工作底作用与意义，那是错误的。可是，夸大计划原则底作用，以为我们已达到可能计划与调节一切的发展阶段，那就更错误了。不要忘记，在我们国民经济中，除那些服从于我们计划影响的成分而外，还有另一种成分，即暂且尚不服从于计划工作的成分，最后还有些敌视我们的阶级，而这些阶级是不可用单纯的国家计划局的设计工作手续来克服的。"① 这里包含着一个与农村资产阶级即富农的斗争与对农村中小生产者农民经济进行改造的极复杂、艰巨的过程。这不只表现在经济战线上经历了一个相当长时间的斗争过程，才实现了消灭富农的政策和完成了中小生产者农民经济的社会主义改造与社会主义的农业集体化，而且也表现出了列宁路线与托洛茨基、布哈林匪徒间的斗争。

由于有计划的发展法则是和资本主义制度下的竞争和生产无政府状态法则相对立的，由于资本主义生产在资本主义制度下的生产资料的私人占有的基础上，只能有各个资本家与各个企业的计划而不能有彼此联系、配合与整个国民经济的计划，根本无法消灭其固有的盲目自发性与不平衡性。因而就不难了解：为什么资产阶级国家想"计划"和"调节"经济的一切企图都遭到破产。因为资产阶级的国家政权，不可能去违反资产阶级的秩序，它只"不过是管理整个资产者阶级共同事务的委员会罢了"②，在现代垄断组织控制下的资产阶级的国家机器就更不会缓和而只会加剧各垄断集团间的冲突与无政府状态，希特勒及其信徒的统制经济政策、甚至罗斯福政府的"蓝鹰"政策，也都表明了这种情况。

社会主义国民经济有计划的发展法则，并不是社会主义基本经济法则。因为它不能决定社会主义生产方式的本质及其一切主要方面和发展的基本过程。

---

① 斯大林：《列宁主义问题》，苏联外国文书籍出版局 1950 年中文版，第 264 页。
② 马克思和恩格斯：《共产党宣言》，人民出版社 1953 年版，第 34 页。

归根到底，它不能提出社会主义经济所要实现的任务或目的和要求。而国民经济计划制，则是依据于这个法则而规定的、即领导机关所决定的政策。斯大林同志教导说：

"如果不知道国民经济有计划的发展是为着什么任务而进行，或者任务不明确，那么国民经济有计划的发展，以及多多少少真实地反映这一法则的国民经济计划化，是不能自行产生任何效果的。国民经济有计划发展的法则，只是在具有国民经济的计划发展所要实现的任务时，才能产生应有的效果。国民经济有计划发展的法则本身并不能提供这个任务。国民经济计划化尤其不能提供这个任务。这个任务是包含在社会主义的基本经济法则中，即表现于这一法则的上述要求内。因此，国民经济有计划发展的法则的作用，只是在它以社会主义基本经济法则为依据时，才能充分发挥起来。

"至于说到国民经济的计划化，那末，它只有遵守下列两个条件时，才能得到良好的结果，这两个条件是：（甲）它正确地反映国民经济有计划发展的法则的要求，（乙）它在各方面适合社会主义基本经济法则的要求。"①

斯大林同志的这个指示，对于我们是具有极现实极重大的实践意义的。五年计划和年度计划的制定，必定要正确地反映和适应客观法则的要求，否则便是主观主义的或在不同程度上包含主观主义成分的东西，就不能成为切实可行或完全切实可行的计划，就不能产生良好的效果。为要作到这一点，首先就必须认识和掌握这些法则，学会很纯熟地运用国民经济有计划发展的法则。因而具体实现五年计划和年度计划的部分任务的生产计划、工作计划的制定，就必定要服从于总的计划的要求，要以生产和工作的客观法则为依据，并正确地反映和适应它的要求。否则便要成为不切合实际的无用的东西，或者表现为过高或过低，也会影响到生产和工作的进行，过高或冒进就可能引起混乱，过低或保守则可能引起浪费。这在实际工作中可以得到体会。

斯大林同志发现了社会主义基本经济法则，对马克思主义理论的发展具有划时代的意义，对社会主义和共产主义建设都有极巨大的作用。他表述："社会主义基本经济法则的主要特点和要求，可以大致表述如下：用在高度技术基

---

① 斯大林：《苏联社会主义经济问题》，人民出版社 1953 年第 2 版，第 36 页。

础上使社会主义生产不断增长和不断完善的办法，来保证最大限度地满足整个社会经常增长的物质和文化的需要。"① 这说明了社会主义生产方式的本质及其一切主要方面和其发展的基本过程。马林科夫同志在《在第十九次党代表大会上关于联共（布）中央工作的总结报告》中解释道："斯大林同志指出，社会主义生产方式的目的不是利润，而是人及其需要，即满足人的物质和文化的需要。保证最大限度地满足整个社会经常增长的物质和文化的需要是社会主义生产的目的，而在高度技术基础上使社会主义生产不断增长和不断完善则是达到这个目的的手段。这种法则的作用引导到社会生产力的高涨、社会的繁荣以及劳动人民的物质福利和文化水平的不断提高。"② 这个发现，对我国过渡到社会主义社会的过渡时期的经济建设，具有极重要的理论和实际活动的指导意义。因为对于社会主义经济成分占领导地位的我国过渡时期的经济，社会主义的经济法则是起着主导作用的；我国现在所进行的建设乃是到社会主义的建设。我们必须遵照斯大林同志所指示的原则，对我国国民经济的现时五种经济成分及其相互关系和将不断发生变化的情况进行深入的具体的分析，依据客观法则给予适当的安排。

斯大林同志又发现了现代资本主义的基本经济法则，他表述："现代资本主义基本经济法则的主要特点和要求，可以大致表述如下：用剥削本国大多数居民并使他们破产和贫困的办法，用奴役和不断掠夺其他国家人民、特别是落后国家人民的办法，以及用旨在保证最高利润的战争和国民经济军事化的办法，来保证最大限度的资本主义利润。"③ 斯大林同志又说明：垄断资本主义所要求的不是平均利润、也不是较平均利润稍高一点的超额利润，而是最高利润；这个法则的意义，在于它决定着资本主义生产方式发展的一切重要现象，它的兴隆和危机、成功和失败、优点和缺点，即决定着它的全部矛盾的发展过程并使大家能认识和说明这些现象。因此，马林科夫同志在上述报告中阐释道："这个法则揭露并说明了资本主义的惊人矛盾，而且把资本主义国家的侵略掠夺政策的根源完全揭露出来了。这个法则的作用导致资本主义总危机的加

---

① 斯大林：《苏联社会主义经济问题》，人民出版社 1953 年第 2 版，第 35—36 页。
② 马林科夫：《在第十九次党代表大会上关于联共（布）中央工作的总结报告》，人民出版社 1952 年版，第 104 页。
③ 斯大林：《苏联社会主义经济问题》，人民出版社 1953 年第 2 版，第 34 页。

深，并且引起资本主义社会一切矛盾的必然增长和爆发。"①

斯大林同志关于现代资本主义基本经济法则和社会主义基本经济法则的伟大发现，给予一切资本主义辩护者以致命的打击，给予一切共产主义运动者以巨大的力量。现代资本主义基本经济法则的发现，"是对于马克思主义的政治经济学的巨大贡献。基本经济法则决定着一定生产方式的本质、它的发展的一切主要方面和一切主要过程；这个法则为了解和解释一定经济制度的一切规律性提供了钥匙"②。

这两种不同的基本经济法则，规定着经济发展的两条路线：不断高涨的社会主义经济路线，正陷于愈来愈严重的经济危机困境中的腐朽的资本主义经济路线。资本主义生产的目的和要求只在于获得利润，社会消费不是它所需要的，只是在获得利润的限度内才被提出来，因而人和他的需要是它所置之度外的。现代资本主义为着这个目的和要求，便使人类陷入流血战争和周期性的、毁灭性的危机的深渊；使人们服从于榨取最高利润的无情法则，忍受沉重的苦难、贫困、失业和死亡，又使资本主义自身陷于"四面楚歌"，并预告了它在全世界范围内的最后死亡、反对帝国主义力量的必然增长和革命的必然胜利。如前所述，社会主义生产的目的和要求便完全与此相反，因而便不是生产由高涨转到危机又由危机转到高涨的间断性的发展，而是在高度技术基础上使生产不断增长和改进，不仅保证不断增长着的人和他的需要得到满足，并保证不断改善劳动条件、减轻劳动、使劳动有更高效率、缩短工作日，保证文化高涨与个人的全面发展。这样，就使得社会主义劳动者无限地忠于社会主义制度，为巩固它和实现共产主义而斗争。基于社会主义经济法则的主导作用而规定的我国过渡时期的经济路线，基本上也是属于社会主义经济发展路线的范畴的。因而便保证了：基于广大劳动人民的忘我劳动与创造性之上，生产技术不断得到改进和提高，国民经济得到迅速的恢复、发展和不断高涨，劳动人民的物质生活和文化福利得到迅速的不断的改善。这表现了和资本主义经济发展路线的本质区别。所以我国的工人、农民和其他劳动群众，正在忘我地劳动，为实现社

① 马林科夫：《在第十九次党代表大会上关于联共（布）中央工作的总结报告》，人民出版社1952年版，第103页。
② 马林科夫：《在第十九次党代表大会上关于联共（布）中央工作的总结报告》，人民出版社1952年版，第103页。

会主义社会而斗争。

经济发展的两条相反的路线，又规定了两种相反的国内政策和对外政策。在对外政策上便表现为：资本主义国家的反民主与反和平的侵略政策；苏联及各人民民主国家的争取人民民主与持久和平的政策。侵略政策的必然失败、民主和平政策的必然胜利，是两种不同的基本经济法则并由这两种法则所规定着的不同的经济发展路线所决定了的。

史 论 集

编 印 说 明

  《史论集》共收入著者 1955 年到 1960 年于北京期间撰写的史学论文十三篇，其中《中国民族发展的历史特点》一文系与江明合写。主要内容涉及毛泽东思想与历史科学、第二次国内革命战争时期史学、哲学史、两周社会发展特点、民族历史关系与融合、叶适思想研究、胡适思想批判、历史剧等方面。1960 年 9 月由三联书店出版。1962 年 7 月由人民出版社出版。

  全集编辑，以三联书店 1960 年版为底本，整理排放，核对了有关引文。除更正出版时个别错讹，内容和观点均保持原貌。

舒 文

目　录

序

    这个集子，收集了从 1955 年到 1960 年的史学论文共十三篇，1955 年的一篇、1958 年的三篇、1959 年的八篇、1960 年的一篇。其中《中国民族关系发展的历史特点》一篇，是我和江明同志合写的。

    马克思列宁主义和中国历史实际、革命实际相结合的毛泽东思想，如所周知，是新的历史条件下的马克思列宁主义，是我国过去的民族民主革命、当前的社会主义革命和社会主义建设的指针，也是我们研究中国历史的理论基础。我在史学战线上，虽然能自觉的围绕党在每个时期的政治任务，在毛泽东思想的基础上进行工作，这个集子所收集的论文，也都是从这种自觉出发的，这在方向上自己认为是正确的。但由于我的水平限制，对毛泽东思想和党的方针政策的精神实质领会不够、甚至可能有偏差，因此，这几篇论文，仍可能包含不少错误，希望得到读者同志的指正，使我能得到提高。

    原先曾打算把上海人民出版社 1954 年出版的拙著《史学研究论文集》并入这个集子；但由于那几篇东西大都是我在东北工作时期口头报告的记录，认为须补充一些必要的材料和论据进去，再和读者同志见面，因此这次没把它并进去。

吕振羽

1960 年 5 月 9 日

马克思主义哲学史上划时代的伟大著作①

一

今日是毛泽东同志的伟大哲学著作《关于正确处理人民内部矛盾的问题》发表的一周年。一年来，在这部杰著所表述的伟大思想指导下，我们党领导全国人民，进行了反资产阶级右派的斗争和整风运动，继经济战线上的社会主义革命基本胜利之后，又获得在政治战线上和思想战线上的社会主义革命的基本胜利；去冬以来，党又领导全国人民在反资产阶级右派斗争的胜利基础上进一步开展了整风和反浪费、反保守、比先进、比多快好省的双反运动，使全国范围的各个战线都出现了规模无比宏伟的社会主义大跃进的形势，各方面都在迅速改变面貌，出现新气象。目前这种大跃进的形势还正在汹涌澎湃地继续发展着。

《关于正确处理人民内部矛盾的问题》是马克思主义哲学史上划时代的杰著。恩格斯说过，唯物主义应当随同每一个新的伟大发现而采取新的形式。毛泽东同志在这部杰著里，正为我们当前的伟大时代实现了这个任务。它不只对我国宏伟的社会主义建设事业和社会主义革命，正在发挥巨大作用，并已经和将要对世界共产主义事业发生重大作用和深远影响。

---

① 编者注：本文个别章节有删节。

二

马克思主义和马克思主义哲学，是在一定历史条件下产生的，而又是伴随世界历史的发展而发展，尤其是紧紧伴随着共产主义运动的发展而发展的。正如苏联共产党中央委员会附设马克思恩格斯列宁斯大林学院在《马克思恩格斯文选》两卷集的《序言》中所说："马克思主义理论是关于社会的科学，是关于无产阶级革命、关于无产阶级专政和关于共产主义社会建设途径的科学，决不能停止不前；它应当用新的经验和新的知识来丰富自己。在新的历史条件下，曾必须把马克思和恩格斯奠定了基础的革命理论向前推进。"[1]

伟大马克思和恩格斯活动的历史时代是：一方面，帝国主义还没有充分发展起来，但英、法等国的资本主义经济已达到高度发展；一方面，无产阶级革命虽然还没有成为不可避免的直接实践的问题，但无产阶级已成为历史发展的最伟大的动力，自发的阶级斗争发展到了历史上空前的规模，组织训练无产阶级去进行革命斗争，成了当前最迫切的历史任务；一方面，生产和科学都达到了相对的高度发展。在这样的历史条件下，创造了马克思主义学说，"工人阶级的圣经"，亦即"工人阶级伟大运动的基本原理"[2]。列宁在《马克思主义底三个来源与三个组成部分》中写道："马克思底全部天才，正在于他回答了人类先进思想所已提出的种种问题。他的学说是直接继承了那些伟大的哲学家、政治经济学家和社会主义者底学说而起的。"[3] 在哲学上，毛泽东同志在《矛盾论》中写道："直到无产阶级运动的伟大的活动家马克思和恩格斯综合了人类认识史的积极的成果，特别是批判地吸取了黑格尔的辩证法的合理的部分，创造了辩证唯物论和历史唯物论这个伟大的理论。"[4] 才给全人类、特别给无产阶级以人类史上前所未有的认识武器，标志着人类认识史上的空前大

---

[1]《马克思恩格斯文选》（两卷集），第 1 卷，苏联外国文书籍出版局 1954 年版，第 XVI 页。
[2] 恩格斯：《资本论英译本第 1 卷编者序》，《资本论》，第 1 卷，人民出版社 1953 年版，第 29 页。
[3]《列宁文选》（两卷集），第 1 卷，人民出版社 1953 年版，第 69 页。
[4]《毛泽东选集》，第 1 卷，人民出版社 1952 年版，第 291—292 页。

革命。

由马克思、恩格斯到列宁的时代，标志着马克思主义一个划时代的发展。列宁活动的历史时代是：一方面，资本主义发展到了最后阶段，即帝国主义时期，无产阶级革命已成为不可避免的直接实践的问题；一方面，生产力和科学的发展，已达到了要突破资本主义束缚，才能大步前进的程度；一方面，在马克思和恩格斯死后，马克思主义遭到了第二国际领袖们伯恩斯坦、考茨基以至拉葛德尔、拉布里奥拉等各色各样的修正派的修正主义的歪曲和出卖，在和帝国主义决战之前，为捍卫马克思主义和巩固无产阶级政党，必须对第二国际肮脏的马厩加以检查和清洗；另方面，无产阶级革命已在一个国家之内获得胜利，在全世界六分之一的地面上开始了社会主义建设。在这样的历史条件下，伟大列宁综合了从马克思、恩格斯以来人类历史的积极成果，世界工人运动的经验，结合俄国历史的实际和革命的实际，在革命斗争的实践中，在和修正主义及其它修正主义流派的斗争中，捍卫和发展了马克思主义，即把马克思主义发展为列宁主义：帝国主义和无产阶级革命时代的马克思主义，社会主义革命在全世界六分之一的地面上获得了胜利的马克思主义。在哲学上，"依据唯物主义的哲学，把从恩格斯到列宁这个时期最重要的科学成就概括起来，并从各方面去批判马克思主义者队伍里的反唯物主义的派别"[1]。给了辩证唯物主义和历史唯物主义以极重大的划时期的发展，标志着马克思主义哲学史上的列宁阶段。

斯大林在晚期以前的活动，也是一个伟大的马克思主义者；在马克思主义理论工作方面，也是追随列宁和列宁主义，作出了重大贡献和留下不朽功绩的。

从第二次世界大战前后到目前这个伟大的历史时代是：一方面，社会主义已在苏联建设完成，在我国和其它人民民主国家也都获得了社会主义革命的基本胜利，在十几个社会主义国家都已稳固地树立起无产阶级专政的制度，已经或将要在基本上消灭阶级（像我国地主买办阶级已成为残余，只是资产阶级还存在，小资产阶级的社会主义改造还没有完全完成），在人民民主国家的社会内部虽然还将在相当时期内存在着对抗性矛盾，但是非对抗性的矛盾越来越

①《斯大林全集》，第6卷，人民出版社1956年版；第80页。

处于显著地位；一方面，世界两个体系，即社会主义体系和资本主义体系同时并存的局面有了重大发展，社会体系发展成了社会主义阵营，并且社会主义阵营在日益强大，帝国主义阵营在日益衰落。两个阵营之间力量对比的基本特点，是"东风压倒西风"；一方面，帝国主义各国内共产党的力量和影响日益增大，无产阶级为首的革命运动和附属国的民族独立运动日益高涨，亚非若干民族独立国家则倾向于争取和平和中立的方面；一方面，帝国主义各国的文化日益堕落，它的哲学和社会科学成了神学的奴仆和下流邪说，它的自然科学已受到难以前进的阻碍或被迫为垄断集团的扩军备战政策和军事工业服务；社会主义各国的自然科学和社会科学，都获得飞跃的发展，最突出的是苏联的两个人造地球卫星上了天，表明帝国主义的首脑美国的自然科学已远远落在苏联后面；一方面，"在目前条件下，主要的危险是修正主义"①，"修正主义，或者右倾机会主义，是一种资产阶级思潮，它比教条主义有更大的危险性。"② 在这样的历史条件下，在哲学上，总结世界工人运动的经验、社会主义革命和社会主义建设的丰富经验，也总结了世界反帝、民族运动的经验，尤其是总结中国新民主主义革命和社会主义革命这两个革命的丰富经验，结合中国历史的实际，综合当代的一切重要的科学成果，从各方面去批判修正主义等机会主义流派，捍卫和发展马克思主义的哲学辩证唯物主义和历史唯物主义就是十分必要的了。毛泽东同志的《关于正确处理人民内部矛盾的问题》和他的其他著名哲学著作及其他著作，正是实现了这个伟大时代的任务，它是我们伟大时代精神的精华。

三

关于在人民内部包含着矛盾的问题，在马克思、恩格斯和列宁等导师们的经典著作中，都表述了这个基本思想，只是在他们的时代，还没有成为实际生

---

① 《社会主义国家共产党和工人党代表会议宣言》。
② 毛泽东：《关于正确处理人民内部矛盾的问题》，人民出版社 1957 年版，第 29 页。

活中日益显著的问题。但他们，尤其是列宁，在对于与人民内部矛盾的问题直接关联的"唯物辩证法的最根本的法则"、"事物的矛盾法则，即对立统一的法则"① 这些原理中，曾作了详尽的揭发和阐明。如马克思在《资本论》中，对资本主义"原素形态"的商品的分析，就给了对事物内部矛盾的阐释以最典型的范例；恩格斯在《反杜林论》中，揭发了"运动本身就是矛盾"等等一系列关于辩证法的根本论点。列宁说："就本来的意义说，辩证法就是研究对象的本质自身中的矛盾。"② 如所周知，毛泽东同志在《矛盾论》等著作中，对马克思、恩格斯、列宁关于"唯物辩证法的这个最根本的法则"的思想，作了重大的发展。关于人民内部矛盾的问题，他在第一次、第二次国内革命战争和抗日战争等时期的若干著作中，都表述了这个伟大的卓越的思想，如在《整顿党的作风》中写道："局部和全体的关系，个人和党的关系，外来干部和本地干部的关系，军队干部和地方干部的关系，军队和军队、地方和地方、这一工作部门和那一工作部门之间的关系，老干部和新干部的关系，都是党内的相互关系。"③ 在《矛盾论》中写道："党内不同思想的对立和斗争是经常发生的，这是社会的阶级矛盾和新旧事物的矛盾在党内的反映。党内如果没有矛盾和解决矛盾的思想斗争，党的生命也就停止了。"④ "工农之间，即使在苏联的社会条件下，也有差异，它们的差异就是矛盾，仅仅不会激化成为对抗，不取阶级斗争的形态，不同于劳资间的矛盾。"⑤ 但在《关于正确处理人民内部矛盾的问题》这部杰著里，毛泽东同志更系统地提出和全面的阐明了这个思想，并把人民内部矛盾问题提到了我们社会主义国家的实际生活的日程上，丰富了马克思主义哲学的内容。

在这部杰著里，毛泽东同志指出："在我们的面前有两类社会矛盾，这就是敌我之间的矛盾和人民内部的矛盾。这是性质完全不同的两类矛盾。"⑥ 因而如果不恰当的去认识敌我矛盾，其或不认为有敌我矛盾存在，都是错误的。

---

① 《毛泽东选集》，第1卷，人民出版社1952年版，第287页。
② 列宁：《哲学笔记》，人民出版社1956年版，第256页。
③ 《毛泽东选集》，第3卷，人民出版社1953年版，第826—827页。
④ 同上书，第1卷，人民出版社1952年版，第294页。
⑤ 同上书，第295页。
⑥ 毛泽东：《关于正确处理人民内部矛盾的问题》，人民出版社1957年版，第1页。

我们社会主义社会的人民内部矛盾的性质;在劳动人民群众中,"它不是对抗性的矛盾,它可以经过社会主义制度本身,不断地得到解决。"这不只在理论上,而在苏联、我国和其它社会主义国家的历史上,都证明了这个客观规律,这是一方面。另一方面,在我们的国家内,"工人阶级和民族资产阶级之间存在着剥削和被剥削的矛盾,这本来是对抗性的矛盾。但是在我国的具体条件下,这两个阶级的对抗性的矛盾如果处理得当,可以转变为非对抗性的矛盾,可以用和平的方法解决这个矛盾。如果我们处理不当,不是对民族资产阶级采取团结、批评、教育的政策,或者民族资产阶级不接受我们的这个政策,那末工人阶级同民族资产阶级之间的矛盾就会变成敌我之间的矛盾。"[1] 在我们的实际政治生活中已充分证实了这个伟大思想所表述的乃是客观的真理;它给予马克思主义关于阶级斗争和消灭阶级的理论以何等重要的新内容!它给予马克思主义哲学以何等重大的发展!

毛泽东同志又指出:社会主义社会的基本矛盾,"仍然是生产关系和生产力之间的矛盾,上层建筑和经济基础之间的矛盾。"[2] 其它一切人民内部的矛盾和作为人民内部矛盾去处理的矛盾,或来自旧社会的残余,或为社会主义社会本身所固有的,都是围绕着这种基本矛盾的。

社会主义社会中,生产关系和生产力之间是相互适应的,又自始就包含着矛盾。所以能相互适应,是由于在社会主义社会实行生产资料公有制,那一在资本主义社会本身无法解决的生产社会化和资本家私人占有之间的根本矛盾,便根本解决了,人们在生产过程中的关系是同志式的合作和社会主义的互助关系,因而便构成生产关系与生产力相适应的情况。因此,与危机深重的资本主义世界相反,在苏联、我国和其它兄弟国家社会生产力是不断跃进的。就我国来说,社会主义生产力的突飞猛进的空前的发展,特别是去冬以来出现的社会主义生产建设大跃进,便充分表明了社会主义制度所具有的这种优越性。所以又构成为基本矛盾,首先,在生产力的内部也自始包含着矛盾,如在新的历史条件下,通过广大群众创造性的劳动和不断增长的劳动热情所不断引起的技术革命、技术革新与原有技术设备之间的矛盾,不断革新的技术设备与某些特定

---

[1] 毛泽东:《关于正确处理人民内部矛盾的问题》,人民出版社 1957 年版,第 3 页。
[2] 同上书,第 10 页。

部门的熟练技术操作之间的矛盾以及生产设备与劳动经验、劳动技术等方面的新和旧、进步和保守、先进和落后之间的矛盾等等。在我们社会主义的计划经济的生产中，部门与部门之间、中央与地方之间、地方与地方之间，以及部门或地方本身的生产计划，由于生产力的不断发展，就要不断引起彼此不相适应和比例不相称的情况；但社会主义国家的党和政府，能依据对客观规律的认识和掌握，通过自觉的活动，在计划安排和学先进、赶先进、比先进的基础上，不断地及时地去加以适当的协调和安排，使之保持相对的比例相称和暂时的综合平衡。而不平衡是客观的绝对的规律，也是社会主义经济发展的规律。鼓足干劲、力争上游、多快好省，又正是社会主义生产力的永无停滞或倒退，而是永无止境地往前发展的客观规律的体现。这规律表现在革命意志焕发、不断丰富生产经验、提高劳动技术、掌握和革新生产工具去从事物质资料的生产活动的人的方面，便是风起云涌地学习先进、赶先进、比先进。因而生产力的不断前进，又要不断在新的基础上引起比例不相称和表现新的不平衡。旧的矛盾解决了，又会出现新的矛盾，又要去加以解决。这样往复循环，而又是一次比一次提高。所以我们由中央到地方，由部门到生产单位，一面有远景规划或总规划、又有部门和地方规划、年度规划，有五年计划、又有年度、季度、月度计划等等；一面又有地区间、部门间、企业间……在统一领导和总规划下的分工协作和综合平衡等等。这都是为适应于客观规律的自觉活动的表现。所以我们的计划，对于争取比例相称的安排，即在不平衡的客观规律基础上争取相对的暂时的综合平衡的安排，不是从形而上学的观点出发，以先进去迁就落后，而是学先进、赶先进、比先进，鼓足干劲、力争上游，而是及时推广新的、进步的、先进的东西，革新、改造、促进和提高旧的、保守的、落后的东西，总之，是要调动一切积极因素，多快好省地建设社会主义。从去冬以来，在我们伟大的祖国，如雨后春笋，每日每时都有关于这些方面的振奋人心的事例出现。这正是活生生的辩证法，也正是认识和掌握了客观规律的自觉活动的体现。又如关于农业合作社，在生产和分配问题上，国家、合作社、农民个人间的关系的处理，毛泽东同志揭示出：生产上，在个人服从合作社或生产队总计划，合作社服从国家统一经济计划的领导的原则下，允许和保持有一定的灵活性与独立性；分配上，在兼顾国家、集体和个人利益的原则下，适当处理国家税收、合作社积累、个人收入这三方的关系，并经常注意调节其中的矛盾。这就是在客观规律基础上的创造性的自觉活动的体现，即恩格斯所揭述的"必然王国"到"自由王国"那一伟大思想的具体发展。一年来，我们正是在党的领导下，在这一伟大思想的指导下，经过整风运动和反右派斗争，特别是经过了农村的整风，正确调节和处理了国家、合作社、农民个人间的关系，而展开了群众性的兴修水利和积肥等等运动，带来了农业生产上的大跃进，亿万农民表现了移山倒海的英雄气概与豪情壮举。农业生产上的大跃进，又促成了工业生产和其它战线上的全面大跃进。

另方面，毛泽东同志又指出："我国的社会主义制度还刚刚建立，还没有完全建成，还不完全巩固"，"资本家还拿取定息"，"农业生产合作社和手工业生产合作社有一部分也还是半社会主义性质的；完全社会主义化的合作社在所有制的某些个别问题上，还需要继续解决。"① 我以为我们应当从这些教导中得到这样的启示：既不要麻痹大意，也不要急躁，而是要面对现实，在总路线的基础上，实事求是地去进行恰当的处理和安排；既不容忽视或过低估计无产阶级和资产阶级之间的阶级斗争的存在和继续，这两个阶级之间的矛盾，在全部过渡时期，都是我国社会的主要矛盾，也不容忽视或放松对民族资产阶级的团结、批评和教育的政策，要使资本家也要鼓足干劲、力争上游，从劳动中去改造自己。

"矛盾不断出现，又不断解决，就是事物发展的辩证规律。"②

即此可见，毛泽东同志对马克思主义关于揭示生产关系和生产力之间的客观规律的学说，关于揭示社会主义计划经济的客观规律的学说……作了何等重大的发展！

我们社会主义社会的上层建筑和经济基础之间，也是"又相适应又相矛盾"的。所以"又相适应"，是由于我们共产党领导下的人民民主专政（无产阶级专政）的国家制度和法律，以马克思列宁主义指导的社会主义意识形态，根本性质都是社会主义的，是为社会主义的经济基础服务的，为劳动人民服务的。所以"又相矛盾"，这是由于"资产阶级意识形态的存在，国家机构中某些官僚主义作风的存在，国家制度中某些环节上缺陷的存在。""主观安排不

---

① 毛泽东：《关于正确处理人民内部矛盾的问题》，人民出版社1957年版，第11页。
② 同上书，第13页。

符合客观情况"① 的错误的存在，产生于主观认识与客观存在之间的矛盾基础上的其它思想上"差异"或错误的存在，以及意识形态的改变每每落后于经济基础的改变等等。一年来，在整风运动中，我们遵照中央和毛泽东同志的指示，是通过大鸣、大放、大争、大字报等社会主义的民主的形式进行的，并充分发挥了这种形式的作用。实践证明，它一为劳动人民所掌握，便成了发扬社会主义民主的最好的形式；也是群众在经济战线上、政治战线上、思想战线上兴无灭资和自我教育的最好的形式。这在本质上，乃是批评和自我批评的通常形式的发展。而批评和自我批评，正是社会主义社会前进的动力。在反资产阶级右派那一场剧烈的阶级斗争中，也是通过大鸣、大放、大字报、大辩论的讲理方式进行的，但它和整风运动有本质的不同；它的性质是敌我斗争，是无产阶级道路和资产阶级道路的两条道路之间的你死我活的斗争。

为着促进艺术发展、科学进步和文化繁荣，毛泽东同志提出了"百花齐放、百家争鸣"的英明、伟大的方针。由于人类思维认识过程的复杂性，由于主观和客观的矛盾，由于我们对待资产阶级知识分子的团结、教育、改造的政策等等，通过这个伟大的方针辩明科学上、艺术上的是非，乃至理论原则上的大是大非，是完全合乎客观规律的。毛泽东同志揭示："当着某一种错误的东西被人类普遍地抛弃，某一种真理被人类普遍地接受的时候，更加新的真理又在同新的错误意见作斗争。这种斗争永远不会完结。这是真理发展的规律。"② 这不只揭发了艺术发展、科学进步和文化繁荣的客观规律，而又极大地发展了马克思主义关于相对真理和绝对真理的伟大思想，揭发了：在一定历史条件下体现真理的、新的、先进的、有生命力的东西，发展到新的一定历史条件下又会变成错误的、旧的、落后的、行将死去的东西，又要为更新的、真理的、新的、先进的、有生命力的东西所代替，形成真理与错误、新与旧、先进与落后、有生命与行将死去的东西之间往复循环的而又一级比一级高的永无止境的斗争。人类认识就是这样一步比一步更接近于绝对真理。这是人类掌握真理的客观规律，真理发展的客观规律。

资产阶级的意识形态是有其阶级基础的，并将在很长期间存在或残留。毛

---

① 毛泽东：《关于正确处理人民内部矛盾的问题》，人民出版社 1957 年版，第 12、13 页。
② 同上书，第 27 页。

深东同志教导说：无产阶级和资产阶级之间在意识形态方面的阶级斗争，连同两个阶级之间的阶级斗争以及各派政治力量之间的阶级斗争，社会主义道路和资本主义道路之间的斗争，将经历一个长期、曲折甚至激烈的过程，也就是说，它在全部过渡时期，都将是我国社会内部的主要矛盾。他接着又指出思想斗争的必要性，以及思想斗争不同于其它斗争，不能采取粗暴的强制的方法，只能用细致的讲理的方法。长期以来，我们党在毛泽东同志的这种思想指导下，用细致的讲理的方法进行思想斗争，去纠正和克服党内的非无产阶级的思想意识并教育群众。为着兴无产阶级思想、灭资产阶级思想，也用这种方法进行对民族资产阶级分子、资产阶级知识分子及民主党派人士进行教育改造。整风运动也是通过这种方法进行的。为着使脑力劳动和体力劳动相结合，党采取了干部和青年学生参加生产劳动和干部下放劳动锻炼的伟大方针。今春以来，已经有成千上万的干部下放到厂矿、农村、学校、企业等各个战线上，同时厂矿、企业、合作社的干部都与工人农民一起参加生产劳动，国家工作人员和青年学生，也大都争先恐后的加入到体力劳动的洪流中，搞"试验田"，"勤工俭学"，搞义务劳动等等。经过反右派斗争、整风运动的胜利，更进一步解放了生产力和劳动人民的思想，并在此基础上进入了全民生产建设大跃进的高潮。经过到目前为止在参加体力劳动中所已得到的锻炼，民族资产阶级分子和资产阶级知识分子还经过向党"交心"，我们国家在各个方面都发生了重大的变化，真是一日当得二十年，一年胜过几千年；广大劳动人民在生产上不断创造奇迹，在思想上已经破除迷信，得到空前的解放。民族资产阶级分子和资产阶级知识分子的大多数，也都表示要把自己改造成为又红又专的专家和自食其力的劳动者。

这都不是偶然的，是由于毛深东同志结合我国的实际生活大大发展了马克思主义关于上层建筑和经济基础的理论，是由于我们党在毛泽东同志伟大思想指导下，依据客观的规律，及时地改造和改进了那些不适合于生产发展的上层建筑的东西（包括思想的解放和思想的改造及制度的改变等等），及时地解决了表现于这些方面的人民内部的矛盾，去适应和促进生产发展的结果。

由此可见，毛泽东同志对马克思主义关于上层建筑和经济基础的学说作了何等重大的发展！

四

为巩固无产阶级政党的组织，为捍卫马克思主义和共产主义事业，毛泽东同志在《关于正确处理人民内部矛盾的问题》这部杰著里，指出了现代修正主义的本质"是一种资产阶级思潮，它比教条主义有更大的危险性。"① 接着又揭发他们的卑劣手法和阴暗意图，说道："修正主义者，右倾机会主义者，口头上也挂着马克思主义，他们也在那里攻击'教条主义'。但是他们所攻击的正是马克思主义的最根本的东西。他们反对或者歪曲唯物论和辩证法，反对或者企图削弱人民民主专政和共产党的领导，反对或者企图削弱社会主义改造和社会主义建设"，"梦想恢复资本主义制度"②。这和以毛泽东同志为首的中国共产党代表团所参与的社会主义国家共产党和工人党会议宣言，这一对世界共产主义运动有着划时代的伟大历史意义的伟大文献对现代修正主义的揭发和抨击，是完全一致的。这在理论上解决了反对现代修正主义的问题。目前各国共产党和工人党对南斯拉夫共产主义者联盟第七次代表大会纲领的抨击，又在实际斗争中逐步在解决这个问题。

南斯拉夫共产主义者联盟第七次代表大会纲领，在马克思列宁主义的一系列根本性的原则问题上，是背叛马克思列宁主义的，是披着马克思列宁主义的外衣，或者说假借马克思列宁主义的词句来反对马克思列宁主义的，它是适合帝国主义、特别是帝国主义的首脑美国在当前形势下的要求，向全世界贩卖其所谓"南斯拉夫社会主义特殊道路"等等修正主义的私货，与社会主义国家共产党和工人党代表会议的宣言相对抗，和帝国主义国家所豢养的他们国内的修正主义相呼应，来破坏国际共产主义运动，破坏社会主义兄弟国家的团结。如在马克思主义理论的基础的问题上，他们是用诡辩论代替辩证法、用唯心论代替唯物论，具体表现是抓住似是而非的个别现象，或者是引用些与当前实际

---

① 毛泽东：《关于正确处理人民内部矛盾的问题》，人民出版社 1957 年版，第 29 页。
② 毛泽东：《关于正确处理人民内部矛盾的问题》，人民出版社 1957 年版，第 29—30 页。

情况根本不符的例子，来颠倒是非、混淆黑白，以掩盖事物的本质和模糊原则立场等等，在关于党的作用问题上，他们否认无产阶级最高组织形式的共产党的领导作用，篡改列宁关于党的建设的基本原则，妄图把正在蓬勃发展的国际工人运动和共产主义事业诱入机会主义或工团主义的泥坑。在关于无产阶级革命和无产阶级专政的问题上，他们一方面否认无产阶级专政、否认阶级斗争，把社会主义国家的全民所有制胡说八道的称作"国家资本主义"，并说在此基础上直接产生"官僚主义和官僚主义国家偏向"；另一方面，却又为日薄西山的资本主义世界涂脂抹粉，妄称"资本主义世界蓬勃发展的国家资本主义趋势极其明显地证明：人类正在通过各种途径不可阻挡地深深地进入了社会主义时代"，说什么在资本主义和资产阶级专政的国家的条件下，不经过无产阶级夺取政权的革命斗争和实行无产阶级专政就能出现社会主义。在关于国家学说的问题上，一面歪曲马克思主义关于国家消亡的学说，否认无产阶级有加强其国家机器的必要性，否认民主集中制，来削弱、动摇无产阶级专政和其国家制度，从根本的问题上来解除无产阶级的武装；另一方面，却把财政寡头专制的资本主义国家诡称为超阶级的、超资本主义和对资本进行监督、管理、限制的国家，它能够为无产阶级"保证社会主义的发展"，妄图愚弄无产阶级不要进行革命、不要去夺取政权和打碎资产阶级的国家机器，而向资本主义投降。在关于社会主义阵营和帝国主义阵营之间的关系问题上，他们不仅否认两个阵营之间的矛盾是当前国际的基本矛盾，而且抹煞两者在根本性质上的区别，把两者相提并论，一律说成是"集团政策"，以掩盖帝国主义特别是帝国主义的首脑美国的侵略性，而又为具体表现帝国主义侵略政策的大西洋条约组织、马尼拉条约组织等侵略集团的形成寻找解释，以之归咎于无产阶级和社会主义革命的胜利，归咎于社会主义各国的自卫措施；而对全世界人民群众最凶恶的敌人美国帝国主义反而毫不汗颜地加以歌颂。在社会主义国家和各国共产党之间的关系问题上，他们完全以反动的资产阶级民族主义观点来代替革命的无产阶级国际主义观点，抹煞全部历史事实，毫无根据地诬蔑社会主义各兄弟国家之间存在着所谓"霸权"、"不平等"、"经济剥削"，诬蔑各国共产党之间有什么"思想垄断"、"政治霸权"；恶毒地攻击苏联和人民民主制度，否认伟大十月社会主义革命和苏联伟大经验的贡献。在思想体系的问题上，他们不只把自己扮作"反对教条主义"的"英雄好汉"，而又诡称他们也是"反对修正主义"

的，想以此掩盖它的修正主义的面目……

毛泽东同志的《关于正确处理人民内部矛盾的问题》使我们在反对现代修正主义的斗争中，从理论上和思想上得到了武装。他在揭露现代修正主义的本质、意图及其手法后，又提出"辨别香花和毒草"判断"言论和行动是非"的"六条标准"："（一）有利于团结全国各族人民，而不是分裂人民；（二）有利于社会主义改造和社会主义建设，而不是不利于社会主义改造和社会主义建设；（三）有利于巩固人民民主专政，而不是破坏或者削弱这个专政；（四）有利于巩固民主集中制，而不是破坏或者削弱这个制度；（五）有利于巩固共产党的领导，而不是摆脱或者削弱这种领导；（六）有利于社会主义的国际团结和全世界爱好和平人民的国际团结，而不是有损于这些团结。"① 这给了我们对现代修正主义等流派进行斗争以锐利的武器。有了这个武器，不仅可以使我们把那些只在思想上犯有修正主义倾向的人与修正主义流派从政治上区别开来，而且能使得现代修正主义无所遁形。

一年以来，在毛泽东同志这部杰著所表述的伟大思想指导下，我们在捍卫马克思主义和共产主义事业的斗争中进行了反修正主义的思想教育，并且受到了锻炼。因此，当南斯拉夫共产主义者联盟领导集团悍然坚持他们反马克思主义的立场，特别最近在他们的第七次代表大会中提出了他们反马克思列宁主义的彻头彻尾的修正主义纲领的时候，在他们不惜自外于国际共产主义运动，与社会主义国家共产党和工人党代表会议宣言相对抗的时候，我们党和人民为捍卫马克思列宁主义的纯洁性和维护国际共产主义事业，便义不容辞地挺身起来进行反对南斯拉夫领导集团为代表的现代修正主义的斗争。

一年以来，各国共产党都相继进行了反修正主义的斗争，对纯洁和巩固自己的队伍，纯洁和捍卫马克思主义，对发展工人运动和共产主义事业等等方面，都已获得有效的成果。

即此可见，在开展反现代修正主义的斗争上，毛泽东同志的这部杰著和社会主义国家共产党和工人党代表会议宣言，对纯洁和捍卫马克思主义，对纯洁和巩固无产阶级政党的组织，对工人运动与共产主义事业，作了何等重大的贡献！而马克思主义和无产阶级的政党，从马克思和恩格斯活动的时代开始，都

---

① 毛泽东：《关于正确处理人民内部矛盾的问题》，人民出版社 1957 年版，第 30 页。

是不断在和阶级敌人和各色各样的机会主义、修正主义进行斗争中发展和巩固起来的。

五

毛泽东同志在这部杰著里，对马克思主义哲学的若干方面，体现了我们伟大时代的精神，都有着极重要的阐扬和发展。

毛泽东同志的这部哲学著作，是继他的《实践论》和《矛盾论》那两部举世皆知的著名哲学著作之后的又一哲学杰著。在这部杰著里所涉及的马克思主义哲学的若干重大理论问题，在《矛盾论》、《实践论》和他的其它著作中多早已提及，但在这部杰著里有了进一步的重大的发展。

毛泽东同志作了重大发展的马克思主义哲学的辩证唯物主义和历史唯物主义，同马克思、恩格斯、列宁一样，是贯彻在他已有的著作和实际生活的各个方面的。他已有的著作，可说都是辩证唯物主义和历史唯物主义的结晶，他的活动的各个方面都是体现了规律性的原则精神的。

1958 年 6 月 19 日

（原载《理论战线》，1958 年第 4 期）

第二次国内革命战争时期
历史哲学战线上的马克思主义与
伪马克思主义的斗争

——为纪念"五四"四十周年而作

一

在第二次国内革命战争时期，历史哲学战线上马克思主义与伪马克思主义的斗争十分尖锐。这一斗争，是从"五四"时期马克思主义与反马克思主义的斗争发展而来的。

当时历史哲学战线上马克思主义与伪马克思主义的斗争，主要表现在中国社会性质问题、中国社会史问题、中国哲学史问题的论战上。它是历史唯物主义与历史唯心主义之间的斗争，是当时社会阶级矛盾的深刻反映，是无产阶级与帝国主义、封建阶级、官僚资产阶级之间的斗争，其根本性质是属于革命和反革命斗争的范畴；在这两者之间又还存在着中间流派。参加论战的每个人都是一定的阶级利益的负担者，都是自觉地参加战斗的。

抨击敌对流派的反动性，揭发中间流派的欺骗性，捍卫马克思主义和保护革命，是当时马克思主义思想战线上一个严重的斗争任务。

其时中国社会的性质，是资本主义，封建主义，还是半殖民地半封建的？中国革命的性质，是资产阶级性的民族民主革命，还是社会主义革命？是要发展革命，或者根本取消革命？这一系列问题，实际列宁早在《论帝国主义时代民族解放战争的可能性及其胜利条件》、《中国的民主主义与民粹主义》①等著名文章中，就指明了中国社会的半殖民地半封建性及革命的资产阶级的民族民主性质。我们党的第二次全国代表大会宣言规定："消除内乱，打倒军阀，建设国内和平；推翻国际帝国主义的压迫，达到中华民族完全独立；统一中国为真正民主共和国"，为当前的基本任务。党的第六次全国代表大会，是在第一次国内革命战争失败后召开的，它"……确定了中国革命的性质仍然是民主革命，总的任务是建立反帝反封建的工农民主专政，并且规定了工农民主专政的各项纲领。"② 尤其重要的，毛泽东同志的《中国社会各阶级的分析》和《湖南农民运动考察报告》这两部伟大文献，是马克思列宁主义和中国历史实际、革命实际相结合的典范，它在中国革命的紧要关头，明确地分析和解决了中国社会的性质、革命的性质、任务、动力、对象和领导权等等一系列的根本问题，如在《中国社会各阶级的分析》中，提出了一个纲领性的结论说："一切勾结帝国主义的军阀、官僚、买办阶级、大地主阶级以及附属于他们的一部分反动知识界，是我们的敌人。工业无产阶级是我们革命的领导力量。一切半无产阶级、小资产阶级，是我们最接近的朋友。那动摇不定的中产阶级，其右翼可能是我们的敌人，其左翼可能是我们的朋友。"③ 它实质上是代表了我们党关于中国革命的正确路线。它不仅具有深刻的马克思列宁主义的理论内容，同时又是天才地运用历史唯物主义来分析中国社会性质和历史、社会各阶级的政治和思想面貌、动态等等的典范，从而为中国社会性质问题、中国社会史问题、中国哲学史问题的科学研究奠定了坚实的基础，指出了明确的方向。

二

从鸦片战争到"五四"运动前，外国资本主义——帝国主义、封建主义、

---

① 《列宁斯大林论中国》，人民出版社1953年版。
② 胡乔木：《中国共产党的三十年》，人民出版社1955年版，第8、27页。
③ 《毛泽东选集》，第1卷，人民出版社1952年版，第8—9页。

官僚资本主义统治中国人民的精神武器，主要是以中国地主阶级传统的儒、道、佛学和欧美资产阶级的唯心论哲学及其拼凑起来的形式出现的，一面表现为曾国藩等理学余孽的道统思想，一面表现为张之洞等洋务派的"中学为体、西学为用"论，并以耶稣教、佛教、道教等神学的世界观和宗教迷信作帮腔。在旧民主主义革命时代或多或少反映民族资产阶级的要求和倾向的思想流派，主要也都是以传统的儒学、佛学、道学糅合"西学"的形式和内容出现的。由魏源、龚自珍经康有为、谭嗣同、梁启超到章太炎、夏曾佑等人，都是如此。他们借托传统的儒、佛、道学的形式，来宣传进化论和变法思想、改良主义和改革思想。以介绍欧美资产阶级早期思想闻名的严复，在其自己的若干著作中，如《辟韩》篇等，也没有摆脱传统的形式。列宁称许为"先进的中国民主主义者"的孙中山的旧三民生义及同盟会其他政论家如陈天华等人的思想，也都有浓厚的传统的思想因素和表现形式。

到"五四"运动，由于伟大十月社会主义革命的胜利和马克思列宁主义传入中国的影响，正如毛泽东同志所指出："十月革命一声炮响，给我们送来了马克思列宁主义。十月革命帮助了全世界的也帮助了中国的先进分子，用无产阶级的宇宙观作为视察国家命运的工具，重新考虑自己的问题。走俄国人的路——这就是结论。"[①] 自此中国有了马克思列宁主义和共产党。无产阶级登上了历史舞台，中国资产阶级民主主义革命便由旧民主主义转变为新民主主义，革命事业便由无产阶级来领导了。社会各阶级间的斗争（包括关于革命领导权问题的斗争）反映到思想战线上，主要表现为马克思主义和反马克思主义的斗争。

在这时期的思想理论战线上，以李大钊同志为代表的具有初步的共产主义思想的革命知识分子和马克思主义者，以极大的热情宣传了伟大十月社会主义革命的胜利，宣传了马克思主义，预言在全世界范围内无产阶级革命及其胜利的不可避免，并试图用马克思主义思想的武器，来观察中国的问题、分析中国的历史和社会。其中李大钊同志对宣传和介绍历史唯物主义作了很大的努力，他极力用历史唯物主义来阐明社会发展的客观规律，即所谓"寻求其理法"，肯定："世界一切现象无能逃于理法之外者"。他无情地批判了当时流行的各

---

① 《论人民民主专政》，人民出版社 1951 年版，第 5 页。

色各样的"旧的历史观"流派，揭穿那些"用心的势力"或"神学的方法"去解释历史的，都是属于"神权的史观"、"退落的或循环的史观"，是"权势阶级的史学"。在反封建的革命斗争中，他极力运用历史唯物主义关于基础和上层建筑的原理，揭露"遗老遗少"们所宣扬的"孔子学说"的本质，说明它"并不是永远不变的真理"，"孔子学说所以能支配中国思想二千年的原故，……是因为适应了中国封建社会'农业经济组织'的基础"，也就是说，它是代表封建时代统治阶级要求的东西。又在反帝国主义的斗争中，他力图运用列宁主义关于帝国主义的学说，抨击胡适的帝国主义无害于中国的无耻谰言；指斥胡适反对我党二大纲领的反帝口号，是公开为帝国主义辩护①。在当时的条件下进行这种斗争是极不容易的，其功绩是不可磨灭的。

这期间，反马克思主义流派，主要有以胡适为代表的实用主义流派，以梁漱溟为代表的儒学流派，以太虚、唐大圆为代表的佛学流派，以梁启超为代表的半儒半实用主义流派。他们都以"学者"的姿态，充当反马克思主义的"名流"。梁漱溟的《东西文化及其哲学》可代表他当时的思想，它是由所谓"孔子精神"、"唯识论"和柏格森主义拼凑起来的。他为了集中反对马克思主义的历史唯物主义和其所阐明的客观规律，便针对李大钊同志的论旨，说："马克思主义说生产力为最高的动因，这所以使生产力发展可钝可利的在那里呢？还是在人的精神方面"，"精神决定生产力的发展"②。唐大圆的《东方文化》可代表该派的思想，它是传统的佛学、道学和腐朽的欧美资产阶级哲学的杂凑。他和梁漱溟一样，以所谓"物质往人心活动为西方文化，人心往物质活动为东方文化"；"从事于物质往人心之活动为外国之新学问，从事于人心往物质之活动为中国之新学问"③ 来贩卖其唯心史观。梁启超早期的思想是以传统形式出现的魏源、龚自珍的公羊学和早期欧美资产阶级思想的合流。到这时，他成了一个半儒半实用主义者。在历史观的根本问题上，他说："历史

---

① 参看李大钊同志发表在《新青年》、《新思潮》等杂志上的论文：《布尔什维主义的胜利》、《我的马克思主义观》、《唯物史观在现代史学上的价值》、《由经济上解释中国近代思想变动的原因》及专著《史学要论》等。
② 梁漱溟：《东西文化及其哲学》，1921年版，第46页。
③ 唐大圆：《东方文化》，第2集，卫中：《中国教育改进之商榷》，1926年9月，上海泰东书局版。

为人类自由意志的创造品，当然不能又认他受因果必然法则的支配。"① 他们就这样以各自的唯心史观，来反对历史唯物主义，否认客观规律。其目的，都在于想动摇马克思主义者和革命群众的信心，在于骗取群众不要相信马克思主义和不要参加革命。在这里，胡适表现得最露骨。胡适的实用主义，乃是腐朽的美国资产阶级哲学和中国地主、买办阶级思想的结合。他从实用主义出发，恶毒地攻击马克思主义者是"空谈好听的'主义'"、"空谈外来进口的'主义'，是没有用处的"，"是很危险的"，"这是自欺欺人的梦话，这是中国思想界破产的铁证"②。这可算是极尽其武断、下流的能事。李大钊同志在《再论问题与主义》和《桑西门的历史观》等文章中，不只从理论上给他们以迎头的打击，而又坚定地回答道："社会主义的社会，无论人愿要他不愿要他，他是运命的必然的出现，这是历史的命令。"③

　　继"五四"运动和中国共产党成立以后，经历了第一次国内革命战争和失败，由于党领导的新民主主义革命形势的发展，苏维埃运动和工农红军游击战争的发生和发展，我们进入了第二次国内革命战争时期。这时，中国的形势变化了。在文化思想战线方面，毛泽东同志指出："在'五四'以后，中国产生了完全崭新的文化生力军，这就是中国共产党人所领导的共产主义的文化思想，即共产主义的宇宙观和社会革命论。""二十年来，这个文化新军的锋芒所向，从思想到形式（文字等），无不起了极大的革命。其声势之浩大，威力之猛烈，简直是所向无敌的。其动员之广大，超过中国任何历史时代。"④ 在这样的形势下，帝国主义、地主、买办阶级光靠老一套的办法，显然是无济于事了。胡适、梁漱溟等配合国民党反动派"文化'围剿'"的各种叫嚣，显然已不能引起进步人士的注意；蒋介石、戴季陶、陈立夫等的伪三民主义和"唯生论"等，也只有使进步人士嗤之以鼻。因此，中国的反动派也同世界其他各国的反对派一样，尽力去培养和利用各种伪马克思主义流派，以之来破坏与反对马克思主义和新民主主义革命。伪马克思主义流派最恶毒的地方，也正是帝国主义和国民党反动派最喜欢的地方，就是他们和实用主义等流派不同，

---

① 梁启超：《研究文化史的问题》，第3页。
② 《胡适文存》，1集2卷：《问题与主义》；2集3卷：《我的歧路》。
③ 《李大钊选集》，人民出版社1959年版，第465页。
④ 《毛泽东选集》，第2卷，人民出版社1952年版，第690、691页。

不是以公开敌视的面目来反对马克思主义和革命，而是以伪装的姿态出现。

在第二次国内革命战争时期，与帝国主义国民党反动派的"军事'围剿'"起了配合作用或直接为其服务的伪马克思主义流派，最猖狂的，有国民党反动派亲自培养起来的"新生命"派（包括"食货"派），其中主要人物有陶希圣、梅思平、樊仲云、萨孟武、全汉升等；有托洛斯基派，其中主要人物有李季、严灵峰、任曙、陈邦国、王宜昌及叶青等。围绕中国革命性质问题，马克思主义和伪马克思主义流派展开了关于中国社会性质问题、中国社会史问题、中国哲学史问题等方面的论战。

三

马克思主义的社会革命论指明，革命的性质、任务、动力以及转变的前途等等，都是要由社会的性质去规定的。因此，当时中国社会的性质到底是资本义、封建主义还是半殖民地半封建的？这是牵涉到党的纲领、党的战略、策略以及无产阶级的领导权等根本问题；发展革命还是取消革命的问题。所以在这个问题上的斗争，归根结底，是革命和反革命之间尖锐斗争的一个方面。

在斗争中，伪马克思主义流派采取了用马克思主义词句包裹着的唯心史观、机械唯物论（包括地理史观、外因论等等）、诡辩论和形而上学的观点、手法，来掩盖当时中国社会形势的实质，企图以之来模糊人们的认识，来反对马克思主义所作出的科学的分析和结论，取消党领导人民革命的纲领和无产阶级的领导权。当时马克思主义阵营里在这个问题的论战中发挥主要作用的，有李达、刘梦云及刘苏华等人。

伪马克思主义方面，在这个问题上有以下一些流派和反动论点：

"新生命派"的陶希圣，在其《中国社会之史的分析》一书中，说当时的中国社会是"帝国主义侵略下的封建社会"。这在当时曾经迷糊了一些人，好像陶希圣也认为中国民族和帝国主义之间的矛盾、农民和地主阶级之间的矛盾是社会的主要矛盾，也赞成反帝反封建的民族民主革命，只不过不承认无产阶级的领导地位而已。如果是这样，他还可以算作是一个资产阶级的革命者。而他的真实意图却恰恰相反，他说："宗法封建社会的构造，其庞大的身份阶级不是封建领主，而是以政治力量执行土地所有权并保障其身份的信仰的士大夫阶级"，成为"中国资本主义……不能发展的桎梏"的，只是"士大夫阶级"；但是"士大夫与地主并非一物，因为地主未有身份，而士大夫未必有土地。"这样，陶希圣就根本抹煞了农民和"有土地"的"地主"之间的敌对矛盾，从而便根本取消了反封建的任务。所以他说："若以这个身份（按即所谓"士大夫阶级"）及以这个身份为背景的官僚政府为封建势力，而我们提出打倒封建势力的口号是可以的……但非封建制度。"这样，既没有"打倒""有土地"的"地主"的社会根据，也没有"封建制度"可以"打倒"，"我们提出打倒封建势力的口号"，岂非无的放矢！陶希圣的所谓"帝国主义"并不是列宁所解剖的资本主义的最后阶段或垄断资本主义，而是"远在明朝"即"与中国……通商"的"帝国主义"，那就是与中国"通商"的外国商人。这样的"帝国主义"，当然不需要反对，也不存在需要反对的社会根据。不仅如此，他还说：在当前的中国社会，"除兼地主与资本家的残余士大夫阶级外，新生了以帝国主义资本为中心的资产阶级"。这样帝国主义和中国民族资产阶级之间的矛盾也不存在了。这样的"资产阶级"，当然不可能也不需要去反帝。所以当时马克思主义者指出，陶希圣正是以"帝国主义侵略下的封建社会"一类似是而非的结论，来反对反帝反封建的民族民主革命；他所谓"封建社会"和"帝国主义"的真实意义，和马克思主义关于封建社会的特征和其阶级构成、关于帝国主义的特征和性质等等，是正相反对的，和当时中国社会及帝国主义侵略中国的具体情况是完全相反的。陶希圣在这个阴险的结论丧失了骗人的作用以后，又改变口吻，说"宋以后……是前资本主义社会。"这是他从托洛斯基派那里抄来的，只是在具体的时代上彼此摆得不一样。

托洛斯基派在这个问题上出面向党和革命进攻的，主要有任曙、严灵峰、李季、王宜昌等，其中以所谓"动力派"的任曙、严灵峰的反动理论较系统。他们和"新生命"派相呼应，则说中国社会为"资本主义社会"，或所谓"中国毫无疑义的是资本主义关系占领导"等等。任曙在其《中国经济研究绪论》一书中，为要证明中国是资本主义的国家，不从生产关系和剥削关系去进行分析、研究，而以商品流通或对外贸易的发展作中心，甚至说："对外贸易是经济问题的中心的中心……我们可以解决中国整个经济问题中……的性质问题"。任曙的全部理论，正如刘梦云所指出的，是"建筑在对外贸易的发展，就是商品经济的发展，就是中国资本主义发展的'理论'上"。任曙公然说帝国主义各国把商品输入中国，是帮助了中国资本主义的独立发展。为着想自圆其说，又施用诡辩的手法，说"帝国主义和中国资产阶级是分不开的好兄弟"，"不应该"给它们"划分界限"，而应"一视同仁"。在论证上，他采取一种以个别概括一般、部分概括全部等似是而非的东西来骗人，如把"历年轮船与帆船出入全国各海关吨数的百分比"，说成为全国轮船与帆船的百分比，而又中外"一视同仁"地去论证"中国是资本主义社会"，把"钱庄和银行的兴替"的一些统计数字，曲说为"中国经济同整个世界经济的发展没有两样，已经过渡到金融资本主义统治时代"，来掩盖帝国主义和买办阶级的银行资本的反动性质和作用，它对民族资本的压制、对农村进行封建剥削的性质和作用，来掩盖帝国主义和中国人民之间的矛盾。根据"土地集中"的一些统计数字，硬说"资本主义愈发达的地方，土地愈集中"，并以此肯定这一地主阶级就是资产阶级，来掩盖地主对农民剥削关系的实质和农村经济领域中占支配地位的生产关系的封建性的实质，来掩盖农民和封建地主之间的阶级矛盾。严灵峰在其《中国经济问题研究》一书中的论点，与任曙的论点基本一样。他也说"商品经济就是资本主义经济"，"买办资本"是"为帝国主义或民族工业部门销售商品"，"取买办形式专门为帝国主义……向农村购买材料"，它的性质"只是从工业部门中抽取工业资本家平均利润的一部分"，"都是直接或间接隶属于生产部门的商业资本"，这就是把"帝国主义或民族工业部门"也"一视同仁"地说成为"工业资本家"，把"买办资本"混同于"商业资本"，来掩盖买办资本的反动的特性和作用，并掩盖帝国主义直接通过军阀、买办、地主、高利贷者等向农民进行封建性剥削的实质及其残酷性。不只如此，他还说："帝国主义……对封建的经济制度，完全处于不可调和的矛盾地位"，"中国从封建时代遗留下来的军阀制度，不但帝国主义想到利用去统治中国、扩充自己经济的势力即资本主义的势力，而中国资产阶级不管是独立的，买办的，半买办的，也想利用来扩充自己的利益，然而结果不管帝国主义占取全部结果也好，中国资产阶级在刻苦可怜的挣扎中侥幸发展也好，总是使中国整个国民经济中的资本主义势力扩大。"这样，帝国主义岂不也成了帮助中国资本主义发展的恩人！"军阀制度"岂不成了适合资产阶级利益和要求的制度！在农业经济问题上，严灵峰说：农民"在地租的形式之下交给地主以近代资本主义社会最流行而时髦的商品——生产物或货币——至于这种地租由地主看来是他的耗费购买土地的资本上应有的利息；由农民看来，就是他自己……社会必需的剩余劳动所造成的罢了。"在这里，他也完全使用诡辩论手法，不从生产关系的总和中去论究地租的性质，去回答下面这些问题：是资本主义的还是封建性的地租占支配地位？以这种"生产物或货币"形态出现的"地租"的性质如何？其中资本主义性的地租所占比重多少？农村中很早以来就存在的地主、高利贷者、商人三位一体的情况说明了什么问题？却大肆叫嚷："中国今日的地主们，是近代资本主义社会"的"新式地主"。

伪马克思主义在这个问题上，不论是"新生命"派或托派都是以主观武断代替科学分析，以个别代替一般、部分概括全部，掩盖事物本质，颠倒主导和从属、主要和次要、量变到质变等手法，构成他们的中国社会研究的反动理论，来和马克思主义关于社会经济结构的学说、关于商品和地租的学说、关于帝国主义的学说以及关于社会革命的学说相敌对，和中国共产党的新民主主义革命纲领相敌对。而又不去分析社会的主要矛盾即中国民族和帝国主义间、工人阶级为首的人民和封建地主、买办阶级间的矛盾，不从生产关系自身对立统一的矛盾出发去研究经济性质，不从生产方式出发去研究社会性质，也不肯"揭破帝国主义奴役殖民地半殖民地人民的真象"，中国的地主买办阶级奴役人民的真象，来对抗历史唯物主义，掩盖中国社会的具体情况和歪曲它的性质。他们所贩卖的乃是"波格丹诺夫主义"和"托洛斯基主义"。只是为的骗人，他们才故意把波格丹诺夫、托洛斯基、马扎亚尔等说成为"马克思列宁主义者"，甚至把马扎亚尔一类人所说的话冒充为马克思的话等等。在政治上，托派也和"新生命"派一样，他们贩卖了托洛斯基关于农民问题的反动"理论"，完全抹煞农民在革命中的地位和作用；把中国当时的资产阶级性的民族民主革命，说成是所谓"社会主义革命"，以便取消反帝反封建的任务，取消工农联盟和民主革命的统一战线，把无产阶级孤立起来——也就是取消无产阶级的领导。因此，托派的中国革命论，实质上就是"断送革命论"。

在论战中，马克思主义阵营的经济学家、历史学家和哲学家，坚定地遵循历史唯物主义和马克思主义政治经济学的原理，结合历史实际和当时的具体情况，对中国社会和经济进行了较全面的分析和研究，论证了党的纲领关于中国社会性质和中国革命的估计完全正确，揭破了伪马克思主义流派的反动"理论"和他们在政治上的反动意图。

他们根据研究的结果，对中国社会的性质得出结论说："在中国乡村中间虽是封建的剥削占统治地位，然而这并不就是说，那里完全没有资本主义的关系"，"农民阶级内部产生了贫农、中农与富农的阶层。但是正因为帝国主义的统治，封建势力在农村占着优势，中国资本主义不能独立发展"，而形成为半殖民地半封建的"过渡期"的社会，亦即帝国主义及其御用的"军阀"与"各地豪绅地主阶级"、"买办阶级"统治下的半殖民地半封建的"过渡期"的社会①；或者说："中国社会的现阶段，便是半殖民地半封建社会。建筑于其上层的诸形态的东西和其下层的基础相适应。"②

四

随同中同社会性质问题的提出，又提出了中国历史发展过程的问题。这一争论，牵涉到人类社会历史发展过程中是否存在着共同的客观规律的问题，牵涉到历史唯物主义和历史唯心主义之间的根本性质分歧的问题，并直接关联到人类历史上各种革命是否有其客观规律、或不可避免的必然性问题。而用历史唯物主义比较系统地清理和研究中国的历史，在此以前还不曾作过，加之在白色恐怖的笼罩下，工作环境和其他条件都很差；但是由郭沫若带头的年青的中国马克思主义历史工作者，顽强地进行了这个方面的斗争。

在这个问题上，伪马克思主义各流派的主要意图，在于反对马克思主义关于社会发展阶段的学说，并以此来否认无产阶级领导的民族民主革命和其胜利的不可避免的历史必然性。

---

① 以上未注明出处的正面引文，均见《新思潮》，1930年5月，《中国经济研究专号》；王学文：《中国资本主义在中国经济中的地位、其发展及其将来》。《读书杂志》《中国社会史的论战》第1辑，刘梦云：《中国经济之性质问题的研究》；第4辑，刘苏华：《唯物辩证法与严灵峰》。
② 《文史》，1934年4月创刊号，拙著：《中国之史的发展阶段》。并见拙著：《史前期中国社会研究》，1934年6月北京人文书店版。

在这个问题上，"新生命"派的陶希圣，使用更狡猾更诡辩的手法，装成好象没有成见的"学者"的样子，并喊出"弃公式而取材料"的口号。所谓"公式"，就是指马克思列宁主义关于社会发展的阶段——原始公社制（或原始共产主义社会）、奴隶制、封建制、资本主义、社会主义五阶段相续继起——的"公式"。他对中国社会史阶段的划分，任意穿凿和武断，时而说，"炎黄时代成立了初期封建国家"，"商以前是氏族社会"，"西周时代是氏族社会末期"，"春秋战国时代的封建制度已经结束"，"自战国到最近是不变质的封建社会"；时而又说："商周是氏族及原始封建时代，战国到两汉是奴隶经济占主要地位的社会，三国到唐末五代是一个发展的封建庄园时期，宋以后是先资本生义时代（或"商业资本主义社会"）"，等等。这样，中国社会历史的发展过程不但与世界其他国家、民族不同，而且是循环、错乱的。这样，历史唯物主义及其所阐明的一元论，岂不可以说是出于马克思的"臆造"，而不是体现客观真理的科学的哲学？陶希圣根本不从生产方式及社众上层建筑去进行全面分析，而只是从一些"拾零"的"社会现象"去进行武断和歪曲；他不是透过历史的具体情况去探索客观规律，而是通过诡辩去否定客观规律。

托洛斯基派的论点是这样：沙发诺夫以循环论来歪曲中国历史，他在所著《中国社会发展史》中说，中国社会从"远古"的"游牧民与定居民的'分工'"，直接进到"周朝的封建制度"，"汉朝社会结构"是"封建奴隶私有制"，"在元朝，商业资本……自己有一种独立的生产基础——行会手工业"。这本书的译者、中国的一个托派分子俚人介绍说：沙发诺夫说"中国历史发展的过程……是回旋曲折的，也即拉狄克所谓'循环'的。""沙发诺夫就是深懂得这个'循环'的道理的。"不只如此，他还公开充当帝国主义宣传员安迪生的应声虫，竟引用斯巴顿的话说："的确，不但西方文化，而且西欧人的生理性质，都积着自己的烙印在古代中国人民身上。"这不但暴露了他的外因论，而且污蔑了古代中国人民。李季在其《对于中国社会史论争的贡献与批评》①及《胡适中国哲学史大纲批判》中说：唐虞为原始公产制时代，夏商为"亚细亚生产方法"时代，周为封建时代，秦至鸦片战争为"前资本主义时代"，鸦片战争以后为资本主义时代。这显然在曲解马克思关于"亚细亚的"

---

① 《读书杂志》，《中国社会史的论战》，第 2 辑。

和"前资本主义"的用语，把它们都说成为一个独特的历史阶段，去发挥其历史多元论的谬论。另一托派分子后来又公开作了蓝衣社特务分子的叶青，在《胡适批判》中说："在周以前的商朝还是氏族社会的时代"，周是"奴隶时代"，春秋是封建时代，"战国就成了继春秋之封建而起的商工经济时代……是资本主义的前期"——"相当于近代欧洲的十七、八世纪"，"秦是战国时期的延长……汉迄清末为封建时代"，清末为资本主义时代。他同陶希圣一样，完全没有从生产方式去进行分析，只是从社会上层建筑的一些片面现象进行武断和玩弄术语的游戏，贩卖露骨的循环论，并渲染封建主义和资本主义互为循环，去适合其封建的买办的法西斯主义的脾胃。

论战的重点归结到三个问题："亚细亚的社会"问题，奴隶制社会阶段问题，"商业资本主义社会"或"前资本主义社会"问题。

在"亚细亚的社会"问题上，中国、苏联和日本的伪马克思主义各流派的意见，基本上都是搬弄马扎亚尔的论纲。不过李季把它作为独特的历史阶段放在"原始公产制"和"封建制"之间，封建制与所谓"资本主义"之间——即所谓"前资本主义社会"。胡秋原也鹦鹉学舌地说："亚细亚生产方法……就是指中国（或印度）之先资本主义制的复合方法，就是指亚洲的专制主义"。在封建主义与资本主义之间有专制主义，中国"自秦至清末，就在这个阶段"①。德国的威特福格在《中国的社会和经济》一书中，则改装为技术史观，来曲说成为所谓"亚细亚的社会"缺乏前进的动力。日本的秋泽修二在《东方哲学史》一书中，以之来断定中国和印度社会的"亚细亚的停滞性"，即所谓"王朝的同型"、"复旧"、"退化"与"循环过程"的特性，除非外力冲击便没有前进的动力，这种"循环"论或"退化"史观，是极端唯心主义的。马扎亚尔在《中国农村经济研究》等书中，把所谓"亚细亚的社会"的特征，归结为：（一）土地属于国家所有适用一种永佃制转佃给人民，地租采取赋税的形态；（二）全国分成无数公社，都是相互独立的小社会；（三）国家和官吏是社会事业的承担者，水利的兴建和掌管者，统治着那些各自独立的小社会，专制政权就是由此产生的。马扎亚尔及其信徒的这类谬论，首先，在武断"亚细亚的社会"没有阶级的对立，国家是在所谓"水利调节"

---

① 《读书杂志》，《中国社会史的论战》，第3辑，胡秋原：《亚细亚生产方法与专制主义》。

和"公共事业"的基础上产生的，这和马克思列宁主义关于国家的学说正相反对；其次，在他们的所谓"亚细亚生产方法"的内部，不存在着阶级剥削关系，因而也就不存在着生产力和生产关系的对立统一的法则。以此来阉割辩证法的核心，否认社会前进的根据或"历史前进的动力"；再次，在于"取消农民之政治上的重要性"，取消中国革命的反封建任务①；最后，在于歪曲和掩盖中国（及东方各国）社会的历史实际，来渲染反历史唯物主义的多元论，曲说东方各国和欧洲的社会历史走了不同的道路，这就是伪马克思主义流派的"亚细亚的社会"的实质。

在奴隶制社会阶段的问题上，伪马克思主义流派的若干论客，都否认中国社会历史发展过程中有奴隶制阶段的存在，并从而否认奴隶制是人类历史发展的必经阶段。李季说："原始公产制"崩溃后，中国和欧洲走入了不同的发展道路，前者转入"亚细亚的社会"，后者转入了希腊罗马的奴隶制。沙发诺夫则说中国只是在"周朝的封建制度"以后才出现"封建奴隶私有制"。在封建制社会以前并没有奴隶制社会存在。几乎所有的伪马克思主义者都借口日耳曼人没有经过奴隶制，即由"氏族制"进入封建制来比拟。他们一个共同的手法，就是都不从生产力和生产关系的性质去进行分析和研究，而只按照希腊、罗马奴隶制的图式来模拟；也不从生产力和生产关系的性质上去分析和研究希腊罗马的奴隶制，区别其一般性和特殊性，也不去考察日耳曼的封建制国家和罗马奴隶制国家的继承性关系——即前者是在后者的废墟上和行政机构的尖端上建立起来的——无视日耳曼各部落原是罗马国家的属领，只是从外因论去渲染；而又不去考察世界各国家、民族的历史的具体内容，武断地认为除希腊、罗马而外，都没有经过奴隶制社会阶段。以这样虚构的空中楼阁式的结论，来反对马克思、恩格斯、列宁、斯大林关于奴隶制是人类社会发展过程中一般必经的社会阶段的论断，奴隶制是人类社会最初的阶级大分裂的论断。经典家们的这个科学论断，是总结了人类历史的实际，揭发了历史的客观规律性的基础上作出的。

另方面，他们又从承认社会发展"四阶段论"来反对历史唯物主义和马克思的四阶段论。例如王宜昌在《中国社会史短论》② 中说："殷代以前是氏

———————————

① 前揭《史前期中国社会研究》，第19—21页。
②《读书杂志》，《中国社会史的论战》，第1辑。

族社会，周秦汉西晋是奴隶社会，东晋到清末是封建社会，而1900年以来是资本主义社会"，但他不是从历史唯物主义来阐明它的必然性，而是用外因论来把它说成为由于某些外在条件而促成的偶然性的东西。他说："奴隶制社会是从周代的征服显明的开始，而齐国以地近渤海这一内海，首先发展商业，而成为典型的奴隶制度国家。中国奴隶社会，由于异族侵入的扰乱，打破了奴隶主人的腐朽统治。"这正是以地理史观和外因论来对抗历史唯物主义，来反对阶级斗争是阶级社会历史前进的动力的学说。它和秋泽修二的外因论具有相同的性质，只是秋泽修二在宣传侵略，王宜昌则在宣传卖国和投降。

"商业资本主义社会"论，是陶希圣从波格达诺夫那里抄来的；同一性质的所谓"前资本主义社会"论，是李季之流从拉狄克他们那里抄来的。在这个问题上，伪马克思主义流派更露骨地反对从社会生产方式来进行论证，而窃弄马克思的个别词句，如所说"商人资本的独立发展"① 之类，去强调商业资本和货币的"独立"作用以至手工业行会的独立性，等等。这正是窃用马克思的个别词句，来歪曲或反对马克思的《资本论》关于商品和资本的学说，关于商业资本和行会手工业的经典的分析。不只如此，他们还常常使用篡改马克思的原意去引用马克思的文句，来反对马克思。如陶希圣为图使所谓"商业资本主义社会"的谬论能自圆其说，连他为朱其华的《中国社会的经济结构》所作的《序言》中，引用马克思关于"封建生产方式的推移"② 或"转变"的一段话，也完全按照自己的不可告人的意图加以篡改和删削，以至面目全非。这种骗局，当时曾受到马克思主义历史工作者义正词严的指斥，指出他"零碎割

---

① 《资本论》第3卷，1953年人民出版社版，第404—405页说："说资本当作商人资本有独立的和优势的发展，等于说生产没有从属于资本，等于说资本是在一个与资本相异且与其独立的社会生产形态的基础上发展。所以，商人资本的独立发展，与社会一般经济的发展，是成反比例的。"

② 《资本论》第3卷，第413—414页说："由封建生产方式的推移，是二重地进行的。生产者成为商人与资本家，而与农业的自然经济，与中世纪城市产业在行会中结合着的手工业相对立。这是现实的革命的路。但或者是商人直接支配生产。这后一条路，虽然在历史上极其厉害地当作过渡来发生作用——例如十七世纪英国的毛织物商人，曾把那些仍然独立的织工人，放在自己的统制下，把羊毛售给他们，而购买他们的织物——但它本身却是这样少地唤起旧生产方式的革命，不过保存它，把它当作它的前提来维持……这个方法，到处成为现实资本主义生产方式的障碍，跟着后者的发展而消灭。"这里所说"这后一条道路"，很明显是属于封建社会范畴的东西，"当作过渡来发生作用"的；陶希圣则篡改为："……或则由商人以直接的手段，占有生产……这种方法到处都是真正资本主义生产方法的障碍。依后者的发达而常归崩坏的"。便以之作为其"商业资本主义社会"的依据，串合为好象"商业资本"拥有一种独特的生产方式。

裂‘引文’"、"改变原文的意义"所"玩的……把戏"和"神出鬼没的手段"。

所谓"商业资本主义社会"成"前资本主义社会",不过是"冒牌唯物论者"所臆造的"空中楼阁"。因为在历史上,并不存在过以这种独特的生产方法作基础的社会形态。在人类历史发展的过程中,马克思主义历史工作者当时指出:"由封建主义的生产方法到资本主义的生产方法之一过渡期间,并不曾有所谓第三种生产方法的存在;无论商业资本在那一过渡期间的作用如何,但他绝不能产生一种由其独自支配的生产力"[1] 及与其相适应的生产关系。

伪马克思主义流派在中国社会史问题上的另一个共同的论旨,就是由前一阶段到后一阶段的社会转变,他们不是把原动力归之于外在的原因,如外来的侵略等,就是认为不须经过任何群众性的革命或自上而下的改革,而只是历史的自流,这正是外因论和进化主义的基本内容。事实上在每一历史的转变时期,群众性的革命或由上而下的改革是不可避免的,由革命阶级取得革命或改革的胜利和掌握政权是完全必要的。其次,他们还提出所谓中国封建社会的"长期""停滞"论,把中国封建社会的长期历史过程,说成为没有发展和变化[2]。

在这个问题的论战中,由郭沫若带头的马克思主义历史工作者,坚持了马克思列宁主义关于社会发展阶段和社会转变的学说,尽力应用历史唯物主义的理论,分析了每个朝代的生产力和生产关系的特点,当时理出了中国社会历史发展过程的初步系统,有力地粉碎了"新生命"派、托派的反动史论,批判了中间流派的错误论点。他们所理出的中国社会史的初步系统,主要是:商代和商代以前都是原始公产社会,西周是奴隶制的国家,春秋以后到鸦片战争是封建制[3];或:夏以前是原始共产社会,殷代是奴隶所有者国家,周代为中国史的初期封建社会时代,由秦到鸦片战争前为变种的(亦即专制主义的)封建社会时代,由鸦片战争到现在为半殖民半封建社会时代[4]。尽管大家对历史上某些朝代的社会性质的估计有出入,表现存在着片面性或不完全符合历史实

---

[1] 前揭《史前期中国社会研究》,28—31 页。

[2] 对伪马克思主义流派的这个论点,邓拓在 1936 年发表的论文《中国长期封建社会农业生产关系的变迁——封建制发展的几种形式》及其他同志的一些论文,给予了无情的批判。

[3] 郭沫若:《中国古代社会研究》,《中国社会的历史的发展阶段》,上海现代书店 1930 年 3 月初版。

[4] 拙著:《史前期中国社会研究》,李达《序》;《中国社会形势发展的阶段》。并参考拙著:《殷周时代的中国社会》,1936 年上海不二书店版。

际的论点；但坚持了马克思列宁主义的原则立场，给伪马克思主义流派以致命的打击，进行了捍卫马克思主义和革命的艰苦工作，则是一致的。他们无情地揭破"新生命"派、托派是沾污"史的唯物论"的"冒牌的唯物论者"，揭破他们"混淆大众听闻……的卑鄙可耻企图"①。同时，极力论证了人类社会历史发展的过程，虽有其各自的特殊性，却都是遵循着共同的客观规律前进的，所以说"中国人不是神，也不是猴子，中国人所组成的社会不应该有甚么不同。"②"人类社会历史发展的法则，是一元的，——均有其一般性的。"③"人类社会的发展是以经济基础的发展为前提"，"人类经济的发展却依他的工具的发展为前提"④。

五

哲学史是社会史的一个组成部分；在中国社会史问题的论战中，又扩大到了中国哲学史问题的论战。郭沫若早在《中国古代社会研究》中就提出了这个问题，说："把中国的文化，中国的思想，加以严密的批判，让你们看看小国的国情，中国的传统，究竟是否两样！"⑤

在这次论战以前，梁启超、胡适、李石岑及日人渡边秀方等，都应用了实用主义和形而上学的方法，对中国哲学史进行过研究，不过都没能解决问题。伪马克思主义流派伸入这个领域，最初是李季的 1931 年 12 月出版的《胡适中国哲学史大纲批判》，接着是陶希圣的从 1932 年 5 月到 1935 年 1 月断续出版的《中国政治思想史》，叶青的 1933 年 10 月出版的《胡适批判》，日本法西斯宣传员秋泽修二的《东方哲学史》是在我国抗日战争前夜 1937 年 5 月写成的。

---

① 拙著：《史前期中国社会研究》，李达《序》、《中国社会形势发展的阶段》。并参考拙著：《殷周时代的中国社会》，1936 年上海不二书店版。
② 郭沫若；《中国古代社会研究》，《序》。
③ 拙著：《史前期中国社会研究》，第 11 页。
④ 郭沫若：《中国古代社会研究》，第 1 页。
⑤ 郭沫若：《中国古代社会研究》，《序》。

伪马克思主义流派在这个问题上流毒较广的，是陶希圣的《中国政治思想史》；他为着欺骗群众，声明自己的研究方法是："政治制度及政治思想的变迁必须寻求他们变迁的决定的原因于社会经济构造的变迁"，"社会的变化又与自然界一切现象一样是辩证法的"，同时又提到某些思想家如孔子、孟子等人都有其阶级性。这样，好像陶希圣也是用历史唯物主义的观点、方法进行研究哲学史似的。其实这正是他一贯的伎俩和骗局。在《中国政治思想史》里面，他和胡适一样，把中国社会思想发展的过程，划分为所谓："神权时代"的"神权思想"，"贵族统治时代"的思想（"对贵族取尚贤及民主主义，对农民及奴隶则取权力专制主义"），"王权时代"的思想，"民权时代"的思想。这丝毫也看不出反映"社会经济结构的变迁"和"辩证法"的气息。他自始便没有从社会经济结构及其变动的基础上，以及社会阶级构成、阶级关系变化的基础上，去进行研究，而只是摭拾各个朝代的一些零碎现象、各别思想家的片段言论和主张；从不去接触他们的宇宙观及其所反映的真实的阶级性质；完全没有从诸阶级阶层间相互关系的基础上去揭发彼此敌对或争吵的各派思想所反映的阶级实质。同时他又故意不去深入阐发历史上各派思想家的思想和政治人物的行动对历史所起的或正或反的作用。陶希圣所要达到的目的是：掩盖中国哲学史上唯物主义和唯心主义两大流派的斗争，及其所反映的进步和保守，革命和反革命的不同的阶级特性；抹煞先进思想，特别是体现自然、社会和思维的客观规律的科学的哲学对先进阶级认识和改造世界的指导作用；并掩盖反动派和其代言人不可避免的要遭到历史的惩罚。所以我们指斥他是冒历史唯物主义的招牌，卖反历史唯物主义的货色。

李季在《胡适中国哲学史大纲批判》中，开始也装作一个历史唯物主义者，表示他和胡适不同，而大谈历史上各个思想家的阶级性和他们的宇宙观问题，比陶希圣使用了更多的马克思主义的词句。而他对胡适的"批判"，样子装得很凶，实际却又在为胡适扩大影响，例如他说：胡适对马克思关于哲学家和其思想体系的产生、形成的根源的论旨，只有"一知半解"。作为一个帝国主义和地主、买办阶级的辩护士的胡适，能"一知半解"马克思的论旨，岂不成了"半"马克思主义者！而且又说：当胡适"初从美国回来的时候，打起文学革命的招牌，一面宣扬易卜生的个人主义，一面提倡杜威的实验主义，我们一致承认他为新文化运动和被压迫的民众领袖之一"。其实，除非李季之流，当时谁也没有这样去承认过胡适，而且李大钊同志早就揭开了胡适的面纱。不只如此，他还把胡适扮饰为一个"主要替资产阶级开辟一条自由发展的坦途"的战士。其次，他在大谈思想家的"阶级性"的外衣下，又挖空心思地来混淆哲学的阶级性，尤其是贬损马克思主义的阶级性和纯洁性。在说到"庄园制度"时，竟然说："关于这个问题说得最简单明了的，在中国要算春秋时的苹尹无宇，在西洋就是卡尔（按即卡尔·马克思）。"把中国封建时代的一个大封建主说成和无产阶级的伟大导师马克思一样对"庄园制度"作了同等的说明，这是何等惊人的胡说。他认为胡适《中国哲学史大纲》的根本缺点，就在应用实验主义作为叙述和评判的方法，这是把那起决定作用的阶级立场和观点解消于"方法"里面。所以他竟说资产阶级可以掌握"唯物辩证法"。从这样的谬论出发，他又进而颠倒历史上唯物主义和唯心主义的阶级地位，说："凡知识浅薄的人对于宗教的迷信非常坚强，知识较高的人则反是，这是古今中外共有的现象……墨子信鬼和儒家的不甚信鬼，都含有阶级的意识在里面，前者所代表的为知识浅薄的工农阶级，后者所代表的为知识较高的地主阶级。"所谓"墨子信鬼"，《墨子》本书已说得很明白："虽使鬼神诚亡，此犹可以合欢聚众，取亲于乡里。"很明显，墨派是以宗教形式作为宣传和组织群众的手段，而不是真信有鬼神。以宗教作为结社的形式、以教义去表达政治要求，是中世纪起义农民所采取的最便利的办法。又次，李季把中国社会和中国哲学思想都说成为从春秋战国时代以后，就是一成不变的。他说：中国从春秋战国以后"两千年来……总是停滞在这种生产方法中，故学术思想也没有变动，无论它们怎样发展，无论它们从外来的精神文化……结合，终不能跳出先秦哲学的范围"。这是连马克思主义和中国实际相结合的无产阶级思想，都一笔抹煞了。在这里，他又以"有用"、"效果'、"价值"等等实用主义观点进行诡辩，把"学说"胡诌为超时代的东西。这就是李季《胡适中国哲学史大纲批判》的基本内容。

叶青在《胡适批判》中，也首先放出一个烟幕弹，说他是用"物质论的观点来研究中国哲学"，并且是"辩证的物质论"。但他又说："社会中的物质，只有经济一项。所以哲学原因之物质论的研究，即是从经济上去找哲学的根源"，这同时又露出了机械论或经济史观的尾巴。叶青对胡适更吹嘘得肉麻；说："近几十年的思想史上……他确可以自豪"；而又在开章第一篇，就把那些吹捧胡适的谀词作了集纳和介绍，在结尾，又把胡适的全部著作分类编目介绍，吹嘘胡适是"文学家、国学家"，在哲学史上则作了"他人所不能作"的工作。对于胡适的实用主义，叶青说："实用主义这个哲学……乃是一种平庸的思想，几乎甚么人都有"；"在知识分子方面，一般学者俱以实用主义为是非真伪的标准"；"在政治中人方面，实用主义是决定行为的标准"；"在工商业家方面，实用主义更其流行，简直人人都是实用主义者"；"在乡村人民方面实用主义也很流行。""为什么信从实用主义的人这样多呢……人都是有机的生物，要求营养以维持生存……所以人们熙熙而来，攘攘而往，没有作无益于己的事。"这完全不是"批判"，而是在宣扬实用主义。不只把实用主义渲染为超阶级的真理，为各阶级人们共同行动和生活的"标准"，而又把个人主义说成人类普遍的天性。最恶毒的，他竟说马克思主义哲学的"辩证法……即黑格尔的'正'、'反'、'合'那一个发展定律"；而又把唯物主义说成环境决定论，历史唯物主义的社会转变说成进化论，如说"哲学发展的必然性来自环境的变迁，即社会的进化"。列宁早就说过，马克思批判地吸取了黑格尔的辩证法的合理核心，但马克思主义哲学的辩证法决不同于黑格尔的辩证法。环境决定论和进化论都是资产阶级的东西，资产阶级利用达尔文关于生物进化和适应环境的学说来解释社会现象和历史，即以它来掩盖生产力和生产关系对立统一的规律、阶级斗争和革命的规律、社会转变的规律等等。所以环境决定论和进化论并不是历史唯物主义而是历史唯心主义的东西，它和马克思主义所说的环境作用和社会发展根本不同，它早就受到马克思主义的批判和揭发。同时，他也窃用了关于"哲学思想"的"阶级性"一类的术语来否认哲学的阶级性，如说："哲学思想是由最初的一个体系辩证法地发展而成的"；却故意避开中国哲学史上唯物主义和唯心主义两大流派的对立斗争和过程，而叫嚣："哲学的历史主要是在叙述哲学发展的新贡献"，"哲学历史的任务，就在于把各派各家的贡献，排列成以时间的先后而互相传递之一贯的逻辑必然和进化体系"。这样便掀开了他自己的伪马克思主义的面具。同时他还宣称要"建设一个进化论的宇宙观……建设一个进化论的社会观"。由此可见，在伪马克思主义流派里，叶青更堕落到了何等程度！

马克思主义阵营在这方面的论战中，无情地揭露了"新生命"派、托派都是"伪冒历史唯物论的招牌，来贩运反历史唯物论的商品"，"基本上并不是什么学术研究，而是应用假马克思主义观点来反对马克思主义、来破坏革命"；尤其是叶青的《胡适批判》，"是应用假马克思主义加假三民主义写成的，更不是什么学术研究，而是向日本法西斯和大地主、大资产阶级特务机关的陈情书。"[1]

在论战过程中，马克思主义者曾一面给伪马克思主义流派以正面的抨击和揭露；一面也以立的工作去达到破的目的，在那样艰苦的条件下，对中国哲学史进行了较全面、较系统的研究，摸出了初步的体系，阐明了中国哲学史的发展过程同样是唯物主义和唯心主义两大流派的斗争，每个思想家的思想都是反映一定历史时期一定阶级阶层的利益和要求的，没有超阶级的东西。

六

由于苏联社会主义国家日益强大、世界共产主义运动的影响日益扩大和深入，还由于以苏联共产党为首的各国共产党和工人党对托洛斯基派等伪马克思主义流派开展了群众性的斗争，揭露了它们的本来面目，使它们在群众面前都搞得很臭。在中国，还由于我们党领导"农村革命和文化革命的深入"，抗日运动日益蓬勃的发展，革命影响日益扩大和群众觉悟程度的日益提高，因此，到民族抗日战争的前夜，"新生命"派、托洛斯基派在中国人民面前，名声也都很臭了，"波格丹诺夫主义"、"托洛斯基主义"和"新生命"派、托洛斯基派都成了反共反马克思主义的代名词。

马克思主义的历史哲学工作者队伍，通过上述斗争，得到锻炼和提高，也取得了一定的成绩。

1959 年 4 月 7 日

（原载《哲学研究》1959 年第 5 期）

---

[1] 拙著：《中国政治思想史》，1937 年 2 月初版序。

"五四"后历史哲学上
两条道路斗争的一个侧面

这是我为拙著《中国政治思想史》俄文译本所写的序言。《历史教学问题》编辑部的同志们，很希望我为该刊写一篇纪念"五四"运动四十周年的文章；以我久病之后，目前实在再挤不出时间和力量，感于同志们的殷殷厚意，便以这篇序言报命，并题为：《"五四"后历史哲学上两条道路斗争的一个侧面》。

一

拙著《中国政治思想史》（即《中国社会思想史》）的俄文译本即将出版，苏联科学院中国学研究所编辑部主任越特金同志和主持本书翻译工作的施顿教授都来信，要我为俄译本写一篇比较简略的序言。我很感谢他们的盛意，并认为义不容辞。

这本拙著俄文译本的出版，会得到我素所敬爱的苏联同行和读者同志们的批评与指教，将使我得到提高；我又恳切期望，能通过它来表达我对伟大苏联人民的敬爱，数十年来，他们一贯是我们的老师和朋友，也就是我们中国人通常称呼的"老大哥"。

二

这本拙著，是我关于中国社会发展史著作（按即《史前期中国社会研究》和《殷周时代的中国社会》）的姊妹篇，都是我们当时和修正主义、实用主义等地主资产阶级的哲学、史学各流派作斗争的产品。

在"五四"运动以前，帝国主义、封建地主阶级和官僚资产阶级，主要是以中国地主阶级传统的哲学思想儒家学，辅以欧美资产阶级的唯心主义哲学，为统治中国人民的精神武器，而以天主教、佛教、道教等神学的世界观和宗教迷信作帮腔。在"五四"运动前后，以祖国叛徒胡适等为代表的实用主义哲学，便成了他们御用的主要工具。胡适派的实用主义，是腐朽的美国资产阶级哲学家詹姆士、杜威等的实用主义和中国封建地主阶级、官僚资产阶级意识形态的结合。儒佛混合而又杂有柏格森主义的梁漱溟哲学，本质上仍是地主阶级的东西；杂有西方哲学的太虚、唐大圆等的佛学也是地主阶级的东西。另方面，在"五四"运动以后，特别在第一次国内革命战争失败以后，由于无产阶级登上历史舞台和新民主主义革命形势的发展，正如毛泽东同志所说："十月革命一声炮响，给我们送来了马克思列宁主义"[1]。这就使"五四"运动具有中国历史上从来没有过的新内容和新形式。"在'五四'以后，中国产生了完全崭新的文化生力军，这就是中国共产党人所领导的共产主义的文化思想，即共产主义的宇宙观和社会革命论。"[2]"二十年来，这个文化新军的锋芒所向，从思想到形式（文字等），无不起了极大的革命。其声势之浩大，威力之猛烈，简直是所向无敌的。其动员之广大，超过中国任何历史时代。"[3]

在这样的形势下，帝国主义、封建地主阶级、官僚资产阶级，便又尽量培养和利用各种修正主义流派，来破坏和反对革命。他们伪装为马克思列宁主

---

① 《论人民民主专政》，人民出版社1951年版，第5页。
② 《毛泽东选集》，第2卷，人民出版社1952年版，第690页。
③ 同上书，第691页。

义、或利用马克思列宁主义的一些词句，来反对马克思列宁主义。其中最猖狂的，有国民党反动派亲手培养起来的"新生命"派（包括"食货"派），其中最主要的人物有陶希圣、萨孟武、全汉升等。此外有托洛斯基派的李季、叶青、王宜昌等。他们深入到社会历史问题、哲学史问题等广泛的领域。在社会历史问题上，一方面，他们都以诡辩论的手法，来反对马克思列宁主义的社会发展阶段论和污蔑历史唯物论。一方面，陶希圣说，中国历史从秦汉以后为所谓"商业资本主义社会阶段"，以之来反对无产阶级领导的新民主主义革命，来掩盖帝国主义的侵略和封建地主阶级、官僚资产阶级的反动统治；托洛斯基派的李季、王宜昌等，则说从鸦片战争开始，中国就进入"资本主义社会阶段"，叶青甚至说，春秋战国时期中国就有了"工商业资本家"，来否认帝国主义、封建地主阶级、官僚资产阶级是革命的对象，来破坏人民民主革命的统一战线，来反对列宁关于中国问题的论纲和列宁主义的社会革命论。在哲学史的问题上：陶希圣的三大册《中国政治思想史》以所谓"神权时代"、"王权时代"、"民权时代"作论纲，来掩盖历史上各派思想的阶级性，混淆相互敌对的唯物论和唯心论的阵营，好像在中国思想史上没有关于世界观问题的存在，各时代的各种不同思想和主张的出现，不过是某些个人的才能和偶然的创造；李季在胡适《中国哲学史大纲批判》、叶青在《胡适批判》中，都使用了一些马克思主义的词句，企图对马克思主义哲学的辩证唯物论和历史唯物论的基本原则，进行歪曲和污蔑，来损害马克思主义哲学的科学性和战斗性。尤其可耻的，他们竟说马克思主义哲学，也可以为地主、资产阶级所掌握而为其服务，来取消哲学的阶级性和党性等等。

在陶希圣等，又极力宣扬波格达诺夫主义，把他说成是马克思主义来欺骗群众；李季、叶青、王宜昌等，则以托洛斯基、拉狄克、沙发诺夫等的反动论旨，尤其是他们关于中国问题的反动论旨作依据，并把他们说成为列宁主义者，来欺骗中国人民。

他们当时都是直接间接在国民党反动派的保护、支持或默许下进行活动，尤其是官方学的陶希圣派和后来公开充当蓝衣社特务分子的叶青，都曾经嚣张一时。当时也的确有一部分青年，在不同程度上受到蒙蔽、欺骗以至被陷害。

此外，妄图在中国进行"社会民主主义"活动的王礼锡、胡秋原等，也是以修正主义面目出现的，胡秋原并大肆宣传其中国自秦汉以来是所谓"专制主义的社会阶段"等胡说。

为捍卫马克思列宁主义和保护革命，我们党展开了文化理论战线上的斗争，无情地揭穿各反动流派的反动性和中间流派的欺骗性，扩大和巩固马克思列宁主义在文化理论和学术上的地位，从各方面去扩大马克思列宁主义的宣传教育。

这本拙著，也就是当时在党的领导下，在马克思列宁主义的理论战线上，与关于中国思想史问题上的各种反动流派作斗争的一个小兵的战果。它所以不名为《中国哲学史》，或《中国社会思想史》，而名为《中国政治思想史》，由于主要在打击其时在一部分小资产阶级群众中有些影响的陶希圣派，在清除陶希圣的《中国政治思想史》的恶毒影响。

三

这本拙著，当时在国民党反动派"文化围剿"的白色恐怖下，曾找不到公开出版的地方；后来根据出版者的意见，把某些较突出的地方，作了相当修改，并把包括对戴季陶、陈立夫的极端唯心论的揭露、批评在内的鸦片战争以后的部分抽出，也是在 1936 年 7 月定稿后，到 1937 年 6 月才得印行初版。在民族抗日战争时期，延安解放社的印行本，在抗日民主根据地发行；生活书店的印行本，在国民党统治区发行。在解放战争时期，由三联书店前身大连光华书店印行；解放后，便由三联书店印行。其间曾于 1943 年 3 月和 1953 年 11 月作过两次修订。俄文译本是根据第二次修订本翻译的。

越特金同志来信说，为着给苏联读者"指出研究中国哲学史的复杂性和重要性，并且谈谈怎样研究中国哲学的历史"，打算让施顿教授为本书俄文译本写一篇导言。这无疑将为这本拙著的俄文译本增加光彩，我借此表示感谢。

（原载《历史教学问题》1959 年 4 月号）

贯彻哲学史研究上的厚今薄古方针

一

我国目前在哲学史的教学和研究上，存在着"厚今薄古"和"厚古薄今"两个根本对立的方针，这两个方针的根本对立，是无产阶级同资产阶级两条道路的斗争的表现。前者坚持哲学史是马克思主义哲学的组成部分，是为无产阶级政治服务的，为社会主义、为共产主义事业服务的，在今日，必须围绕社会主义革命和社会主义建设的实际生活与实践中所存在和提出的问题，力求得出科学的回答，而不是和它们隔绝或孤立起来。后者主张哲学史的教学研究，应该与当前轰轰烈烈的社会主义革命和建设的"实际工作"隔绝或孤立起来——如冯友兰先生——专门去"系统的钻研经典著作，掌握文献资料，联系科学，分析概念和范畴"；或者也不是真正用马克思主义的基本原则作指导，甚至只是假借马克思主义的词句，对历史上各派思想只作"客观的介绍"，把唯心论包藏下来，甚至自觉不自觉地轻视、歪曲以至诬蔑唯物论。这样的哲学史只能是为资产阶级服务的假科学的哲学史，不能是真正科学的哲学史。

我的极不成熟的意见，以为：哲学史主要在究明辩证法和唯物论的发生和发展的历史，揭发其客观的规律性，给历史上的朴素辩证法和唯物论以历史地批判和评价，研究近代和现代哲学史要把重点放在马克思列宁主义哲学史上面。

辩证法和唯物论是在与形而上学和唯心论的斗争中发展和壮大起来的，全部哲学史的基本特点是唯物论与唯心论斗争的历史，因此，哲学史必须科学地批判、分析和说明各个历史时代各种哲学和体系，批判唯心论的反动性，揭露唯物论同唯心论进行斗争的基本情况和经验及其发展规律。研究近代和现代哲学史，必须把重点放在马克思主义哲学和地主、资产阶级哲学斗争的历史上，从中去获取经验和揭发规律。

一定历史时代的各派哲学，都是以最集中的理论形式，反映其时代各阶级阶层的世界观，反映其时代科学文化的发展情况和阶级关系，都为其所代表的阶级阶层服务的，都不能不有强烈的阶级性，所以无论古今中外，全部哲学史都可区分为唯物论与唯心论两大营垒。一般说来，唯物论是属于进步的、革命的阶级阶层的意识形态的结晶；唯心论是属于保守妥协或反革命阶级阶层意识形态的结晶，这是全部历史科学研究成果所证实了的。各个历史时代的各派哲学思想，是当时社会经济基础的上层建筑，与基础又相适应，又相矛盾，都不能离开基础而存在，因此，研究各时代的各派哲学思想，一面不能不估计到社会发展的客观阶段，估计到这个社会与其他社会间的相互关系；一面又必须估计到意识形态发展的相对独立性。各时代的各派思想本质上不能不具有一定的时代性和阶级性，又不能不对其先前的哲学思想有所承袭。马克思主义哲学则是哲学的大革命，马克思主义哲学的产生，标志了哲学发展史的根本转折点。从此，人们才有了真正科学的哲学。当然，它的产生并不是离开人类文明大路的。但是，它决不是把先前哲学的这一部分或那一部分简单地拿来，而是对先前哲学的合理的部分和积极因素予以批判的改造，来丰富自己，来适合其时代和阶级的要求。马克思主义哲学辩证唯物论和历史唯物论，是世界共产主义运动和人类史上全部科学及先进思想的总结。它给了人类特别是工人阶级以伟大的认识武器，从而人类得以揭发、掌握、运用自然、社会和思维发展的客观规律。它是认识世界的工具，也是改造世界的工具，由马克思、恩格斯所创造，列宁和毛泽东同志及其他列宁的学生所发展了的科学的哲学，是无产阶级革命、社会主义建设和共产主义建设的理论基础；因而也是我们全部科学教育文化的改革和建设的理论基础。科学的马克思主义的哲学史当然不能例外。

马克思主义的导师们都极其注重哲学史的研究。马克思的《黑格尔法哲学批判》，马克思、恩格斯合著的《神圣家族》、《德意志意识形态》，恩格斯在《反杜林论》、《费尔巴哈论》和《自然辩证法》中，列宁在《哲学笔记》、《唯物主义与经验批判主义》中，以及他们在其他许多著作中，都给了历史上某些代表人物的哲学思想以马克思主义的分析，揭发欧美资产阶级的唯心论和其一脉相承的先前各保守、反动阶级的唯心论的反动性，批判过去形而上学的、机械的唯物论体系所包含的反科学性，扬弃了欧洲史上自黑格尔以前的辩证法、自费尔巴哈以前的唯物论，而予以批判地改造。这是对先前哲学思想的分析、批判的最高典范，从这里可以看出哲学史研究的重要性。

我们是这样了解哲学史的研究及其任务的。但有些先生们对我们这种了解，尤其对于两大营垒和其阶级性的论点，评之为"庸俗社会学"、"教条主义"、"简单化"等等，像冯友兰先生与贺麟先生，则力图混淆唯心论与唯物论的界限，把它们说成是相互转化或师生朋友的关系，来掩盖历史上各派哲学思想的阶级性，把哲学说成是超阶级的东西，来模糊唯心论和唯物论的界限，来保持唯心论和唯物论分庭抗礼的地位、甚至唯心论的支配地位。这样的哲学史，就不能不是对各个时代的各派思想作平列地解说和时间次序的排比，没有任何规律性；就不能不降低、歪曲甚至诬蔑唯物论，而极力抬高唯心论。或者像有些先生们把历史上借宗教"异端"去组织群众而表达其政治要求的革命农民，斥之为承认创世说的宗教迷信或有神论。这样的哲学史都是不认为有任何客观规律可寻的。如果有所谓规律的话，至多也不能跳出黑格尔的圈子。在黑格尔看来：每一种不同哲学学说都是自身的部分，只是一种哲学在发展中的不同阶段而已，只是同一原理的可分部分，每一种哲学在根基上都横亘着某一体系。黑格尔虽然也承认在历史各个阶段上的各种思想的内在联系，却是没有其相照应和对它起支配作用的经济基础的，即不与社会经济发展及各阶级阶层间的关系相互间的关系相联系，也没有一定的阶级性，不与一定的阶级关系相联系，只是所谓"绝对理念"的发展过程。这样的"研究"哲学史，实际上是以唯心论和形而上学作为指导方针。在这样的方针指导下，搞出来的哲学史不能不是适合地主、资产阶级的要求的东西。有些先生们，不论是自觉或不自觉地用资产阶级的哲学来"研究"哲学史，客观上也正是借哲学史之名，还地主、资产阶级哲学之魂。他们厚地主、资产阶级哲学之"古"，然而"厚古"是为"薄今"，即把地主、资产阶级的哲学召到思想战线上来与马克思主义哲学对抗，为资产阶级的复辟保留阵地或准备条件。所以哲学史工作中的"厚今薄古"与"厚古薄今"两种方针的斗争，乃是马克思主义哲学和唯心论、形而上学间的斗争的一个组成部分。

二

在全部哲学史上，各派哲学思想都有其一定的阶级性和党性，为其所代表的阶级阶层的利益服务和说教。在我国历史上，关于由西周到战国以至秦汉时期的社会性质问题，虽然在历史学家间还没有得出一致的结论，对这个时期某些思想家的具有根本性的范畴也存在不同的理解；但关于他们在政治上属于进步或保守、革命或复古的看法是大抵相同的。依照我自己对中国社会历史的发展过程，各派思想家在关于思维和存在的关系等问题的粗浅的研究结果来说，各个时期各派思想的产生、发展，在世界观和政治论等方面的基本论点，以及其相互斗争的过程，都是和当时的社会经济基础及阶级关系相照应的。

在殷商奴隶制时代，一面有崇拜天帝和两重世界观的巫教神学，公开承认神鬼和神世界的存在，它是为奴主阶级服务的；一面在殷末产生了与之相对立的朴素辩证唯物论的八卦哲学，是以阶级斗争和天文历数等自然科学知识的发展为基础，为革命人民服务的。

在封建制时代，在所谓百家争鸣的春秋战国时期，一方面有以"道"为本源的老聃的辩证唯心论，在政治上反对兼并战争，也反对斗争和工商，主张复古，它是为没落小领主阶层服务的，到了庄周，便降低为诡辩论和厌世主义。一方面有以"仁"为本源的孔丘的客观唯心论，他总结周公以来的社会秩序和哲学思想，宣扬等级名分制度和三纲五常等伦理教条，是适应封建制度的上升时期，为封建领主服务的。适应封建领主的没落和新兴地主的兴起，后来一面便派演为孟轲的先验主义的"性善"论，一面又派演为荀卿的有唯物论倾向的"性恶"论。一方面有杨朱、申不害、邹衍、商鞅、韩非、吕不韦等人的哲学，他们在世界观上是唯物论者或具有强烈的唯物论倾向，在政治上一面维护现存剥削制度，一面反对领主的世袭权力和领邑制，主张变法。他们是代表当时还具有进步性的新兴地主阶层，并反映了人民的一些思想和要求。

一方面还产生与上述各派相敌对、反映人民的若干利益和要求的哲学流派。在《周书》、《易传》、《国语》、《左传》等书中零碎保留的"阴阳"（即矛盾"五材"或"五行"（即金、木、水、火、土五种物质原素）的思想，但已无系统资料帮助我们进行系统研究；邹衍的"五德终始"说是夹有唯心论倾向的，汉朝谶纬家的阴阳五行说是完全被伪篡为神学服务的邪说；只有汉朝的医学著作如《素问》、《灵枢》和《伤寒论》等，还保有朴素辩证唯物论的观点，并有所发展。墨翟到许行的唯物论，一面肯定客观世界是独自存在的，认识的根源是通过感官所反映的客观世界，他们虽论述了"天志"、"明鬼"等宗教思想，那是当时农民结社的普遍形式；一面反对战争，主张节葬、薄丧、力耕而食，并主张通过一种原始选举制，建立贤能政治。它们是在当时天文、历数、医学、冶金术等自然科学知识的发展和阶级斗争及先前的思想的基础上发生和发展起来的。

在两汉，一方面适应于专制主义封建秩序的发展和巩固，儒家学说便派演为董仲舒的"天人合一"论，把孔丘客观唯心主义降低到神学；为了和缓阶级矛盾和巩固地主阶级的统治，他又提出限田的主张——把它作为董仲舒哲学的进步性去了解，我以为是错误的。适应于地主阶级自救运动的要求及体现贵族地主和商人地主两阶层间的利益矛盾，便演变为经古文派和经今文派；但两者在世界观上都是从谶纬说出发。政治上"易姓"和"安刘"的不同主张，其目的却都在安定地主阶级的统治。一方面，在人民，主要在农民中却形成了道教"异端"的"太平道"和"五斗米道"等，他们的教旨，基本上具有朴素唯物论的性质；又出现了向宗教和迷信宣战的王充的唯物论，基本上反映着人民的思想和要求，并以由战国到汉朝的自然科学的发展为基础。

在隋唐，一方面，在隋朝由于地主阶级经济学的复兴和发展，部族部落间矛盾的消除，便产生了王通的儒释道三教合一论，他提出复兴周孔之学和发展周秦以来的秩序。到唐朝，适应于地主阶级加强对人民的精神统治武器的要求，便发展了以玄奘为代表的佛教和佛学，以李淳风为代表的道教和道学；适应于阶级阶层间矛盾的发展，一面出现了以继承儒家道统自居的韩愈的"道"和"性三品"论、李翱的先验主义的"性""情"论，政治上并表现为韩愈的排佛论。这都是适应当时世俗大地主阶层的思想和要求的。一面又出现了具有强烈的唯物论倾向的柳宗元哲学，政治上他主张破除宗教迷信，主张三教调协，在不反对封建秩序的前提下，又主张取消大地主特权和减轻赋役等等。这主要都是反映当时中小地主阶层的利益和要求的。一方面，与上述各派相敌对，又出现了带有辩证法因素的吕才的唯物论，他以道学"异端"正面向地主阶级所宣扬的神道迷信宣战，大胆揭露政权神授说、禄命生成说等等的欺骗性，反对耗费民力和财富的厚葬等等。这是反映当时人民的若干利益和要求的。

在两宋，适应于社会生产的发展，阶级构成和力量对比的变化，以及部族间矛盾扩大和发展，一方面便产生了周敦颐、张载的辩证唯心论哲学，他们阐述了宇宙的辩证发展过程；但周敦颐把本源归之于非物质的"太极"、张载则归结于"无一物非我"；政治上，周敦颐把孔丘所阐述的"三纲"等"大法"尊为最高理想，主张"复古礼"，张载主张恢复"封建"和"井田"去和缓阶级矛盾，维护大地主的统治。到程颐、程颢便降低了周、张的辩证法，陷入到"性"、"理"之学的唯心论深渊，政治上与司马光一气顽固地反对"新法"。到南宋，一面派演为陆九渊的"万物皆备于我"的主观唯心论和保守主义；一面派演为朱熹的"理"、"气"二元论的客观唯心论，政治上接近于王安石"新法"改良主义的主张，这正反映了当时中小地主阶层的利益和要求。一方面便产生了与朱、陆两派对立的所谓永嘉学派的叶适的唯物论哲学，与佛学、道学、所谓曾子、子思以后的儒学、尤其是当代的朱、陆学展开了斗争；政治上主张实行减轻人民负担等改良政策，提出和实行了依靠人民力量去抵制金军南下和力图"规复"。它是代表自由商人、中小地主的要求，也反映了农民的一些利益和要求的流派，是南宋当时哲学上的进步流派。一方面，在农民里面，形成了所谓"妖道"的魔教的宗教"异端"，以反对"贵贱"之分的等级制和"贫富"之分的私有财产制为基本教旨，这是具有朴素的唯物论性质的东西。

在明清，适应于封建制的日趋没落，一面便由陆九渊学演变为王阳明学和王学右派，陷入所谓"灵明"和"良知"是最本源的东西的唯我论，在政治上他们死硬地为地主阶级说教和反对人民，王阳明本人就以镇压汉族农民和他族人民的起义有功，受封为新建伯，谥为文成公。一方面，在阶级矛盾的基础上，又产生了以王艮为代表的所谓"王学左派"的唯物论；它与阳明学及其右派的对立，是阶级矛盾的具体表现，将它说成为唯心论与唯物论的相互转化和师承，是资产阶级哲学家的曲解。一方面，适应于资本主义生产方式的萌芽、资产阶级前身市民阶级的成长和要求，便出现了王夫之、黄宗羲、唐甄、颜元以及魏源、龚自珍等启蒙思想家。他们，尤其是王夫之和龚自珍，在世界观上都是面目比较鲜明的唯物论者，在政治上都表现思想革新和解放的启蒙主义倾向和要求，代表了我国中世纪唯物论发展的一个新阶段，是在阶级构成的变化（新因素的出现）和阶级斗争所具有的新形势、新内容的推动下，在两宋以来的数学、医学、农学、化学以及火药术、印刷术等自然科学和技术科学的新发展、发明的基础上发展起来的。

在鸦片战争以后，随着社会经济结构和阶级关系的变化，一方面，有地主阶级传统哲学之回光反照的邓辅纶、邓绎等人的理学；到"五四"以前和以后，一面便派演为梁漱溟的主观唯心论，它是柏格森主义、唯识论和传统儒学的凑合，一面派演为熊十力、太虚、唐大圆等的佛学流派。一方面随着买办阶级的形成和地主阶级成为帝国主义的工具，一面出现了胡适为代表的主观唯心论流派，它是腐朽的美国资产阶级的实用主义和中国大地主买办阶级意识形态的结合；一面又出现了蒋介石、陈立夫的极端唯心论的"力行哲学"和"唯生论"。一方面随着资本主义的发生和发展，便产生了康有为、谭嗣同等启蒙思想家；康有为在历史观上具有唯物论倾向和一些辩证法观点，政治上主张通过由上而下的改良主义道路去开辟资本主义前途；谭嗣同是一个较晦涩的唯物论者，认为世界的本源是叫着"以太"的"原质"，并具有一些革命倾向和科学精神，而在实际行动上却作了"百日维新"的牺牲者。以后随着民族资产阶级的形成和成长，便出现了伟大的民主主义者孙中山，依"孙文学说"所表述，他也是具有较晦涩的唯物论内容，他认为世界的本源是由所谓电子构成的"太极"，但他在三民主义里又表现了不少唯心论观点，因此，从他思想的全部体系看来则是二元论者。一方面，随着无产阶级的形成、成长、登上历史舞台和中国共产党的诞生，在中国历史上就出现了世界观的空前大革命。由于中国有了马克思主义哲学的辩证唯物论和历史唯物论，用它来观察国家命运和指导革命实践，这样，马克思主义哲学就成了指导中国革命的理论基础。在"五四"前后，中国马克思主义哲学的代表人物，是共产主义者李大钊；从第一次国内革命战争到现在，毛泽东同志的著作从《中国社会各阶级的分析》到《关于正确处理人民内部矛盾的问题》等，总结了数十年来我国新民主主义革命和社会主义革命、与社会主义建设的经验以及世界共产主义运动的经验，集中了当代最先进的思想和科学成果，并且是在和地主、买办、资产阶级唯心论流派及党内机会主义流派的斗争中发展和壮大起来的，是中国哲学史上也是马克思主义哲学史上划时代的创造性的巨大发展，它不只具有中国的特点，而又具有马克思主义的普遍真理的意义。

世界其他各国哲学发展的历史，本质上也都是一样——像大家比较熟悉的西洋哲学史，国内外有些著述，对某些哲学流派的阶级性的论证，我以为还值得进一步加以研究和商榷。

由此可见，哲学思想是属于一定时代的，是为一定阶级阶层服务的，哲学斗争乃是思想战线上的阶级斗争。不过在无产阶级革命或其所领导的革命取得胜利以前的历史时代，自奴隶制时代开始，到资本主义时代，占据统治地位的都是剥削阶级，因此，除封建主义和资本主义的革命时期、或某些进步和保守剧烈斗争的短时期外，在思想上占统治地位的，都是为剥削阶级服务的唯心论流派。由于唯心论所代表的剥削阶级，是与生产劳动脱离，而依靠剥削他人的劳动过活，他们为了维护其阶级利益，便否认人类劳动和实践的伟大创造性，并从而把一切现象神秘化。因此说，唯心论是脱离生产劳动等实践、脱离广大人民的实际生活的主观观念的产物。历史上，保守或反动的阶级只以之作为统治人民的精神武器，主要表现在以创世说或臆想的主观世界为其政权和道德伦理作解释，为其阶级地位和剥削制度作解释，而不在于去说明世界。如我国的正统派儒学，始终从唯心论出发，把封建等级制和"三纲五常"、特别把地主对农民的剥削制度，说成是合理的；希腊贵族奴主的哲学家柏拉图，以所谓"理念"或"理念世界"去解说其"理想国"，解说"三阶级"和"强迫奴隶"劳动的合理；美国帝国主义官方哲学的詹姆士、杜威及其后辈的实用主义各流派，以"为我所有的"和"有用的东西"或"发生实际效果的东西"，"就是存在的"一类极端唯心论的观点，把财政寡头的专制、资产阶级对无产阶级的残酷剥削、美国的帝国主义侵略和战争狂热，把愚昧、黑暗、死亡和淫奢、堕落等等都说成为合理的，并公然宣称上帝的存在也是合理的，等等。

与唯心论相反，唯物论及其所总结的科学成果，都是来自广大人民群众劳动创造的经验的积累，来自人类对自然斗争和阶级斗争的实践，所以能表现认识过程和实践过程相结合，能随着实践的发展，逐步揭发客观世界的规律。因此唯物论发展的历史，表现着人类对自然、社会和思维的认识的逐步提高、深入和扩大的过程。但是在马克思主义哲学以前，唯物论对于客观世界的规律的认识，只是片段的、侧面的或盖然性的。如在资本主义革命的时代，在当时生产发展的水平和阶级斗争等实践的基础上，加之空前发展的自然科学的巨大成果的出现，最著的，如哥白尼的天文学、牛顿的物理学、笛卡儿的机械学、莱布尼兹的数学等等，因而便产生了机械唯物论，尤其是狄德罗等为代表的十八世纪法国的机械唯物论，是资产阶级革命的思想基础，标志着唯物论发展的一个新阶段；但他们都是形而上学的，对客观世界的认识仍是片面的，在社会观上甚至是唯心论的。

马克思主义哲学，是以前人类全部实践经验的总结、以前全部哲学和人类文化成果的批判和改造，它来自实践，又用以指导实践，并在实践中经受考验，是与实践一致的，所以它的公式是实践——理论——实践，它是最完备的世界观和哲学体系，是共产党和共产主义的理论基础，是无产阶级领导人民革命、社会主义革命和社会主义建设、共产主义建设战无不胜的武器，所以说是科学的哲学，是客观真理。因此我们马克思主义者所谓哲学史、作为经济基础的上层建筑的哲学史，必须是马克思主义的，必须与地主、资产阶级所谓哲学史划清界限，并与之进行坚决的斗争。我们哲学史的研究和教学，必须是以马克思主义为指导方针，必须为无产阶级和劳动人民服务，为社会主义服务，而不是陈列的花瓶和古董。

毛泽东同志的哲学思想，是马克思主义哲学史上划时代的发展，哲学史的研究和教学工作，必须以毛泽东同志的哲学思想作指导（不论是研究中国哲学史、或世界哲学史），必须把重点放在马克思主义哲学上、毛泽东同志的哲学思想和其发展过程上。我们所需要的乃是这样的哲学史：用它去联系实际和教育群众，帮助“实际工作”者和广大群众对社会主义革命和社会主义建设中所存在与提出的问题能及时作出马克思主义的解答，能及时判明方向，迈步前进，增强对事业的把握和信心，更能鼓足干劲、力争上游，并从而丰富马克思主义哲学的内容和范畴，来发展马克思主义。总之，我们的哲学史要配称得起是社会主义社会的上层建筑之一。这就是哲学史研究工作即厚今薄古的基本要求。

三

因此，我们哲学史所谓"今"，便是要运用马克思主义的基本原理来研究历史上各个时代的各派哲学思想，予以系统的分析和批判，使哲学史的研究和教学为我国当前的社会主义革命和社会主义建设服务，为无产阶级服务，必须理论与实践一致，而不容许与实践对立或脱离；必须与社会主义的经济基础相适应而为其上层建筑的一个组成部分，不容许与其相违背。所谓"古"，就我国目前阶段来看，即社会主义社会以前的非无产阶级各派的哲学思想，其中包括已经死亡或行将死亡的地主、资产阶级的哲学思想。它们只能作为历史研究的被批判的"一个对立面"，而不容许作为现实生活中与马克思主义哲学分庭抗礼的"一个对立面"。在现实生活中，它们已经成为或行将完全成为没有基础的"梁上君子"了。对这些东西难道我们还不应该"薄"吗？

而"厚古薄今"，就在于"厚"已经死亡的地主、资产阶级的哲学思想，躺在象牙塔里去欣赏已往，对腐朽的哲学思想恋恋不舍，甚或自觉和不自觉地为腐朽哲学保持阵地；就在于"薄"马克思主义哲学，"薄"毛泽东同志的哲学思想和党的方针政策。因此"厚古薄今"的人们，都把哲学史与当前的社会主义革命和社会主义建设相隔绝，甚至对立起来。

在我国的人民大革命胜利以前，在进入社会主义革命和无产阶级专政以前，当时"厚"地主、资产阶级哲学的：其中冯友兰先生的《新理学》是一种表现形式，贺麟先生的《三民主义的哲学》是一种表现形式，梁漱溟先生的《东西文化及其哲学》与《乡村建设理论》又是一种表现形式，如此等等。

那时公开地、"率直地"反对马克思主义哲学的，"厚"地主、资产阶级哲学的先生们，到现在却改变了手法。他们把地主、资产阶级的哲学这个流派或那个流派，打扮成为唯物论、辩证法，以图抵抗马克思主义对这些腐朽哲学的批判，为唯心论和形而上学保留阵地，或把它们包藏起来，因此，哲学史上"厚今薄古"和"厚古薄今"的斗争，决不单是学术的争论，而是思想领域里两条道路的斗争。我们必须拔掉哲学史研究和教学中"厚古薄今"的白旗；

同时也希望过去走了"厚古薄今"错路的先生们，彻底抛弃那条错误的道路，站到"厚今薄古"的红旗下，为科学的哲学史、为我们建设社会主义服务的哲学史而奋斗。

（原载《哲学研究》1958 年第 4 期）

再论叶适思想

——中华书局辑刊《叶水心集》序

中华书局辑刊《叶水心集》以及对其他古代和近代思想家文集的计划印行，对我们进一步开展对以往思想家思想等方面的系统研究，将提供便利的条件和作出有益贡献，促进为无产阶级和共产主义事业服务的哲学史和文学史等科学研究的发展。

列宁说过："无产阶级文化应当是人类在资本主义社会、地主社会、官僚社会压迫下所创造出来的知识总汇发展底必然结果。"无产阶级的伟大导师马克思，对于"凡人类思想所建树出的一切，他都重新探讨过，批判过，并根据工人运动的实践来——检验过，于是就作出了那些为资产阶级狭隘性限制或被资产阶级偏见束缚住的人所不能得出的结论"①。对本国文化传统的批判继承，尤其重要。在我国，毛泽东同志说："在中华民族的开化史上……有许多伟大的思想家、科学家、发明家、政治家、军事家、文学家和艺术家，有丰富的文化典籍。"② "学习我们的历史遗产，用马克思主义的方法给以批判的总结……今天的中国是历史的中国的一个发展；我们是马克思主义的历史主义者，我们不应当割断历史。从孔夫子到孙中山，我们应当给以总结，承继这一份珍贵的遗产。"③

---

① 《列宁文选》两卷集，第 2 卷，人民出版社 1954 年版，第 803 页。
② 《毛泽东选集》，第 2 卷，人民出版社 1952 年版，第 616—617 页。
③ 同上书，第 522 页。

一

在我国思想史上，永嘉学派的叶适（水心），是南宋时期主要的正面代表人物，在哲学、史论、政论以及文学等方面，都代表了其时的进步倾向，而受到儒学正统派的非难。黄宗羲在《宋元学案》卷五十四《水心学案》中称述："黄潜言叶正则推郑景望、周恭叔以达于程氏，若与吕氏（羽按：指吕祖谦）同所自出；至其根柢六经、折衷诸子，凡所论述，无一合于吕氏，其传之久且不废者直文而已，学固勿与焉。盖直目水心为文士。以余论之，水心异识超旷，不假梯级……以言乎疵则有之，若云其概无所闻，则亦堕于浮论矣。"永嘉学派的敌对流派所制造的"浮论"，在南宋当时就很流行。

永嘉学渊源于永嘉人周行己（字恭叔，学者称为浮沚先生）。据黄宗羲所述："永嘉诸先生从（程）伊川者，其学多无传，独先生尚有绪言；南渡之后，郑景望私淑之，遂以重光。故水心谓永嘉之学觇千载之已绝，退而自求克兢省以御物欲者，周作于前，郑承于后。"宗羲子黄百家说："行己以躬行之学，得郑伯熊为之弟子（王梓材注云：私淑弟子），其后叶适继兴，经术文章，质有其文，其从甚盛。"① 其实，周行己等"永嘉诸子"，还只是"传洛学""兼传关学"；突破程门，即洛学圈子的永嘉学，乃始于所谓程门"别派"的薛季宣（字士龙，《宋史》本传作士隆，有《书古文训义》等著作）。全谢山说得对："永嘉之学统远矣！其以程门袁氏之传为别派者，自艮斋薛文宪公始……自成一家……以求见之事功。"关于袁道洁之学，黄宗羲说："自六经百氏，下至博奕、小数、方术、兵书，无所不通。先生（按指薛季宣）得其传，无不可措之用也。"黄百家说："季宣既得道洁之传，加以考订千载，凡夫礼乐兵农，莫不该通委曲，真可施之实用；又得陈传良继之，其徒益盛……然为（朱）考亭之徒所不善，目之为功利之学。"吕祖谦也称季宣"于田赋、

---

① 《宋元学案》，第三十二卷，《周许诸儒学案》。

兵制、地形、水利，甚下功夫，眼前殊少见其比"①。学案称郑伯熊（字景望）兄弟是薛季宣的讲友，叶适、陈亮为其学侣；叶适是郑伯熊的门人。冯云濠校刊学案时，说郑氏"集已不传，今惟敷文书说一卷行世"。而叶适思想的若干基本论旨，《艮斋学案》所收《艮斋浪语集》及其他部分，已大都有了发端。叶适在《宋故通议大夫宝谟阁待制中书舍人陈公墓志铭》中，对其备加推重的陈傅良，说他"独崇敬郑景望、薛士龙，师友事之"②。楼钥在《宋故宝谟阁待制赠通议大夫陈公神道碑》说："中兴以来，言理性之学者宗永嘉，惟薛氏后出，加以考订千载，自井田、王制、司马法、八阵图之属，该通委曲，真可施之实用。"蔡幼学在《宋故宝谟阁待制致仕赠通议大夫陈公行状》中，亦以薛、郑并称，而又对薛学有更多推崇③。因此，我认为在永嘉学中，叶适又是与薛季宣有着直接渊源的。

　　叶适是永嘉学的集大成者。全谢山说："干、淳诸老既没，学术之会总为朱陆二派；而水心断断其间，遂称鼎足。"④ 这说明叶学在当时与朱学陆学成为三派鼎立之势。其实，以叶适为代表的永嘉学，当时是公开和佛学、道学及所谓自曾子、子思、孟子而后的儒学相对立，那正是哲学上的唯物主义和唯心主义两条路线的斗争，也反映了他们在政治上与保守派、主和派间的斗争。虽然，他们也和中国古代的其他唯物主义者一样，利用了传统的、甚至是比较晦涩的范畴和词句。列宁在论到历史上唯物主义和唯心主义的斗争时写道："透过许多新奇的诡辩言词和学究气十足的烦琐语句，我们总是毫无例外地看到，在解决哲学问题上有两条基本路线、两个基本派别。是否把自然界、物质、物理的东西、外部世界看作第一性的东西，而把意识、精神、感觉……心理的东西等等看作第二性的东西，这是一个根本问题，它实际上仍然在把哲学家划分为两大阵营。这方面的成千上万的错误和糊涂观念的根源就在于：人们在各种术语、定义、烦琐辞令、诡辩字眼等等的外表下，没有看出这两个基本倾向……"⑤

① 《宋元学案》，第五十二卷，《艮斋学案》。
② 《止斋文集》，第五十二卷，并见四部丛刊版《水心文集》，第十六卷。
③ 同上。
④ 《水心学案》。
⑤ 《列宁全集》，第14卷，人民出版社1957年版，第354—355页。

叶适对于哲学上的各个问题，也和其他古代思想家一样，不是集中地、系统地论述，而是交织地散见于他的著作的各个部分。因此我们的研究，须从他的全部著作中重新进行材料及问题的排队和科学地分析批判。

二

我在 1936 年拙著的《中国政治思想史》中，曾对叶适思想进行过初步的系统研究；至今看来，自己认为基本论点还是不错，只是比较简略，特别在世界观问题上。

叶适学值得我们深入地系统地去进行研究，首先，由于在哲学上，它是唯物主义的。虽然，叶适也和我国历史上的某些唯物主义者一样，由于没能正确地认识与解决唯物主义和儒学传统间的矛盾，没能完全冲破儒学传统的圈子，自己反而以发扬古代儒学的面目出现，而又应用了儒学的一些比较晦涩的范畴。但是，在"全部哲学的最高问题，即思维对存在、精神对自然界的关系问题"，"即精神与自然界何者是第一性的问题"[①] 上，也就是在如何答复这个问题而分成为哲学的两大阵营的问题上，他又是儒学的公开反对派。

在世界观问题上，依据现存的材料，叶适的先驱者周行己、郑伯熊诸人，都没有提出明确的唯物主义论纲；薛季宣也只接触到唯物主义的各别模糊论点，例如他说："上形下形，曰道曰器；道无形舍，器将安适哉？且道非器可名，然不远物，且常存乎形器之内。昧者离器于道，以为非道；遗之非但不能知器，亦不知道矣。"[②] 在他对哲学上的这个最高问题追索到究极时，又陷入了把握不定的苦境，例如他说："自大学之不明，其道散在天下：得其小者往往自名一家，高者沦入虚无，下者凝滞于物；狂狷异俗，要非中庸。"[③] 叶适

---

① 恩格斯：《费尔巴哈与德国古典哲学的终结》，人民出版社 1954 年版，第 19—20 页。
②《宋元学案》，第五十二卷，《艮斋学案》：《艮斋浪语集》。
③ 同上。

对这个最根本的问题的回答和其前驱者不同，其基本论点是肯定的、明确的，例如他说：

> "夫形于天地之间者，物也；皆一而有不同者，物之情也；因其不同而听之，不失其所以一者，物之理也；坚凝纷错，逃遁谲伏，无不释然而解，油然而遇者，由其理之不可乱也。"①

> "……而性命道德，未有超然遗物而独立者也。"②

> "古诗作者无不以一物立义，物之所在，道则在焉……非知道者不能该物，非知物者不能至道；道虽广大，理备事足，而终归之于物，不使散流。"③

叶适在这里，所谓"理"或"道"，是属于客观事物本身或他之所谓"物"自身之"理"或"道"——似有客观规律或理性之意；而"物"乃是客观世界的存在的第一性的东西，客观世界乃是形形色色的各有其特殊性、即"情"的物的存在的总体，不论其如何错综复杂、千变万化，却都有着其"不失其所以一"的"物之理"；这种"理"或"道"是依存于客观事物而存在的，即所谓"物之所在，道则存焉"，而为客观存在的物自身所决定的，所以说"道虽广大……而终归之于物"；但是构成客观世界之统一的总体的万事万物的"物之理"，也是客观地存在着的、"不可乱"的。当他进一步追究到客观世界的起源和其本质时，又迷糊地认识到那是一个发展的过程，例如他说：

> "夫天、地、水、火、雷、风、云、泽，此八物者，一气之所役，阴阳之所分，其始为造，其卒为化，而圣人不知所由来者也。因其相摩相荡、鼓舞阖辟，设而两之，而义理生焉，故曰卦……是故曰神曰变，无思无为，而神明其德者皆其势之当然，而非有以独异于人也。"④

在这里，他认为八卦哲学所论述的"天、地、水、火、雷、风、云、泽""八物"，并非自始就是那样存在着的，而是由于一种最原始的叫作气的物质，由于其本身的矛盾、即所谓"阴阳"的"相摩相荡、鼓舞阖辟"的对立斗争，并构成和追随一种客观规律（所谓"而义理生焉"）而创始和发展变化起

---

① 《水心别集》，第五卷，进卷，《诗》。
② 同上书，第七卷，进卷，《大学》。
③ 《水心学案》，《习学记言》。
④ 《水心别集》，第五卷，进卷，《易》。

来的。

他并试图以这种唯物主义的观点，给予自然界以科学的解释，如对于月球的光及万物与太阳的关系，他解释说：

"昔之言月者，谓'其形圆，其质清，日光照之则见其明，日光所不照则谓之魄'。后人相承，遂谓'月无光，因日有光'。月果无光，安能与日并明？万物无不因日而成色；惟月、星不然，近日则光夺，为日所临，则奄而不明。"①

这是他力图在说明世界；虽然，他对于这种自然科学的材料的理论上的批判和解释，是不确切的、错误的。

因此，他对于古代唯物主义的"五行"、"八卦"哲学，是肯定的，并指斥儒家所作的唯心主义的解释。他说：

"五行之物，遍满天下，触之即应，求之即得。"

"五行、八卦，品列纯备，道之会宗，无所变流，可以日用而无疑矣，奈何反为太极无极，动静男女，清虚一大转相夸授，自贻蔽蒙？悲夫！盖孔子已尽究古人之异学，发于《彖》、《象》，其述天地精微，皆卦义所未言。不幸《大传》、《文言》诸杂说附益混乱，是以令学者纷纷至此。"②

由于客观世界本身的辩证法的性质，不能不给予古代唯物主义哲学家的世界观以辩证法的因素，也就是说，发展观念、进化观点等等不能不透入他们的意识里去，而辩证法既是外部世界运动，也是人类思维运动的一般法则。当叶适追究到客观世界的起源和其过程时，就接触到辩证法的观点。因而又形成其一种朴素的辩证观。例如他说：

"道原于一而成于两，古之言道者必以两。凡物之形：阴阳、刚柔、逆顺、向背、奇耦、离合、经纬、纪纲，皆两也。夫岂惟此，凡天下之可言者皆两也，非一也。一物无不然，而况万物；万物皆然，而况其相禅之无穷者乎？交错纷纭，若见若闻，是谓人文。虽然，天下不知其为两也久矣，而各执

① 《水心学案》，《习学记言》。
② 《水心学案》，《习学记言》。

其一以自遂；奇谲秘怪、塞陋而不弘者，皆生于两之不明。"①

"飘风骤雨，非天地之意也；若其陵肆发达，起于二气之争。"

"'天一，地二，天三，地四，天五，地六，天七，地八，天九，地十'，此言阴阳奇耦可也；以为五行生成，非也。"②

在这里，他确认宇宙间的万事万物，无不具有矛盾的两面性，特别表现在其无穷的发展变化的长河中；并进而抨击形而上学说，那种种诡辩怪诞的异说和不通之论，都产生于"各执其一以自遂"的形而上观点，不肯承认事物都有矛盾的两面性。

但由于历史条件和阶级地位的限制，叶适只懂得事物都具有矛盾对立的两面性，而不懂得矛盾对立的统一及其转化的法则。因而当他追究到矛盾斗争的归结或如何处理矛盾时，他遇到对矛盾无法解决的时候，就归结为解消矛盾和斗争，而求救于早期儒学的"大学"和"中庸"，不只以所谓"中庸"、"中和"等范畴作为思想材料，而又吸取其论旨。因此他说：

"呜呼！是其所谓中庸者耶？然则中庸者，所以济物之两而明道之一者也，为两之所能依而非两之所能在者也。水至于平而止、道至中庸而止矣。"③

"'致中和，天地位焉，万物育焉。'何谓也？曰：'此明其所以为诚也。'未发之前非无物也，而得其所谓中焉，是其本也枝叶悉备；既发之后非有物也，而得其所谓和焉，是其道也幽显感格；未发而不中，既发而不和，则天地万物，吾见其错陈而已矣。古之人，使中和为我用，则天地自位，万物自育，而吾顺之者也。"

"中和足以养诚，诚足以为中庸，中庸足以济物之两而明道之一。此孔子之所谓至也。"④

"是故古之圣贤，养天下以中，发人心以和，使各由其正以自通于物。"⑤

---

① 《水心别集》，第七卷，进卷，《中庸》。
② 《水心学案》，《习学记言》。
③ 《水心别集》，第七卷，进卷，《中庸》。
④ 同上。
⑤ 同上书，第五卷，进卷，《诗》。

因此，他之所谓"中庸"或"中和"，并非意味着对立的统一，而是意味着对立斗争的和解或停止。从这里，陷入了折中或调和主义的所谓"极"或"皇极"。例如他说：

> "极，非有物，而所以建是极者则有物也。"

> "极之于天下，无不有也。耳目聪明，血气和平，饮食嗜好，能壮能老，一身之极也；孝慈友弟，不相疾怨，养老字孤，不饥不寒，一家之极也；刑罚衰止，盗贼不作，时和岁丰，财用不匮，一国之极也；越不瘠秦，夷不谋夏，兵革寝伏，大教不爽，天下之极也；此其大凡也。至于士农工商，族姓殊异，亦各自以为极而不能相通，其间爱恶相攻，偏党相害，而失其所以为极；是故圣人作焉，执大道以冒之，使之有以为异而无以为害，是之谓皇极。"①

他抨击了形而上学的观点，自己又堕入到形而上学。不只如此，他在这里虽然还极力想支持其唯物主义的论点，由于无法解决其自己思想上的矛盾，又每每表现了唯心主义的倾向，如他说："惟其心之不可变，性之不可忘，由中而出者，犹可以复得圣贤之旧，则是书（按即《大学》）存焉耳"② "师即心也，心即师也；非师无心，非心无师……虽然，师误犹可改，心误不可为……而以心为陷阱者方滔滔矣。"③ 凡此，又都是和儒家的论旨无多出入的。

其次，叶适在认识论上，也试图以唯物主义的观点去解释人类认识的来源和过程。关于叶适在这个问题上的论说，我在拙著《中国政治思想史》中曾作过较系统的研究。

首先，他肯定人类的认识来源于客观世界，通过耳目等感官作用与内心的思维的"内外交相成"而来的。例如他说：

> "按《洪范》：耳目之官不思而为聪明，自外入以成其内也；思曰睿，自内出以成其外也……古人未有不内外交相成而至于圣贤……诗云：'有物有则'……夫古人之耳目，安得不官而蔽于物？而思有是非邪正，心有人道危微，后人安能常官而得之？"④

---

① 《水心别集》，第七卷，进卷，《皇极》。
② 《水心别集》，第七卷，进卷，《大学》。
③ 《水心学案》，《习学记言》。
④ 同上。

因此，他认为认识是通过对客观事物的闻见和内心思维，而达到对客观世界的认识，并极力称赞"孔子教人以多闻多见而识之"① 的说法，又说："欲折衷天下之义理，必尽考详天下之事物，而后不谬。"② 要达到对客观事物的正确认识，他说："盖己不必是，人不必非"，必须采取客观虚心、即所谓"克己以尽物"的态度，克服那种"专以己为是，以人为非"③ 的主观主义。他并进而抨击当时流行的各色各样的唯心主义的认识论，说：

> "盖以心为官，出孔子之后，以性为善，自孟子始；然后学者尽废古人入德之条目，而专以心性为宗主，致虚意多，实力少，测知广，凝聚狭，而尧舜以来内外相成之道废矣。"④

> "近世以心通性达为学，而见闻几废……狭而不充，为德之病矣。"⑤

当时朱、陆两派，从二元论或主观唯心主义出发的关于"格物致知"或"致知格物"的争论，波及到了南宋的全部思想界。叶适对于这个问题，不只贯彻了不同于朱、陆的唯物主义的认识论，而又提出了从实践去检验的思想的一些萌芽倾向。列宁说道："生活、实践的观点应当是认识论的首要的基本的观点。这种观点必然会导致唯物主义，而把教授的经院哲学的无数臆说一脚踢开。当然，在这里不要忘记：实践标准实质上决不能完全地证实或驳倒人类的任何表象。这个标准也是这样的'不确定'，以便不至于使人的知识变成'绝对'，同时它又是这样的确定，以便同唯心主义和不可知论的一切变种进行无情的斗争。如果为我们的实践所证实的是惟一的、最终的、客观的真理，那末，因此就得承认：坚持唯物主义观点的科学的道路是走向这种真理的惟一的道路。"⑥ 毛泽东同志说道："马克思主义者认为，只有人们的社会实践，才是人们对于外界认识的真理性的标准。"唯心论和机械唯物论，机会主义和冒险主义，都是以主观和客观相分裂，以认识和实践相脱离为特征的。"⑦ 由此可见实践对于认识的重要性。虽然，在叶适，这种可贵的思想还只是一些萌芽倾

---

① 《水心学案》，《习学记言》。
② 《水心文集》，第二十九卷，《题姚令威西溪集》。
③ 《水心学案》，《习学记言》。
④ 《水心学案》，《习学记言》。
⑤ 《水心文集》，第二十九卷，《题周子实所录》。
⑥ 《列宁全集》，第 14 卷，人民出版社 1957 年版，第 142—143 页。
⑦ 《毛泽东选集》，第 1 卷，人民出版社 1952 年版，第 273、284 页。

向，而且是极不明确的，也不是从生产和阶级斗争来说，而是从烹食熊蹯及其他行政事务上来说的。叶适说：

"致知格物在心、意之先，为大学之要……呜呼！岂以夫致知格物者为愈近而不必言欤？其不言也，而世皆以学求之，几得其似而非其真……几何其不以毫厘而谬寻尺也！盖世有不得熊蹯者，知其美于百味也，而不知其所以食之；虽食也，比于庖丁，则犹为不知味而已矣。夫内有肺腑肝胆，外有耳目手足，此独非物耶？其主是物也，大为天地，幽为鬼神，微为虫鱼，远为万世，皆得而主之。此孰主之也？是其人欤？是其性欤？是未可知也。人之所甚患者，以其自为物而远于物。夫物之与我，几若是之相去也，是故古之君子，以物用而不以己用……一息而物不至，则喜怒哀乐几若是而不自用也。自用则伤物，伤物则己病矣，夫是谓之格物。《中庸》曰：'诚者物之终始，不诚无物。'是故君子不以须臾离物也。夫其若是，则知之至矣，皆格物之验也。有一不知，是吾不与物皆至也；物之至我，有缓急不相应者，吾格之不诚也。古之圣人，其致知之道有至于高远而不可测者，而世遂以为神矣；而不知其格之者至，则物之所以赴之者速且果，是固当然也。"①

"周官言道兼言艺，贵自国子弟，贱及民庶皆教之……岂古人所谓道者，上下皆通知之，但患所行不至邪？"②

"《七月》……是诗者，以家计通国服，以民力为君奉，自后世言之不过日用之粗事，非人纪之大伦也而周公直以为王业，此论治道者所当深体也……古人未有不先知稼穑而能君其民，能君其民未有不能协其居者。"③

在这里，他说所谓圣人，并不是什么神；他们和常人不同，只由于他们能从客观事物的体念、考察、研究出发，而能认识和掌握客观事物的道理或规律，并加以力行；这种认识还必须经过客现事物的考验、即所谓"格物之验"，才能达到"知之至"的境地。因此他关于卦、爻又说："是故有'亨'

---

① 《水心别集》，第七卷，进卷，《大学》。
② 《水心学案》，《习学记言》。
③ 同上。

有'否'，可行可止，而人则配之。后有圣人焉，推而明之。故夫'象'者，所以推明其义理之所从生，而全其为是卦之意者也。'象'者，所以言其得为是卦者也。而圣人君子先王后帝，杂取而用之，以之修身，以之应物，而无所不合。因八物而两之，而后有义，义立而后有用。然则圣人之所以察天地阴阳而拟诸其身者至矣。是故曰神曰变。无思无为而神明其德者，皆其势之所当然，而非有以独异于人也。"① 这种认识的方法，在叶适，也叫作"道"，即所谓"致知之道"。他认为不运用这种唯物主义的认识的方法，就不能达到对"物之理"或"其势之所当然"的认识。反过来说，只要能掌握这种方法，就能达到对客观世界的事事物物的认识，也就是说："天下之事变虽无穷，天下之义理固有止。"② 在这里，他批评那些凭"心通性达"或"万物皆备于我"等等唯心主义的认识方法所作出的"微言大旨"或其宣称的"道"，都是违反客观事物的实际的，经不起考验的，因而都是不通的，也就是说："无验于事者，其言不合；无考于器者，其道不化。"③

但是不要忘记，叶适在认识论方面，归根结底，也还是形而上学的。

其次，叶适思想又是贯穿着批判精神的，具体表现为对佛学、道学和儒学的斗争，其中心精神则在于对它们的唯心主义的批判。这种斗争，也正如列宁所说，归根结底，是"'神是否创造世界的问题……就是精神对感性的关系问题'——这是哲学上最重要的也是最困难的问题……全部哲学史就是在这个问题的周围兜圈子。"④

对于儒学，如前所述，叶适并没有完全冲破儒学的圈子，所以他对于孔子以前的所谓古代儒学，虽有所批判和怀疑，基本上是多所肯定的，尤其对于孔子。他说："道统历然如贯联算数，不可违越。次孔子，周道既坏，上世所存皆放失，诸子辩士，人各为家；孔子搜补遗文坠典，《诗》、《书》、《礼》、《乐》、《春秋》，有述无作，惟《易》著《彖》、《象》；旧传删《诗》，定《书》，作《春秋》，余以诸书考详，始明其不然。然后唐、虞、三代之道，赖

---

① 《水心别集》，第五卷，进卷，《易》。
② 《水心学案》，《习学记言》。
③ 《水心别集》，第五卷，进卷，《总义》。
④ 《列宁全集》，第 38 卷，人民出版社 1959 年版，第 63 页。

以有传。"① 所以黄宗羲说，"'（水心）谓洙泗所讲，前世帝王之典籍赖以存，开物成务之伦纪赖以著；《易》：《彖》、《象》，夫子亲笔也，《十翼》则讹矣'；'《诗》、《书》，义理所聚也，《中庸》、《大学》则后矣'；'曾子不在四科之目，曰参也鲁'；'以孟子能嗣孔子未为过也，舍孔子而宗孟子，则于本统离矣'。其意欲废后儒之浮论，所言不无过高。"②

对于子思、孟子以后的儒学，主要在抨击两宋的"周、张、二程"以及朱、陆的唯心主义理学。他在论说《易》：《彖》《象》和《十翼》的作者时说：

"故《彖》《象》掩郁未振，而《十翼》讲诵独多。魏、晋而后，遂与老庄并行，号为孔老；佛学后出，其变为禅，喜其说者以为与孔子不异，亦援《十翼》以自况，故又号为儒释。本朝承平时，禅说尤炽，儒道共驾，异端会同。其间豪杰之士，有欲修明吾说以胜之者，而周、张、二程出焉，自谓出入于老佛甚久，已而曰：'吾道固有之矣'，故无极太极、动静男女、太和参两、形气聚散、细缊感通、有直内、无方外……皆本于《十翼》，以为此吾所有之道，非彼之道也。及其启教后学，于子思、孟子之新说奇论，皆特发明之……然不悟《十翼》非孔子作。"

"而徒以新说奇论辟之，则子思、孟子之失遂彰。"③

这是说两宋唯心主义理学的"无极太极、动静、男女、太和、参两、形气聚散，细缊感通"等等关于宇宙万有的起源的基本论点，是揉合儒、佛、道三家的谬说而成的。从儒学的传统上，他追述到子思、孟子的谬误，他说："古之圣贤无独指心者。孟子，始有尽心知性、心官贱耳目之说。然则辩士素隐之流，固多论心，而孟、荀为其焉。"④ 并批评孟子的先验主义的性善论，说

"告子谓'性犹杞柳，义犹桮棬'，犹是言其可以矫揉而善，尚不为恶性者。而孟子并非之，直言人性无不善……虽论者乖离，或以为有善有不善，或以为无善无不善，或直以为恶，而人性之至善，未尝不隐然见于

---

① 《水心学案》，《总述讲学大旨》。
② 《水心学案》，《总述讲学大旨》。
③ 同上。
④ 《水心学案》，《习学记言》。

搏噬、畛夺之中……余尝疑:汤:'若有恒性',伊尹:'习与性成',孔子:'性近习远',乃言性之正,非止善字所能弘通。"①

因此,在人性论上,叶适是倾向于环境决定论的;他虽然没有从阶级观点上去进行分析,却是以之和其唯物主义结合的。

叶适并对于占其时思想界支配地位的程学的心一元论的认识论,特别是其对"格物"的唯心主义解释提出批评,说:

"程氏言'格物者穷理也'。按此篇,心未正当正,意未诚当诚,知未至当致,而君臣、父子之道各有所止,是亦入德之门尔,未至于能穷理也。若穷尽物理,矩矱不踰,天下国家之道,已自无复遗蕴……疑程氏之言亦非也……然所以若是者,正谓为《大学》之书者自不能明,故疑误后学尔。"②

对于道学,他批评老子的错误,认为主要在于其"为虚无之宗"或"虚无之祖"的论旨,即老聃在世界观上的唯心主义或所谓"谬悠不经之谈",所以说:"[老聃]……私其道以自喜,而于言天地则多失之。"对于老聃的辩证观,即所谓"有无之变"、"好恶之情"等等,他认为"皆有定理可验",并说,"而精于事物之情伪,执其机要以御时变,则他人之书固莫能及。"对于"祖述"老聃的庄周和列御寇,是不遗余力地予以抨击的,尤其关于宇宙万物的起源问题,他说他们"妄为名字","如太始、太素、青宁、程、马,于其指归终不能识,而以浮言澜漫于世,自以为区域,上则渎天,下则欺人。"也就是说,庄、列关于宇宙万物起源的论说,是不可理解的,不符合自然界的实际情况的,是骗人的。因此,他大声疾呼:"庄、列诸书……向前多少聪明豪杰之士,向渠齑瓮里淹杀。可怜! 可怜!"③

对于佛学即所谓"浮屠氏之道",也主要在抨击其和八卦哲学的论旨相违反的唯心主义世界观,即所谓"无思无为、寂然不动、不疾不行之说"或其所谓"禅"。而由于"中国之人皆以其意立言",因此,他也大声疾呼:"浮屠本以坏灭为旨,行其道必亡,虽亡不悔,盖本说然也。梁武不能晓,用灭国之

①《水心学案》,《习学记言》。
②《水心学案》,《习学记言》。
③《水心学案》,《习学记言》。

术，当身而失；至唐宪、懿，识虑又出其下，直谓崇事可增福利，悲哉！"①

他如对于"术士"的祥瑞、占象、谶纬等迷信邪说，叶适也都一一予以抨击和斥责。

三

正如普列汉诺夫所说："一种唯物论的哲学，和每个近代哲学系统一样，必须对两类事实有所说明：一方面是自然界的事实，另一方面是人类历史发展的事实。"② 叶适也曾经试图从发展的批判的观点去说明历史，并提示了一些进步的见解和倾向。

首先，他接触到、虽然还不是明确地认识到：历史是一个发展的过程的观点。例如他说："自伏羲以来渐有文字，三坟五典今不传……""义黄为文字之始，圣智之先，不独学者言之，孔子盖言之矣。至于简弃鸿荒，断自尧、舜，则何必孔子，自舜、禹以来固然也。何以知之？方禹、益、皋共明治道，祖述旧闻，其时去黄帝、颛顼不远，所称道德广大，皆独曰尧、舜，未有上及其先者。推群圣贤之心，岂夸祢而轻祖哉？故余以为神灵不常，非人道之始，缺不敢论，非掩之也。"③ 这一面说，文字是有创始和发展过程的，一面说，尧、舜以前存在过一个"神灵不常，非人道之始"的历史时期，由于缺乏记载而不敢论述，并非把它掩盖起来。又说："论者曰：'古今异时，言古者常不通于今。'此其为说，亦确而切矣。""夫以封建为天下者，唐、虞、三代也；以郡县为天下者，秦、汉、魏、晋、隋、唐也。法度立于其间，所以维持上下之势也。唐、虞、三代必能不害其为封建，而后王道行；秦、汉、魏、晋、隋、唐，必能不害其为郡县，而后伯政举。"④ 这是说，由于历史的时代情况不同、即所谓"古今异时"，而产生不同的社会制度，所谓"以封建为天下"和"以

---

① 《水心学案》，《习学记言》。
② 普列汉诺夫：《唯物论史论丛》：《前言》人民出版社 1953 年版，第 2 页。
③ 《水心学案》，《习学记言》。
④ 《水心文集》，第三卷，《法度总论一》。

郡县为天下"等等；每个时代的"法度"都在于为"维持上下之势"，都不容违反或所谓"不害"其社会制度。这确是一种比较进步的见解。

从这种历史观出发，他批评邹衍说："人主以有德王，无德亡。至邹衍妄造五德胜克。"① 这在一方面，他对邹衍的"五德胜克"或"五德终始"的循环的宿命论的批判，是有积极意义的；另方面，他把朝代的兴亡归结于个别当权人物的德行，或观念的冲动力，却是违反唯物主义的。正像恩格斯所说的一样："旧唯物主义在历史领域内，自己背叛了自己，因为他认为在历史领域中起作用的观念的冲动力是事变的最终原因，而不去研究隐藏在这些冲动力后面的是什么，这些冲动力的冲动力又是什么。不彻底处并不在于承认有观念的冲动力存在，而是在于停止在这种冲动力上面，不再进一步去探讨这些观念的冲动力的动因。"② 不仅如此，在叶适的史论中，对于历史的见解，无不如恩格斯所说："在本质上是实用主义的：它按照行动的动机来判断一切事物。"③

其次，他又对儒家传统的《诗经》等重要文献，提出疑问和非难。这种疑古精神，在当时是有进步意义的，有不少见解和论证，是发掘了历史的真实的。如关于《周易》，他说：

"班固……言孔氏为之《彖》、《象》、《槃辞》、《文言》、《序卦》之属，《论语》……乃无所见……然《彖》、《象》辞意劲厉，截然著明，正与《论语》相出入，然后信其为孔氏作无疑。至于所谓上下《系》、《文言》、《序卦》，文义复重，浅深失中，与《彖》、《象》异，而亦附之孔氏者，妄也。"

"既谓包牺始作八卦，神农、尧、舜续而成之；又谓《易》兴于中古，当殷之末世，其衰世之意。是不能必其时，皆以意言之。"④

他的论证并不完全确切和有力，但问题却提得很重要很实际，这些问题，到今天也还没有得出公认不疑的科学结论。又如关于《诗》，他说：

"《诗》三百，皆史官先所采定也，不因孔子而后删。《诗》不当以正变

---

① 《水心学集》，《习学记言》。
② 恩格斯：《费尔巴哈与德国古典哲学的终结》，人民出版社1957年版，第39页。
③ 同上书，第38页。
④ 《水心学案》，《习学记言》。

分，要以归于正。"①

关于《六经》，他说：

"孔子之先，非无达人，六经大义，源深流远，取舍予夺，要有所承，使皆芜废讹杂，则仲尼将安取斯？今尽掩前闻，一归孔氏，后世之所以尊孔氏者，固已至矣，推孔子之所以承先圣者，则未为得也……孔子之时……鲁、卫旧家往往变坏……孔子于时力足以正之，使复其旧而已，非谓尽取旧闻纷更之也。后世赖孔子一时是正之力得以垂于无穷，而谓凡孔子以前皆其去取，盖失之矣，故曰《诗》、《书》不因孔氏而后删。"②

关于《中庸》，他认为"不专出子思"，说："汉人虽称《中庸》子思所著；今以其书考之，疑不专出子思。"③ 尤其对于《洪范》及所谓"河出图"、"洛出书"的考证，不只论证确切，而又驳斥了儒家传统的神学史观。他说："箕子为武王陈《洪范》，曰天之所以锡禹也，今寻《虞》、《夏书》，不载被锡之由。若舜、禹不自言其所得于先，而箕子乃独明其所传于后，以是为唐、虞、三代之秘文，此后世学者之虚论也。"④ "孔子因箕子、周公之言，故曰'凤鸟不至，河不出图'，叹治有兴废也。然自前世以为龙马负图自天而降，《洛书》九畴亦自然之文，其说怪诬，夫'思曰睿，睿作圣'，人固能之，奚以怪焉！至山林诡谲有先天后天之说，今不取。"⑤ 为着反对神学史观等迷信邪说，他又说：

"高洋……敬礼陆法和如此，盖畏冥祸尔。余尝论世人舍仁义忠信常道，而趋于神怪，必谓亡可为存，败可为成，然神怪终坐视成败存亡而不能加一毫智巧于其间；而亡果能存，败果能成，必仁义忠信常道而后可……人力之所能为者，决非神怪之所能知，而天数所不可免者，又非神怪之所能预也。"⑥

在这里，他确认国家、社会的成败兴亡，绝没有什么"神怪"作用于其间，那完全决定于"人力"的活动的结果；而如果"天数不可免"，"人力"

---

① 《水心学案》，《习学记言》。
② 《水心学案》，《习学记言》。
③ 同上。
④ 同上。
⑤ 同上书，《总述讲学大旨》。
⑥ 《水心学案》，《习学记言》。

也是无法转败为成、转亡为兴的。他之所谓"天数"好像有一点自然之理或法则的意味。

另外，关于《老子》和《管子》等书，他说：

"二戴记'孔子从老聃、祭于巷党'……礼家儒者所传也。司马迁记孔子见老聃，叹其犹龙遁周藏史至关，关令尹喜强之著书……是为黄老学者借孔子以重其师之辞也……使聃果为周藏史，尝教孔子以故记，虽心所不然，而欲自明其说，则今所著者，岂无绪言一二辨析于其间？而故为岩居川游素隐特出之语，何邪？然则教孔子者必非著书之老子，而为此书者必非礼家所谓老聃，妄人讹而合之尔。"

"《管子》非一人之笔，亦非一时之书，莫知谁所为；以其言毛嫱、西施、吴王好剑推之，当是春秋末年……山林处士，妄意窥测，借以自名，王术始变，而后世信之转相疏别……此书方为申、韩之先驱。"

"所以为《管子》者，在《三匡》二卷，杂乱重复，叙齐襄公被弑，鲁桓公见杀，皆与左氏不异……《国语》尽削除以就简一；明此书之出在左氏后，《国语》之成在此书后也。"①

叶适在这里对老聃和《老子》一书的质疑和提出的问题，近代中国资产阶级考据家也没有突破他的圈子和作出更确切的结论。对于《管子》一书，叶适的论证，我认为除所谓"《国语》成在此书后"的个别之点外，基本上都是确切的。对叶适，不在于他对古籍的论证是否确切和得出多少正确的结论，而在于他当时敢于正面对传统的儒家经典和偶像，提出质疑、非难和异议。

最后关于正统观，叶适虽然还没有完全打破几千年传统的皇权正统观念的束缚；但已表现出对这种观念提出怀疑和异议的倾向，如说汉唐那样皇朝的皇统，也是由不义的手段取得的，特别对人民起来推翻暴君，他认为是名正言顺的，不当受正统观念约束的，对历史上的"汤武革命"，他也认为在于"不忍桀、纣之乱"。这也是有一定的进步意义的。他在《习学记言》中说：

"尧、舜、三代之统既绝，学者寂寥，莫能推与不得不从汉、唐，然其德固难论，而功亦未易言也。汤武世有其国，已为诸侯所归，不忍桀、纣之乱，起而灭之，犹以不免用兵，有惭于德，谓之功则可矣。光武宗室子，

① 《水心学案》，《习学记言》。

志复旧物，犹是一理。如汉高祖、唐太宗与群盗争攘竞杀，胜者得之，皆为己富贵，何尝有志于民！以人命相乘除，而我收其利，若此者犹可以为功乎？今但当论其得志后，不至于淫夸暴虐，可与百姓为刑赏之主足矣。"

"（唐）高祖以为'尧舜、汤、武，各因其时，取与异道，未闻夏、商之末，必效唐、虞之禅'；故'但改丞相府为相国府，九锡殊礼，皆归之有司'，范氏谓其'虽不能如三代而优于魏、晋'，此亦后世大议论也……天下虽共起而亡隋，高祖敢自谓其德可代隋乎……隋得罪于天下，不得罪于李氏；群盗可以取隋，高祖父子不可以取隋。代王嫡孙也，尊炀为皇，立代为帝，君臣再定矣。今高祖之言如此，无惭而逼取，明夺而不惭，是又在魏、晋下。"

因此，叶适没能完全打破正统观念的关键，在于他没能打破封建道德的君臣伦理。但这主要也不能不归因于历史条件的限制和叶适本人的经历。

四

叶适的政治思想是和他的历史观适应的，认为由于各个时代的历史条件不同，治国的政治理论、主张和观点也都会随着变化，"泥古"的道路是走不通的。他说：

"孔子时……圣人之力尚能合一以接唐、虞、夏、商之统，故其所述皆四代之旧。至孟子时……所欲行于当世，与孔子已稍异。不惟孟子，虽孔子复出，亦不得同矣……然则治后世之天下，而求无失于古人之意，盖必有说，非区区陈迹所能干也。"①

从这种观点出发，对当时的政治制度，首先他认为大地主集团的特权世袭是不合时宜的，因此说："世禄不在不朽之数……然自古亦未有无功德而可以世其禄者。"② 其次他认为阶级地位悬殊和帝王及其统治集团作威作福的情况，

① 《水心学案》，《习学记言》。
② 同上。

是不适合于政治原则的要求的。他说:"盖春秋以前,据君位利势者,与战国、秦、汉以后不同:君臣之间差不甚远,无隆尊绝卑之异。"又说:"古者,戒人君自作福威玉食,必也克己以惠下,敬身以教俗;况于人臣,尚安有作福威玉食者!"① 这又表现了叶适思想中的反封建等级制的倾向。因此他又提出:应给予连同工商在内的人民参政的机会,说:"四民古今未有不以世。至于烝进髦士,则古人盖曰无类,虽工商不敢绝也。""夫上之所欲未必是,逆而行之不可也;民之所欲未必是,顺而行之不可也;非顺非逆,理有必可行而行之者也;先之以开其所知也,后之以熟其所信也,申重谆悉,终于无不知也,斯行矣。命令之设,所以为民,非为君也。"这又表现了一种朴素的民主思想的倾向。

从这种思想出发,他认为政治的基本原则,即所谓"王业",在于体现人民的实际生活利益和生产;只知凭借权力和"刑政末作"去统治人民的"治体"都是坏政治,由于"治体"一坏,即如汉文帝、宣帝、唐太宗那样的"贤君",也和著名的暴君桀、纣差不多。《习学记言》中的下面一段话,表现了他的这种思想:

> "《七月》之诗……以家计通国服,以民力为君奉,自后世言之,不过日用之粗事,非人纪之大伦也,而周公直以为王业,此论治道者所当深体也。《洪范》曰:'惟天阴骘下民,相协厥居。'《无逸》曰:'先知稼穑之艰难乃逸'。古人未有不先知稼穑而能君其民,能君其民未有不能协其居者……后世弃而不讲……乃以势力威令为君道,而以刑政末作为治体。然则汉之文、宣,唐之太宗虽号贤君,其实去桀、纣尚无几也,可不惧哉!"

针对南宋的情况,他又提出以下几项改良主义的主张和政策。在客观上,那都是针对南宋社会内部的阶级矛盾和宋、金间的部族矛盾而提出的,所以又可说是具有进步内容的改良政策。第一、他主张"通商惠工……扶持商贾、流通货币",说:

> "《书》:'懋迁有无化居',周'讥而不征',春秋'通商惠工',皆以国家之力扶持商贾,流通货币,故子产拒韩宣子一环不与,今其词尚存也。汉高帝始行困辱商人之策,至武帝乃有算船告缗之令,盐铁榷酤之入极于

---

① 《水心学案》,《习学记言》。

平准，取天下百货自居之。夫四民交致其用，而后治化兴，抑末厚本，非正论也"。

关于统一货币铸造，实行恶币回笼，保证货币的兑换、流通和稳定币值等项，他在《水心文集》第二卷《淮西论铁钱五事状》等文中，有着系统的论述。

第二、他主张减轻赋役、免除苛杂，实施宽民之政，并以之来处理南宋社会内部的矛盾。在宋朝，由于较尖锐、复杂的阶级矛盾和宋辽、宋金间部族矛盾的交织，不给予前者以适当处理，便无法去解决部族矛盾，便不能不对辽、金表现软弱无力。为着阐明其宽民的政策，他极力抨击宋廷不顾人民死活的聚敛政策和以剥削为能事的聚敛机关和人员。他从历史上追述并提出理财的原则，说：

"理财与聚敛异，今之言理财者，聚敛而已矣……故君子避理财之名，而小人执理财之权……自古圣贤无不理财，必也如父共子之财而权天下之有余不足。奈何君子不理而诿之小人！"①

"王政之坏，始于管仲而成于商、斯……若桑弘羊之于汉，直聚敛而已耳，此则管仲、商鞅之所不忍为也。又管商所不屑，盖至于唐之衰，取民之利无所不尽，则又有弘羊之所不忍为者焉。"②

"王安石之法，桑弘羊、刘晏之所不道；蔡京之法，又王安石之所不道；及经总制之为钱也，虽吴居厚、蔡京亦羞为之。"③

于是说到宋朝现行的财政税制，开禧二年（公元 1206 年）在《上宁宗劄子三》中，提到"实德之一"为"不病民"时，力主量入为出，减轻人民负担。他抨击北宋以来的恶政说：

"王安石大挈利柄，封椿之钱所在充满。绍圣、元符间，拓地进筑，而敛不及民。熙、丰旧人，矜伐其美……于是蔡京变茶盐法，括地宝，走商贾，所得五千百万，内穷奢侈，外炽兵革。宣和之后，方腊甫平，理伤残之地，则七色始立；燕、云乍复，急新边之用，而免夫又兴。自是以

---

① 《水心外集》，《财计篇》。
② 同上书，《管子篇》。
③ 同上书，《经总制钱论》。

来，羽檄交警，增取之目大者十数，而东南之赋遂以八千万缗为额焉。多财本以富国，财既多而国愈贫；加赋本以就事，赋既加而事愈散……国用置司，偶当警饬武备之际，外人但见立式太细，钩校甚详，不能无疑，谓将复取，臣独以为不然。何者？'名实不欺，用度有纪，式宽民力，永底阜康'。此诏书也。两浙盐丁既尽免矣，方以宽民，而何至于复取乎！参考内外财赋所入，经费所出，一切会计而总核之，其理固当。然臣谓国家之体，当先论其所入。所入或悖，足以殃民，则所出非经，其为蠹国审矣。今经总制、月输、青草、折估等钱，虽稍已减损，犹患太重，趁办甚难，而和买、折帛之类，民间至有用田租一半以上输纳者。贪官暴吏，展转科折，民既穷极，而州县亦不可为矣。以此自保，惧无善后之计，况欲规恢，宜有大赍之泽。伏乞陛下特诏大臣，使国用司详议审度，何名之赋，害民最甚，何等横费，裁节宜先；减所入之额，定所出之费，不须对补，便可蠲除；小民蒙自活之利，疲俗有宽息之实。"①

这是说，南宋朝廷如果不节省开支，减免赋、税，让"小民"活得下去；人民在水深火热、横征暴敛之下，求死不得，南宋本身的统治也无法维持下去，根本就提不到什么"规恢"。叶适不只主张废除或减轻和买、折帛等钱，并主张把田赋减轻到十一以下，他说："儒者争言古税法必出于十一，又有贡、助、彻之异，而其实皆不过十一。夫以司徒教养其民，起居饮食待官而具，吉凶生死无不与偕，则取之虽或不止于十一，固非为过也。后世苟狗百姓，不教不养，贫富忧乐茫然不知，直因其自有而遂取之，则就能止于十一，而已不胜其过矣，亦岂得为中正哉！况合天下以奉一君，地大税广，上无前代封建之烦，下无近世养兵之众，则虽二十而一可也，三十而一可也。"②

第三，针对当时大地主集团集中与兼并大量土地，农民以至中小地主不断丧失土地，形成"贫贱富贵""逾越"很"大"的严重情况，他一面提出："爵不必亲而疏者可界也，田不必子而贫者可共也。"③ 的理想；还流露出"'谦'以哀多益寡，称物平施"的平均主义倾向；说许行的"贤者与民并耕

①《水心文集》，第一卷。
②《水心学案》，《习学记言》。
③ 同上。

而食，饔飧而治"的理想，"虽非中道"，犹胜于"刻薄之政"①。在实行的政策上，据《水心学案》（下）载慈溪黄氏（按即宋人黄震）所说，关联到"省养兵之费"时，叶适主张"买官田"。黄震说：

> "水心论恢复在先宽民力，宽民力在省养兵之费。其言哀痛激切。然《后总》一篇，卒归宿于买官田。则恐非必效之方也。世降俗漓、法密文弊，民之不可一日与官接，犹羊之不可与虎群也。岂独官民为然，衣食稍裕之家，以其田使人佃之，所经由不过一二颜情稔熟之奴隶，而已不胜其田主之苛取、奴隶之奸欺矣。至于宝贵之家，以其田使人佃，其苛取、其奸欺，甚至虐不可支，有举室而逃、捐命以相向者矣。顾欲官买田而民佃之邪？水心先以温州为准，欲绕城三十里内买其田一半，计谷九万八千一百二十五扛，以养兵二千七百二十二人，监官吏卒掌之者七十六人，乡官保甲催之者七十人，作米者百二十人，出纳期会下至奎箕苕帚之费，无不会计曲尽，谓可永免扰民。然必监官、乡官、吏卒、甲头人人水心、世世水心。"

黄震一面说出了宋朝官吏的贪污残暴，地主对农民压迫、剥削的凶恶和阶级关系的严重；一面也说叶适的主张行不通，会使人民遭到更多更重的压迫和剥削，势必引起"地荒民散……四境……萧然"。但叶适是想拿这种办法去和缓其时土地关系的矛盾和"永免扰民"。黄震的批评是符合实际的。

第四，抵制金军、"规复""故疆"，是永嘉学派诸人一贯的主张，在叶适便形成一套系统的意见和办法，如他在《上孝宗皇帝札子》说："今日人臣之义所当为陛下建明者一大事而已；二陵之仇未报，故疆之半未复。"② 历光宗、宁宗都不断提出这种主张，如《上宁宗札子》说："陛下申命大臣，先虑预算，思报积耻，规恢祖业。"③ 他从主战派的立场又极力抨击各种各样的主和论和不切实的空谈，追述北宋末主和误国的议论说："宣和靖康之变……三镇虽割，而其民未尝愿降也；京师虽陷，而天下未尝有变也，虏虽以威立张邦昌、刘豫，而奸雄未有崛起而与我抗者也。"④ "不以贼虏为可怒，而反咎平燕

---

① 《水心学案》，《习学记言》。
② 《水心文集》，第一卷。
③ 同上。
④ 《水心文集》，《上光宗札子》。

之不当；不责主和之致寇，而反罪守京之非策；弃三镇，则同议者皆是；割大河，则签书者不疑。至于秦桧，遂行其'南自南、北自北'之论。汤思退从而效之，撤守弃地，开门纳敌，几危于隆兴之初。王之望、尹穑翕然附和，更为务实黜虚、破坏朋党、趋赴事功之说，相承至今……虽然，此犹小人之论耳。至若为奇谋秘画者，则止于乘机待时；忠义决策者，则止于亲征迁都；沈深虑远者，则止于固本自治；高谈者远述性命，而以功业为可略；精论者妄推天意，而以夷夏为无辨。"① 并进而评述童贯、种师道、李纲、李回、黄潜善、杜充、赵鼎、张浚诸人的失策、误国或降敌，以及时政的缺失和黑暗等等。因此，他认为力图"规复"必先改良内政；改良内政的中心问题，如前所述，在于减免赋税，调理内部阶级关系，也就是他所谓："本期外攘，岂愿内扰？万一动摇，将何赖焉！"②

在这个方针下，叶适既反对无准备的冒进，也不主张依靠徒糜国费的宋军，而主张依靠人民，步步推进，层层设防，以达到驱除金军，"规复""故疆"的目的，《水心学案》记述说：

"开禧用兵之说起，以人望召入朝。先生当淳熙时屡以大仇未复为言，至是谓韩侂胄曰：'是未可易言也。'请先择濒淮沿汉数十州郡牢作家计，州以万家为率；国家大捐缗钱二千万，为之立庐舍。具牛种、置器仗，耕织之外，课习战射，计一州有两万人胜兵。三数年间，家计完实，事艺精熟，二十万人声势联合，心力齐同；敌虽百万，不敢轻挠，如其送死，则长弓劲矢，倚堑以待。当是时，我不渝约，挑彼先动，因其际会，河南可复，既复之后，于已得之地更作一重。气壮志强，实力足恃，虽无大战，敌自消缩；况谋因力运，虽大战亦无难。"

《宋史》本传说，叶适知建康府兼沿江制置使时，还试行了这个计划，并且是卓有成效的。本传说："及金兵大入"，乃募民间精壮即所谓"市井悍少"，"并帐下愿往者，得二百人"，与"民兵"配合，即所谓"复命石跋、定山之人劫敌营"，出奇制胜，金军大败、北逃。"时羽檄旁午，而适治事如平时。军须皆从官给，民以不扰。淮民渡江有舟，次止有寺，给钱饷米，其来如

---

① 《水心文集》，《上孝宗札子》。
② 同上书，《上宁宗札子二》。

归。兵退，进宝文阁待制兼江淮制置使，措置屯田，遂上堡坞之议。初淮民被
兵惊散，日不自保。适遂于墟落数十里内，依山水险要为堡坞，使复业以守，
春夏散耕，秋冬入堡，凡四十七处。又度沿江地创三大堡：石跋则屏蔽采石，
定山则屏蔽靖安，瓜步则屏蔽东阳、下蜀，西护历阳、东连仪真。缓急应援，首
尾联络。东西三百里、南北三四十里，每堡以二千家为率，教之习射。无事则戍
以五百人。一将有警，则增募新兵及抽摘诸州禁军二千人，并堡坞内居民通为
四千五百人，共相守戍。而制司于每岁防秋，别募死士千人以为劫砦焚粮之用。
因言堡坞之成有四利。"叶适对这方面的具体部署和主张，并见于《定山瓜步
石跋三堡坞状》、《安集两淮申省状》① 等文。

此外，叶适对改良内政、选拔人材等方面，也都提出了一系列的主张。

叶适试图实行他的改良政策，和陈亮一样，在当时也是到处碰壁的。因
此，他在论到子产时，又露出一点革新思想的倾向。他说：

> "子产相郑，若止是施政子民，亦非难事。大要国体不立，如既坏之
> 室，扶东补西，欲加修治，使之完美自立以听政令，固非旧之可因，亦非新之
> 可革，裁量张弛，不用一法，其曲折甚难，故有思始成终如农有畔之
> 论也。"

> "郑铸刑书，叔向讥之。子产于扶补倾坏之中，必欲剪裁比次，自令
> 新美，宜其做到变古处，先王之政遂不可复。治道固不能不与时迁移，然亦
> 有清静宁民，可以坐消四国之患，使古意自存者。"

但是他还是不能跳出改良主义的圈子。这也是历史条件和阶级地位的
限制。

叶适的政治思想和主张，据《宋史》薛季宣、陈传良、蔡幼学、戴溪等
人传和《宋元学案》、《止斋学案》、《艮斋学案》及《止斋文集》等书，基本
上是与薛、陈、蔡、戴等永嘉学派诸人共同的；据《龙川学案》、《龙川文集》
及《宋史·陈亮传》，叶、陈之间也是基本相似的。这反映他们当时在政治上
也是一个流派。

---

① 《水心文集》，第三卷。

五

　　基上所述，以叶适为代表的永嘉学派，在哲学上是与唯心主义作斗争的唯物主义流派，政治上是与保守派作斗争的具有进步倾向的改良主义流派，与主和派即妥协、投降派作斗争的主战派；这是和其时社会经济结构、阶级关系、部族关系的复杂情况相适应的。叶适的全部思想，贯穿了一种批判精神，正反映了其时社会的阶级矛盾、部族矛盾以及地主阶级内部诸阶层间的利害冲突的复杂、尖锐和深刻。

　　时代进入北宋，社会生产与阶级构成，本质上是和前代一样的；只是，一方面，独立小生产者的个体经济有了显著的发展，相因而至的，又引起行会经济的发展，与行会的商人、店东及城乡独立生产者并存的，近代资产阶级前身的自由商人也开始在形成；一方面，大地主集团利用政治上的特权，在公和私的名义下，一面不断扩大土地占有而又不负担赋役，并不断加重农民以至中小地主诸阶级阶层的租、赋、徭役和苛杂负担；一面又凭借其官僚、地主、商人三位一体的垄断性商业，即所谓邸店、邸肆等，去扩大对其他阶级阶层的剥削，去约束社会生产力和商品经济的发展，尤其是自由商人经济的发展。因而不只加深了地主和农民间的阶级矛盾，而又扩大和产生了独立小生产者、自由商人以至中小地主等与大地主间的利害冲突。另方面，宋、辽、金、夏等部族集团间的矛盾也比较突出，形成了长期间武装对抗的紧张局势。辽、金、夏的统治集团主要是由契丹、女真、吐蕃的贵族等构成的，对其统治下的汉族及其他部族部落的人民，实行比较落后、残暴、黑暗的奴隶制或近于奴隶制的统治，尤其在他们不断南下进攻的过程中，所肆行的极端野蛮残暴的烧杀、掠夺和压迫，对宋区人民生命财产的摧残和社会生产的破坏，都是极端严重的。这对于宋区社会各阶级阶层的利害，基本上是一致的，只有程度和多少的不同。但由于眼光短浅的大地主集团，只顾自身的暂时利益，不顾共同利害，希图从妥协或投降中去保持其特权，因此，除李纲、赵鼎等一部分人外，在他们之中便形成了主和派；在主和派里面，又有妥协派和投降派的分野。与之相对立的，在反映其他阶级阶层的利益和要求的基础上，便形成了主战派。

由于阶级关系与部族关系比较复杂、尖锐、深刻，特别表现在农民和地主的斗争、部族间的武装对抗的形势方面。宋朝统治集团如不适当处理阶级间的矛盾，便无法去解决部族间的矛盾，便不能不对辽、金、夏的进攻表现软弱无力。

这种形势，到南宋并没有得到缓和，而是扩大了、加剧了。

在这样的形势下，接受中国唯物主义传统，吸收宋朝火药术、印刷术、罗盘针等科学技术的发明和发展的成果，产生了叶适的唯物主义哲学。这是和他的政治立场相一致的。在政治上，他既反映了其时中小地主、自由商人的若干利益和要求，也反映了独立小生产者的若干利益和要求，客观上也反映了农民的一些利益和要求，所以既有所谓“功利”主义思想又有平均主义倾向，而又只能是改良主义的；既在哲学上和朱熹派对立，在政治上又每每与之表现共同，而又挺身起来反对林栗对朱熹的诬劾，说林栗所劾“熹罪无一实者……其中谓之道学一语，利害所系，不独熹，盖自昔小人残害忠良，率有指名：或以为好名、或以为立异、或以为植党；近创为道学之目，郑丙倡之，陈贾和之，居要津者密相付授。”① 这反映了斗争的尖锐、复杂的一面。

以叶适为代表的永嘉学派诸人之所以成为这样一个流派的代表者，不只由于其中一些人叛变了他们出身的阶级，如薛季宣（为薛徽言之子、薛弼之侄），还由于一些人自己的出身和经历：如刘靖君，幼时“家零落”，“羸毁终身”，“买宅城南，四无垣堑，萧艾数尺……醨酒薄羹……垂二十年。”② 陈傅良自述说：“以学多病，以贫数穷；使我岁晏，亦二者之功。□□□归，寥寥太空，倘不离人，即为良农。”③ 蔡幼学在《陈傅良行状》中，说自傅良以前，从闽迁浙八世，从没有人作过官。叶适的出身是贫民，他自己在《母杜氏墓志》中说：“外王父……居田间，有耕渔之乐，其后业衰。而夫人生十余年，则能当其门户劳辱之事矣……始，叶氏自处州龙泉徙于瑞安，贫匮三世矣……

---

① 《宋史·叶适传》。
② 《水心文集》，第二十一卷，《刘靖君墓志铭》。
③ 《止斋文集》，第四十四卷，《自赞》。

夫人既归，而岁大水，飘没数百里，室庐什器俱尽。自是连困厄，无常居，随僦辄迁，凡迁二十一所。所至或出门无行路，或栋宇不完……于是家君聚数童子以自给，多不继。夫人无生事可治……至乃拾滞麻遗纻缉之，仅成端匹①。"据《宋史》各人本传及《学案》，他们在仕途上，也都是遭受排挤以至被贬逐，没有得过志。

六

为着适应我国社会主义文化发展的要求，整理历史上一切有价值的东西，加以批判地改造，对某些古籍的整理和出版，便成了必要。《叶水心集》便是在这种意义下辑刊的古籍之一。

叶适的著作，今日遗留下来的，可能已不完全。明景泰二年，王直《重刊叶水心先生文集序》说："章贡黎谅……早得先生之文读之……及为处州府推官……常行县访之士大夫，得《奏议》、《记》、《叙》等作八百余篇，手自雠校，分为二十九卷，锓梓以传"。据黎谅自述，他幼时所读之叶适著作，"名曰：《策场标准集》者，其时已'前后亡缺，脱落有不可读者。'尝慕求全集，竟不可得。及余领乡荐，授官栝郡……尝因公事诣邑访求遗本，无有存者，间或得一二篇或数十篇，历八载始克备。有曰《文粹》、曰《叶学士文集》，曰《水心文集》，及余幼时所读《标准集》者，其总目有四；惟《标准》一集十亡其七八；公暇躬自誊录，其各集中所作《札》、《状》、《奏议》、《记》、《序》、《诗》、《铭》并《杂著》成篇章者，得八百余篇，编集汇次，分为二十九卷；其所著经、传、子、史，编为《后集》，总名曰《水心先生文集》，绣梓以永其传。"是黎谅所搜集刊行者已不完全。宋人陈振孙："《直斋书录解题》称《水心文集》为二十八卷、《拾遗》一卷。黎刊《文集》卷数与此粗同，篇数则未必同也。上海涵芬楼依乌程刘氏嘉业堂藏明黎谅刊黑口本之影印本《水心文集》，乃黎所述之《文集》二十九卷，不包括《后集》。"

---

① 《水心文集》，第二十五卷。

道光时，从事《宋元学案》之校刊、修辑、刊行的冯云濠说："谢山《学案札记》，先生著有：《习学记言》五十卷，《水心文集》二十八卷，《拾遗》一卷，《别集》十六卷，《制科进卷》九卷，外稿六卷，《荀杨问答》"。清同治九年（公元 1870 年）贵州遵义李春和据其师瑞安孙依言所藏写本刊行之《水心别集》十六卷，与陈振孙所说《别集》卷数同。清光绪八年（公元 1881年），孙依言依钱桂森所藏黎刊本刊行《水心文集》二十九卷，外《补遗》一卷，成三十卷本。

今中华书局辑刊之《叶水心集》，即以孙依言所刊之三十卷本《文集》和李春和所刊之十六卷本《别集》为底本，外加《习学记言》，并由中华书局编辑部的同志们对全书加添标点和整理外，又进行重要的校勘、补订等工作；为保存《别集》写本的本来面目，对其与《文集》重复之四十九篇仍予保留，《文集》中删去的重复各篇，亦仍于目录中注明，以便查考。因此，中华书局这次辑刊的《叶水心集》，较现存的其他各种本子，可说是较好较完全和较普及的。

中华书局辑刊的《叶水心集》及其他在我国思想史上起过重要作用的思想家的集子的已经和行将出版，将大大便利于我们对本国思想史的研究，在厚今薄古和批判地继承文化遗产的方针下，作出更多的贡献。使过去思想家思想中的有价值的东西在马克思列宁主义的基础上重新放出光辉，使他们的著作得以重新辑刊、大量发行、广泛地和世人见面，只有在优越的社会主义制度和党同国家对文化事业的深切关怀下，才有可能。我们共产党人，不只极其珍视历史发展的长期过程中的劳动人民的创造成果，也不排弃历史上各个统治阶级的任何珍贵的成就，而是要把历史上人类思想文化长期发展的有价值的东西，一一加以批判的吸取和改造。毛泽东同志教导说："中国的长期封建社会中，创造了灿烂的古代文化。清理古代文化的发展过程，剔除其封建性的糟粕，吸收其民主性的精华，是发展民族新文化提高民族自信心的必要条件；但是决不能无批判地兼收并蓄。必须将古代封建统治阶级的一切腐朽的东西和古代优秀的人民文化即多少带有民主性和革命性的东西区别开来。中国现时的新政治新经济是从古代的旧政治旧经济发展而来的，中国现时的新文化也是从古代的旧文化发展而来，因此，我们必须尊重自己的历史，决不能割断历史。但是这种尊重，是给历史以一定的科学的地位，是尊重历史的辩证法的发展，而不是颂古非今……"① 虽然，这是毛泽东同志早在民主革命阶段的 1940 年讲的，它却是我们怎样对待文化遗产和历史的马克思主义方针。

金灿然同志要我为中华书局辑刊的《叶水心集》写篇序，我便写出上述的一些个人认识来报命，并以之作为与同道和读者同志的商榷。

1959 年 11 月 30 日

---

① 《毛泽东选集》，第 2 卷，人民出版社 1952 年版，第 667—668 页。

胡适派主观唯心主义历史观批判

　　胡适出身于封建官僚、地主和大商人家庭，受到美国资产阶级的教育培养，自始就与马克思主义运动相敌对，并反对孙中山和以其为首的旧民主主义的辛亥革命。他的思想和行动，是一贯与近代和现代中国革命各阶级阶层的要求相违反的，只适合美国帝国主义及其奴才的要求。

　　但由于胡适派在人民大革命胜利前的三十年中，始终占据旧中国文化、教育、学术部门的主要统治地位；由于胡适一度混在新文化运动队伍中，伪装自由主义者，又装作学者样子：因此，在旧中国的一定社会基础上，胡适思想在颇大一部分知识分子中，发生了并至今还残留着极有害的影响。历史研究曾是胡适派思想活动和支配的重要领域，也是其遗毒较深的一个方面；我们在这方面也自始就没有放弃对胡适派的斗争。

一

　　胡适派"历史学"的思想基础，是主观唯心主义历史观，是以腐朽的美国资产阶级哲学实验主义为依据的，并先后吸收了美国资资阶级"新历史"学派鲁滨荪（J. H. Robinson）、桑戴克（L. Thorndike）之流的反动观点。在这种反动的历史观的基础上，演成历史多元论、庸俗进化论、"社会的不朽论"、反爱国主义的世界主义，连同以"考据学"为中心的历史方法论，构成一个和历史唯物主义正相反对的体系。它是反科学的，它只能是加引号的历史学，或不能叫作历史学。

实验主义对哲学上的最高问题，即思维对存在、精神对自然界的关系问题，是避免正面回答的。胡适对自己的唯心史观也采取掩掩盖盖的态度，并常常应用一系列所谓"科学"、"历史事实"、"物观的历史"等词句。其实，实验主义者所谓"科学"、"事实"、"物观"等等，是与马克思主义者有原则区别的。实验主义认为物质世界、存在或"实在"，"是由：（A）感觉，（B）感觉与感觉之间及意象与意象之间的种种关系，（C）旧有的真理"三大部分"构成的。其中一、二两"部分"都是属于人们的主观感觉或概念，关于第三"部分"，他们又说"真理是人造的"①。因此，在他们，不是存在决定思维，反而是思维决定存在；在社会历史上，也就不是社会物质生活、社会存在决定社会精神生活，反而是后者决定前者。这在胡适所奉为圭臬的杜威的一句话："经验即是生活，生活即是应付环境"（胡适解释说：他"又把经验和思想看作一件事"）②也说明了他们这个观点，即"生活"是依赖于"思想"而存在和创造出来的。在托为论述孔子思想时，胡适自己又说过：

"……不但说一切器物制度，都是起于种种意象，并且说一切人生道德礼俗也都是从种种意象上发生出来的。"③

把人类社会的"一切器物制度"、"一切人生道德礼俗"的"起源"和"发生"，不归根于社会经济结构，而归根于所谓"种种意象"，即社会精神生活本身；这不只无视了社会上层建筑和基础的关系，并且暴露了胡适派的唯心史观是主观唯心主义的。

因此，胡适派所谓"历史事实"，乃是实验主义所谓"实在"范畴中的"事实"，而不是具有客观真理意义的史实。所以在他们说来，"搜求和评判史料"，不是依靠历史科学的法则的指导，而是依靠于"历史家"主观的"精勤的功力"；"历史的系统"也是由"历史家"的"高远的想像力""构造"④起来的。显然，这不能叫作"科学"，不能叫作"物观的历史"。

---

① 胡适：《实验主义》。

② 同上。

③ 胡适：《中国哲学史大纲》，第86页，重点是胡适自己加的。

④ 胡适：《国学季刊发刊宣言》。

胡适派又不肯承认社会发展规律是不以人们意志为转移的客观规律，硬说可以凭人们的意志去创造规律或真理。

历史唯物主义揭露了社会发展规律，是不以人们意志为转移的客观规律，人们不能修改或创造它，只能认识、发现和揭露它，掌握和利用它来为社会谋福利。社会历史科学便是认识、发现和揭露这种规律的学问，并且"都能成为例如生物学一样的准确科学"①。社会发展规律规定了资产阶级必然灭亡，资本主义制度必然为社会主义制度所代替，这是不能有任何修改和怀疑的；而且当胡适开始在中国贩卖实验主义的时候，俄国资产阶级已经灭亡，资本主义制度已为社会主义制度所代替。

在马克思主义②面前，在社会发展规律面前骇得发抖的美英各国资产阶级，为给自己壮胆和欺骗劳动人民，就拼命反对马克思主义，否认客观规律，要求凭他们主观意愿去创造规律或"科学律例"。经验主义—实验主义及其信徒，就都是适应这类幻想和要求而出现的。胡适派正是其中的一个支派。

他们害怕马克思主义为群众所掌握，就拼命歪曲事实，制造无稽谰言来攻击马克思主义，企图动摇群众对马克思主义的科学信念，减低或取消马克思主义所揭露的科学规律对革命实践的指导作用。像胡适在《问题与主义》中，竟捏造："现在社会主义根据地，已不靠这种……历史哲学了"的鬼话，来论证其所谓历史唯物主义不能"证明社会主义的必然实现"的虚伪宣传。胡适的美国同道桑戴克则企图把孔德的社会学与马克思主义社会科学混为一谈。他装做埋怨孔德，不该肯定社会学"实是科学，与数学及自然科学相等"；又说：孔德的话"仅为虚说"，"然……政治革命，社会改造，同深受社会科学之影响矣。"③ 马克思主义社会科学是无产阶级的科学，孔德的社会学乃是早期资产阶级的不彻底的科学，彼此间是有本质的区别的。

他们妄想减低或取消社会发展规律对革命实践的指导作用，就否认社会发

---

① 《苏联共产党（布）历史简明教程》，人民出版社 1954 年版，第 150 页。
② 斯大林说道："马克思主义是关于自然和社会发展规律的科学，是关于被压迫与被剥削群众革命的科学，是关于社会主义在一切国家中胜利的科学，是关于共产主义社会建设的科学。"见斯大林：《马克思主义与语言学问题》，人民出版社 1953 年版，第 55 页。
③ 桑戴克：《世界文化史》，商务印书馆译本，1936 年版，第 629 页。

展规律的客观性或客观真理。胡适在真理论上说："没有绝对的真理……我们人类所要的知识……乃是这个时间，这个境地，这个我的这个真理。"他还引用了詹姆士的一句话："纯粹客观的真理……是从来没有的。"① 在社会历史问题上胡适也同样说过："人类社会是极复杂的组织，有种种绝对不相同的境地，有种种绝对不相同的情形，社会的病，种类纷繁，决不是什么'包医百病'的药方所能治得好的。"② 詹姆士武断地不承认客观真理。胡适则从夸大特殊性抹煞一般性，即把特殊性绝对化来否认客观真理，并以之攻击马克思主义为主观的"药方"。马克思主义从来就不忽视一定时间、地点、条件所构成的特殊性或具体情况，但不是拿特殊性去否认一般性，而是从一般性的基础上，从一般性与特殊性的统一上去掌握客观真理。具体地说，在社会发展过程中的各个历史阶段，一面有共同的一般的规律，一面又有各自的特殊的规律；在各别国家和民族间，一面由生产力和生产关系的规律规定了共同的一般的发展过程……一面由于所处地理环境、历史传统及其他具体条件的不同，便构成特殊性，表现为各自的独特色彩和具体面貌。只看见一般性而无视特殊性，便是公式主义，便不能体现历史的具体性；只强调特殊性而抹煞一般性，就是历史多元论，就会把历史解释为没有客观规律的过程，把各别部落、部族、民族和国家的历史，解释为没有决定它们发展的共同规律，而是彼此演着不同的过程。胡适说："中国是用家族伦理作中心的社会"③，也正是这种观点的表现。因此，在胡适派，历史便是无数"偶然"现象的堆积，或只是"人类全部的故事"、"人类在过去历程中所做成的事迹"④ 或"合久必分，分久必合"、"不是东风压了西风，便是西风压了东风"⑤ 的纷乱纠缠。因此，实验主义的"历史学"就根本不可能成为科学。只有马克思主义的历史科学才是真正的科学，斯大林说道："历史科学底首要任务是要研究和揭示生产底规律，生产力与生产关系发展底规律，社会经济发展底规律。"⑥

---

① 胡适：《实验主义》。
② 胡适：《易卜生主义》。
③ 胡适：《朋友与兄弟》。
④ J. H. 海士、P. T. 蒙（均系美国资产阶级"新历史"学派的历史学家）合著：《上古世界史》，世界书局译本，第1页。
⑤ 胡适：《联省自治与军阀割据》、《欧游道中寄书》。
⑥ 《苏联共产党（布）历史简明教程》，人民出版社1954年版，第159页。

胡适派从其预定的观点出发，硬说"真理"是凭人们的意志创造出来的。胡适说："真理原来是人造的，是为了人造的，是人造出来供人用的，是因为他们大有用处所以才给他们'真理'的美名的。""真理是对付这个境地的方法"①。因此，他们的所谓"真理"或规律，是完全没有客观规律的性质的，只是因为它"大有用处"而创造的，也就是说，是为了资产阶级市侩主义的利益和对付不利于他们的"境地"而创造的。为着自圆其说，对于在资本主义时代有一定程度的、虽然是有限的发展的自然科学，也就采取横暴的态度，说："现在所有的科学律例不过是一些最适用的假设，不过是现在公认为解释自然现象最方便的假设。"② 这是对于真理和人类伟大创造力的污蔑。真理是不以人们意志为转移的客观规律；自然科学和社会历史科学所揭示的科学规律，马克思主义是把它"了解为不以人们的意志为转移的客观过程的反映"③。人们发现和揭露规律或认识真理，是通过实践。毛泽东同志说道："通过实践而发现真理，又通过实践而证实真理和发展真理。""实践、认识、再实践、再认识，这种形式，循环往复以至无穷。"④

在不承认客观规律和人们可以创造规律的反科学的论点上，胡适派便把历史说成为经由人们主观愿望去摆布的过程，以人们创造的"真理"为基础的过程，例如胡适说，历史好比一个百依百顺的女孩子、一大堆铜钱或一块大理石，任你怎样去擦抹、装饰、摆布或雕琢。

这种极肤浅、庸俗的历史多元论，正是妄图挽救其垂死命运的反动统治阶级的思想反映。现时美国资产阶级的种种"倒行逆施"的暴行与"自食其果"的战争政策，就是以这种历史多元论为思想基础的。为胡适所引证的詹姆士的下面一句话："我是愿意承认这个世界是真正危险的，是需要冒险的；我决不退缩，我决不说'我不干了'。"⑤ 就是美国战争贩子的行动指南。

---

① 胡适：《实验主义》。
② 同上。
③ 斯大林：《苏联社会主义经济问题》，人民出版社1952年版，第2页。
④《毛泽东选集》，第1卷，人民出版社1952年版，第285页。
⑤ 胡适：《实验主义》。

二

胡适派庸俗进化论，是与马克思主义关于社会发展阶段的学说、阶级斗争和社会革命论的学说正相敌对的。

胡适派庸俗进化论的基本论点，是说社会的"演进"只是由于点滴进化和点滴改良。他们从自然主义或生物学观点出发，一面说宇宙或"世界"和"社会国家"原是由点滴进化而来的，而且是"无规律"的。例如胡适说："世界是一点一滴一分一毫的长成的"①，"社会国家的变化……都是渐渐变成的。"② 桑戴克说："文化之发展也，逐渐累进，变迁繁赜，又常无规律。"③一面便说人类对历史所起的作用，也只能是点滴的改良。胡适说："实验主义从达尔文主义出发，故只承认一点一滴不断的改进是真实可靠的进化。"④"不承认根本的解决"。认为"文明不是拢统造成的，是一点一滴的造成的"，"解放与改造"只能是"这个那个制度"、"这种那种思想"、"这个那个人"的"解放"或"改造"；"再造文明的下手工夫是这个那个问题的研究。再造文明的进行是这个那个问题的解决。"⑤"教育乃是社会改造与改良的根本方法。"⑥在这里，胡适把社会的演进混同于自然界的变化，把社会学混同于生物学，就是根本错误的；而他对于所谓"达尔文主义"，也只袭取它关于"量变"的规律的皮毛，抛弃了它关于"质变"的规律。但这表明了他们自己的观点；只有承认关于社会演进的点滴进化点滴改良的形式，不肯承认关于进化中断的革命爆发的形式。

胡适的论纲是没有根据也不合逻辑的。人类社会的历史雄辩地说明了：它

---

① 胡适：《实验主义》。
② 胡适：《中国哲学史大纲》，第77页。
③ 桑戴克：《世界文化史》，第1页。
④ 胡适：《介绍我自己的思想》。
⑤ 胡适：《新思潮的意义》。
⑥ 胡适：《实验主义》。

已经历了奴隶制、封建制、资本主义、社会主义四个革命，即"根本的解决"。而在革命未到来前的和平发展或进化过程中，也常有部分的爆发和质变。在和平发展或进化过程中，胡适所谓"这个那个"、"这种那种"的东西，也都不是孤立的，不是可以凭人们的主观愿望去这样那样；都是属于一定集团或阶级的性质的，以一定的社会经济基础、社会存在为依据的。奴隶主、封建主、资产阶级所谓"这个那个""这种那种"的改良，是和革命的改良有原则区别的；它只能是欺骗群众或暂时和缓矛盾，并不能解决问题，只能为爆发准备条件。

胡适为着想论证其反动的庸俗进化论是合理的，又造作了所谓"多元"说，把经济、政治、知识、思想、言论、教育等等，看作"变动社会，解释历史，支配人生观"① 的同等重要的因素。胡适的美国同道海士、蒙也有同样的论旨，说："经济和社会的变更"、"科学的发展"、"宗教的变迁"、"国家和爱国主义的勃兴"，"都是近代文化的基础"②。他们希图说明，既然有许多因素对社会发生同等重要的作用，就足以证明：点滴的改良是"真实可靠的"；把社会的有机构成分裂为"这个那个""这种那种""制度"、"思想"和"个人"去进行"解放"或"改造"，是"真实可靠的"；把社会问题分裂为"人力车夫的生计问题"、"卖淫问题"、"女子解放问题"、"家庭制度问题"等等各自孤立的较次要的问题去"研究"是"真实可靠的"。其实，这种"多元"中的各个因素，除"经济"一项外，都是属于上层建筑方面的东西。它们虽然能对基础发生作用，马克思主义者也从来都没有忽视而是正确地估计这种作用的；但在一般情况下，它们终归是从生的东西，并不能产生根本性的决定作用。马克思教导说："物质生活底生产方式决定着社会生活、政治生活以及一般精神生活的过程。"生产方式包括生产力和生产关系的两个方面。生产关系的总和组成为社会经济结构，即基础；政治制度、法权、艺术、哲学、宗教、伦理等等都是与之相适应的上层建筑物。"随着经济基础的变更，于是全部庞大的上层建筑也就会或迟或速地发生变革。"③

---

① 胡适：《科学与人生观序》。
② 海士、蒙合著：《近代世界史》，世界书局译本，《原序》，第2页。
③ 马克思：《〈政治经济学批判〉序言》，人民出版社1955年版，第Ⅱ、Ⅲ页。

其次，胡适为着想把社会发展过程说成为符合于庸俗进化论，便把历史说成为没有社会性质不同的诸阶段的交替。因此，（一）胡适把历史划分为"古代"、"中世"，"近世'① 和"现代"②，但只是时间的推移和演进，并非标志不同社会性质的历史阶段。他和马克思主义历史学在这些相同用语上也表现了原则的区别。（二）胡适在《井田辨》中说："井田的均产制乃是战国时代的乌托邦"，"因为古代本没有均产的时代"。关于"井田"问题的本身是还可以讨论的。但胡适在这里，是在否认原始公社制阶段的存在，意谓人类社会自始就是阶级制度的。（三）胡适说西周春秋时期就有"资本家"和"工人"③。桑戴克不只把奴隶制时代从事手工业劳动的奴隶，说成为"受雇"和有"工资""报酬"的"工人"，并说："在昆虫界，有矿工、有木匠，有泥水匠，而这一切都远在人类有所谓'行会'（Gilds）以前便早已有了……可怕的私产制度，在不会讲话的兽群中也不缺少。"甚至说蜜蜂"真能……从事殖民"④。这是把资本主义制度说成为亘古以来的，甚至在自然界也存在的制度。（四）胡适在《我们走那条路》等文中，几次都提到中国古代"封建制度"。桑戴克在《世界文化史》中也专有一节讲"封建社会"。这不是他们承认"封建制度"或"封建社会"是社会发展过程中的一个阶段，而是企图去论证各种社会制度在一个国家内同时并存——也不是了解为主要和残余或过渡形态的东西。他们之所以这样来牵强附会、歪曲历史，就在于要把人类社会说成为从古到今都在点滴进化的过程中，都没有本质的变化。

马克思主义在这个问题上，是以人类社会的全部历史为依据的。马克思在《〈政治经济学批判〉序言》中，根据其时人类对世界历史研究的全部成果和天才的科学分析，揭示了社会发展诸阶段。斯大林在论述适应于社会生产力的变更和发展而变更、发展的社会生产关系时写道："历史上有五种基本生产关系：原始公社制的，奴隶制的，封建制的，资本主义的，社会主义的。"⑤（加重点是原有的）他并对各个时代的生产力和生产关系发展的情景，作了明确

---

① 胡适：《中国哲学史大纲》，第6—7页。
② 胡适：《实验主义》。
③ 胡适：《中国哲学史大纲》，第40页。
④ 桑戴克：《世界文化史》，1935年版，世界书局第7页。
⑤《苏联共产党（布）历史简明教程》，人民出版社1954年版，第161—162页。

详晰的表述，极大地发展了马克思主义关于社会发展阶段的学说。斯大林是以其时已知的人类全部历史事实为基础，以马克思主义运动的实践的检验为基础，进行了缜密的分析而作出科学的结论的。全人类各别部落、部族、民族和国家的进度是不一致的：有的还滞留在原始公社制阶段；有的滞留在奴隶制或封建制阶段；有的滞留在资本主义阶段；在苏联，从伟大十月社会主义革命胜利后，便开始了社会主义社会的时代，现又正向着共产主义社会迈进；各人民民主国家也或已进到社会主义社会或正在社会主义建设和社会主义改造的过渡期。不论他们发展的速度如何不同，而发展的过程却是共同的——自然，今天还滞留在资本主义以前各时代的部族和部落，并不是要顺次经历各个历史阶段再进到社会主义，在全世界战胜资本主义以后，就都将像苏联境内各族人民所走过的道路一样，进到社会主义去。

胡适派庸俗进化论的邪恶目的，在反对阶级斗争。在这一邪恶的目的下：（一）故意混淆阶级的概念。胡适说：中国"古代社会的阶级约有五等"；"一王（天子）、二诸侯（公、侯、伯、子、男）、三大夫、四士、五庶人（皂、舆、隶、僚、仆、台）"[1]。这其中，前四者是统治阶级内部诸等级，后者乃是被统治诸阶级阶层的统称；胡适以之平列为"五等""阶级"，在于搅乱统治被统治阶级间的关系。（二）故意掩盖阶级矛盾。胡适说：在春秋时期，中国"封建制度的种种社会阶级都渐渐销灭了，就是那些不曾销灭的阶级，也渐渐的可以互相交通了。"[2]"这种制度极盛时，下级的臣属服服帖帖的承认上级的特殊权利。"对《诗经》中《七月》、《信南山》、《甫田》等章所反映的农民对劳役、贡纳等方面的苛重负担，胡适却说"便可看出一付奴隶的行乐献寿图。那时代的臣属真能知足！他们自己'无衣无褐'，却偏要尽力'为公子裘''为公子裳'……'言私其豵，献豜于公'便极满意了。"[3] 又说他亲自听到"美国工人"在歌颂资本主义时代"是人类有历史以来最好的最伟大的时代"[4]。为着使人相信这种阶级"调和"的歪论，胡适又从先验主义的反动

---

① 胡适：《中国哲学史大纲》，第38页。
② 同上。
③ 胡适：《井田辨》。
④ 胡适：《漫游的感想》。

观点出发，说"调和是人类懒病的天然趋势"①。（三）否认资本主义社会的阶级制度存在。胡适说："现代世界是平民政治的世界，阶级制度根本不能成立。"② 海士、蒙也说："我们生长在一个'民主'的时代……都站在平等的立场，共同参与种种公务"③。这都是对历史事实的歪曲或凭空捏造。阶级社会的主要敌对阶级：奴隶制时代是奴隶和奴主；封建制时代是农民和地主；资本主义时代是无产阶级和资产阶级。主要敌对诸阶级间的矛盾是绝对的，斗争也是绝对的。在胡适所说的西周春秋及战国，根据《诗》、《传》、诸子等等其时文献，阶级间不只表现为日常各种形式的斗争，并曾爆发为所谓"彘之乱"和"盗跖"为首的起义。生活在人间地狱的美国无产阶级，是对资产阶级进行了不息的英勇斗争的。所谓他们对资本主义时代的歌颂，那不是美国工贼的无耻叫嚣，就是胡适们的捏造。资产阶级的"民主"是建立在经济的极端不平等的基础上的，是资产阶级的专政，到帝国主义时代并已表现为财政寡头的专制。英国"大宪章"、法国"人权宣言"、美国"独立宣言"所宣布的原则，也早已为财政寡头所践踏。

胡适派对阶级和阶级关系的种种歪曲论断，无非想把阶级斗争、社会革命说成为没有根据，把阶级"调和"反说成为是有根据的。但阶级社会的历史是充满了阶级斗争的英勇、壮烈、光辉的事迹的。为着自圆其说，胡适便采取极下流的手法，对历史上的人民起义和革命一一加以歪曲和污蔑：他污蔑北宋末的农民军为"一般群盗"，明末农民军为"流寇"，太平天国为"盗贼"、"长毛贼"，义和团为"拳匪"；诬"太平天国之乱毁坏了南方的精华区域"④；甚至不知羞耻，宣称自己"不赞成革命"，反对辛亥革命……胡适这样无耻谩骂被压迫被剥削阶级和革命人民为"匪""寇"，是想把人民的正义行动和推动历史前进的阶级斗争及其最高形式的社会革命说成为不必要的，不是适合于历史前进的要求的。

与胡适的下流邪说恰巧相反，在敌对阶级构成的社会，在生产力和生产关系矛盾的基础上，在阶级利害矛盾的基础上，阶级斗争、社会革命是不可避免

---

① 胡适：《新思潮的意义》。
② 胡适：《实验主义》。
③ 海上、蒙合著：《近代世界史》，第8页。
④ 胡适：《我们走那条路》。

的：不只表现为和平发展时期各种形式的斗争，而且表现为进化中断时期的社会革命。生产关系一定要和生产力性质相适合，当生产关系不适合生产力发展的状况时，就必然引起生产关系的变更。毛泽东同志说道："当着不变更生产关系，生产力就不能发展的时候，生产关系的变更就起了主要的决定的作用。"① 这在由原始公社制到奴隶制和在阶级社会，都是通过社会革命去实现的。从古到今，我们伟大祖国，已经历了奴隶制革命、封建制革命、人民民主革命三个革命的成功；现今正在按照国家在过渡时期总路线的道路，进行着社会主义的革命。世界其他国家和民族的历史，也无不充满了阶级斗争的光辉事迹的。

胡适派妄图反对和取消阶级斗争的根本目的，在反对无产阶级领导的世界革命，直接表现为反对中国无产阶级领导的人民民主革命。因此，自"五四"以后，中国人民的革命运动，在光荣，伟大、正确的中国共产党的领导下日益发展；胡适便采取了极其阴毒可耻的手法来横加诬蔑和攻击，妄图破坏革命。一方面，他恶毒地诬蔑群众，是被"马克思、列宁、斯大林牵着鼻子走"②。攻击无产阶级政党和党员干部"……往往用一些抽象名词来哄骗大多数的人民"去进行斗争；并对马克思主义肆行无知的攻击，如说"阶级斗争学说""太偏重申明'阶级的自觉心'一方面……养成一种阶级的仇视心……使社会上本来应该互助而且可以互助的两种大势力，成为两座对垒的敌营。"③ 这是他企图把革命说成为由于马克思主义和无产阶级政党制造出来的。一方面，他又散布群众的革命斗争是"浪费气力"的谰言，妄图使群众相信革命不能解决问题和推动社会前进。一方面，力图阻止群众参加斗争，诱惑青年脱离实际生活去钻故纸堆：例如他说："最可笑的是有些人明知世界'陆沈'，却要跟着'陆沈'……不肯救出自己"④，"救出自己的唯一法子便是把你自己这块材料铸造成器"⑤，"发现一个字的古义，与发明一颗恒星，都是一大功绩"⑥。

---

① 《毛泽东选集》，第 1 卷，人民出版社 1952 年版，第 314 页。
② 胡适：《介绍我自己的思想》。
③ 胡适：《问题与主义》。
④ 胡适：《易卜生主义》。
⑤ 胡适：《介绍我自己的思想》。
⑥ 胡适：《论国故学》。

一方面，歪曲革命的神圣意义，把革命混同于进化，妄图使群众相信："革命和演进只有一个程度上的差异，并不是绝对不相同的两件事"①。最后，胡适竟宣称，革命政党是他"最大的敌人"，革命干部是"捣乱鬼"。

胡适和其美国主子不能了解，近代和现代中国革命是中国社会发展的客观形势规定的。毛泽东同志教导说："帝国主义和中华民族的矛盾，封建主义和人民大众的矛盾，这些就是近代中国社会的主要的矛盾……而帝国主义和中华民族的矛盾，乃是各种矛盾中的最主要的矛盾。这些矛盾的斗争及其尖锐化，就不能不造成日益发展的革命运动。伟大的近代和现代的中国革命，是在这些基本矛盾的基础之上发生和发展起来的。"② 因此，这个革命就不是任何力量能够阻止得了、破坏得了的。马克思主义是放之四海而皆准的普遍真理，中国无产阶级与其他各国无产阶级一样，与马克思主义相结合便成了自觉的阶级，并产生了自己的先锋队，又以马克思主义的普遍真理与中国具体情况相结合，保证了中国革命的胜利。如果没有马克思主义，没有中国共产党，中国人民革命的胜利是不能想像的，社会主义革命更不能想像；但中国社会的那些基本矛盾、革命所要解决的问题却是客观地存在着的，而况中国既有了反帝反封建的历史任务，也有了无产阶级和革命人民，世界也已经有了马克思主义并有了俄国伟大十月社会主义革命的胜利，中国人民接受马克思主义并诞生中国共产党来领导革命，正是适应于历史的客观规律的。

近代和现代中国历史的过程，彻底粉碎了胡适的反革命阴谋，批判了他的反科学的庸俗进化论；光荣归了革命的中国人民和共产党，胡适则已和蒋介石一道被时代推入了垃圾堆。

<h1 style="text-align:center">三</h1>

胡适的"社会的不朽论"，是和马克思主义的集体主义相敌对的，露骨地

---

① 胡适：《我们走那条路》。
②《毛泽东选集》，第 2 卷，人民出版社 1952 年版，第 625—626 页。

反人民群众的，是一种极端腐朽的丑恶的思想。

首先，胡适为着想破坏被压迫阶级的团结，把资产阶级的个人主义提到神秘化的程度，认为人类社会只是无数个人的个体结合与相续。

胡适及其美国同道从生物学观点出发，把人类混同于其他动物，胡适在《科学与人生观序》中说道："人不过是动物中的一种，他和别种动物只有程度的差异。"桑戴克也说："人实'少数进化未息动物中之一'。"与其他动物只有四点区别："能直立"，"有手"，"有扩大之脑"，"能言"①。而人和其他动物是有本质区别的：由于人能制造生产工具，并从而组成为社会；因此，人同时具有自然属性和社会属性。由于有社会属性，所以人不能不属于一定的社会阶级或一定时代的人类集体。马克思教导说："人的本质并不是各个个人所固有的抽象物。就其现实性说来，人的本质乃是社会关系的总和。"② 胡适、桑戴克之流在这里，正企图隐蔽人的社会属性方面的阶级属性，把阶级社会的诸阶级间的关系说成为个人与个人间的关系，把各个阶级，正确地说，把被统治阶级分化为无数不相属的个人，并从而把资产阶级的个人主义永恒化神秘化。下面就是胡适在这种反动论旨基础上的虚构图式："社会的生命，无论是看纵剖面，是看横截面，都像一种有机的组织。从纵剖面看来，社会的历史是不断的；前人影响后人，后人又影响更后人……没有那无量数的个人，便没有历史，但是没有历史，那无数的个人也决不是那个样子的个人：总而言之，个人造成历史，历史造成个人。从横截面看来，社会的生活是交互影响的：个人造成社会，社会造成个人：社会的生活全靠个人分工合作的生活，但个人的生活，无论如何不同，都脱不了社会的影响……若没有无数的我和你，社会也决不是这个样子。"③

依照胡适这个图式，社会便只是个人与个人、个人与社会、社会与个人间的关系所组成；历史则只是无数个人相传袭的永恒"不朽"的"大我"的流传，或叫作："一代传一代，一点加一滴；一线相传，连绵不断；一水奔流，滔滔不绝。"④ 而这样的社会在人类史上是不存在的。在人类史上的阶级社会

---

① 桑戴克：《世界文化史》，第4、6页。
② 恩格斯：《费尔巴哈与德国古典哲学的终结》，人民出版社1957年版，第52页。
③ 胡适：《不朽》。
④ 同上。

时代，每个历史阶段都有其诸阶级的存在，如前所述，而且都有相互敌对的两个主要阶级；各阶级的人们，由于共同的阶级地位，便不可避免的形成共同的阶级利害、阶级意识……与敌对阶级进行集体的斗争。被压迫阶级为反抗压迫阶级，不只常形成为自发的联合行动和力量，而又常形成为有组织的、自觉的行动和力量；特别是无产阶级（工人阶级），由于其优秀的品质和特性，在其特有的集体主义国际主义的天性的基础上，而今不只在个别国家在其先锋队周围组成了坚强的力量，而且形成了不可战胜的国际的团结和力量。在没有阶级的社会，每个人都不能不是属于一定集体中的一分子；离开集体，个人不只毫无作为，而且是不能生存的。这都不是什么单纯个人与个人的"交互影响"与"分工合作"，也不是什么"个人造成社会，社会造成个人"。

另方面，社会发展过程中的各阶段，如前所述，都是经过四个社会革命的成功所开辟的道路和转化过程的，并不是什么个人与个人的"一线相传"，也不是什么"个人造成历史，历史造成个人"。

其次，胡适派为着想迷惑群众不要相信自己而去相信统治阶级，硬说历史不是群众创造的，反而把统治阶级说成为历史的创造者或社会"重心"。

胡适为着想使人相信他的"社会的不朽论"的虚构图式，又装作批评所谓"三不朽说"，说"无数平常人"也都有"不朽的希望""冠绝古今的道德功业固可以不朽，那极平常的'庸言庸行'，油盐柴米的琐屑，愚夫愚妇的细事……"① 也都永远不朽。这不是胡适拿平等精神去看待群众或承认劳动对社会、历史的创造作用；而是向群众散放毒气，要他们安于奴隶地位和饥寒交迫的生活，甚至甘心从事那些秽污卑下的操作去为统治阶级服务。

在胡适和其美国主子那里，群众是没有地位的，他们不只不承认群众是历史的创造者，而且污蔑群众为"阿斗"、"奴才"、"群氓"、"愚昧无知"。对群众创造历史的实践斗争，胡适硬说不是群众的自觉和要求，而是"跟着人家乱喊"② 是"阿猫、阿狗、鹦鹉、留声机"③，是"被人用几个抽象名词骗去赴汤蹈火"④；而又妄图抹煞群众的坚强毅力与群众运动对历史的推动、创

---

① 胡适：《不朽》。
② 胡适：《爱国运动与求学》。
③ 胡适：《问题与主义》。
④ 胡适：《三论问题与主义》。

造作用；说："群众总是不能持久的……这是世界人类的通病。所谓民气，所谓'群众运动'，都是一时的大问题刺激起来的一种感情上的反应。""我可以断言民众运动牺牲的大部分是白白地糟踏了的。"① 他在针对"一二九运动"而作的《为学生运动进一言》等文中，也造作了一系列破坏和污蔑群众革命斗争的谰言呓语。那么，历史是谁创造的呢？胡适说："一个新社会新国家，总是爱自由爱真理的人造成的，决不是一般奴才造成的。"② 虽然，在资本主义时代和资产阶级比较起来，只有群众才是真正"爱自由爱真理的人"，但在胡适的眼中，群众却是"奴才"。

人类社会的历史——斯大林同志说道——，就是物质资料生产者的历史，劳动群众的历史，各国人民的历史③。没有群众的生产斗争和阶级斗争，人类社会的存在是不能想像的，任何英雄好汉都是不能有丝毫正当作为的。资产阶级"历史家"也不能没有看到群众的无比伟大的力量与创造作用，但他们害怕群众，不敢承认群众创造历史的真理。

过去中国封建统治阶级的史家，有所谓"英雄造时势"；中国资产阶级也在辛亥革命以前就有了这种思想。《苏联共产党（布）历史简明教程》指出：俄国民粹派也有这样的见解：认为"历史不是阶级所创造，不是阶级斗争所创造，而只是个别杰出人物，即所谓'英雄'所创造的；群众、'群氓'、人民和阶级是盲目地跟着这种'英雄'走的。"④ 桑戴克也说："（文化）乃先由出类拔萃富有作意之人，运其高才巧思，发端引绪；然后万民从之，遂推及于全社会也。"⑤ 其他国家资产阶级也有这类观点。鹦鹉学语的胡适也说："日本一个小岛国，那么贫瘠的土地，那么少的人民，只因为伊藤博文，大久保利通，西乡隆盛等几十个人的努力……居然在半个世纪之内一跃而为世界三五大强国之一。"⑥ "像哥仑布发现美洲，像华盛顿造成美洲共和国，替当时的人开一新天地，替历史开一新纪元，替天下后世的人种下无量幸福的种子。"⑦ 对

---

① 胡适：《爱国运动与求学》。重点是胡适自己加的。

② 胡适：《个人自由与社会进步》。

③《苏联共产党（布）历史简明教程》，人民出版社1954年版，第159页。

④《苏联共产党（布）历史简明教程》，人民出版社1954年版。第15页。

⑤ 桑戴克：《世界文化史》，第1页。

⑥ 胡适：《信心与反省》。

⑦ 胡适：《不朽》。

于这类错误的历史观，马克思主义者对俄国民粹派的以下的批判，都是完全适合的。"并不是英雄创造历史，而是历史创造英雄，也就是说，不是英雄创造人民，而是人民创造英雄并推进历史。英雄，杰出人物，只有当他们能正确了解社会发展条件，了解应如何改进这些条件的时候，才能在社会生活中起重大的作用。"① 这是不能有任何怀疑的。因此说："人民，只有人民，才是创造世界历史的动力。"②

但胡适并非在夸大杰出人物、英雄的作用，他对革命英雄和领袖人物，反而是极端仇视的，他曾反对孙中山，说他是"军阀"，对共产党人被反动派惨杀，他表示幸灾乐祸③。

胡适的真实意图，是要把统治阶级的首要人物、反革命头子、卖国贼等等说成为历史的创造者或社会"重心"。所以他力说奸贼秦桧"有大功于世"，受到中国人民万世唾骂是"冤枉"④；对签订二十一条卖国条约的袁世凯大加颂扬，说他如不死去，便能致"吾国于治安之域"⑤；称蒋贼为近代"伟人"⑥，"魄力与才能确超越寻常"，并建议蒋贼"收容优秀人物""建立社会重心"⑦。并说"帝制时代的重心应该是帝室"；中国十九世纪后的重心是"曾国藩李鸿章诸人"……因此，胡适所谓"能真知道'最大多数的最大幸福'的，不过是少数人"⑧，就是历代帝室、秦桧、曾国藩、李鸿章、袁世凯、蒋介石之流。这和海士、蒙歌颂墨梭里尼的思想，是同一性质的。他们称墨梭里尼为"大领袖"，有"最能感动人的魔力，以及无限的自信力"，"是一个超等英雄"，他的"第一大功就在解除意大利的经济上的痛苦"，"运用他的最高权力，去停止劳资间的争议，破坏社会党及共产党的联合战线。"⑨ 蒋介石、墨梭里尼之流都是有异乎寻常的巨大罪恶的，都对历史的前进起过极大的阻挠

---

① 《苏联共产党（布）历史简明教程》，人民出版社1954年版，第18页。
② 《毛泽东选集》，第3卷，人民出版社1953年版，第1031页。
③ 胡适：《问题与主义》。
④ 胡适：《南宋末年的军费》。
⑤ 据曾文经：《五四运动前后胡适的政治面目》，见《胡适思想批判》，第1辑，第37页。
⑥ 胡适：《为新生活运动进一言》，载《独立评论》，第95号。
⑦ 胡适：《努力》。
⑧ 胡适：《中国哲学史大纲》，第175页。
⑨ 海士、蒙合著：《近代世界史》，第602—603页。

作用，对社会生产和人民的生命财产给了极大程度的破坏和危害，是举世公认的人民公敌。胡适把这些败类说成为"社会政治的重心"，教人民去相信他们，把祖国、民族、自己的命运任由他们去摆布。这不只在历史学上完全是反科学的，而且是政治上的卖国主义的具体表现。

其次，胡适为中国的反动派及其美国主子的丑恶面目寻找遮羞布和向人们放毒素，便毫不掩饰地把历史上的是非、功过、好坏说成为同样是"不朽"的。胡适说："个人的一切功德罪恶，一切言语行事，无论大小好坏，一一都留下一些影响在那个'大我'之中，一一都与这永远不朽的'大我'一同永远不朽。""立德不朽，行恶也不朽；立功不朽，犯罪也不朽；'流芳百世'不朽，'遗臭万年'也不朽；功德盖世固是不朽的善因，吐一口痰也有不朽的恶因。""一切'小我'的事业，人格，一举一动，一言一笑，一个念头，一场功劳，一桩罪过，也都永远不朽。"①

在《科学与人生观序》中，胡适又把臭名昭著的吴稚晖的"黑漆一团的人生观"和"人欲横流的人生观"，作了臭味相投的"总括"和"补充"。这样，把历史上一切是非、功过、忠奸、爱国与卖国、革命与反革命、正义与罪恶等等，都混淆起来，等同起来。他不只想以之去蒙蔽人的原则立场，以及对历史人物评价真理的准则，更恶毒的，在于想麻痹人们不要为真理、为革命、为正义事业而斗争，在于想诱惑人们敢于寡廉鲜耻、为非作恶、见利忘义，敢于颠倒是非、混淆黑白，敢于去从事卖国、反革命等等污浊下流的罪恶勾当。

胡适这种令人发呕的肮脏思想，也是从美国资产阶级那里贩运来的。杜威说过："平常的行为，本没有道德和不道德的区别"②。海士、蒙也说过："我们是所有时代的继承人……每代的人对于这笔遗产都有善恶两方面的贡献。"③

历史上的是非功过等等，是以各个历史时代共同的客观规律和各别历史时代特殊的客观规律为最高原则的，在此基础上又有体现人类实际生活中各个侧面的各种原则；但小的、次要的、从属的原则，必须服从大的、主要的、最高的原则。历史创造者的千百万人民群众的集体斗争、千百万次的创造性的实践

---

① 胡适：《不朽》。
② 胡适：《实验主义》。
③ 海士、蒙合著：《上古世界史》，《导言》。

活动，就是客观规律的作用的体现。历史人物的活动能符合于社会发展的客观规律，就能对社会前进起促进作用，也就必然符合于群众的利益和要求；否则就会对社会前进起阻挠作用，也就必然违反群众的利益和要求。因此，马克思主义者对历史人物的评价是完全有原则的，能够而且必须做到是非分明、功过不掩、分寸恰当。资产阶级史学对历史人物的评论，是无原则的，资产阶级历史家常任意颠倒是非、混淆黑白，特别是故意抹煞人民群众集体的伟大的创造作用，而又横加诬蔑；夸大统治者和个别杰出人物的作用，并每每为统治阶级粉饰，即所谓"隐恶扬善"，其实还每每以"恶"为"善"或毫无根据的颂扬……

因此，胡适的"社会的不朽论"，是毫无历史根据的，彻头彻尾反科学反革命的，对群众极端有害的。

四

胡适所贩卖的"世界主义"是反爱国主义的。在各个历史时代，凡是为着人民群众的集体的利益而斗争的爱国主义，都是进步的。与国际主义统一的无产阶级的爱国主义，又与狭隘爱国主义有本质的区别。反爱国主义或世界主义是保守、反动阶级的思想。——虽然，保守反动阶级为着其对外扩张或侵略等勾当，也常假借爱国主义的牌子去蛊惑群众。这两者间的斗争，是政治斗争的一种具体表现。阐扬和宣传爱国主义，是历史科学的重要任务；在历史研究领域中散布反爱国主义或世界主义思想，是反科学的，在政治上是反动的。

胡适在《易卜生主义》等文中，公开宣传了反爱国主义的"世界主义"，并宣称自己"是世界主义者"。配合胡适的宣传，杜威在中国也散布了世界主义的毒素。他说："民族国家观念""害处反而更大"，"超国家的势力""把世界联合起来"，把"政治"也和"商业、宗教精神"一样"联合成为超国家的势力"[1]。杜威是从帝国主义立场来解除中国人民反帝反封建的思想武装；

---

[1] 见《北大季刊》，1919 年 10 月 16 日。

胡适从帝国主义奴才立场出发，便公开宣传卖国。

从鸦片战争到人民大革命胜利前，中国人民所进行的反帝反封建的民族民主革命，是爱国主义的最高最集中的表现形式。因此，对待帝国主义和封建主义的态度，乃是近代和现代中国各阶级、阶层的政治试金石。胡适在这个问题上是一贯与中国人民采取敌对立场的。他说近代中国的社会"是一个扰攘纷乱的时期"，而"病根"则"并不是军阀恶官僚"①。中国社会的"五大仇敌"或"五鬼"，是"贫穷、疾病、愚昧、贪污、扰乱"②。其实，所谓"扰攘纷乱"或"五鬼"以至所谓"三害"等等，正是帝国主义支配下的中国社会矛盾反映的一些现象，而不是其本质；"军阀恶官僚"正是帝国主义培养的封建买办势力的代表。"五鬼"等现象的形成，马克思早已指出："千百只英国和美国的轮船开到中国去，而在很快的时期内，中国市场上就被充满了英国和美国的便宜的机器制造品。以手工劳动为基础的中国工业，竞争不过机器工业。于是稳固的中国就遇到了社会危机。赋税不复源源而来，国家濒于破产，大批民众变为赤贫。"③ 这还是资本主义没进到帝国主义时代对中国侵略所产生的情况。在"甲午战争"后，特别自八国联军进攻以后，中国所遭遇的情况就加倍地严重了。因此，帝国主义及其所扶植的封建势力，才是阻碍中国社会前进的凶恶敌人，是革命的对象。毛泽东同志在早年的著作《井岗山的斗争》中写道："中国彻底的民权主义革命的纲领，包括对外推翻帝国主义，求得彻底的民族解放；对内肃清买办阶级的在城市的势力，完成土地革命，消灭乡村的封建关系，推翻军阀政府。必定要经过这样的民权主义革命，方能造成过渡到社会主义的真正基础。"④ 这就是中国问题的实质所在，这就是中国革命的胜利道路，而今并已为中国人民革命实践的全部过程所证明了。

恰和中国人民相反，胡适硬说："五大仇敌之中，资本主义，封建势力，帝国主义都不在内。"⑤ 并与海士、蒙⑥一样，断论近代中国已没有封建制

---

① 胡适：《我的歧路》。
② 胡适：《我们走那条路》。
③ 《马克思恩格斯论中国》，人民出版社1953年版，第212—213页。
④ 《毛泽东选集》，第一卷，人民出版社1952年版，第79—80页。
⑤ 胡适：《我们走那条路》。
⑥ 海士、蒙合著：《上古世界史》，第333页。

度①，它"早已在二千年前崩坏了"，帝国主义则"不能侵害五鬼不入之国"②，"中国已经没有很大的国际侵略的危险"③，"尽说帝国主义者害了我们，那是我们自欺欺人之谈"。胡适可以不懂得什么是"封建制度"，但其时"军阀恶官僚"及农村土劣的统治，却不应闭着眼睛不看见。帝国主义在中国占有租界、发行纸币、总税务司是外人、"海关邮政权在外人手里"……如此等等，胡适说那都不算是帝国主义的侵略，反而"是中国的幸事"。由美国发起的组织新银行团，是由于美国原来没能在中国占有势力范围，希图以这种国际财团的组织形式，自己为首来支配中国，胡适却说："美国资产阶级对中国未必全怀恶意"④。帝国主义支持各派军阀打内战，是举世皆知的，胡适却说："外国投资者希望中国和平与统一，实在不下于中国人民的希望和平与统一。"⑤ 还要挺身作证，说自己知道英美各国确没有支持军阀打内战，他甚至全不爱脸，还要声明自己"并不想替外国的'资本帝国主义者'作辩护"。不是帝国主义的奴才和反革命派，是谁也不肯这样忍心害理和颠倒黑白的。

依照胡适，近代中国既然没有帝国主义侵略和封建势力存在，则反帝反封建的民族民主革命就完全没有根据。胡适的真实意图：正在于反对和取消这个革命，去适合帝国主义的利益和要求；教人民不要仇视帝国主义和封建势力，只去埋怨祖宗和自己："我们祖宗的罪孽深重，我们自己的罪孽深重。"⑥ "我们今日所受的痛苦和耻辱，都是过去种种恶因种下的恶果。"⑦ 这又是胡适对优秀的中国人民和其伟大祖先的无耻污蔑。

胡适对伟大中国和中国人民的污蔑，亦即其反爱国主义的又一表现，是其对中国历史传统的抹煞和曲解。帝国主义对殖民地人民的统治，如过去英国帝国主义在印度和缅甸、荷兰帝国主义在印度尼西亚、法国帝国主义在越南、日本帝国主义在朝鲜、美国帝国主义在菲律宾……都是尽情抹煞和歪曲他们民族和国家的历史，使他们忘去自己祖国和文化、埋怨自己的祖先和民族，麻痹其

---

① 胡适：《今日思想界的一大弊病》。
② 胡适：《我们走那条路》。
③ 胡适：《国际的中国》。
④ 胡适：《国际的中国》。
⑤ 同上。
⑥ 胡适：《三论信心与反省》。
⑦ 据李达：《胡适反动思想批判》，第45页引。

斗争意志，打击其斗争信心，培养其民族自卑感和奴才思想，作为其文教侵略政策的重要内容。胡适在这里，正是执行了帝国主义毒害中国人民的文教侵略政策。首先，胡适重复了东方应受西方支配的滥调，说："知足的东方人自安于简陋的生活，故不求物质享受的提高；自安于愚昧，自安于'不识不知'，故不注意真理的发见与技艺器械的发明；自安于现成的环境与命运，故不想征服自然，只求乐天安命，不想改革制度；只图安分守己，不想革命，只作顺民"，而最后总结为一句："是懒惰不长进的民族的文明。"①

近代和现代东方在帝国主义穷凶极恶的侵略和支配下，歪曲了历史的发展过程，也有了以封建、买办阶级等上层阶级所代表的腐朽的一面。但东方各国家和民族的人民对帝国主义和民族内部的敌人，进行了持续不懈的英勇斗争，而今并有了中国人民的伟大胜利和其他一些国家的人民的胜利或国家的独立；他们过去对人类文化也都是有着伟大的创造和贡献的，尤其是地大、物博、人众和历史悠久的中国、印度等国家。其中关于优秀的中国人民，伟大列宁早就说过："不仅善于悲叹自己成百年的奴隶地位，不仅善于梦想自由和平等，而且还善于同中国成百年的压迫者作斗争。"②（重点是原有的）毛泽东同志也说过："中华民族不但以刻苦耐劳著称于世，同时又是酷爱自由、富于革命传统的民族。"③ 因此，我们的民族是伟大的优秀的民族；胡适所谓"懒惰不长进的民族"，或"一分像人九分像鬼的……民族"④，乃是帝国主义奴才对伟大人民的无耻污蔑。

海士、胡适之流，对中国历史的歪曲，也到了令人气愤的程度的。海士和蒙说："在小亚细亚的赫泰族已能冶铁供给邻国后几百年，中国才知道有铁……雕刻石像的艺术在埃及已发生了好几千年之后，才传到印度，从印度……再跟着佛教的传播而到中国……古时，科学的、哲学的和宗教的思想从地中海越过山岭和沙漠的疆界，而达到远东流域。"⑤ 并谓帝国主义侵略亚洲、

---

① 胡适：《我对于西洋近代文明的态度》。
②《列宁斯大林论中国》人民出版社 1953 年版，第 25 页。
③《毛泽东选集》，第 2 卷，人民出版社 1952 年版，第 617 页。
④ 胡适：《介绍我自己的思想》。
⑤ 海士、蒙合著：《上古世界史》，第 329—330 页。

"瓜分"非洲以及"列强图谋瓜分中国"等等，是"白种人的责任"，是传播文化①。胡适说："我们的固有文化实在是很贫乏的，谈不到'太丰富'的梦话。""我们的周秦时代当然可以和希腊罗马相提并论，然而我们如果平心研究希腊罗马的文学、雕刻、科学、政治，单是这四项就不能不使我们感觉我们文化的贫乏了……我们试想想'几何原理'的作者欧几里得正和孟子先后同时，在那么早的时代……我们在科学上早已太落后了！从此以后，我们所有的，欧洲也都有；我们没有的，人家所独有的，人家都比我们强。"②

　　胡适和海士、蒙完全没有不同的地方，只是他还作过不要脸的声明，说自己"是研究历史的人，也是个有血气的中国人"，"也时常想寻出我们这个民族的固有文化的优长之处"③。

　　早在希腊、罗马前的中国殷周时代的文化创造，连小学生也知道的，而且是由出土文物和可靠文献证实了的。胡适为要贬低中国文化，仅以简单武断的"怀疑"，就把"东周以前的中国古史"根本抹掉，对"邃古的哲学"就认为"更难凭信"④。从而对那早于古代希腊德谟克里特 700 年左右的朴素辩证唯物论的八卦哲学，也就被否认了；《易经》也就被斥为"一部卜筮之书，全无哲学史料可说"⑤。（桑戴克在《世界文化史》中，也说《易经》纯为"专论""吉凶先兆"之书⑥。）那些表现伟大艺术创作的铜雕、骨雕、石雕……殷周的天文历数学等等，胡适难道全无所知？大部分产生于西周的《诗经》和成于战国的伟大作品《楚辞》，胡适难道没看见？是的，他是否认伟大诗人屈原的存在的。与欧几里得"先后同时"的都江堰工程设计者李冰父子，胡适难道完全不知道？罗盘针、造纸术、印刷术、火药制造术等等重大发明，以及对人类文化的多种方面的巨大贡献，胡适竟闭着眼睛全没看见！中国人对历史研究和著作传统的丰富，是举世公认的；有一些唯物论观点的史家也是不少的，最著的如司马迁、王船山，早如《商君书》、《吕氏春秋》等书也都具有一些这样的观点。胡适为要贬低中国史学传统，却装作赞成"客观的历史"的假面

---

① 海士，蒙合著：《近代世界史》，第 433、449 页。
② 胡适：《信心与反省》。
③ 胡适：《三论信心与反省》。
④ 胡适：《中国哲学史大纲》，第 23 页。
⑤ 胡适：《中国哲学史大纲》，第 24 页。
⑥ 桑戴克：《世界文化史》，第 274 页。

孔，说"中国只有主观的历史，没有客观的历史。"① 至于中国对冶铁的发明，在西周或在以后，是一个尚在讨论中的问题；春秋初期已知道"鼓铁"是无可怀疑的，中国的冶铁术并非自外输入也是可以肯定的。自然，我们并不以祖国文化开化早、传统优良、丰富而自满；我们对世界其他民族于人类有贡献的文化创造都是尊重的，都把它看作人类宝贵的遗产。人类都是优秀的。

胡适把中国历史抹掉一长段，把中国人民在历史上的伟大创造和贡献，都看作乌有，以迎合西方优越论的反动观点，或符合所谓"中国民族不如西洋民族"② 的谬论（重点是胡适加的）；然后他叫嚷：中国"不但物质机械上不如人"，"并且……道德……知识……音乐……艺术"都"不如人"，"百事不如人"。然后他又大喊：中国"只有一条生路"③，那就是要自己"知耻"，要到帝国主义面前去"反省"和"认错"④；完全去掉民族固有的自信心和自豪感，"发宏愿学人家"⑤，跟人家走，实际就是学美国帝国主义，跟美国帝国主义走——胡适认为"美国在世界上占的地位，也是给我们作一面镜子用的"⑥。为着想使人相信其卖国主张，胡适并说："我们民族最伟大的时代，正是我们处处模仿四邻的时代"，"从汉到唐宋"都是如此。这同样是既不符合历史情况也为中国人民所反对的邪说谬论。

在人类史上，各民族文化的交流，是符合人类社会发展的要求的。我们在汉、唐、宋各朝代，不只增强了国内各部族、部落人民间的经济和文化联系，并扩大了与四邻各部族、部落间的文化交流和贸易往来。但其时，尤其在汉、唐，中国的经济和文化是世界最先进的，不只对四邻，并对全世界历史是起了巨大的推进作用的。胡适所谓"从汉到唐宋""正是我们处处模仿四邻的时代"的说法，完全是捏造。

与其竭力污蔑伟大中国人民、歪曲和抹煞辉煌的中国历史遗产相反，胡适对帝国主义美国的颂扬，却到了令人作呕的程度，甚至完全不顾事实或颠倒黑白。他极力在中国人民面前掩盖美国帝国主义的狰狞面目，灌输亲美崇美思

---

① 胡适：《中国哲学史大纲》，第105页。
② 胡适：《四十自述》。
③ 胡适：《介绍我自己的思想》。
④ 胡适：《再论信心与反省》。
⑤ 胡适：《介绍我自己的思想》。
⑥ 胡适：《请大家来照照镜子》。

想，他不只说"美国资产阶级"对中国"未必全怀恶意"，而且把他们说成为对中国满怀好意似的。胡适的老师杜威，是极反动的美国资产阶级哲学家；胡适甚至说他"真爱中国，真爱中国人……"，是"中国人"的"良师好友"①。美兵强奸北京大学女生沈崇的兽行，曾激起全中国人民的极大愤慨，世界舆论的正义谴责；胡适却说"纯属法律问题"，竭力为之辩护。惟利是图，毫无信义，乃是美国资产阶级市侩主义的特点之一；胡适反而把它说成为"宁愿吃亏而不愿失信"，"最可尊崇"。

胡适想在中国人民中，制造对所谓"美国文明"的幻想，竟捏造了一系列无知的谰言。他说："资本主义还不止五百七十种"，美国资本主义是其中最好的一种；"美国近年的变化却是资本集中而所有权分散在民众。一个公司可以有一万万的资本，而股票可由雇员与工人购买，故一万万元的资本就不妨有一万万人的股东……人人都可以作有产阶级，故阶级战争的煽动不能发生效力"；"美国是不会有社会革命的，因为美国天天在社会革命之中"②。资本主义是什么东西，马克思的《资本论》、列宁的《帝国主义是资本主义的最后阶段》等经典著作，早作了系统的科学的解剖和揭发。它是代替封建制度而支配一个历史阶段的社会制度，又是要被社会主义制度所代替而必然死亡的一种制度。它本身并没有什么"种"或好坏的分别。"可由雇员与工人购买"股票"的"股东制"与所谓"分红制"一样，乃是资本家玩弄的花样，它不只包含着加倍残酷的剥削内容，而且包含了极大程度的欺骗性。美国是否"会有社会革命"？关于这个问题，列宁早已指出：帝国主义是垂死的资本主义，它的私有经济关系和私有权关系，"显然已变成一种不合于内容的外壳"，"它终究还是必然会被消除掉的。"③ 毛泽东同志也说过："在阶级社会中，革命和革命战争是不可避免的，舍此不能完成社会发展的飞跃，不能推翻反动的统治阶级，而使人民获得政权。"④ 美国工人以至一般贫民的生活，胡适自己在《美国的妇人》中所述"贫民区域居留地"方面，也多少反映出一些人间地狱的情景。翻阅一下近数十年美国工人的失业数字、工资指数、物价指数，就可

① 胡适：《杜威先生与中国》。
② 胡适：《漫游的感想》。
③《列宁文选》，两卷集，第1卷，人民出版社1953年版，第1031页。
④《毛泽东选集》，第1卷，人民出版社1952年版，第322页。

以看出美国工人阶级的生活，是随着资本主义周期性的经济恐慌而步步恶化的；在目前美国国民经济军事化的情况下，美国工人失业问题更趋严重，实际工资与生活品价格的差额日益扩大，显示了无产阶级生活的困苦程度以及阶级间矛盾的深刻程度。因此，所谓"美国天天在社会革命之中"的神话，是不攻自破的。

"九一八"事变后，全中国人民一致响应中国共产党的号召，要求抵抗日本帝国主义的侵略。胡适却与蒋介石一样，坚持妥协、投降的卖国主张，反对抵抗。日寇单独侵略中国，对美英各帝国主义的利益也是矛盾的；但它们又幻想日寇充当所谓"东方宪兵"，来进攻苏联，进攻其时中国工农红军。美国帝国主义的这种立场，便表现为斯汀生主义，也反映为胡适的主张。因此，"九一八"事变发生后，胡适便公开发表文章："我不能昧着良心出来主张作战"；对蒋贼出卖华北的"何梅协定"，胡适主张"沉默的忍受"；伪"满洲国"成立，胡适在"全国震惊以后"，主张要"能弱"；日寇提出所谓"广田三原则"后，胡适主张承认"满洲国"作为"调整中日关系的先决条件"①。当中国人民在中国共产党领导下奋起抗战以后，美国政府仍采取牺牲中国抗战换取对日妥协的方针；直至珍珠港事变前夜，美国不只继续以大量战略物资输往日本，而且仍然在华盛顿与日寇特使进行谈判。因此，胡适在卢沟桥事变后仍旧反对抗战，在抗战开始后，又拼命迎接日寇的诱降。这就是作为美国帝国主义奴才的胡适的本来面目，也就是胡适的"世界主义"，实质上即是卖国主义的一贯具体表现。

（原载《科学通报》1955 年 5 月号）

---

① 胡适：《独立评论一周年》。

中国民族关系发展的历史特点

中国共产党的民族政策是依据中国具体情况和马克思列宁主义解决民族问题的基本原理制定的，即依据马克思列宁主义和中国实际相结合的毛泽东思想制定的。党的民族政策的实行，使我国各民族的面貌及相互关系发生了根本的变化。至今除个别民族外，绝大多数的民族，继民主改革之后，都已经实行了生产资料所有制的社会主义改造，在社会主义的大道上迈进，这充分说明了党的民族政策是伟大和正确的，它是处理我国民族问题的不可战胜的武器。

党的民族政策完全符合我国民族关系发展的历史实际，但是右派分子以及地方民族主义者和大民族主义者却故意歪曲我国民族关系发展的历史实际，来反对党的民族政策，企图破坏民族团结和分裂祖国统一。因此，阐述我国民族关系的历史发展，在当前政治战线和思想战线的社会主义革命斗争中具有重大的意义。

我国民族关系的发展，是经历了很长的历史过程的，通过各个历史时期的各种具体条件，表现了以下的一些主要特点。

我国从商周以来，就是个多民族国家，"成汤革命"和"武王革命"都有其他部族、部落参加。如参加"成汤革命"的有所谓"万邦"或"万方"等，参加"武王革命"的有所谓"友邦"、"万姓"、"八百诸侯"及"庸、蜀、羌、髳、微、卢、彭、濮人"等；革命胜利后，他们都成了新的国家内所谓"服"或"卫服"、"荒服"……的组成部分。今日我国各兄弟民族，有的从商、周以来，大多从秦、汉以来，个别从唐朝以来，就开始了在一个国家之内生活的过程。

　　我国各民族在长期历史过程中，形成了一种大杂居的情况。这具体表现在今日各民族住区的插花式的交错和人口的杂处。各民族居住的地域很难严格划分，只能作出相对意义的划分。这种大杂居情况，是经过数千年间人口的迁移、调动而逐渐形成的。人口的迁移、调动，是由于某些朝代的交替而引起人口的交叉式的迁移，如伴随蒙古人南下而来的又有汉人的北上，伴随满人入关而来的又有汉人的出关；各个王朝又征调了大量劳动人民到各地服役、屯田、驻防、戍边和作战，同时汉族统治阶级各集团又常诱致其他部族、部落入居"塞内"，作为政争的工具，这都不断引起各族人口的相互迁移、杂处以至融合或同化。各族劳动人民，尤其是汉族劳动人民，为着追求耕地和谋生，为着反抗阶级压迫和民族压迫，常成群结队地间关犯难，向其他部族、部落或边疆迁移。移到别一民族地区的人民，都带去了自己原有的生产技术、生产经验和文化等等。特别是具有较先进的生产技术、生产经验和文化等等的汉人，曾和当地住民在一起，披荆斩棘，开辟出美丽的山河，创建了家园，促进了当地生产和文化的发展。各个朝代的史籍和地方志，都不少这类记载；全国各地所留存的历史上的遗物遗迹，特别是在各民族地方多有历史上的汉族文化遗物和汉人遗迹，这些都是各族人民祖先的创造性劳动和相互关系的具体记录。各部族、部落长期生存在一个国家之内，由于大杂居和住区变换等情况，又不断引起血统的交流和人口的相互融合或同化，更密切了各族人民间经济、文化上的联系和相互合作。

　　在长期的历史过程中，各民族人民在经济和文化上，形成了日益密切的不可分割的联系。其中汉族的经济和文化，在整个中世纪时期，都是当时人类最先进的经济和文化，对全人类、特别是对国内其他部族和部落，发生了重大的影响，对它们的发展起了推动和帮助的作用。这主要表现为经济和文化的交流：不只经由实物和传授，更重要的还由于人口的迁移所引起的媒介、纽带作用和长远影响，成了彼此经济和文化发展的重要因素。又表现为生产品的相互需求：在全部中世纪长时期中，都是通过民间交换或"互市""贡纳"和"赏赐"，乃至武装掠取的"征""伐"或"入侵"等形式来实现。从汉族地区输给其他部族、部落的，主要都是铜铁类金属器具、纺织品、茶盐等生产与生活资料的必需品；从其他部族、部落输给汉族地区的，有马匹、皮毛、药材以及所谓珍禽异兽、奇花异木、玉石香料等。由于汉族地区输给其他部族、部落的东西具有极大的重要性，成了他们生产和生活上不可缺少的东西，成了群众性的需要，所以其上层人物常以保持对封建王朝的隶属关系，作为维持经济联系的纽带，这是符合群众的切身利益和要求的。如初唐时的突厥族各部，为保持和畅通这种联系，而建成了一条所谓"朝天可汗道"；五代时，女真（满族前身）、回鹘（维吾尔族前身）、吐蕃（藏族前身）等族由于他们和"中朝"的交通被隔断，都不惜越海、跋山、间关、绕道以取得其对五代朝廷的联系，而又以取得五代朝廷的册封和诰命为对其境内行使权力的依据，这都是以维系这种经济上的联系为基础的。到近代，全国各兄弟民族间的经济，便都通过国内一系列的大小市场而密切联系起来。到今天，由城市到乡村，由中央区域到边疆，都贯穿在一个社会主义经济的体系内；没有党的领导、祖国的统一、民族的团结，没有社会主义经济，没有国家的统筹兼顾和中央区域本身的发展与支援、先进对落后的支援各民族地方所已经获得和将要进行的经济、文化建设，以及人民生活上的改善等等，都是不可想像的。

在我国历史的长期过程中，若干部族的统治阶级都以自己为主体在祖国的领土上建立过全国性或局部性的政权；它的统治阶级和被统治阶级的构成，都是包括其境内各族的成份在内的，其基础并非部族而是阶级，其所实行的民族压迫也是以阶级压迫为基础的。这不只是以汉族的奴主、贵族或地主阶级为主体的商、周、秦、汉、晋、隋、唐、宋、明等王朝如此；以满族贵族为主体的北魏、北周、金、清等王朝，契丹贵族为主体的辽朝，蒙古贵族为主体的元朝也都是如此；乃至那些局部性的政权，如以吐蕃贵族为主体的西夏，彝族或白族贵族为主体的南诏和大理等等，也莫不是如此。北魏、辽、金、元、清及南诏等在进行社会改革和建立政权的过程中，都曾有其他民族成员，尤其是汉人参加，所以在《魏书》、《辽史》、《金史》、《元史》、《清史稿》及其他有关史籍中，所列开国人物，都有不少人出身于汉族及其他民族；在其国家存在的年月，写入在《列传》中的人物的部族成份，情况也是这样，这也就是所谓"蕃汉臣寮'或"满汉文武官员"……的具体内容。另一方面，在各个朝代或那些小朝廷境内各族人民所进行的反民族压迫或阶级压迫的斗争，特别是人民大革命胜利前多年间的反帝反封建斗争，无不是相互联系、共同进行的。在某些时代，以不同部族为主体的两个以上政权的同时存在，一般都和异国的并存不同，而是一国在一定时期内的分裂，本质上类似于"三国"的局面。像北魏在独立以前是魏晋的属领；辽在独立以前是唐的属领；金在独立以前是辽的属领，其先世也是中国中央王朝的属领。所以像北魏、北周、北齐与宋，齐、梁、陈、辽、金与两宋那样对立的形势，他们自己都只是互认为"南朝"和"北朝"，同时彼此也没有固定的疆界，而又自认为只是"封疆"，也没有作为两个以上国家长期存在下去。

在历史上，各部族的统治集团间，即作为敌对政权间所进行的战争，一般说来，都是国内性的，而不带有侵略或反侵略的性质。但在进行战争的敌对方面，却有进步性或带进步性的方面和反动性或带反动性的方面、正义性或带正义性的方面和非正义性或带非正义性的方面的区别。如果双方都只是为的统治集团间的争权夺利，便都是违反人民群众的利益和要求的，阻碍历史前进的，因而就都是非正义的，至多只有程度上的区别。唐蕃对吐谷浑和十姓部落的争夺，便属于这种情况。在与此不同的情况下，在符合或在一定程度和一定方面符合人民群众的利益和要求，因而也便能对历史前进起促进作用，便属于正义或带正义性的一面，便能受到当时人民群众的同情和支持；反之，便属于非正义或带非正义性的一面，便不能不受到当时人民群众的反对。如宋辽、宋金间的战争，便属于这种情况。在这种情况下，正义或带有正义性的方面，便每每能与人民群众的反压迫斗争合流。另方面，被压迫被统治部族和部落的人民群众为反对压迫与压迫者、统治者间所进行的战争，前者是正义的、进步的，后者是非正义的、反动的。这种情况的战争在中国历史上是很多的。在各民族或部族部落一同反对外来的侵略和压迫的战争，为保卫祖国和人民利益的战争，都是正义的、进步的。中国各族人民反对倭寇的战争、鸦片战争以后百多年间各民族人民反帝反封建的战争，都是属于这种情况的战争。

因此，在我国历史上，除去早期的个别情况外，各部族、部落或民族间的关系，基本上都是国内性质的，某些敌对政权彼此间的矛盾乃至战争，一般说来，也都是国内性质的。存在于彼此间的矛盾，是多种多样的，有敌对性矛盾，也有非敌对性矛盾。敌对性矛盾常常具体表现为民族压迫和反压迫乃至战争等形式；这都是阶级矛盾、阶级斗争、阶级压迫的延长；而民族压迫都是从剥削阶级的基础上产生的，并每每形成民族压迫政策，借国家权力去推行。非敌对性的矛盾，除非其本身的性质转化是不会引起破裂的，但在历史上往往为剥削阶级所利用。今天在共产党的领导下，在社会主义制度下，人民内部的矛盾，完全可以通过批评和自我批评等方式求得解决。敌对性矛盾的存在，是和剥削阶级的存在相始终的。在剥削阶级已被推翻的社会主义社会，是没有民族压迫和被压迫的社会根据的。民族问题上的右派分子要想破坏民族团结，分裂祖国统一，乃故意歪曲历史，歪曲现实。我国民族关系发展的历史实际，恰恰证明右派分子的分裂活动完全违反我国民族关系的历史发展趋向，违背各民族人民的根本利益。

（原载《民族团结》1958 年第 4 期）

关于历史上的民族融合问题

一

　　解放以来，尤其是社会主义大跃进以来，在马克思列宁主义、毛泽东思想和党的民族政策的光辉照耀下，我国的民族关系已有了本质的变化，已由殖民地半殖民地半封建社会的民族关系的性质，转变为社会主义民族范畴的性质。各兄弟民族一面大都走上了发展、繁荣的广阔道路，只有兄弟的高山族尚待解放、西藏尚未进行改革和改造（按：西藏自1959年3月西藏上层反动统治集团，在帝国主义和外国反动派勾结下揭起叛乱和叛乱平息以后，西藏人民已轰轰烈烈地进行了民主改革运动，确立了走社会主义道路的基础），其潜力都将充分发挥出来，经济、文化都已经和将要获得更加迅速的发展和繁荣；一面作为民族存在的某些特征性的差别，一般都可能存留到共产主义社会的高级阶段，另一些差别性则正在逐渐减少或消失，共同性在逐渐形成、增长和发展。这是符合共产主义的目的和要求的。

　　到共产主义社会的高级阶段，民族将同国家、政党一样，趋于消亡，全人类将融为一体。列宁在《社会主义革命和民族自决权提纲》中说道："社会主义的目的不只是要消灭人类分为许多小国家的现象和各民族间的任何隔离状态，不只是要使各民族互相亲近，而且要使各民族融为一体。"[1] 在这里，列

---

[1]《列宁全集》，第22卷，人民出版社1958年版，第140页。

宁不只揭示了社会主义即共产主义的长远目的和利益，而又揭发了民族关系的自然历史过程的辩证法。在一切民族融为一体以前，斯大林在《民族问题和列宁主义》中写道："可能是这样：最先形成的将不是一个一切民族共同的、具有一种共同语言的世界经济中心，而是几个各自包括一批民族的、具有这一批民族的共同语言的区域经济中心。"① 这种"区域"的"中心"，可能将以多民族国家或其他过程为基础而形成起来。

但这不是说，在进入无产阶级专政和社会主义社会后，"一批民族"就将在短期内融为一体，而是必须经过各民族的完全解放。列宁又说过："正如人类只有经过被压迫阶级专政的过渡时期才能达到阶级的消灭一样，人类只有经过被压迫民族完全解放的过渡时期……才能达到各民族的必然融合。"② 斯大林在《联共（布）中央委员会向第十六次代表大会的政治报告》中，依据列宁的论旨说道："我们主张各民族的文化在将来融合成一种有共同语言的共同……文化，而同时又主张在目前即在无产阶级专政时期要繁荣民族文化……应该让各民族的文化发展和繁荣起来，发挥出自己的全部潜力，以便为社会主义在全世界胜利时期各民族的文化融合成一种有共同语言的共同文化创造条件。"③ 因此，关于各民族间的差别性的东西，不论表现在语言、文化、生活方式、风俗习惯等方面，或其中几个方面或其重要的一个方面还在实际生活中发生作用，就不容忽视那种差别的存在，必须依据马克思主义去处理。但这不是说，在社会主义社会以前的历史时代，就没有民族间的融合或共同性的形成、增长等情况存在。而这也正是社会的自然历史过程的反映，人类以往全部历史的实际情况确证了这种部分的、各别的现象和过程的存在。列宁在论民族问题的著作中，不只肯定这种情况，而且认为是符合历史发展的要求的，如在《需要实行义务国语吗？》的文章中说道："我们不赞成的只有一点，那就是强制的成份。我们不赞成用棍子把人赶上天堂……我们认为，伟大而雄壮的俄罗斯语言不需要用棍子硬迫着某某人来学习。我们相信，俄国资本主义的发展，一般说来，社会生活的整个进程，正在使各民族相互接近。几十万人从俄国的

---

① 《斯大林全集》，第 11 卷，人民出版社 1955 年版，第 300 页。
② 《列宁全集》，第 22 卷，人民出版社 1958 年版，第 141 页。
③ 《斯大林全集》，第 12 卷，人民出版社 1955 年版，第 320 页。

这个角落跑到那个角落，居民的民族成份混杂起来了，民族隔阂和民族落后状况一定会逐渐消失。由于自己的生活条件和工作条件而需要知道俄罗斯语言的人，不用棍子逼迫也会学会俄罗斯语言的。而强迫（棍子）只会引起一种后果：使伟大而雄壮的俄罗斯语言难以传入其他民族集团，更主要的还在于会加深敌对情绪，造成无数新的摩擦，增加不和和隔膜等等。"① 在《关于民族问题的批评意见》一文中说道："谁没有陷入民族主义偏见的泥坑，谁就不能不看到资本主义同化民族的这一过程包含着极大的历史进步作用。""南部的即乌克兰的更为迅速的经济发展过程的完全确定已经有几十年了，乌克兰把大俄罗斯几万几十万农民和工人吸引到资本主义农庄、吸引到矿山和城市中去了。在这方面，大俄罗斯的无产阶级和乌克兰的无产阶级'同化'的事实是毫无疑问的。而这一事实无疑是进步的。"② 列宁在这里，虽然都是从俄国资本主义时代的情况来说的，原则上完全可以适用于像中国这样国家在历史上的民族关系的情况分析。不只如此，列宁还多次提到，一个国家内的工人在统一的无产阶级组织，如政治组织、工人组织、合作社组织、教育组织等等组织内"融合起来"，"坚持使他们融合起来"，为"一切民族在高度的社会主义团结中融合起来"准备条件③；无产阶级所反对的，只是"一切民族压迫和一切民族特权"、"同化概念中"的"各种暴行和各种不平等"④ 或强制同化，也就是说，无产阶级反对一切反人民反革命的同化政策，而赞成自然融合或所谓"同化"，所以说，"只要它不是借助于暴力或特权进行的"，"无产阶级……欢迎民族的任何同化"；"无产阶级不能赞同任何巩固民族主义的做法，相反地，它赞同一切帮助消除民族差别、打破民族壁垒的东西，赞同一切促使各民族之间的联系日益紧密和促使各民族溶合的东西。"⑤ 有些人死啃着斯大林在《马克思主义与语言学问题》中关于语言融合的公式的一个片面，便认为在社会主义在全世界胜利以前的时代的语言融合，都是一些语言的被同化和另一些语言的胜利，只能是战胜了的语言和被战胜了的语言，等等。这在实际上，并没有

---

① 《列宁全集》，第20卷，人民出版社1958年版，第58—59页。

② 同上书，第12—14页。

③ 《列宁全集》，第19卷，人民出版社1959年版，第426、553页。

④ 参阅《列宁全集》，第20卷，《关于民族问题的批评意见》。

⑤ 《列宁全集》，第20卷，人民出版社1958年版，第18、19页。

懂得"斯大林的公式"的全部精神实质。只要是人民彼此间在平等的、不是借助于暴力和特权，而是在合作方式下互相丰富起来的，彼此在经济、政治和文化方面的长期合作下形成的共同语言——或多或少地吸收了彼此原有语言的成份，就根本谈不到一些语言的被压迫和失败与另一些语言的胜利。

原始公社制时代部落间的融合，是不能和社会主义时代民族间的融合相比拟的；但都是以相互平等为基础的，其间没有阶级压迫、剥削制度的存在，没有民族压迫制度的社会根据，也就没有强制同化的社会根据。在阶级社会时代，阶级压迫是产生民族不平等和民族压迫制度的基础，并每每表现为强制同化政策。在各民族劳动人民相互间，是不存在剥削被剥削和压迫被压迫的社会根据的，反映到他们身上的民族间的不平等关系只是一种假象，他们相互间的关系本质上是平等的——这也正是他们能够结成良好的关系的基础。各民族、尤其是长期生活在一个国家内的各民族劳动人民间，在不可避免的相互接触、不断增强的经济、文化联系的纽带作用中，在共同进行的生产斗争和阶级斗争中，必然地互相影响互相传授、学习和吸收彼此的东西，逐渐引起差别性的削弱、减少以致消失，共同性的形成、增长和发展，表现为一种自然融合的趋势。这种融合是符合劳动人民的利益和历史发展的要求的，不只与强制同化有原则区别，而且正是其对立面。历史上一切剥削阶级处理民族关系的政策和措施，本质上都是为其阶级服务的，其中很有些是反动的，也有些是在客观上起过进步作用的——如李世民、朱元璋等所谓"一视同仁"的方针等等；奴隶主、封建主和资产阶级在革命时代的有关民族的政策和措施，大都有一定进步作用的。

二

我国自古以来就是个多民族的国家，秦汉以来就是个中央集权的统一国家——虽有三国、十六国、南北朝、五代十国、辽金的分裂局面，总的过程基本上是统一的。在这个统一的大国家内，历史的实际情况表明：（一）各地区各民族的社会发展极不平衡，直到人民解放战争胜利前，一面有先进的解放区，一面则存在殖民地半殖民地半封建性的过渡形态以及封建制、奴隶制、才有阶级制度萌芽的原始公社制诸形态。（二）各民族间形成相互交错的、插花的、分散的聚居、杂居和散居状态，其中汉族人口特别多，住区特别大，人口分布到了全国各民族地方，经济、政治、文化的发展自始便居于先进地位，表现和发挥了主体民族的主导作用。（三）各王朝的统治集团大多是由汉族统治阶级为主体组成的；只有当汉区生产衰退、阶级关系紧张、统治阶级内讧的时际，某些兄弟民族的统治或上层集团，才能起而联合汉族统治阶级内部的反对势力，以自己为主体建立起新的王朝或局部统治。（四）由于汉区地大、人众、生产较发达，在和平的年月，来自汉族农民的封建剥削所得，已能满足统治阶级肠胃消化力的需要而有余。因此王朝的朝廷便不渴望去对其他民族进行经济榨取，每每只在于贪新猎奇和特殊需要，从秦汉起，便常以先进的、大量的、具有较高、较多价值的绢、绸，布、帛、盐、茶、粮食、医药、金属工具和用具等等，通过"贡""赐"和"互市"等特殊形式，去换取各兄弟民族及国外的牲口、药材、皮毛、宝石、奇花异木、珍禽异兽及其他土特产等等。所以不论在那个朝代，各兄弟民族的上层总是要求朝廷允许增多"朝""贡"和"互市"的次数与人数。这和日益发展与扩大的民间贸易（通过"互市"与直接交易）相结合，便逐渐发展成为其他各族和汉族在经济上的不可分割性和相互依赖性。因此，除去某些朝代的统治集团的残暴、落后、反动，或由战争所造成的紧张情况外，民族间的关系一般都不是很紧张的。（五）正由于早就存在着这种聚居、杂居、散居的情况，便利于各族人民的相互迁移和往来，加之各朝都有大小规模的阶级战争以致各族内部各统治集团间、各族统治集团相互间的战争等原因，都不断迫使各族人民、尤其是常常在苛重负担下的汉族劳动人民，不只是个别，并每每成群结队，为谋生和反迫害等原因而逃亡、迁徙到他族地区或边疆，留住下来，此外因出征和行商前去的也不少。他们移去以后，便和当地兄弟民族的人民一道，开发生产、建立家园、组织和进行反压迫斗争。这种共同斗争，正是各民族劳动人民共同开辟祖国疆土、创造祖国历史和文化的一个方面，也正是促起各民族相互间的共同性的形成、增长或自然融合趋势的基本动力的一个方面。

这种历史情况，规定了以往我国民族关系发展的具体过程，也规定了解决我国民族问题的马克思主义道路。这种具体的历史过程，一面是各族劳动人民在平等基础上的相互关系的发展的历史，以不可分割的经济联系、文化交流为纽带，便利于较落后的兄弟民族，不断接受先进民族的先进生产方法的影响，促起社会前进，这同时反映了各民族间的自然融合的趋势，共同性的形成、增长以致融合的趋势，这是主流。一面是各王朝对各族人民实行阶级制度的统治的历史，它们对各族所采取的经济、政治、军事、文化等方面的政策和措施，都是为着巩固、维护统治和其狭隘的阶级利益出发的；它们为着维护或巩固统治，并每每采取各种各样的愚弄人民的手法，来制造民族间的隔阂和歧视，给民族关系造成恶劣的影响；总的说来，各王朝对各民族所采取的政策和措施，大都是阻碍和违反了自然融合的趋势、历史前进的趋势，但有的也促进了这种趋势。

由殷商到战国时期。在商朝奴隶主国家内，包括有人方、土方、周、羌、蜀等许多古代民族。在反奴隶主集团的斗争中，连同殷人在内，一面是以周人为中心的各族，即所谓"八百诸侯"和庸、蜀、羌、髳、微、卢、彭、濮人等，一面是各族劳动人民所构成的奴隶阶级的起义，如所谓"前徒倒戈"等等。各族革命人民在反商的共同斗争中，在由西周到战国的改革旧秩序、敷设新秩序和开发生产的共同斗争中，散布在黄河、长江中下游的各族，除个别外，便以周人殷人为中心形成为华夏族。当时散布在中国境内的其他各族，也由于长期间的共同斗争，增进了和华夏族间的联系。

由秦汉到南北朝，许多散在边疆的部落相继迁入"塞内"。汉末、三国、两晋间，在阶级矛盾和民族矛盾扩大的形势下，所谓"八王"、"五胡"（匈奴、羯、鲜卑、氐、羌）南朝北朝各统治集团间为争权夺利，在华北和西北一带杀来杀去，遭受灾难的都是各族劳动人民。所谓"骸骨成丘山"、"千里少人烟"，正是当时的惨状。在那样苦难的年月里，各族统治集团为其阶级利益，反而去制造民族间的隔阂和仇视；而各族劳动人民为着共同的生存，为着反迫害的自卫和恢复生产、重建家园，便开展了共同的斗争，结成日益密切的战斗友谊、苦乐相关的生活关系，便逐渐在血统、语言、文化、生活、风习等方面接近以至融合起来。这又促起各族统治集团也不能不从各方面来适应这种趋势。因此到周隋间，又以汉族为中心，形成了一个具有新内容新面貌的汉族。这其间，如两汉朝廷对各民族实行了经济交往、文化交流、"和亲"等项政策，以及派遣大量军队（主要是由劳动人民组成的）前往边疆驻防、屯田并让兵士落户等等，北魏朝廷使居于支配地位的鲜卑族"汉化"的政策，等等，客观上都对民族间的联系和自然融合起了促进作用。

在五代、辽、宋、金、元间，各族统治集团间的关系是杀气腾腾或奴颜婢膝的。而进到内地的突厥、契丹、女真、蒙古、西夏（是以藏人为主要成分形成的）各族劳动人民，在无比众多的汉族人海中生活，在经济、文化等方面都不能离开汉族劳动人民而生活下去的情况下，便形成了另一种不同的关系：由于相互间的联系日益增多起来，由统治阶级所造成的隔阂、歧视与不平等关系便逐渐消除，回复到劳动人民间的本来的平等关系，并逐渐从感情上接近、从特点上减少或消失原来的民族差别，以汉族为中心融合起来，成为具有更新的内容和面貌的汉族（同时也有不少汉人融合在女真人、藏人或蒙古人……里面，改变了女真族、藏族或蒙古族……的内容和面貌）。所以当突厥贵族为主体的后唐、后晋、后汉统治、契丹贵族为主体的辽朝统治、女真贵族为主体的金朝统治垮台后，便没有多少突厥人、契丹人或女真人回到原住地区。当元廷号召南去蒙人北归时，连驻防内地和西南边疆的军队在内，都没有多少人北归。所以到明末，顾炎武说，山东的汉人，不少是女真或蒙古人的后裔。其实，其时全国、尤其是华北和西北的汉人，都杂有不少突厥、契丹、女真、蒙古、藏、回纥人……的成份。

另方面，在元朝统治的九十年间，不少汉族人民在第一期反元斗争失败后，便相继进到南方、西南、西北各兄弟民族地方，发动和组织各族人民共同进行反迫害的斗争，并和各兄弟民族的人民共同进行生产、开发边疆。在长期的共同斗争、共同生活中，日益紧密了相互间的关系、形成和增长着相互间的共同性、减少或消失差别性，并有不少汉人融合在各兄弟民族里面。

这是在我国的奴隶制和封建制时代，关于民族融合的一些重要情况；它是遵循着劳动人民间的相互平等的轨道和自然融合的趋势进行的。

三

在鸦片战争到人民大革命胜利的109年间，由于中国资产阶级没能领导起民族民主革命和取得胜利，中国资本主义没能发展起来，中国民族也就没能完全形成为近代资产阶级民族——没有完成其历史的任务；由五四开始的新民主主义革命，是中国无产阶级领导的，自此中国民族就开始走上了形成为社会主义民族的道路。

在这 109 年中，一方面中国各民族人民间的良好的友谊和团结，在下述的情况下有了极大的发展和加强。（一）由于各民族人民共同遭受帝国主义、封建主义、官僚资本主义的残暴统治和命运的一致，为着共同的前途便共同进行了反帝反封建的斗争。这在旧民主主义革命时期，波澜壮阔的太平天国革命运动，是汉、僮、瑶各族人民所发动，在全国各民族人民的支持与配合下发展起来的；陕甘的回民起义是在汉族等各族人民的支持下坚持斗争的。不只如此，孙中山为首的同盟会领导的革命，不只有出身于不同民族的仁人志士的参加和同情，并曾使各族人民一度寄予期望。各族人民在这里那里共同或单独掀起的自发性的武装斗争，几乎所有民族地方都不只发生过一次。特别在中国共产党领导的新民主主义革命运动中，从党诞生那天起，各民族人民就把彼此的命运和争取解放的斗争完全联结在一起，就把全部希望寄托于党。因而自始就有各族人民的优秀子弟进到党内，如关向应、马骏、韦拔群等同志都是著名的好共产党员。党领导的革命斗争，无不得到各族劳动人民舍生忘死的支持和参加。人民解放军和其前身的八路军、新四军……以至工农红军，都是在各族劳动人民的扶植、爱护下成长和壮大起来的，其中如开创广西左江和右江的苏维埃区域的红七、八军，是僮、瑶、汉等族劳动人民的子弟组成的；开创和坚持东北抗日游击战争的抗日联军，是汉、满、朝鲜、蒙古、回、达呼尔、鄂温克、鄂伦春、赫哲等族劳动人民的子弟组成的；开创海南岛抗日游击战争的琼崖纵队，是汉、黎、苗等族劳动人民的子弟组成的；冀中回民支队是回族劳动人民的子弟组成的；维吾尔、哈萨克等族人民所进行的"三区革命"和配合人民解放军解放新疆的斗争，是人民革命的一个部分。特别是震动全世界的红军二万五千里长征，像一条红线和一盏万丈明灯一样，把华南、西南、西北各兄弟民族贯穿起来，并照亮了他们的前途，所以到处都受到他们亲人般的支持和合作，接受了革命影响和掀起斗争，以至建立起党的组织和红色政权，他们并让自己的优秀子弟参加红军，等等。尤其重要的，是人民解放军第一、二、三、四野战军进军西北、西南、华南和中南解放全部大陆、海南等沿海岛屿和各兄弟民族，是得到各族人民的支持和配合斗争的，是各族人民共同建立的迈越前史的丰功伟绩。这种为我们前人所想象不到的伟大革命，使各民族人民结成了血肉相连、兄弟手足的关系，开创了各民族一律平等、团结、互助、友爱、合作的民族大家庭，写出了真正的人类历史的新页。（二）由于外国资本主义破坏了中国自给自足的自然经济的基础，破坏了城市手工业和农民的家庭手工业，形成了大量农民和手工业的破产①。这种破产的汉族农民和手工业者，一部分不断流入城市充当产业工人和其后备军，大部分为着谋生和就业，则相率间关犯难，不断去到边疆或民族地方。今日的东北、内蒙、青海、新疆、甘边、滇边以及广西、贵州各民族地方的汉人，不少是在这 109 年间由内地前去的。其中大部分是具有较先进的农业生产技术和经验的农民，由于他们前去，当地才有了农业，或者才使用较先进的农具和采用较先进的耕作法……一部分是掌握各种技艺的手工工匠，如在三十或六十年前，贵州、广西、云南、川边民族地方的铁匠、木匠、车匠、石匠、篾衣匠、砖瓦匠、裁缝等等工匠，都是由湖南、四川等处汉区前去的，最初大都是春去冬归，后来便留住下来，后来由当地民族出身的各种工匠，大都是他们带出的徒弟。进到内蒙等兄弟民族地区的山西、河北、陕西、甘肃等处汉族地区的各种工匠，情况也大抵一样。因此说，由于大量的汉族劳动人民前去，便促起了所在地方生产的发展，而又和当地兄弟民族人民一道开发了祖国的边疆；同时又促起各族人民在语言、文化、生活、风习等方面的相互影响、接近、传授、学习和吸收。

另方面，下述的情况又阻碍了中国各民族间的良好关系的发展：（一）在这 109 年间，商品经济得到前所未有的发展，它伸到了全国的每个角落，给了民族资本的发展以一定的刺激作用，也加强了民族间的联系；但由于遭受帝国主义、买办势力、封建势力压迫和束缚的民族资本，始终都较微弱，支配全国市场的始终是外国资本主义——帝国主义的经济势力，它极大地阻碍了中国各民族生产的发展、文化的进步；（二）由于在社会经济中起主导作用的是殖民地半殖民地半封建性的东西，它不只未能改变历史上遗留下来的封建性的不平衡发展状况，而由于帝国主义在中国划分势力范围或实行市场分割等原因的结果，更扩大了全国各地区、各民族、各个民族内部各部分间发展的不平衡。这

---

① 参阅《毛泽东选集》第 2 卷，《中国革命和中国共产党》。

在一面，表现为各民族的社会发展进程，如前所述，存在各种社会形态，一方面，那些与汉族长期杂居或散居在汉族地方的各兄弟民族如满、回等族，住区交错和杂居的如白、土家等族，基本上已接近汉族的发展水平；某些兄弟民族如僮、彝、苗、藏、瑶等族，与汉区邻近、交错或和汉人杂居的地方，已接近于汉族的发展水平，而在他们聚居的其他部分便比较落后、甚至落后一个或两个历史阶段；某些兄弟民族如鄂温克、佤、黎等族，与汉区及其他较先进的民族地方邻近、交错或杂居的部分，发展到了封建制，而其聚居的中心区（山区）却还保留有原始公社制的形态，等等。一方面，汉区各个地方的发展也是不平衡的：资本主义的工商业生产主要集中在沿海沿江；农业方面的资本主义生产，越到偏僻地区越落后、比重越小。这表现着传统的封建性的不平衡状况和在不平衡发展法则基础上产生的新的不平衡状况的交织；（三）晚清朝廷、北洋政府、国民党政府都曾对国内各民族推行过强制同化政策。如在各民族地方兴办学校，在客观上是有进步作用的；但他们只许用汉语汉文或满语满文教学而不许使用本民族的语文，这只有那些自己没有文字的民族才肯接受，对那些有自己文字的民族便到处都引起不满和反对。不只如此，他们还推行了一系列的民族压迫政策和强制同化的步骤，这都是加多了民族关系的紧张程度的。所以在这 109 年间，各民族人民与反动政府间的关系始终是比较紧张的。日本帝国主义在我国的台湾和东北以至在我"抗战时期"的"敌占区"，以极大的暴力和野蛮手段推行了强制同化政策，伪政权和一切教育文化机关、公共和交际场所，都不许中国人用中国语文，只许使用日语日文，等等，这在客观上也没有半点进步作用，完全是反动的，所以除受到中国各民族人民的一致反对外，日寇并没有得到什么。

上述两个方面的情况的交错和影响，反映到民族关系和民族融合问题上，具体表现为：各民族人民间的亲如手足的关系在日益增长，各民族人民与反动政府间的关系始终都比较紧张；各少数民族的语言、文化、生活、风习等特点，一面没得到适当的发展，一面又在民族内部产生了不同程度的差别性；各民族相互间的共同性有了不同程度的形成和增长，但又极不平衡。在语文上，如回、满、土家等族，除去都保有个别特殊语汇外，都和汉族使用了同样的语言和文字；白、羌、畲、京等族，都是全部或差不多全部能兼用民族语言和汉语，通用汉文，散布在交通要道地方的羌人并以汉语为唯一的交际工具；蒙古、维吾尔、苗等族，都有不小一部分人能使用汉语，并都有一部分人已不能使用民族语言；僮、藏、彝、高山、达呼尔、黎、鄂伦春、鄂温克等族都有不小一部分人能兼用汉语和民族语言；有些兄弟民族除使用民族语言外，都有一部分人能兼用其他几个民族的语言，如青海的土族能使用汉语和藏语、瑶族能使用僮语和汉语，达呼尔族的语汇包含有蒙汉语的不少成份，大部分人能使用汉语和蒙语；云南边疆的傣、佤、景颇、傈僳、僾尼、拉祜、布朗、瑶、彝、汉等族人民，几乎都有一部分人能互通邻近兄弟民族的语言和使用傣语、汉语，景颇、佤关于生产工具和农产物的语汇多同于汉语，如景颇语的"犁"、"连架"、"鹰嘴"、"稻拍"（谷）、"麦芽"（麦）等等；新疆维吾尔以外的其他各兄弟民族，都有一部分人能兼用民族语言和维语；同时，从朝鲜族到维吾尔族、从鄂伦春族到藏族的民族语言，大都包含有不少汉语语汇，汉语也不断吸收了其他兄弟民族语言的成份，等等。另方面，如苗、瑶、锡伯等族，在同一民族内的各部分间的方言，又存在着不小的差别。在文化、生活、风习等方面，各民族都保有自己的民族特点和优良的东西（自然也都有不好的糟粕的东西）；同时又不断形成和增长了相互间的共同性。这特别是在全国各少数民族和汉族间，突出地表现为各少数民族更多地接受了汉族的影响，如文化艺术的成果、服装和房屋建筑的样式、婚丧仪制等等方面，各兄弟民族接受汉族的影响几乎是普遍的，只有程度的差别；汉族传统的春节、清明、端午等节日，也几乎成了各兄弟民族共同的节日，等等。在平等基础上，各兄弟民族相互间的这种共同性的形成，是符合于历史前进的要求的。

四

历史上形成的各地区各民族间、各民族内部各部分间的那种不平衡的发展，只有到社会主义时代，通过统一的规划、安排和紧张的努力，才能在一定的时期内使落后民族赶上先进民族，共同建成社会主义，才能解决这种历史性的发展不平衡的问题。民族平等融合的自然趋势，也只有在无产阶级专政的时代，才能遵循着无比广阔的大道得到无阻碍的发展；历史上所形成和增长起来的民族间的共同性将充分发挥其积极作用，发挥其作为共产主义社会民族融合的准备条件的积极作用。所以在苏联、我国及其他社会主义兄弟国家，一面是各个民族的文化和民族特点得到顺利的发展，一面各民族间的差别性又在不断减少、共同性在不断形成和增长，形成了一个辩证的发展进程。这也正是社会主义时代民族发展过程的辩证法。

历史上的强制同化政策，一般都遭到劳动人民的反对，由于它是建筑在阶级和民族压迫制度的基础上、民族不平等的基础上，是违反人类历史的前进方向的，所以它反而常促起民族关系的紧张；属于强制同化政策的某些方面或步骤，所以能够为人民所接受而产生作用，由于它在客观上是适合了自然融合的趋势，产生了促进这种趋势的作用。民族融合的自然趋势在阶级社会时代也能表现为进步趋势，由于它是以劳动人民间的相互平等为基础的，是适应于历史前进的趋向的；在相互平等的基础上的融合，谁也不受到任何迫害或损失，只会增强人类集体的力量和加快历史的进程，不过在阶级社会时代，其道路是很狭隘的、进度是很迟缓的。

（原载《历史研究》1959 年第 4 期）

论两周社会形势发展的
过渡性和不平衡性

——关于中国社会完成从奴隶制到封建制的过渡问题的探讨

近几十年来，我国马克思主义史学工作者，在中国共产党的领导下，配合党在各个时期的政治任务，对中国历史进行了艰巨的研究工作，也获得了不小的成绩，为科学的中国史的编写奠定了基础；在研究过程中，又不断提出了若干重大问题，许多问题已相继获得解决，但有些问题，如奴隶制和封建制的分期问题、中国资本主义的萌芽问题、中国民族的形成及在历史上的国内民族关系问题，等等，则还没达到一致的结论。

奴隶制和封建制的分期问题，是我国史学界长期间意见分歧的重大问题之一。主要的分歧，在对于两周或西周到战国的社会性质的不同估计：有的认为是奴隶制度，有的认为是封建制度，还有的认为是原始公社。我认为，从两周社会形势发展的过渡性和不平衡性问题上去加以探究，或有助于问题的解决。抛砖引玉，本文即就这个问题提出个人的粗浅意见。

一

所谓"武王革命"，究系同一社会性质的两个朝代的交替，还是标志着社会性质转变的社会革命？根据《史记·殷本纪》、《周本纪》，《尚书·牧誓》、《武成》等文献记载，参与"武王革命"的，有殷朝奴隶所有者国家统治下许多属领的首长和成员，也有殷人，特别重要的是，还有成千成万的奴隶的"前徒倒戈攻于后"，或"倒兵以战，以开武王"，并受到所谓"商国百姓咸待于郊"的欢迎；在"革命"过程中的种种措施，如所谓"散鹿台之财，发钜桥之粟，以振贫弱、萌隶"（我认为就是赈救贫困的下层自由民和奴隶），"释百姓之囚"和"封诸侯"等等，及其所引起的社会变化，都不同于改朝换代的战争或朝代兴亡的性质。由于在"武王革命"后，既不能把大量的殷人吸收到他们的原始公社制的组织里面来，用原始公社制的秩序去约束殷人，又不能用奴隶制去统治参与"革命"的公社成员和"前徒倒戈"的奴隶，而在"胜殷"以后，又必须迅速建立新秩序，因此，周人便以其临到"文明入口"的原始公社制的管理机构，在殷朝奴隶制国家的废墟上或其行政的尖端上，转化为不同于殷朝国家的国家机关，并从而规定了"武王革命"不能不成为我国历史上的"奴隶革命"或封建主义革命。有些历史家曾经认为中国史上由奴隶制度到封建制度的转变，好像不须经过革命似的。其实，这是不符合于马克思主义的社会变革论的基本精神的。马克思说过："暴力是一切孕育着新社会的旧社会的产婆。它本身也是一种经济力。"① 斯大林也说过："奴隶革命是把奴隶主消灭了，是把奴隶主对劳动者的剥削形式废除了。""农奴革命是把农奴主消灭了，是把农奴制的剥削形式废除了。"② 这是说，在无产阶级掌握政权以前的历史时代，旧的生产关系的推翻和新的生产关系的建立，是不可能不发生震动和冲击的。

由于"武王革命"的胜利及其一系列的措施，便出现了历史上有名的"成康之治"，即《史记·周本纪》所谓"成康之际，天下安宁，刑错四十余年不用"。

但是革命的胜利和社会形势的转变，并不是直截了当的，而是经历了一个长的过渡时期；这又正和"武王革命"胜利后新的社会矛盾的复杂性和在广大国家内各地区间、部族部落间社会发展的不平衡性相适应的。

"武王革命"胜利后的社会新形势，主要有以下的特点。参加反殷斗争的社会各阶级、阶层、部族、部落间的关系，产生了新的变化，他们并都有了新的要求。殷朝奴隶所有者的残余势力或所谓"殷遗民"，以及其他若干部落、

①《资本论》，第 1 卷，人民出版社 1953 年版，第 949 页。
②《列宁主义问题》，莫斯科外国文书籍出版局 1949 年中文版，第 548 页。

特别像所谓徐、淮、芈楚等，不只对新政权怀疑、观望，而且是敌对的。在周朝的政治疆域内，表现着封建制的、奴隶制的、原始公社制的各种生产方式的并存，形成一种错综复杂的过渡性的社会形态。原来殷朝国家的"邦畿"区域，在奴隶制和新生的封建制并存的形式下，还有着原始公社制的残余；在周朝新国家的"邦畿"区域，即主要为周人自己散布的地区，则形成新生的封建制和临到"文明入口"的原始公社制并存的形势，同时还存在着迁入的"殷遗民"的奴隶制和周人自己的家长奴隶制；国内其他众多的部落，在处于不同发展程度的原始公社制的基础上，又有着新政权所给予的封建性的措施和影响，等等。因而在广大国土内，形成了各个地区间、部族部落间发展的极端不平衡，与相互间错综复杂的关系和影响。

殷朝的奴隶制，是具备着"亚细亚的"一些特性的，没达到较高度的发展，就结束其历史的任务了。就地下发掘来看，它只拥有青铜器工具。周人在革命胜利前所拥有的生产工具，也没有超过甚至还低于殷人的水平，虽有着发明制铁的迹象①，但尚无足够的实物发现。这种客观形势，不只规定了周朝封建制的建设必须经历一个较长的过渡期，又规定了奴隶制和原始公社制的生产方式及其残余，长期间在各不同地区和不同程度上强烈存在，并给中国封建社会的全部过程以较远和较深的影响。

但不只由于"武王革命"的胜利，且由于革命政权对基础的积极作用，这具体表现在周朝新国家一系列重大的革命建设和措施，以及其思想形态等方面。因此，封建制生产的比重，便在各个地方先后不断获得扩大，逐步确立和巩固了支配地位，奴隶制以至原始公社制生产的比重，则不断削弱、缩小，以至成为残余，在全国范围内，各地方都相继走上了向着封建制转化的过程。这种转化的过程，由于周期国家地区辽阔等特点，特别由于各部落部族间的不同

---

① 《诗·公刘》："取厉取锻"。按《考工记》，段工不属于冶铜，可能属段铁。《史记·周本纪》：武王"以黄钺斩纣头"；对"纣之嬖妾二女"，"斩以玄钺"。"司马法曰：'夏执玄钺'。宋均曰："玄钺用铁不磨砺。'"近据日本考古学家梅原末治等研究：谓在1933年6月汲县出土的西周初的十三件青铜兵器中（现落在美国国立弗几尼亚美术馆），二件有铁刃（梅原：《中国出土的一群铜利器研究》，载京都大学《人文科学研究所创立廿五周年纪念论文集》）。杉村勇造：《芮公组钟考》（见《中国古代史的诸问题》）谓有芮公作旅钟……铭之芮公组钟，应属西周器。钟上部环纽下脚顶面接合部分有铁锈涌出，纽下脚部分内部有两个铁制角形管（径0.5厘米）的截断面露出，将细管内泥土除去，深1.3厘米。

条件和具体情况，而表现了极大的不平衡。在周朝国家的中央区域，即"邦畿"地区，到所谓"宣王中兴"时，封建制的生产才确立和巩固了支配地位；在原为殷朝"邦畿"地区的东方区域，如齐国，似乎到春秋时期才渐次完成了这种过渡；原来比较后起和落后的秦国，又晚于齐国，似乎到献公时，封建制才开始取得优势，而且奴隶制残余在其后一个较长时间都强烈地存在和产生影响；南方的越，似乎到春秋末的勾践时期，奴隶制还和封建制并存着……

这种过渡期的任务，基本上在于把原先殷朝国家统属下的农村公社和氏族公社，转变为农奴制的庄园，消灭旧的阶级，把农村公社内的自由农民和奴隶、氏族公社内的氏族成员，改编为农奴；不断巩固和发展新的生产关系，摧毁和消灭旧生产关系，扶助生产力发展。

二

周曾是殷朝奴隶所有者国家的属领，甲骨文字和古籍都有确切的记载。因此，"武王革命"和"胜殷"，不是这个国家或部族对那个国家或部族的征服，而是一个国家之内的社会革命，并得到连同殷人在内的各部族部落的赞助和同情，即《尚书·武成》所谓"万姓悦服"。

革命初步胜利和周朝新政权产生后，是在以下几个方面发挥了革命政权及其他上层建筑的积极作用的。最重要的是积极进行了封建制度的建设，并在此基础上促起了社会的跃进，著名的"成康之治"就是这种跃进的具体表现；其次便是对殷朝奴隶所有者集团的反革命残余及其同伙的继续征讨和对广大"殷遗民"的辑抚。但完成这种革命的历史任务，完成封建主义的社会转变，是经历了一个复杂的长期的过程的。

在革命初步胜利后，摆在周朝新政权面前的首要问题，是巩固自己和建设新秩序。这在一方面，必须对当时存在的各种社会制度作出抉择；一方面必须对参加革命的功臣、亲属、扈从、各部落首长、"前徒倒戈"的奴隶作必要的安排，对"殷遗民"和国内其他部落作必要的处置和安排。在这种矛盾交错的形势下，周朝新政权采取了"封诸侯"的方针："封诸侯，班赐宗彝"，"列爵惟五（注：爵五等：公、侯、伯、子、男），分土惟三（注：列地封国：公、侯方百里，伯七十里，子、男五十里，为三品）。”① 依据这种原则，它宣布：包括周人自己原来的住区、原先殷朝的“邦畿”和属领，以及其他各部落散布的地区，即凡权力所能达到的地方，都属于“王”有，即国有，臣民都须服从王所表征的革命权力的原则②；爵位和土地都由王的名义去册封。受封者，一为参加革命的功臣、王的亲族和左右扈从，如齐、鲁、燕、管、蔡、霍、卫、毛、聃、部、雍、曹、滕、毕、原、酆、郇、邘、晋、郑、虢、应、蒋、邢、茅、申、许、吴、虞等，一为转变和予以安抚的殷朝贵族，如宋、鄁(邶)、谭、时、巢、繁、来等，一为在周人为首的革命过程中，参加或同情革命的原来各部落首长，如焦、祝、陈、杞等，对其他如楚、越、徐、淮等各部落的首长，也由王的名义去加以册封。《国语·郑语》综述这种情况说：“当成周者，南有荆蛮、申、吕、应、邓、陈、蔡、随、唐，北有卫、燕、翟、鲜、虞、路、洛、泉、徐、蒲，西有虞、虢、晋、隗、霍、杨、魏、芮，东有齐、鲁、曹、宋、滕、薛、邹、莒：是非王之支子母弟甥舅也，则皆蛮荆戎翟之人也，非亲则顽，不可入也。”实际上，西周所封见于记载的也不止此数，不见于记载的更不知多少！受册封为新的权力者的大贵族（大领主），从西周开始直到战国，他们又依次去分封其亲属和左右，如齐侯又封匋叔“二百又九十又九邑，与鄩之民人都鄙”，匋君又分赐其“弟豦井五囷，锡甲胄干戈”，金文和古文献中类此的例子很多③。周天子对自己的左右用事人员和亲属，也以其畿内之地，这样去分封④……这种封地都叫作“采”，即“采地”⑤。周所封的大诸侯，又在于以之去镇抚和监视四方、拱卫王室：如以齐、鲁、燕、卫、成等监视和镇抚殷遗及徐、淮……吴监视越人，韩监视戎、狄，在宋的周

①《史记·周本纪》；《尚书·武成》。

②《诗·北山》：“溥天之下，莫非王土，率土之滨，莫非王臣。”《左传》昭公七年，楚芋尹无宇曰：“天子经略……古之制也。封略之内，何非君土，食土之毛：谁非君臣。”

③《齐子仲姜镈》、《豦彝》。又如《沈子簋》：“……公休锡沈子启聿田”。《史记·管晏列传》：管仲“子孙世禄于齐，有封邑者十余世”。《国语·楚语》：“惠王以梁与鲁阳文子，文子辞曰：‘梁险而在北境，惧子孙之有贰者也。’”

④ 见《令方彝铭》、《大保毁铭》及《尚书·毕命》等记载。

⑤ 例如《趞卣》：“王才斥，易趞采，曰趞”。《尔雅·释诂》：尸，采也。注：“谓寀地”。《韩诗外传》：古者，天子为诸侯受封，谓之采地。然则尸训采者，盖为此地之王，因食此地之毛。《礼运》，大夫有采以处其子孙。

围又建立陈、蔡、曹、滕等一系列的小国去监视，为着监视荆、楚，在今豫南和汉水流域一带也建立了许多姬姜小国，宣王时封申伯去"式是南邦"，也在于去影响和监视荆楚。所以《康王之诰》说："建侯树屏"，"庶邦：侯、甸、男、卫"。《左传》定公四年卫子鱼说："昔武王克商，成王定之，选建明德，以藩屏周。"与这种关系相适应，沿袭殷朝遗制，又别分为侯、甸、男、采、卫五服，即《尚书·康诰》、《酒诰》等篇所谓"侯、甸、男邦、采、卫"。《史记·周本纪》述祭公谋父谏穆王所谓："夫先王之制，邦内甸服，邦外侯服，侯卫宾服，夷蛮要服，戎翟荒服。"

这种新的土地占有形式，是一定封疆或封区内的土地，都属于一个贵族所占有。不过原来的封疆，都不是像后来的那样广大，故除占有几十、百里领地的大贵族外，有小至"十室之邑"、"百室之邑"、"有十里之诸侯"①

受册封的，并不是单纯概念下的自然土地，而是连同土地上的人民，如《大盂鼎铭》等之所谓"受民受疆土"。所以成王封矢侯"侯于宜"，"易土：氏川三百□，氏圖百又□，氏小邑卅又五，圆圃百又册。……易宜庶人。"宣王封申伯于"谢邑"，《诗·崧高》所述，也是连同谢邑原有的居民在内。这不过是一些例子。因而，《左传》定公四年所谓："分鲁公……殷民六族"，"分康叔……殷民七族"，都是原来居住在他们封邦内的殷人："分唐叔……怀姓九宗"，也正是其封邦内原有的住民，即所谓"唐之余民"②。同时还赐予他们以各种治事人员（在周天子，《令方彝》有三事令，卿士、诸尹、里君、百工等等）、武士（士）、从事各种手工工艺的工奴，为其服事各种卑役、即所谓"以待百事"的贱奴（如《左传》昭公七年所谓：皁、舆、隶、僚、仆、台、圉、牧等等）。他们都是有家室的：如金文关于赐臣、仆的记载，大都是以

---

① 《论语·公冶长》；《左传》成公十七年；《吕氏春秋·审分览》。

② 《左传》定公四年："分鲁公以……殷民六族……使帅其宗氏，辑其分族，将其丑类……分之土田陪敦（羽按：孙诒让谓"土田陪敦"即五年雕生殷的"土田仆庸"、《鲁颂·闷宫》的"土田附庸"[《古籀余论》三、二十二]。《诗·江汉》记宣王封召虎之"锡山土田"注云："本或作锡之山川、土田附庸"。"附庸"应解为附于田地上提供赋役的众人），祝宗卜史，备物典策，官司彝器。因商奄之民，命以伯禽，而封于少皞之虚。分康叔……殷民七族……封畛土略，自武父以南及圃田之北竟，取于有阎之土，以共王职……聃季授土，陶叔授民。命以康诰，而封于殷虚。皆启以商政，疆以周索。分唐叔……怀姓九宗，职官五正……而封于夏虚。启以夏政，疆以戎索。"

"家"计。这种贱奴的性质，《史记·管晏列传》关于晏婴的仆御，说得很明白："晏子为齐相，出，其御之妻从门间而窥其夫；其夫为相御，拥大盖、策驷马，意气扬扬，甚自得也。既而归，其妻请去……曰：'今子长八尺，乃为人仆御，然子之意自以为足，妾是以求去也。'"），甚至还赠赐一部分从事生产的西土之人或"国人"（亦即所谓"王人"）——他们都和封主及其家属住于新建的城堡内外，所以叫作"国人"，住居于田野间的原有居民则叫作"野人"。据郑玄《周礼·匠人》注所述，"国人"与"野人"的负担也是有区别的。郑玄说："以载师职及司马法论之，周制：畿内用夏之贡法，税夫无公田。以《诗》、《春秋》、《论语》、《孟子》论之，周制：邦国用殷之莇法，制公田不税夫。贡者，自治其所受田，贡其税谷；莇者，借民之力以治公田，又使收敛焉。"其实郑玄所谓"畿内"，就是《孟子》的"国中什一使自赋"的"国中"。《周礼·地官·司徒下》载师条"凡任地：国宅无征，园廛二十而一，近郊十一，远郊二十而三。"

在西周，各级封主的城堡的大小高矮是有一定规制的①。

各个领邑都有着经济、政治、军事的相对独立性，即《晋语》所谓"成封国"。《周礼·地官·小司徒》所谓："凡建邦国，立其社稷，正其畿疆之封；凡民讼以地比正之，地讼以图正之。"也就是马克思所说的"半国家"。但由于其土地占有，是由天子→诸侯→大夫→士的依次分封而来的，因而又构成其等级从属的武装家臣制，正如《左传》桓公二年说："天子建国，诸侯立家，卿置侧室，大夫有贰宗，士有隶子弟。"而此又是以"公食贡，大夫食邑。士食田"（《晋语》）为基础的。下级除向上级担任贡纳外，原则上并须遵守盟誓、服从裁判、接受其在军事上的调遣指挥等义务②；上级对下级担任保

---

① 《左传》隐公元年："祭仲曰：都城过百雉，国之害也。先王之制，大都不过参国之一，中、五之一，小、九之一。"注："一雉之墙长三十丈，高一丈。侯伯之城方五里，径三百雉。"

② 例如：《齐子仲姜镈铭》："虩叔有成劳于齐邦，侯氏锡之邑二百又九十又九邑，与鄩之民人都鄙。侯氏告之曰：'某（世）万，至于台孙子勿或渝改。'虩子曰：'余弥心畏诲，余三事是吕。余为大攻厄（辊）大史、大徒、大宰，是台可复。'"下级并对上级有贡纳的义务，如《史记·齐太公世家》等文献载，齐桓公"伐楚"，责问"楚贡包茅不入，王祭不共"（《齐语》为"使贡丝于周"），楚王曰："贡之不入，有之，寡人罪也。"《左传》僖公五年称晋灭虞后，仍代虞"职贡于王"。《诗·鲁颂·泮水》："憬彼淮夷，来献其琛：元龟、象齿，大赂南金。"这不过是略举一些例子。这正如马克思所指出的："在封建时代，军事上诉讼上的裁决权，是土地所有权的属性。"（《资本论》，第1卷，人民出版社1953年版，第398页。）

护等义务，只要下级不违反盟誓，不放弃义务，一般都不取消其爵位，不削减其封地。"士"为领主的最基层，"惟士无土则不君"，而为上级领主的家臣，所以《孟子·告子》说："士不世官。"这种"士"，我以为可能是由武王伐殷以来的军队中的兵士而来的①。

与等级从属的武装家臣制相适应，又形成等级的身分爵位制。即所谓公、侯、伯、子、男。这也是以土地占有的属性为基础的②。

这种爵位和财产的承袭，适应着领主土地占有的特殊形式，为家族世袭的长子承继制，庶子则在其父的领地内分享采地或庄园社、田、井、邑……而为其父的继承人的从属。周朝的宗法制度，便是沿袭过去的原始公社制乃至殷朝奴隶制时代的氏族关系，在新的土地及其他财产承继制的基础上并与之相适应而成立起来的。

三

由那种有法律效力的王和大贵族的册封和命令，使一定地区的土地，属于一定的家族所占有，就开始出现了新的封建土地占有形态。

这种被册封或分封的全部疆土，《左传》昭公九年詹桓伯说："我自夏以后稷，魏、骀、芮、岐、毕，吾西土也；及武王克商，蒲姑、商奄，吾东土也；巴、濮、楚、邓，吾南土也；肃慎、燕、亳，吾北土也。"这个地区，原来是属于以下几种不同类型的。（一）周人自己原来的公有土地，由原始公社

---

① 《仪礼·丧服》："君，谓有地者也。"《诗·小雅·绵蛮》注："古者，卿大夫出行，士为末介。士之禄薄，或困乏于资财，则当赒赡之。"《礼记·祭法》云："大夫以下成群立社，曰置社。"注："'大夫以下'谓下至庶人也。"《吕氏春秋·慎大览》："武王胜殷……诸大夫赏以书社。"注："大夫与谋为国，以书社赏之。二十五家为社也。"《商君书·赏刑》篇："武王与纣战于牧野之中，大破九军，卒裂土封诸侯，士卒坐阵者，里有书社。"

② 周初存在公、侯、伯、子、男的爵位等级制，金文和周代文献已有确证。这种爵位等级制是与其土地占有的属性相适应的，《国语·周语》记周襄王不许晋文公辞地说"昔我先王之有天下也，规方千里以为甸服，以供上帝山川百神之祀，以备百姓兆民之用，以待不庭不虞之患，其余以均分公、侯、伯、子、男，使各有宁宇。"

制末期的各农村公社所掌握，分给公社各成员使用，并由各成员共同耕种属于公社的公地。公社并须向殷朝政府纳税。周的邦畿区域及今陕西、山西、河南大部分地区内各封邦的封地，即周朝新国家的中央区域，属于这种类型。（二）原来殷朝奴隶所有者国家的"邦畿"地区、即主要为殷人居住地区的国有土地，分由地方和农村公社所掌握，为自由民阶级各家族所占用，由奴隶和下层自由民进行耕种，并向殷朝政府提供税纳。齐、鲁、宋、卫等封邦的封地，都属于这种类型。（三）分别属于周朝国内各部落公有的土地：有些已进到农村公社的形式，但生产较落后，如楚、吴、越等；有些还以牧畜为主要生产，如其时散处今西北和四川境内的某些部落；有些（如肃慎部落之类）似乎还处在以游猎为主要生产的阶段。他们也都要向殷朝政府提供税纳。这都是和新的封建土地占有形态相矛盾的，都不能一下子就会适应新秩序和改变其原来的性质，不能一下子就把原来的公社成员或自由民和奴隶转变为农奴主和农奴。这种发展的不平衡和复杂性，规定了周朝封建制度的胜利，必须经历一个交错斗争的长期转变过程。

为新制度发挥巨大的决定性作用的，是新的封建政权代替了原来的奴隶主政权，和在某些地区代替了原始公社制的组织机构。这种政权，适应于新的"土地所有权的属性"，首先发挥它在"军事上诉讼上的裁决权"的作用，并从而得以"强迫那些得到份地而自行经营的人来为他们做工"①。原来在各种形态下存在的土地，现在是属于新的贵族名下了，原来提供给殷朝政府的税纳，输给公社的税物和为公共事业的劳动服务等等，都为新的名义上的地主所占有了。这即《史记·货殖列传》所谓"封者食租税、岁率户二百"，也就是所谓"爵邑之人"。"农奴关系就是这样发展的"。因此，公社就开始具有封建庄园的一些性质，成为既具有公社内容也具有庄园内容的两重性的东西，并展开了两者间的斗争。而在各种不同地区间，又多多少少有着一些相互不同的内容。其中如原来殷人的农村内是包括自由民和奴隶的阶级构成的；那些同处在原始公社制阶段的不同部落间的氏族公社，又大都是处在不同的发展程度上。这都不能不引起相互间的影响和矛盾。

首先完成这种转变的是周朝国家的中央区域。中央区域的王室领地和各封邦，由原始公社制到封建制的转变，基本上正和马克思所说的一样："那些地方

①《列宁全集》，第3卷，第158页。

原来的生产方式，是以共有制为基础的……土地一部分当作自由的私田，由共同体诸成员独立去耕作，一部分当作公田，由他们共同去耕作……在时间的进行中，这种公地，被军事上宗教上的高官侵夺了。在公地上从事的劳动，也被他们侵夺了。自由农民在他们的公地上做的劳动，变成他们替公地盗占者做的徭役劳动了。农奴关系就是这样发展的。"① 全部《诗经》，除《鲁颂》、《商颂》、《卫风》、《秦风》等部分外，主要都是反映这个地区在西周以及西周春秋之际的情况。

周人原来的农村公社或氏族公社，一般都叫作井、田、邑，周初以之作为封赐土地的单位，即所谓"锡田"、"锡邑"……周字的金文写法，也表现了这种土地区划的形式。公社的重要管理机关的所在，则筑有城堡，"邑"在最初即系这种筑有城堡的公社，如《史记·周本纪》所述古公迁岐始筑城郭别居的城堡。所以"邑"字在甲骨文中也颇似城堡形制。公社内原来的公田收益，归入被封赐而占有公地的人们的手中，便开始转化为劳动地租，原来为公共事业服务的劳动转成为他们服役，便开始转化为徭役。这样，公社就开始被赋予庄园的内容。所以《周礼·地官上·小司徒》说："九夫为井，四井为邑，四邑为丘，四丘为甸"，"四甸为县，四县为都，以任地事而令贡赋，凡税敛之事。"这和《孟子》所说的井田制，同样可作为《诗》"雨我公田，遂及我私"的注释。关于这种"公田"和"私田"的土地区划，由于地势和土地肥瘠等方面的差别，不可能到处按照井田的图式去区划。《周礼·遂人》对此的叙述是："遂人掌邦之野……辨其野之土，上地、中地、下地，以颁田里。上地，夫一廛，田百晦，莱五十晦，余夫亦如之；中地，夫一廛，田百晦，莱百晦，余夫亦如之；下地，夫一廛，田百晦，莱二百晦，余夫亦如之。"《大司徒》也说："凡造都鄙，制其地域而封沟之，以其室数制之：不易之地，家百晦；一易之地，家二百晦；再易之地，家三百晦。"因此，这种公田的性质，在周初行使的"封诸侯"和"锡田"、"锡邑"……那一大量的、普遍的现象出现以前和以后，是有着本质区别的。在这种原先为公社，后来转变为庄园的农村，《诗·小雅·信南山》描绘说："信彼南山，维禹甸之；畇畇原隰，曾孙田之。我疆我理，南东其亩……中田有庐，疆场有瓜，是剥是

---

① 《资本论》，第 1 卷，人民出版社 1953 年版，第 268—269 页。

菹。"(郑氏笺注云："中田，田中也，农人作庐焉，以便其田事，于畔上种瓜，瓜成……剥削淹渍以为菹。")

农业生产的主要担当者，叫作农、农夫、农人、小人、野人或民、庶民、小民、庶人、众人，也是主要的被统治阶级。这在《尚书》、《诗经》、《国语》、《左传》等有关文献的记载中都交待得很明白。他们和奴隶的区别，正如马克思所说的一样，"奴隶是直接被剥夺了生产工具的。"① 他们则有自己的生产工具和进行独立经营。《诗·周颂·臣工》："命我众人，庤乃钱镈。"（郑氏笺注："教我庶民，具妆田器。"）《良耜》："其笠伊纠，其镈斯赵，以薅荼蓼。"《载芟》："有略其耜，俶载南亩，播厥百谷。"《国语·周语》：虢文公说："民用莫不震动，恪恭于农，修其疆畔，日服其镈，不解于时。财用不乏，民用和同。"所谓"乃"、"其"，就是对"众人"或"农夫"……的指称；"乃钱镈"、"其镈"、"其耜"、"其笠"，就是"众人"或"农人"……自有的生产工具和用具：钱、镈、耜、笠，等等。以其自有的生产工具，独立经营有"其疆畔"的"私田"②，并以之与农村手工业等副业相结合。所以《周礼·地官下·闾师》说："凡庶民不畜者，祭无牲；不耕者，祭无盛；不树者，无椁；不蚕者，不帛；不绩者，不衰。"这说明他们是进行独立经营的（《诗·国风·豳·七月》对这种终岁勤苦的农奴生活，作了生动具体的描写。《小雅·十月之交》描述了一个叫作皇父的领主，在向其封地建筑城堡，毁坏农民的墙屋和庄稼，激起农民反感）。他们并以自有工具，在领主的土地即"公田"上劳动；但由于当时生产力低下，所以领主只能占去其较小部分时间，即如前所述的九一、什一等的劳役地租。《周礼·地官·小司徒》："凡起徒役，毋过家一人。"又《均人》说："凡均力政，以岁上下，丰年则公旬用三日焉，中年则公旬用二日焉，无年则公旬用一日焉，凶札则无力政、无财赋，不收地守地职，不均地政。"是连同地租、徭役、贡纳而说的。大领主，特别是最高领主周天子，占有广大面积的"公田"，春耕时节，每每有成千上万的农奴同时在其"公田"上劳动，收获的粮食堆积如山，所以《诗·周颂·良耜》说：

---

① 《政治经济学批判导言》，人民出版社 1955 年版，第 160 页。
② 《诗·小雅·大田》："以我覃耜，俶载南亩，播厥百谷。既庭且硕，曾孙是若。既方既皁，既坚既好，不稂不莠，去其螟螣，及其蟊贼，无害我田稺……有渰萋萋，兴雨祁祁，雨我公田，遂及我私。"

"获之挃挃，积之栗栗，其崇如墉，其比如栉，以开百室。"《丰年》说："丰年多黍多余，亦有高廪，万亿及秭。"《载芟》说："载芟载柞，其耕泽泽。千耦其耘，徂隰徂畛。侯主侯伯，侯亚侯旅，侯彊侯以。""载获济济，有实其积，万亿及秭。"《诗·小雅·甫田》："倬彼甫田，岁取十千。"《国语》："庶人终于千亩。"这种耕作和收获的场面，在西周王室也是大事，《周语》记虢文公的话说："是时也，王事惟农是务，无有求利于其官以干农功。"这不是一般大领主，尤其是中小领主或过去公社所能有的场面。《周颂》、《小雅》及其他文献所述，也不符合于奴隶劳动的情况。除劳动地租外，农奴还须给领主提供徭役和贡纳①。这又正是他们和公社成员或自由民的区别。

公社成员向农奴转化，公社向庄园转化的这种过程，是"武王革命"后的社会主要趋势。但这种转化，是逐步的，并且是经过斗争的。出身周族，又参加"武王革命"的"管蔡以武庚叛"，就可能有公社成员抵抗农奴制的成分在内。他们对于封建领主的生活和剥削，如《诗经·伐檀》、《硕鼠》等篇所述，是有深刻的阶级反感的。

但公社秩序是在相当时期内与庄园制度并存的。据《周礼·地官·小司徒》、《大司徒》，这首先表现为：按公社成员的户口图籍，定期"均土地"和"养老"、"慈幼"、"振穷"、"恤贫"等遗制的存留，其次为耕地不得买卖，坟地可自由使用，山林川泽也是共有的，但由于这种公地逐渐被领主们所独占，《礼记·王制》及《穀梁传》庄公二十八年等古籍，便以之作为历史的陈迹而追述了；再次为所谓借田制度的遗存，但也只存留到宣王时代；又次为氏族的联系和约束的存留，及与之相适应的，领主们把它发展起来为封建制服务的宗法制度，直到西周和春秋之际，才开始丧失其约束力——如《诗·国风》的《汾沮洳》、《杕杜》，《小雅》的《黄鸟》、《伐木》，《周礼·地官·大司徒》和《左传》哀公元年等文献所述氏族联系的遗存，以及春秋时代关于

---

① 《诗经》及其他文献关于徭役和贡纳的记载颇多。《国风·豳·七月》关于贡纳说："七月鸣鵙，八月载绩，载玄载黄，我朱孔阳，为公子裳。""一之日于貉，取彼狐狸，为公子裘。""言私其豵，献豜于公。""四之日其蚤，献羔祭韭。"关于徭役说："嗟我农夫，我稼既同，上入执宫功。"关于兵役，《鸨羽》说："王事靡盬，不能艺黍稷，父母何食!? 悠悠苍天，曷其有极!"《陟岵》："父曰：嗟! 予子行役，夙夜无已。"《尚书·康诰》："周公初基，作新大邑于东国洛，四方民大和会。侯、甸、男邦，采、卫。百工播民和，见士于周。"

"子弑父"、"弟弑兄"等现象的出现等等。

另方面，由于周人自己原来的家长奴隶制和殷朝奴隶制度的影响，以及迁入的"殷遗民"所带去的奴隶制度的作用，在西周又有奴隶制和封建制的并存，如《诗·小雅·正月》："民之无辜，并其臣仆"的"民"和"臣仆"，是具有"自由民"和奴隶的性质的。《诗·小雅·无羊》所述属于领主附属生产中的"尔牧"或"牧"，也似乎是奴隶或近似奴隶的贱奴。《国语·晋语》述郭偃议论骊姬的谈话中有："其犹隶农也，虽获沃田而勤易之，将弗克飨，为人而已。"这表现晋国到春秋初，也还有奴隶参加农业生产的现象存在。此外，金文、《诗经》等西周和春秋时代文献中，所谓臣、仆、徒、御、私人、以至圉、牧等等，则都是为领主服役的奴隶或贱奴，如《周礼》所述各职事部门所使用的胥、徒一样，系封建制本身所固有的附属物。文献记载上常把他们排在"庶人"等前面，由于农奴制时代的工奴、贱奴，是与农奴的身分相同的，而又由于他们直接臣事领主而为其亲近。

据《逸周书·世俘解》、《小盂鼎铭》关于俘虏，《周礼》关于"罪隶"、"舂櫜"和人口买卖等记载，这种奴隶和贱奴的来源，主要为战争中的俘虏、罪犯和人口买卖而来的。

原来殷人住区的封邦表现了到封建制过渡的另一类型，它与中央区域不同并为时稍晚，其中齐、鲁是比较典型的。

原来殷人的农村公社叫作"社"或"书社"，也叫作"邑"①。这种公社内包括有自由民和奴隶的阶级构成，在自由民内部也包括有大、小奴主和下层自由民等阶层。周朝新政权，为着抚辑殷人，采取逐步改变的方针，如《左传》定公四年说："启以商政，疆以周索。"（杜注云："居殷故地，因其风俗，开用其政；疆理土地以周法。"）这就是在实行封建土地制度的基础上，承认

---

① 甲骨文字"社"作"土"，并有"邦社"之称。《左传》昭公二十五年："齐侯曰：自莒疆以西，请致千社。"（杜注：二十五家为社。）哀公十五年："昔晋人伐卫。齐为卫故……因与卫地，自济以西；禚、媚、杏以南，书社五百。"（杜注：借书而致之。）《荀子·仲尼》：齐桓与管仲，"与之书社三百，而富人莫之敢距也。"《晏子春秋》谓桓公以书社五百封管仲。《吕氏春秋·先识览·知接》："卫公子启方以书社四十下卫。"（高注：下、降也。社、二十五家也。）又《左传》哀公七年：邾隐公"来献于亳社。"（杜注：以其亡国与殷同。）《公羊传》哀公四年："蒲（按即亳）社者何，亡国之社也。"因此，"社"曾是殷人农村普遍存在的组织形式。称邑的，如《论语》："骈邑三百"之类。

殷人原来奴隶制度的合法存在。在《尚书·多方》、《多士》等文告中所宣布的，只要殷人老老实实服从革命秩序，并可任用他们在国家机构服务，册封其首要人物为新的领主，如微子等人。但在"疆以周索"的原则下，原来公社内的居民，必须向新的封建领主提供劳动地租和徭役、贡纳。这就又给了它以庄园制的内容，给予了封建制和奴隶制的两重性，并扩大了奴隶和自由民间的矛盾，引起自由民内部的分化和一向贱视劳动的自由民对新制度的抗拒。

这样，便出现了封建制和奴隶制两种制度的并行和斗争。鲁公伯禽征"淮夷""徐戎"的文告《费誓》，基本上表明了这两种制度并行的初期情况。文告一面向服兵役参加战争的众人宣布，令他们："善敹乃甲胄，敿乃干，无敢不弔；备乃弓矢，锻乃戈矛，砺乃锋刃，无敢不善。今惟淫舍牿牛马，杜乃获、敜乃阱，无敢伤牿，牿之伤，汝则有常刑。"同时命令"三郊三遂"的"鲁人"，大量供给粮秣并自备工具去为他建筑工事服役，说："鲁人三郊三遂，峙乃桢榦，甲戌，我惟筑，无敢不供，汝则有无余刑，非杀。鲁人三郊三遂，峙乃刍茭，无敢不多，汝则有大刑。"这表现农奴制秩序已在鲁国建立起来。文告另一面又严申："马牛其风，臣妾逋逃，勿敢越逐，只复之，我商（赏）赉尔，乃越逐，不复，汝则有常刑。无敢寇攘，踰垣墙，窃马牛，诱臣妾，汝则有常刑。"这又表现奴隶制度还继续存在，并得到保护。

齐国和鲁国的情况，基本上是一样的，只是在推行封建制的进程上，步骤有缓急的分别。在齐国，《史记·齐太公世家》、《鲁周公世家》说："太公至国修政，因其俗，简其礼"，或者说："简其君臣，礼从其俗"，"五月而报政"；在鲁国，伯禽至鲁，"变其俗，革其礼，丧三年，然后除之"，"而后报政"。齐国的情况表明，到春秋初期，奴隶制度仍与封建制度并行存在。在役使奴隶方面，一面表现为较大量地使用奴隶参加冶铁生产[1]；一面表现在农村中，有一套圈禁奴隶、防止奴隶逃亡的机构和措施[2]；一面表现为也使用奴隶

[1] 如《管子·轻重乙》："桓公曰……请以令断山木，鼓山铁……管子对曰：不可，今发徒隶而作之，则逃亡而不守；发民，则下疾怨上，边竟有兵则怀宿怨而不战。"又《轻重戊》："管子对曰：莱莒之山生柴。君其率白徒之卒，铸庄山之金以为币。"

[2] 如《管子·立政》："筑障塞匿，一道路，博出入，审闾闬，慎筦键。筦藏于里尉，置闾有司以时开闭。闾有司观出入者以复于里尉。凡出入不时，衣服不中，圈属（房注：羊豕之类也）群徒（众作役也）不顺于常者，闾有司见之，复无时；若在长家子弟、臣妾、属役、宾客，则里尉以谯于游宗，游宗以谯于什伍，什伍以谯于长家，谯敬而勿复，一再则宥，三则不赦。"

从事其他生产，并可以任意杀死奴隶①。

但当时齐、鲁的主要生产是农业，也正如《管子·治国》所说："夫富国多粟生于农。"而农业生产和赋役的主要担当者，乃是"农"或"民"，他们不是奴隶或自由民，而是进行独立经营、不许迁徙、祖孙世业的农奴。这在《齐语》、《鲁语》、《管子》等书中都有较详细的记述②。这表现农奴制已渐次取得支配地位。但是在这个地区，奴隶制残余，在战国和秦朝都是强烈存在的。如《史记·货殖列传》所述的那些使用奴隶从事手工业生产和商业活动的，除出身于秦国和巴蜀地区的乌氏倮、寡妇清等人外，白圭、郭纵、刁间、吕不韦、猗顿等人都出于这个区域。而在战国，据《史记·田儋列传》所说，主人已不能任意杀死奴隶，据裴骃集解引"服虔曰：古杀奴婢皆当告官"。这所谓"古"，是可能早于战国以前的。

除奴隶外，也同样有大量贱奴的存在；其中并有些人，如郑之申不害、鲁之鲍子等，都爬上了统治者的地位。有些奴隶，还由于作战有功等原因，而得以解除奴隶身份和获得田宅等私产。

这种奴隶和贱奴的来源，也由于战争中被俘、犯罪或人口买卖，如《左传》昭公十八年所述："鄅人藉稻，邾人袭鄅……尽俘以归"，襄公二十七年

---

① 《晋语》："桓公卒……诸侯畔齐。子犯知齐之不可以动，而知文公之安齐而有终焉之志也，欲行而患之，与从者谋于桑下；蚕妾在焉，莫知其在也。妾告姜氏，姜氏杀之。"

② 《齐语》：管仲对桓公说："四民者勿使杂处。""处士也，使就闲燕，处工就官府，处商就市井，处农就田野。""故士之子恒为士。""工之子恒为工。""商之子恒为商。""今夫农，群萃而州处，察其四时，权节其用，耒、耜、枷芟。及寒，击草除田，以待时耕；及耕，深耕而疾耰之，以待时雨。时雨既至，挟其枪、刈、耨、镈，以旦暮从事于田野，脱衣就功，首戴茅蒲，身衣袯襫，沾体涂足，暴其发肤，尽其四支之敏，以从事于田野。少而习焉，其心安焉，不见异物而迁焉，是故其父兄之教不肃而成，其子弟之学不劳而能。夫是故农之子恒为农。""内教既成，令勿使迁徙……人与人相畴、家与家相畴，世同居，少同游。"又《鲁语》：公父文伯之母语文伯曰："昔圣王之处民也，择瘠土而处之，劳其民而用之……夫民劳则思，思则善心生，逸则淫，淫而忘善，忘善恶心生。""自庶士以下，皆衣其夫。社而赋事，烝而献功。男女效绩，愆则有辟，古之制也。君子劳心，小人劳力，先王之训也。"又《管子·治国》："农夫终岁之作，不足以自食也……凡农者，月不足而岁有余者也。而上征暴急无时，则民倍贷以给上之征矣。耕耨者有时而泽必不足，则民倍贷以取庸矣。秋籴以五，春粜以束，是又倍贷也。故以上之征而倍取于民者四……夫以一民养四主，故逃徙者刑，而上不能止者，粟少而民无积也。""民富则安乡重家……民贫则危乡轻家，则敢凌上犯禁。"《立政》："国之所以富贫者五，轻税租，薄赋敛。"《齐世家》："顷公……薄赋敛不足恃也。虚积聚以救民。"晏婴说景公："赋敛如弗得，刑罚恐弗胜。"《左传》昭公三年："民参其力，二入于公室，而衣食其一。""庶民罢敝……道殣相望……民闻公命，如逃寇雠。"

所述"使诸侯"伪装"乌余之封者"，尽俘乌余之众；《管子·揆度》所谓"民无檀者卖其子。"这种情况，也是继续到春秋以后的相当时期。

比齐、鲁各国后起的秦国，过渡到封建制又是另一类型。

秦是比较后起的，据《史记·秦本纪》所述，到周孝王（公元前909至公元前895年）时，非子为孝王养马于"泾渭之间"，始分土为附庸，邑之秦……号曰秦嬴；宣王时（公元前827至公元前782年）"秦仲为大夫，死于戎"，宣王乃以"其先大骆地犬丘"封秦仲子庄公"为西垂（邮）大夫"；平王（公元前770至公元前720年）"东徙洛邑"，才"封襄公为诸侯，赐之岐西之地……襄公于是始国，与诸侯通使"。所以《封禅书》说："秦襄公攻戎救周，始列为诸侯。"同时，秦原先在生产上也是较落后的，据《秦本纪》及《商君列传》所述，在非子时还是以牧畜为主要生产；各国都卑视它，把它看作"夷翟""戎狄"。而秦所接受周的"岐西之地"，由于西周末的严重旱灾、震灾和军事破坏等灾难，原有的生产基础毁灭无余，人民流散殆尽，秦文公于公元前750年驱走戎人，始"收周余民而有之"，但已不能从西周原有的基础上去恢复生产。其次，秦国不断扩张和占领的西北及蜀、巴广大地区，当时都为较落后的部落所散布，但获得了"僰僮"之类的奴隶来源。

因此，秦国一面在西周的封建制和其影响的基础上，从春秋初期就开始推行封建制，一面又在其落后的基础上发展起奴隶制。秦国最初的农业生产者，主要是文公时所收有的"西周余民"以及不断招来的晋国等各国农民（如《史记·六国表第三》所述"晋大夫智开率其邑人来奔"，"晋大夫智伯宽率其邑人来奔"）。到商鞅相秦时，《商君书·徕民》所述，有"地方千里者五"，"田数不满百万"，仍是"人不称土"，便把招徕三晋以及"山东之民"，"利其田宅，而复之三世"，作为秦国一个重要政策。商鞅为增殖农业人口，并施行"民有二男以上不分异者，倍其赋"的政策。这种"民"的性质，在春秋初期的秦穆公时（公元前659至公元前621年）的情况，就表明他们是提供赋役的农奴，赋役是秦国领主"积聚"的重要来源①。《诗·秦风·无衣》并叙述了其时农奴有服兵役的负担；《权舆》叙述了其时已有因被兼并而致每食不

---

① 如《史记·秦本纪》：晋"使由余观秦，秦缪公示以宫室、积聚。由余曰：使鬼为之，则劳神矣；使人为之，亦苦民矣！"这说明"宫室、积聚"系来自"民"的赋役。

饱的小领主。

另方面，秦国的奴隶制度也自始就比较盛行。这在一方面，表现为从春秋初期起，就开始使用大量奴隶殉葬，如"武公（公元前 683 至公元前 664 年）卒……初以人从死，从死者六十六人。""缪公卒，从死者百七十七人，秦之良人子舆氏（按《诗·黄鸟》作子车氏）三人，名曰奄息、仲行、针虎亦在从死之中。"直到春秋末的献公（公元前 384 至公元前 362 年）元年，才明令宣布"止从死"①；这正是和封建制长期并行的奴隶制退处到从属地位的反映。用人殉葬虽属奴隶制和农奴制共有的特征，后者并且是前者的残余；但是历史上，这在农奴制度下，主要只是用少数亲近和爱倖之人，很少用大量人口殉葬的（据《左传》、《秦本纪》等记载，春秋时，晋、楚等国用"近臣"或"人"殉葬，秦二世令始皇后宫无子者从死。《墨子·节葬》所称大量"杀殉"，大概是殷朝情况或其时秦、越各国情况。孔子说："始作俑者，其无后乎"，足见山东等地至迟到春秋末，已以俑代人）。一方面，表现为秦国不断赦免大量所谓"罪人"，发放到新占领地方充当农奴。据《秦本记》所述：昭襄王二十一年（公元前 314 年），"魏献安邑……赦罪人迁之"；二十六年，"赦罪人"迁人所拔"赵二城"；二十七年，"赦罪人迁之南阳"，"攻楚取鄢邓，赦罪人迁之"；孝文王元年（公元前 251 年），"赦罪人"；庄襄王元年（公元前 250 年）"大赦罪人"……这一面表明秦国的封建制度至此已占优势，所以不断赦免大量奴隶和刑徒为农民，一面也表明秦国到战国时代，还不断对犯罪者广事株连，把大量人口罚充徒役，同时把战争俘虏的大量人口充作奴隶，这种情况，并一直继续到秦朝的灭亡②。一方面，如《货殖列传》所说，表现为："秦文、孝缪居雍隙，陇蜀之货物而多贾；献孝公徙栎邑……北却戎翟，东通三晋，亦多大贾。"直到战国和秦朝之间，如秦相吕不韦、安定乌氏

---

① 《史记·秦本纪》。

② 《秦本纪》谓秦文公二十年"法初有三族之罪"，秦法的严苛和株连之广是始终没有改变的。又《战国策·秦策》："韩魏父子兄弟接踵而死于秦者百世矣……刳腹折颐，首身分离，骨肉帅泽，头颅僵仆相望于境；父子老弱系虏相随于路。"《吕氏春秋·义赏》："氏羌之民，其虏也，不忧其系累，而忧其死不焚也。"《晋语》："秦伯纳卫三千人，实纪纲之仆。"而此不过一些明显的例子。到秦朝，《秦始皇本纪》：罪人"黥为城旦""适治狱，吏不直者筑长城"，嫪毒犯罪，也是"其舍人轻者为鬼薪""徒刑者七十余万人，乃分作阿房宫，或作丽山，发北山石椁"。《史记·陈涉世家》："秦令少府章邯免郦山徒人、奴产子，悉发以击楚大军。"

僰、巴蜀寡妇清等人，都还使用相当数量的奴隶，即所谓"僮"，从事手工业生产和商业活动；以奴仆赏赐贵族及作战有功人员，并容许奴隶买卖。这种情况并残留到秦朝及其后①。

秦国到封建制过渡的情况，大抵就是这样。

越国到封建制的过渡又是一种类型。越国当时较秦国更落后。据《史记》有关世家、《越绝书》、《吴越春秋》、《国语》、《左传》等有关记载及地下出土遗物分析，周初的楚人、吴人和越人，都可能是早期南去的夏人、商人和原住民的混合部落，所以能通用其时汉族的语言和文字，泰伯、仲雍南去至吴，才能生存下来。楚、吴受商、周的影响较早较多，较越先进，其发展程度正间于其时河南、山东境内各封邦与越国之间；越到封建制的过渡，可以反映出较早于它的楚、吴的过渡时间。从近年江苏丹徒烟燉山发现的周初青铜器看来，已不下于其时北方的水平；但那只是作为姬姓之国的吴贵族享有的东西；吴在其后长时间还实行较落后的"火耕水耨"的耕作法。根据《吴越春秋》（卷四）关于春秋时代冶炼家欧冶子以及关于鱼肠、磐郢、湛卢等利剑的制作，证以近年长沙楚墓出土的战国遗物，湖南境内出土的战国时楚国的铁制兵器等遗物，楚、吴、越，尤其是楚的冶炼和手工技术，到战国时，基本上将赶上北方；但据《货殖列传》所述，生产力水平还是较北方为低，如谓"……淮北、沛、陈、汝南、南郡"等"西楚"地区，"地薄，寡于积聚"，"衡山、九江、江南、豫章、长沙"等"南楚"地区，"其俗大类西楚"，"江南卑湿，丈夫早夭"，"九疑、苍梧以南至儋耳者，与江南大同俗"。司马迁并概括地说："楚、越之地，地广人希，饭稻羹鱼；或火耕而水耨，果蓏蠃蛤，不待贾而足……以故呰窳（弱病也）偷生，无积聚。"

越国原来地区并不太大，《国语·越语》说："勾践之地：南至于句无（浙江诸暨），北至于御儿（嘉兴），东至于鄞（鄞县），西至于姑篾（太湖），广运百里。"它一面接受周朝的封建制度和其影响，一面又在其原始公社制的

---

① 《商君书·境内》："给有爵人隶仆，""爵吏而为县尉，则赐虏六。"到秦朝，《汉书·王莽传》说："秦为无道……又置奴婢之市，与牛马同兰。制于民臣，颛断其命。"到汉朝及其以后，也还有其影响和残余。如《史记·货殖列传》所述，通都大邑的市场诸物中有"僮手指千"。《汉书·食货志》说："汉兴接秦之敝，诸侯并起，民失作业，而大饥馑……高祖乃令民得卖子，就食蜀汉。"

基础上发展起奴隶制，形成了封建制、奴隶制及原始公社制长期间的交错并存，到春秋末"勾践治吴"前后，似乎还没走完这一过程。据《史记·越王勾践世家》，勾践、范蠡、文种君臣经十年生聚教训，率以灭吴的部队是："习流二千、教士四万人、君子六千人、诸御千人。""习流"是奴隶，"诸御"也是贱奴或奴隶；"君子"和"教士"，似系由公社成员转变而来的自由民和武士。越灭吴后，范蠡"乃装其轻宝珠玉，自与其私徒属，乘舟浮海以行……耕于海畔……致产数千万"，又"怀其重宝，间行以去，止于陶……复约要父子耕畜，废居、候时转物，逐什一之利……致赀累巨万"。这是以"私徒属"即奴隶从事耕畜生产和商业活动而致富的典型事例。其时越国奴隶制度还相当盛行，也表现在把战败者降作仆妾，官府可以把罪人的妻子作为奴隶发卖。

另方面，越国又存在较强烈的原始公社制残余和氏族联系。这不只表现为原始公社制的均分土地，如《国语·吴语》所谓"均""食土"的残余制度的存在，并表现为上下一同参加劳动，如《越王勾践世家》所谓勾践"身自耕作，夫人自织"的传统的残留；也表现为所谓"父兄"、"父母耆老"或"国人"对报吴的同仇敌忾，把勾践受自吴国的耻辱看作越人共同的耻辱，勾践也正以此去激励"国人"和组织"报吴"力量。越国的"父兄"、"耆老"、"兄弟"，也激昂慷慨地不断表示要舍身忘家去报仇雪耻。

勾践时，越国社会生活的主导方面，是封建制度。其时越人的主要生产是农业，府库的收入和人民的生活，主要依靠农业。《国语·越语》述范蠡说："同男女之功（韦氏解：功，农稼丝枲之功也），除民之害，以避天殃，田野开辟，府库实、民众殷，无旷其众以为乱梯。"农业生产的主要担当者是"民"或"农"，也叫作"众庶"。《国语·吴语》述申胥谏吴王夫差说："今越王勾践恐惧而改其谋：舍其愆令，轻其征赋；施民所善，去民所恶；身自约也，裕其众庶。其民殷众，以多甲兵。"这说明"民"或"众庶"不只是越国农业生产的主要担当者，也是赋役的主要负担者，他们是主要的被统治阶级；而他们又是有自己的私有财产和进行独立经营的，其性质乃是农奴。所以他们是越国统治阶级施政、统治、剥削的主要对象，也是勾践君臣借以蓄积"报吴"力量的主要源泉。《吴越春秋·勾践归国外传》述文种教勾践说："爱民而已……民不失其时则成之；省刑去罚则生之，薄其赋敛则与之……农失其时则败之，有罪不赦则杀之，重赋厚敛则夺之，多作台游以罢民则苦之，劳扰民力则怒之。"越王乃"缓刑薄罚，省其赋敛"。其次，越国也和其他封邦一样，实行分封制，如勾践收范蠡妻子"封百里之地"，拟以"甬东……百家"封吴王夫差。同时，勾践也同其他霸主一样，与诸侯会盟，"致贡于周"，"使使号令齐、楚、秦、晋皆辅周室"，以取得周元王（公元前 475 至公元前 469 年）给予的"命号"去号令诸侯①。

因此，越国到勾践时，虽然还没有走完到封建制过渡的过程，但封建制也已占有支配地位。至于当时各种社会制度相互间的斗争情况，则还缺乏足够的材料来说明。

上述四种类型，大致可以概括周朝封建制度在其时全国各地区的不平衡发展和转变过程；但都是在"武王革命"胜利的统一形势下建立和发展起来的。

四

不能说，我这样就对两周社会形势的发展作了全面、深刻的分析，其中还可能存在有不少认识错误和不妥当的地方；但我认为，这似乎可以提供一个线索，去揭示两周社会形势发展的客观规律，复现其本来面目。

我早年在《史前期中国社会研究》、《殷周时代的中国社会》、《中国政治思想史》等拙著中，虽然提到了周朝社会形势发展的过渡性和不平衡性；但一方面始终只是把自己的视野拘限在西周的圈圈内，一方面过多地注视封建性方面的东西，而忽视了奴隶制和原始公社制方面的东西，这虽然不是按照预定的框框去搜寻史料，但表明了我当时在思想方法上存在着片面性，没能很好地运用历史唯物论，对两周社会历史情况进行全面的具体的科学分析。认为两周社会是奴隶制或原始公社制的同志和朋友，在研究的方法上，我认为也可能曾和我存在着同样的情况。

马克思主义经典著作，对于原始公社制、奴隶制、封建制社会的科学分

---

① 《吴越春秋·勾践伐吴外传》、《史记·越王勾践世家》。

析，对它们的各自不同的诸特征与特殊规律，都是极其明确的，没有足以引起混乱的地方。问题在于我们对马克思主义的认识水平不够，没能掌握其全部精神实质。

有关两周的史料，连同地下出土物在内，分量并不太多，每个人都比较容易把它较仔细地读完。甲骨文、金文、某些古字和难解的文句，大家的看法和解释每每不一样；我以为只要不把它孤立起来去进行烦琐考据，而一一以之与全部有关史料联系起来去进行考察，把它放到历史唯物论的基础上去进行考证，问题都是可以解决的。

近年来，在党的领导下，中国科学院和全国人民代表大会民族委员会，对我国少数民族的社会历史，作了有益的调查研究工作。调查研究的材料初步指明：若干兄弟民族在解放和改革前的社会中的原始公社制的某些存留，能给予我们以研究原始公社制度史的具体的启示；兄弟民族中如大小凉山彝族地区，在解放和改革前的奴隶制度的存留（大家对大小凉山彝族地区的社会性质，有奴隶制、由奴隶制到封建制的过渡、封建制三种不同的意见，而承认有奴隶制的存留则是一致的），能给予我们以研究奴隶制度史的具体启示；在藏族地区，正在进行民主改革的西藏，存在着较典型的农奴制度，甘、青、川、滇的藏族地区，在改革前，也存在着农奴制度的若干典型的东西，它们能给予我们以研究农奴制度史的具体启示。这不但对我们研究原始公社制度史、奴隶制度史、农奴制度史有很大的帮助，可以丰富我们研究的内容；而且给我们开辟了研究中国史的新园地，将大有助于我们对两周社会性质问题的解决。

（原载《新建设》1959 年第 9 期）

关于武则天

——1959 年 10 月 16 日在中国戏剧家协会北京市文联
联合举办的越剧《则天皇帝》座谈会上的发言

上面发言的同志对这出戏的成功的方面和还需要提高的方面的意见，我大抵同意。我认为不论什么人写的剧本，都不可能一拿出来就十全十美，都是要经过修改和提高的。上海越剧院的同志们把这出戏写出和演出，让大家看了，提出意见，打算再加以修改，这就是群众路线。这样，戏就一定可以搞好。

说"给武则天翻案比给曹操翻案的危险性更大"，那倒不见得。武则天是代表地主阶级的人物，但却是一个应该肯定的人物，是中国历史上统治全国的唯一的一位女皇帝，而且是一位较出色的封建皇帝；但这不是说她没有不好的方面，只是说她的主要方面是应该肯定的。从过去的统治阶级中去找完人是不可能的。

对武则天应该肯定的，我以为主要有三个方面：

第一，在内政上她对南北朝以来长期残破的社会经济，在唐高祖、太宗时代的恢复和发展的基础上，做了进一步的修复和发展的工作。唐朝在当时的世界上，成为经济、文化发达最高、最先进的国家，也是与武则天当权的五十年的种种措施分不开的。武则天的政权及其政策，性质上是代表地主阶级的，尤其是适合中小地主的利益和要求。但这在当时，是对历史前进起了促进作用的，也是在客观上符合农民的一些利益与要求的。唐代特权大地主集团不是经由南北朝的阀阅门第传下来的。唐初定氏姓门第，李世民肯定不以南北朝的郑、崔、李等著姓为主，而以当代功臣为主。所以唐代便形成以功臣为主的特权大地主集团。唐初的功臣，大多是山东、山西和陕西等地方的人，如秦琼、徐勣、程咬金等都是山东人，尉迟恭等都是山西人。有人称之为"关陇集团"，是不合历史事实的。李世民时期，对长期以来残破的社会生产，作了初步恢复和发展，进一步确定了秦汉以来的多民族的国家疆土。但从李世民以后，地主与农民间的阶级矛盾又较尖锐，僧俗大地主与中小地主间的利害冲突也较严重了，具体表现为大地主不负担赋役，又不断对农民扩大剥削与兼并土地。武则天从适合中小地主阶层要求的立场上，实行了一系列的改良政策，如她向高宗建议的十二事中，其中：奖励农桑生产，减轻人民的赋税和徭役负担；停止向国内和国外用兵，增强文化教育与文化交流，禁止一切浮华巧伪的风习；减省伤害人民的一切功费和力役；免除京畿地区的赋役负担；广开言路；断绝诬害忠臣、污蔑善良的谗言；任事已久、才高位低的下级官吏，得越级提拔；等等，都是武则天一生的政治主张和举措的基本内容。由于这样一系列改良政策的继续实行，缓和了社会矛盾，使唐朝经济和文化得到了进一步的发展，壮大了唐朝的国力，并为开元的发展准备了条件。为着贯彻这等政策，她自己执政以后，一方面，又冶铜制四匦设立一室，收受各种意见书，很像现在的意见箱，东边的叫做延恩匦，收受关于本人赏罚的意见书；南边的叫做招谏匦，收受批评时政得失的意见书；西边的叫做申冤匦，收受蒙受欺压、委曲、冤枉等等申诉书；北边的叫做通玄匦，收受有关方策等秘密的意见书，并专设一重要官员掌管。因此，她得以了解社会各方面的情况和意见，即所谓人间善恶事。一方面，从特权大地主集团以外的中小地主等阶层出身的人士中，收集四方豪杰、实材真贤，不惜爵禄官位，提拔任用；所谓虽妄男子，只要有才也均得任用，只有不称职的人，不得侥幸求进或窃取官位。一方面，凡从全国各地前来报告地方变故的，不论是农民、樵夫……武则天必亲自接见，沿途官吏不得阻拦、查问。一方面，镇压和平定特权大地主集团的反对和叛乱，将李氏王族和重臣，大批地处死、监禁、流放到边疆地方。一方面，凡地方有水旱等天灾都开仓赈济，惩办赃官，废除官吏缴半薪，人民纳口钱以养边兵的无名苛捐，等等。这就是武则天五十年间，内政上实施改良政策的基本情况。

第二，唐朝是一个多民族的大帝国，唐初的李世民等人对祖国疆域和民族关系的巩固和发展，做了不少工作，进一步奠定和巩固祖国的疆土，发展了民族之间的关系，使各族间经济、文化的联系更加密切了。这在武则天是起了重要作用的。在武则天时代，由于国力的继续增长和国威的继续伸张，一面以强大的兵力击败吐蕃统治集团背信弃盟的进攻，讨伐突厥、契丹等统治集团的叛变；一面在其时又可说是比较开明的处理了唐廷和他们间的关系。所以集于长安的各部族部落长及外邦使臣、即所谓"蕃、夷长"，常一同朝见则天和向她祝贺。则天晚年，为着纪念国内各部族部落间的良好关系、中国和外国间经济、文化交流的盛事，乃于长安端门外，建立"大周万国颂德天枢"，用铜铁二百万斤铸成，上面镌刊各臣僚、各部族部落长、外邦使臣名字于其上。这正反映了其时国内各民族间、中国和外国间的关系。

第三，和上述两方面相关联，武则天执政的期间，进一步发展了中国和外国的经济、文化交流，加强中外的经济、文化联系。这不只符合中外商人资本的利益和要求，也是符合于人类经济、文化发展的要求的。

这只是就武则天主要方面来说的。此外，如在文化上，她也进行过不少工作，最著的如召集周恩茂、范履冰、卫敬业等诸儒于内禁殿编撰：《玄览》、《古今内范》各百卷，《青宫纪要》、《少阳政范》各三十卷，《维城典训》、《凤楼新诫》、《孝子传》、《列女传》各二十卷，《内轨要略》、《乐书要录》各十卷，《百寮新诫》、《兆人本业》各五卷，《臣范》两卷，《垂拱格》四卷，另文集一百二十卷。她又自制《大乐》，用舞工九百人演奏，还大胆地创制了曌、丙、峉、⊘、囝、〇、而等十二个新字，等等。自然她也有应予批判或否定的一面——次要的一面。

由于她上述的贡献，使发展到当时的唐朝社会矛盾得到适当处理，经济、文化得以继续向前发展，国力继续增长。

武则天正如剧情所表现，她一生都是在紧张的生活中，就是说处在尖锐复杂的矛盾斗争之中。这样说，也不是主张在表演她时要那样一直板着面孔，也可以笑，当然也不能一直笑下去。这一方面表现为宫廷内部的矛盾；一方面是地主阶级内部大地主与中小地主间的矛盾。武则天的家在文水县，她的父亲武士彟，是商人又是地主，好像还有庄园，他又参加了李渊的起事，但地位比较低，是不得意的，受排斥的。李世民把武则天选进宫只做了才人，世民死后，又送到感业寺那个庵子里去做尼姑。这也可说明她家庭不属于特权集团之内。一方面她对男女不平等的地位肯定是有反感的，特别是李世民死后，李治又把她召进宫去，父子相继玩弄她，她能没有反感吗？自然，她得势后主要是代表中小地主的利益的。她制定和实施的政策，上面讲过，主要是符合中小地主利益的政策。那些政策实施的结果，缓和了唐朝的阶级矛盾。因而总的说来，是巩固和发展了地主阶级的权利和统治的。

刘昫在《旧唐书·则天皇后本纪》是颇多拊拾浮论，对武则天颇多贬论的；但也不能不承认她能广泛收集直言谠论、优待正人、严守法令、抑制近臣、诛戮酷吏、明察功罪、尤其是能用狄仁杰和提拔培养大批人才，等等。

关于历史和戏剧的关系问题，我认为过去时代所编的某些历史剧，戏剧和历史两者间有统一的一面，也有矛盾的一面。比如写曹操的戏，不能说都是无中生有、凭空捏造的。只是作家有时夸大某些方面，降低或抹煞另一些方面，其目的都在于为其自己所代表的时代的一定阶级政治服务。我们今天写戏的方法，是革命的现实主义和革命的浪漫主义相结合的方法，这就已经把问题解决了。写历史人物有关大是大非的问题，就不能颠倒黑白，必须同历史相符合，否则那就没有是非了。无是非是不足为训的。在马克思主义者看来，历史事实是任何时候都不容抹煞，也是颠倒不了的。过去的统治阶级和今天的帝国主义者及反动派伪造历史的作法，也只能混淆是非于一时，终久是会是非大白的。所以过去颠倒了的是非，我们现在要翻案。但是，戏剧又不同于历史，必须要形象化，要集中地描写一些东西或一些方面，可以而且必须要作必要的夸张，发挥作家的浪漫主义思想和手法。如果只是据守史实，戏剧就会变成了历史，就没有意思了。过去的戏给曹操画了白脸，搞了几条黑线，但他的有些好处也不是全没写，不是完全颠倒了是非，只是作者不是通过曹操的形象拿历史上的大是大非去教人，而是适合其所代表的阶级的当前要求去写曹操，去为其阶级的政治服务。那么，这类戏还要不要呢？我以为如果一笔抹煞，就不能不引起一个怎样对待戏剧遗产的问题，怎样处理历史上的剧作家的著作权问题。过去的那些戏是过去的人写的，改也应该极其慎重。当然是可以改的，改得不好，还可以大家来讨论。还可以大鸣大放、贴大字报，百花齐放，百家争鸣，互相讨论。不但是关于曹操的戏，就是今天大家的发言，也都不是定论，有不同意见都可以展开争论，也可以贴大字报。要是我们这一代做不了结论，那就留给儿子、孙子们去做好了，相信他们是会做出恰当的结论来的。

（原载《戏剧报》1959 年第 21 期）

伟大人民的伟大历史和创作

——读《义和团的故事》笔记

一

《民间文学》连续发表的《义和团的故事》（以下简称《故事》），我认为它对历史科学和文艺创作等方面，都有相当大的贡献，将发挥其为祖国社会主义事业服务的一定作用。

已发表的这部分《故事》，都是产生在河北安次、武清一带——控制其时正在修建中的京津铁道沿线地区；当时义和团运动的火焰，是几乎燃遍了全部华北的，它的策源地是山东。因此，我感到，如果以《民间文学》和张士杰同志的已有成绩作基础，组织更多的力量，有重点又照顾全面，继续进行搜集、整理和发表，那不只将有更大量的优秀作品出现，对义和团运动的真实历史情况，也将更多地复现出来。

马克思主义的经典家，马克思、恩格斯、列宁和我们党的领袖毛泽东同志，都极重视民间的传说故事，正由于我们能从中去发现大量的伟大、优秀的作品，能通过它去了解真实的历史情况、人民怎样在创造历史，等等。

二

已经整理、发表的《义和团的故事》，可以说，初步复现了义和团运动史的若干基本情况。这一段英勇壮烈、震动世界的历史，曾长期为帝国主义和封建、买办阶级所污蔑，为资产阶级学者所歪曲。《故事》的搜集、整理和发表，为参加义和团运动的团内外劳动人民白了冤，为当时的"中国人"白了冤，为义和团运动史的科学研究提供了宝贵资料。

从鸦片战争到义和团运动时代，中国已完全沦为半封建半殖民地；所谓"列强"、即帝国主义各国，像恶狗相咬似的，各自在中国争夺势力范围，又偷偷地在策动"瓜分"。因此，中国又面临着"瓜分"的危机，即广大劳动人民和仁人志士所"痛心疾首"的"亡国灭种"的危机。

与半殖民地半封建的社会经济结构相适应，又有了社会诸阶级关系的新构成、新结合。在错综复杂的社会矛盾诸关系中，帝国主义侵略与中国各民族人民间的矛盾，便升到了突出的地位。中国社会内部各阶级间的动态，大致是：

代表封建统治阶级的清朝政府，从鸦片战争以后，越来越在"列强"面前表示屈服，正如《故事》所说："洋毛子在中国说怎着就怎着，皇上不敢惹一惹"；但彼此间自始也就存在着矛盾，不过清朝政府是："挨打不说疼，有病不哼哼；心里难受还得笑，浑身痒痒装安静"，特别在"瓜分"危机面前，矛盾便随着扩大了，因此乃有慈禧、载漪、荣禄等的一箭三雕的如意算盘：骗取义和团来"助清灭洋"，假手"列强"来屠杀义和团，借题目实行"废立"。另外，代表一部分地主、买办的"二毛子"即"教民"之类，正如《故事》所述，他们"又是财主又是教徒，官面、洋面、私面——那方面都吃得开"，"比什么人都恶……到处横行"，"想欺侮谁就欺侮谁"，是"六亲不认"的"卖国贼"。他们都是人民的敌人。

以国家官僚资本为依据，有一些进步倾向的洋务运动派，在甲午战争后，已经失却了进步性而投靠保守派，同样污蔑义和团为"乱民"，附和在"八国联军"面前投降的主张。以国家官僚资本为背景、又反映其时资产阶级一些要求的保国会派，在戊戌百日维新失败后，"六君子"殉难、康梁出走，已形瓦解。

民族资产阶级虽已出世，但力量极微弱，又有两面性。《故事》中的王三，可作为一个典型。

中国无产阶级较资产阶级出世早、人数多，而又赋有极强烈的革命性、极优良的品质等等特点；但这时还处在"自在的阶级"时期，没登入历史舞台。

在其时，只有以贫雇农为主体、而又包括中农的劳动农民，不只有极丰富的斗争传统和经验，而又人数极多；由于帝国主义和封建、买办阶级等，层层残酷的压迫、剥削——如《故事》所描写的一样——，以及伴随而来的水、旱、蝗、瘟等灾难，迫使他们相继失去土地或生活依据，以至卖儿卖女，流离失所——他们"本来……就很穷，加上官家要粮要款要得凶"，"洋毛子"和"二毛子"到处"祸害人"，"就更穷了"，"日子没法过了"……——经常受到饥寒和死亡的威胁。因此，他们便通过自发斗争的形式，充当了其时反帝反封建的先锋和主力，保卫祖国和人民利益的干城。义和团运动，正是其时华北劳动人民在这种社会矛盾基础上的总爆发。

当义和团一兴起的时候，他们就敢于向所谓"官家"和"洋毛子"宣布："不听你们官家的，也不听你们洋毛子的，我们该听我们自己的啦！"庄严地向"洋毛子"宣示人类平等的精神："你们是人，我们也是人；你们到时候知道吃饭，我们到时候也知道吃饭；你们到时候知道睡觉歇着，我们到时候也知道睡觉歇着……不许你们欺侮人！"他们一开始和侵略军交锋的时候，就以令人鼓舞的英勇气概，威风凛凛地向侵略者喝道："慢动，中国人在此！"义正词严地宣布："中国的东西不让洋毛子抢了！中国人不让洋毛子随便欺侮了！中国的地方不让洋毛子占了！"

义和团斗争的锋芒，不只是指向帝国主义，而又是指向封建势力的。他们"专门和官家作对"、"围县城"、"烧衙门"、"杀赃官"、"打官兵、抗粮款、打恶霸、砸'恶财主'"、"搜财主的家"、反对"不敢惹洋毛子"的"皇上"和"官家"、"拿二毛子、杀洋人"、"烧教堂和洋人的买卖铺子"、"截洋人的火车"、"扒铁道"、"打洋兵"、"要灭绝""净祸害中国人的洋毛子"等等。这其中，一部分是属于反封建的性质，一部分是属于反帝的性质；"拿二毛子"和"搜二毛子的家"等等，由于"二毛子"是"卖国贼"又是"财主"，便带有反帝反封建的两重性。依据《故事》所记述的情况，真正的义和团、即被诬称为"野团"、"逆民"、"乱民"的主流，直到他们失败止，并没有改变这种斗争的全部内容和行动，并没有放弃反封建斗争；只有在"八国联军"入侵后，他们曾把反帝斗争放到了首要地位。不只如此，他们在失败后，仍是在这里那里、用这种那种方式，继续这种斗争，例如，《故事》记述他们斥责县官说："你们再要粮要款，出头就杀你们；洋毛子敢打中国，就敢宰他们"；"你们作的是中国官，倒让洋人给管着，真不要脸！""逃走了的义和团，在东南（即武清）县里，还暗地杀洋人"，杀"县官""派去的差人"；他们仍打算坚持"造反造到底，洋毛子要杀绝"的斗争，"暗地跟洋毛子和官家干"的斗争。这虽然只是义和团运动的余波，但表明了他们斗争到底的坚强意志、至死不屈的英雄气概，表明了他们始终没有放弃反帝反封建斗争的任何一面。因此，"灭洋"固然是他们始终一贯的战斗口号和行动目标，"杀绝官兵"和"赃官"等等，也同是他们始终一贯的战斗口号和行动目标。过去我们认为义和团都是被欺骗去"助清灭洋"的说法，是不符合义和团运动的实际情况的。《故事》端正了我们的认识。

"助清"或"扶清"不是他们的口号和行动，而是伪义和团或所谓"义民"的口号和行动。伪义和团是"财主、绅士、举人等""为了保护自己的财产、名声、权威……"而"成立"的，或为他们所利用而由地痞流氓等组成的。受清廷"招抚"前去"挂号"，领受"皇封"、"皇赏"的，正是伪义和团——一度受骗、认为"皇上"和"官家""服"了他们的"野团"只是极个别部分或个人，绝大部分"野团""就不服招"；"到大批的野团聚集到铁道线上打洋兵的时候……就趁空子，到处抢夺、杀人、称王霸道、祸害百姓"的，正是伪义和团；"当野团败了，清政府和洋人开始搜查、捉拿义和团的时候……当了通风报信的狗腿子的"，也正是伪义和团。伪义和团乃是真义和团的敌人。《故事》揭露了有关义和团运动的这类真实情况，是对历史科学的大贡献。

义和团运动，是在群众反帝反封建要求的基础上，形成和发展起来的，所以义和团一到各地"布团"，"就象风似的传开了"，运动一开始，就像暴风雨一样，很快便弥漫了全华北；所以他们到处得到群众的欢迎、支持和配合行动。义和团运动虽终于失败了，但它阻止了帝国主义"瓜分中国"的阴谋打算，削弱了封建势力，等等。

欧、美、日本的资产阶级老爷们，硬要污蔑义和团为"拳匪"，污蔑他们"仇视欧洲文化和文明"，诬称"灭洋"是"黄种人敌视白种人"，或"叫嚣黄种人野蛮，仇视文明"，等等。伟大列宁在《中国的战争》中说道："中国的起义者"是诚实的、和平的、"手无寸铁"的中国民众，他们所"憎恶"的"欧洲人"只是"那些到中国来……为了大发横财的人"，只是"欧洲资本家和唯资本家之命是从的欧洲各国政府"，"早就对中国实行这种掠夺政策"、即"殖民政策"的"各国资产阶级政府"，"用自己的所谓文明，来进行欺骗、掠夺和镇压的人，那些为了取得贩卖毒害人民的鸦片的权利而同中国作战（……）的人，那些用传教的鬼话来掩盖掠夺政策的人"；他们"并不是憎恶欧洲人民"①。同样，他们对于美国和日本，也是如此。《故事》所记述的情况，完全确证了列宁的论断。

三

依据马克思主义揭示的"对立统一的法则"，千百万劳动人民进行的生产斗争、阶级斗争，乃是人类历史前进的动力的源泉。这是经典家们一再简述过的，也是我们对全部人类历史的科学研究所确证了的，人类的全部实践所反复证明了的。劳动人民正是通过这种斗争去创造历史的，若干以民间的传说故事形式出现的伟大、优秀的作品，也正是这种创造的一个部分或侧面；而且越是在伟大斗争的时代，越能产生大量的优秀、伟大的作品。不仅如此，在全部阶级社会时代，奴隶主、封建主、资产阶级的文人的各种各样的文艺创作，无不采自民间的形式，并不断从中去吸取活力。以我国为例，《诗经》的雅颂的形式出自民谣——《国风》，《楚辞》的形式出自楚人的讴歌，诗五言和七言的体裁源于民间的歌谣，等等。

《义和团的故事》，正是伟大的中国劳动人民，在义和团运动时代，描绘

---

① 《列宁全集》，第4卷，人民出版社1958年版，第334、335、338页。

他们所进行的伟大斗争和憧憬于未来前途的创作。它是以群众的集体斗争洪流中的实人实事为基础，又是群众的集体创作——但这不是说，它没有夸张成分和传说故事共同的幻想成分——，借群众的口传保留下来；在其中，有没有像高尔基、马雅可夫斯基、鲁迅等那样伟大的作家和作品呢？回答是肯定的，那就是群众的集体和集体创作。

自然，《义和团的故事》，也同它以前的伟大斗争时代的民间故事一样，一面反映了真实的生活和历史情况，具有极丰富的积极因素、极旺盛的生命力；一面又对自己所进行的斗争的要求和前途，寄予革命浪漫主义的幻想，即列宁所说的"憧憬与期望"，同时还每每掺杂一些消极的、落后的东西、即糟粕；一面，时移势迁，由口传把它保留到现在，又每每杂入后来时代的一些成分。所以又必须要剔除糟粕、去其掺杂。总的说来，它是伟大时代，伟大劳动人民自己的伟大创作。

四

《故事》描绘了义和团的英勇、顽强、朴素、机智……的形象。"八国联军"，能打败将骄兵惰、风纪败坏的清朝"官兵"，到义和团群众面前，就成了纸老虎；如果没有"官府"与"官兵"的配合和为他们清道，他们是无法对付义和团的。义和团为"官兵"配合"联军"打败后，仍挺立在"洋毛子"和"官府"面前说："中国人有得是，比你们多得多！洋毛子带官兵，把你们杀光！""横行霸道的洋毛子，吃里爬外的狗官兵，别觉着你们的兵马这么多，别觉着中国人是好欺侮的；中国人有得是，谁也不会饶你们！……把中国人都集合到一块，像踩蚂蚁似的杀光你们这般害人精！"①

义和团人民的合理"期望"，在英明、正确、伟大的中国共产党和毛主席的领导下，由我们这代人把它实现了，而且已远远超过了他们的"期望"——我们已获得社会主义革命的基本胜利。作为今日的中国人，读了

---

① 未注明出处的引文，均引自《民间文学·义和团的故事》。

《义和团的故事》，更感到劳动人民何等可爱！更感到爱国主义的骄傲和自豪！更能鼓足建设社会主义的干劲，力争上游！

（原载《民间文学》1959 年 3 月号）

干部为什么要学习历史

毛泽东同志早在《改造我们的学习》和《整顿党的作风》等著名文章中，就恳切号召党员干部学习历史，1941年整风以来，党中央在布置干部学习中，也历来都把历史课程放在重要地位。

革命干部、尤其是老干部，为什么要学习历史？

首先，因为我们要带动亿万群众从事人类历史上空前壮举的共产主义事业的自觉活动，必须依靠马克思列宁主义去认识世界和改革世界，因此必须学习和掌握马克思列宁主义。毛泽东同志教导说："共产党不靠吓人吃饭，而是靠马克思列宁主义的真理吃饭，靠实事求是吃饭，靠科学吃饭。"①《中国共产党章程》：《总纲》规定："中国共产党以马克思列宁主义作为自己行动的指南。"第一章《党员》规定："努力学习马克思列宁主义，不断提高自己的觉悟程度"，是党员的义务。

而马克思列宁主义的理论，是"从历史实际和革命实际中抽出来的总结论"②。马克思、恩格斯、列宁以至我们党的领袖毛泽东同志，他们创造和发展辩证唯物主义、历史唯物主义和无产阶级革命的理论，都是通过了对自然、社会历史和无产阶级革命问题的研究而得出的科学结论。马克思说过："经济的社会形态的发展，从我的立场，是被理解为自然史上的一个过程。"③ 列宁在《什么是"人民之友"以及他们如何攻击社会民主党人？》那部杰著里，也

---

① 《毛泽东选集》，第3卷，人民出版社1953年版，第836页。
② 同上书，第816页。
③ 《资本论》，第1卷，初版序，人民出版社1953年版，第5页。

一再阐述了这个根本论旨。马克思主义经典家的著作，举例来说，马克思的《资本论》，是对于资本主义社会有机体的发生、生存、发展、死灭以及它必然由更高级的社会主义社会有机体来代替的历史过程的分析和总结，并从中揭发其客观的规律性；恩格斯的《家庭、私有制和国家的起源》，是对于原始共产主义社会有机体的发生、生存、发展、死灭以及它由较高级的奴隶制度社会有机体所代替的历史过程的分析和总结，并从中揭发其客观的规律性；列宁的《帝国主义论》，是对于资本主义发展的最后阶段以及资本主义必然死亡、无产阶级革命和社会主义必然胜利的历史过程的分析和总结，并从中揭发其客观的规律性；毛泽东同志的著作，是马克思列宁主义的普遍真理和中国历史实际革命实际相结合的典范，以其中的《中国革命和中国共产党》这部杰著来说，它是鸦片战争以后百年间中国历史和中国革命、尤其是无产阶级领导的中国革命，结合世界共产主义运动的历史的高度的综合和总结，揭发了客观的规律，规定出中国革命的性质、任务、策略和革命转变的前途等等。所以我们最伟大的马克思主义者，又都是人类有史以来最伟大的历史学家。

由此可见，学习历史，对于我们学习马克思列宁主义理论，提高觉悟程度和认识水平，具有何等重要的作用！很难设想，不懂得历史的实际，而能把马克思列宁主义懂透彻而掌握其精神实质。这是说，要能真正透彻地懂得马克思列宁主义，就必须学习历史。

我们学习马克思列宁主义，不是为了好看，而是为了革命实践的需要——这是毛泽东同志经常教导我们的——我们是生活在中国的共产党员，是生活在中国的革命干部，是在中国来从事共产主义事业的活动的，必须把马克思列宁主义的理论，来和中国革命的具体实践相结合，即和中国历史的实际与革命的实际相结合。马克思和恩格斯在《共产党宣言》《一八七二年德文版序》里就说过："宣言中所发挥的一般基本原理……在实际方面的运用……是随时随地都要依现存历史条件为转移的。"[1] 这在列宁和斯大林的著作中，都得到了反复的阐明和发展。遵照马克思、恩格斯、列宁、斯大林的这个根本思想，遵照毛泽东同志的教导，我们必须要用马克思列宁主义的立场、观点和方法，来具体研究中国的现状和中国的历史，具体分析中国革命问题、社会主义革命和社

---

[1] 《马克思恩格斯文选》（两卷集），第 1 卷，苏联外国文书籍出版社 1954 年版，第 1 页。

会主义建设问题，从中引出规律，来回答亿万群众在社会主义革命和社会主义建设的实践中所提出的理论问题和策略问题。因而我们不只要对自己周围环境作系统的周密的调查研究，而又不容割断历史，要懂得中国历史，尤其是中国革命史。所以学习和懂得中国历史，是我们达到理论和实践统一的重要一环；这与资产阶级"为历史而研究历史"及其"厚古薄今"的方针是正相敌对的。很难设想，作为中国共产党的一个党员，作为中国的一个革命干部，不懂得中国历史而能彻底领会马克思列宁主义，能彻底领会毛泽东同志著作的精神实质。这是说，要能在我们的实际活动中使理论与实践统一，就必须学习中国历史，尤其是中国革命史。

中国的今天，是从中国的昨天和前天发展而来的，是按照历史发展的客观规律进行的。我们探究出它的固有的规律来指导我们的活动。我们党，在过去关于新民主主义革命的总路线和各项政策，今天的关于社会主义革命和社会主义建设的总路线和各项政策，其所以战无不胜，正由于它是科学的，是反映了历史发展的客观规律的，符合中国人民的利益而为他们所一致拥护和执行。

我们为要在执行党的路线和政策上，不犯或少犯错误，使之和自己工作的部门或地区恰当结合，就必须认识和掌握其所反映的客观规律性，而不是单凭主观的热情去工作，就能提高信心和增强党性，就能以之贯彻到群众里面，成为千百万群众自觉活动的方向，就能深入发动和组织群众来实现。学习和懂得中国历史，特别是以我们党的历史和工人运动史为中心的中国近百年史，便能极大地帮助我们去认识和掌握党的路线、政策与其所反映的客观规律性。很难设想，不学习和懂得中国历史，尤其中国革命史，而能够很深刻、很透彻地认识、掌握和执行党的路线、政策。这是说，要能深刻透彻地认识、掌握和执行党的路线、政策，就必须学习中国历史，尤其是中国革命史。

在中国的历史传统上（全人类的历史也是一样），有优良的一面，也有坏的一面，有好的经验教训，也有坏的经验教训。历史上某些倒行逆施的统治集团和反动派之所以失败，正由于他们的方针、政策和活动，是违反历史的客观规律的，因而也是违反当时人民群众的利益和阻挠历史前进的；历史上某些集团之所以成功，也正由于他们的方针、政策和活动，客观上能适应于历史发展的客观规律，也就是对当时人民群众比较有利、对历史发展能起促进的作用，而能受到人民群众的支持。在我们党的历史上，也是曾经有正确和错误的两条路线存在过的。如在第一次国内革命战争时期，以陈独秀为代表的右倾机会主义路线，第二次国内革命战争时期，以王明（陈绍禹）、博古（秦邦宪）为代表的"左"倾机会主义路线，抗日战争时期，以王明同志为代表的右倾机会主义路线，都曾使党所领导的中国革命遭受到失败或局部损失。毛泽东同志为代表的党的马克思列宁主义路线，在第一次国内革命战争失败后的严重时期，挽救了中国革命，在抗日战争时期，使右倾分子的错误思想在没有发生更大危害的时候就在实际工作中得到了克服；从 1935 年 1 月的遵义会议以后，确立了毛泽东同志在全党的领导地位，执行毛泽东同志所代表的正确路线，就保证了中国革命的胜利①，就使得我们完成了新民主主义革命，及今并已获得社会主义革命的基本胜利。另方面，党的正确的路线、政策，每由于认识、掌握和执行的错误，也要使工作受到局部的损失。这是说，不学习中国历史，尤其是中国革命史，就不能彻底领会、至少不容易彻底地深刻地体会历史上的经验教训。

由此可见，学习历史，对我们有着何等重要的意义！我们的干部，尤其是作为党的骨干的老干部，是在各个战线上执行以至掌握党的政策、带领全国人民进行社会主义革命和社会主义建设的骨干，是人民的忠诚的勤务员，更有必要学习历史。

因此，我们不是为历史而学习历史，而是为着社会主义革命和社会主义建设，为着我们今天的社会主义社会和将来的共产主义社会。

因此，我们要学习的历史，不是地主资产阶级的所谓历史；我们的所谓历史，是人民的历史，是人民和自然斗争的艰难缔造的历史、为反对压迫而进行的阶级斗争的英勇壮烈、光荣的历史；我们的所谓历史，不论是人类社会的历史或自然的历史，都是应用唯物辩证法去进行分析而整理出来的历史，这样的历史的本身，就是活生生地体现着辩证唯物主义和历史唯物主义所表述的规律性。

我们学习历史从何下手呢？依据"厚今薄古"的方针，不只应从今到古、从中到外，而又应把重点放在"今"和"中"上面，即放在中国共产党和工人运动史为中心的中国最近百多年间的历史上面。但这不是说，我们就不需要

---

① 参阅胡乔木：《中国共产党的三十年》，人民出版社 1951 年版，第 51 页。

学习中国通史，只是说，我们学习通史也是为着我们的今天和明天；也不是说，就不要学习世界史和其他国家的历史，只是说，我们学习它是为着吸取经验教训和人类共同的共产主义事业。

（原载《历史教学》1959 年第 3 期）

历史科学必须在
毛泽东思想的基础上前进①

——纪念《关于正确处理人民内部矛盾的问题》出版三周年

一

历史学是一门党性很强的科学，无产阶级的历史学是以马克思列宁主义哲学辩证唯物主义和历史唯物主义为理论基础。毛泽东思想是马克思列宁主义和中国历史实际革命实际的结合，是马克思列宁主义在当代历史条件下的创造性的巨大的发展。因此，我们无产阶级的历史科学要能体现时代精神，就不能离开毛泽东思想的指导。

自从伟大的十月社会主义革命以后，以苏联为首的世界共产主义运动，以及其影响和支持下的殖民地半殖民地民族解放运动，有了空前规模的巨大的发展，特别是继伟大十月社会主义革命后的伟大中国革命胜利的巨大历史意义和深远影响。早在中国人民大革命胜利的前夜，当人民解放军由防御转入进攻的时际，毛泽东同志就指出："这是一个伟大的事变。这个事变所以带着伟大性，是因为这个事变发生在一个拥有四亿七千五百万人口的国家内，这个事变一经发生，它就必然地走向全国的胜利。这个事变所以带着伟大性，还因为这

---

① 编者注：本文个别章节有删节。

个事变发生在世界的东方，在这里，共有十万万以上人口（占人类的一半）遭受帝国主义的压迫，中国人民的解放战争由防御转到进攻，不能不引起这些被压迫民族的欢欣鼓舞。同时，对于正在斗争的欧洲和美洲各国的被压迫人民，也是一种援助。"① 这是从中国人民革命及其对亚非民族解放运动、欧美人民解放运动的巨大影响和作用来说的。现在，苏联正以极其宏伟的建设规模向共产主义社会迈进；我国和亚欧各人民民主国家的社会主义革命都已取得了胜利，社会主义建设事业，取得了日益增长的高速发展和规模日益扩大的相续胜利，尤其是内容无比丰富、规模极其宏伟的我国社会主义革命和社会主义建设事业的世界历史意义；开辟了宇宙革命新纪元的苏联人造卫星上了天、火箭准确地射入月球和太平洋中部等等自然科学方面的创造性的伟大发明成果的产生。千千万万劳动群众在向共产主义事业进军的波澜壮阔的实践进程中，在社会主义革命和社会主义建设的实践进程中，在无产阶级党的领导和马克思主义的指导下，发扬了共产主义风格和首创才能，创造和积累了无比丰富的新经验。社会主义和帝国主义两大阵营的力量对比，产生了根本变化，东风压倒了西风，敌人一天天烂下去，我们一天天好起来。在这样的形势下，又出现了为帝国主义服务的现代修正主义。他们和老修正主义者伯恩斯坦们一脉相承，以伪马克思主义的面目出现，妄图反对马克思列宁主义、阉割马克思列宁主义的活的灵魂，为帝国主义救驾。在这样的历史条件下，社会主义各国党的杰出的马克思主义者，适应伟大时代的要求，给了马克思列宁主义以创造性的巨大的发展，来武装无产阶级党和革命群众。

中国是世界人口最多的多民族的大国，曾是帝国主义的尾闾，东方矛盾的交叉点和革命的焦点，有极长的文明历史和极丰富的革命传统；在长期的民族民主革命、社会主义革命和社会主义建设的过程中，不断提出和遇到一系列的新问题和新情况，那都是当时马克思和恩格斯没能接触到、列宁也还没有来得及给予系统的全面的论断，因此，以马克思列宁主义的普遍真理来和中国的实际相结合，用新的结论代替旧的结论和在某些方面必须从新作出结论，便成了极端重大的问题，成了殖民地半殖民地革命能否前进和胜利的问题，马克思主义如何才能在全世界取得胜利的问题。毛泽东思想正是适应这样的时代的历史

---

① 《毛泽东选集》，第 4 卷，第 1244 页。

要求产生的。刘少奇同志早在我国的民族民主革命时期就这样说过：

> "毛泽东思想，就是马克思列宁主义的理论与中国革命的实践之统一的思想，就是中国的共产主义，中国的马克思主义。
>
> 毛泽东思想，就是马克思主义在目前时代的殖民地、半殖民地、半封建国家民族民主革命中之继续发展。"①

他在庆祝中华人民共和国成立十周年为《和平和社会主义问题》杂志而作的《马克思列宁主义在中国的胜利》中又说道：

> "马克思列宁主义在我们这样一个拥有六亿五千万人口的东方大国中得到宽广的传播，并且在革命和建设的实践中取得胜利的结果，无论如何，这总是马克思列宁主义发展史上的一件大事。当然，中国的革命和建设，带有自己国家的特点。但是，某些重要的特点也可能在别的一些国家中重新出现。就这方面来说，中国的经验在某种程度上是有国际意义的。"②

中国的革命和建设的胜利正是毛泽东思想的胜利，中国的经验不只在毛泽东著作中得到高度的原则的总结，而又正是毛泽东思想指导下的创造性的经验。

毛泽东思想是在指导全党与全国人民长期和国内外敌人的严重斗争中、在和机会主义、修正主义流派的不调和的坚决的斗争中成长和发展起来的。毛泽东同志在列宁和斯大林之后，总结了世界共产主义运动、社会主义革命和社会主义建设的前所未有的丰富经验，也总结了世界反帝民族运动的经验，尤其总结了中国民族民主革命、社会主义革命和社会主义建设的经验，结合中国历史及世界历史的实际，综合当代一切重大的科学成果，捍卫和发展了马克思列宁主义，捍卫了革命和把革命引到胜利。所以，毛泽东思想既是极大地创造性地发展了马克思列宁主义的普遍真理，也具有中国的特点，乃是我们这个伟大时代的伟大人民的伟大思想。

为无产阶级政治服务、在我国目前就是为社会主义革命和社会主义建设服务的历史科学，必须履行党在每个时期的政治任务，构成为革命和建设而斗争

---

① 刘少奇：《论党》，人民出版社1955年版，第26页。
② 刘少奇：《马克思列宁主义在中国的胜利》，人民出版社1959年版，第30页。

的文化思想战线的组成部分；它的方法是运用历史唯物主义的原理来研究历史。

毛泽东著作贯彻着辩证唯物主义和历史唯物主义的精髓，都是我们学习辩证唯物主义和历史唯物主义的经典教材，对马克思主义历史学范畴的全部根本问题，都有极端重大的创造性的阐明和发展。他的《实践论》、《矛盾论》和《关于正确处理人民内部矛盾的问题》等著名哲学著作，如所周知，是我们这个伟大时代的"时代精神的精华"，是"真正的哲学"①，标志着马克思主义哲学史上的现阶段。如所周知，毛泽东著作又是我国有史以来最伟大的历史著作。因此，在我们的队伍中，反映党的正确路线的历史科学工作，早期以来就是在毛泽东思想的基础上进行的，并赖以战胜了各敌对流派和取得成果。

毛泽东同志对历史唯物主义的创造性发展，是巨大的、全面的、深刻的，影响是宽广而又深远的。我现在仅就以下的几个问题来谈谈个人的粗浅体会。

二

关于马克思主义的社会发展的规律的学说。

马克思在《〈政治经济学批判〉序言》中，在人类历史上第一次揭发了关于社会历史发展规律的历史唯物主义的公式，在马克思和恩格斯合著的《德意志思想体系》和他们的其他很多著作中又反复阐明了这个公式，在贯彻了历史唯物主义精髓的《共产党宣言》中，概括地表述了人类历史的发展规律和其各个方面，恩格斯说道："马克思所写的文章，没有一篇里面不是由〔历史唯物主义〕这个理论起了作用的。尤以《路易·波拿巴政变记》一书，是运用这个理论的光辉范例，《资本论》中同样也有许多指示也是如此。其次，我当然可以指出拙著《杜林先生在科学中所举行的变革》和《费尔巴哈与德国古典哲学的终结》，我在这两部书里对历史唯物主义作了就我所知是目前最

---

① 引语见马克思：《第 179 号〈科伦日报〉社论》，《马克思恩格斯全集》第 1 卷，人民出版社 1956 年版，第 121 页。

为详尽的阐述。"① 其他伟大经典家的著作也都是这样。这也正如马克思自己所说:"经济的社会形态的发展,从我的立场,是被理解为自然史上的一个过程。"② 所以说,历史学到马克思才第一次成为真正的科学。列宁在《什么是"人民之友"以及他们如何攻击社会民主主义者?》中说道:

> "在马克思看来,有一件事情是重要的,就是要找到他所研究的那些现象的规律……这些现象由一种形式过渡到另一个形式、由一种社会关系制度过渡到另一种社会关系制度的规律。所以马克思关心的是一件事:用准确的科学研究来证明一定社会关系制度的必然性,同时尽可能完全地指出那些作为他的出发点和根据的事实……马克思把社会运动看做服从于一定规律的自然历史过程,这些规律不仅不以人们的意志、意识和愿望为转移,反而决定人们的意志、意识和愿望。"③

毛泽东同志进一步阐发了马克思、恩格斯和列宁的这个伟大思想,并对于历史学为什么到马克思才成为真正的科学,给予了令人信服的历史唯物主义的解答,他在《实践论》中说道:

> "马克思主义者认为人类社会的生产活动,是一步又一步地由低级向高级发展,因此,人们的认识,不论对于自然界方面,对于社会方面,也都是一步又一步地由低级向高级发展……在很长的历史时期内,大家对于社会的历史只能限于片面的了解,这一方面是由于剥削阶级的偏见经常歪曲社会的历史,另方面,则由于生产规模的狭小,限制了人们的眼界。人们能够对于社会历史的发展作全面的历史的了解,把对于社会的认识变成了科学,这只是到了伴随巨大生产力——大工业而出现近代无产阶级的时候,这就是马克思主义的科学。"④

这不只揭示了历史学自身的历史的辩证法,而又概括了人类认识史的辩证法。在《改造我们的学习》、《整顿党的作风》、《新民主主义论》、《中国共产党在民族战争中的地位》等著名著作中,从革命实践的要求出发,又反复指出,对社会和历史的历史唯物主义的分析,是马克思列宁主义理论和实际相结

---

① 《马克思恩格斯文选》,两卷集,第2卷,莫斯科外国文书籍出版局1955年版,第490页。
② 《资本论》《初版序》,人民出版社1953年版,第5页。
③ 《列宁全集》,第1卷,人民出版社1955年版,第146页。
④ 《实践论》,《毛泽东选集》,第1卷,人民出版社1952年版(下引同书均同版),第272页。

合的依据，是无产阶级党认识当前历史任务和规定战略策略的依据；并从而把研究与学习历史，提到马克思主义的理论和实践相联系的要求上；同时提示了对待历史和遗产的历史主义的方针。

历史学到马克思才真正成为科学，由于马克思揭露了历史唯物主义正是社会历史自身的规律，历史的过程是一个必然性的或客观规律所支配的过程。列宁说道：卡尔·马克思"发现唯物主义历史观……把唯物主义运用于社会现象，就消除了以往一切历史理论的两个主要缺点。第一、以往一切历史理论，至多是考察了人们历史活动的思想动机，而没有考究产生这些动机的原因，没有发现社会关系体系发展的客观规律性，没有看出物质生产发展程度是这种关系的根源；第二、过去的历史理论恰恰没有说明人民群众的活动，只有历史唯物主义才第一次使我们能以自然历史的精确性去考察群众生活的社会条件以及这些条件的变更。马克思以前的'社会学'和历史学，至多是搜集了片断的未加分析的事实，描述了历史过程的个别方面。马克思主义则指出了对各种社会经济形态的产生、发展和衰落过程进行全面而周密的研究的途径，它考察了一切矛盾趋向的总和，并把这些趋向归结为可以确切判明的社会各阶级的生活和生产条件……揭示了物质生产力的状况是所有一切思想和各种趋向的根源。"① 各种社会经济形态都有其产生、发展和衰落的过程，根本打破了资产阶级学者把资本主义胡说为"永恒秩序"的神话；社会由前一个较低级阶段发展到后一个较高级的阶段，是历史自身发展的必然性。马克思概括其以前的人类历史，揭示说："亚细亚的、古代的、封建的与现代资本主义的生产方式，是社会经济形态向前发展的几个时代。"② 他和恩格斯在其他许多著作中，则只提到奴隶制、封建制、资本主义，或古代、中世纪和资本主义，而没提到"亚细亚的"；在他们读到摩尔根的《古代社会研究》以后，又解决了到其时还没得到解决的原始社会的谜，依据马克思的志愿，恩格斯并写著了《家庭、私有制和国家的起源》。列宁在许多著作中、特别在《论国家》中，概括了其以前的人类历史，作了进一步的阐明，指出："世界各国所有一切人类社会数千年来的发展都向我们表明，这种发展的一般规律和次序是这样的：起初是无

---

① 《卡尔·马克思》，《列宁全集》，第 21 卷，人民出版社 1959 年版，第 38 页。
② 《〈政治经济学批判〉序言》，人民出版社 1955 年版，第 III 页。

题。毛泽东同志的伟大天才，正确地解决了这个问题。这对于我国革命，对于马克思主义，具有何等重大的意义！以后，适应各个时期的情况和实践要求，又步步把它深化了。如在抗日民族革命战争时期，适应当时的情况和实践要求，又总结地说："由于中国是在许多帝国主义国家的统治或半统治之下，由于中国实际上处于长期的不统一状态，又由于中国的土地广大，中国的经济、政治和文化的发展，表现出极端的不平衡。""由于中国的反革命营垒内部的不统一和充满着各种矛盾"，"这样，就使得在一方面，中国革命有在农村区域首先胜利的可能；而在另一方面，则又造成了革命的不平衡状态。"[①] 在社会主义建设中，为了适应于高速度发展和有计划的按比例发展的要求，在国民经济有计划的按比例的发展和相互平衡的问题上，毛泽东同志又依据不平衡发展的规律，大大地发展了列宁关于计划经济的思想，他说："我国每年作一次经济计划，安排积累和消费的适当比例，求得生产和需要之间的平衡。所谓平衡，就是矛盾的暂时的相对的统一。过了一年，就整个说来，这种平衡就被矛盾的斗争所打破了，这种统一就变化了，平衡成为不平衡，统一成为不统一，又需要作第二年的平衡与统一……事实上，每月每季都在局部地打破这种平衡和统一，需要作出局部的调整。"[②] 这就是说，不平衡是绝对的，平衡是相对的。这样，就得以打破那种固定于所谓相互平衡的思想的束缚，使生产能够高速度的发展，能够多、快、好、省，能够一马当先、万马奔腾。依据不平衡发展的规律，各国家间以及每个国家内部各民族各地区间发展的进程参差不齐的情况也完全可以理解了，历史上的许多交错并存于一个国家之内的各种社会制度的现象，也完全可以理解了，特别像我国这样的多民族的大国，直到社会主义改造前，常常是各民族间的各种社会制度的并存——甚至同一民族内部存在不同的社会制度——，同一社会制度下又存在着各地区间的发展的不平衡。因此，毛泽东同志又概括地说："许多国家在差不多一样的地理和气候的条件下，它们发展的差异性和不平衡性，非常之大。"[③]

关于社会发展和变化的动力，毛泽东同志依据马克思、恩格斯和列宁的伟

---

① 《中国革命和中国共产党》，《毛泽东选集》，第2卷，第625、629—630页。
② 《关于正确处理人民内部矛盾的问题》，人民出版社1957年版，第12页。
③ 《矛盾论》，《毛泽东选集》，第1卷，第290页。

大思想，尤其是紧紧抓住了辩证法的核心、对立统一的法则，结合了人类全部历史、尤其是全部中国历史，概括地说道："社会的变化，主要地是由于社会内部矛盾的发展，即生产力和生产关系的矛盾，阶级之间的矛盾，新旧之间的矛盾，由于这些矛盾的发展，推动了社会的前进，推动了新旧社会的代谢。"这些都是社会内部的矛盾性，是内因。而地理环境、人口及其他外在的影响等等条件，则都是外因。因此，毛泽东同志又教导说：唯物辩证法并不排除外部的原因，而只是认为"外因是变化的条件，内因是变化的根据，外因通过内因而起作用"。譬如十月社会主义革命对于中国和其他各国的影响作用，"是通过了各国内部和中国内部自己的规律性而起的"①。在这里严厉指斥了机械唯物主义或外因论、地理史观的谬误。因此，我们研究历史不只要研究内部矛盾的各个方面及其特点和相互间的关系，还要研究外部矛盾的各个方面、其相互间的关系及其给予内部矛盾的影响作用，等等；而推动社会前进的内部诸矛盾，并不是同等地发生作用的。历史上各个阶段的社会面貌、社会制度性质，主要是由其固有的生产力性质和生产关系的对立统一的生产方式规定的，它表现为基本的矛盾，也具有矛盾的特殊性；在阶级社会，规定各个社会阶段的发展过程的本质的根本矛盾，是在经济上处于敌对地位的相互敌对的主要各阶级间的矛盾，如封建社会的地主阶级和农民阶级之间的矛盾，资本主义社会的无产阶级和资产阶级之间的矛盾，他们是两个矛盾着的主要力量，又表现为主要矛盾，其他的矛盾，"都为这个主要的矛盾力量所规定、所影响。"也就是说："任何过程如果有多数矛盾存在的话，其中必定有一种是主要的，起着领导的、决定的作用，其他则处于次要和服从的地位。"不仅如此，矛盾的两个方面也不是可以平均看待的，矛盾诸方面的基本形态是不平衡的，"矛盾着的两方面中，必有一方面是主要的，他方面是次要的。其主要的方面，即所谓矛盾起主导作用的方面。事物的性质，主要地是由取得支配地位的矛盾的主要方面所规定的。"② 如在奴隶制社会的奴主和奴隶间的矛盾，奴主是起主导作用的方面，并由它规定社会的奴隶占有者性质；封建制社会的地主和农民间的矛盾，地主阶级是起主导作用的方面，并由它规定社会的封建主义性质；资产阶

---

① 《矛盾论》，《毛泽东选集》，第 1 卷，第 290、291 页。
② 参看同上书卷，第 308、310 页。

级为首推翻封建地主阶级的统治后，封建势力便退到了附庸的地位以至于消灭，由无产阶级和资产阶级构成的主要矛盾中，资产阶级是起主导作用的方面，并由它规定了社会的资本主义性质；在人民大革命胜利以前的旧中国，中国人民和帝国主义、封建阶级、官僚资产阶级间构成的主要矛盾，后者是起主导作用的方面，并由它规定了社会的殖民地、半殖民地、半封建的过渡性。而推动社会前进，推动社会由一种制度到另一种制度的转变，则是被剥削、被压迫阶级向剥削、压迫阶级所进行的阶级斗争。

三

关于生产力和生产关系之间的关系的学说。

生产力和生产关系之间的关系的问题，是历史唯物主义所要阐明的一个最根本的问题。生产力和生产关系的对立统一的规律是社会史上各个发展阶段共同的普遍的规律；在社会史的各别发展阶段上，由其时代的一定性质的生产力和生产关系所构成的主要生产方式，规定了社会面貌、社会制度性质。这是马克思在《〈政治经济学批判〉序言》中所揭示的历史唯物主义公式的根本问题之一，在马克思、恩格斯、列宁和毛泽东同志的著作中都贯彻了这个中心思想，并反复阐释了这个问题。但由于马克思在那个公式中曾经说过："人们在自己生活的社会生产中参与一定的、必然的、不依他们本身意志为转移的关系，即与他们当时的物质生产力发展程度相适合的生产关系。""社会的物质生产力发展到一定阶段时，便和它们向来在其中发展的那些现存生产关系，或不过是现存生产关系在法律上的表现的财产关系发生矛盾。于是这些关系便由生产力发展的形式变成了束缚生产力的桎梏。那时社会革命时代就到来了。"①不少人对马克思这些文句有不少的曲解，他们认为生产力和生产关系间的矛盾不是自始至终在其全部过程中都是存在的，只是发展到一定阶段时才存在；因而又正如斯大林在《苏联社会主义经济问题》中所指出，竟有人认为社会主

---

① 《〈政治经济学批判〉序言》，人民出版社1955年版，第Ⅱ—Ⅲ页。

义的生产力和生产关系之间不存在着矛盾。这在哲学上便表现为否认矛盾的普遍性，否认每一事物的发展过程具有其自始至终的矛盾运动。对此，毛泽东同志说：

> "从苏联哲学界批判德波林学派的文章中看出，德波林学派有这样一种见解，他们认为矛盾不是一开始就在过程中出现，须待过程发展到一定的阶段才出现。那末，在那一时间以前，过程发展的原因不是由于内部的原因，而是由于外部的原因了。这样，德波林回到形而上学的外因论和机械论去了……德波林学派这类见解是反马克思主义的。他们不知道世界上的每一差异中就已经包含着矛盾，差异就是矛盾。劳资之间，从两阶级发生的时候起，就是互相矛盾的，仅仅还没有激化而已。工农之间，即使在苏联的社会条件下，也有差异，它们的差异就是矛盾，仅仅不会激化成为对抗，不取阶级斗争的形态，不同于劳资间的矛盾；它们在社会主义建设中形成巩固的联盟，并在由社会主义走向共产主义的发展过程中逐渐地解决这个矛盾。这是矛盾的差别性的问题，不是矛盾的有无的问题。矛盾是普遍的、绝对的，存在于事物发展的一切过程中，又贯串于一切过程的始终。"[①]

如所周知，毛泽东同志的《矛盾论》，是对马克思主义哲学作了巨大的创造性的发挥和发展。运用他所揭发的矛盾的普遍性的原理于生产力和生产关系的问题上，生产关系是要和生产力发展的性质相适应，但又是相互矛盾的。在社会主义社会，生产关系和生产力发展之间的关系同样不是不存在着矛盾，而是又相适应又相矛盾的。如果否认这种矛盾的存在，就否认了社会主义社会发展的内在原因，社会主义社会就没有其前进的基本动力了。毛泽东同志指出："在社会主义社会中，基本的矛盾仍然是生产关系和生产力之间的矛盾，上层建筑和经济基础之间的矛盾。不过社会主义社会的这些矛盾，同旧社会的生产关系和生产力的矛盾、上层建筑和经济基础的矛盾，具有根本不同的性质和情况罢了。"[②] 毛泽东同志的这一创造性的揭发，不只具有极巨大的马克思主义的理论意义，尤其对共产主义运动、对社会主义革命和社会主义建设具有极重

---

① 《矛盾论》，《毛泽东选集》，第 1 卷，第 295 页。
② 《关于正确处理人民内部矛盾的问题》，人民出版社 1957 年版，第 11 页。

大的指导意义。

在以往人类社会历史发展的各个阶段，表明了生产关系和生产力发展是又相适应又相矛盾的。在阶级社会的各阶段，由于剥削阶级占有主要生产资料，以至对生产者人身的全部占有或半占有，所以生产关系和生产力发展之间的矛盾是对抗性的，并集中表现为贯穿其全部过程的阶级斗争；当生产关系成为束缚生产力发展的桎梏的时候，矛盾就必然激化为社会革命，通过革命去推翻旧的生产关系树立新的生产关系，使生产力得到发展。但由于其生产关系和生产力发展是相互适应的，又是相互矛盾的，所以在奴隶制度时代，既表现了自始至终的奴隶对奴隶主的阶级斗争和生产关系的不断的部分的变化，也表现为生产的波浪式的不断发展，直至奴隶制度的死亡；在封建制度时代，既表现为自始至终的农民对地主的阶级斗争和生产关系的不断的部分的变化（如由劳役地租到现物地租到货币地租的封建地租形态的演变，等等），也表现为生产的波浪式的不断发展，直至资产阶级革命时代的到来和封建制度的死亡；在资本主义时代，既表现为自始至终的无产阶级对资产阶级的阶级斗争和生产关系的不断的部分的变化（如由手工业工场，到产业革命后的工商业和自由竞争，到资本集中的大工业生产和财政资本的垄断，等等），也表现为生产的波浪式的不断发展，直至无产阶级革命时代的到来和资本主义的死亡。也正因为这样，所以在阶级社会中的生产力的发展是比较缓慢的。在无阶级的社会，由于生产资料的社会占有，"每个人以社会一员的资格，同其他社会成员协力，结成一定的生产关系，从事生产活动，以解决人类物质生活问题。"[1] 在这里，没有剥削与被剥削关系的存在，所以生产关系和生产力之间的矛盾是非对抗性的。在人类还在幼年期的原始公社制时代，由于生产关系和生产力发展的相互适应又相互矛盾，所以在生产条件那样低下的情况下，能不断发展生产和繁殖人类自身，能不经过阶级斗争而引出生产关系的部分变化（如由按性别和年龄分工的群团组织，到氏族公社或家庭公社，到父家长的奴隶制和农村公社，等等），以适应生产力发展的性质的要求；到了其生产关系和生产力之间的矛盾转化为对抗性的时候，即前者成为后者发展的桎梏的时候，便到了原始公社制度的灭亡和进到"文明的入口"了。在社会主义社会，由于生产关系和生

----

① 《实践论》，《毛泽东选集》，第 1 卷，第 271 页。

产力之间的矛盾不是对抗性的，劳动人民都是以同志的协作关系参加劳动，所以生产关系更能适应生产力发展的性质，就能使生产得到迅速的发展和增长；由于人们认识了生产关系和生产力之间的矛盾仍是社会主义社会的一个基本矛盾，就能通过最大限度的主观能动性，不断去改变生产关系使之适合生产力发展的性质的要求。

生产关系和生产力之间的关系的两个方面，生产力是主要的，起主导和决定作用的一面，或者说是生产中最活跃最革命的因素；同时生产关系也给予生产力以影响作用和成为生产力的依靠。这是马克思、恩格斯、列宁和斯大林反复阐明过的。但是对马克思主义所揭发的这个规律常常产生了机械唯物论的曲解。毛泽东同志依据革命和建设的丰富经验及矛盾转化的规律和历史情况，更全面深入地揭露和发展了这个原理，给机械唯物论者以有力的驳斥。他在《矛盾论》中指出：有人觉得有些矛盾是不能转化的，"例如，生产力和生产关系的矛盾，生产力是主要的……它们的地位并不互相转化。这是机械唯物论的见解，不是辩证唯物论的见解。诚然，生产力……一般地表现为主要的决定的作用，谁不承认这一点，谁就不是唯物论者。然而，生产关系……在一定条件之下，又转过来表现其为主要的决定的作用，这也是必须承认的。"① 这是完全符合人类社会的历史发展的情况的，当原始公社制度、奴隶制度、封建制度或资本主义制度的生产关系成了束缚生产力发展的桎梏的时候，它们对束缚生产力的发展是起了主要的决定的作用的；反之，推翻那些旧的生产关系，建立起新的生产关系，生产力就能得到发展，这种新的生产关系的建立又是对促进生产力的发展起了主要的决定作用的。

生产力和生产关系的矛盾仍是社会主义社会的基本矛盾，生产力是主要的，起主导和决定作用的这一原理，生产关系在一定条件下又转过来表现其为主要的决定的作用这一原理，对世界共产主义事业具有极重大的理论指导和实践意义。在我国的革命和建设过程中，就有了如次一类的经历。在抗日民族革命战争时期，"土地制度获得改革，甚至仅获得初步的改革，例如减租减息之后，农民的生产兴趣就增加了。然后帮助农民在自愿原则下，逐渐地组织在农业生产合作社及其他合作社之中，生产力就会发展起来。这种农业生产合作

① 《矛盾论》，《毛泽东选集》，第 1 卷，第 313—314 页。

社，现时还只能是建立在农民个体经济基础上的（农民私有财产基础上的）集体的互助的劳动组织，例如变工队、互助组、换工班之类，但是劳动生产率的提高和生产量的增加，已属惊人。"① 正如马克思所说："结合劳动的结果，在这里，是全然不能由个别的劳动得到……协作不仅提高了个人的生产力，并且创造了一种生产力，那就其自身说，必须是集体力。"② 在人民大革命胜利、土地改革完成、我国进入了社会主义革命和社会主义建设的时期，毛泽东同志和我们党极大地发展了列宁关于社会主义工业化、"国家资本主义"和农业合作化的思想，提出了过渡时期的总路线，即"党在这个过渡时期的总路线和总任务，是要在一个相当长的时期内，逐步实现国家的社会主义工业化，并逐步实现国家对农业、对手工业和对资本主义工商业的社会主义改造。"③ 同时在少数民族地区进行了民主改革和社会主义改造；党依靠广大群众，出色地完成了这种改革和改造，为世界共产主义事业创造了范例。由于改造的完成和生产力的解放，工农业等等的生产都得到空前迅速的发展。在农业方面就出现了一个农业合作化的高潮，到 1955 年下半年，全国即有 60% 以上的农户加入了半社会主义的农业生产合作社，1956 年就基本上完成了农业的半社会主义合作化，生产率和生产量随着就得到了飞跃的提高和增长。由于广大农民群众社会主义觉悟的继续提高，半社会主义的农业生产合作社（初级社）不能适应生产发展的要求；毛泽东同志和党中央及时地又提出在全国范围实现社会主义的农业生产合作社（高级社）的纲领，农民群众热烈地响应了党和毛泽东同志的号召，到 1957 年就基本上完成了农业的社会主义合作化，不只生产率和生产量都得到了比初级社时期更快的提高和更大的增长，而许多在初级社不能置办的生产设备和举办的事业，都办起来了。随着政治战线和思想战线上的社会主义革命的基本胜利，生产力得到进一步解放，便在群众中掀起了急欲摆脱一穷二白和建成社会主义社会的要求的高潮，风起云涌地形成了共产主义风格的热火朝天的生产大跃进的形势，并在群众中出现了人民公社的组织形式。毛泽东同志又指出：

---

① 《论联合政府》，《毛泽东选集》，第 3 卷，第 1079 页。
② 《资本论》，第 1 卷，人民出版社 1953 年版，第 389 页。
③ 《为动员一切力量把我国建设成为一个伟大的社会主义国家而斗争》，《社会主义教育课程的阅读文件汇编》，第一编，人民出版社 1957 年版，第 347 页。

"共产主义精神在全国蓬勃发展。广大群众的政治觉悟迅速提高。群众中的落后阶层奋发起来努力赶上先进阶层，这个事实标志着我国社会主义经济革命（生产关系方面尚未完成改造的部分）、政治革命、思想革命、技术革命、文化革命正在向前奋进。"[1]

毛泽东同志和党中央并及时提出了：鼓足干劲，力争上游，多、快、好、省地建设社会主义的总路线和大跃进、人民公社化。全国人民在这三大万岁的号召下，连续赢得了1958年和1959年的全面大跃进，并为其后的持续跃进奠定了基础；在迅速就实现了的人民公社化的基础上，不只从前在高级社不能举办的水利和社办工业等事业，都以一日千里的速度大大兴办起来了，而且大大加快了农业机械化、水利化、电气化的进度，形成了遍地开花的光辉前景。

随同农业生产组织形式的不断改变和发展的过程，一面又是生产资料所有制的不断改变和发展的过程，如由解放前的变工队等组织的合作形式中的个体所有制，到进入社会主义革命时期后的初级社便成了合作社的集体所有制和社员的个体所有制（土地和投资分红，家庭副业的生产等等）的并存，到高级社取消了土地、投资分红便基本上实现了合作社的集体所有制，到人民公社在队的所有制为主的三级所有制的基础上，一面不断增长着的社所有制的比例将逐渐引入到社所有制（有些先进的社已成为公社的集体所有制），一面业已存在于其中的全民所有制的成分也将不断增长和扩大，最后将由公社的集体所有制转变为全民所有制。这表现我国生产资料所有制已经历的变化过程，它显示了向共产主义社会（高级阶段）过渡的辩证法。一方面又是生产资料的分配关系的不断改变和发展的过程，如在变工队等组织形式下，各人土地上的收获全归各人所有，并任其自由买卖；在初级社的组织形式下，成为评工记分的按劳分配和土地、投资等分红与相当比例的社员副业收入并存的情况；在高级社的组织形式下，群众在取消土地等分红方面取消了资产阶级性的法权遗存，基本上全部实现了评工记分的按劳分配制；到人民公社，在评工记分的按劳分配制的基础上，实行了工资制（一般约占70%）与供给制（一般约占30%）相结合的分配制度。供给制包含有按需分配的性质，它初步实现了老、弱、残、疾等没有劳动力而又无所依靠的人们皆得有所养的人类理想；按劳分配的等差

---

[1] 毛泽东：《介绍一个合作社》，《红旗》，1958年，第1期，第3页。

原则是包含有资产阶级法权成份的，所以马克思、恩格斯和列宁都把它看作到共产主义社会高级阶段的过渡的分配原则，而不是把它看成凝固的东西。这表现我国生活资料分配关系已经历的变化过程，它显示了朝向未来共产主义社会过渡的辩证法。

关于社会主义社会基本矛盾的生产关系和生产力之对立统一的生产力方面的问题，不只曾出现了一些形而上学的曲解，并出现了"生产力论"和技术史观，如威特福格等，较一般的误解则是见物不见人。其实恩格斯早就批评了那种把劳动在生产中看得"无足轻重"的资产阶级经济学家的谬论，肯定"劳动是生产的主要因素"①。对此，毛泽东同志和我们党在理论和实践方面都进行过巨大的努力和作出巨大的贡献。

在构成生产力的诸因素的问题上，马克思和恩格斯教导说，生产力是由从事生产劳动的人、劳动手段或劳动资料、劳动对象构成的，劳动手段是人们用以影响和改变劳动对象的一切东西在内。马克思说：

> "劳动手段是一物或诸物的复合体，劳动者把它用在他自身和劳动对象之间，把它当作传导他的活动到对象去的传导物。他利用物之机械的，物理的，和化学的属性，把它当作手段，加力于他物之上，使物适合于他自己的目的……在这场合，人自己的身体器官是唯一的劳动手段。不说这个，劳动者直接占领的东西，也不是劳动对象，而是劳动手段……土地是人本来的食料仓，又是他本来的劳动手段的仓库……土地本身也是一种劳动手段，不过要当作农业的劳动手段来用，就还须有一系列别的劳动手段，和劳动力的比较高度的发展作前提。"②

依据马克思的这一指示，劳动手段包括在一定前提下作为劳动手段的土地等等的占有和使用形态，是要对生产力本身发生重大作用的。恩格斯在《政治经济学批判大纲》中也指出过私有制最初的结果就是生产分成为土地和人的活动的两个对立面，又把人的活动分成了彼此敌对的劳动和资本，我们就看到这三种要素的彼此斗争而不是相互支持；三种要素中的每一种都分裂起来：

---

① 恩格斯：《政治经济学批判大纲》，《马克思恩格斯全集》，第 1 卷，人民出版社 1956 年版，第 611 页。
② 《资本论》，第 1 卷，人民出版社 1953 年版，第 193—194 页。

一块土地和另一块土地、一个资本和另一个资本、一个劳动力和另一个劳动力,彼此对立着,也就是私有制把每一个人孤立在他自己的粗鄙的独特状态中……因此,由个体劳动到小集体劳动到全面的大集体劳动、由土地分为一小块块的农民所有和使用到联成宽广的大片的公有和集体使用,对生产力本身会产生何等巨大的变化。社会主义各国的农业合作化、特别在我国农业合作化过程中的土地所有制和其自然状况、使用状况的不断改变,正体现和标志了生产力的不断提高和发展的进程。

关于构成生产力的劳动力或劳动能力,马克思是把它"理解为肉体力和精神力的总和,它存在于一个人的身体中,存在于他的活的人格中。""劳动的生产力,取决于多种事情,就中,有劳动者熟练的平均程度,科学及其技术应用的发展程度,生产过程的社会结合,生产资料的范围及作用能力,和诸种自然状况。"同时在前面引文中的"使物适合于他自己的目的"句下,他又引用了黑格尔:《百科全书》第一部《逻辑》中的一句话作为注解,即:"理性不仅有力,且也有智。理性的智,一般是由间接的活动表示出来。理性,依各物的性质,使各物互相作用,互相影响,不待它直接干涉,就可以成就它的目的"。[①] 因此,劳动力或劳动能力的构成,是包括生产经验、劳动技能、精神力及"理性"等等在内,或"肉体力和精神力的总和。"毛泽东同志和我们党对马克思的这个论旨,在实践和理论上都作出了重大的发展。如党提出的合理化建议、技术革新、技术革命等等,都通过大搞群众运动的形式,发挥无穷无尽的群众集体的智慧,使我国在技术的改进和创制、生产率的提高和生产量的增长,以至尖端技术尖端科学的创造性成果的取得和掌握,等等,都获得了令人难以置信的成效和进展。特别重要的,毛泽东同志和党充分估计了我国广大劳动群众的共产主义觉悟程度,并千方百计地采取各种办法、通过各种形式,去提高劳动群众的社会主义、共产主义觉悟的水平和文化技术水平,而又依据群众在各个不同时期的不同觉悟程度,在生产、分配和教育等方面采取不同的要求和措施。这直接表现在生产上的巨大作用,就是群众的共产主义风格的忘我劳动和冲天干劲,具体表现为不计较个人报酬和排除本位主义,不保守自私的帮他人、带落后和学先进、赶先进,等等。这正是马克思所说的"精神力"

---

① 《资本论》,第 1 卷,人民出版社 1953 年版,第 176、12、193 页。

或他所同意的"理性"作用在我国的发挥和发展的一些情况。因而也就可以理解，为什么在阶级社会，尤其在资本主义社会，总不能适当发挥群众在生产中的积极性和创造性？在那里，生产的发展总是那样缓慢？这也正如马克思所说过的一样，一种工作的内容和进行方法，对劳动者越少有吸引力，就越使他们不以之作为自己的精神力或肉体的活动力来享受。这是不言自明的。

在这样创造性的措施和丰富经验的基础上，毛泽东同志创造性地系统地发展了马克思主义关于社会发展阶段论和不断革命论相结合的伟大学说。只要我们能掌握这个学说的精神实质，就不致迷失方向，就不致脱离群众或作群众的尾巴，就能极大地发挥主观能动性，不致让那些已成为妨害革命和建设前进的东西而不去加以改变，就能持续不断地促进革命和建设事业的迅速前进。

这应用到历史研究上，该有何等巨大的意义！

四

关于社会基础和上层建筑之间的关系的学说。

这也是历史唯物主义的一个根本问题，在《〈政治经济学批判〉序言》提出那个历史唯物主义的公式后，马克思、恩格斯、列宁和斯大林都反复阐明过，并成为马克思主义者观察、分析和处理一切上层建筑以及它和基础的关系的根本原则和犀利武器。毛泽东同志在《新民主主义论》、《在延安文艺座谈会上讲话》、《实践论》、《矛盾论》和《关于正确处理人民内部矛盾的问题》等等经典著作中，作了系统、全面、深入的阐明和发展。

马克思说过："不是人们的意识决定人们的存在，恰恰相反，正是人们的社会存在决定人们的意识。"上层建筑必须和借以树立起来的经济基础相适应，等等。同时，在他和恩格斯合著的《德意志意识形态》中又说过：生产力、社会状况、意识三个环节的彼此之间，是可能而且应当发生矛盾。这本来是没有可以引起误解的千真万确的真理。但在共产主义运动的历史过程中，也同样引起了人们的机械论的形而上学的曲解，或者只要"相适应"的一面，完全割弃矛盾的一面，或者也误解矛盾不是贯彻于上层建筑和基础之间的全部过程。毛泽东同志对马克思主义的这个重大的基本原则，适应我们时代的要求，给予了系统、深刻、明确的阐发，指出社会基础和上层建筑之间的矛盾，在人类社会历史发展的各个阶段，都是一个基本矛盾；如前所述，他并指出：在社会主义社会中，上层建筑和经济基础之间的矛盾仍然是一个基本矛盾，只是同旧社会的这种矛盾具有根本不同的性质和情况；又揭露这种矛盾的两个方面是又相适应又相矛盾的。这在理论和实践上，同他所揭露的生产关系和生产力之间的矛盾仍然是社会主义社会的一个基本的矛盾的原则，具有同样重大的意义和作用。

在基础和上层建筑的关系上的另一类曲解，是有人只承认基础对上层建筑的决定作用，而不承认上层建筑对基础的反作用以及其相互间的作用。这也是机械唯物论的形而上学的见解，并曾表现为经济史观。其实，马克思、恩格斯、列宁都说明过的。例如马克思在分析到劳动地租时曾说道："从直接生产者榨出无给剩余劳动的特殊的经济形态，决定着统治与奴役关系，因为这种关系是直接由生产自身发生的。它会反过来，当作决定的因素在生产上发生作用。"[1] 恩格斯在责斥那些资产阶级无知迂儒对历史唯物主义的妄加解释时说道："虽然物质生活条件是个基本起因，然而这并不否定思想领域也对这些物质条件起着相反的、不过是第二性的影响"，"根据唯物史观，在历史过程中的决定因素归根到底是现实生活的生产和再生产……倘若有人把这个原理加以歪曲，说仿佛经济因素是唯一决定的因素，那末他就是把这个断语变成毫无意思的、抽象的、荒诞无稽的空话。经济状况是基础，但对历史斗争进程发生影响，并且在许多场合主要是决定着这一斗争形式的，也还有上层建筑的各种因素。"[2] 他并批评当时许多德国青年作家，不是用历史唯物主义作指导去详细、深入地重新研究全部历史，而只是贴上历史唯物主义的标签，把自己相当贫乏的历史知识尽速构成系统，而后自豪地欣赏自己的功业；而其实很可能也是说空话的东西。列宁并指出："政治是经济的集中表现……政治同经济相比不能

---

[1] 《资本论》，第 3 卷，人民出版社 1953 年版，第 1032 页。

[2] 《致康·施米特》、《致约·布洛赫》，《马克思恩格斯文选》，两卷集，第 2 卷，莫斯科外国文书籍出版局 1955 年版，第 486、488 页。

不占首位。"① 毛泽东同志从指导革命的实际要求出发，依据马克思、恩格斯和列宁的这种伟大思想，结合对于历史上的经济、政治、文化的科学分析，尤其对中国的近代和现代的经济、政治、文化的彻底、全面、深刻的分析，概括地表述道：

> "一定的文化（当作观念形态的文化）是一定社会的政治和经济的反映，又给予伟大影响和作用于一定社会的政治和经济；而经济是基础，政治则是经济的集中的表现。这是我们对于文化和政治、经济的关系及政治和经济的关系的基本观点。那末，一定形态的政治和经济是首先决定那一定形态的文化的；然后，那一定形态的文化又才给予影响和作用于一定形态的政治和经济。"②

这不只揭示了基础对上层建筑的规定性，上层建筑对基础的影响和作用，特别还揭出了政治对经济与文化的影响作用；并教导我们，社会经济结构上的主导和从属的各种形态的交错关系，必然表现为各种不同性质和地位的政治力量以至政治集团的并存，及其相互之间的关系与斗争。从而又必然反映为各种不同性质和地位的文化以至流派的并存，及其相互之间的关系和斗争。从这里去理解历史上各种政治制度和政治集团的阶级性、党派性，文化方面的哲学、社会科学、文学艺术以至宗教等等的阶级性、党派性，都是代表其阶级的利益和要求而为其服务的。在当时的中国，由于经济结构的殖民地、半殖民地、半封建性，在政治上就表现为帝国主义、地主阶级、买办阶级和无产阶级、农民阶级、城市小资产阶级、民族资产阶级之间的相互对立，及各阶级、阶层间的交错复杂的相互关系，并具体形成为代表地主买办阶级并服从帝国主义利益的蒋记国民党和代表劳动人民的无产阶级先锋队的中国共产党两大政党间的对立，在两者之间，又有属于其他各阶级、阶层的国家社会党、中国青年党、工农民主党、救国会、民主同盟等政治集团，并表现为各种不同的政治主张、纲领和要求。这反映到文化上，就反映为在经济和政治上占统治地位的帝国主义文化，及与之结成反动同盟的半封建文化，后者并表现为国粹主义和买办主义相揉杂的文化专制主义，在日寇侵占的沦陷区，则直接表现为侵略主义的

---

① 《再论工会、目前局势及托洛茨基和布哈林的错误》，《列宁全集》，第 32 卷，人民出版社 1958 年版，第 71—72 页。

② 《新民主主义论》，《毛泽东选集》，第 2 卷，第 656—657 页。

"皇道主义"和卖国主义的汉奸文化。它们是为帝国主义和地主买办阶级的经济、政治服务的，是束缚中国经济发展和人民解放的桎梏，不打倒它们，社会生产就不能发展、人民就不能解放、历史就不能前进。反映新的经济、政治力量的新文化，是无产阶级领导的服从革命人民的利益和要求的革命文化，它从观念形态上反映政治革命和经济革命并为它们服务，并形成为革命战线上一个必要和重要组成部分的文化革命战线，所以它是以无产阶级的世界观为指导的民族的、大众的、科学的文化，是属于社会主义文化的范畴，是与帝国主义文化、半封建文化生死敌对的。由此，我们就可以知道怎样去具体分析：历史上各个时代在其过程中的经济、政治、文化的相互关系，政治上的各种力量、集团、流派的阶级性及其相互间的关系和发展过程，尤其是代表主要敌对阶级的力量或集团间的敌对性和其力量对比的变化过程，文化方面的文学、艺术、宗教、哲学、社会思想……各种各样的流派的阶级性及其相互间的关系和发展过程，尤其是代表主要敌对阶级的各流派间的敌对性，等等。

在我国的社会主义革命和社会主义建设过程中，在毛泽东同志的伟大思想的指导下，我国的文化教育和思想工作，是适应于社会主义革命和社会主义建设过程中的各个发展阶段进行的。由于无产阶级领导的我国政治力量的巨大作用，社会主义经济的领导地位和其逐渐发展为唯一支配形态的地位，资本主义工商业和个体经济的被领导地位和逐渐被改造，依据党的团结、教育、改造的方针，便开展了与这种过程相适应的思想教育和思想改造运动，如在解放初期，和三反五反运动相结合的思想改造运动，是肃清三敌思想、划清无产阶级和资产阶级思想的界限；在三大改造基本胜利以后，便进而大张旗鼓地以自我教育和自我改造的方式开展思想改造运动；当社会主义革命在经济战线上基本胜利以后，接着在政治战线和思想战线上的社会主义革命又取得了基本胜利，在空前规模和空前高涨的群众运动的形势下，便及时提出发展科学文化和繁荣艺术的"百花齐放、百家争鸣"的方针，采取大鸣大放大字报的形式，全面地开展兴无灭资的思想改造运动，并实行干部下放劳动锻炼，知识分子劳动化，工农群众知识化的方针；尤其在总路线的光辉照耀下，大跃进和人民公社化的蓬蓬勃勃发展的形势下，在上述情况和方针基础上，又进一步提出和实行"教育为无产阶级政治服务，教育与生产劳动相结合"的方针，这样逐渐去发展无产阶级思想和社会主义社会的上层建筑，消灭资产阶级思想和批判地改造其遗产，这并将通过全部过渡时期，同时使脑力劳动和体力劳动相结合，逐步去缩小它们间的界限，为消灭其差别准备条件、开辟了道路。这是适应资产阶级思想的形成、发展和消亡的辩证过程，脑力劳动和体力劳动的结合及其差别的缩小以至消灭的辩证过程的。

但毛泽东同志并不叫我们停止在这里。

马克思说过："理论一掌握了群众，便立刻成为物质的力量。"① 列宁也说过："没有革命的理论也就不可能有革命的运动。"② 毛泽东同志依据了马克思和列宁的这个伟大思想，又给它以崭新的丰富的内容，也就是说，又大大地发展了它。他说：

> "经济基础和上层建筑的矛盾，经济基础是主要的；它们的地位并不互相转化，这是机械唯物论的见解，不是辩证唯物论的见解。诚然，生产力、实践、经济基础，一般地表现为主要的决定的作用，谁不承认这一点，谁就不是唯物论者。然而，生产关系理论上层建筑这些方面，在一定条件之下，又转过来表现其为主要的决定的作用，这也是必须承认的……当着如同列宁所说'没有革命的理论，就不会有革命的运动'的时候，革命理论的创立和提倡就起了主要的决定的作用……当着政治文化等等上层建筑阻碍着经济基础的发展的时候，对于政治上和文化上的革新就成为主要的决定的东西了。"③

在我国的社会主义革命和社会主义建设的进程中，出现在我们党内的右倾机会主义分子，曾经片面地抓着一个指头而不顾九个指头，片面地强调技术而看不到人，片面地强调对群众的物质刺激，而看不到群众的共产主义觉悟和道德品质的重大作用，忽视对群众的政治教育的重要性，站在轰轰烈烈的波澜壮阔的群众运动的对面指手画脚，等等。这也正是机械唯物论和经济主义的见解。苏联的共产主义礼拜六、共产主义劳动队……和我国劳动人民在大跃进进程中不计较个人得失的忘我劳动、同志式的互助协作和其巨大创造性的成果与潜力的发扬，等等，都表明了我国右倾机会主义分子的见解是完全站不住

---

① 《马克思恩格斯全集》，俄文版第 1 卷，第 406 页，转引自《联共（布）党史简明教程》，第 149 页。
② 《怎么办？》，《列宁全集》，第 5 卷，人民出版社 1959 年版，第 336 页。
③ 《矛盾论》，《毛泽东选集》，第 1 卷，第 313—314 页。

脚的。

由于这个重大的原则的发现，我们就可能最大限度地发挥主观能动性，及时地把那些妨碍生产发展的上层建筑、不利于政治发展的意识形态加以恰当的改变，使之适合于经济、政治的发展。这在我们国家，毛泽东同志教导说：

> "还有上层建筑和经济基础的又相适应又相矛盾的情况。人民民主专政的国家制度和法律，以马克思列宁主义为指导的社会主义意识形态，这些上层建筑对于我国社会主义改造的胜利和社会主义劳动组织的建立起了积极的推动作用，它是和社会主义的经济基础即社会主义的生产关系相适应的；但是，资产阶级意识形态的存在，国家机构中某些官僚主义作风的存在，国家制度中某些环节上缺陷的存在，又是和社会主义的经济基础相矛盾的。我们今后必须按照具体的情况，继续解决上述的各种矛盾。"[1]

我们根据毛泽东同志的指示，进行了对那些不合时宜的规章制度、思想、作风等等改革和改造、整顿，已获得了巨大的成效。

我们根据这个伟大原则，去研究历史上某些政治的、意识形态的东西，结合当时的一定条件和它所发挥的作用，就不致陷入机械论的泥坑，而能作出较正确的分析和论断。

五

关于阶级分析和阶级斗争的学说。

这也是历史唯物主义的一个根本问题。马克思和恩格斯在《共产党宣言》中，对阶级社会历史的阶级构成和阶级斗争的规律所作的高度的科学概括和揭发，是我们对阶级社会历史进行阶级分析和探求阶级斗争的规律的典范。恩格斯在《反杜林论》中又概括地说道："全部以往的历史，（除原始社会之外），都是阶级斗争的历史，这些互相斗争的社会阶级，常常是一定的生产和交换关

---

[1] 《关于正确处理人民内部矛盾的问题》，第12页。

系的产物，一句话，就是自己时代的经济关系的产物。"① 列宁在《论国家》、《国家与革命》、《俄国资本主义的发展》等经典著作中，结合当前的时代和俄国历史，从制订布尔什维克的纲领的实践要求出发，作了巨大的阐明和发展。毛泽东同志在《中国社会各阶级的分析》、《湖南农民运动考察报告》、《怎样分析农村阶级》、《中国革命和中国共产党》等经典著作中，结合当前时代和中国历史，从制订中国革命纲领（最低纲领和最高纲领）的实践要求出发，作了进一步的阐明和发展。如在北伐战争前的革命严重关头，在第一次国内革命战争失败前的革命成败关头，革命的敌人和资产阶级的代言人，都歪曲中国社会没有阶级存在，在我们党内，张国焘从"左"的方面给资产阶级以错误的估计，陈独秀、彭述之们则从右的方面给以错误的估计，并提出和执行了右倾机会主义的路线；在这样的情况和要求下，毛泽东同志在马克思和列宁没有实际遇到过的情况下，对中国社会各阶级进行了科学的分析，奠定了中国革命的马克思列宁主义的战略基础，代表了党的正确路线。这是共产主义运动史上的极其辉煌的业绩。从马克思主义阶级学说的理论上来说，首先，他从揭露阶级社会阶级间对立统一的本质，概括了阶级斗争的历史，例如他在《矛盾论》中说：

> "在人类历史中，存在着阶级的对抗，这是矛盾斗争的一种特殊的表现。剥削阶级和被剥削阶级之间的矛盾，无论在奴隶社会也好，封建社会也好，资本主义社会也好，互相矛盾着的两阶级，长期地并存于一个社会中。它们互相斗争着，但要待两阶级的矛盾发展到了一定的阶段的时候，双方才取外部对抗的形式，发展为革命。"②

揭发阶级之间的矛盾和阶级斗争的规律、革命的规律，必须从构成阶级矛盾的经济关系的基础上、阶级构成及其关系变化的过程上，进行科学的分析，列宁说道："你们应当时刻注意到社会从原始形态的奴隶制过渡到农奴制、然后又过渡到资本主义这一基本事实……因为人类史上的每一个大的时期（奴隶占有制时期，农奴制时期和资本主义时期）都长达几千年或几百年，包含许许多多的政治形式，各种各样的政治学说、意见和革命，要认清这一切异常

---

① 恩格斯：《反杜林论》，人民出版社1956年版，第25页。
② 《矛盾论》，《毛泽东选集》，第1卷，第322页。

繁杂的情形……就必须牢牢把握住社会阶级划分的事实，阶级统治形式改变的事实，把它作为基本的指导线索，并用这个观点去分析一切社会问题，即经济、政治、精神和宗教等等问题。"① 列宁还提到了阶级内包含着阶层的问题。

毛泽东同志对殖民地、半殖民地、半封建的中国社会各阶级，从极其复杂的经济关系和阶级关系的具体情况和革命的实践要求出发，对各阶级和阶层进行了极深刻、细致、全面的分析，得出了创造性的科学结论，奠定了中国革命的战略和策略的基础。他科学地分析当时中国社会存在着：地主阶级、资产阶级、农民以外的各种类型的小资产阶级、农民阶级、无产阶级、游民阶层；地主阶级又包含有：大地主、中等地主、小地主各阶层；资产阶级包含有：买办性的大资产阶级和民族资产阶级；农民以外的各种类型的小资产阶级包含有：知识分子、小商人、手工业者、自由职业者等阶层；农民阶级包含有：富农、中农、贫农等阶层，其中富农被称为农村资产阶级、贫农是农村中的半无产阶级（半无产阶级包括：贫农、小手工业者、小贩，等等）；无产阶级包含有：现代产业工人、城市小工业和手工业的雇佣劳动者和商店店员、农村无产阶级及其他城乡无产者等阶层；游民阶层包含有土匪、流氓、乞丐、娼妓和许多迷信职业家。其中地主阶级和带买办性的大资产阶级是统治阶级，是依附帝国主义的，是革命的对象，无产阶级、农民和其他小资产阶级是被统治阶级，是以无产阶级为领袖的革命各阶级。同时还分析了各阶级阶层的特性及其在不同时间、地点、条件下的政治动态。在这里，又进而分析统治阶级里面同一阶层也常分化为不同集团和派别，如带买办性的大资产阶级分属于几个帝国主义国家，因而又有欧美派（抗日时期的顽固派）、亲日派（抗日时期的投降派）等派别，并演为政治上的不同集团或政派，如蒋记国民党、汪记国民党等等。同时在统治集团里面，还有个人间的利害矛盾，如四大家族之类。在这里，又进一步分析，欧美派在民族抗日战争时期又表现为一面抗日一面反共反人民的两面派，并从而规定了革命的两面政策去对待。民族资产阶级一面有反帝反封建的积极性，一面又有其经济上政治上的软弱性，并从而规定了适应它的这种两重性的又团结又斗争的革命政策去对待。毛泽东同志在农业社会主义改造的过程中，又分析了中农由于经济景况的差别，而产生对社会主义和资本主义两条

---

① 《论国家》，《列宁全集》，第 29 卷，人民出版社 1956 年版，第 434 页。

道路的不同态度，下中农是坚决走社会主义道路的，少数富裕中农则有走资本主义道路的思想和倾向。对共产主义运动历史上的这类新问题的解决，在马克思主义理论和战略原则上都是具有极其重大的意义的。

为着深入地去揭发阶级关系和各阶级的形成、成长的过程，毛泽东同志又教导我们必须通过足够的可靠的材料去分析各种经济形态的形成、发展及其比重变化的过程和相互关系。他对于民族资本主义、资产阶级和无产阶级的发生和发展的过程的分析，是一个光辉的范例。如在《中国革命和中国共产党》中说：

"中国封建社会内的商品经济的发展，已经孕育着资本主义的萌芽，如果没有外国资本主义的影响，中国也将缓慢地发展到资本主义社会。"

"由于外国资本主义的刺激和封建经济结构的某些破坏，还在十九世纪的下半期，还在六十年前，就开始有一部分商人、地主和官僚投资于新式工业。到了同世纪末年和二十世纪初年，到了四十年前，中国民族资本主义便开始了初步的发展。到了二十年前，即第一次帝国主义世界大战的时期，由于欧美帝国主义国家忙于战争，暂时放松了对于中国的压迫，中国的民族工业，主要是纺织业和面粉业，又得到了进一步的发展。"

"中国民族资本主义发生和发展的过程，就是中国资产阶级和无产阶级发生和发展的过程。如果一部分的商人、地主和官僚是中国资产阶级的前身，那末，一部分的农民和手工业工人就是中国无产阶级的前身了。中国的资产阶级和无产阶级，作为两个特殊的社会阶级来看，它们是新产生的，它们是中国历史上没有过的阶级。它们从封建社会脱胎而来，构成了新的社会阶级。它们是两个互相关联又互相对立的阶级，它们是中国旧社会（封建社会）产出的双生子。但是，中国无产阶级的发生和发展，不但是伴随中国民族资产阶级的发生和发展而来，而且是伴随帝国主义在中国直接地经营企业而来。所以，中国无产阶级的很大一部分较之中国资产阶级的年龄和资格更老些，因而它的社会力量和社会基础也更广大些。"[1]

不再引录了，请读者仔细去阅读《中国革命和中国共产党》第一章。掌握毛泽东同志关于阶级分析的原则的精神实质，运用到对过去阶级社会的历史研究上，许许多多复杂以至被认为疑难的问题，就都可以得到科学的解答，把

---

[1]《中国革命和中国共产党》，《毛泽东选集》，第2卷，第620—621页。

问题的本质揭露出来。

科学的阶级分析揭露阶级间的相互关系、彼此在经济、政治和思想上的利害矛盾，从而就可以去认识产生于这种矛盾基础上的阶级斗争的必然性，被剥削阶级不进行阶级斗争就没有出路。阶级斗争是表现在各个方面的，其基本规律，是随着阶级间矛盾的发展，由日常的、经济的斗争，发展到政治斗争，再发展到最高斗争形式的武装斗争。这是毛泽东同志和党经常教给我们的。这种种形式的阶级斗争，都是促使社会前进或决定社会发展的动力。

毛泽东同志在《关于正确处理人民内部矛盾的问题》中又揭示出人民内部的矛盾和敌我矛盾两类不同性质的矛盾，前者是非对抗性的，后者是对抗性的；在无产阶级专政的我国的具体条件下，工人阶级和民族资产阶级之间的矛盾，一般地属于人民内部的矛盾，本来是对抗性的可以转化为非对抗性的，两者间的阶级斗争是人民内部的斗争，可以用和平的方法解决矛盾。这在我国社会主义革命的过程中，已经发挥了卓有成效的指导作用；以之应用到历史研究上去，就得以理解在阶级斗争过程中各阶级阶层间的相互关系和其不同表现。

分析诸阶级关系中的矛盾，毛泽东同志又教导我们，必须分别主要和次要，主导和从属，"例如在资本主义社会中，无产阶级和资产阶级这两个矛盾着的力量是主要的矛盾；其他的矛盾力量……都为这个主要的矛盾力量所规定，所影响"①。这在规定无产阶级的战略方针和它在理论上的意义，同样是极其重大的。

阶级的存在就必然有阶级矛盾的存在，矛盾得不到解决，就会表现为各种形式的阶级斗争（其中还常反映为剥削阶级的内争）；在敌对阶级间对抗矛盾基础上开展起来的阶级斗争，由低级的形式发展到了高级的形式，便是暴动、武装起义或革命战争，而且在矛盾没有解决以前，总是不会息灭的；或者说阶级间的对抗性矛盾，最后只有通过革命来解决。所以《共产党宣言》说：阶级斗争的结局，"不是整个社会受到革命改造，就是斗争的各阶级同归于尽。"② 列宁说："很明显，被压迫阶级的解放，不仅非进行暴力革命不可，而

① 《矛盾论》，《毛泽东选集》，第1卷，第308页。
② 《马克思恩格斯全集》，第4卷，人民出版社1958年版，第466页。

且非消灭统治阶级建立的、体现这种'脱离'的国家政权机关不可。"① 所以他们又谆谆教导我们说，暴力是一切孕育着新社会的产婆，历史上从来没有一个被剥削阶级对剥削阶级进行的阶级斗争的问题最后不是用暴力方法解决的。这是马克思列宁主义的一个不可移易的伟大科学原理，也正是人类历史发展的客观规律。历史表明，发展到了文明时代的历史阶段的世界各民族、各国家，它们所经历的由一个社会阶段到另一个较高级的社会阶段的转变，无不经过被统治阶级向统治阶级进行的革命斗争；像日本的"大化革新"和"明治维新"那种改革的形式，也是经过和群众斗争相结合的武装冲突的；由罗马的奴隶制到日耳曼的封建制的转变那种形式，也是经过曾为罗马属领的日耳曼人的武装进攻和奴隶的群众斗争相配合推翻罗马帝国。依据马克思列宁主义这个革命的科学原理，毛泽东同志总结了人类历史、尤其是中国历史的全部情况，全面地概括道："在阶级社会中，革命和革命战争是不可避免的，舍此不能完成社会发展的飞跃，不能推翻反动的统治阶级，而使人民获得政权。共产党人必须揭露反动派所谓社会革命是不必要的和不可能的等等欺骗的宣传，坚持马克思列宁主义的社会革命论，使人民懂得，这不但是完全必要的，而且是完全可能的，整个人类的历史和苏联的胜利，都证明了这个科学的真理。"② 中国和各人民民主国家的胜利又证明了这个科学真理。因此，那种认为不要经过革命去解释历史上的社会发展阶段的转变的观点，是荒谬的历史唯心主义的观点。

历史上的统治阶级，奴隶主阶级、封建主阶级、资产阶级，为维护其阶级利益而实行的阶级专政，都有其实行强制权力的政权或国家机器；只有无产阶级不只是为着取得和巩固胜利，而且是为着消灭阶级和建成社会主义、共产主义社会而实行专政的。被统治阶级、革命的阶级不实行暴动、起义或革命战争的暴力行动，就不能粉碎旧的国家机器和创建新的国家机器，推翻旧的社会制度和创建新的社会制度，推翻反动统治阶级。但革命的阶级、无产阶级是并不排斥和平转变的。而历史上的反动统治阶级，谁也不肯甘心退出历史舞台，为维护其统治，无不是用尽全力来镇压、反对被统治阶级所举行的暴动、起义和革命战争，用反革命的暴力来对抗革命的暴力，以反革命的战争来对抗革命的

---

① 《列宁全集》，第 25 卷，人民出版社 1958 年版，第 376 页。
② 《矛盾论》，《毛泽东选集》，第 1 卷，第 322—323 页。

战争。所以列宁说："战争的性质是由哪个阶级进行战争来决定的。"①

在这里，关于产生在阶级矛盾基础上的战争，列宁在《战争与革命》以及在《社会主义的原则与 1914 至 1915 年的战争》等文章中，关于战争的学说，创造性地阐发了历史上战争的性质、类型和无产阶级对于战争的态度等等方面的问题。毛泽东同志依据列宁的学说，给马克思列宁主义的理论宝库，创造性地增加了关于战争的科学的新的一章，是对于共产主义事业的极其巨大的贡献；对于历史上的战争，也给予了全面的科学的概括，从阶级矛盾的根基上指出："战争是政治的继续"，也就是说"战争就是政治"，"政治是不流血的战争，战争是流血的政治"②。这深刻地揭露了各类战争所包含的一定的阶级性、政策性和阶级矛盾的尖锐性。因而又指出：

"战争——从有私有财产和有阶级以来就开始了的、用以解决阶级和阶级、民族和民族、国家和国家、政治集团和政治集团之间、在一定发展阶段上的矛盾的一种最高的斗争形式。"③

因此，战争是和私有财产、阶级的存在相终始的，它随同私有财产和阶级的出现而开始，也将随同私有财产和阶级的消灭而消灭。同时，无论它表现为剥削阶级的内争、被统治阶级和统治阶级间的国内战争、民族和民族间的战争（国内的或国际的）、国家与国家间的战争、政治集团与政治集团间的战争（如我国三国时代地主阶级内部各集团间的战争，第一次世界大战的两大帝国主义集团间的战争，第二次世界大战后来又发展为反侵略、反法西斯的统一战线和法西斯阵营间的战争，反侵略、反法西斯的统一战线不仅包括美英法等帝国主义国家，更重要的，它还包括苏联和我党领导的人民武装和抗日民主政权、和其他各国共产党所领导的人民武装及其所建立的政权，等等）。参加战争的各个方面，都是具有一定的阶级性和政治目的、政治要求的。由参加和进行战争的属于不同的阶级和抱有不同的政治目的，就规定了战争的不同性质。毛泽东同志指出："历史上的战争分为两类，一类是正义的，一类是非正义的。一切进步的战争都是正义的，一切阻碍进步的战争都是非正义的。我们共

① 《全俄工兵代表苏维埃第一次代表大会》，《列宁全集》，第 25 卷，人民出版社 1958 年版，第 10 页。
② 《论持久战》，《毛泽东选集》，第 2 卷，第 468、469 页。
③ 《中国革命战争的战略问题》，《毛泽东选集》，第 1 卷，第 164 页。

产党人反对一切阻碍进步的非正义的战争，但是不反对进步的正义的战争。对于后一类战争，我们共产党人不但不反对，而且积极地参加。"例如我们反对第一次世界大战，因为双方都是为着帝国主义利益而战争，我们用抗日民族革命战争去反对日本帝国主义的侵略战争，因为"我们的战争是神圣的、正义的，是进步的、求和平的。"① 由此可见，一切反压迫、反侵略的战争、革命的战争，都是正义的、进步的；一切有利于人类发展的战争，也都是带有进步性的。反之，就是非正义的、反动的。前者是促进着社会发展的，后者则在阻挠社会的发展。这就可以明白，怎样才算是正确地对待历史上的各类战争。历史唯物主义本身就包含这样一种党性：对任何事变的估计都是毫不含糊地站在先进阶级的立场上、人民群众的立场上、有利于人类发展的、进步的立场上。

其次说到国家和政权。历史上各种性质的国家和政权，都是在阶级矛盾的基础上产生的，都是一定阶级专政的工具。列宁依据恩格斯关于国家的原理，创造性地发展了马克思主义关于国家的学说。毛泽东同志根据对当代殖民地半殖民地革命的形势和要求、尤其是中国革命的巨大创造性的经验，又把列宁关于国家的学说往前推进了一步。他指出，资产阶级专政的旧民主主义共和国和无产阶级专政的共和国的形式，"在一定的历史时期中，还不适用于殖民地半殖民地国家的革命。因此，一切殖民地半殖民地国家的革命，在一定历史时期中所采取的国家形式，只能是第三种形式，这就是所谓新民主主义共和国"，"几个革命阶级联合专政的共和国"②。我们的中华苏维埃和抗日民主政权，正属于这种形式。但它只是过渡的形式，所以到人民大革命胜利和中华人民共和国的诞生，毛泽东同志就及时地指出，它是无产阶级领导的工农联盟为基础的人民民主专政。这都是具有极重大的战略意义和理论意义的。在《论人民民主专政》那部著名的文献中，又周密地论述了：在阶级消灭以后，作为阶级斗争的工具的一切东西，政党和国家机器，无论在对内或对外方面，都将因其丧失作用，没有需要，逐步地衰亡下去，完结自己的历史使命，而走到更高级的人类社会。

---

① 《论持久战》，《毛泽东选集》，第 2 卷，第 465、466 页。
② 《新民主主义论》，《毛泽东选集》，第 2 卷，第 668 页。

六

关于人民群众和个人在历史上的作用的学说。

谁是历史的创造者？马克思主义以前的历史家，连同哲学上的唯物主义者在内，几乎都以之归功于杰出人物，即圣贤或英雄豪杰的个人的愿望、观念与活动。只有马克思主义才第一次科学揭出：历史是人民群众创造的，人民群众是历史的主人。这是历史唯物主义和历史唯心主义的根本分野。有了马克思主义的历史科学，才能揭发历史的客观规律和复现历史的本来面目；在此以前，这是完全不能想象的，那时人们还只认识了自然方面的一些客观规律。人类历史发展到有了无产阶级和马克思主义以后，无产阶级依据马克思主义去揭发包括自然、社会和思维的客观世界的规律，也就是认识世界，并依据其所认识的客观规律，日益扩大和提高地发挥主观能动性，去改造世界；并从而得以而且必要去认识以往历史的发展规律，历史上各个时代的劳动人民是如何改造世界、创造历史的。

马克思和恩格斯的《神圣家族》在批判布鲁诺的反动论旨时，指出："历史上的活动和思想都是'群众'的思想和活动。""历史活动是群众的事业，随着历史活动的深入，必将是群众队伍的扩大。"① 并抨击他们企图以绝对的批判来推翻群众的历史和打算用批判的历史取而代之的意图。列宁在《民粹主义的经济内容及其在司徒卢威先生的书中受到的批判》一书中，精确地批判了那种认为历史是由个人创造的机械的历史观的论点，指出决定社会发展的是阶级的活动，阶级的斗争；同时又斥责那种把个人一笔抹煞的荒谬论断②。在俄国的马克思主义者和民粹派论争时，当普列汉诺夫还是马克思主义者的时候，在这个问题上也是起过作用的。

毛泽东同志在这个问题上，也和马克思、恩格斯、列宁一样，肯定："人

① 《马克思恩格斯全集》，第2卷，人民出版社1957年版，第103、104页。
② 参看《列宁全集》，第1卷，人民出版社1955年版，第389页。

民，只有人民，才是创造世界历史的动力"，"群众是真正的英雄"①；更重要的是，他给这个伟大学说的各个方面，都作了巨大的发展。首先，恩格斯在《社会上的阶级必需的和多余的》文章中指出，除去封建主阶级和资产阶级在其革命的时期外，只有劳动阶级（即奴隶阶级、农奴阶级、无产阶级、无阶级的时代则包括全社会），是一切历史时代和一切情况下所必需的，否则社会就不能生存。而自共产主义运动在世界范围胜利开展以后，一方面，由于殖民地半殖民地人民革命的统一战线，常包括不是劳动人民的民族资产阶级等在内；另方面，反动统治阶级为着麻痹人民和混淆视听，也常给自己贴上"人民"的标签。毛泽东同志适应全部历史、当代中国的具体清况和革命实践的要求，概括地指出：

> "人民这个概念在不同的国家和各个国家的不同的历史时期，有着不同的内容。拿我国的情况来说，在抗日战争时期，一切抗日的阶级、阶层和社会集团都属于人民的范围，日本帝国主义、汉奸、亲日派都是人民的敌人。在解放战争时期，美帝国主义和它的走狗即官僚资产阶级、地主阶级以及代表这些阶级的国民党反动派，都是人民的敌人；一切反对这些敌人的阶级、阶层和社会集团，都属于人民的范围。在现阶段，在建设社会主义的时期，一切赞成、拥护和参加社会主义建设事业的阶级、阶层和社会集团，都属于人民的范围；一切反抗社会主义革命和敌视、破坏社会主义建设的社会势力和社会集团，都是人民的敌人。"②

掌握毛泽东同志这个指示的精神实质，从无产阶级革命或其所领导的革命的实践上说，就不致错乱战略方针；从历史科学的理论上说，就不致简单地或者无原则地去看待历史上各个不同时期的各阶级、阶层和社会集团。

劳动人民怎样创造历史呢？马克思和恩格斯在《德意志意识形态》中说，一方面，是通过生产去实现的，即生产人类赖以生活的必需的物质资料的生产活动，适应不断增长的新的需要而发展生产，以及人自身的繁殖；一方面，在阶级社会，又是通过阶级斗争去实现的，即根源于生产力和生产关系之间的矛盾基础上的阶级斗争，是历史前进的动力。总的说来，劳动人民是通过生产斗

---

① 《论联合政府》。《毛泽东选集》，第3卷，第1031页；《〈农村调查〉的序言和跋》，同书卷第790页。
② 《关于正确处理人民内部矛盾的问题》，第1—2页。

争和阶级斗争去创造历史的。在马克思和恩格斯这个伟大思想的基础上，毛泽东同志在《实践论》中进一步地、全面地指出：人类社会的实践过程，包含着物质生产过程、阶级斗争过程和科学实验过程，其中生产活动是最基本的、决定其他一切活动的东西，它是不断向前增长和发展的，一步一步地由低级向高级发展的。生产斗争是变革自然过程的实践，即通过生产斗争，人类不断提高、扩大和加深对自然的征服和占有；阶级斗争是变革社会过程的实践，即通过阶级斗争，人类不断把历史推向前进，达到消灭阶级和实现共产主义社会。人类对客观世界的认识、反映这种认识的唯物主义哲学、自然科学、社会科学，等等，无不根源于这种实践，即在生产和阶级斗争的复杂的、经常反复的实践中，逐步由感性认识而达到理性认识。包括一切方面的人民的生活，又是文学艺术等等东西的源泉。毛泽东同志又指出："作为观念形态的文艺作品，都是一定的社会生活在人类头脑中的反映的产物。革命的文艺，则是人民生活在革命作家头脑中的反映的产物。人民生活中本来存在着文学艺术原料的矿藏，这是自然形态的东西，是粗糙的东西，但也是最生动、最丰富、最基本的东西；在这点上说，它们使一切文学艺术相形见绌，它们是一切文学艺术的取之不尽、用之不竭的唯一的源泉。这是唯一的源泉，因为只能有这样的源泉，此外不能有第二个源泉。有人说，书本上的文艺作品，古代的和外国的文艺作品，不也是源泉吗？实际上，过去的文艺作品不是源而是流，是古人和外国人根据他们彼时彼地所得到的人民生活中的文学艺术原料创造出来的东西。"①由此可以了解，在奴隶制社会，只有奴隶及平民是创造财富和创造文化的基本的阶级及阶层；在封建制社会中，只有农民和手工业者是创造财富和创造文化的基本的阶级；在资本主义社会中，只有无产阶级及农民和其他劳动人民，是创造财富和创造文化的基本的阶级和力量；只有在无阶级的社会，创造财富和创造文化的，才是包括社会全体成员。

就我国历史上的封建制社会来说，在三千年的漫长过程中，创造了灿烂光辉的文化，全世界各个国家的封建制时代的文化都是无与伦比的，它曾经给了世界人类的文化以巨大的影响和贡献。这都是我国封建时代的农民和手工工人在生产和阶级斗争的实践过程中创造出来的。就农民的阶级斗争、农民起义和

---

① 《在延安文艺座谈会上的讲话》，《毛泽东选集》，第3卷，第862页。

农民战争及其作用来说，毛泽东同志指出：

"地主阶级对于农民的残酷的经济剥削和政治压迫，迫使农民多次地举行起义，以反抗地主阶级的统治。从秦朝的陈胜、吴广、项羽、刘邦起……直至清朝的太平天国，总计大小数百次的起义，都是农民的反抗运动，都是农民的革命战争。中国历史上的农民起义和农民战争的规模之大，是世界历史上所仅见的。在中国封建社会里，只有这种农民的阶级斗争、农民的起义和农民的战争，才是历史发展的真正动力。因为每一次较大的农民起义和农民战争的结果，都打击了当时的封建统治，因而也就多少推动了社会生产力的发展。"①

历次较大的农民起义和农民战争给予封建统治的打击，都直接削弱了封建统治以至推翻了旧封建王朝；新起的封建王朝或所谓"中兴"的王朝，为维护或维系其统治，都不能不对农民实行一定的让步，即施行各项改良政策：如政治上放宽一些压迫、经济上减轻一些赋役以至给予部分农民一些土地，等等。我国历史上，秦汉以后，各个朝代所谓创业的或"中兴"的"圣君贤相"，由于他们都能实施一些改良政策，而那在客观上是对社会生产的发展起了促进作用的。前汉和后汉初、隋初、唐初、宋初、明初、清初及前汉的宣帝朝、北宋的神宗朝……都是这样作了的。否则，就不能长期维系和巩固其统治，而表现为祸乱相承，如南朝的宋、齐、梁、陈，五代的梁、唐、晋、汉……所以这些朝代的君臣都成为暴君和权臣或昏君和庸臣。他如曹魏继续实施了一系列的改良政策，打下了统一三国的基础。隋文帝还没有把生产恢复和发展起来，就出现了炀帝在军事等方面的残民以逞的倒行逆施，农民战争便以更大规模的形势在全国范围开展起来了。他们所实行的那种改良政策，都只能缓和矛盾，不能解决矛盾，而且也只有在封建社会临到社会革命的形势到来以前的时期，才能起缓和矛盾的作用；它当时对于处在横征暴敛之下、饥寒交迫的农民，是一种较开明的政策，是农民阶级迫使他们让步的一种表现。

在我们当前的时代，全世界各国家各民族的人民群众，尤其是业已获得解放的社会主义各国的人民群众，在马克思列宁主义武装起来的各国共产党、工人党的领导下，就能够而且正在发挥空前未有的、无比巨大的创造作

---

① 《中国革命和中国共产党》，《毛泽东选集》，第2卷，第619页。

用，来结束人类的前史，开创无限美好的未来。这是马克思、恩格斯和列宁当时所不能完全具体预见到的。总结当前时代的形势提出无产阶级和其所领导的革命人民的历史任务，便落到了毛泽东同志的肩上。他早在《实践论》中就指出：

"社会的发展到了今天的时代，正确地认识世界和改造世界的责任，已经历史地落在无产阶级及其政党的肩上。这种根据科学认识而定下来的改造世界的实践过程，在世界、在中国均已达到了一个历史的时节——自有历史以来未曾有过的重大时节，这就是整个儿地推翻世界和中国的黑暗面，把它们转变过来成为前所未有的光明世界。无产阶级和革命人民改造世界的斗争，包括实现下述的任务：改造客观世界，也改造自己的主观世界——改造自己的认识能力，改造主观世界同客观世界的关系……世界到了全人类都自觉地改造自己和改造世界的时候，那就是世界的共产主义时代。"①

现在，我国和各兄弟人民民主国家，继苏联之后，都已实现了并且还正在不断深入和促进这种改造过程，世界其他各国的人民也正在进行和将要经过这种改造过程。

由此可知，我们应如何对待卷起亿万群众参加的轰轰烈烈的、空前规模的群众革命和建设运动。尤其在我国目前社会主义革命和建设运动中，亿万群众所表现的共产主义风格和英雄气概和不断出现的巨大成果，像马克思、列宁和毛泽东同志一样，还是像右倾机会主义分子或现代修正主义者一样去看待。由此可知，我们应如何去看待历史上人民群众所进行的阶级斗争、起义和革命战争，如何去正确理解和处理历史上的事变和事件，如何去正确看待历史上的科学思想和文艺成果，等等。

亿万群众的要求和活动，是符合他们共同利益的、因而也是反映了历史发展的客观规律的。违反广大群众的利益和要求，就必然不利于人类的发展、历史的发展，那末谁也是无所作为的。然而，个体，尤其是杰出的伟大人物，是不是就对历史无所作为呢？是不是就不为社会所必需呢？恩格斯指出，历史上的伟大人物，都是由于历史的必然性，适应时代的需要而产生的。列宁说道：

———————————

① 《实践论》，《毛泽东选集》，第 1 卷，第 284—285 页。

"决定论思想确定人类行为的必然性，推翻所谓意志自由的荒唐的神话，但丝毫不消灭人的理性、人的良心以及对人的行为的评价。恰巧相反，只有根据决定论的观点，才能做出严格正确的评价，而不致把一切都任意推到自由意志的身上。同样，历史必然性的思想也丝毫不损害个人在历史上的作用，因为全部历史正是由那些无疑是活动家的个人的行动构成的。在评价个人的社会活动时会发生的真正问题是：在什么条件下可以保证这种活动得到成功呢？有什么东西能担保这种活动不致成为孤立的行动而沉没于相反行动的汪洋大海中呢？"①

在这里，列宁指出，历史上，取得统治地位的每一个阶级，都推举出了自己善于组织运动和领导运动的政治领袖和先进代表，跟随他们前进；由于他们能顺应历史发展的趋势和领导群众、与群众一道进行斗争，促起社会历史前进。无产阶级更需要名副其实的党的领袖和阶级政治家。毛泽东同志从人民群众有伟大的创造力和只有人民群众才是创造历史的动力这个基本观点出发，又大大发展了恩格斯和列宁的思想。他教导我们说："我们共产党员，无论在什么问题上，一定要能够同群众相结合……我们应该走到群众中间去，向群众学习，把他们的经验综合起来，成为更好的有条理的道理和办法，然后再告诉群众（宣传），并号召群众实行起来，解决群众的问题，使群众得到解放和幸福。"② 也正如他在《关于领导方法的若干问题》等著作中所说的一样，从群众中集中起来再到群众中坚持下去，是基本的领导方法。这样的领导者是在群众的基础上成长起来的，是懂得革命的政治科学和政治艺术的政治家；是群众的学生又是群众的先生；站在群众之中而不是站在群众之上；千方百计地帮助群众，解决群众实际生活中迫切要求的问题；了解群众的要求、热情和觉悟，鼓舞和带动群众一同前进，而不是老爷式地向群众泼冷水或指手画脚；同时，他们还必须懂得马克思主义、有政治远见、工作能力、工作经验、能独立解决问题，富于牺牲精神、立场坚定、不怕困难。为党为人民的事业忠心耿耿，大公无私，不计较个人名利地位，对同志和人民没有任何个人成见和宗派情绪……这就是共产党员、党的干部、党的领袖应该有的性格和作风。对于

① 《什么是"人民之友"以及他们如何攻击社会民主主义者？》，《列宁全集》，第1卷。第139页。
② 《组织起来》，《毛泽东选集》，第3卷，第936页。

"真正的革命的指导者"，毛泽东同志又说：

> "真正的革命的指导者，不但在于当自己的思想、理论、计划、方案有错误时须得善于改正……而且在于当某一客观过程已经从某一发展阶段向另一发展阶段推移转变的时候，须得善于使自己和参加革命的一切人员在主观认识上也跟着推移转变，即是要使新的革命任务和新的工作方案的提出，适合于新的情况的变化。革命时期情况的变化是很急速的，如果革命党人的认识不能随之而急速变化，就不能引导革命走向胜利。"①

由此可以明白，杰出的伟大的领袖人物，在历史的运动上，对共产主义运动的伟大事业上，是必要而不可少的，他们是最有威信，最有影响和最有经验的人，是把历史引向前进、把革命引向胜利的巨大保证。共产主义运动中的这样杰出的伟大领袖人物，都是在革命斗争中久经考验，而为群众所拥戴出来的。历史表明，也只有伟大的革命的考验能造就出伟大的人物。也正如列宁所说："历史早已证明，伟大的革命斗争会造就伟大人物，使过去不可能发挥的天才发挥出来。"② 像我国经历这样长期、曲折、复杂、壮烈的伟大革命斗争，使我们党和人民获得像毛泽东同志这样杰出的伟大的领袖，就丝毫也不是偶然的。历史证明，他像列宁对于俄国的革命一样，把我国的革命引到了人民民主革命的胜利，又引到了社会主义革命的胜利和社会主义建设事业的蓬勃发展。而过去我国的"左"倾机会主义和右倾机会主义的领导，却把革命引到失败或使革命遭受损失。就其中的右倾机会主义者来说，"他们不能站在社会车轮的前头充任向导的工作，他们只知跟在车子后面怨恨车子走得太快了。企图把它向后拉，开倒车。"③

由此可以理解，过去历史上的杰出人物对于历史所起的作用，在马克思主义以前的时代，人们虽还不能自觉地依据社会的客观规律去活动，而只是透过偶然性为自己开辟道路的必然性的基础上前进的；但只要他们的观点、思想、主张和行动是从广大群众的利益和要求上出发的，或在不同程度上适合于广大

---

① 《实践论》，《毛泽东选集》，第 1 卷，第 283 页。
② 《悼念雅·米·斯维尔德洛夫》，《列宁全集》第 29 卷，第 71 页。
③ 《实践论》，《毛泽东选集》，第 1 卷，第 283 页。

群众的利益和要求，就能在一定程度和一定范围内适合于人类发展的利益，起促进历史前进的作用，就多多少少地反映了历史的必然性。

1960 年 3 月 6 日整理

（原载《历史研究》1960 年第 5 期）